VAUBAN

Du même auteur

« *Les Ingénieurs du roy* » *de Louis XIV à Louis XVI. Étude du corps de fortification*, Montpellier, collection du Centre d'histoire militaire et d'études de défense nationale, n° 9, 1979 (couronné par l'Académie française).
Dictionnaire des ingénieurs militaires. 1691-1791, Montpellier, collection du Centre d'histoire militaire et d'études de défense nationale, n° 14, 1981.
Les Giral, architectes montpelliérains. De la terre à la pierre, Montpellier, Mémoires de la Société archéologique de Montpellier, t. XVIII, 1988.

Avec Élie Pélaquier, *Le Languedoc en 1789. Des diocèses civils aux départements*, Essai de géographie historique, avec cartes hors texte, Montpellier, Langedocienne de géographie, 1990.

En collaboration :

Sous la direction de Gérard Cholvy, *L'Histoire de Montpellier*, Toulouse, Privat, 1984.
Sous la direction d'André Corvisier, *L'Histoire militaire de la France*, t. I et II, Paris, PUF, 1992.

Anne Blanchard

VAUBAN

Nouvelle édition revue et corrigée

FAYARD

ISBN : 978-2-213-63410-4
© Librairie Arthème Fayard, 2007, pour la présente édition.
© Librairie Arthème Fayard, 1996.

INTRODUCTION

Le culte de Vauban

> Je n'en attends qu'un peu d'encens de la postérité.
>
> *Vauban à Louvois.*

Le surnom terrien de Vauban, comme tant d'innombrables lieux-dits de France, aurait pu n'évoquer qu'un petit domaine agricole dépendant de la paroisse de Bazoches en Nivernais. Ce patrimoine, appartenant du milieu du XVIe siècle jusqu'en 1748 aux Le Prestre et à leurs descendants directs, est situé à la périphérie occidentale du Morvan, à la limite des terrains cristallins et sédimentaires. Le paysage est de ce chef extrêmement varié. La sombre forêt morvandelle cède brusquement le pas à de toutes petites vallées nées d'innombrables « fontaines » et tapissées d'herbages ; par-delà, l'horizon s'ouvre largement au septentrion et à l'occident vers les champs des plateaux et des vaux d'Yonne : un paysage finement ciselé comme il en existe beaucoup en France ; une de ces multiples petites seigneuries du XVIIe siècle, si diverses mais par bien des côtés tellement semblables les unes aux autres.

Or ce vocable, claquant haut et clair, est en réalité l'un des plus connus de l'histoire de France, chargé dans le mental collectif de la nation d'une résonance immédiate. Il n'est guère de Français, grands ou petits, qui ne puissent répondre à la question : qui est Vauban ? Interrogez l'homme de la rue ou l'universitaire chevronné, le touriste et même l'étranger, ils vous répondront immédiatement qu'ils connaissent.

Mais, bien entendu, la réponse variera du tout au tout suivant l'interlocuteur. Dans le cas extrême, le nom de Vauban n'évoque guère qu'un illustre inconnu – peu importe sa vie – qui a permis de baptiser une avenue, une rue, un quai, voire un bistrot ou un restaurant. En revanche, pour nombre de nos concitoyens, et il y a là un remarquable progrès, Vauban est bien sûr un architecte militaire qui vécut autrefois mais sans précision chronologique. Ils ignorent aussi presque toujours qu'il se nomme Sébastien Le Prestre de Vauban. Comme on ne prête qu'aux riches, il est pour la plupart d'entre eux le constructeur de tous les « forts à la Vauban », disons plutôt de toutes les fortifications « bastionnées et remparées à la mode nouvelle ». Les exemples abondent de cette paternité si largement accordée à l'ingénieur en question : que ce soit la citadelle de Navarreinx construite au XVIe siècle, que ce soit celle de Montpellier – œuvre de Jean de Beins dans les années 1624-1629 –, que ce soient les forts des Têtes et du Randouillet à Briançon – lesquels furent édifiés peu après les traités d'Utrecht, donc après 1713. Pour faire bon poids, pourquoi n'y joindrait-on pas telle ou telle fortification élevée au cœur du XIXe siècle ? On pourrait allonger indéfiniment la liste de ces ouvrages si généreusement octroyés au génie du sieur de Vauban. Mais comment aurait-il pu assumer le tout puisque, rappelons-le, né en 1633, il est mort en 1707 ?

En réalité, ces fausses attributions ne sont pas uniquement le fruit d'une niaiserie perverse ou d'une ignorance coupable. Elles témoignent d'abord envers Vauban d'une admiration béate s'exerçant sans la moindre critique. Elles s'expliquent surtout par le fait que les formes et l'allure des places fortes construites du XVIe siècle jusqu'à 1870 se ressemblent quelque peu pour le non-spécialiste. En effet, la fortification dite « bastionnée et remparée » a traversé les siècles. Ce système défensif inventé pour parer les effets du boulet métallique qui, à la suite des progrès de la métallurgie, se propage dès la seconde moitié du XVe siècle, se perpétue jusqu'à la découverte d'un nouveau projectile d'artillerie détrônant le précédent. Lorsque apparaissent les obus rayés, la défense faisant échec au boulet est dépassée. Il faut chercher une nouvelle parade. Mais cela ne se passera qu'autour de 1870. À cette date seulement apparaissent de nouveaux ouvrages défensifs, ceux du système

Séré de Rivières, rendant définitivement obsolètes bastions et remparts. Notons simplement qu'alors Vauban est enterré depuis plus d'un siècle et demi.

Poursuivons l'enquête. Certains interlocuteurs, mieux avertis que les précédents, savent que Vauban est un ingénieur vivant au XVIIe siècle. Pour autant, nous ne sommes pas encore sortis de l'auberge. D'aucuns songent au constructeur. D'autres, se remémorant les leçons d'histoire de leur enfance – « Ville assiégée par Vauban, ville prise, ville défendue par Vauban, ville imprenable » –, pensent au combattant. Beaucoup évoqueront le « philosophe » – l'homme de *La Dîme royale* et des *Mémoires* dits « politiques » – plutôt que le militaire, à moins qu'ils ne s'étonnent et aillent s'émerveillant de ce qu'un militaire eût été capable d'avoir une pensée économique.

En définitive, chacun expose sa vision, souvent plus ou moins mythique, progressivement amendée par une légende développée autour de Sébastien Le Prestre, marquis de Vauban, maréchal de France. Il est donc nécessaire d'esquisser l'édification et l'évolution de cette légende.

Sa renommée s'est développée de son vivant. Il est « le meilleur ingénieur de ce temps », « le premier de son temps ». Il est « le preneur de villes ». Il est « le grand Vauban ». Déjà célèbre, il le sera plus encore après sa mort. Dans l'élaboration d'un véritable culte hagiographique entourant sa mémoire, il y eut en réalité plusieurs courants qui finirent par s'unir, dont deux très typés : l'un militaire, l'autre civil.

Le premier est né de la vénération vouée à Vauban par les militaires et en particulier par les hommes du corps du génie. Les directeurs des fortifications – même les plus anciens, ceux qui avaient été soumis à la férule du commissaire général, ce dont ils s'agaçaient souvent – prennent l'habitude, sitôt sa mort intervenue, de se référer à tout moment à ce qu'il faisait ou ce qu'il ferait. Quitte, bien sûr, à infléchir sa pensée en lui prêtant le langage qui les arrange. Divers ingénieurs rappellent ses méthodes ou sa gloire. Au cours du XVIIIe siècle, Cormontaigne, Filley et plusieurs autres se posent en héritiers spirituels. À un niveau plus humble, les ingénieurs en chef en font autant. Dans leurs rapports annuels, on trouve très fréquemment la mention « Comme disait [ou demandait] M. le maréchal de Vauban[1] ». Un brave homme d'ingénieur en chef, Nicolas

Buchotte, qui écrit pour ses fils un traité manuscrit intitulé *L'Ingénieur de place*[2], se réfère lui aussi à tout moment au maréchal. Bien d'autres font de même. Au vrai, il s'agit d'une sorte d'antienne reprise à qui mieux mieux par tous les gens du génie.

Plusieurs de ceux-ci s'intéressent de plus près à l'enseignement vaubanien et à ses ouvrages écrits. C'est ainsi que le directeur des fortifications de Roussillon, Jacques de Gervain de Roquepiquet, et son second, le futur général de Lafitte-Clavé, font une recension des *Oisivetés* en 1768[3]. En 1786, Fourcroy de Ramecourt, directeur général du génie depuis une décennie, publie une très longue lettre dans le *Journal général de France*. Il y énumère les différents ouvrages de Vauban conservés par ses descendants, les Le Peletier de Rosanbo, en leur château du Mesnil[4]. L'intérêt pour ces mémoires dépasse d'ailleurs de loin le cercle du génie. Le marquis de Paulmy, un temps secrétaire d'État de la guerre sous Louis XV, possède dans sa bibliothèque de nombreux exemplaires manuscrits ou imprimés des œuvres du commissaire général[5]. On pourrait multiplier les exemples. Ajoutons que le *Traité de l'attaque des places*, manuscrit du temps de Vauban, fait l'objet de plusieurs publications[6].

On comprend mieux que, dans cette atmosphère, les « jeunes » aient été appelés à développer très tôt le culte de leur « grand ancien ». Dans la première moitié du XVIIIe siècle, en dépit de certaines pressions les incitant parfois au favoritisme, les mathématiciens examinateurs des candidats à « l'emploi sur l'état des ingénieurs » (Joseph Sauveur, puis François Chevallier) ont veillé de près à appliquer les critères scientifiques autrefois proposés par le « patron » à l'égard des futurs ingénieurs. Ils s'inspirent en outre de ses leçons dans leurs travaux personnels[7]. On aurait pu estimer qu'à partir de 1748, avec la création de l'école du génie de Mézières qui tourna une page dans l'histoire du corps des fortifications, ce culte se ralentirait. Il n'en est rien, au contraire. Les directeurs successifs de l'école entendent bien donner à leurs élèves une formation commune qu'ils cimentent à la fois par le remarquable niveau des études mais, au moins autant, par l'esprit de corps. Vauban fait donc plus que jamais l'objet d'une admiration filiale et corporative, ce que les moqueurs appellent de façon malveillante « une opinion de corps[8] ».

Autres zélateurs du maréchal mais dans un différent registre : ceux qui suivent Fontenelle, auteur d'un *Éloge du maréchal* à l'Académie des sciences. Ils voient certes dans le maréchal de Vauban le preneur de villes mais plus encore le « patriote », l'amoureux du bien public, celui qui a mis par écrit « un prodigieux nombre d'idées qu'il avait sur différents sujets qui regardaient le bien de l'État [9] », celui qui aurait voulu alléger les maux et les impôts des pauvres gens, l'homme qui – bien que militaire – a fait des œuvres de civil... Le thème sera longuement repris et commenté au cours du siècle [10]. Il se liera progressivement au premier courant évoqué plus haut.

Notons d'ailleurs que les étrangers concourent eux aussi à l'édification du culte de Vauban. Le grand bailli de l'ordre de Malte, après avoir sollicité l'aide de plusieurs ingénieurs français pour transformer certaines de ses fortifications, remercie le marquis d'Asfeld, directeur des fortifications depuis 1715. À propos de l'un de ces officiers français détachés dans l'île, il écrit : « Nous sommes satisfaits de ses services et de son application par où il paraît qu'il a été dans la plus fameuse école du monde, dont l'illustre Monsieur le Maréchal de Vauban était le digne chef [11]. » Une preuve plus convaincante encore est la création, à l'exemple et sur le modèle du corps des fortifications français, de très nombreux corps d'ingénieurs européens dans plusieurs États allemands, en Espagne, sans oublier à la fin du XVIIIe siècle ceux des jeunes États-Unis d'Amérique et de la Russie tsariste [12].

Or dans la dernière décennie de l'Ancien Régime éclate une grande mêlée pour ou contre Vauban [13]. Très révélatrice de l'atmosphère prérévolutionnaire, elle révèle l'enthousiasme de ses fidèles en faveur de Vauban ; elle met aussi en évidence certaines violentes oppositions qui vont à la fois à l'homme et à l'usage que l'on fait de son nom et de ses enseignements. D'un côté les anciens de Mézières, dont, notons-le, plusieurs sont des scientifiques de très haut niveau et dont beaucoup appartiennent aux sociétés de pensée et aux loges maçonniques ; de l'autre, les artilleurs et une autre partie de l'opinion éclairée. La bataille est particulièrement virulente.

Il faut bien comprendre que, depuis un certain nombre d'années, des théoriciens, tel le comte de Guibert dans son *Essai général de tactique*, démontrent que la guerre de siège – donc celle de Vauban – est inéluctablement condamnée : « [L'art de la guerre] c'est de laisser derrière soi toutes les prétendues barrières et de porter la guerre dans l'intérieur des États, aux capitales mêmes. » Il veut un général hardi qui « prendra l'offensive, manœuvrera, attaquera, fondra sur l'ennemi comme la foudre »[14]. Les fortifications sont donc, dans ce cas, balayées d'un revers de main. De leur côté les artilleurs s'entendent mal avec les officiers du génie. Lors d'une éphémère réunion des deux corps en 1755, les artilleurs avaient cru possible d'absorber définitivement le génie. Ils avaient été fort mortifiés de l'échec de cette tentative[15]. Nantis d'une puissance de feu telle qu'ils n'en avaient jamais connue jusqu'alors[16], ils n'hésitent plus à dénigrer l'immobilisme des gens de la fortification. L'un d'eux, le marquis de Montalembert, estime que les formules vaubaniennes sont dépassées. S'érigeant en expert ès fortifications, il met en doute la compétence technique de Vauban. Mieux, ayant « inspiré de la confiance aux ministres dans les découvertes qu'il croyait avoir faites en fortification[17] », il écrit un traité en onze volumes intitulé *La Fortification perpendiculaire* (1776-1796)[18]. Il y prône les forts casematés comme s'il s'agissait d'une nouveauté. Il obtient aussi l'autorisation ministérielle de construire un fort de bois et de terre à plusieurs étages dans l'île d'Aix. Une contre-attaque en règle s'impose pour les officiers du génie, à la tête desquels se trouve Charles-René de Fourcroy de Ramecourt, directeur général du bureau du génie de l'époque.

L'affaire ne s'arrête pas là. Elle se mêle bientôt à des événements littéraires. En 1783, l'académie de Dijon, loin des remous précédents mais voulant honorer l'un de ses fils les plus glorieux, met au concours l'éloge de Vauban. Le premier prix est attribué, haut la main, au capitaine du génie Lazare Carnot. S'étant déjà précédemment fait remarquer par la profondeur et la nouveauté de ses travaux mathématiques, l'ingénieur présente ici son « grand ancien » à la fois comme un constructeur de talent et un ami de l'humanité. Les deux courants – militaire et philosophique – se sont dès lors étroitement liés.

Là-dessus, l'Académie française, qui s'est donné pour tâche « de perpétuer le génie et les vertus qui ont illustré nos ancêtres », propose à son tour comme prix d'éloquence de l'année 1787 le même sujet. Sans prétendre au concours, l'artilleur

Choderlos de Laclos, l'homme des *Liaisons dangereuses*, intervient dès le 21 mars 1786, envoyant à l'Académie française une lettre pleine de talent, d'habileté et d'impertinence. Il est soutenu et approuvé en sourdine par Montalembert scandalisé par *L'Éloge* de Carnot. Choderlos de Laclos en appelle au jugement « du public qui, partout et toujours, reste le souverain juge » pour dénoncer l'admiration « propagée depuis longtemps, avec un zèle presque religieux, par le corps militaire dont M. de Vauban a été le chef [19] ». Refusant de s'étendre, tout en les attaquant, sur les travaux civils du maréchal [20], il minore son œuvre fortificatrice et estime qu'il « n'est pas un grand homme ». Devant un tel parti pris, le feu est mis aux poudres. Il s'ensuit une guerre de libelles. En dépit de l'interdiction de polémiquer lancée par le ministre de la Guerre, des officiers du génie – Bousmard, Le Michaud d'Arçon, Latour-Foissac, Augier de Lerse... – répondent par plusieurs opuscules percutants. La tension monte. On en est là lorsque éclate la Révolution. Le prix d'éloquence ne sera gagné qu'en 1790 par l'abbé Noël mais la tourmente emporte le tout.

Cependant, la renommée change à nouveau de camp. Plusieurs officiers du corps royal du génie deviennent très vite des personnalités importantes dans les assemblées révolutionnaires successives. Citons simplement pour mémoire Carnot, l'organisateur de la victoire, celui qui, une dizaine d'années auparavant, écrivait son *Éloge de Vauban*. Dès lors, le maréchal de Vauban est à nouveau considéré comme un grand homme : il est celui qui a demandé « l'impôt juste » au « tyran », surtout il est celui qui désirait une France étendue jusqu'à ses « bornes naturelles » [21]. On oublie simplement d'expliquer les circonstances – dans l'hypothèse d'un démantèlement de l'empire espagnol – dans lesquelles l'ingénieur avait pu concevoir cette idée. Cependant si la mémoire de Vauban est pleinement réhabilitée, il n'en reste pas moins que les guerres de la Révolution et de l'Empire – guerres de mouvement s'il en fut – diminuent de beaucoup et pour un quart de siècle l'intérêt porté aux fortifications. Napoléon lui-même souligne combien la guerre s'est transformée depuis Turenne et Vauban : « L'énorme quantité de bombes et d'obus changeait tout. Aucune des places anciennes n'était désormais à l'abri : elles cessaient d'être tenables. [...] Aucun pays n'était assez riche pour les entretenir [22]. »

Cependant, en 1815, en raison de l'invasion de la France et de l'installation des alliés dans Paris, ville ouverte (que Vauban eût voulu fortifier), on recommence de mieux comprendre à quoi servent les places fortes. Le culte de Vauban reprend désormais de l'ampleur tant chez les civils que chez les militaires. Le goût des historiens de l'époque et leur désir d'accéder directement aux documents favorisent la publication de plusieurs des écrits vaubaniens, jusque-là presque tous encore manuscrits et donc confinés à quelques rares lecteurs. *Les Oisivetés* sont présentées au public par le futur colonel Augoyat en 1841-1843 [23], tandis que les généraux Haxo et Valazé se passionnent plus largement pour l'histoire du génie. D'autres mémoires sont à leur tour plus ou moins rapidement édités toujours par Augoyat mais aussi par d'autres admirateurs, en particulier par le colonel Rochas d'Aiglun. Fleurissent en même temps toute une série de biographies et d'articles dont le *leitmotiv* demeure l'hommage au grand homme. D'une probité totale, certains historiens, tels Camille Rousset ou Pierre Clément, essaient d'excuser leur héros, même dans les aspects de sa vie qu'ils n'approuvent ou ne comprennent pas.

La défaite de 1870 et la perte de l'Alsace-Lorraine ont, entre autres conséquences, celle de vouloir exalter le passé et les gloires français. Du coup, on rappelle la valeur des forteresses vaubaniennes qui mirent parfaitement à l'abri de l'invasion la France du XVIIIe siècle. En dépit des transformations du système défensif français dans ce dernier quart du XIXe siècle, Vauban continue d'être une valeur sûre et une référence inévitable d'autant que son *Rappel des huguenots* et sa *Dîme* enlèvent l'adhésion des républicains de la Troisième République. Dès lors, le mouvement s'accélère et les études sur Vauban se multiplient de la fin du XIXe siècle à notre époque. Il en est un nombre impressionnant, dont plusieurs remarquables. Certaines sont aussi objectives que possible, d'autres sont malgré tout accompagnées d'un relent de sainteté laïque, assez étonnant concernant ce bon royaliste.

À cette attitude faite de respect – ce qui est normal – mais dans certains cas aussi d'admiration éperdue – fruit d'une hagiographie récurrente – s'en est substituée une autre en cette fin du XXe siècle. Cette dernière démarche n'est pas le fruit d'une bagarre entre armes savantes, comme cela avait été le cas à la veille de la Révolution. Elle est en réalité née de l'esprit de contestation et de remise en cause très à l'honneur en notre siècle finissant. D'un Vauban glorifié on passerait facilement de nouveau à un Vauban vilipendé. Je me suis moi-même souvent défiée de la légende douceâtre qui enveloppait le héros. Peut-être est-il possible plus simplement de suivre une voie médiane, celle du bon sens, rendant à César ce qui est à César et permettant de replacer Vauban non pas sur son piédestal, mais dans sa vie quotidienne et dans son époque.

J'ai longtemps hésité à écrire cet ouvrage car il me paraissait difficile de démêler le vrai du faux dans ce culte de dulie, ces couronnes tressées et retressées, cet « encens de la postérité » répandu à profusion. Qu'en était-il exactement ? J'ai donc hésité mais je me suis en même temps inquiétée de savoir qui était exactement ce maréchal de France. Les circonstances m'ont empêchée d'exploiter plus tôt le résultat de mes recherches, depuis des années engrangé. Ma vision a mûri. Peut-être y ai-je gagné plus de compréhension et d'indulgence pour le grand serviteur du roi et de l'État que fut Sébastien Le Prestre de Vauban.

Pour aborder cette biographie, j'ai délibérément choisi le cadre des âges de la vie et des quatre saisons, thèmes si chers aux hommes du XVIIe siècle qui les entremêlèrent en les illustrant aussi bien dans les arts plastiques que dans la littérature. La vie de Vauban se prête à ce découpage. Trois périodes – les joyeuses promesses du printemps (1633-1655), les moissons ensoleillées de l'été (1655-1678), les jours somptueux de l'automne (1678-1703) – se partagent équitablement sa vie : vingt-deux, vingt-trois et vingt-cinq ans. Les frimas de l'hiver sont, en revanche, extrêmement courts, tout au plus trois ans et demi (1703-1707). Entre automne et hiver, j'ai ménagé une pause pour juger de quelques aspects plus généraux touchant à la vie ou à l'œuvre de Vauban : récoltes engrangées et vin tiré. D'où le plan en cinq parties de cette biographie. Puisse-t-elle ne choquer ni les laudateurs ni les détracteurs !

REMERCIEMENTS

M. de Rosanbo, descendant de l'illustre maréchal, a bien voulu me permettre de consulter certains microfilms de son fonds d'archives. Je lui en suis très reconnaissante. Je le suis aussi envers tous les archivistes, collègues et amis dévoués qui m'ont apporté leur concours.

PREMIÈRE PARTIE

Les joyeuses promesses du printemps

1633-1655

> Le Morvand, notre patrie commune et celle des demi-héros...
>
> *Vauban à un ami.*

Mai 1633

Pour tenter de se représenter l'enfant Sébastien nouveau-né, contemplons tout simplement une des *Nativités* de Georges de La Tour, ou encore son *Adoration des bergers* conservée au Louvre. Peintes les unes et l'autre en ce début du deuxième tiers du XVIIe siècle avec un soin réaliste et criant de vérité, elles nous introduisent en quelque sorte, et tout naturellement, dans l'univers de l'époque.

L'enfant repose dans son moïse de vannerie sur une litière de paille fraîche. La tête couverte d'un fichu de lin qui lui sert de béguin, les bras croisés sur la poitrine, il est emmailloté dans ses langes qui l'enveloppent étroitement des pieds aux épaules. Tout raidi dans son carcan, désarmé, livré au bon-vouloir de ceux qui l'entourent, il dort sans crainte, un imperceptible sourire à la commissure des lèvres. Il porte en lui le mystère des nouveau-nés, de tous les nouveau-nés, de chaque nouveau-né lourd de son hérédité et, déjà, de son avenir.

Ainsi en est-il de l'enfant Sébastien en ce printemps de 1633. Quel sera cet avenir ? Que deviendra ce petit homme si paisiblement endormi ? Quelles qualités ou quels défauts seront exaltés par son éducation et sa formation ? Beaucoup plus tard, Saint-Exupéry nous dira « Je suis de mon enfance. » En est-il ainsi de Sébastien Le Prestre ?

Mai 1655

Aguerri par quatre campagnes militaires, déjà blessé à plusieurs reprises, depuis peu capitaine au régiment de Bourgogne, le sieur de Vauban suit en ce printemps l'armée du maréchal de La Ferté-Sennecterre quittant ses cantonnements champenois pour s'en aller faire le siège de Landrecies. C'est alors qu'il reçoit son brevet d'ingénieur du roi, daté du 3 mai 1655.

Vêtu d'une culotte bouffante, d'une veste à basques longues enfilée sur une chemise à large col, il est chaussé de grandes bottes à entonnoir et porte le chapeau à bord souple qui protège de la pluie, du soleil et du vent. Dès le début des combats, il le troquera pour un casque en salade et endossera aussi une petite cuirasse pour se défendre le moins mal possible des éclats de la mousqueterie.

Combattant valeureux de la « Vieille Guerre », énergique, décidé, rapide dans ses décisions, discernant vite le fort et le faible, le jeune homme s'est déjà fait remarquer à plusieurs reprises par sa détermination et sa compétence.

Vingt-deux ans entre ces deux mois de mai, le temps pour transformer un nouveau-né en adulte. Mais encore faut-il savoir par quels cheminements et en dépit de quelles traverses s'est faite cette transformation.

CHAPITRE PREMIER

D'azur au chevron d'or

> D'azur au chevron d'or accompagné de trois trèfles de même à un croissant d'argent mis en chef...
>
> *Armes du maréchal de Vauban.*

« Le quinzième de may mil six cent trente-trois a esté baptisé Sébastien, fils de Albin Prestre, escuyer, et de damoiselle Edmée Carmignolle. Son parrain, Messire Sébastien Clairin, curé de Cordois. Sa marraine, Judith d'Ham, veuve de Messire Georges Bierry[1]. »

Dans l'atmosphère légère mais encore aigrelette du printemps morvandiau, les cloches de la modeste église de Saint-Léger-de-Foucherets carillonnent joyeusement. Elles annoncent à toute la communauté villageoise l'entrée du nouveau petit chrétien dans le giron de « Sainte Mère Église ». Le curé Orillard qui vient de « donner l'eau » à l'enfant enregistre l'acte conformément aux directives du concile de Trente et fait signer le parrain et la marraine avant d'en faire autant. Le compère est un ecclésiastique exerçant son ministère dans une paroisse voisine sise sur les rives du Cousin et actuellement englobée dans la commune de Bussière. La commère est une lointaine grand-tante à la mode de Bourgogne dont le mari « en son vivant » était premier échevin de Saint-Léger. Les parents n'apposent point leurs paraphes – qu'ils ont pourtant très fermes si l'on en juge par d'autres documents. À cela rien d'étonnant : la mère doit encore garder la chambre et le père

– Albin Prestre, plus souvent appelé Urbain Le Prestre – n'en a pas été requis, ce qui est conforme à la pratique de Saint-Léger à cette époque.

Dans sa concision, voire sa sécheresse, cet acte révèle pourtant un certain nombre de renseignements relatifs à l'enfant et à sa famille. Il rappelle d'abord leur appartenance à la religion catholique, apostolique et romaine, ce qui vaut d'être noté dans une région comptant encore à cette date quelques calvinistes, à la vérité fort rares mais très motivés. Et si l'âge précis de Sébastien n'est pas indiqué, il est sûr que le nourrisson est très jeune – quinze jours tout au plus, très vraisemblablement moins – car la stricte règle ecclésiale du baptême précoce des tout-petits est d'autant mieux appliquée qu'elle répond à l'attente des parents désireux d'assurer le paradis à leurs enfants toujours menacés par l'effroyable mortalité infantile d'alors.

Au vrai, ce n'est que dans deux cas très précis – et bien sûr après ondoiement à la maison le jour de la naissance – que les cérémonies de « suppléance du baptême » sont différées. En premier lieu, lorsque le nouveau-né ondoyé en danger de mort a survécu[2]; mais aussi, et beaucoup plus rarement car il faut alors une autorisation de l'ordinaire du lieu, lorsque les parrain et marraine – personnages de marque ou grands-parents – n'ont pu que tardivement se déplacer pour tenir leur filleul sur les fonts baptismaux.

Dans le cas présent, ni ondoiement précipité ni baptême retardé. On peut en conclure que le jeune Sébastien n'a pas eu de grave accident de santé à la naissance et que la gentilhommerie familiale, révélée par le titre paternel d'écuyer, n'est pas assez éclatante pour justifier une quelconque dérogation à la règle commune. Les temps ne sont point encore venus pour les Le Prestre d'ondoiement de prestige ! Ceux-ci seront réservés aux générations suivantes. Aussi bien, le ménage d'Urbain choisit-il pour ses deux enfants – Sébastien, l'aîné, et Charles, une fille baptisée cinq ans plus tard, le 18 novembre 1638, et plus souvent prénommée Charlotte ou Charlette – des répondants solides, sérieux, bien connus dans leur petit coin de Morvan mais d'assez modeste lignage. La marraine de Sébastien, Judith d'Ham – *alias* de Han – veuve d'un des « principaux du village », messire ou M. Georges Bierry, est elle-même de très petite origine nobiliaire et a de nombreux parents chez les écuyers de l'Auxois, dont plusieurs ont été protestants et ont des liens d'allégeance avec les Bourbon-Condé. L'un d'eux ne fut-il pas secrétaire du prince de Condé pendant les guerres de Religion ? Charlette, pour son compte, a pour parrain Charles de Chaslon de Soilly, fils d'un écuyer du voisinage, et pour marraine Charlotte de Morot, fille d'une cousine germaine d'Urbain[3]. Au XVIIIe siècle, on retrouvera les descendants de nombre de ces familles dans l'armée royale.

Puisque Saint-Léger-de-Foucherets dépend sous l'Ancien Régime du diocèse d'Autun pour le spirituel et pour l'administration civile de la généralité de Dijon – bailliage et recette financière d'Avallon – c'est à bon droit que la Bourgogne revendique Sébastien Le Prestre de Vauban comme un de ses fils. De son côté, le duché de Nivernais – dans la mesure où il se considère comme indépendant de la Bourgogne – le tient avec autant de vraisemblance pour l'un de ses concitoyens les plus prestigieux. En fait, les racines du futur maréchal sont essentiellement morvandaises, bourguignonnes et nivernaises à la fois.

Lointaines origines

Du côté paternel, pas de doute. Il s'agit bien d'une famille de tout petits hobereaux nivernais récemment « agrégés à noblesse ». Pourtant, d'aucuns, au XVIIIe siècle, ont cherché à faire remonter la généalogie Le Prestre jusqu'en 1388 en lui donnant une origine auvergnate. Le 28 mars 1771, la marquise de Vauban, arrière-petite-nièce par alliance du maréchal, fournissait des actes établissant cette filiation[4].

D'Hozier, le juge d'armes du Cabinet des titres, collationnait alors ces pièces, mais avec beaucoup de circonspection. Le berceau de la famille serait dans ce cas Brezons, diocèse de Saint-Flour, sur le flanc sud du Plomb du Cantal[5]. Le premier du nom à être connu serait noble Pierre, damoiseau, père de Jean et grand-père d'Estienne. Puis, d'Estienne et de sa femme Philippote Ténissot, vivant au cours du XVe siècle (Estienne mort entre 1441 et 1459), on passerait à Jehan, écuyer, qui signe contrat de mariage le 26 janvier 1459 devant Huguenin Tixier et Pierre Bonhons, clercs de notaire et jurés du comté de Nevers et de Rethel. Jehan épouse alors « damoiselle Jeanne de Faye,

24 LES JOYEUSES PROMESSES DU PRINTEMPS

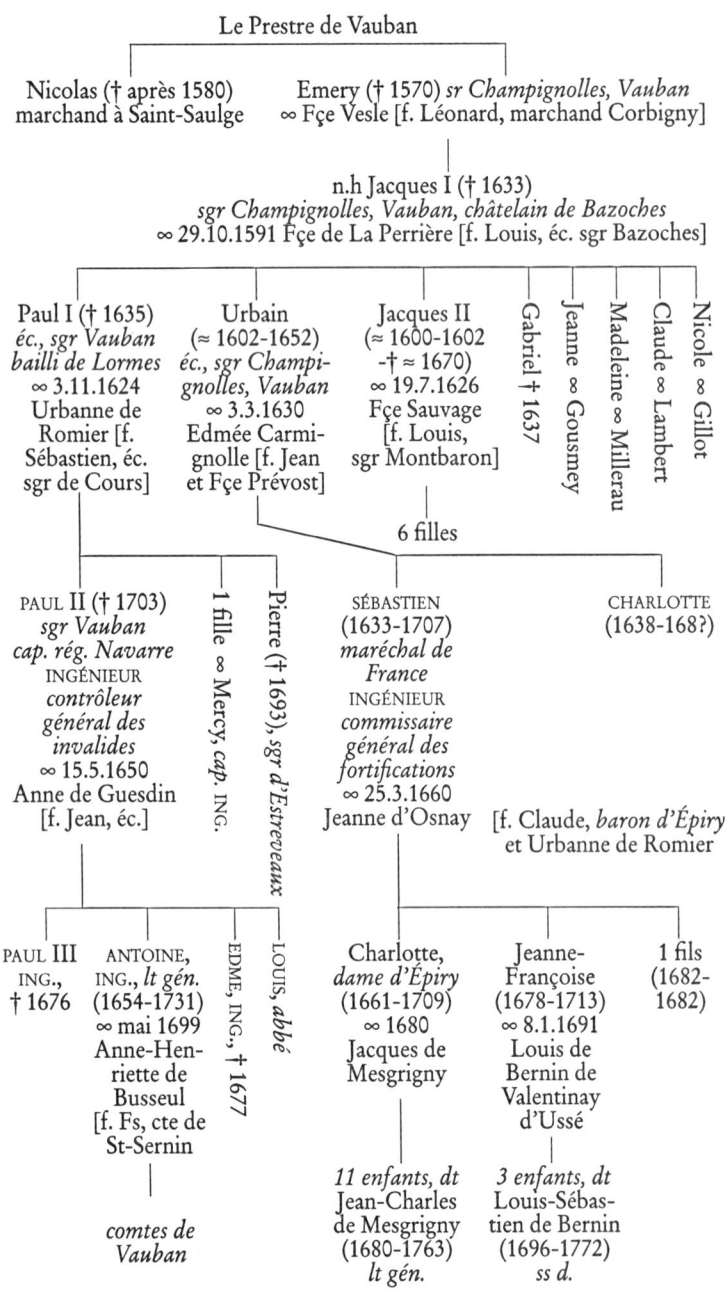

∞ = épouse ; f. fils ou fille de   *Généalogie des Le Prestre de Vauban*

fille de Jacques de Faye, écuyer, en faveur duquel mariage ledit Jacques de Faye constitue en dot à ladite Jeanne de Faye, sa fille, la moitié par indivis de l'hostel et des terres de Faye et de Moncrols, juridiction, justice moyenne et basse et autres droits, sous la réserve de l'usufruit sa vie durant desdites choses données ; et Martin de Tury, son oncle, lui donne 100 écus d'or d'une part et 50 d'autre part, et le dit Jehan Le Prebstre lui assigne en douaire un hostel qu'il avoit assis en la ville de Nevers [...] en présence de vénérable homme et sage maître Pierre Chandolon, chanoine de Nevers, Guyot Baron et Sébastien Le Prebstre [6] ».

Avec les actes suivants – « originaux en parchemin ou copies » également produits en 1771 comme les précédents et portant les dates des 8 juillet 1441, 26 janvier 1459, 3 décembre 1481, 11 juin 1505, 22 juillet 1514, 20 mars 1518 –, il est possible de suivre la descendance de Jehan Le Prestre et de Jeanne de Faye. Leurs trois enfants sont : Marie – dès 1504 veuve de noble Jehan Tizal –, Jacques et Thibault. Ce dernier, qui est l'aîné, « teste à Nevers le uzième [sic] du mois daoust l'an mil cinq cens et treize » et demande une messe perpétuelle pour sa famille dans l'église paroissiale de Bazoches ; notons cette précision de lieu ! Il meurt avant le 22 juillet 1514, date à laquelle est établie une copie de son testament. Il avait épousé à une date inconnue « par traité de mariage reçu par feu Jean Bongard, notaire à Molins [Moulins-Engilbert, au sud du Morvan] demoiselle Hélyette de Frasnoy » dont il avait eu trois fils, « Jehan, Emery et Jacques, mes enfants, par moy procréés au corps de ma femme ». L'un de ces garçons, Emery, « mineur d'âge et absent » à la mort de son père, est « énormément déçu » par l'attitude de sa mère remariée. Contre celle-ci et son second époux, il intente un procès terminé avant mai 1519, époque à laquelle il est déjà marié avec demoiselle Françoise Vesle [7].

Cette fragile filiation est bien tardive, qui de Pierre – le damoiseau de Brezons – conduit à l'authentique arrière-grand-père du maréchal de Vauban : Emery Le Prestre, sieur de Vauban, demeurant dans le village de Bazoches, au duché de Nevers. D'Hozier, qui accepterait qu'Emery puisse être le fils de Thibault – lequel aurait peut-être été à Bazoches dès avant 1513, si toutefois l'on en croit les documents en question –, paraît pourtant fort dubitatif sur le demeurant de cette production.

Il n'en reste pas moins que ces actes – véridiques, falsifiés ou entièrement apocryphes – attirent fort heureusement l'attention sur un phénomène alors fréquent en Nivernais : la descente des hommes des terres pauvres de la haute Auvergne vers les riches limagnes et les vaux de Loire. Que les Le Prestre aient été de lointaine origine auvergnate n'aurait donc, à la limite, rien d'extraordinaire. Qu'ils aient glissé, comme bien d'autres, de la région de Nevers, puis du Bazois vers le Morvan, ne serait d'ailleurs pas davantage surprenant dans les conditions d'alors.

Sur ce point-ci, deux hypothèses ont souvent été mises en avant par divers auteurs [8]. Certains pensent que les Le Prestre faisaient partie de la clientèle de la noble famille de La Perrière jusqu'alors fixée dans les seigneuries de Billy et de Frasnay, en Bazois. Leurs fidèles auraient suivi dans les confins septentrionaux du Morvan Gabriel de La Perrière, devenu le 22 février 1532 seigneur de Bazoches, du chef de sa jeune épouse, Charlotte de Montmorillon, fille de feu messire Saladin de Montmorillon, chevalier seigneur de Bazoches, du Bouchet, de Creuziel-le-Viez et du Pavillon et de feue dame Charlotte de Chastellux [9]. Autre hypothèse, d'ailleurs parfaitement conciliable avec la précédente et fort vraisemblable : l'aïeul Le Prestre se serait tout simplement installé dans la proximité immédiate de la vallée de la Cure pour y faire le commerce des bois.

En effet, dès le XVe siècle, et plus encore au siècle suivant, de nombreux habitants des plaines se dirigent vers la réserve inépuisable de forêts qu'est le Morvan. Or, du bois, il en faut de plus en plus pour satisfaire aux besoins de la métallurgie, de la verrerie et de la faïencerie alors en pleine expansion dans toute la région nivernaise ; et surtout pour répondre à la demande pressante des villes – en particulier celle de Paris – réclamant toujours davantage de bois d'œuvre et de bois de chauffage. Nombreux sont ceux qui se sont alors lancés dans l'exploitation et le commerce de cette précieuse matière première et qui, installés en Morvan, ont par ce biais amorcé une plus ou moins brillante ascension sociale. Pourquoi les aïeux Le Prestre ne l'auraient-ils pas fait comme les autres ?

Quoi qu'il en soit des lointaines origines de la famille, il est moins difficile de s'y retrouver à partir d'Emery, encore que subsistent là aussi de nombreuses obscurités en ce qui concerne les âges des personnages évoqués, leur qualité sociale, leurs activités, la date de leur mort...

Les preuves de noblesse du XVIIe siècle

Cette fois-ci, la plupart des renseignements dont nous disposons proviennent des déclarations et documents présentés à plusieurs reprises au XVIIe siècle – de 1642 à 1709 – pour l'établissement des preuves de noblesse de la famille. Ces papiers ont été produits devant diverses instances qui les réclamaient, soit par Jacques Le Prestre (oncle du futur maréchal), soit par l'ingénieur lui-même, soit encore par l'un de ses descendants Mesgrigny.

En 1642, le petit-fils d'Emery, Jacques Le Prestre – dit le Jeune pour le distinguer de son père, Jacques le Père ou l'Aîné –, doit justifier de sa qualité nobiliaire pour éviter son inscription sur le rôle des habitants roturiers de la communauté de Bazoches, astreints, comme tous ceux de la France d'oïl, à la taille personnelle dont les nobles sont, seuls, exemptés. En 1667, il répond aussi à la grande enquête de réformation de la noblesse ordonnée par Louis XIV. À cette occasion, il présente aux commissaires royaux chargés de la vérification des titres les documents familiaux prouvant non seulement sa noblesse, mais celle de toute sa famille, enfants, frères et neveux. De son côté, Sébastien, pourtant partie prenante avec son oncle et ses cousins dans l'enquête de 1667, doit néanmoins faire ses preuves par deux fois encore. D'abord pour sa nomination à une lieutenance aux gardes en cette même année 1667 et, beaucoup plus tard, en 1705, lors de sa promotion dans les Ordres du roi[10].

Or, dans chacune de ces circonstances et en contradiction avec les prétentions émises tardivement au XVIIIe siècle, déjà examinées plus haut, l'oncle aussi bien que le neveu expliquent qu'ils n'ont pas de papiers de famille antérieurs aux guerres de Religion par suite « du pillage et bruslement de leurs maisons [...] que la maison de Vauban fut bruslée pendant les troubles de l'an 1560 et tant d'années, [...] l'année de la prise de Vézelay [1569, ...] que ce même Emery s'en plaignoit souvent[11] ».

Cependant, en 1642, Jacques le Jeune avait pu faire établir deux ou trois copies d'actes notariés collationnés sur les minutes de maître Mariglier, notaire à Bonneçon, petite localité proche de Bazoches [12]. Ainsi a-t-on quelques menus renseignements remontant jusqu'à la première moitié du XVIe siècle et qui donnent quelques détails sur Emery, l'aïeul qui enracine pleinement sa lignée à l'orée de la forêt morvandaise, en ce coin reculé du Nivernais septentrional.

Le quatrième degré reconnu de la noblesse de Vauban – en ordre régressif bien entendu – est donc formé par son arrière-grand-père Emery Le Prestre. En février 1520, nous disent les preuves de noblesse qu'il n'a malheureusement pas été possible de comparer aux minutes notariales disparues, Emery perçoit une rente au nom de sa femme, Françoise Vesle, déjà évoquée plus haut et qui est fille de Léonard Vesle – habitant de Corbigny, petit bourg du Bazois – et de Françoise Foulé. L'âge des époux n'est pas indiqué. À coup sûr, la jeune femme n'est guère alors qu'une adolescente puisque soixante et onze ans plus tard, en 1591, elle est encore assez vaillante pour intervenir dans le contrat de mariage d'un de ses fils ! Emery, qui, en 1520, devait lui aussi être fort jeune, vit toujours en 1569 lors de l'incendie de sa maison. Il meurt probablement l'année suivante. Les renseignements que l'on a sur lui sont fort maigres et proviennent en partie d'un certificat de notoriété établi en 1642 – à la demande de Jacques le Jeune, son petit-fils – par des vieillards chenus nés entre 1547 et 1562. Qu'on en juge ! « Pour prouver et fortifier le degré dudit Emery Le Prestre, plusieurs gentilshommes et habitants des environs du lieu de Vauban, la plupart âgés de quatre-vingts à quatre-vingt-quinze ans, ont déposé avoir veu et connu Emery Le Prestre, escuyer, sieur de Vauban, qu'il vivoit comme gentilhomme avec les autres nobles du pays, portoit la qualité d'escuyer aussi bien que Jacques Le Prestre, son fils, premier du nom et qu'ils auroient servi les Roys dans leurs armées. » Et les mêmes témoins d'ajouter qu'« Emery posséda durant sa vie les lieux de Vauban et de Champignolles, paroisse de Bazoches [13] ». D'où le surnom terrien de Vauban, plus tard si illustre, et que ses premiers titulaires orthographiaient suivant le cas « Volban » ou « Vaulban ».

Il est d'ailleurs impossible de dire depuis combien de temps ces seigneuries étaient entrées dans la famille. Un parchemin du cabinet d'Hozier fait état d'une « transaction faite le onzième de juin de l'an 1564 entre Emery Le Prestre, escuyer seigneur de Vauban, chastelain de Bazoches, et noble seigneur messire Saladin de Montmorillon, chevalier seigneur de Vézigneulx, sur les différends qu'ils avoient entre eux pour la terre de Vauban, laquelle ledit Le Prestre disoit avoir acquise depuis dix ans en ça de Charles de Champignolles, escuyer, avec plusieurs dépendances ». Cet acte précise donc à la fois l'humble fonction de judicature d'Emery, aux attributions mal définies [14] – châtelain de Bazoches –, et la date de l'acquisition de la maison noble de Vauban – 1554. Mais son authenticité est fortement improuvée par d'Hozier : « J'en ai vu l'original en parchemin au mois de janvier 1705 et c'est une pièce des plus fausses et des plus mal faites que j'ai encore vu de cette espèce, aussi ne l'a-t-on pas produite pour la preuve du Saint-Esprit du chevalier de Vauban [15]. »

À la limite, peu importe l'année supposée de cet achat. À notre sens est beaucoup plus important le fait qu'avant la fin du XVIe siècle Le Prestre et Vauban ne font déjà véritablement plus qu'un.

Incertitude donc sur la date d'entrée des seigneuries dans la famille et sur les péripéties de la vie des époux Emery Le Prestre. Incertitude pareillement sur le nombre de leurs descendants. Deux personnages retrouvés dans les archives familiales appartiennent sans conteste à la parenté, mais sans qu'il soit possible présentement de préciser les liens exacts les unissant à la lignée. Le premier est un Nicolas qui achète quelques terres au tènement de Vitry – paroisse de Metz-le-Comte – les 1er et 10 septembre 1573, en présence de maître Guignard, notaire du lieu [16]. Certains auteurs ont fait de lui un marchand de Saint-Saulge et affirment suivant le cas qu'il est frère ou fils d'Emery. En fait, on ne peut trancher. Quant à Hugues Le Prestre, écuyer, présent à une cérémonie de famille en 1591, on peut le supposer – mais sans certitude absolue – fils d'Emery et de Françoise Vesle. On prête aussi deux filles à ces derniers.

Jacques le Père dit aussi Jacques l'Aîné

En revanche, Jacques le Père est sans erreur possible leur fils. Il jouit d'une longévité encore plus exceptionnelle que celle de sa mère. Les généalogies familiales signalent qu'il atteignait quelque quatre-vingt-seize ans en février 1632, lors de la ratification d'un contrat passé entre ses fils. Auquel cas il serait né vers 1537 – dix-huit ans après le mariage de ses parents [17]. Tout comme son père, il a possédé une très modeste charge villageoise, étant « bailli de Bazoches et dépendances ». Mais son destin ne fut pas toujours, semble-t-il, aussi simple et uni que son titre le laisserait à penser. Il avait dans les vingt-cinq ans – toujours dans l'hypothèse d'une naissance en 1537 – lorsque éclata la tornade des guerres de Religion qui n'épargna ni le Nivernais ni la Bourgogne.

Dans cette France du Centre-Est, la Réforme avait très tôt fait des adeptes, parmi lesquels le plus connu demeure sans conteste Théodore de Bèze, prieur de Vézelay, passé à Genève dès 1547 après avoir résigné son bénéfice. Parmi eux également monseigneur Spifame, ancien évêque de Nevers. Quelques églises se « plantèrent [18] » très vite, dont celle de Noyers, seigneurie des Bourbons, et celle d'Is-sur-Tille. La liberté concédée dans l'ensemble du royaume au culte calviniste en janvier 1562 accéléra le mouvement des conversions, entre autres celles de beaucoup de jeunes nobles de la région : les Loron, seigneurs d'Arcy, de Domecy et de Tharot dans la vallée de la Cure ; dans la proximité d'Avallon, les Jaucourt de Villarnoul et de Vault-de-Lugny qui s'étaient illustrés aux XIVe et XVe siècles au service des ducs de Bourgogne ; leurs parents, les Mornai ; venus du Gâtinais, les Briquemault, alliés aux précédents et dont le chef d'armes, François, était un ami personnel de l'amiral de Coligny... Et tant d'autres ! Presque toute la gentilhommerie de la province était soudainement passée au culte calviniste.

En 1562, après le massacre de Wassy, la première prise d'armes, vite enflammée, fut aussi vite apaisée. En revanche, la seconde, qui éclate en septembre 1567, est d'une violence extraordinaire. Il s'agit pour les grands chefs réformés – Gaspard de Coligny et Antoine de Bourbon – de maintenir le contact avec les princes protestants des Allemagnes dont ils espèrent des secours. Il leur faut donc garder la mainmise sur les provinces jouxtant l'Empire – d'où l'importance de la Champagne – et débloquer les passages entre le nord-est du royaume et les pays de Loire où l'amiral de Coligny tient plusieurs places, entre autres La Charité, Chastillon, Bonny, Gien... Par-delà, il s'appuie sur le Poitou et La

Rochelle gagnés à la cause de la « Religion ». Dès lors, les pays d'entre Loire et Yonne deviennent des zones de passage incontournables. Les sillons du relief méridien du Nivernais sont ainsi des lieux d'affrontement privilégiés.

En 1567, des bandes de huguenots iconoclastes pillent Auxerre et plusieurs autres localités bourguignonnes. La riposte papiste ne se fait guère attendre : dès l'année suivante, avec à leur tête le gouverneur de Bourgogne, maréchal de Tavannes, les catholiques contre-attaquent et reprennent Auxerre. En représailles, en 1569, les calvinistes s'emparent de la basilique de la Madeleine de Vézelay, y installent leur culte et tiennent pendant trois ans toutes « les routes à quinze lieues à la ronde ». À plusieurs reprises, ils ruinent les environs. Au cours d'un de ces raids, ils incendient le village de Bazoches, son église, une partie de son château et la maison noble de Vauban.

Il n'est pas facile de préciser quelle fut l'attitude des Le Prestre durant cette tourmente. On sait pourtant qu'Emery se lamente sur le pillage de sa maison et meurt peu après. Il est fort possible – et même probable – que son fils Jacques ait en revanche suivi le parti réformé. En tout cas, un contrat en parchemin présenté à d'Hozier, et dont l'authenticité n'a pas été contestée, paraît confirmer cette hypothèse : il s'agit du pacte de mariage de Jacques Le Prestre le Vieux, passé le 16 juin 1571 « devant Noël Taboureau, notaire et tabellion en la ville et gouvernement de La Rochelle [...] en présence de messire François de La Noue, gentilhomme ordinaire de la Chambre du Roy ». Jacques épouse « damoiselle Charlotte Arnauld, veuve de feu Antoine Pinard, escuyer, son premier mari, et fille d'honorable homme et sage maître Arnauld, conseiller de Très Haute et Très Puissante dame Jeanne, reine de Navarre ». Jacques se présente alors comme un homme bien pourvu. Trop pour qu'on le croie les yeux fermés ! Sa femme amène 6 000 écus[19] ; lui-même se constitue en dot la somme de 20 000 livres tournois sur ses biens situés au duché de Nivernais en la châtellenie de Bazoches « à lui eschus par le décès de noble Emery Le Prestre, son père, escuyer, réservé le douaire de damoiselle Françoise Vesle, sa mère, sur la part qui lui appartient en la terre et seigneurie de Vauban, plus la somme de six mille livres tournois qui lui étoient dues par Monsieur l'Amiral » dont il affirme dans cet acte être « le maître d'hôtel ».[20]

Dans tout cela, comment démêler le vrai du faux ? Il est certain que François de La Noue était alors gouverneur de cette « véritable petite république à demi indépendante du royaume [21] » qu'était devenue pour lors La Rochelle ; il est certain également que parmi la suite des nombreux gentilshommes qui entouraient Gaspard de Coligny et son homme lige, François de Briquemault – ayant une part non négligeable dans les négociations du mariage d'Henri de Navarre avec Margot de Valois –, figuraient plusieurs seigneurs nivernais et bourguignons. Mais il n'est malheureusement pas loisible de vérifier ces assertions par la confrontation avec d'autres sources. Les minutes de maître Taboureau ont depuis longtemps disparu et la magnifique collection des registres d'état civil de l'Église calviniste de La Rochelle présente une très regrettable lacune, justement entre 1569 et 1572.

S'il est donc bien délicat de conclure sur ce point, il est cependant très probable qu'il y a bien eu passage d'Emery à la « Religion », mais pour une très courte durée. En effet, dès avant la Saint-Barthélemy, la presque totalité des nobles bourguignons avaient déjà tourné casaque et rallié, qui le tiers parti, qui même le parti catholique. Seuls persévérèrent quelques rarissimes purs, parmi lesquels les Jaucourt, apparentés aux Courtenay et aux Béthune, ou encore François de Briquemault – exécuté sous Charles IX – et son fils Jean, l'un et l'autre fidèles des Chastillon. Leurs descendants ne devaient d'ailleurs abjurer qu'à la Révocation, à moins qu'ils ne soient alors partis au Refuge ! En revanche, comme la plupart de ses pairs, Jacques Le Prestre a depuis bien longtemps cessé d'être l'un des leurs.

Vingt ans plus tard, il est réinstallé en Nivernais et à nouveau catholique, nul ne sait depuis quand ! La situation politico-religieuse a d'ailleurs bien évolué, surtout depuis 1585 et plus encore après 1588. Sous l'impulsion du nouveau gouverneur de la Bourgogne – Mayenne, frère du Balafré – la région devient en sa presque totalité ligueuse, ne serait-ce que parce qu'elle souffre cruellement des exactions des troupes allemandes venues renforcer l'armée protestante de Condé ; les soudards se débandent à travers le pays et jusqu'au plus profond du Morvan, ravageant et brûlant tout sur leur passage. Auxerre, Noyers (pourtant l'une des premières églises bourguignonnes réformées), Avallon et tant d'autres villes, bourgs ou villages sont « tenus et occupés par les ennemis rebelles du Roy», lequel est jusqu'en 1589 Henri III, puis son cousin et héritier Henri de Navarre, devenu en 1589 Henri IV. Semur est alors «la seule ville restée fidèle au Roy». Bien que brûlée partiellement en 1588, elle accueille néanmoins les grands corps de la province, le parlement, la chambre des aides, le bureau des finances. Au contraire, Avallon, qui avait eu à souffrir cruellement des attaques de l'armée de Wolfang des Deux-Ponts en 1569[22], de l'attaque du maréchal d'Aumont en 1592, s'enrage et fait échec aux forces royales jusqu'en 1594. Aussi, dès 1590, pour contrôler l'entrée septentrionale du Morvan et bloquer l'action des ligueurs, Henri IV aliène-t-il en viager sa seigneurie de Saint-Léger-de-Foucherets aux Briquemault, seigneurs de Ruères et enfants de celui qui avait été sa vie durant l'un de ceux de la «Religion» les plus résolus, les plus cruels mais aussi les plus fidèles à sa foi et au Béarnais[23].

Françoise de La Perrière

C'est en ces temps particulièrement troublés que Jacques Le Prestre, «sieur de Vauban, y demeurant», se remarie sans qu'on sache d'ailleurs ce qu'est devenue sa première épouse, si tant est qu'elle ait bien existé. On connaît ce mariage-ci par deux sources qui se recroisent. D'abord, une analyse succincte du contrat est fournie pour les preuves de noblesse de 1642 : y figurent les témoins. D'autre part, la grosse de l'acte est encore conservée dans les papiers de la famille Vauban[24].

Le barbon, qui dépasse maintenant la cinquantaine, convole avec une mineure, «damoiselle Françoise de La Perrière, fille naturelle mais illégitime de deffunt noble Louis de La Perrière, vivant escuyer, seigneur de Bazoches, Nuars, Moissy-Moulinot, Meix-Richard» qui, ayant reconnu sa fille, lui a constitué une dot.

Il est sûr que, malgré la bâtardise de la demoiselle, cette union flatte les Le Prestre. La famille de La Perrière n'est pas des moindres en Nivernais, grâce à ses alliances avec les très anciennes maisons de Chastellux, Montmorillon, Pontailler, Rochefort. Elle a aussi des liens avec les Vézigneux et, par-delà les frontières, avec les La Beaume-Montrevel qui jouèrent un rôle non négligeable auprès de l'empereur[25]. En Nivernais, elle occupe la place d'honneur dans sa seigneurie de Bazoches et dans les environs immédiats.

Le contrat est signé au chastel de Saint-Franchy, charmante demeure Renaissance proche de Saint-Saulge et appartenant à l'un des oncles paternels de Françoise – Léonard de La Perrière, époux d'Antoinette de Pontailler, seigneur de Billy et de Saint-Franchy[26]. Assistent à la cérémonie, du côté de la jeune femme sa mère, demoiselle Françoise de Lanty, probablement née dans une famille de la noblesse du voisinage[27] et pour lors femme du sieur de Lasserre (*alias* de Serre), écuyer; également ses oncles paternels, Paul de La Perrière, seigneur de Bonneçon, et Léonard – chez qui s'est rassemblée la noce. Tous deux sont exécuteurs testamentaires de leur frère défunt Louis, père de la mariée.

Du côté de l'époux, Hugues Le Prestre, probablement frère de Jacques; surtout Françoise Vesle, fort âgée et accompagnée de son second mari, honorable homme et sage maître Albert Marguillier. Quelques autres parents et amis entourent encore les mariés. Il y a là Louis de Pontailler, beau-frère de Léonard de La Perrière, et noble Dominique de Romiers, seigneur de Pierre-Perthuis, l'un et l'autre de lignages importants. Noble Louis d'Anthienville, seigneur d'Epoisses et des Bordes, pareillement présent, est le propre neveu du maréchal de France Imbert de La Platière et est allié par mariage aux Saulx-Tavannes. Il est « bon royal », entendons favorable à Henri IV, donc antiligueur. Ainsi sa présence en cette cérémonie colore-t-elle d'une touche politique bien précise les opinions de la compagnie.

« Les futurs époux [...] ont promis de se prendre en mariage sitôt que l'ung par l'autre en sera requis, et le mariage fait et accompli en face de Notre Mère Sainte Église Catholique, Apostolique et Romaine... » Ils choisissent le régime de la communauté réduite aux acquets. La mariée, à laquelle le futur offre « bagues, joyaux pour la somme et valleur de cent escus », apporte en dot le principal de rente et les arrérages de ladite rente que se sont engagés à lui verser ses oncles depuis que « par transaction du 7 avril 1588 devant maître Pierre Fourphie, notaire » ils se sont enfin décidés à exécuter le testament de leur frère décédé et à s'entendre avec Françoise de Lanty. Celle-ci lègue à sa fille, « future épouse », tous ses biens à condition d'en conserver pour elle et son mari, Edme de Lasserre, l'usufruit leurs vies durant. En cas de veuvage sans enfant, Françoise de

La Perrière récupère ses propres. Si elle a des enfants, elle reçoit un douaire avec, en outre, « en préciput une chambre garnie jusqu'à la valeur de cent escus, [...] aussi ses robes, bagues, joyaux et une hacquenée arnachée jusqu'à la valeur de la somme de trente escus. En faveur du présent mariage, ladite Vesle, mère dudit Le Prestre, à l'authorité dudit Marguillier son mary, donne en préciput et avant tout partage audit Jacques Le Prestre, son fils, la maison et le pourpris de Vauban ». Suivent toute une série de réserves pour usufruit et hypothèques, le marié se constituant, de son chef, une dot de « trois cents écus »[28].

Quatre ans plus tard, Jacques Le Prestre est à nouveau mêlé aux dernières convulsions des guerres religieuses et il ne dément pas sa qualité de « bon serviteur du roi » Henri IV. Il participe au ban et à l'arrière-ban du Nivernais convoqué par le duc de Bourbon « suivant le commandement que Sa Majesté avoit fait à sa noblesse de se trouver sur la frontière de Picardie pour le secourir contre les ennemis de l'État. Partis du pays de Nivernois, leur demeure, pour se rendre en équipages d'ho[mmes] et de chevaux près de S. M., [ces seigneurs] s'estant approchés de la ville de Paris et luy ayant député, il leur auroit fait dire de se retirer chez eux et s'y tenir prest à marcher au premier ordre, dont ils luy auroient demandé certificat [...] le 26 octobre 1595[29] ».

Rentré chez lui sans avoir combattu, Jacques l'Aîné se consacre désormais à l'entretien de ses terres, à l'éducation des enfants que lui donne Françoise de La Perrière, sans pour autant négliger sa charge de bailli de Bazoches. Veuf avant 1619[30], il meurt vers 1633, non sans avoir mis toutes ses affaires en ordre : transaction le 7 mai 1614 à propos d'une somme de 1 000 livres à lui due par Léonard de La Perrière, oncle de sa femme ; à l'extrême fin de son existence (23 janvier 1631), partage final de ses biens en avance d'hoirie entre six de ses descendants « non encore appanés[31] ».

« COMME DES PLANTS D'OLIVIER »

Huit enfants, quatre fils et quatre filles, l'entourent à sa mort, dont deux – Nicole et Gabriel – sont encore célibataires à cette date. Les six autres sont déjà mariés et se sont égaillés à plus ou moins longue distance de la maison familiale. Jeanne, l'aînée des filles, s'est le plus éloignée et le plus tôt, en convolant le 20 mai 1619 avec Jean de Gousmey, écuyer, fils de Claude, aussi écuyer, et de demoiselle Catherine de Tardieu. Le jeune ménage est installé en Bourgogne, à Moutomble, paroisse de Sainte-Colombe, territoire de L'Isle-sur-Montréal, l'actuelle L'Isle-sur-Serein. Ils se trouvent ainsi à quelques lieues du giron paternel mais la distance est facile à franchir et, sur place, les parentés nombreuses [32]. Peu après son aînée, Claude, la cadette, a épousé Jacques de Lambert, écuyer, originaire de Beauvilliers, paroisse de l'Avallonnais, pour lors hameau de Saint-Léger-de-Foucherets. La troisième, Madeleine, est mariée à maître Millereau, notaire royal établi à Lormes, petite capitale du Morvan septentrional. Plus tardivement, après la mort de son père, Nicole deviendra à son tour Mme de Gillot, demeurant à Bazoches [33].

Les quatre fils se prénomment Paul, Jacques le Jeune, Gabriel, Urbain. L'aîné est Paul, « bailli de Lormes à la part de Chalon », c'est-à-dire officier de la justice d'un des coseigneurs de Lormes. Vivant en la demeure de Vauban, il prend – ou reprend – du service dès le début de l'intervention française dans la guerre de Trente Ans. Aux premiers engagements, il est « dangereusement » blessé à la bataille de Rethel et meurt peu de jours après au village de La Rathière, laissant une jeune veuve et trois petits enfants [34]. Nous les retrouverons bientôt !

Gabriel, célibataire, est le dernier et avait été le témoin de mariage de son frère Urbain ; il s'engage également en 1635 dans le régiment d'Enghien. Il est tué à la bataille d'Honnecourt en 1637. Deux des fils Le Prestre sont donc morts pour le service du roi dès le début du conflit et tous deux sous la bannière des Condé.

Né vers 1602 – il affirme avoir environ soixante-cinq ans en 1667 –, Jacques le Jeune sert aussi dans les armées du roi à dater de 1636, d'abord dans le régiment d'Enghien cavalerie, compagnie du baron de Lange, puis dans celui de Saint-Luc-Persan. Fait prisonnier de guerre à la bataille de Sedan, il est relâché lors de la trêve de 1642. Il est uni depuis 1626 à Louise de Sauvage, dame de Montbaron, sœur de l'un de ses futurs compagnons de combat – Alos de Sauvage –, fille de Louis, « vivant escuyer, sieur dudit lieu » (sur le territoire de Cervon). Il n'en a pas de descendance mâle mais en revanche six filles :

trois religieuses et trois mariées dans le voisinage, dont l'une, Charlotte, épousera à Beauvilliers un veuf, messire noble Georges de Morot, seigneur de Grésigny [35]. Il survit à ses trois frères et meurt aux environs de 1670 [36].

Urbain, l'un des cadets de Jacques l'Aîné et de Françoise de La Perrière, n'est autre que le père du futur maréchal. Très rapproché de son frère Jacques le Jeune, il naît lui aussi à l'orée du XVIIe siècle. Une vague allusion donne à penser qu'il a, comme ses frères, servi quelque temps dans les armées du roi ; mais on n'a pas de détail précis sur ce point. Le 3 mars 1630, il épouse « au chastel de Rivières, paroisse de Saint-Léger-de-Foucherets, damoiselle Edmée Carmignolle, fille de Jehan Carmignolle, escuyer, et de Françoise Prévost [37] ». Deux ans plus tard, le 14 février 1632, il délègue sa jeune femme à Bazoches pour vendre à son frère aîné « des héritages situés au territoire de Vauban avec le consentement de noble Jacques Le Prestre, père des parties [38] ».

Dans cet acte, comme dans le précédent, il est bien précisé que le jeune ménage habite à Rivières, paroisse de Saint-Léger. Il s'agit là de Ruères, hameau sis sur la rive droite du Creusant, à l'est du terroir communal. S'y élève encore actuellement un « chastel » qui, au XVIIe siècle, appartenait aux Briquemault, auxquels une Jaucourt avait apporté cette seigneurie en dot au XVIe siècle. Par ailleurs, l'analyse des registres paroissiaux de Saint-Léger permet d'affirmer que résidaient alors à Ruères bon nombre des cousins Bierry et surtout Jehan Carmignolle, le beau-père d'Urbain. Deux conclusions s'imposent donc. En 1630, Jehan Carmignolle ou Urbain Le Prestre – l'un ou l'autre, à moins que ce ne soient l'un et l'autre – connaissait suffisamment les Briquemault pour obtenir d'eux le prêt de leur maison forte pour la cérémonie du contrat de mariage. Par ailleurs, si Urbain et Edmée n'ont pas déménagé dans les mois précédant la naissance de leur fils, c'est à Ruères qu'est né Sébastien, ce qui tendrait à improuver la légende de la maison natale du maréchal au cœur du bourg principal de Saint-Léger. Tout cela vaut d'être médité, mais n'éclaire guère les activités d'Urbain Le Prestre, ni ses sources de revenu.

Parti de la maison paternelle sans espoir de retour, ayant vendu sa part d'héritage à son aîné, ce cadet meurt dans sa nouvelle « patrie » le 3 avril 1652 à « environ cinquante ans [39] ». Vie sans éclat, égayée seulement par quelques anecdotes concernant ses talents de greffeur d'arbres fruitiers, qui est une activité digne d'un écuyer: Sully s'y était adonné à ses moments perdus[40]. Il est vraisemblable, comme on l'a supposé, qu'Urbain ait été homme de confiance du sieur de Ruères[41]. Quoi qu'il en soit, on n'aurait pas – ou bien peu – parlé de lui si son fils n'avait été célèbre! Ce dernier a dix-neuf ans au décès de son père. Voici encore détruite une légende: celle d'un Vauban, tout garçonnet, déjà orphelin!

Un dernier point sur les Le Prestre. Avec Sébastien et ses cousins germains, nés les uns et les autres dans les années 1620-1640, nous arrivons à la quatrième génération noble à partir d'Emery, le fondateur incontesté de la lignée. Avec eux, on a affaire à l'une de ces familles de très modeste noblesse que la « maintenue » des débuts du règne personnel de Louis XIV permet de recenser à travers le royaume. Les origines lointaines sont mal dégagées, mais qu'importe puisqu'au terme de l'édit royal de 1661 il n'est pas nécessaire, pour faire ses preuves, de remonter à plus de quatre degrés, soit en gros un siècle. Les brûlements et les pillages des guerres de Religion sont à point évoqués ici comme en bien d'autres cas pour camoufler l'absence de documents plus anciens. Et l'on peut se demander si l'accent mis sur la longévité exemplaire de plusieurs membres de la maisonnée et le recul le plus haut possible dans le temps du mariage d'Emery ne sont pas une manière comme une autre d'affirmer l'ancienneté de la famille. En tout état de cause, il y a probable franchissement du barrage nobiliaire à la faveur de la relative fluidité sociale du XVIe siècle. Ruraux prolifiques et besogneux, probablement anciens marchands, les Le Prestre sont dès lors obligés de se tourner vers des activités non dérogeantes: mise en valeur du patrimoine foncier, menues charges locales, surtout envol vers les lointains horizons par le biais des armes et du service du roi. Sébastien s'engageant dans l'armée à dix-huit ans n'est pas une exception! Il ne fait que suivre l'exemple de la plupart des mâles de la famille.

En ce qui concerne les unions matrimoniales, il est préférable d'épouser la fille d'un écuyer. Mais à tout prendre, se marier avec une roturière bien nantie est loin d'être catastrophique puisque s'accroît la fortune sans que les enfants perdent la noblesse paternelle. Et pour les filles, on les case au moins mal!

Il n'empêche que d'Hozier, examinant en 1705 les preuves de Vauban, se gausse de cette famille : « Quelle qualité que celle d'un bailli de village pour le père d'un chevalier du Saint-Esprit ? Et quelles alliances pour les tantes du maréchal que Millereau et Lambert [42]... ? »

À Saint-Léger, Carmignolle et Prévost

Du côté maternel, les précisions manquent plus encore. Dans le contrat de mariage Le Prestre-Carmignolle, il est spécifié que le père de la mariée est écuyer. Cependant, il n'y a aucun dossier au Cabinet des titres, hormis une feuille portant en tout et pour tout le nom de la mère du maréchal, ce qui tendrait à prouver la roture de cette famille [43]. En revanche, le fait qu'elle ne figure pas sur les rôles des tailles de la paroisse serait peut-être une preuve indirecte de sa noblesse et confirmerait sa qualité nobiliaire, à moins tout simplement que les Carmignolle n'aient eu aucun bien foncier. Or il est impossible de faire des vérifications : les minutes de nombreux notaires de la région morvandaise ont en partie disparu pour cette époque, aussi bien pour Saint-Léger – pas de trace, par exemple, des registres de maître Peirier – que pour Lormes où résidaient plusieurs tabellions, dont maître Connestable [44], chez qui plusieurs habitants de Saint-Léger faisaient établir leurs contrats. Heureusement, ont été conservés les registres paroissiaux de Saint-Léger-de-Foucherets. Le premier remonte à 1574. Les baptêmes y sont consignés avec une économie de détails bien regrettable pour l'historien : les mariages et les sépultures ne sont enregistrés qu'à partir de 1635, ce qui occulte des pans entiers de la vie villageoise du XVIe et du début du XVIIe siècle. Tout compte fait, on peut cependant y glaner des renseignements modestes mais irremplaçables [45].

On ne sait d'où est venu Jehan Carmignolle, « mort à Ruères le 1er octobre 1637, âgé d'environ cinquante-cinq ans ». Ce nom, qui ne sonne guère bourguignon, n'apparaît dans la paroisse qu'en 1608, lors de la naissance du premier enfant de Jehan ; il disparaît après 1670, date à laquelle il est fait mention du remariage d'une Emilande Cormignolle avec un laboureur, lui aussi veuf. Auparavant, le curé de Saint-Léger a eu beaucoup de peine à bien orthographier ce patronyme. Au début, il hésitait entre « Carminol » et « Corminol », voire « Carminolt » ; puis entre « Carmignol », « Cormignole » et « Crémignolle ». Ce n'est que très tardivement que la forme « Cormignolle » supplantera « Carmignolle ». En fait, ce nom a des résonances méridionales, voire italiennes, et fait penser à la petite ville de Carmagnolle[46]. Bien sûr, c'est rêver que d'émettre des hypothèses invérifiables ! Notons cependant qu'au XVIe siècle François de Briquemault, devenu seigneur de Ruères par son mariage avec Anne-Renée de Jaucourt en 1532, avait été nommé par le roi François Ier maréchal de camp général de l'infanterie en Piémont et gouverneur d'Asti[47]. Son fils Jean avait gardé de nombreux contacts avec la péninsule. Des liens se seraient-ils créés entre la branche de cette maison désormais fixée en Morvan et des Piémontais qui auraient émigré sur leurs conseils en Bourgogne ? Dans l'état actuel des connaissances, il est impossible de répondre. Un fait certain, déjà noté : les Carmignolle habitent Ruères et le contrat Le Prestre-Carmignolle est passé au chastel des Briquemault.

Rien donc sur les origines de Jehan Carmignolle, tant sur son lieu de naissance que sur ses racines sociales. On a déjà noté son absence sur les rôles des tailles de Saint-Léger, mais qu'en déduire ? Quant à ses activités, elles sont également ignorées. Il est probable qu'il était marchand. En tout cas, il semble bien que son fils le fut[48].

L'ascendance de la grand-mère maternelle est plus facile à préciser. Françoise Prévost, épouse Carmignolle, est assurément de la région où son patronyme est très largement répandu dans tous les milieux sociaux. À Saint-Léger même, les Prévost sont nombreux, alliés tour à tour aux Robert, aux Girard, aux Fouretier, surtout aux Bierry, ces derniers jouissant d'une particulière considération sociale, au niveau de la paroisse et des bourgs environnants bien entendu. Beaucoup d'entre ces gens – mais non les Carmignolle[49] – apparaissent sur les rôles des tailles avec l'indication de leurs contributions, parmi les plus importantes du village[50]. De multiples cérémonies réunissent tout ce monde en un lacis inextricable de parentés et de parrainages repris de génération en génération. Des alliances avec les hobereaux du coin apparaissent parfois : les de Ham que l'on rencontre aussi dans la région de Montréal et de Provency, les Châlon de Soilly (*alias* Sully) et de Saint-Aubin, les Morot de

Grésigny et de Nantillière; bien d'autres encore. C'est par sa grand-mère Françoise Prévost – probablement née le 27 septembre 1579 « de [prénom omis] et de Barbe Collas[51] », morte le 15 février 1618 – que Sébastien est un vrai enfant de Saint-Léger.
Le ménage Carmignolle-Prévost avait eu plusieurs enfants dont quatre parvinrent à l'âge adulte. Le fils, baptisé le 26 février 1612, fut – comme beaucoup d'enfants de la région – prénommé Edme en l'honneur d'un saint archevêque anglais du XIIIe siècle enterré en l'abbaye de Pontigny qui, encore présentement, conserve sa châsse. Il est fort possible qu'Edme ait résidé quelque temps à Bazoches dans les années 1630. C'est à bon droit que l'on peut se poser la question. En effet, un Edme Cormignolle – à la signature identique à celle de l'oncle maternel de Sébastien – est dit « marchand, demeurant de présent à Bazoches » lorsqu'il est témoin d'une transaction passée le 12 février 1634 devant maître Ragon, notaire du lieu, en faveur de messire Ludovic de Viesvres, gendre de Louis de La Perrière et seigneur de Bazoches[52]. Quoi qu'il en soit, en 1635, lors de la déclaration de guerre, Edme s'engage et devient « gendarme de Monseigneur le Prince » – Henri II de Bourbon, gouverneur de Bourgogne. Il entre donc au service du premier prince du sang dans une compagnie de cavalerie lourde. Ce qui prouve à la fois une certaine aisance – l'équipement d'un gendarme coûtant cher – et une certaine surface sociale : en tout cas, à la même date en Languedoc, ne sont gendarmes que des fils de nobles ou des fils de bourgeois ruraux habitués à la vie en plein air et à la pleine maîtrise de leurs montures[53]. Edme est en quartier d'hiver en 1640 lors du baptême d'une petite Fouretier, de Saint-Léger. Il n'est plus au service en 1650 lors d'un nouveau parrainage. À cette date, il est dit « honnête homme, sieur de la Montagne[54] ». Marié, il se retire dans un bon pays, à Presle, proche de Cussy-les-Forges, à l'orée de la Terre-Plaine et sur la route d'Avallon. Lors de la rédaction de son testament, en juin 1651, il teste en faveur de ses trois sœurs[55] : Emilande, née le 8 juin 1608, épouse de Claude Duduit, marchand à Rouvray[56]; Philiberte, la plus jeune, née en 1616 et qui n'avait donc que deux ans à la mort de leur mère – Françoise Prévost[57]; enfin Edmée, née en 1610, épouse Le Prestre[58] et mère du futur maréchal de France. Survivant d'une vingtaine d'années à son mari, elle pourra se réjouir des premiers succès de son fils[59].

De tout ce qui précède il appert que la famille maternelle de Vauban est difficile à cerner par manque de documents. Néanmoins, du peu que l'on sait on peut conclure qu'elle gravite dans le milieu des marchands et des « principaux du village » et de ses environs. L'une de ces innombrables familles de bourgeoisie rurale désireuses de se hisser le plus haut possible dans la hiérarchie sociale et de s'allier sans plus tarder aux hobereaux de la région.

En définitive, Sébastien Le Prestre a une hérédité fort diverse. Par sa grand-mère paternelle, Françoise de La Perrière, il appartient sans conteste à la grande noblesse nivernaise, Chastellux et Montmorillon. Mais c'est par bâtardise ! Par les Le Prestre, son sang n'est vraisemblablement bleu que depuis peu. Du côté maternel, il n'a sans doute que des ascendances plébéiennes. Donc, grande diversité des origines ! Mais la réformation de noblesse voulue par Louis XIV confirme les prétentions familiales des Le Prestre. De quoi les conforter définitivement dans leur état nobiliaire, modeste certes mais à part entière, de quoi les entraîner aussi définitivement dans les rangs des serviteurs de ce roi qui les a reconnus comme siens et dignes de lui.

CHAPITRE II

Les horizons de l'enfance

> Un aussi mauvais pays comme le mien.
> *Description de l'élection de Vézelay.*

C'est dans les toutes premières années de l'existence que se forme et se forge la personnalité du futur adulte. Toute sa vie en restera imprégnée, souvent même à son insu. Il n'est donc pas indifférent de scruter l'enfance de Vauban. Mais là encore manquent cruellement des témoignages précis et dignes de foi.

Parmi bien des légendes concernant Sébastien Le Prestre, certaines particulièrement sentimentales et larmoyantes ont eu longue vie, celles, entre autres, qui, le faisant naître dans une humble habitation du bourg principal de Saint-Léger, le montrent ensuite courant la campagne parmi les galopins de son âge, jeune orphelin se réalisant par lui-même grâce à son intelligence et avec l'aide – arrivée à point nommé – d'un religieux carme, à moins que ce ne soit celle d'un curé de campagne. Ce thème, antithétique de celui de la « race », avait déjà été utilisé pour d'autres héros. C'est en quelque sorte le triomphe du génie spontané sur les lentes maturations familiales et l'exaltation du mérite personnel sur les qualités de la naissance. Cette idée se propage dès le début du XVIIIe siècle, y compris dans la noblesse [1]; peut-être même Vauban n'a-t-il pas été étranger à ce mouvement de pensée.

Ainsi M. Dez, professeur de mathématiques du petit-fils du maréchal, Louis-Sébastien de Bernin d'Ussé [2], a laissé un manuscrit de propos tenus, affirmait-il, par son élève. Celui-ci aurait prétendument évoqué des souvenirs contés par son aïeul – tournant tous à l'avantage du maréchal, fils de ses œuvres, de sa seule volonté, de sa seule intelligence[3]. Cette assertion est ensuite reprise par bien d'autres, à commencer par l'abbé Tripier, curé concordataire de Girolles – à quelque quinze kilomètres de Vézelay – et parent d'un notaire de Saint-Léger. « Son éducation ne coûta qu'à lui-même[4] », explique-t-il d'emblée. Le XIXᵉ siècle finissant va, bien sûr, amplifier ce discours.

En fait, il est bien difficile de démêler le vrai du faux et l'affabulation de la réalité dans tous ces propos tenus par les thuriféraires du maréchal. Aussi peut-être vaut-il mieux, écartant toute anecdote, tenter plutôt de retrouver le cadre et les conditions d'existence de cet enfant de la petite noblesse morvandaise en ce deuxième tiers du XVIIᵉ siècle.

Tes père et mère honoreras

Lorsque naît Sébastien, son père a dépassé de peu la trentaine ; sa mère court sur sa vingt-troisième année. Donc, des parents relativement jeunes en cette époque de mariage souvent tardif. Ils n'ont eu leur aîné qu'après trois ans d'épousailles. Une seule petite sœur, Charles – Charlotte ou Charlette pour les intimes –, arrive cinq ans après son frère. Il s'agit donc là d'un foyer de taille réduite. Le père ne fera défaut qu'en 1652, son épouse lui survivant jusque vers 1670[5].

En ce qui concerne les ascendants, pas de grand-mères, ni paternelle, ni maternelle, l'une morte à une date inconnue mais antérieurement à 1619, l'autre en 1618[6]. Pas davantage de grand-père paternel, décédé à quelques semaines ou quelques mois de la venue au monde de Sébastien. En définitive, celui-ci n'a connu – et pour peu de temps d'ailleurs – que son aïeul Jehan Carmignolle qui, veuf, vivait à Ruères[7]. Peut-être partageait-il le même pot et le même feu que le ménage Le Prestre, dans le cas où celui-ci demeurait au même hameau. Mais comment le savoir ? De toute manière, à moins de mésentente grave, ils ne pouvaient manquer de se voir fréquemment. Aussi est-il bien regrettable d'ignorer quels souvenirs pouvait garder Vauban de ce grand-père mort relativement jeune – le 1ᵉʳ octobre 1637, à cinquante-cinq ans[8]. Son petit-fils atteignait alors tout au plus ses quatre ans et demi, le moment de la vie où les souvenirs sont discontinus mais souvent très marquants.

Il est encore plus regrettable d'ignorer l'influence de ses parents sur Sébastien, celle de son père décédé au moment même où le jeune homme avait déjà commencé de voler de ses propres ailes ; celle de sa mère morte plus tard, à une soixantaine d'années. En fait, il n'est guère possible de répondre ! On l'a déjà noté : d'Urbain on ne connaît que les talents d'arboriculteur dont on nous dit qu'il les mettait au service de ses concitoyens pour les aider à greffer leurs arbres fruitiers et à en améliorer la qualité. Mais sur ce point, il ne faisait que remplir ses devoirs de gentilhomme campagnard, à l'instar du Normand Gilles de Gouberville soignant au siècle précédent ses pépinières de pommiers et de poiriers[9]. Il répondait ainsi à l'idéal tracé dans son *Théâtre d'agriculture* par Olivier de Serres[10]. Seuls des actes notariés permettraient de mieux répondre aux interrogations concernant les activités d'Urbain. Mais où les trouver en dehors du minutier de Saint-Léger, muet sur ce point ?

La famille, ce sont aussi les oncles et les tantes. Or, Sébastien n'en manque pas. Il a ses tantes Carmignolle sur place, du moins en sa prime jeunesse, lorsqu'elles ne sont point encore mariées. Et les grand-tantes de Saint-Léger, marraine en tête, ajoutent à l'entourage féminin des tout-petits. L'enfant est aussi très vite marqué par ses oncles. Edme Carmignolle, le cavalier, le gendarme de la compagnie d'ordonnance de monseigneur le prince de Condé, est parfois présent à Saint-Léger, par exemple en ce printemps de 1640 lorsqu'il tient une nourrissonne sur les fonts baptismaux. Son neveu, du haut de ses sept ans, le voit, l'entend conter ses campagnes, parler de ses chefs et de ses camarades de régiment. L'enfant écoute aussi le récit de la mort de ses oncles Le Prestre, Paul et Gabriel, tous deux tombés au combat. Il sait que son oncle Jacques le Jeune, devenu chef de la famille et tuteur de ses neveux orphelins à la disparition de son aîné, Paul, guerroie encore et a été fait prisonnier de guerre. Ainsi suce-t-il à la mamelle, par tradition familiale autant que par vocation nobiliaire, le goût du service et des armes, le sens des clientèles tissées aux réseaux du ban et de l'arrière-ban, peut-être déjà le désir de défendre le royaume et d'en éviter l'invasion.

« LES MIENS COUSINS »

La famille élargie, la *gens*, ce sont encore tous les cousins, petits et grands, proches ou lointains, même ceux dont on a quelque peine à retracer la filiation au travers du lacis des alliances et des parentèles. Mais la généalogie n'est-elle pas art nobiliaire et de règle l'adage : « Les cousins de mes cousins sont mes cousins » ? Ils sont nombreux, voire foisonnants. Néanmoins, certains de cette longue kyrielle de parents sont mieux connus ou plus aimés et plus appréciés.

Charlotte Le Prestre, fille de Jacques le Jeune et de Louise de Sauvage, est mariée à Georges de Morot, d'une famille de militaires lorrains venus s'installer en Bourgogne et en voie d'« agrégation à noblesse ». Elle habite avec sa famille au château de Grésigny, paroisse de Beauvilliers, à une lieue tout au plus des Le Prestre. Les retrouvailles sont fréquentes et une fillette de ce ménage est choisie en 1638 comme marraine de la petite sœur de Sébastien. À tout moment, les Morot accourent à Saint-Léger pour participer à moult baptêmes et probablement à bien d'autres cérémonies villageoises [11].

À Sainte-Colombe, les Gousmey – famille de Jeanne Le Prestre – sont de beaucoup les plus éloignés : quelque neuf lieues. Mais ils entretiennent des relations fréquentes avec les Morvandiaux, ne serait-ce que par la prolifique famille de Ham, alliée des uns et des autres. À Lormes, les Millereau, branche de Madeleine, sont un peu plus proches, à six lieues et demie de distance, et Urbain a souvent à faire chez les tabellions du coin. Quant à la plupart des autres cousins paternels du futur maréchal, ils sont regroupés à Bazoches, soit dans la vieille maison forte de Vauban, soit dans d'autres demeures du hameau de Champignolles. Il en va ainsi de Louise Le Prestre (1627-1701), fille de Jacques le Jeune, épouse d'Edme de La Corcelle (1637-?), écuyer, seigneur de Bailly et de Précy, capitaine réformé. Il en va pareillement de sa sœur Madeleine, demeurée « fille ancienne ». Même résidence aussi pour plusieurs descendants de Claude Le Prestre, épouse de Jacques de Lambert, en particulier pour sa fille Françoise, devenue Mme de La Varenne. Ce sont tous ces cousins et leurs enfants qui graviteront autour de Vauban lorsque, devenu l'homme célèbre de la famille, il en sera aussi le protecteur[12]. Cette micro-société, au mitan du siècle, est encore fort rude et souvent bien peu policée. Certains du clan n'hésitent pas à échanger horions et injures avec les voisins. C'est ainsi que l'un des jeunes Le Prestre en vient aux mains – ou peu s'en faut – avec la veuve du notaire du lieu pour une sombre histoire de chien divaguant[13].

Mais les cousins préférés de Sébastien, ceux avec lesquels il entretiendra toujours les liens les plus étroits et les plus chaleureux, sont les trois orphelins de son oncle Paul mort en 1635. Soit Paul deuxième du nom, Pierre et Antoinette.

Leur mère, Urbanne de Roumiers, était la fille d'un écuyer nivernais, Sébastien de Roumiers, seigneur des Cours[14], et de dame Jeanne Regnault. Épouse de Paul Le Prestre depuis le 3 novembre 1624, Urbanne apparaît à plusieurs reprises à son côtés dans des actes relatifs à la gestion de leurs biens. Veuve en 1635, elle se remarie le 17 octobre 1637 avec Claude d'Osnay, seigneur baron d'Épiry[15]. Installée dès lors en Bazois dans le château à tour carrée des seigneurs d'Épiry, elle met au monde une nouvelle fille, Jeanne d'Osnay, née en 1638 de son second lit, et y élève ses trois aînés qui ont respectivement treize, cinq et quatre ans de plus que leur cadette. Selon les saisons et les opportunités de l'exploitation des domaines, les d'Osnay et leurs enfants séjournent aussi parfois dans la maison de Vauban. C'est là qu'en 1651 – probablement après la mort d'Urbanne – les trois frères et sœur Le Prestre apurent avec leur beau-père les comptes de l'administration du patrimoine paternel et des reliquats du douaire maternel[16].

La petite dernière des enfants de Paul Ier, Antoinette, dite dame de Champignolles, se marie jeune à un écuyer du voisinage, René de Mercy, et habite sa vie durant à Bazoches, renforçant davantage encore le groupe familial que l'on rencontre souvent réuni à diverses cérémonies de famille[17]. En revanche, Pierre, l'exact contemporain de Sébastien et l'un de ses témoins de mariage (ce qui, entre parenthèses, prouve les liens entre les deux cousins), s'éloigne des horizons familiers par son union, le 5 novembre 1661, avec Françoise du Crest, dame de Montarmin et d'Etteveaux, d'une famille noble des confins du Nivernais et de l'Autunois. Installé au château d'Etteveaux, paroisse de Poil, à quelque vingt-cinq lieues au sud-est de Bazoches, il garde néanmoins des liens étroits avec les siens. Capitaine en second dans le régiment de Béthune, il accompagnera Sébastien dans plusieurs de ses garnisons, à Douai en particulier. Après sa mort survenue à Luzy le 22 août 1693, Vauban suivra de très près les affaires de ses enfants [18].

Mais plus encore que ses cadets, Paul II – l'aîné – est étroitement lié à son cousin Sébastien, bien qu'ils aient quelque huit années de différence.

Le 15 mai 1650, à l'âge de vingt-quatre ans – donc encore mineur –, Paul II avait épousé Anne Guesdin, elle aussi mineure, « fille des feus honorable homme Charles Guesdin et dame Jeanne Pathoust ». Il s'agit d'une famille de notaires demeurant à Meix-Richard, paroisse de Ruages, près de Metz-le-Comte, l'une comme l'autre petites localités situées à l'ouest de Bazoches. Cette alliance semble à première vue moins reluisante que celles que contracteront postérieurement ses cadets. Le contrat est signé en l'abbaye du Réconfort, qui jouit depuis sa fondation en 1244 d'une très grande renommée dans toute la région et où la jeune orpheline a été élevée. Le mariage réunit de nombreux assistants : la mère de l'époux, Urbanne de Roumiers, baronne d'Épiry, « y demeurant » ; plusieurs écuyers d'entre Morvan et Yonne. S'y trouvent également Claude Rolland, notaire royal aux Bordes, paroisse d'Anthien, beau-frère de la future ; leur cousin François Chauveau, marchand à Moissy-Moulinot ; plusieurs hommes de loi. Enfin, invitée d'honneur, dame Anthoinette de Viesvres, dame de Bazoches, épouse de messire Anthoine de Veilhan, chevalier seigneur baron de Giry, Merry-sur-Yonne, Moissy-Moulinot. Il s'agit là de l'héritière et petite-fille légitime de Louis de La Perrière, celui-ci arrière-grand-père par la main gauche de Paul, le futur marié. Relations de patronage de la part de la seigneuresse, ou relations de cousinage ? Constatons simplement. Quant à Sébastien, impossible de savoir s'il est présent à la cérémonie, la jeune génération n'étant point dénombrée sur l'acte officiel [19].

Par la suite, Paul devient officier militaire. Tandis que sa femme habite la plupart du temps à Vauban [20], il combat aux frontières. Il a de très fréquents contacts avec son cousin, et s'associe à lui à plusieurs reprises, surtout à dater de 1665, lorsque tous deux sont en garnison à Brisach, puis à Lille. L'entente des deux cousins est étroite. Paul II aide souvent Sébastien dans de nombreuses tâches annexes mais indispensables, veillant par exemple sur la bonne tenue de l'équipage du jeune ingénieur. Paul est nommé aide-major de la citadelle de Lille lorsque Sébastien en devient le gouverneur. Appelé par Louvois dans la capitale pour y contrôler quelque temps les chantiers des Invalides, Paul confie alors à Vauban la formation et la carrière de ses fils, tous ingénieurs. Mais n'anticipons pas.

Ce qui a contribué à rapprocher davantage les cousins germains, c'est, en 1660, le mariage de Sébastien avec Jeanne d'Osnay, la sœur utérine de Paul, Pierre et Antoinette[21]. Ceux-ci deviennent ainsi les propres beaux-frère et belle-sœur de leur cousin. Et leurs enfants sont bien les neveux de Vauban qui, sevré de toute descendance mâle, suivra toujours leurs destinées avec affection, intérêt et dévouement.

IMPRÉGNATION FAMILIALE

Vauban n'est donc ni orphelin ni abandonné. Tout au plus a-t-il pu souffrir d'être fils unique – non enfant unique – et se sentir parfois seul garçon au logis. Mais qui peut l'affirmer ? Intégré dans une vaste bien que modeste « maison », il en a sûrement reçu davantage que son nom, son titre d'écuyer, son hérédité. Ou plutôt, il reçoit ces divers dons en les assimilant. Il a le sens de son état, de sa qualité de noble nivernois. « Je suis le plus pauvre gentilhomme du royaume », écrit-il à Louvois en 1672, affirmant ainsi la conscience qu'il a de son appartenance incontestée à la gentilhommerie, même si en fait les origines n'en sont pas incontestables. Peut-être aussi fierté d'avoir dans les veines du sang des Chastellux et des Montmorillon, nonobstant la naissance illégitime de sa grand-mère Françoise de La Perrière. Il partage avec la plupart des siens l'amour des armes qui lui fera penser qu'il n'est de vraie noblesse que celle du service[22]. Également passion pour le berceau des ancêtres, le village de Bazoches et la maison familiale de Vauban. Avec cela, le sens familial de l'entraide. Plus tard, il acceptera bien souvent de s'entremettre pour l'un ou l'autre des siens. Ce faisant, il ne se singularise en rien de son époque si favorable au népotisme et à la constitution de clans. En fait, sur ce point, peut-être même serait-il parfois plutôt en deçà de la pratique courante.

Il reçoit aussi de son milieu familial une certaine intelligence des choses de la terre et de la gestion du patrimoine. Cet enfant à l'esprit vif et ouvert réfléchit à tout ce qu'il voit. Il connaît sinon la gêne, du moins la vie resserrée de bien des petits nobles ruraux n'exploitant leurs terres que par personnes interposées, se saignant à faire instruire leurs enfants, à leur donner un équipement pour le service, toujours « à la recherche de dix-neuf sous pour faire un franc ». Avec des budgets en équilibre instable et quelques mauvaises rentrées de fonds, tout partage et tout contrat de noce sont source de soucis, parfois même de cruelles épreuves. On en a plusieurs exemples dans la famille.

Jacques le Père promet à sa fille Jeanne une dot de 1 200 livres payables en trois échéances, dont la première – 300 livres – acquittée sur-le-champ, lors des épousailles de la demoiselle en 1619. Mais il n'arrive pas ensuite à réunir suffisamment de numéraire – engagé par ailleurs dans d'autres opérations – pour continuer des versements réguliers. Certaines années, ce ne sont que 20 à 25 livres seulement qui sont données à M. de Gousmey. Les comptes ne seront définitivement apurés qu'en 1633, quatorze années plus tard [23].

Sébastien constate aussi que « qui veut tenir son rang parfois le perd », surtout lorsque les intérêts accumulés d'emprunts même modestes deviennent si accablants qu'il faut hypothéquer ses biens et les abandonner aux créanciers. Son oncle Jacques le Jeune commença ainsi à se faire prêter, le 23 juillet 1653, 280 livres contre une rente annuelle de 30 livres, 10 sols, 8 deniers. Non seulement il ne paie pas les intérêts annuels mais il fait encore d'autres emprunts à sa créancière et voisine de Champignolles, demoiselle Martine Magdelenet, veuve du notaire Dominique Houdaille, laquelle est loin d'être en odeur de sainteté dans la famille Le Prestre [24]. D'où un passif impressionnant pour les héritiers de Jacques, qui ne pourront l'éponger qu'en vendant une partie de leurs biens [25]. Tout cela entraîne disputes, chicanes, jalousies et froissements entre voisins et parfois même au cœur d'une famille pourtant unie.

Plus tard, au cours de sa *Description de l'élection de Vézelay*, Vauban fera allusion aux notables de la région – la huitième partie seulement de la population –, « toujours accablés de procès entre eux [...], soit en demandant ou défendant, n'y ayant pas de pays dans le royaume où on ait plus d'inclination à plaider que dans celui-ci [...], jusque là qu'il s'en trouve assez qui manquant d'affaires pour eux se chargent volontairement, mais non gratuitement, de celles des autres pour exercer leur savoir-faire[26] ». Écrivant cette dernière réflexion, il est possible qu'il ait pensé à ses parents Millereau de Lormes. De tout cela, il gardera cette idée qu'il vaut mieux être du côté des prêteurs que de celui des débiteurs.

Autre enseignement familial, mais dans un tout autre domaine, celui de la foi. Le passage du trisaïeul à la Réforme – si toutefois passage il y eut et s'il ne s'agit pas d'une légende tardivement inventée – n'avait tout au plus duré qu'un lustre. Aucun doute, les Le Prestre font profession solennelle de leur attachement à « notre Sainte Mère Église catholique, apostolique et romaine », dans le giron de laquelle ils sont tous baptisés, mariés et enterrés. C'est dans la famille, à la messe dominicale de la paroisse et probablement aussi auprès de son parrain prêtre, que le garçon apprend ses prières et reçoit les premiers rudiments religieux. Il y gagne une foi simple, solide, avec le sens de la grandeur de Dieu qui s'allie à la conscience très claire mais non morbide ou angoissée des fautes commises. Avec cela, l'appel à la miséricorde divine. Une foi de bonne femme, diraient certains. Voire... Il la gardera jusqu'à sa mort !

Ainsi éducation et exemples familiaux façonnent progressivement l'enfant.

« RUS ET BOSSILLEMENTS, FORÊTS ET BOIS »

Sa terre natale le façonne pareillement. Il est bien difficile – à dire vrai impossible – de savoir sur quoi se posèrent les premiers regards du bambin puisque aussi bien on ignore où était exactement située sa maison, quelle en était l'importance et *a fortiori* en quoi consistait son aménagement intérieur. Mobilier de quelque valeur ou humbles bahuts mal équarris ? Lits clos de rideaux de serge ou alcôves fermées ? Écuelles de bois, assiettes d'étain ou de faïence nivernaise ? Questions vaines, à la limite oiseuses en l'absence d'un inventaire ou d'une description précise. Tout au plus peut-on évoquer, mais avec quelle marge d'erreur (?), tels intérieurs des peintres réalistes de l'époque.

Le nourrisson pousse dru. Encombré de ses jupes de garçon, surveillé par sa mère ou sa servante, encore trébuchant, il vague aux alentours immédiats de l'habitation, apprend à reconnaître son monde et à jouer. Très vite ensuite, comme tous les jeunes ruraux de son âge, il parcourt les chemins familiers et les sentes secrètes des environs. On ne risque guère de se tromper en affirmant qu'il a dû dénicher des oiseaux, construire des cabanes et jouer à la guerre. Mais il est fils de noble. Aussi apprend-il très tôt à se tenir sur un cheval, à le maîtriser, à devenir le parfait cavalier qu'il fut longtemps. De la sorte, tant à pied qu'à cheval, le garçonnet explore progressivement la contrée et en pénètre les secrets.

Participant du système hercynien français entre Vosges et Massif central, le Morvan – la Montagne noire – dresse sa masse sombre et compacte de sol pauvre, pourri et « mauvais » au-dessus des dépressions à « bonnes terres » qui l'entourent. Fragment de pénéplaine légèrement basculé, étendu dans le sens méridien sur quelque quatre-vingts kilomètres, il culmine au sud au Bois-du-Roi (901 mètres) pour s'incliner ensuite progressivement vers le nord. Néanmoins, Saint-Léger-de-Foucherets, en plein Morvan septentrional et à 10 kilomètres tout au plus des sédiments secondaires de la Terre-Plaine de l'Avallonnais, est encore à 459 mètres d'altitude. Dominant de si peu que ce soit les alentours, le massif arrête les vents d'ouest et en reçoit d'abondantes ondées qui, tombant en toutes saisons sur un sol cristallin et imperméable, donnent un chevelu extrêmement développé de cours d'eau et de ruisseaux, les « rus ». « Le pays est entrecoupé de fontaines, ruisseaux et rivières, mais tous petits comme étant près de leurs sources [27]. » Il s'ensuit un relief fortement contrasté, ciselé dans le détail, « bossillé ». Les vallées profondément encaissées, Cure, Cousin, Armançon, Creusant ou Tournesac, rendent la circulation difficile d'un sommet aplati à un autre sommet aplati, pourtant si proches à vol d'oiseau.

Les forêts, avant tout feuillus avec sous-bois de broussailles et de fougères, couvrent plus de la moitié du pays ; elles sont trouées de vastes clairières où s'est développé l'habitat. Il est sûr qu'il faut sens de l'observation et œil exercé pour se retrouver dans les fourrés, le lacis des rus et le complexe des « bossillements ». Mais pour un élève doué, quelle leçon de topographie !

Aussi incomparable, à tout prendre, que celle reçue quelque quatre-vingts ans plus tard par le jeune Pierre Bourcet, futur ingénieur lui aussi et l'un des meilleurs cartographes du XVIIIe siècle, lorsque à sept ou huit ans il parcourra les Alpes en tout sens à la suite de son père, capitaine d'une compagnie franche de la guerre de Succession d'Espagne[28].

Pour en revenir à Sébastien Le Prestre, le jeune garçon apprend au fur et à mesure de ses promenades enfantines à lire le terrain et à en appréhender les particularités. Sa célèbre *Description de l'élection de Vézelay* a été vécue avant d'avoir été écrite. Certes, Saint-Léger dépend de la recette d'Avallon et non de l'élection de Vézelay. Mais les paysages morvandiaux des deux circonscriptions voisines sont à peu de chose près identiques et se rient des frontières administratives. « C'est un terroir aréneux et pierreux, en partie couvert de bois, genêts, ronces, fougères et autres méchantes épines, où on ne laboure les terres que six à sept ans l'une ; encore ne rapportent-elles que du seigle, de l'avoine et du blé noir pour environ de la moitié de l'année de leurs habitants qui, sans la nourriture du bétail, le flottage et la coupe des bois, auroient beaucoup de peine à subsister. » Il note à propos du bétail : « Des bœufs [...] petits et si faibles qu'on est obligé de tirer les bêtes de labour d'ailleurs, ceux du pays n'ayant pas assez de forces. Les vaches mêmes y sont petites [...]. Très peu de chevaux et ceux qu'on y trouve sont de mauvaise qualité et propres à peu de choses. La brébiale y profite peu parce qu'elle n'est point soignée ni gardée en troupeaux par des bergers intelligents, chacun ayant soin des siennes comme il l'entend [...]. Quantité de bourriques [...], pas un seul mulet. »

Le garçon parcourant les halliers qui couvrent près des deux tiers de la paroisse en connaît tous les tours et détours : Colas, l'Huis-Saint-Benoît, Montpaulet, les Roubeaux, la Pierre-qui-Vire, la Provenchère, Ferrières, le Bon-Ru... Regrettant dans sa vieillesse les coupes inconsidérées et trop fréquentes des arbres, il rappellera : « Il y a soixante à soixante-dix ans que la moitié ou les deux tiers des bois étaient en futaie » (la belle forêt), et d'ajouter : « Il n'y a plus ni glands, ni faines, ni châtaignes dans le pays où il y en avait anciennement beaucoup », soulignant ainsi l'épuisement des essences nobles de son enfance, chênes, hêtres, châtaigniers. Reconnaître les divers quartiers des bois fait aussi partie de l'éducation forestière d'un enfant du pays. Forêts royales de Saint-Léger; bois d'« usage » de la communauté villageoise; bois seigneuriaux dont leurs propriétaires tirent bénéfice par vente de tel canton à un marchand de bois ou par « acensement [29] » aux paysans contre redevance annuelle. Sous la haute autorité des officiers des Eaux et Forêts, les arpenteurs sont chargés de relever les plans des bois royaux et de délimiter les cantons à exploiter; il y a peut-être eu là une première initiation à la prise des mesures et à la technique des toisés que doit parfaitement maîtriser un futur ingénieur [30].

Le bûcheronnage de l'automne fait aussi partie de la vie saisonnière du pays, tout comme la mise en « cordes » et le transport lent et pénible des troncs, bœufs et hommes ahanant à travers les sous-bois dégarnis ou dans les sentes enneigées « jusqu'aux ruisseaux [...] qui servent au flottage des bois quand les eaux sont grosses à l'aide des étangs qu'on a fait dessus ». Lointaine préparation au métier d'hydraulicien, le spectacle de l'ouverture des perthuis, ces légers barrages de fascines qui barrent l'entrée des étangs artificiels créés sur le Trinquelin, le Creusant, la haute Cure, la Romanée ou le Tournesac.

Prévue longtemps à l'avance et annoncée à son de cor pour prévenir les riverains désireux de se garder de l'inondation, l'opération consiste à détruire la partie centrale du barrage. La masse liquide libérée fait chasse d'eau et entraîne les troncs d'un plan d'eau à un autre barrage et, de là, jusqu'aux rivières flottables. Gare aux roues de moulins quand s'écroule brusquement la trombe d'eau chargée de bois, de planches et d'épaves, d'écorces, de feuillages, voire de bêtes crevées. Il faut alors préserver vaille que vaille les mécanismes coûteux et délicats. Entre ces opérations, les meuniers rouvrent vannes et canaux pour reprendre le travail de la mouture et des foulons. Nombreux, les moulins se succèdent de l'amont à l'aval des cours d'eau. Le gamin connaît leurs constructions familières. Sur le Trinquelin, moulins Colas, Simmoneau, Fouesnot; sur la rue Gérard, celui du Nain; un autre encore dans le vallon du Creusant près du sentier familier qui, de Saint-Léger, mène à Ruères.

L'enfant va et vient, tend des collets pour prendre quelque oiseau, pêche à la main, observe le gibier, interroge les anciens sur son pays – « un aussi mauvais pays comme le mien » – qu'il aimera jusqu'à sa mort d'une dilection particulière.

LES MORVANDIAUX

Qui observe tant soit peu constate aisément la dispersion de l'habitat sur le vaste territoire de la paroisse (3 381 de nos actuels hectares, dont les deux tiers en forêts). De nombreux hameaux et écarts s'égaillent dans les bois : Corvignot, La Bécasse, Le Montois, Lardot, Veaumarin, Le Bon-Ru... Dans la zone des cultures improprement appelée « la plaine », on rencontre trois agglomérations un peu importantes : Saint-Léger village ; au sud, Trinquelin dans la vallée de ce nom ; et, au-delà du Creusant, à l'extrémité orientale de la paroisse, Ruères, adossé aux bois de Mourillon et des Grands-Taillis. Au total, tout au plus un millier d'habitants aux patronymes bien bourguignons et aux prénoms fleurant bon le terroir : Bénigne, Esme et Edme, féminisés en Esmée et Edmée, Franchy, Lazare, Léger et Légère, Moingeol et son féminin Moingeolle, Nazaire, Nazette, Urbain et Urbanne [31]...

La plupart des « manants » sont laboureurs et manouvriers adonnés à la culture, qu'ils pratiquent sur leurs propres fonds ou pour le compte d'un patron. Il est aussi quelques artisans qui vivent de la forêt, tonneliers, sabotiers, bûcherons [32]. Les uns et les autres sont mal vêtus, couverts « hiver comme été [...] de toile à demi pourrie et déchirée, chaussés de sabots dans lesquels ils ont les pieds nus toute l'année [...]. Que si quelqu'un d'eux a des souliers, il ne les met que les jours de fête et dimanches ». Avec cela, mal nourris, « peuples faibles et malsains, spécialement les enfants dont il meurt beaucoup par défaut de bonne nourriture [...], bas peuple qui [...] des huit parties en fait la septième » (c'est-à-dire les sept huitièmes).

Au-dessus, « la partie moyenne [...] vit comme elle peut de son industrie et de ses rentes ». Bierry, Collas, Herbillot, Prévost, Fouretier, Gautheron, Peirier, Cormignolle, les uns laboureurs aisés, les autres tabellions, hommes de loi ou marchands – surtout de bois – rêvent de s'élever ou d'élever l'un des leurs jusqu'à la partie « haute qui sont les ecclésiastiques et les nobles ». Il est sûr que beaucoup de prêtres sortent de la « partie moyenne », qu'il s'agisse du curé Orillard de Saint-Léger ou de son confrère Clairin de Courdois. D'autres en revanche sont issus de la « partie haute », tel cet abbé de Fontaines, prieur de

Montréal et cousin des Le Prestre. Dans une Bourgogne tout acquise à la réforme catholique, ces prêtres jouissent d'une considération certaine.

Mais la noblesse, même modeste, besogneuse et prolifique, jouit plus encore d'un réel prestige. Parmi ses membres – ou ceux en passe d'y entrer – rappelons la présence de plusieurs d'entre eux à Saint-Léger même ou aux alentours immédiats : Châlon de Soilly (*alias* Sully) et de Saint-Aubin, dont l'un est en 1645 colonel au régiment de Ramburès ; Gorreaux ; Genest ; de Ham ; Morot de Grésigny et de Nantillière ; du Mont-Bussière [33]. Ce sont bien eux que l'on retrouve dans toutes les cérémonies villageoises. Parmi eux également, Urbain Le Prestre et ses enfants. Des nobles de plus haut lignage ou tout simplement plus riches et mieux pourvus possèdent les grosses seigneuries et occupent le devant de la scène. Ainsi Guillaume Le Bourgeois, baron d'Origny, conseiller d'État, est-il depuis quelques années seigneur « engagiste » de la châtellenie de Saint-Léger et de Saint-Germain-de-Modéon. Gouverneur de Semur-en-Auxois dont il est originaire et où se trouve le tombeau de ses aïeux, il ne réside qu'occasionnellement en ses seigneuries morvandaises pour y régler des affaires pendantes, principalement celles qui concernent les droits de pacage ou les cantonnements de bois. Mais on peut compter sur son patronage et sa fille est marraine de plus d'un enfant de la paroisse [34]. Gravitent, dans le même milieu, les La Platière, apparentés au maréchal de ce nom ; les Filzjean, seigneurs de Presle et baillis d'Avallon ; également les Coningham d'Arcenay, issus d'une famille passée de Touraine en Bourgogne à la fin du XVe siècle et prétendant à une plus lointaine origine écossaise [35].

À cause de leur « appartenance obstinée à la Religion » et des liens étroits qu'ils entretiennent avec des princes protestants, spécialement les Orange-Nassau et les Bouillon, les Briquemault de Ruères – qui siègent dans les rangs de la noblesse aux états de Bourgogne – ont une place à part dans la gentilhommerie de la région. Connus dès le XIIIe siècle, originaires du Gâtinais dont ils tenaient leur nom de Prégrimault (*alias* Briquemault), ils avaient surtout été rendus célèbres au XVIe siècle par l'un d'eux, François, combattant aux côtés de François Ier en Piémont. En récompense le souverain l'avait nommé gouverneur de Villeneuve d'Asti et maréchal de camp général de l'infanterie. Par son mariage en 1534 avec Renée de Jaucourt, François de Briquemault devenait seigneur de Ruères (commune de Saint-Léger) et était introduit au sein de la vieille noblesse bourguignonne. Avec sa belle-famille longtemps férue des grands-ducs d'Occident et héritière d'une longue tradition de résistance, il fut parmi les premiers à se convertir à la Réforme. Fidèle de Coligny, très puissant dans les pays d'entre Seine et Loire, Briquemault retrouvait dans les rangs de l'armée protestante nombre de parents, parmi lesquels Maximilien de Béthune, époux en premières noces d'Anne de Courtenay, par sa mère une Jaucourt.

Dans le premier tiers du XVIIe siècle, le seigneur de Ruères est Marc Ier de Briquemault, petit-fils de celui dont on continue d'évoquer les atrocités commises lors des guerres civiles du siècle précédent, en particulier celles qu'il infligea aux moines des environs. Son fils Jehan, mort après 1600, époux en 1564 de Françoise de Langhac (celle-ci morte avant 1600), combattit dans les armées protestantes et fut capitaine d'une compagnie d'ordonnance de cinquante gens d'armes. Il eut deux filles et trois fils, Jacques, Jehan et Marc. Jehan, à son tour, garda les seigneuries gâtinaises tandis que Marc formait la branche de Ruères. À la mort de Marc, survenue en 1643, ce fut sa veuve qui désormais administra la seigneurie de Ruères, ses fils étant encore mineurs à cette date.

Parce que les liens de fidélité de sa famille avec la maison des Coligny sont toujours étroits, Marc a été longtemps capitaine d'une compagnie du régiment de Chastillon au service des Provinces-Unies. Lors de son premier mariage célébré en 1600 à Sancerre, avaient assisté à la cérémonie Louise de Coligny, fille de l'amiral, quatrième épouse et « relicte » du Taciturne ; également l'un des gendres de celui-ci, Claude de La Trémoïlle, duc de Thouars, comte de Quintin, Laval, Rennes et autres lieux, petit-fils d'Anne de Montmorency et beau-frère du prince de Condé. Une réunion bien caractéristique de l'aristocratie calviniste d'alors, ce qui comblait d'aise le seigneur de Ruères mais le faisait montrer du doigt par les anciens ligueurs bourguignons. Plus tard, Marc passa sans aucun problème au service des Bouillon, la duchesse douairière – mère du grand Turenne – étant fille du Taciturne. On comprend mieux pourquoi il devint lieutenant-colonel du régiment de Turenne en 1630. Il résigna cette fonction dès le début de la « guerre ouverte », au grand regret de son patron, et rentra mourir chez lui en 1643. On aimerait connaître les liens – subordination, amitié, dédain... – qu'il entretint avec les gens de sa seigneurie et spécialement avec les Le Prestre. Un fait sûr et certain : c'est lui qui a ouvert son « chastel » à la célébration du contrat Le Prestre-Carmignolle. Ses fils, nés d'une seconde union conclue en 1619 avec Jeanne de Robret – elle aussi « de la Religion » –, ne sont que des garçonnets de dix à douze ans lors de ce mariage. À la naissance de Sébastien, peut-être ne sont-ils plus chez eux, envoyés parfaire leur formation auprès de leurs protecteurs ? Quoi qu'il en soit, on supporte parfois assez mal dans le voisinage qu'en vertu de l'édit de Nantes ses descendants aient droit, s'ils le désirent, de faire célébrer le culte réformé dans leur maison forte, maintenant ainsi aux portes mêmes de Saint-Léger une présence calviniste permanente.

En définitive, l'originalité de cette famille réside dans son attachement sans faille au calvinisme. Dans la mesure où il est difficile de trouver des conjoints protestants de rang égal, elle est amenée à pratiquer une endogamie forcenée, avec de nombreux mariages entre cousins germains. Fidèle à ses princes étrangers, elle se tourne souvent vers des horizons extra-provinciaux et garde de ce fait une originalité certaine, voire un certain quant-à-soi au regard de ses pairs du voisinage [36]. Néanmoins, les deux fils de Marc Ier de Briquemault sont bien intégrés à la société régionale. L'aîné deviendra capitaine au régiment de Rambures au moment où le colonel en est un Chalon de Soilly, de Saint-Léger. Et un peu plus tard, le maréchal de camp Bouton de Chamilly – autre noble bourguignon de la clientèle des Condé – défendra le cadet Briquemault contre une attaque injustifiée de Louvois. On est en droit de se demander si leur souvenir n'a pas influencé Vauban dans sa défense des huguenots quelques années plus tard.

Le demeurant du milieu nobiliaire morvandais, catholique, est favorable aux contacts et aux alliances avec la gentilhommerie de la périphérie du Morvan, Auxois, Bazois, Avallonnais, vallée de la Cure, parfois même – mais plus rarement – Auxerrois ou Nivernais. Un écheveau de liens s'entrecroise entre les écuyers des bonnes terres et ceux des pays pauvres. Il s'agit là d'un groupe social quantitativement très réduit, dispersé mais très soudé et uni en dépit de quelques inimitiés personnelles et de brouilles inévitables mais passagères. On se connaît de château à château. On se rend visite. On s'invite. Des douairières marieuses préparent des unions plus ou moins bien assorties.

À leur tour, les uns et les autres recherchent des alliances et des protections auprès de la très haute noblesse de la province, confiant parfois leurs fils aux Choiseul de Chevigny, aux Chastellux. Ainsi, le futur ingénieur François de Juisard de Plotot, lointain cousin des Vauban, sera-t-il page à Chevigny en 1671 [37]... Chaque fois que la chose est possible, ils font leur cour au gouverneur-lieutenant général de la province, monseigneur le prince Henri de Bourbon, prince du sang. La légende voulant qu'Urbain Le Prestre ait présenté Sébastien adolescent à « Monseigneur » au château de Vésigneux n'a donc rien pour surprendre [38].

Il apparaît que des clientèles souvent créées depuis fort longtemps se perpétuent en une pyramide de fidélités. Elles ont eu un rôle majeur pour l'avenir des enfants et, pour Vauban en l'occurrence, ont probablement beaucoup plus largement joué qu'on veut bien le dire dans les débuts de sa vie militaire.

LES TEMPS SONT DURS

Progressivement formé au cours de ses premières années par sa famille, son pays natal, son milieu social, Sébastien l'est aussi par son époque. Or les temps sont durs ! Ce sont ceux de la guerre et de son cortège de misères.

L'enfant vient d'avoir tout juste deux ans lorsque, le 19 mai 1635, Louis XIII entre dans le long conflit qui déchire l'Europe centrale depuis 1618. Passant de la guerre fourrée à la guerre ouverte, le roi de France ne se contente plus désormais d'offrir des subsides aux princes protestants en révolte contre le Habsbourg d'Autriche, empereur du Saint-Empire romain germanique. Il leur apporte maintenant une aide directe par son intervention militaire, fixant aux frontières du royaume capétien les « invincibles tercios espagnols » alliés des impériaux.

Fixation peut-être bénéfique pour les princes allemands mais au début désastreuse pour la France envahie en plusieurs points de son territoire. Les Espagnols occupent les îles de Lérins au large de la Provence, lancent des raids sur le Languedoc à partir de leurs bases roussillonnaises de Salses, Perpignan et Collioure. Ils s'emparent aussi de Saint-Jean-de-Luz au Pays basque. En Artois, ils brisent l'offensive française de l'armée du maréchal de Brézé; dès 1635, le cardinal-infant accourant de Bruxelles – capitale de son gouvernement des Pays-Bas – mène sur la ligne de la Somme une contre-attaque qui aboutit l'année suivante à la prise de Corbie en pays picard. Jamais Paris n'a tremblé autant. Au sud comme au nord du royaume, les Français sont ainsi très vite réduits à la défensive.

Sur la frontière des deux Bourgognes – le duché français, la Comté espagnole – le choc est particulièrement rude. Au début des opérations, Louis XIII décide le siège de Dole et fait converger vers cette ville des troupes importantes dont treize régiments suisses. Non seulement les Français échouent dans cette entreprise mais encore l'armée impériale de Gallas pénètre l'année suivante dans la plaine d'entre Saône et Vingeanne. Elle désole systématiquement les localités du Dijonnais, la capitale de la province n'étant sauvée de justesse que par l'action du cardinal de La Valette. Cependant Gallas marque le pas devant Saint-Jean-de-Losne qu'il assiège en vain. Les impériaux se retirent alors en Franche-Comté. Mais de là, ils pratiquent la méthode des escarmouches jusqu'à la trêve de 1642. Le duché de Bourgogne est sans cesse harcelé et les ruines s'accumulent.

À la vérité, dès avant 1635, la région avait déjà été excédée par les allées et venues des armées du roi. En 1622, les états de Bourgogne avaient mandé au gouverneur de la province de mettre fin aux désordres commis par les troupes de passage qui, « non contentes de vivre à discrétion sur les paysans, les pillent et les rançonnent ». En 1630 encore, pour éviter les déprédations, les mêmes états « avaient voté une avance de plus de 300 000 livres pour satisfaire aux desiderata des armées de MM. de Turenne, de Saucourt, de Schomberg et des Réaux », se rendant en Languedoc pour intimider cette province assez rétive en matière d'impôts[39]. En 1635, les régiments royaux acheminés vers la Comté avaient été si nombreux qu'il était difficile de leur assurer le vivre et le logement.

À partir de 1636, lorsque c'est l'ennemi qui pille, rançonne, viole, désole le pays, détruit plus de cent villages, la Bourgogne se désespère. Les paysans de la Vingeanne abandonnent leurs chaumières, fuient dans les bois avec quelques pauvres hardes, traînant derrière eux vaches étiques, brebis bêlantes, vieillards chancelants, enfants trébuchants. Les milices urbaines sont à peine capables de défendre leurs propres murailles. Elles abandonnent le plat pays à son malheureux sort. Plus tard, ce sont les troupes alliées de Bernard de Saxe-Weimar qui commettent à leur tour des exactions, relayées bientôt par les bandes françaises qui vivent comme en pays conquis non seulement dans les communautés d'habitants de la zone des combats mais aussi, bien loin de là, dans les villages sis sur les grands axes de passage. Ainsi, dans le Sénonais, à Thorigny, le curé se plaint de l'incessant désordre et des ruines accumulées :

« Le 9 mai 1637, est venu loger en ce lieu de Thorigny une compagnie de cavalerie de M. le marquis de Praslin, de 40 à 50 maistres, les plus meschants et grands voleurs qu'on ne vit jamais [...]. Ils ont tous logé icy et ont pris de la ranson de plusieurs jusques à 160 livres ; fait bonne chère, battu et menacé leurs hostes et encore leur a fallu donner 125 escus [...]. Ils ont demeuré jusques au mercredy ensuyvant. L'on n'entend par les villages que gendarmes et payer grosses ransons [...]. Le 9 juin est arrivé près ce bourg le sieur de Mousson et son mareschal des logis qui avaient l'ordre de loger icy. On les a refusés [...]. Cependant les gens de guerre se présentent le jour de Feste-Dieu après midy. On refuse les portes, ils se logent soubz les noyers deux nuicts et pendant ce temps gastent grande quantité de bleds par malice [...]. Il est conclud qu'ils entreront. Ils sont dedans le bourg le samedy à midi et en ressortent le dimanche à pareille heure. Pour la désobéissance, il leur fallut donner cent escus. Ils gouvernèrent mal les habitants. Tout le peuple s'estant retiré, hommes, femmes, bestiaux et meubles au chasteau [...]. Gens insatiables au boire et au manger. Ils ont vescu à discrétion, faict grande chère, toujours yvres, faict les diables, ont mis le bourg en ruine », note encore le curé en 1639. On pourrait multiplier indéfiniment cette triste et pitoyable litanie [40].

Les nouvelles volent vite de village à village, de famille à famille. Dans toute la province, l'angoisse est générale, même dans les lieux jusque-là épargnés. Certes, le bastion morvandiau est à l'écart de la tornade mais on y tremble néanmoins à l'idée que les avant-coureurs croates et les reîtres impériaux pourraient s'avancer jusqu'à la Montagne noire ; peut-être alors y renouvelleraient-ils les abominations de leurs devanciers luthériens, du temps des guerres de Religion. Le soir venu, quand hurlent les loups dans la forêt prochaine où ils pullulent, les anciens évoquent au coin de l'âtre les lointains souvenirs « d'il y a cinquante ans environ ». Ils rappellent les exploits de certains déserteurs des bandes allemandes qui, tapis au fond des bois, faisaient régner la terreur sur tout le pays. Ils prédisent pire dans le cas où la guerre arriverait maintenant jusqu'à eux et détaillent aussi les méfaits des troupes royales. Les enfants, déjà couchés dans les lits clos, écoutent pourtant de toutes leurs oreilles et tremblent de peur ; plus tard, dans la nuit profonde, ils font d'affreux cauchemars, mariant passé et présent, loups-garous et gens de guerre. Et les mères de s'inquiéter et de prier : « *A peste, fame et bello, libera nos Domine.* »

La peste

Si les hostilités restent circonscrites à la plaine de Saône, en revanche la peste qui accompagne les armées se répand rapidement de la zone des combats dans toute la province, d'autant plus vite qu'il y a déjà des foyers de contagion endémique. Dès le printemps de 1636, la peste « infecte » Dijon d'où elle chasse Henri de Bourbon qui se réfugie avec les états bourguignons à Beaune. Pour mieux préserver de la maladie contagieuse son fils aîné, le jeune duc d'Enghien, qui est venu le rejoindre depuis peu, monseigneur le prince envoie celui-ci à Avallon qui est encore indemne et « où l'air est bon et tempéré » selon ce qu'en écrit le jeune duc qu'on espère avoir écarté de la sorte « des périls de guerre et de peste »[41].

L'ancienne cité ligueuse, située à la limite du Morvan et de la plaine, avait déjà tremblé en 1634 lors d'une première incursion de la maladie. Mais cela avait été sans lendemain. En 1636, il semble d'abord que tout danger soit écarté de la région. Cependant en juillet, apprenant l'avance galopante de l'épidémie, les échevins avallonnais s'inquiètent sérieusement et prennent des mesures énergiques pour prévenir, du moins l'espèrent-ils, tout risque de contagion. La ville aura « portes fermées, guichets gardés […] pour […] ne laisser entrer aucun estranger. On depulsera hors la ville, dans les loges », ceux dont la santé semblerait suspecte. On parfumera les maisons infectées et tous ceux qui sont autorisés à y revenir. Pour assurer la police avec le bureau de santé précipitamment mis en place, appel est fait aux « retrayants de la ville », c'est-à-dire à des villageois des environs qui doivent un tour de guet à Avallon. Mais, à la fin d'août, alors que le danger d'infection est pressant et quelques cas de maladie inquiétants, les échevins découvrent avec indignation que « subrepticement, ces retrayants sont appelés pour le guet et garde en austres lieux qu'audit Avallon et ceux de Bornault, Champlois, Trinquelin et Saint-Léger-de-Foucherets [...] sont appelés pour faire le guet et garde de la maison de la dame de Ruères [Mme de Briquemault, encore elle] quoiqu'ils soient retrayants de ladite ville d'Avallon et que pour ce faict ladite dame de Ruères ayt obtenu de Monseigneur le Prince que lesdits habitants yroient au guet et garde en ladite maison de Ruères[42]... ». Voici là un nouveau motif de mécontentement contre les calvinistes du coin !

Malgré bien des protestations, Avallon ne peut obtenir l'aide de ces paysans occupés à défendre de l'épidémie leurs seigneurs et leurs propres villages. Cependant, ici, dans le Morvan et son avant-pays, la maladie n'est guère virulente au regard de ce qui se passe à Dijon et à Semur où les morts se comptent par centaines. Elle paraît même s'apaiser. Mais c'est pour mieux frapper en 1637, année durant laquelle l'Avallonnais comme tout le Morvan tremblent à nouveau. Saint-Léger n'est pas plus épargné que les villages voisins. On peut se demander si le grand-père Cormignolle, mort justement à cette époque, n'a pas été victime de l'épidémie.

Il est probable que le très jeune Sébastien n'a pas beaucoup de souvenirs de cette période. Néanmoins, il ne peut pas ne pas avoir vu les retrayants prendre leur tour de gué, à moins que sa mère ne l'ait calfeutré à la maison pour éviter « l'infection », ni avoir entendu parler de cette maladie si redoutée dont le souvenir perdure fort longtemps. Peut-être même, plus tard, a-t-il participé à des dévotions organisées en l'honneur des saints thaumaturges – saint Roch, son saint patron Sébastien ; sainte Anne, la mère de la Vierge si familière aux humbles de l'époque ? Peut-être aussi a-t-il suivi une fois ou l'autre la procession faite le 20 août de chaque an, « l'espace de dix années à compter de 1637 », en l'église Notre-Dame-du-Bon-Repos à

Marcilly-lès-Avallon pour remercier la Mère de Dieu de son intercession et de sa protection au bénéfice de toute la contrée avoisinante [43] ?

Guerre, peste, disette larvée rôdent en Bourgogne et inquiètent le Morvan, pourtant cette fois-ci très privilégié au regard d'autres lieux de la province et du royaume. L'enfant Sébastien de Vauban a de la sorte une connaissance au moins diffuse des malheurs de son temps. Surtout, dès ses primes années, il en constate certaines répercussions douloureuses dans son propre entourage : mort de ses oncles, difficulté de ses cousins orphelins, crainte de la maladie dans le village et chez les voisins, angoisse perpétuelle à l'idée de voir surgir brutalement les troupes ennemies.

Ainsi, quoique enfoui, semble-t-il, au plus profond d'une des régions les plus reculées du royaume, l'enfant ne peut pas ne pas prendre conscience de la dureté des temps. Mais il peut aussi continuer de s'instruire et de jouer dans la forêt natale. Protégé par le calme de son environnement et de son milieu de vie, formé très frugalement et à la dure par son enfance rurale et campagnarde, le petit noble morvandiau se prépare déjà aux apprentissages de son adolescence et de sa jeunesse.

CHAPITRE III

Le temps des apprentissages

> Ayant reçu une assez bonne teinture de mathématiques...
>
> *Abrégé des services du maréchal de Vauban.*

Avec l'âge de raison, et à l'instar de tous les enfants de son milieu, Sébastien quitte définitivement les horizons de la prime enfance et l'univers essentiellement familial dans lequel il évoluait jusqu'alors pour entrer dans un monde plus ouvert mais aussi plus dur. Les temps sont désormais venus de recueillir de maîtres extérieurs au cercle familial les connaissances que le jeune noble qu'il est doit nécessairement posséder pour soutenir son rang et jouer son rôle, ce qui vaut bien des sacrifices de la part des parents. En une décennie, il abordera ainsi des études d'écolier et de collégien, entrera dans la carrière des armes, découvrira la guerre. Du garçonnet au jeune ingénieur ordinaire, les maîtres sont nombreux et les formations diverses, qui visent à préparer le garçon à ses tâches futures.

« S'ADONNER AVEC IGNOBILITÉ AUX ÉTUDES »

Lorsqu'ils atteignaient sept ou huit ans, les petits nobles des siècles précédents passaient du gouvernement des femmes à celui des hommes. Si parfois l'un ou l'autre allait d'abord à l'école de l'abbaye voisine, beaucoup étaient envoyés comme pages chez un personnage important qui les guidait et les prenait sous sa protection. Ainsi se renforçaient les liens d'homme à homme de l'époque féodale. Mais, plus souvent encore, le fils du nobliau était formé sur place par son père. Il apprenait de lui à chasser, surtout à monter à cheval et à lutter avec les diverses armes du chevalier. Il s'agissait là d'un très rude apprentissage destiné à mettre en valeur les qualités physiques, sportives et morales du futur guerrier : courage, endurance, rapidité des réflexes, esprit chevaleresque...

Depuis la Renaissance, férue de savoir intellectuel – et qui le peut d'autant mieux que l'invention de l'imprimerie multiplie les possibilités en ce domaine –, le passage se fait désormais du giron maternel à la férule des pédagogues. Certes, au XVIIe siècle, l'enfant d'un écuyer doit toujours savoir chasser – mais c'est plus un jeu qu'une nécessité. Il doit pratiquer l'équitation – mais comment en irait-il autrement puisque le cheval est le seul moyen de locomotion rapide ? Parfois, l'enfant apprend aussi l'art du maintien, la danse et l'escrime dans des académies spécialisées. En tout état de cause, il ne peut plus éviter désormais l'initiation à une instruction livresque qu'il est de règle de donner de façon plus ou moins poussée à nombre d'adolescents, de milieux sociaux d'ailleurs fort différents les uns des autres. « Presque tous les enfants nobles s'adonnent avec ignobilité aux études jusqu'à leurs 16 ou 17 ans [...] jusqu'aux humanités ou à la rhétorique », constate Richelieu[1]. Ainsi l'éducation des fils d'écuyers perd-elle une part essentielle de sa spécificité nobiliaire, le jeune noble ravalé durant ces quelques années d'études au même niveau que les fils de la bourgeoisie, voire dans quelques cas à celui des fils de laboureurs qui s'efforcent, eux aussi, de franchir le barrage du savoir intellectuel. Formation livresque donc, mais souvent aussi formation urbaine dispensée dans les écoles des villes. D'où un double déracinement de l'enfant, culturel et spatial.

Petites écoles et collège

Pour Sébastien Le Prestre, pas de doute, c'est bien ce cursus scolaire désormais classique qu'il suit. Reste à savoir où et comment. Or, les légendes sont là encore diverses. Pour certains, il aurait été instruit par un carme qui, de passage à Saint-Léger, aurait été désolé de le voir abandonné par un père indifférent, à moins qu'il ne fût déjà orphelin. Pour d'autres, il aurait été envoyé au collège de Semur tenu par les carmes[2]. L'abbé Courtépée, dans son monumental ouvrage sur le duché de Bourgogne, offre encore une autre version et affirme de son côté que Vauban « prit chez Pierre de Fontaines, son parent, prieur de Saint-Jean de Semur, les premiers éléments de géométrie[3] ».

Il est loisible de remettre un peu d'ordre dans ces diverses assertions qui ne se contrarient vraiment qu'en apparence. Sébastien apprend probablement les premiers rudiments d'un précepteur – le curé de Saint-Léger ? son parrain, curé de Courdois ? ou tout autre adulte capable d'enseigner le rudiment ? on ne sait ! Les leçons sont peut-être données chez le maître, l'enfant se déplaçant et acceptant – pourquoi pas ? – de rendre quelques menus services comme ceux de bouchonner et de seller la monture du professeur[4]. Elles peuvent au contraire avoir lieu chez les Le Prestre, le pédagogue y venant régulièrement à moins qu'il n'y habite complètement. Peu importe ces modalités purement anecdotiques, dont nous ne savons rien et que nous ne pouvons réinventer ! Beaucoup plus important le fait que le garçonnet apprenne dès lors à lire, en latin bien entendu[5]. Une fois la lecture bien assimilée – ce qui dure plusieurs mois, sinon plus d'une année –, on passe au second stade : l'écriture à la plume d'oie. C'est donc à ce moment de ses études que Vauban a acquis cette écriture aiguë, si difficile à déchiffrer et si caractéristique, que l'on remarque surtout dans ses premiers rapports, du temps où il n'avait pas encore un secrétaire à qui dicter ses mémoires et ses lettres[6]. Vers huit ou neuf ans (peut-être plus tôt ?) il apprend aussi les premières opérations de calcul, addition, soustraction, multiplication... Comme on aimerait savoir s'il y fut en avance ou seulement bon élève ! Mais il ne s'agit là que de pure curiosité.

Cette instruction élémentaire est bien sûr insuffisante pour le fils d'Urbain Le Prestre car il n'est pas question qu'il soit « d'une ignorance grossière, nuisible à ceux qui destinent leur vie aux armes[7]... ». Et à quoi d'autre ce hobereau sans ressources et sans patrimoine à gérer pourrait-il bien se destiner ? Il faut donc aviser à lui faire donner la formation intellectuelle qui convient pour son époque et son milieu. Il ne semble pas qu'on ait recours au préceptorat. En tout cas, les légendes sont là pour écarter cette solution.

En revanche, il est probable qu'Urbain recherche pour son fils une bonne scolarité secondaire, quoi qu'il en coûte. À cette époque, le collège d'Avallon créé en 1610 n'a pas encore la réputation qu'il acquerra après 1654 avec l'installation dans ses murs des doctrinaires de Saint-Jean de Bus[8]. L'un des plus proches établissements de qualité est celui de Semur, à quelque dix lieues de distance par des chemins faciles à partir de Rouvray, bourg situé à l'orée de la Terre-Plaine. Mais, comme tant d'autres, c'est un externat. Dans ces conditions, il est particulièrement important d'avoir des répondants dans cette ville – « patron » dont on est le fidèle, parents plus ou moins proches, amis. Surtout, de bien connaître et d'estimer la personne qui servira de correspondant au garçon et qui le logera.

Or, au moment où Sébastien est envoyé en classe – en gros entre 1643 et 1650 –, les Le Prestre ont plusieurs connaissances semuriennes à la clientèle ou aux relations desquelles ils appartiennent. Le gouverneur de la ville, Guillaume Le Bourgeois d'Origny, conseiller d'État, est seigneur engagiste de Saint-Léger où il se rend parfois et où il envoie plus souvent encore sa fille[9]. Voici donc un « protecteur-né » sur place. Il y a aussi les d'Anthienville, liés aux Vauban dès la fin du siècle précédent et par ailleurs apparentés aux La Platière, et les Saulx-Tavannes, ce qui est belle recommandation. Ils sont seigneurs des Bordes ; l'aîné, Louis, marquis d'Epoisses, est bailli du bailliage de Semur depuis 1630. Les Pontailler, parents des La Perrière, résident souvent aussi dans la capitale de l'Auxois[10] ; plusieurs autres encore dont on peut espérer, le cas échéant, quelques faveurs. Dans ces conditions, l'installation du garçonnet ne doit pas entraîner de difficultés majeures ; il ne sera pas trop dépaysé dans l'altière petite cité médiévale fièrement campée dans un méandre de l'Armançon et s'ouvrant sur le plat pays par la vieille porte Guiller.

L'enfant doit avoir dans les dix-douze ans quand on l'envoie (si toutefois cette assertion est exacte) chez « son parent » Pierre de Fontaines, parfois aussi prénommé Antoine. Celui-ci avait été « prieur de Montréal avant de l'être à Semur. Jacques Quarré d'Aligni, son neveu, fut son successeur à Montréal », nous apprend l'abbé Courtépée, nous permettant de mieux comprendre comment s'élargissent les relations et comment se tissent et se retissent les entrecroisements d'alliances de la noblesse bourguignonne, petite ou grande [11]. Ce serait donc le prieur de Saint-Jean de Semur – portant pour les grandes cérémonies et selon l'ancienne coutume le camail rouge sur le rochet – qui aurait reçu la garde du jeune adolescent inscrit au collège de la ville, lequel entre parenthèses n'est pas alors dirigé par les carmes – déchargés de cette tâche de 1628 à 1652 – mais par des séculiers et des laïcs, tels Marc Bonin de 1642 à 1649, puis Gacon en 1650 [12].

L'adolescent fait probablement là le cycle scolaire normal des humanités : études – toujours en latin – de la grammaire, de la syntaxe, des auteurs antiques tels Cicéron et Virgile, avec récitation, disputes – nous dirions actuellement discussions académiques –, déclamation. Peut-être y fait-il aussi sa rhétorique, y apprenant l'art de la parole et la dissertation ? Peut-être sa physique ? En tout cas, il reçoit d'après ses propres dires et probablement en fin d'études une « assez bonne teinture de mathématiques et de fortification et ne dessinant d'ailleurs pas mal [13] ». Peut-être s'est-il instruit de la sorte au collège, peut-être chez son parent ? Peu importe le lieu et la façon matérielle dont ses études ont été menées. En revanche, il est essentiel de savoir de quelle mathématique et de quelle fortification il s'agit.

Enseignement des mathématiques et de la fortification

Un demi-siècle auparavant déjà, beaucoup de jeunes gens s'étaient adonnés à ces études, et de la même manière pourrait-on croire à première vue ! On n'en veut pour exemple que la réflexion d'Henri de Navarre à Maximilien de Béthune, futur duc de Sully, sollicitant « vostre avis, sachant bien que vous aviez estudié aux mathématiques et vous plaisiez fort à faire des cartes, tirer des plantz de places et a dessigner des fortifications [14] ». Ou encore, à quelques années de là, le rappel par l'ingénieur Jean de Beins que, dans sa jeunesse, « il s'est estudié aux mathématiques et rendu capable de la science des fortifications et de la géographie [15] ». Cependant, entre ces études et celles du jeune Vauban, il y a eu un substantiel renouvellement dans les programmes et la manière d'enseigner ces matières. Sébastien appartient en effet à une génération qui profite, sans même s'en rendre vraiment compte, du grand mouvement scientifique né au XVIe siècle mais amplifié et élargi depuis lors grâce à une pléiade de savants novateurs, eux-mêmes favorisés par le développement grandissant de l'imprimerie qui en rend la diffusion plus aisée et plus large.

Les mathématiques ont fait d'énormes progrès dans plusieurs secteurs, géométrie, arithmétique, algèbre, analyse. Certes, laissant aux savants les finesses de ces nouvelles démonstrations, les pédagogues contemporains estiment que, « pourvu que l'honnête homme ait des mathématiques ce qui sert à un capitaine, comme de fortifier régulièrement et de tirer des plans, d'ajouter, soustraire, multiplier et diviser pour se rendre facile l'exercice de former des bataillons, [...] il est peu important qu'il ait pénétré dans les secrets de la géométrie et dans les subtilités de l'algèbre, ni qu'il se soit laissé ravir dans les merveilles de l'astrologie et de la chromatique[16] ». S'il n'est donc pas nécessaire, ni même souhaitable, d'initier les écoliers à toutes les nouvelles conceptions mathématiques, il n'est plus question de leur commenter seulement les théorèmes de l'Antiquité comme cela se pratiquait encore un demi-siècle auparavant. On leur donne maintenant de sérieux éléments de géométrie et d'algèbre modernes. En sus, une initiation aux logarithmes. Surtout, pour que cet enseignement ne leur demeure pas trop hermétique, il leur est de plus en plus transmis en français et non plus uniquement, comme à l'époque antérieure, en latin ou en grec. On s'efforce aussi de leur en faire comprendre les applications pratiques : l'hydraulique, la mécanique, l'art des plans, la stéréotomie, sans oublier plus modestement l'arpentage et la méthode du toisé. Plus ou moins bien, ils sont aussi initiés au dessin et à l'épure.

De nombreux manuels sont publiés, qui facilitent la tâche des maîtres mais aussi celle des écoliers qui peuvent même lorsqu'ils sont particulièrement doués et zélés y recourir pour continuer de travailler tout seuls. Ainsi ces jeunes élèves rejoignent-ils le groupe de ceux qui portent des « yeux neufs » sur le monde que l'on s'efforce désormais de mieux saisir par une approche mathématique[17].

Dès la fin du XVIe siècle et plus encore dans le premier tiers du suivant, on donne également un enseignement théorique très succinct de fortification dans le secondaire, au moins dans certaines grandes classes, cela « en faveur de la jeune noblesse française [18] ». Traduisons : pour que les jeunes gens qui se destinent au métier des armes aient tous quelques notions élémentaires de poliorcétique absolument nécessaires depuis qu'a évolué l'art des sièges avec l'invention de la fortification bastionnée.

Imaginée – non sans longs tâtonnements préalables de plus d'un demi-siècle – pour protéger villes et châteaux contre les attaques d'une artillerie renouvelée par le boulet métallique, la « fortification à la moderne » était définitivement née dans les années 1520-1530. Propagée par ses « inventeurs », les ingénieurs italiens louant indifféremment leur savoir et leurs services aux princes de la péninsule ou aux « barbares », son usage s'était diffusé avec une rapidité vraiment foudroyante dans toute l'Europe. Au milieu du XVIe siècle, le nombre de places fortes en partie protégées tant par des bastions « étendus vers le plat pays comme les doigts d'une main » que par des courtines remparées était déjà considérable.

C'est alors qu'à l'instar de leurs confrères architectes certains d'entre ces ingénieurs rédigèrent des traités où ils exposaient les principes de leur art et en précisaient les règles. Tel est, par exemple, l'ouvrage de G. Maggi et G. Castriotto, *Della fortificatione della Città*, Venise, 1564, ou encore celui de G. Cataneo, *Le Capitaine de Jerosme Cataneo*, contenant la manière de fortifier places, assaillir et défendre, traduit en français, Lyon, 1574 [19]. Ces traités jouirent immédiatement d'un franc succès et servirent véritablement de bible à ceux qui – s'initiant à cette discipline nouvelle – voulaient s'y perfectionner. Ils tinrent aussi leur place dans la bibliothèque de maints hommes de guerre de l'époque.

Mais tandis que l'on continuait à plus d'un siècle de là – et plus tardivement encore – de se référer aux traités des maîtres architectes du *Cinquecento* et de les utiliser journellement, spécialement les recueils de Serlio ou de Palladio, il n'en fut pas de même pour les écrits des « grands anciens de la fortification », les ingénieurs italiens de la Renaissance. Leurs enseignements furent très rapidement dépassés et rendus caducs par les leçons de leurs successeurs, en particulier par celles des maîtres des jeunes écoles de fortification, tant française que hollandaise.

Il est assez facile d'en comprendre la raison. L'architecture demeure un art. On peut reprendre ou transposer certains éléments ou certaines pratiques au gré des besoins et des goûts de la mode. La fortification, en revanche, s'appuie sur de strictes règles uniquement ordonnées à leur objet, la défense d'une enceinte fortifiée. Elle se doit de se perfectionner au fur et à mesure que s'accroît la puissance de l'artillerie ; elle ne saurait se permettre de fioritures artistiques. Ses formes, souvent si esthétiques, le sont par surcroît et non par volonté délibérée, sauf en ce qui concerne les portes. Ne comptent en réalité que les équations rigoureuses de l'ingénieur.

Parmi les grands traités de fortification de la première moitié du XVIIe siècle qui détrônent ceux du *Cinquecento* figure en première place l'œuvre d'Errard de Bar-le-Duc, ingénieur protestant d'origine lorraine passé successivement du service de son duc à celui du prince de Bouillon, enfin à celui du « Très Chrétien roi de France et de Navarre Henri IV ». Formé par des Italiens travaillant à Nancy, il se révèle aussi bon homme de guerre que bon fortificateur. Entre autres, c'est lui qui bâtit la belle citadelle d'Amiens construite en 1597 sur ordre d'Henri IV pour contenir à la fois l'avance des ennemis et l'agitation de la populace urbaine[20]. Bon collaborateur de Sully, surintendant des fortifications, il est aussi un des théoriciens les plus écoutés de son temps avec *La Fortification réduite en art et démontrée*, Paris, 1594, où il prodigue un enseignement très clair[21].

Nombreux sont ceux qui publient à sa suite. Certains sont à bon droit très vite célèbres ; Perret, le Hollandais Fritach, Marolais ou, un peu plus tard, Antoine de Ville. Celui-ci publie en 1628 *Les Fortifications du chevalier Antoine de Ville, tholosain, avec l'attaque et la défense des places*, traité qui jouit d'un succès immédiat et durable. Il relate aussi en leur temps les sièges de Corbie et d'Hesdin et donne un gros in-folio, *De la charge des gouverneurs de places,* publié en 1639[22]. De quelques années plus tardive, l'œuvre de Blaise Pagan est aussi remarquable (en particulier en 1645 par son ouvrage sur les fortifications). Elle marquera d'autant plus le jeune Sébastien qu'il s'agit du manuel le plus récent en la matière.

Mais écrire pour des spécialistes et essayer d'initier des gamins souvent distraits est bien différent. Des pédagogues, dont certains n'ont jamais été au combat – plusieurs d'entre eux sont des ecclésiastiques – ont depuis longtemps cherché à faciliter à leurs élèves l'assimilation de quelques notions simples de poliorcétique. D'où une littérature foisonnante, à juste raison depuis longtemps oubliée. Citons, entre bien d'autres, l'in-octavo du père Georges Fournier, de la Compagnie de Jésus, *Traité des fortifications ou Architecture militaire*, publié à Paris chez Jean Henault. Ou encore en 1643 le *Traité de fortification de Gabriel du Cairon*, ingénieur de la Sérénissime république de Venise puis du roi de France [23]. On pourrait multiplier les titres de ces livres à usage scolaire, dont le seul but est de rendre accessibles au plus grand nombre possible de jeunes profanes les premiers rudiments de la fortification. Ce sont bien eux qui servent dans les collèges. On ne passe ensuite aux classiques – et seulement de façon individuelle – que si l'élève mord vraiment et longuement à cet enseignement.

C'est ce qui arrive à Sébastien Le Prestre. Initié d'abord à la poliorcétique grâce à des manuels simplifiés, il s'est « estudié » ensuite à ses futures activités dans les bons auteurs contemporains. En revanche, il n'a sûrement pas été formé aux leçons des ingénieurs italiens déjà périmées. On peut même se demander s'il en a vraiment entendu parler. En tout cas, plus tard, à plusieurs reprises, il considérera leurs constructions comme particulièrement médiocres et maladroites. Dans sa bibliothèque de Bazoches, il ne possédera aucun de leurs ouvrages alors qu'en revanche il en conservera soigneusement plusieurs de la première moitié du siècle [24].

Par ailleurs, l'apprentissage des techniques des toisés et de l'arpentage – dont il avait déjà eu un avant-goût dans son Morvan natal – n'a pas dû non plus lui être particulièrement difficile à acquérir.

Adolescence

Durant ces quelques années – quatre ans au minimum, sept au plus –, Sébastien adolescent élargit assurément sa vision du monde. Connaissances scolaires certes, avec leurs connotations mathématiques, mais aussi découverte d'un monde plus vaste, en premier de sa province. Lors des quelques vacances qui scandent son emploi du temps de collégien, il a probablement suivi à diverses reprises le chemin entre le collège et Saint-Léger ; ou bien encore a-t-il parfois rejoint ses cousins à Bazoches. Il est probable qu'il parcourt à cheval – à moins que ce ne soit plus humblement à pied – ces distances qui n'ont jamais rien d'excessif pour le solide petit rural qu'il est. De sa monture, il apprend à mieux regarder paysages et monuments bourguignons, poursuivant ainsi sa formation première entamée lors de ses escapades enfantines dans les bois morvandais.

Le passage brutal entre la Montagne noire et les dépressions qui l'environnent est toujours saisissant, même pour des yeux non avertis, *a fortiori* pour un topographe, serait-il encore en herbe. D'un côté de hautes futaies ombreuses, d'obscurs sous-bois encombrés de fougères et parfois troués de clairières ; de l'autre des horizons plus vastes et des champs de céréales. Aux maisons de granit gris s'opposent celles de beau calcaire, à l'habitat dispersé les villages agglomérés, au pays pauvre les bonnes terres. Partout cependant des châteaux médiévaux qui affirment la puissance de leurs seigneurs, Vésigneux, Chastellux, Bazoches, Domecy, plus loin Épiry, Marcilly, Aunay... De belles petites villes et bourgades, Lormes, Avallon, Montréal, Vézelay ; plus écartées de ses périples, Corbigny, Clamecy, Chastillon-en-Bazois – et tant d'autres – avec leurs magnifiques monuments civils et religieux. Quel étonnement pour un petit rural et quelle formation pour un futur bâtisseur ! Il peut aussi admirer les édifices religieux de son pays. Les églises d'Avallon, celles de Clamecy, la cathédrale gothique de Nevers, surtout la splendide basilique de la Madeleine de Vézelay toute proche de Bazoches sont le but des pèlerinages de toute la contrée. Elles sont en quelque sorte inévitables pour qui habite le pays.

Il participe peut-être aussi à quelques-uns de ces jeux si prisés dans les petites cités bourguignonnes, la course de la bague inaugurée à Semur en 1639, le jeu de l'arquebuse patenté par Henri IV à Avallon. Convient-il aussi de rapporter ici l'incident conté par M. Dez et que lui avait rapporté le petit-fils du maréchal ? Ce dernier, lorsqu'il vint à Paris pour la première fois, n'y resta que trois jours [25]. « Un peu gai, en sortant de dîner avec deux de ses amis ou camarades, il rencontra l'enterrement d'un riche financier et chef de maltôtiers, mort d'indigestion [...] ; tout à coup le jeune Vauban saute à califourchon sur le cercueil en criant : "À mon logis, porteurs !", croyant véritablement être dans une brouette ou chaise à porteurs. Cela fit rire tout le nombreux cortège, surtout l'héritier et même le curé qui était à la tête de son clergé et ne voulut point faire attention ni mettre d'importance à une telle bagatelle[26]. » Anecdote typique de la désinvolture rustique et quelque peu lourdaude d'un hobereau rural encore mal dégrossi et d'un jeune collégien (à moins qu'il ne soit déjà militaire) en vadrouille. Elle n'ajoute rien à sa gloire mais est aussi bien typique de la haine frondeuse de tous contre les traitants et regrattiers.

Dès lors, les temps sont venus pour Sébastien Le Prestre de délaisser livres, jeux et pédagogues pour des tâches plus conformes à son état et auxquelles il doit aussi être initié.

Au service de Monsieur le Prince

C'est au cœur de l'imbroglio de la Fronde des Princes que Vauban commence sa vie militaire. En 1651, à une date précise inconnue mais très probablement vers avril – il n'a donc pas tout à fait dix-huit ans –, il s'engage comme cadet dans le régiment de Condé, compagnie du sieur d'Arcenay.

Le 18 février de cette même année 1651, le prince de Condé ainsi que son frère Conti et son beau-frère Longueville – tout trois incarcérés depuis janvier 1650 pour complot contre la Cour – avaient enfin été libérés des prisons royales après treize mois de détention. Reçu triomphalement à Paris, M. le Prince avait alors espéré être choisi comme Premier ministre à la place de Mazarin exilé à Cologne. Mais déçu dans ses ambitions, il se détache à nouveau de la reine mère et reprend la tête de l'opposition dès le printemps. C'est dans ces conditions qu'il décide de renforcer son armée. Tout naturellement, il se tourne vers son gouvernement de Bourgogne pour y puiser des recrues. En effet, à la mort de son père Henri II de Bourbon-Condé (gouverneur de Bourgogne de 1632 à son décès survenu le 26 décembre 1646), Condé avait hérité par survivance de la charge paternelle. Il en avait aussi recueilli la clientèle bourguignonne et s'était fait aimer des habitants de la province qui appréciaient beaucoup et depuis longtemps les princes de sa maison. De véritables liens de fidélité et de protection s'étaient créés entre les uns et les autres. Maints gentilshommes de la région servaient le prince dans sa domesticité – au sens contemporain du terme, bien sûr : « faire partie de la maison » – ou dans ses régiments de Condé et d'Enghien. Ainsi en allait-il pour les Lanty, les Filzjean – baillis d'Auxerre –, les La Platière, les Billard de La Brosse, les La Perrière de Fresnes, et tant d'autres de moindre renom [27]. Il en allait pareillement pour la plupart des hobereaux de Saint-Léger et pour la famille des Le Prestre. Il suffit de rappeler que les oncles paternels de Sébastien avaient tous été dans les régiments de Condé ou d'Enghien, suivant le cas infanterie ou cavalerie, que le frère de Mme Urbain de Vauban, de son côté, avait été gendarme de la compagnie d'ordonnance de monseigneur le prince Henri II.

D'ailleurs, le prestige et le patronage des Bourbon-Condé étaient prisés à tel point que les nobles du pays intriguaient à qui mieux mieux pour faire profiter leur progéniture des gracieusetés du gouverneur. L'épisode de la présentation des jeunes nobliaux morvandiaux au château de Vésigneux a peut-être été inventé après coup. Peu importe, car, vrai ou faux, il est hautement symbolique.

Cependant, force est de constater que, malgré l'ascendant du Grand Condé sur la Bourgogne, la régente avait réussi en 1650 à maintenir la province dans l'obéissance. Le duc de Vendôme, nommé immédiatement gouverneur aux lieu et place du prince rebelle incarcéré, était même arrivé à obtenir quelques subsides du parlement de Dijon. Surtout, il était parvenu à mater durement l'opposition grâce à la victoire des royaux – le petit roi étant présent – sur la place révoltée de Bellegarde (l'actuelle Seurre). Mais il avait eu ensuite bien du mal à calmer l'opinion publique excédée et scandalisée par les exactions de la soldatesque royale dans la région, spécialement celles commises à l'abbaye de Molesmes où des viols et pillages avaient eu lieu [28].

On comprend mieux comment Condé, à peine libéré, retrouvant sa clientèle, peut recruter des troupes fraîches chez ses fidèles bourguignons. C'est dans un tel contexte qu'intervient l'engagement du jeune Vauban dans la compagnie d'Arcenay.

Charles-Antoine de Coningham, écuyer, seigneur d'Arcenay, est le fils d'un gendarme de la garde de M. le Prince qui a probablement connu Edme Carmignolle dans ce compagnonnage militaire. Il appartient à une des branches cadettes de cette famille se réclamant de ses origines écossaises. Les premiers implantés en France auraient fait partie de la compagnie écossaise de Charles VII. Un aïeul était venu s'établir en Bourgogne où il avait hérité de la seigneurie et du château d'Arcenay, paroisse de Lacour-d'Arcenay à quelques lieues de Saint-Léger[29]. Depuis lors, les Coningham, dont la plupart étaient officiers militaires, jouaient toujours un certain rôle local. À la mort de Guillaume Le Bourgeois, dernier seigneur de Saint-Léger, Charles-Antoine engage à son tour cette seigneurie royale que l'administration du domaine reloue en viager à chaque décès du précédent titulaire. Rien d'étonnant, dès lors, qu'il accorde sa protection au fils d'Urbain Le Prestre. Il l'accueille dans la compagnie qu'il détient dans le régiment de Condé cavalerie et dont il est en train de compléter les effectifs pour rejoindre l'armée du prince. Bien que nous n'en ayons pas l'assurance formelle, il est probable que le capitaine apprécie les capacités intellectuelles de ce garçon de dix-huit ans qu'il vient de recruter comme cadet, c'est-à-dire comme soldat volontaire et « élève lieutenant ». Ne pouvant s'offrir une compagnie, ni *a fortiori* un régiment, le jeune homme pourrait en revanche prétendre à une lieutenance – de capitaine, voire plus tard de colonel. Mais il doit auparavant faire ses classes.

Trois ans plus tôt (décembre 1648) et en contrepartie de l'aide qu'il lui avait alors apportée, le Grand Condé avait obtenu de Mazarin la cession des places lorraines acquises précédemment par Louis XIII – Dun, Clermont, Jametz et Stenay – « pour en jouir souverainement comme en jouissait Sa Majesté elle-même[30] ». Depuis leur révolte, toute la politique des princes frondeurs a été de se maintenir dans cette région frontière du nord-est du royaume de manière à se faire aider, quand s'en ferait sentir le besoin, par les *tercios* espagnols cantonnés aux Pays-Bas. En attendant, ils y accroissent leurs possessions par une guerre de siège menée contre les royaux, s'emparant de Rethel, Château-Porcien, Mouzon, etc. Mais la plus importante et la meilleure de leurs places demeure Stenay, gouvernée par Bouton de Chamilly, un autre fidèle bourguignon du vainqueur de Rocroy. C'est donc autour de cette forteresse que s'articulent leurs forces et que se concentrent en 1651 la plupart des contingents frondeurs, dont les troupes fraîchement arrivées.

Le sieur d'Arcenay, à moins que ce ne soit son sergent recruteur, y amène ses hommes.

Du Morvan à la Meuse la route est longue qui passe par le plateau de Langres. Ce n'est pourtant que la première des si nombreuses errances du futur maréchal de France. Aucun détail ne nous en est d'ailleurs parvenu ; pas plus que ceux concernant son équipement et ceux de la vie qu'il mène au cours des premiers mois de sa carrière militaire.

Très vite cependant, au début de 1652, tandis que restent en Champagne certaines unités pour garder les places tenues par M. le Prince, une part importante de son armée est ramenée dans le Bassin parisien pour y combattre l'armée de Turenne, autrefois opposant à la régente mais désormais fidèle général du jeune Louis XIV[31]. En avril, le choc a lieu à Bléneau, en Gâtinais, le long du canal de Briare. Ayant subi de lourdes pertes, l'armée des princes se retranche dans Etampes. Commencent alors en Île-de-France, à partir de mai-juin 1652, les marches et contre-marches des armées ennemies : royales, frondeuses, à la rescousse desquelles volent les troupes du duc de Lorraine désireux de se venger de l'occupation de son duché par les troupes du roi de France. S'ensuit la ruine des campagnes parisiennes, en particulier celles du Hurepoix[32]. Cependant, à l'automne, ne pouvant plus tenir dans la région parisienne, Condé, allié des Espagnols, se replie sur ses bases de Champagne et du Barrois. Il y est poursuivi par Turenne qui lance une campagne d'automne « pour empêcher que M. le Prince hiverne avec un corps d'armée en France[33] ».

Premières activités d'ingénieur volontaire

Tandis que se déroulent toutes ces péripéties, Sébastien Le Prestre n'a participé, semble-t-il, à aucun combat et est demeuré en Champagne, loin du théâtre des opérations. Ses chefs, ayant décelé ses connaissances mathématiques, l'utilisent selon la coutume comme ingénieur volontaire susceptible de devenir plus tard ingénieur confirmé. C'est à l'époque la seule voie pour avoir une qualification d'homme de la fortification. Il s'agit là d'un véritable apprentissage, au sens artisanal du terme, aucune école d'ingénieurs n'existant encore de longtemps – celle de

Mézières ne sera créée qu'un siècle plus tard, en 1748. Pas même d'examen théorique, comme cela se pratiquera à la fin du siècle sous l'impulsion de Vauban, justement. D'ici là, tous ceux qui désirent devenir ingénieurs passent directement par un stage d'initiation sous la houlette d'un maître qui surveille, redresse, donne conseils et révèle les finesses du métier. Dans cette vieille civilisation du ouïr et du voir-faire telle qu'elle se perpétue à cette époque, l'enseignement pratique demeure bien encore à la base du savoir spécialisé. On teste la valeur des volontaires. S'ils ne font pas l'affaire, on les renvoie purement et simplement dans leur régiment, dotés de quelques éléments de poliorcétique qui ne leur seront pas inutiles lors des sièges. Dans le cas où ils se révèlent au contraire compétents et aptes à exercer une telle activité, le prince qu'ils servent les nomme ingénieurs ordinaires – ceux qui exercent continûment leur fonction. Ceux de Sa Majesté Très Chrétienne sont alors dotés à la fois d'un brevet royal et du titre afférent. Mais Sébastien Le Prestre n'en est encore qu'aux prémices et, de toute façon, compte parmi les rebelles.

Comme tous les jeunes qui sont astreints à ce véritable « noviciat », Vauban mène une double activité. À son régiment pendant les époques de guerre de mouvement, il en est détaché lors des sièges pour être employé aux travaux de l'attaque ou de la défense ; sitôt l'action terminée, il revient dans la compagnie dans laquelle il compte toujours. Tout cela ne lui laisse guère de temps pour souffler, encore moins pour rêver !

Pour le moment, il s'agit pour les frondeurs de se maintenir dans les places qu'ils ont occupées, parfois au prix d'un siège difficile. Ainsi la petite place de Clermont, juchée sur une hauteur au cœur de l'Argonne, tient la route vers Sainte-Menehould et la Champagne ; elle a été fort disputée au cours des années précédentes. Elle a besoin de réparations après les sièges de 1650. On y emploie le jeune Vauban durant les quartiers de l'hiver 1651-1652 et au printemps qui suit – d'après certains à l'invitation même du prince de Condé qui aurait décelé son mérite du premier coup [34].

Un demi-siècle plus tard, lorsqu'il rédige pour le duc de Bourgogne son *Traité de l'attaque des places*, Vauban évoque diverses forteresses qu'il a connues juchées sur une éminence. Il rappelle la valeur maintenant largement dépassée de maintes d'entre elles qui se trouvent « sur des sommets de montagnes et sur des rochers presque inaccessibles avec des escarpements naturels ou faits à la main qui les fortifient considérablement [...]. Démolies et pour la plupart abandonnées à cause de la difficulté de leurs accès, elles sont excellentes pour contenir les pays conquis à peu de frais, inquiéter le pays ennemi... ». Puis il en vient à l'exemple de Clermont-en-Argonne, dont il se rappelle fort bien les ouvrages qu'il aida à réparer autrefois : « Une grande demi-lune bâtie sur le penchant de la montagne [...] couvroit l'unique porte de cette place dont le revêtement étoit beau et très épais, mais sans contrefort. C'est pourquoi les faces [des bastions] n'étoient point terrassées, mais seulement les flancs d'une épaule à l'autre [...], soutenus par un second reculement formé en portion de cercle[35]... ».

Initié aux travaux de place, il l'est aussi rapidement et par nécessité à ceux de l'attaque et de la défense des villes fortes. En 1652, toute l'action de l'armée royale dirigée par Turenne tend à déloger M. le Prince de ses places fortes pour le bouter hors de France. À l'automne, le Grand Condé contre-attaque. Il ne lutte pas seulement pour se maintenir dans la région qu'il possède encore. Il cherche aussi à plusieurs reprises à s'emparer de places « clefs », celles qui ouvrent ou verrouillent les portes du royaume. La guerre de siège continue donc entre les deux armées. Le rebelle, qui tient solidement Stenay, Rethel, Château-Porcien, Mouzon, s'attaque tard dans la saison à Bar-le-Duc et à Sainte-Menehould.

En novembre 1652, le jeune ingénieur volontaire est impliqué dans l'attaque de cette dernière ville. En partie modernisée au siècle précédent, Sainte-Menehould était néanmoins demeurée une place modeste et assez médiocre en dépit de son intérêt stratégique. Construite sur l'Aisne supérieure, sise au débouché occidental des chemins traversant l'Argonne, elle commande la route d'invasion vers Paris. Mais son site en rend le siège difficile. « Les mineurs [assaillants qui s'efforçaient de faire sauter une partie de muraille pour faire brèche] furent chassés de leurs trous et les ennemis obligés de changer d'attaque[36]. » Le jeune Vauban (qui fait partie de ce qu'il appelle les ennemis) traverse l'Aisne à la nage pour trouver une autre voie d'accès, « action – dira-t-il plus tard – qui lui fut imputée à grand honneur et qui lui attira beaucoup de caresses de la part de ses officiers ». Et d'ajouter : « On voulut même le faire enseigne dans Condé, mais il en remercia sur ce qu'il n'étoit pas en état d'en soutenir le caractère[37]. »

En ce qui concerne cette dernière affirmation, on peut se demander s'il s'agit de la réalité pure et simple ou d'une réinterprétation tardive tendant à prouver la valeur et le désintéressement du héros en même temps que la médiocrité de ses ressources financières, mettant dès lors l'accent sur une « fortune » uniquement due à son seul mérite. On peut aussi s'étonner que jamais n'ait été prononcé le nom de l'ingénieur de M. le Prince responsable de ce siège et qui fut le premier maître de Sébastien Le Prestre en poliorcétique.

Pour en revenir à Sainte-Menehould, en dépit de la défense opiniâtre de la garnison et du courage de ses bourgeois, la place est emportée par les frondeurs à la fin de novembre. Cependant, au tout début de 1653, Condé, désormais pleinement passé aux Espagnols dont il conduit une armée, perd Vervins. Il n'en garde pas moins encore – entre autres – trois places champenoises au rôle stratégique certain : sur l'Aisne Rethel et Sainte-Menehould, Stenay sur la Meuse. Néanmoins, son heure est passée et ses forces s'amenuisent de jour en jour.

En revanche, à la fin de janvier 1653, Mazarin – qui lors de son second exil s'était trouvé durant plus de six mois (août 1652-février 1653) en réserve d'emploi à Sedan, continuant toujours de tirer les ficelles dans l'ombre – rejoint l'armée royale de Champagne. Il lui assigne pour but de nettoyer définitivement la province des derniers frondeurs[38]. Il y faudra encore deux années. C'est alors que se joue l'avenir de Vauban.

Le service du roi

Après son exploit de Sainte-Menehould, à défaut d'être enseigne (porte-étendard), Vauban avait été promu maistre (sous-officier) dans Condé cavalerie. Au cours de la campagne de 1653, on l'envoie patrouiller à plusieurs reprises avec quelques autres cavaliers dans la campagne champenoise et faire de nombreuses reconnaissances à cheval. Au cours de l'une d'elles, trois de ses camarades sont pris par les royaux, lui-même manquant de l'être. Vauban a conté l'événement dans l'*Abrégé des services* : « Prêt à tomber entre leurs mains, il trouva moyen d'engager le parti [des royaux] dans un chemin creux où, ne le pouvant poursuivre qu'à la file, il tourna tête sur eux, et les ayant arrêtés tout court, il fit sa capitulation tenant toujours le commandant du parti en joue, laquelle fut qu'il ne le dépouillerait point, qu'il ne le maltraiterait pas et qu'il ne le ferait point marcher à pied, ce qui fut exactement observé par le commandant du parti, nommé Saint-Pierre, lieutenant du régiment de Sainte-Maure. » Ayant ainsi obtenu les honneurs de la guerre – ne pas être démonté, garder ses armes, etc. – il est amené au camp du cardinal en homme libre bien plus qu'en prisonnier de guerre.

Mazarin, friand de tout renseignement glané sur les rebelles, aime à parler avec tous ceux qui peuvent lui fournir des informations utiles. Il fait comparaître Vauban et l'interroge. Séduit par la vivacité d'esprit de son interlocuteur, « après l'avoir converti », il le persuade de rejoindre les royaux, ce qu'accepte le garçon. Changeant de camp, Vauban passe de la clientèle de M. le Prince à celle de Mazarin et, par-delà, au service du roi. Désormais, il restera fidèle au souverain.

Sur ce point précis, reste à savoir s'il a jamais eu le sentiment d'avoir trahi, d'abord son roi et ensuite son général. Les historiens du XIXe siècle en ont été fort gênés. Plus ou moins secrètement scandalisés – mais sans oser l'exprimer ouvertement de crainte de ternir l'image du maréchal de Vauban –, ils ont vu dans le passage du jeune Le Prestre dans l'armée du roi un véritable acte de « patriotisme » avant la lettre. « Réveiller et irriter le sentiment de l'honneur national dans une âme que la compagnie des Espagnols avait déjà mise en alarme, ce n'était pas une affaire pour un diplomate comme M. le Cardinal », affirme Camille Rousset dans son article « La jeunesse de Vauban » paru dans *La Revue des Deux Mondes* en août 1864[39].

Mieux vaut demeurer dans le contexte de l'époque et se rappeler que les nobles estimaient nécessaire le « devoir de révolte » contre les mauvais conseillers du souverain – en l'occurrence durant la Fronde, Mazarin[40]. Dans certains cas, ce devoir pouvait justifier le recours à l'étranger sans pour autant entraîner, au moins à leurs yeux, félonie ou traîtrise. Cela impliquait aussi que, satisfaction obtenue ou échec accepté, ils puissent rentrer à nouveau dans l'obéissance du roi, quitte à monnayer cette soumission. Aussi bien, au cours de la Fronde, les Grands n'ont-ils jamais hésité à se livrer à de tels retournements ; ils y ont entraîné leurs propres fidèles et leur ont fait découvrir par la même occasion les avantages de telles volte-face. On peut se demander si le jeune Vauban, d'incontestable rapidité d'esprit, pressentant la déconfiture de M. le Prince, n'a pas voulu tout simplement assurer sa carrière en changeant de maître. Mais qui peut sonder les reins et les cœurs ! En tout cas, bien d'autres que lui y songèrent et prirent les devants pour tirer leur épingle du jeu.

Cependant les opérations militaires continuent. Tandis que Turenne contient Condé et les Espagnols qui attaquent en Picardie, Mazarin confie les opérations de Champagne au maréchal de La Ferté. Les places de Rethel et Mouzon ayant été reprises non sans difficulté d'ailleurs, l'une en juillet, l'autre le 1er octobre 1653, reste encore à libérer quelques villes, parmi lesquelles Stenay et Sainte-Menehould. C'est cette dernière place, plus proche de la capitale et moins bien fortifiée, que Mazarin décide d'attaquer d'abord, en dépit des premières rigueurs de la saison. On est à l'automne 1653, ne l'oublions pas.

Lieutenance d'infanterie et « noviciat » d'ingénieur

Chez les royaux, comme auparavant chez Condé, on avait très vite reconnu les aptitudes de Vauban à se servir du « compas et de la toise », instruments typiques de l'ingénieur. On requiert ses services et on le place comme volontaire sous la houlette du chevalier de Clerville, ingénieur fort apprécié de Mazarin et chargé de mener les travaux de l'attaque de Sainte-Menehould. Pour son compte, le jeune Vauban en est à son second siège de ladite place. La ville se défend courageusement[41]. N'ayant reçu aucun secours des Lorrains, la ville capitule le 25 novembre 1653 à la grande joie du cardinal-ministre et du jeune Louis XIV qui ont rejoint l'armée de Champagne. Des récompenses sont attribuées à ceux qui se sont distingués. Vauban n'est pas oublié. Il reçoit quelque argent et surtout une lieutenance au régiment de Bourgogne infanterie spécialement réorganisé pour recueillir les anciens frondeurs bourguignons, ce qui fera plus tard appeler cette unité le régiment des Repentis. Cependant, tandis que l'armée de Champagne souffle un peu au cours des quartiers de l'hiver 1653-1654, Vauban fait partie de l'équipe chargée de réparer les murs de Sainte-Menehould.

Au début de la campagne de 1654, les royaux récupèrent coup sur coup Château-Porcien et Vervins. Condé ne tient plus qu'à Clermont et Stenay. Sitôt célébré à Reims le sacre du roi le 14 juin 1654, l'armée royale de Champagne, placée cette fois-ci sous le commandement du maréchal Fabert à qui Mazarin accorde une entière confiance, entame le siège de Stenay qui dure trente-deux jours. Vauban, toujours ingénieur volontaire, est assez sérieusement blessé au neuvième jour du siège. Rétabli, il est chargé de marquer l'emplacement où le mineur placera sa mine et est à nouveau légèrement blessé, cette fois-ci par un coup de pierre alors que « les assiégés allum[ai]ent un grand feu au pied du bastion de la gauche, devant le trou du mineur, qui l'en chassa sans retour[42] ». La place finit par se rendre tandis que, très rapidement sur pied, Vauban prend part au « secours d'Arras » avec son régiment d'infanterie (août 1654).

Contre-attaquant à la tête d'une armée espagnole, le prince avait en effet pénétré en Artois pour s'emparer d'Arras occupé par les Français depuis 1638. L'opération aurait réussi si trois corps d'armée français (Turenne, La Ferté, Fabert) n'avaient conflué en août pour s'enfoncer en coin entre l'armée assaillante et les forces espagnoles des Pays-Bas, et n'avaient dégagé la place où la garnison française résistait vaillamment. Vauban, auquel le roi avait entre-temps donné une compagnie du régiment de Bourgogne, se trouve donc à la curée des bagages de l'armée adverse en pleine déconfiture. Tandis que Turenne pousse ses troupes vers les Pays-Bas et s'empare à l'automne du Quesnoy et de Binche à la frontière nord du royaume, le jeune capitaine rentre en Champagne avec l'armée du maréchal de La Ferté pour participer au siège de Clermont-en-Argonne, cette place que deux ans auparavant il avait contribué à réparer et dont, par conséquent, il connaît bien le fort et le faible.

Plus tard, il se remémorera d'autant mieux les phases du siège que, Clerville étant tombé malade, il a été chargé d'en conduire certaines actions. « On attacha trois mineurs en même tems, l'un sous la pointe d'une grande demi-lune [...]. Les deux autres mines étoient ouvertes à moitié des glacis, les galeries [de mine] étant poussées plus de 30 pieds au-dessous du chemin couvert dont on ne pouvait se rendre maître, à cause de la trop grande proximité des bastions [...]. Ces mines étoient prêtes à charger et on en attendait de terribles effets [...]. Ils [les assiégés] eurent peur et se rendirent. S'ils avaient été bien habiles en fait de mines, ils ne l'auroient pas fait et se seroient tiré d'affaires avec bien plus d'honneur qu'ils ne le firent[43]. »

Après cette reddition qui libère définitivement le royaume de la présence du prince, le gouvernement royal décide la destruction d'un certain nombre d'ouvrages fortifiés pour couper à la racine d'autres tentatives d'insubordination. Au cours des quartiers d'hiver de 1654-1655, Vauban apprend cette fois-ci non plus à réparer mais à démanteler la forteresse de Clermont dont la conservation aurait pu constituer un danger pour l'ordre intérieur.

L'apprenti donne toute satisfaction. Le 3 mai 1655, alors que la campagne de printemps contre les Espagnols tarde encore, le roi signe un brevet d'ingénieur ordinaire au nom du sieur de Vauban. Celui-ci le reçoit au début du siège de Landrecies[44].

Petite école, collège, apprentissage de la guerre, noviciat aux fortifications. Du bambin qui épelle ses lettres au capitaine ingénieur ordinaire se sont écoulées tout au plus douze à quinze années.

Comme tant d'autres de sa génération, le garçon à peine sorti du collège a immédiatement été lancé en pleine mêlée et formé à la rude école des combats et des sièges. Il y révèle son goût pour la poliorcétique. Cependant, même pour lui, déjà bien préparé par de sérieuses études secondaires et servi par des dons exceptionnels, le stage d'ingénieur volontaire dure près d'un lustre, ce qui montre mieux que tout autre discours combien il est demandé un très sérieux supplément de formation aux officiers d'infanterie ou de cavalerie désireux de devenir ingénieurs.

À peine marqué par sa dissidence première, ayant troqué la protection provinciale du prince pour celle du roi, Vauban franchit sans difficulté les divers barrages de l'art militaire auquel il se destine et qui requièrent à la fois savoir intellectuel et pratique artisanale minutieuse. L'élève manifeste tout de suite une intuition et une connaissance approfondie du métier qu'il est appelé à pratiquer sa vie durant. Il est dès lors prêt à assumer de nouvelles responsabilités.

CONCLUSION DE LA PREMIÈRE PARTIE

Capitaine d'infanterie et ingénieur ordinaire

Pour le petit Morvandais râblé et trapu, court sur pattes et vigoureux, plein de vie et résistant comme un chêne de sa Montagne noire, pétillant d'intelligence et si prompt à la repartie, c'est une réussite incontestable que d'être à vingt-deux ans à la fois capitaine d'infanterie et ingénieur ordinaire de Sa Majesté. Les leçons familiales et celles du prieur de Saint-Jean de Semur – ou de tout autre – ont porté leurs fruits et permis au garçon d'assurer à la fois sa matérielle et sa carrière immédiate. Mais on comprend mieux aussi pourquoi – non sans quelque outrecuidance et au défi de l'idéal nobiliaire de son temps – il a plus tard insisté auprès de son petit-fils sur la part du mérite qui lui revenait dans ses succès plutôt que sur le rôle qu'y avaient pu jouer le prestige de son ordre et les services de ses aïeux.

Il est certain qu'il a déjà durement et bellement combattu : cinq campagnes militaires, quatre sièges, une centaine de jours de tranchée, deux blessures, des actions d'éclat… Un beau palmarès pour ce très jeune adulte. Mais, pour autant, il n'est pas le seul à avoir accompli des prouesses au cours des opérations. Aussi ne lui est-il guère possible encore de deviner ce qu'il deviendra plus tard ni de faire des projets à très long terme. Cependant il peut désormais envisager l'avenir sans inquiétude talonnante. Avec sa solde de capitaine et les 50 livres que lui verse chaque mois le trésorier des fortifications au titre de sa fonction d'ingénieur ordinaire, il vit un peu moins chichement que précédemment, à condition toutefois de ne pas faire de folies, de ne pas se lancer dans les beuveries ou les jeux de hasard de tant de ses compagnons. Dieu sait s'il en est qui ne s'en privent pas !

Le travail ne lui manque jamais. Il se doit avant tout au service des fortifications ; mais, en même temps, il reste tenu de s'occuper de sa compagnie. Une double tâche à quoi s'épuisent certains et que beaucoup n'arrivent pas à assumer pleinement. Il semble qu'il n'ait pas eu de grandes difficultés sur ce point. On aimerait d'ailleurs savoir le nom de ses lieutenants, ceux de ses colonels successifs et ceux des autres commandants de compagnie de ses différents régiments.

En dépit d'une certaine légende véhiculée par l'historiographie – en particulier celle du XIXe siècle – on peut se demander si, dès l'abord, ses généraux ont vraiment pensé que Vauban avait un grand avenir. Ils ont probablement observé la nouvelle recrue comme de grands chefs très occupés et très entourés s'intéressent de loin à un jeune officier, si brave soit-il. Sur ce point, rappelons cependant quelques faits.

D'aucuns (sans malheureusement justifier leur propos) ont prétendu qu'il avait été remarqué dès ses débuts par M. le Prince qui était aussi le gouverneur de sa province d'origine et le colonel des régiments de Condé et d'Enghien, donc en principe le protecteur-né de ses hommes. Beaucoup plus tard, Vauban signale seulement dans l'*Abrégé des services* qu'il avait été félicité « par ses officiers » après sa traversée de l'Aisne à la nage, lors du premier siège de Sainte-Menehould. Aurait-il préféré voiler la personnalité de Condé ou, tout simplement, s'agissait-il de son capitaine ?

En 1653, il a retenu l'intérêt bienveillant quoique lointain du cardinal-ministre, ce qui le servira d'ailleurs au-delà même de la mort de Mazarin. Plus tard, il a assurément l'estime de ses chefs : « Bon officier et bon ingénieur », est-il dit dans certaines apostilles de cette époque, qui ne comportent malheureusement pas de signature. La formule est élogieuse, mais un peu trop passe-partout pour qu'on en puisse déduire que, dès le départ, ses supérieurs ont reconnu son exceptionnelle valeur.

On ne sait si Turenne, dans l'armée duquel Vauban a servi à plusieurs reprises, le connaît personnellement à cette époque. Il est possible – sans qu'on puisse l'affirmer – que le maréchal ait entendu prononcer son nom une fois ou l'autre par les

Briquemault qui font partie de sa clientèle proche et qui doivent plus ou moins savoir que le sieur Le Prestre est un de leurs « pays ». Mais cela l'aura-t-il vraiment servi auprès de ce grand chef très imbu de sa naissance et de sa haute noblesse ? À moins au contraire que le maréchal ait toujours vu en lui le fils d'un pauvre hobereau besogneux et sans gloire ? En revanche, depuis son ralliement, Vauban a la plupart du temps été affecté à l'armée de Champagne ; il y sert sous les ordres du maréchal de La Ferté-Sennecterre et continuera de servir dans cette même armée au-delà de 1655. Il demeure aussi le disciple du chevalier de Clerville sous lequel il a fait son « noviciat ». Il ne saurait donc être question d'oublier l'influence très réelle que ces deux hommes ont eue sur lui, avant comme après sa nomination à la fonction d'ingénieur ordinaire.

En 1655, d'aucuns de ses camarades, dans sa situation, estimeraient qu'ils ont déjà gagné leur bâton de maréchal, ou peu s'en faut ! En effet, nombreux sont les camarades du jeune Le Prestre qui demeureront capitaines jusqu'à leur mort, obtenant, il est vrai, pour la plupart d'entre eux – au terme d'un nombre d'années variable et souvent fort long – la fonction (et un peu plus tard le titre afférent) d'ingénieur en chef, ce qui après tout est l'essentiel pour un homme de la fortification ! Surtout, bien d'autres prendront leur retraite la quarantaine à peine sonnée.

En réalité, on ignore si Vauban a des projets à long terme en cette année 1655. En revanche, on est sûr qu'il va de l'avant, toujours décidé à saisir la « fortune » sitôt qu'elle se présentera.

DEUXIÈME PARTIE

Les moissons ensoleillées de l'été

1655-1678

> Le métier d'ingénieur demande un génye faict
> exprès et l'application de plusieurs années.
>
> VAUBAN, *De la conduite des sièges.*

En 1655, Sébastien Le Prestre a encore beaucoup à apprendre avant de donner sa pleine mesure. Mais il est bien tentant pour un jeune homme de croire les moissons déjà arrivées ! Il est vrai que les choses iront vite pour notre Morvandiau.

Les années qui s'écoulent de 1655 à 1666 lui donnent la possibilité – encore qu'il ait la fatuité de croire qu'il l'a déjà atteinte, ce qui n'est pas – d'acquérir une pleine stature d'adulte. Elles lui permettent de manifester tour à tour ses qualités de combattant (encore neuf sièges avant que s'éteigne la « vieille guerre ») et celles d'architecte militaire. Elles révèlent aussi son entregent, voire sa suffisance de « jeune loup » roublard, trop sûr et fier de soi-même, passant sans vergogne d'une clientèle à une autre et ne s'embarrassant guère de certaines délicatesses dans le métier. Il est durant cette époque le type même du jeune arriviste, de très haut vol certes, mais qui doit encore jeter sa gourme. Il apprend vite, démêle rapidement parmi les enseignements qu'il reçoit l'essentiel de l'accessoire. Surtout, il tire vite profit des leçons qu'il subit.

Ce sont ensuite à dater de 1667 les succès accumulés et, cette fois-ci, beaucoup mieux assumés qu'auparavant. De la guerre de Dévolution à son commissariat général, dix ans seulement, avec, entre-temps, son accession aux grades de brigadier des armées (1674) puis de maréchal de camp (1676). À son actif quinze sièges au cours des deux guerres de Dévolution et de Hollande – tous victorieux –, la construction de plusieurs de ses chefs-d'œuvre telle la citadelle de Lille, également la réfection de très nombreuses places fortes et la mise en forme d'une réflexion destinée à mieux ordonner la conduite des sièges. Trois raisons au moins pour expliquer de tels exploits : son mérite et ses talents qui sont incontestablement supérieurs, sa puissance de travail, et – à dater du siège de Lille – le patronage jamais démenti des Le Tellier qui le prennent solidement en main. Ascension rapide, très rapide même, mais pas aussi instantanée que certains auraient trop tendance à le dire et à le répéter ; surtout fruit d'un labeur insensé et tenace et d'une volonté jamais en défaut.

Ce qui apparaît dès lors, c'est avant tout cette vigueur intellectuelle qui lui commande de « bien faire et bien régler » là où certains se contenteraient de l'approximatif, qui le pousse aussi – mais n'est-il pas de la génération de ceux qui ont été formés à la nouvelle mathématique et à la nouvelle méthode ? – à « ne se vouloir soumettre qu'à la raison et à l'expérience ». Beau programme qu'il applique autant qu'il lui est possible, on le verra aussi bien dans la théorie que dans la pratique. Son idéal est vraiment de mettre de l'ordre dans le désordre et de « toujours s'en tenir à ce qui a été décidé », une fois l'action commencée. Son idéal aussi, celui de construire des fortifications selon les leçons de ses maîtres de poliorcétique en les adaptant aux progrès balistiques du temps présent.

Bientôt, Vauban, dans toute la force de son âge mûr, engrange les moissons de l'été. Toujours en action et en mouvement, il tend vers l'acmé de sa vie. C'est alors qu'il apprend à élargir ses horizons et à scruter de mieux en mieux les frontières françaises. Néanmoins, il demeurera longtemps un continental des marches orientales, marqué à tout jamais par sa naissance et par ses premiers et longs services aux confins meusiens ou alsaciens. Viendra plus tard l'élargissement de la conscience qu'il a de l'espace français.

Pour le moment, suivons-le dans le déroulement de sa vie quotidienne durant les vingt-trois ans qui séparent son brevet d'ingénieur de sa fonction de commissaire général, de ses années de chien fou à sa dignité de grand expert en fortification.

CHAPITRE IV

Dans l'orgueil de sa jeunesse

> Certifions que le sieur de Vauban, escuier, ingénieur ordinaire du Roy, a bien et fidèlement servi S. M. sous notre direction.
>
> **Certificat du chevalier de Clerville.**

Du printemps 1655 au printemps 1667 s'écoulent une douzaine d'années, s'égrenant sans grand lien les unes avec les autres, semble-t-il. Quatre campagnes militaires se succèdent encore de 1655 à 1658. À partir de l'hiver 1658-1659, quand il est enfin question de déposer les armes, la vie de garnison se substitue à celle des camps. Elle durera jusqu'en 1667. Après le traité des Pyrénées commence la période des grands travaux de défense menés dans la fièvre et l'enthousiasme. N'oublions pas pour Vauban, s'intercalant entre guerre et paix, l'interlude d'un très long congé, plutôt deux semestres qu'un, ce qui lui a permis de rentrer en Morvan en 1660-1661.

En fait, pour Sébastien Le Prestre, l'unité de cette période se situe dans sa volonté tendue de réussite, passant sans aucune difficulté du fracas des combats aux charmes de la paix, allant son chemin, poussant ses pions, profitant de la faveur de son maître Clerville, mais plus encore de la sienne propre auprès de Mazarin puis de Colbert. Mûrissant son expérience, complétant ses connaissances, le jeune ingénieur n'a aucune difficulté à échanger les travaux de Mars contre ceux de Minerve. Tout semble lui sourire. Mais c'est alors – sans qu'il en ait vraiment conscience sur le moment – qu'il manque de briser net son avancement. Aussi, ce temps durant lequel Vauban se cherche encore vaut qu'on s'y arrête quelque peu.

Parmi les derniers sièges de la « vieille guerre » : Landrecies et Valenciennes (1655, 1656)

En 1655, non seulement l'autorité royale est pleinement restaurée mais M. le Prince, transfuge, est définitivement débusqué de ses positions meusiennes et bouté hors du royaume. Pour autant, la guerre n'est point encore terminée. Quatre années seront encore nécessaires pour dénouer le conflit qui, depuis vingt ans, oppose la France à l'Espagne.

Dès 1648, on était arrivé à un règlement des affaires du Saint-Empire. La France y avait gagné la reconnaissance officielle de l'annexion des Trois-Évêchés possédés en fait depuis près d'un siècle. Elle y avait aussi acquis les territoires autrichiens d'Alsace et, outre-Rhin, les deux « portes de l'Allemagne », Brisach et Philippsbourg [1]. Mais en revanche, avec l'Espagne, tout traînait et la Fronde avait singulièrement compliqué les événements et occulté pour longtemps encore les espoirs de paix. En fait, Sa Majesté catholique – que sert depuis 1652 le remarquable stratège qu'est le prince de Condé – voudrait tout récupérer de ses possessions occupées par les Français, soit une partie de la Catalogne, le Roussillon et l'Artois. Ainsi ses troupes se sont-elles efforcées de reconquérir Arras au printemps de 1654. Par sa riposte hardie lors du « secours d'Arras », Turenne a brisé cette tentative et a même progressé sur le territoire des Pays-Bas, du côté du pays hainuyer, s'emparant du Quesnoy et de Binche.

Du coup, le plus cher désir des Espagnols est de traiter avant que de perdre davantage. On comprend mieux pourquoi au cours des quatre campagnes de 1655, 1656, 1657 et 1658 – l'année 1659 étant uniquement consacrée aux négociations de paix – les Français ont en revanche tenté un suprême effort pour imposer leurs prétentions, c'est-à-dire le rattachement définitif au royaume du Roussillon, de l'Artois et – pourquoi pas si la chose est faisable ? – de quelques villes de Flandre. Pour ce faire et mieux museler l'ennemi, ils cherchent à élargir au maximum leur emprise sur le sud des Pays-Bas. S'ensuit dans ce pays si fortement urbanisé une série de sièges visant à réduire une à une les places qui commandent les routes vers la Flandre et, par-delà, vers Bruxelles.

Commencée tardivement, la campagne de 1655 fut favorable aux troupes royales. Les objectifs en étaient limités : s'emparer d'abord des places qui protégeaient Valenciennes, une des villes les plus importantes du Hainaut, dont on différa le siège à cause de l'insuffisance numérique des unités venues d'Artois et de Champagne. Trois villes tombèrent : Landrecies, Condé-sur-Escaut, Saint-Ghislain – la première au sud, la seconde au nord, la dernière (toute proche de Mons) à l'est de Valenciennes.

Landrecies attaquée le 19 juin s'était défendue près d'un mois. Comme la place ne comportait pas de chemin de ronde – il en était allé de même pour Stenay et Sainte-Menehould – « les assiégés jetèrent sur l'attachement du mineur ce qu'ils voulurent, ce qui retarda un peu l'attaque[2] ». La ville avait enfin capitulé le 13 juillet, les deux autres places (Condé et Saint-Ghislain) se rendant en revanche l'une et l'autre dès le troisième jour de siège, les 18 et 25 août. Vauban participait à ces trois actions sous le haut commandement de Turenne et celui, plus proche, de son maître Clerville. Ayant fait les projets de réfection de Landrecies, celui-ci laissait au jeune Le Prestre le soin d'en « faire réparer les bresches et de remettre en estat les travaux auxquels il manquoit quelque chose, ce qu'il fit très bien[3] ». Puis, reprend Clerville, « le Roy ayant résolu de fortifier la place de Condé, et nous en ayant, pour cest effet, adressé les ordres, nous y laissâmes ledit Vauban après l'avoir fait trasser, les affaires de Sa Majesté nous appelant ailleurs ; lequel y fit travailler pendant neuf mois durant, avec toute diligence et conduitte possible[4] ».

La campagne suivante – 1656 – commença à nouveau tard dans la saison, en juin seulement. S'appuyant sur les villes prises l'année précédente, Turenne et La Ferté, tous deux maréchaux de France, campaient l'un au sud, l'autre au nord de Valenciennes, qu'ils méditaient d'enlever. Or la place dont Clerville fut chargé d'établir plusieurs plans – l'un d'eux étant immédiatement communiqué à Mazarin – était construite dans un site marécageux, à la confluence de l'Escaut et d'un de ses petits affluents, la Rhonnelle. Les quartiers français étant éloignés et séparés l'un de l'autre par l'Escaut, le commandement les avait fait relier par une digue construite avec des fascines. Soutenu par une bonne armée espagnole, M. le Prince répondit par l'inondation du territoire à l'entour de la ville grâce à « une grande éclusée d'eau [...] capable de rompre » ponts de bateaux et digue. Tandis que les communications entre les deux camps français étaient coupées, le prince attaqua à revers l'armée de La Ferté. Il en résulta une débandade de l'assaillant-assailli, qui se transforma en un effroyable désastre, l'armée française à demi noyée, les unités s'écrasant et s'étouffant les unes les autres pour tenter de fuir. Le nombre des victimes s'éleva à plusieurs milliers. Parmi tant d'autres morts, le compatriote de Sébastien, Jean de Briquemault de Ruères, capitaine au régiment de Rambures. Vauban « servit très bien à la conduite de l'attaque de M. le mareschal de La Ferté jusqu'à ce qu'un coup de mousquet qu'il reçut dans la jambe » l'oblige de se retirer à Condé.

À de nombreuses années de là et sans jamais d'ailleurs désigner les responsables de cet échec sanglant, Vauban a plusieurs fois évoqué les circonstances de la nuit du 15 au 16 juillet 1656. Dans son *Mémoire pour servir d'instruction dans la conduite des sièges*, il souligne : « Il n'est pas concevable combien les Français y firent de fautes ; jamais lignes ne furent plus mal faites et plus mal ordonnées et jamais ouvrage plus mal imaginé que la digue à laquelle on travailla prodigieusement pendant tout le siège, et qui n'était pas encore achevée lorsqu'on fut obligé de le lever. » De même, dans son *Traité de l'attaque des places*, il rappelle que « les quartiers [français] ayant été divisés par la rupture de leurs ponts de communication, le maréchal de La Ferté demeura prisonnier ». À l'échec espagnol d'Arras de 1654 répondait ainsi deux ans plus tard le revers français de Valenciennes. Mais pour autant, la campagne n'était point encore terminée.

Les Espagnols victorieux mirent alors le siège devant la place de Condé-sur-Escaut tenue par une garnison française. Nombre de blessés de Valenciennes y avaient été hospitalisés, parmi lesquels Vauban. En dépit de sa plaie, celui-ci « y servit fort utilement le roi » en prenant une part active à la défense. Mais il fallut néanmoins rendre la place aux ennemis « par le manquement de vivres et par conséquent le dit sieur de Vauban contraint de s'en revenir en France » après échange aux avant-postes. « Son Eminence le renvoya aussytost à Saint-Ghislain que les ennemys assiégèrent tost après et où le dit sieur servit encore très utilement le roi[5] » nous apprend encore Clerville. Vauban de son côté nous dit dans l'*Abrégé des services* : « Il se faisait porter dans tous les endroits qui demandaient sa présence [...], tout blessé qu'il était. » Mais l'assiégeant – le prince de Condé – leva le siège sitôt qu'il apprit l'arrivée de l'armée de Turenne.

La saison avançant, chacun restait sur ses positions, décidé à recommencer le combat dès le retour des beaux jours. Entretemps, Vauban avait rejoint l'armée de Champagne. Il y fut gratifié par le maréchal de La Ferté du commandement d'une compagnie du régiment de La Ferté, de renommée bien supérieure à celle du régiment de Bourgogne auquel il appartenait jusque-là.

« Conduire en chef les attaques »

En dépit du désastre de Valenciennes, les Français cherchent enfin, une bonne fois pour toutes, à arracher la décision au cours des deux années qui suivent. En 1657, deux attaques simultanées s'engagent. Tandis que Turenne entame le difficile siège de Saint-Venant, place qui commande la route de Flandre, le maréchal de La Ferté conduit à partir de ses bases une manœuvre de diversion vers Luxembourg. Sur cette route, il attaque en juin Montmédy juché sur une hauteur dominant la Chiers, affluent de la Meuse.

Ce siège fut particulièrement pénible. Vauban « y conduisit seul les attaques, tous les autres ingénieurs, qui étaient en petit nombre, ayant été tués dès le commencement du siège », note-t-il dans son *Abrégé*. Et de reprendre ailleurs : « De quatre que nous étions au commencement du siège, destinés à la conduite des travaux, je me trouvai le seul, cinq ou six jours après l'ouverture de la tranchée. » Il donne des détails techniques sur l'attaque : « On trouva un grand escarpement au pied du bastion, mais en même temps le roc étoit plein de veines, dont on se servit pour l'attachement du mineur [...]. On perça dès la moitié du glacis par-dessous le chemin couvert [...] trois descentes de fossé qui débouchèrent au niveau de son fond, ce qui donna moyen d'y mettre du monde pour attacher et soutenir le mineur, qui sans ce secours n'auroit pu tenir parce que le canon du flanc gauche tourmentoit beaucoup son logement et y tua beaucoup de monde, avant que le canon de ce flanc fût démonté. Les ennemis y jetèrent d'abord une infinité de feux d'artifice, bombes et grenades qui firent beaucoup de peine, jusqu'à ce que le mineur fût tout-à-fait enfoncé dans le roc. »

Vauban revient encore sur les méthodes de défense des ennemis : « Ils avaient descendu un ponton attaché avec des chaînes de fer, plein de bois et de feux d'artifices, qui fut suivi d'une grande quantité d'autres bois, au moyen de quoi ils firent un grand embrasement au pied du bastion, qui en chassa le mineur pour un tems assez considérable. » Au total, un siège « rude et difficile » bien qu'il n'y ait eu que « 700 hommes de garnison qui furent assiégés par une armée de 10 000 hommes [...]. Deux mille hommes furent tués et autant de blessés [... Montmédy] ne fut pris qu'après quarante-six jours de tranchée ouverte, et il le pouvoit être en quinze, s'il eût été bien attaqué[6] », critiquera plus tard Vauban qui, à l'époque, était encore bien trop jeunot pour imposer son avis aux grands patrons. Par quatre fois, il fut légèrement blessé au cours de l'action. Aussi, « en reconnaissance des services du sieur de Vauban », le maréchal de La Ferté le gratifia-t-il, « pour lui tenir lieu de pension », d'une autre compagnie dans son régiment de Nancy (que le maréchal possédait au titre de son gouvernement de la Lorraine occupée). Dès lors et pour plusieurs années, le jeune capitaine cumule ainsi deux commandements de compagnie.

Ce siège de Montmédy prouve à la fois que Vauban est né coiffé pour passer ainsi au travers des balles et des éclats, mais aussi qu'il est fort doué pour la fortification : absence du patron des ingénieurs, disparition quasi immédiate des quatre camarades chargés avec lui des travaux. Seul survivant, il se tire au mieux d'une tâche de technicité militaire bien lourde pour un garçon de vingt-quatre ans.

Détaché en septembre 1657 en Flandre, l'ingénieur participe au siège éclair de Mardyck – quatre jours seulement. C'est la première fois qu'il voit la mer et qu'il pénètre dans cette zone des polders des alentours de Dunkerque, les moëres. Autrefois asséchés et cultivés, ces terrains ont été inondés en 1644 par les Espagnols qui tentaient alors de défendre le pays contre l'attaque du duc d'Enghien. Depuis, en raison des hostilités, ces moëres n'ont jamais pu être remises en culture. Elles forment une masse d'eau croupissante, exhalant mauvaises odeurs et fièvres redoutables, probablement paludéennes[7]. Vauban ne se doute pas qu'il aura plus tard à vivre de longs mois en ce pays où il contractera sa « grande maladie ». Pour lors, et par ordre de M. le Cardinal, il est chargé de réparer la place avant qu'elle ne soit remise aux troupes anglaises du lord protecteur Cromwell, le nouvel allié du roi de France. Mission accomplie, il rejoint très tardivement son régiment en Lorraine.

Au cours de la campagne de 1657, Vauban a donc été amené à prendre plusieurs fois des initiatives, Clerville étant occupé ailleurs. Quand ils se sont retrouvés à Mardyck, quelques dissentiments ont, paraît-il, éclaté entre les deux hommes, le jeune ingénieur ordinaire estimant pouvoir désormais donner son opinion. Néanmoins tout est rentré dans l'ordre et il ne demeure plus trace, au moins apparemment, d'opposition entre le maître et l'élève[8]. Mieux, le premier a tellement confiance dans son diacre qu'en 1658 il le laisse diriger les tout derniers sièges de la guerre, lorsque, ramenée tardivement de Lorraine en Flandre, l'armée de La Ferté est employée aux opérations du ratissage final.

Deux mois plus tôt, en juin 1658, l'éclatante victoire des Dunes gagnée par Turenne avait permis la prise de Dunkerque en dépit de l'inondation une nouvelle fois provoquée par les ennemis ouvrant largement les écluses. En juillet, toujours sous Turenne, s'étaient déroulés les sièges victorieux de Bergues, Furnes et Dixmude, celui-ci en présence du jeune roi qui y contracta une fièvre si violente que l'on craignit durant quelques jours pour sa vie. Lorsque arrivent enfin les hommes de La Ferté, en août et septembre, ils sont employés entre Yser, Escaut et Sambre. C'est alors que Vauban conduit avec brio les sièges de Gravelines (« où les ennemis ne purent rien faire tomber sur l'attachement du mineur ») et Audenarde[9]. À Ypres, il se retrouve aux côtés de Clerville et tous deux manquent d'être décapités par « un coup de canon[10] ». Au terme de ces victoires, la situation de la France aux Pays-Bas est redevenue fort avantageuse.

Cependant, à l'extrême fin de l'automne 1658, alors qu'il visite les travaux de réparation d'Audenarde dont il a la surveillance,

Vauban « est fait prisonnier par un parti ennemi, mené dans leur armée et, quelques jours après, relâché sur sa parole et ensuite échangé ». À la fin de la campagne, « M. le Cardinal le gracieusa fort et, quoique naturellement peu libéral, lui donna une honnête gratification et le flatta de l'espoir d'une lieutenance aux Gardes »[11].

À cette date, la guerre est terminée et les troupes de La Ferté sont déjà reparties en Lorraine dans leurs quartiers d'hiver. Vauban ne tarde plus à les y rejoindre. Les troupes peuvent enfin souffler et le pays respirer. La vie de garnison commence.

VAUBAN, SEIGNEUR D'ÉPIRY : TROIS PETITS TOURS ET PUIS S'EN VA !

La vie des camps n'avait pas toujours été facile. L'argent avait manqué à plusieurs reprises pour le règlement des soldes. Et le ravitaillement avait souvent mal suivi : « Quand nous étions sur le pays ennemi, nous étions quelquefois des trois semaines entières sans prendre une ration de pain », se rappellera plus tard Vauban. De même, il évoquera l'horrible surentassement pestilentiel des hôpitaux de campagne, véritables antichambres de la mort ; également la médiocrité de certains officiers généraux, surtout leurs désunions accentuées par les règles du « tour de commandement » alors en usage et qui rompaient la continuité de l'action[12]. Dès la fin de 1658, tous attendent impatiemment cette paix tant désirée dont les négociations traînent encore jusqu'à l'automne suivant. Partout, on se reprend à espérer.

Au printemps 1659, une partie du régiment de La Ferté s'installe aux environs de Toul, à Foug, dans le val de l'Asne, entre Meuse et Moselle. « Je considérais plusieurs fois cette vallée qui me causait de l'admiration, parce qu'il semble qu'il y ait eu là autrefois une communication de l'une à l'autre des rivières. Je n'y fis cependant pas pour lors grande réflexion. » Le jeune capitaine a mieux à faire que d'exercer son sens topographique, si inné pourtant qu'il enregistre sans même s'en rendre compte les caractéristiques du paysage. Pour le moment il retrouve dans cette région giboyeuse les joies de son adolescence morvandaise en chassant des journées entières, car « j'étais un peu chasseur », ajoute-t-il lorsqu'il se remémore ces temps de détente après le combat[13]. Il ne donne, hélas, aucun détail sur ses activités cynégétiques. S'agit-il d'une chasse « au gibier et à la venaison », ou encore aux oiseaux ? Il utilise certainement ses armes de guerre, si peu différentes de celles de chasse. Il porte très probablement dans les fontes de sa selle un ou deux pistolets destinés à tirer de près sur un gros gibier mené par le chien jusque dans un découvert. Peut-être aussi a-t-il quelque platine à rouet qui lui permet de tirer à cheval sur des oiseaux en plein vol, à moins que ce ne soit plutôt un de ces fusils à silex dont l'usage se répand largement à cette époque et qui supplantent désormais la plupart des autres armes de tir [14].

Envoyé ensuite en garnison à Nancy, Vauban se réjouit que son régiment n'ait pas été « réformé », c'est-à-dire démobilisé à la paix. Il est ainsi assuré de continuer de servir dans l'armée royale et de n'être pas rendu à la vie civile, ce qui est le sort souvent mal vécu de plusieurs de ses anciens compagnons de guerre. En outre, il est gratifié d'un très long semestre de congé, plutôt plus d'un an que moins. Il rentre en son Morvan natal qu'il n'a probablement pas revu depuis neuf ans. Il s'agit là dans la vie de l'ingénieur d'une sorte de parenthèse, ou d'intermède joyeux, s'intercalant entre sa vie de combattant et sa future vie d'ingénieur de place.

« Ingénieur ordinaire du roi, capitaine-lieutenant du régiment d'infanterie de campagne de M. le Maréchal de La Ferté-Sennecterre et capitaine d'une compagnie entretenue dans la garnison de Nancy [15] », il se réinstalle auprès de sa mère à Saint-Léger [16] mais est plus souvent à Bazoches et en Bazois. Il est accueilli dans les châteaux du voisinage et y obtient très rapidement la main de la petite sœur de ses cousins, Jeanne d'Osnay. Née vers 1638-1639, elle est fille de Claude d'Osnay, baron d'Épiry, et d'Urbanne de Roumiers, veuve en premières noces de Paul Ier de Vauban.

Vauban avait quitté une fillette ; il retrouve une jeune fille d'une vingtaine d'années. Quelle part le sentiment a-t-il joué dans cette union ? Impossible de répondre ! En revanche, il est certain que Sébastien Le Prestre est devenu un parti fort appréciable : une compagnie, une activité d'ingénieur non dérogeante, quelques économies, des patronages éminents – le cardinal-ministre ne vient-il pas de lui octroyer une gratification ? –, une auréole de courage. N'a-t-il pas combattu à plus de douze sièges ? N'a-t-il pas été chargé de diriger en chef certaines attaques ? N'a-t-il pas été blessé à plusieurs reprises, faisant à chaque fois preuve de courage et de rapidité de décision ? Quel père ne serait pas satisfait de ce gendre de vingt-sept ans, sans fortune – encore qu'il amène 2 000 livres en bonne monnaie sonnante et trébuchante, ce qui n'est pas à dédaigner ? On peut supposer qu'il a un avenir assuré. Les demi-frères aînés de la fiancée, orpheline de mère et dont ils se sentent responsables, sont très favorables à cette union qui resserre étroitement la cohésion du clan familial et qui, probablement, permettra de bloquer au bénéfice de Jeanne d'Osnay les propriétés de ses « sacripants » de père et grand-père, plus soucieux de s'endetter et d'hypothéquer les domaines que de les faire prospérer.

Le mariage est célébré en la paroisse de la jeune épousée et le contrat signé le 25 mars 1660 au château d'Épiry, une austère construction flanquée d'une grande tour carrée. Il est stipulé que la fiancée amène en dot « mil livres […] Sébastien d'Osnay, écuyer baron d'Épiry, aïeul de la future épouse, demeurant à Vaulcevent [*alias* Vauchezeuil], paroisse de Ciché en Bourgogne, conjointement avec le sieur d'Osnay son fils [Claude] instituent la future épouse leur fille, héritière universelle de tous leurs biens [17] ». Les jeunes mariés vivront au même pot que le beau-père. Sébastien Le Prestre amène donc de son côté 2 000 livres en meubles et monnaie. Il n'est pas dit si la mère du marié assiste à la noce. En revanche, y sont présents le père de Jeanne, les frères utérins de celle-ci, Paul et Pierre de Vauban ; également l'épouse de Paul, Anne Guesdin. Le grand-père de Jeanne s'est fait représenter par « Michel-René de Courvoi, écuyer, demeurant à Souvert, paroisse alternative de Lucenai et Ciché en Bourgogne [18] ». Désormais Vauban – qui s'est d'ailleurs engagé à payer les dettes de son beau-père à concurrence de 1 000 livres – peut se dire seigneur d'Épiry. Il n'y manque pas.

Les d'Osnay, tout barons qu'ils soient, sont assez rustiques et proches des Vauban par le mélange social qui s'est introduit dans leur famille. Le grand-père paternel de Jeanne, Sébastien, qui vit encore en 1671 sur son domaine de Bourgogne, s'est vu attribuer autrefois et avec raison la paternité d'un enfant du voisinage [19]. Le père de Jeanne, Claude d'Osnay, a eu des mots avec le curé d'Épiry [20]. Nombre de leurs parents – plus ou moins éloignés – habitent le riant Bazois dans des localités proches d'Épiry, telles Lazare et Jeanne d'Osnay, conjointes respectives d'un maître chirurgien de Chastillon-en-Bazois et d'un chargé des affaires de Monsieur dans la même région. Un autre des leurs, François d'Osnay – frère ou cousin des précédentes ? –, épouse à peu de temps de là une Scoraille, ce qui redore un peu le blason [21]. Tous tiennent beaucoup à leur parenté avec le nouveau ménage. Plusieurs fois requis pour des baptêmes ou des mariages, Sébastien et Jeanne de Vauban délèguent à leur place Charlotte Le Prestre, la sœur cadette de l'ingénieur [22].

Quant à la jeune épouse, Jeanne d'Osnay, il est difficile de savoir quelles sont ses réactions. On connaît si peu de choses sur elle ! En tout cas, elle ne suit pas son mari lorsqu'il repart en Lorraine, vers le mois de février 1661. Mais il est vrai qu'elle est alors enceinte. Sébastien de Vauban, écuyer seigneur d'Épiry, a très probablement ardemment désiré un fils. C'est une Charlotte, filleule de sa tante paternelle, qui est baptisée le 15 juin 1661 en l'église paroissiale d'Épiry. Le père est bien sûr absent puisqu'il travaille alors à Nancy [23]. Il ne semble pas que Jeanne d'Osnay ait fait ensuite un quelconque effort pour rejoindre son mari. De Nancy, ville occupée par les Français, Vauban doit toujours être prêt à partir immédiatement où l'enverra le roi ; elle risquerait alors de rester seule en terre étrangère.

Elle vit en son château d'Épiry. Munie de la procuration de son mari, elle aide son père à gérer les propriétés familiales, tient sa place de seigneuresse. C'est ainsi qu'elle est marraine de très nombreux enfants du village, avant de très vite déléguer ce rôle à sa fillette [24]. Elle élève celle-ci au mieux, garde des relations de bon voisinage avec les châteaux des alentours, maintient le contact avec ses belles-sœurs, Charlette qui vient souvent la rejoindre, Anne Guesdin qui vit alors à Champignolle, en la maison de Vauban. Comme tant de ses semblables, Jeanne assure ainsi la pérennité familiale en attendant patiemment que revienne son brillant et souvent volage ingénieur qui n'a dû vivre auprès d'elle que quelques mois, tout au plus une année de repos. Il ne réapparaîtra que plusieurs années plus tard. Véritable sœur Anne de la complainte, elle ne voit du haut de sa chambre haute que « le ciel qui flamboie et la route qui poudroie »...

Les fortifications royales au lendemain de la paix de 1659

Tandis que Vauban chemine pour rejoindre Nancy en ce début de 1661, il n'est pas inutile de se pencher quelque peu sur l'organisation de ces fortifications royales auxquelles il appartient. Par certains côtés remarquable, cette administration est cependant inadaptée à la conjoncture, héritière qu'elle est d'une longue évolution empirique commencée au XVe siècle, lorsque était apparue cette « invention diabolique » que fut l'artillerie à boulets métalliques et alors que se développaient les monarchies modernes.

On se souvient qu'à la fin du Moyen Âge toutes les villes étaient encloses de murs dont elles étaient propriétaires et auxquels elles tenaient avec passion, jusqu'à accepter allégrement de s'endetter largement pour les réparer ou les améliorer. Cependant, avec les « fortifications à la moderne », surtout à dater des années 1520 et de l'apparition du bastion armé de canons et destiné à pallier les effets du boulet métallique, de nombreuses cités exsangues furent obligées de solliciter l'aide financière du roi dont la puissance s'était accrue considérablement au cours des années précédentes. En contrepartie, le souverain imposa d'abord une surveillance des « deniers communs » de la ville secourue, puis un contrôle technique des travaux par son ingénieur. Surtout il n'accorda de soutien qu'aux cités qui, par leur situation géographique, étaient les « clefs et boulevards du royaume ». C'est ainsi que les villes n'offrant aucun intérêt stratégique et militaire, en particulier celles de l'intérieur du royaume, furent progressivement exclues de la manne royale.

Du contrôle on passa à la tutelle ; et de celle-ci à la mainmise. Dès le début du XVIIe siècle, les enceintes de la plupart des places frontières étaient désormais aux mains des hommes du roi, substitués en ce domaine aux instances communales traditionnelles. Des officiers royaux – trésoriers et contrôleurs des fortifications – réglaient les questions financières. Les ingénieurs de Sa Majesté, qui ne possédaient pas de charge vénale mais dont la compétence professionnelle était reconnue par un brevet royal, étaient des techniciens et des experts ès fortifications. On n'était arrivé à cette concentration entre les mains des souverains que parce que ceux-ci, en dépit des guerres étrangères et des troubles intérieurs, avaient eu à leur disposition des ressources importantes obtenues par le prélèvement de divers impôts royaux et spécialement d'impôts directs fonciers, annuels et généralisés à tout le royaume, la taille et le taillon. Ces impôts furent bien les instruments financiers de cette grande politique concernant la « bonne seureté du royaume ». Grâce à quoi le pouvoir royal pratiqua une véritable redistribution de l'argent collecté, exigeant des provinces qui n'étaient pas en danger immédiat une aide substantielle pour celles qui l'étaient.

La tourmente des guerres de Religion avait mis une certaine sourdine à toutes ces réalisations mais, en contrepartie, permit aux ingénieurs français de supplanter définitivement leurs maîtres italiens. Aussi, dès la paix revenue, les Bourbons avaient pu accentuer l'effort de leurs prédécesseurs pour mieux défendre les voies d'invasion, surtout celles qui convergeaient vers la capitale. C'est pour mener à bien cette politique qu'Henri IV avait pris deux dispositions visant à améliorer la marche et la répartition des tâches :

– Première nouveauté : le grand règlement de 1604 mit sur pied une législation des travaux extrêmement stricte et encore existante actuellement dans ses principes essentiels. Désormais chacun de ceux qui interviennent dans les ouvrages de fortifications jouent en principe un rôle très exactement délimité et sans interpénétration avec celui du voisin. Reviennent à l'ingénieur la prévision des œuvres, le relevé des toisés, l'évaluation des dépenses, la surveillance des travaux en cours, leur réception en fin de construction et leur ordonnancement. En principe et sous aucun prétexte cet ingénieur ne doit ni se mêler des affaires de gros ni même de petits sous, ni travailler pour son propre compte. (On verra cependant cette règle s'assouplir dans les débuts du règne personnel de Louis XIV en raison des difficultés à trouver de bons entrepreneurs, surtout dans les pays nouvellement conquis.) L'exécution des ouvrages est menée par des entrepreneurs auxquels ils sont adjugés en présence d'un homme du roi, le gouverneur de la province ou son délégué, plus tard l'intendant de justice, police et finances de ladite province. Le paiement et la surveillance des comptes sont du ressort des trésoriers et des contrôleurs déjà nommés qui font viser *in fine* leur comptabilité par les cours des comptes.

– Deuxième nouveauté : le travail est partagé selon un découpage géographique entre les ingénieurs du roi – une douzaine tout au plus en activité. Chacun surveille le département provincial qui lui a été attribué à l'exclusion de tout autre, à moins d'ordres exprès du roi. Le Dauphiné et ses confins – Bugey, Bresse, Valromey et, si paradoxal que cela puisse paraître, Languedoc – ont été confiés à Jean de Beins. Louis de Foix s'occupe des côtes de l'océan. Jean Errard de Bar-le-Duc, de la Picardie[25], etc. Chacun n'est responsable de son secteur que devant les hautes instances royales et demeure indépendant de son voisin.

Le règne de Louis XIII, sans nouveautés majeures en matière de législation, a vu en revanche s'accroître considérablement l'effectif des ingénieurs et se transformer leurs attributions. En une quarantaine d'années, leur nombre a beaucoup augmenté, quadruplant probablement – ou plus – en raison des tâches accrues qui leur ont été confiées : réparation et construction des places fortes ; levers cartographiques ; enquêtes sur le terrain ; missions diverses faisant d'eux, suivant le cas, des agents secrets ou des représentants diplomatiques officiels du pouvoir. Lors des nombreuses expéditions et opérations de siège qui émaillent cette époque, ils préparent les attaques ou cherchent les moyens de défendre les places. Avant le combat, ils font les reconnaissances du terrain ; ils dirigent les travaux préliminaires du siège – creusement des tranchées et des circonvallations, travaux de sapes, pose des mines pour préparer la brèche par où s'engouffreront les assaillants. Ils conseillent le général sur le meilleur endroit où donner l'assaut. Mais c'est toujours au chef de l'armée à décider des opérations proprement militaires du siège, après conseil entendu et reçu. Sans personnel et sans troupe, les ingénieurs se font aider par des soldats, voire des « travailleurs de terre » civils mis à leur disposition, parfois par réquisition et corvée. Multipliés en nombre, débordés d'activités, la plupart de ces ingénieurs s'affirment comme d'actifs agents de la puissance royale et d'excellents serviteurs de la monarchie.

Divers problèmes autrefois inconnus sont nés, justement, de ces conditions nouvelles. La dualité de leurs missions provoque des tiraillements souvent pénibles entre les ingénieurs qui se révèlent surtout aptes aux sièges et ceux qui excellent avant tout aux travaux de place. Rien surtout n'a encore été prévu pour gérer ce personnel accru et pour encadrer les plus jeunes. Au siège de Montmédy, Vauban, vingt-quatre ans, s'était très vite retrouvé seul. La formation demeure purement artisanale, sur le tas et souvent peu méthodique.

Autre problème, celui de savoir qui commande, aux échelons tant gouvernemental que provincial. Durant le premier tiers du siècle, un surintendant général des fortifications – tour à tour le sieur de Sauzay, Sully, son fils aîné, Sublet des Noyers, Léon de Durfort – avait coiffé l'ensemble des fortifications royales. Cette charge avait ensuite été supprimée et les responsabilités partagées. Les contemporains eux-mêmes ne comprennent pas toujours très bien pourquoi, dans une même affaire, interviennent tour à tour ou en même temps le Premier ministre, le secrétaire d'État dont relève la province frontière en question, le secrétaire d'État de la Guerre (même en temps de paix) et tel ou tel personnage qui, au premier abord, n'a rien à y faire. Au niveau provincial s'enchevêtrent pareillement les instances administratives : celle des gouverneurs de la province, celle des intendants de justice, police et finances (surtout après 1653), à moins que ce ne soit celle des intendants d'armée, et – depuis 1645 – celle de nouveaux officiers royaux, les intendants des fortifications, chargés, chacun pour sa part, des ouvrages d'une ou plusieurs provinces [26].

Au total, en ce début de règne personnel de Louis XIV, les responsabilités demeurent fort mal délimitées et les liaisons très mal assurées. On jugera de ces embrouillements lorsqu'on saura qu'en mars 1661 l'ordonnancement des travaux de la démolition des fortifications de Nancy (Lorraine ducale) fut signé par le duc Mazarin, gouverneur d'Alsace et grand maître de l'artillerie ; les instructions sur l'opération envoyées par Brienne, secrétaire d'État des Affaires étrangères ; les lettres sur l'exécution du travail expédiées par Michel Le Tellier, secrétaire d'État de la Guerre ; et les ficelles tirées par Colbert, intendant des finances depuis quelques jours seulement [27].

Ainsi, sur ces deux points essentiels (encadrement hiérarchique des ingénieurs et désignation précise des responsables), l'administration des fortifications, lentement formée par empirisme, n'est plus adaptée. Avec le retour à la paix et alors que pressent les travaux nécessités par l'annexion de plusieurs provinces, on découvre qu'il faudrait inventer des solutions nouvelles. Le gouvernement royal ne le fera que progressivement par mesures et touches successives. Il s'en faut encore de trente ans pour que naisse le département des fortifications. Cependant, dès 1659, le cardinal avait fait créer pour Clerville la charge de commissaire général des fortifications. Par cette initiative il avait fait du maître de Vauban un véritable inspecteur général chargé à la fois de réfléchir aux travaux à entreprendre aux frontières et de vérifier leur réalisation. Cette mesure, qui avait le mérite de tenter une unification technique, n'eut en revanche et fort malheureusement aucune incidence administrative immédiate [28].

C'est dans ce contexte que s'inscrit tout le début de la carrière d'ingénieur de place de Vauban.

La démolition des fortifications de Nancy

Depuis qu'il a commencé de servir, Vauban a toujours eu son point d'attache en Lorraine, d'abord sur les confins meusiens, puis, après 1658, en Lorraine ducale annexée depuis 1632 et dont le gouverneur pour le roi est alors le maréchal de La Ferté, son général. C'est là qu'il est chargé avec d'autres camarades et sous la direction nominale de l'ingénieur piémontais Valperga, dit Valpergue, de la démolition des fortifications de Nancy [29].

Dans les années 1630, pour contrer les agissements aventureux du duc Charles IV et « arrêter les entreprises continuelles des Lorrains », Louis XIII et Richelieu avaient mené une politique d'intimidation puis d'intervention contre le duché. Ayant déjà obtenu le Clermontois, Stenay, Dun et Jametz [30], le roi et son Premier ministre décidèrent l'occupation de toute la Lorraine ducale et l'installation d'une administration française. Après s'être emparé de Nancy et pour mieux tenir la capitale du duché, ils y firent camper une garnison française pour laquelle l'ingénieur du roi Conty d'Argencourt construisit rapidement une citadelle au nord de la Ville vieille. Cherchant à défendre son bien, le duc Charles IV s'était alors jeté dans les bras des Habsbourg et, durant la Fronde, il s'était aussi lié aux princes rebelles, d'autant qu'il était beau-frère de cet opposant perpétuel que fut

Gaston d'Orléans, l'oncle du petit roi de France. Pour soutenir ses nouveaux alliés et en rétorsion des dégâts commis par les troupes françaises en Lorraine, le duc lâcha ses quelque dix mille soudards en Champagne et en Brie qu'ils ravagèrent sans vergogne, ne se retirant que lentement devant Turenne (fin 1652) [31]. De là, il passa au service des Espagnols et les aida de son armée aux Pays-Bas.

En 1659, la victoire finale du jeune Louis XIV aurait dû entraîner l'absorption définitive du duché dans le royaume. Une péripétie sauva presque *in extremis* l'indépendance de la Lorraine ducale. À la suite de certains démêlés avec ses alliés espagnols, le duc, un temps incarcéré à Tolède, s'était tardivement rapproché des Français. Grâce à ce jeu de bascule, il passait du côté des vainqueurs et son duché ne pouvait dès lors et sans autre forme de procès être rayé de la carte européenne. Pour autant, il ne parvint ni à lier ses affaires aux négociations de la paix des Pyrénées, ni à s'en sortir indemne.

Un traité séparé, signé seulement le 28 février 1661 à Vincennes, règle tardivement le sort de la Lorraine. Les clauses en sont très dures et cruellement ressenties par Charles IV et ses sujets. Certes, le duché récupère le Barrois et les troupes d'occupation quitteront le pays, mais à trois conditions. D'abord l'abandon à la France de certaines villes, telles Montmédy, Thionville, Marville, Damvilliers et leurs dépendances. Le duc cède aussi à Louis XIV, en toute propriété, une cinquantaine de villages égrenés d'ouest en est ; c'est sur leur territoire que passera le « chemin du roi » ; il joindra Verdun à Metz, puis – par Delme, le Saulnois, Sarrebourg et Phalsbourg – unira le pays messin à l'Alsace nouvellement annexée et formera une bande de territoire français d'une demi-lieue de large. Ainsi la Lorraine est-elle à la fois dépecée et morcelée. Enfin, les fortifications de Nancy auxquelles tenaient tant ses habitants – celles de la Ville neuve comme celles de la Ville vieille – seront démantelées sous la direction et la surveillance des gens de Louis XIV. Le premier tiers de la démolition relève du roi, les deux autres tiers incombant aux Lorrains [32].

Les démolisseurs se trouvent devant un magnifique ensemble bastionné, construit en une cinquantaine d'années, de 1568 à 1630. Ces fortifications, citées parmi les plus belles d'Europe, sont parfois célébrées comme la huitième merveille du monde.

Œuvres d'ingénieurs italiens – Cittoni, Galeani, Stabili, maîtres ou camarades d'Errard de Bar-le-Duc, venus y travailler de Bergame, Milan et Naples –, elles appartiennent aux deuxième et troisième générations des ouvrages fortifiés « à la nouvelle mode » et enveloppent les deux villes de leurs bastions à orillons et de leurs demi-lunes.

Les conférences pour la démolition commencent tôt au printemps 1661. Viennent y présider deux commissaires français : Colbert de Saint-Pouanges, l'intendant des Trois-Évêchés, à la fois cousin germain de Jean-Baptiste Colbert et beau-frère de Michel Le Tellier ; Charles Colbert de Vandières (plus tard de Croissy), cadet de Jean-Baptiste, intendant d'Alsace et, par cumul, intendant des Trois-Évêchés au départ de Saint-Pouanges en mai 1661. Du côté lorrain, le maréchal de Lillebonne, lieutenant général du duché, représente le duc. On détruira en premier l'enceinte de la Ville neuve. Encore faut-il évaluer le cubage des terres à remuer. Les commissaires en font faire l'expertise : « Le sieur de Vauban a fait toiser tout l'ouvrage qui est à faire et s'est trouvé 2 006 toises [cubes] de démolition aux dix-sept bastions et courtines[33] », les demi-lunes n'étant pas décomptées. Il y aura dix fois plus de toises cubes pour la Ville vieille, expertisée plus tardivement.

Commencent les travaux de la Ville neuve. Dès le 4 mai 1661, quatre cents soldats français demeurés sur place et nourris aux frais du pays attaquent le premier bastion à abattre à la mine. Mais le résultat n'est jugé ni assez rapide ni très satisfaisant. Aussi les commissaires royaux proposent-ils de traiter la démolition du « tiers du roi » comme une véritable entreprise. Ils en réfèrent à Louis XIV. Celui-ci accepte : « Sur l'offre faite au sieur de Saint-Pouanges, étant à Nancy, par le lieutenant-colonel Mornas, du régiment de La Ferté-Senneterre infanterie, de faire renverser le tiers des bastions et courtines de la Nouvelle Ville de Nancy moyennant 15 000 livres, Sa Majesté a ordonné à Le Tellier d'écrire audit sieur de Saint-Pouanges qu'Elle approuve qu'il traite avec ledit sieur de Mornas aux meilleures conditions qu'il pourra, observant de faire enterrer les matériaux au fond des fossés en sorte qu'on s'en puisse difficilement servir. »

De vieille famille comtadine adonnée au service de la légation pontificale, Charles de Siffredy de Mornas – comme beaucoup de ses concitoyens de l'époque – s'est engagé très jeune dans l'armée du roi de France. Promis à une belle carrière militaire (mort lieutenant général en 1677 au cours de l'expédition de Messine[34]), il est en cette fin de guerre de Trente Ans chargé de gérer et de commander le régiment de La Ferté pour le compte du maréchal-gouverneur de la Lorraine. C'est donc avec l'aveu au moins officieux d'Henry de La Ferté qu'il propose ses bons services pour la démolition des enceintes nancéiennes. Il fait à son tour appel à l'un de ses capitaines, excellent spécialiste s'il en fut, Vauban, dont tout le monde apprécie l'efficacité en la matière.

De leur côté, les Lorrains, grâce à la corvée, ont pu lever jusqu'à trois mille ouvriers venus, en dépit de la moisson prochaine, de toute la Lorraine, y compris des vallées vosgiennes et du Barrois. Répartis en quatre brigades, ces ouvriers sont encadrés par des ingénieurs français, parmi lesquels Chavignot et l'inévitable Vauban. Très vite, les responsables lorrains se rendent compte qu'il serait préférable de renvoyer dans leurs foyers la plupart des travailleurs mobilisés et, à l'exemple des Français, de traiter avec un entrepreneur. « Le roi voulut bien qu'on les aida à trouver un entrepreneur. » Qu'en termes élégants ces choses-là sont dites ! Il s'agit tout simplement de court-circuiter les Lorrains. Avec l'aveu des deux Colbert et de Clerville accouru pour donner son avis technique, ils adjugent les « deux tiers du duc » pour 31 000 livres à Charles Bélanger, sieur de La Fontaine, celui-ci étant en réalité le prête-nom des deux compères toujours associés, les sieurs de Mornas et de Vauban. Grâce à quoi, l'affaire ne traîne guère. Au moment où naît à Épiry Charlotte de Vauban, son père et Siffredy travaillent avec compétence et rapidité à la démolition dont ils se sont chargés, « ces messieurs faisant toute la diligence possible et leurs sappes réussissant parfaitement bien »[35]. Dès septembre 1661, c'en est fait de l'enceinte de la Ville neuve, y compris des demi-lunes qui n'avaient point été toisées au départ !

Même scénario pour les murs de la Ville vieille. Les deux tiers lorrains sont cette fois-ci nommément adjugés à MM. de Prévaillac et de Vauban pour 23 464 toises cubes, à raison de 55 sols par toise cube, soit près de 64 526 livres pour le tout (dans lequel est désormais incluse la démolition des demi-lunes). Mornas, en semestre de congé dans le Comtat Venaissin, ne peut prendre part à l'affaire mais emploie l'argent dernièrement gagné en des placements terriens [36]. À Nancy, le travail, conduit tambour battant, est terminé dans le courant de 1662. « La moisson pousse maintenant là où étaient les remparts élevés de Nancy », pleurent les habitants de la cité meurtrie [37].

Clerville et Valpergue, après consultation, s'en étaient très vite retournés à leurs activités – l'un à Marseille, l'autre en Alsace. Par suite de l'adjudication des travaux autorisée par le roi, c'est en définitive Vauban – vingt-huit ans – qui a eu la responsabilité à la fois technique et matérielle de la destruction des enceintes de Nancy. On touche ici du doigt comment s'assouplissent souvent les règles édictées sous Henri IV, de la séparation radicale entre les métiers d'entrepreneur et d'ingénieur. Dans une ville plus ou moins hostile comme l'était alors Nancy – et le fait vaut aussi pour d'autres cités fraîchement conquises –, les administrateurs français ne pouvaient ou ne voulaient pas conclure des marchés avec des adjudicataires autochtones, soit que ceux-ci aient répugné à servir les nouveaux maîtres, soit qu'on les en ait jugés inaptes pour diverses raisons. Reste alors à appeler un homme de « l'intérieur » ou à tolérer qu'un ingénieur d'exécution (qui n'a pas été mêlé à la préparation du projet) devienne (par permission spéciale et au même titre qu'un civil qualifié et offrant la caution demandée) entrepreneur des ouvrages de la place où il est affecté. Le tout, bien sûr, avec l'aveu de l'intendant chargé des marchés, et ici avec le consentement royal, pour ne pas dire avec sa bénédiction. Mais cette tolérance et ces dérogations ne sont pas sans danger car elles risquent de constituer des précédents dangereux et d'introduire très vite des habitudes vicieuses.

Vauban demeure encore deux ans en Lorraine. Le travail de démolition à peine mené à bien, il se voit confier d'autres tâches. À la demande de Colbert de Vandières répercutant le désir de son aîné, il doit travailler à la maquette d'un modèle réduit d'attelage d'artillerie destiné aux jeux du petit dauphin et dont la réalisation matérielle sera confiée aux fabricants de jouets de Nuremberg [38]. Il est surtout chargé d'aller vérifier secrètement si la petite place lorraine de Marsal n'a pas été transformée par Charles IV, toujours versatile et comploteur, en un pôle de résistance à la France. Fort des renseignements ainsi obtenus et craignant une renaissance lorraine – ou plutôt feignant de le croire –, Louis XIV exige dès le début de septembre 1663 la remise de la place en question entre ses mains.

« En reconnaissance des services rendus par le sieur de Vauban » dans ces diverses circonstances, le roi lui donne une compagnie dans le prestigieux Picardie, l'un d'entre les « six vieux régiments ». C'est à la fois un grand honneur et une bonne gratification, une telle compagnie ayant une grosse valeur vénale. C'est aussi la promesse d'une belle carrière déjà largement amorcée. Vauban paie d'ailleurs ces promotions par l'absence de toute vie de famille. Retenu par ses tâches lorraines, il ne semble pas qu'il s'en soit souvent laissé distraire pour aller embrasser les siens en Nivernais, à moins qu'il n'ait pu le faire rapidement à l'automne 1663[39]. Quoi qu'il en soit, il reçoit en décembre de cette même année une lettre du secrétariat de la Guerre lui annonçant une nouvelle mutation : « Sa Majesté vous ordonne de quitter votre garnison et de vous rendre à Brisach[40]. »

Le « revestissement » de Brisach

Cet ordre de la Cour est pris sous l'influence de Colbert, alors ministre d'État et intendant des finances dont, en principe, ne relève pas l'Alsace. Celle-ci, y compris Brisach, dépend en effet du secrétaire d'État des Affaires étrangères après avoir été entre les mains du secrétaire d'État de la Guerre de 1648 à 1661. À première vue, on pourrait s'étonner de cette intervention. Mais cette anomalie n'est qu'apparente : en 1656, alors qu'il n'était que « domestique » de Mazarin, responsable de la maison et de la fortune cardinalices, en principe sans rôle politique, Colbert avait réussi à faire nommer son jeune frère Colbert de Vandières à l'intendance de justice et police d'Alsace[41]. Il avait alors mis tous ses soins à former son cadet, le conduisant pas à pas dans les arcanes de l'administration. Après la mort du cardinal et alors qu'il a maintenant des responsabilités politiques importantes, Colbert continue de diriger son puîné qu'il fait charger, en sus, en mai 1661 de l'intendance des Trois-Évêchés[42]. Court-circuitant les ministres responsables et, sur place, les gouverneurs de provinces, il impose souvent sa volonté et demeure le maître des fortifications des Trois-Évêchés et d'Alsace. Il ne s'en démettra que fort tardivement[43].

Quant à l'intervention de Colbert au sujet de Vauban, elle se justifie d'autant mieux qu'à la mort du cardinal il a hérité de tous ses fidèles. Or, on l'a vu, en 1653, Sébastien Le Prestre était passé de la clientèle de M. le Prince à celle de Mazarin. Sa carrière s'était depuis lors déroulée sous la houlette lointaine mais tutélaire du cardinal. Sauf de courts passages dans les armées de Turenne et de Fabert, il avait toujours servi sous le commandement et la direction de deux fidèles entre les fidèles : Henri de La Ferté-Sennecterre, qui, pour prix de son zèle, avait accédé au maréchalat aux pires heures de la Fronde ; Clerville, qui, dans ces mêmes moments, avait à plusieurs reprises servi d'agent de renseignement [44], en récompense de quoi il avait été fait maréchal de camp, là encore en 1652. Ces deux hommes, qui appréciaient le jeune repenti, l'aidèrent dans ses débuts. En mars 1661, sans même avoir eu besoin de faire allégeance, Vauban était passé *ipso facto* dans le clan Colbert. D'où l'attention bienveillante du ministre : « Je ne manquerai pas de parler au roi de la capacité et de l'activité du sieur de Vauban et de lui rendre en ce cas tout l'office qui pourra dépendre de moi [45]. »

On ne saurait donc s'étonner que Jean-Baptiste Colbert acquiesce à une demande du nouvel intendant d'Alsace – son propre cousin, Colbert de Saint-Marc, dit Colbert d'Alsace, nommé à cette intendance en mai 1663 lors du départ de Vandières, appelé à d'autres activités. Inquiet du « revestissement » – reconstruction à la moderne – des murailles de Brisach, l'intendant avait en effet mandé à son cousin et ministre : « Le sieur de Vauban passe pour habile ingénieur et, au jugement de […] tous ceux qui le connoissent, peut fort bien conduire ces travaux [46] », qui, entrepris depuis 1658 sur les plans de l'ingénieur Valpergue, n'étaient encore qu'insuffisamment avancés.

Auréolé de ses bons services nancéens, Vauban arrive dans sa nouvelle garnison le dernier jour de février 1664. Pour se rendre de la capitale lorraine à Brisach, ville située à la hauteur de Colmar mais sur la rive droite du Rhin, il a d'abord dû emprunter la route royale qui coupe au travers du duché. À cheval, et suivi probablement de son équipage, il débouche par le col de Saverne sur la plaine rhénane. Il a quitté la Lorraine et son atmosphère d'hiver humide et froide, souvent voilée, son paysage austère et chargé de mélancolie. Il arrive dans l'éclatante Alsace, aux hivers rigoureux mais au ciel lumineux. L'horizon bute à l'ouest sur les Vosges et à l'est sur la Forêt-Noire. Plutôt que de descendre immédiatement dans le fossé rhénan, il suit le pied des collines sous-vosgiennes jusqu'à Sélestat où il traverse l'Ill, à moins qu'il ne l'ait déjà fait à Benfeld. Il doit ensuite s'engager dans la région d'entre les deux eaux (Ill et Rhin) et rejoindre les rieds – bras vifs ou morts du fleuve et de ses affluents – qui s'allongent entre des îles souvent mal consolidées et des lais encombrés de joncs, d'aulnaies, de roselières, de bancs de sable.

Le Rhin en son lit majeur est énorme, sauvage et torrentueux, sans qu'on ait encore réussi à l'endiguer et à calmer ses foucades. Entre Bâle et Strasbourg, un seul pont, celui de Brisach. Il franchit le fleuve en s'appuyant sur des îles résistantes qui brisent le flot et le canalisent en deux bras principaux de largeur rétrécie. C'est bien d'ailleurs le fait d'être tête de pont qui donne sa valeur stratégique à Brisach et lui confère son rôle de « porte de l'Allemagne ». La ville se dresse sur un piton rocheux que lèche le courant rapide. Dominant le paysage environnant, elle est un magnifique observatoire dont les murailles vieillies sont insuffisantes pour le double rôle qu'entendent lui faire jouer les dirigeants français, à la fois symbole de la puissance louis-quatorzienne et instrument d'une grande politique royale dans le Saint-Empire.

L'accueil de M. Colbert d'Alsace, qui réside continûment à Brisach, est chaleureux. Comme on le lui suggère, le nouvel ingénieur de la place se propose immédiatement pour effectuer les travaux. L'intendant saute sur l'occasion car c'est bien dans cette perspective qu'il a demandé l'aide de l'ingénieur. Invité à donner un toisé estimatif, Vauban présente dès mars 1664 l'*Estat des espèces et quantités de matteriaux qui entrent dans une toise cube de maçonnerie telle qu'on la faict au revestissement de Brisach, ensemble ce qu'elle peut couster en sa perfection*[47]. Selon la méthode exigée par Colbert, il n'écrit ses articles que sur la moitié droite de la feuille pour permettre à son interlocuteur de répondre point par point sur la partie gauche. Le ministre défalque les prévisions de l'ingénieur de plus d'un quart : à Vauban qui proposait une dépense globale de 43 livres, 15 sols, 6 deniers par toise cube Colbert oppose 31 livres, 9 sols, 8 deniers, soit une différence de 12 livres, 6 sols par toise cube. Mais il semble n'avoir pas été obéi.

Cependant, le gouverneur – duc Mazarin – entend de son côté se tenir au courant de tout ce qui intéresse les places de sa province. Pour lui, les « véritables associés [de Vauban] sont les sieurs Faille et Cézar qui ne paraissent pas et auraient fait augmenter le prix de l'adjudication pour toucher leur ristourne[48] ». Or les deux hommes en question sont les commis fidèles de l'intendant... De son côté, Charles Colbert affirme à son cousin ministre que Vauban est le prête-nom d'un sieur de La Forest, dont nous ne savons malheureusement rien[49]. On est en plein imbroglio et il y a sûrement de l'argent à gagner. En tout état de cause et en définitive, Colbert d'Alsace accepte l'adjudication (mais à quel taux ?) et s'emploie, dit-il, à observer cet « habile ingénieur [...] qui travaille de tout son mieux ». Il veille, affirme-t-il, à la bonne tenue des comptes de son ingénieur-entrepreneur : « Toutes ses dépenses sont faites par un homme qui est à moy et [...] ses registres sont en mon logis pour mieux pénétrer ses affaires[50]. » Cela étant, il loue l'activité de l'ingénieur qui a acheté les matériaux nécessaires, préparé les équipages de chevaux pour les transports, mis les ouvriers au travail dès les premiers beaux jours.

Mais, au fil des jours et des mois, Colbert d'Alsace devient de moins en moins enthousiaste. Il préférerait à coup sûr un nouvel entrepreneur plus souple et entrant davantage dans ses vues. Durant l'été 1666, il se plaint de ce que Vauban « n'entend que médiocrement la maçonnerie et n'a d'autre application que l'œconomie pour s'assurer la partye qu'il a mis à couvert dès l'année dernière ». En conclusion : « Il sembleroit que le plus expédient seroit de remercier le dit sr Vauban plustot que de luy laisser achever le travail qu'il a commencé. » Rien ne va donc plus entre notre ingénieur et l'intendant ! Ce dernier propose dès lors un nouvel entrepreneur[51]. Peu de temps après, Vauban quittera le pays.

Entre-temps et en dépit de toutes ces « magouilles », vaille que vaille, les constructions ont avancé. Durant vingt-neuf mois (du 1er janvier 1663 au 25 mai 1665), il a été dépensé 311 393 livres, 3 sols pour les places de Brisach et Philippsbourg réunies dans les mêmes comptes (soit 120 000 livres annuelles) sans précision sur le détail de chacune d'elles[52]. Un *Mémoire de l'état auquel est le revestissement de Brisach le 25 aoust 1666*, non signé mais d'un ton très vaubanien, renseigne sur l'avancement des travaux.

La réfection de certains bastions est terminée. Parmi les difficultés techniques encore pendantes, le recreusement des fossés qui, réalisé, risquerait de provoquer un affouillement des murailles par les eaux vives du Rhin, avec toutes les conséquences que cela comporterait. Reste surtout la refonte du bastion royal. À ce propos, l'auteur du mémoire ne se prive pas de critiquer Valpergue (*alias* Valperga), l'auteur du plan. Il lui reproche d'avoir été obnubilé par les sacro-saintes règles de la fortification : « On pourroit lui répondre qu'il ne suffit pas de les [ces règles] appuyer sur des principes indisputables en matière de fortification sy elles se trouvent contraires dans la pratique et sur le terrain, car, comme toutes les maximes de cet art sont desmonstratives, il semble que faisant voir par la règle et le compas sur le plan mesme dudit Sr de Valperge que la face et l'angle dud bastion royal demeurans revestus ainsy qu'ils le sont maintenant, ils seroient en beaucoup meilleure deffence qu'ils ne le seroient pas suivant la réforme qu'il en veut faire. » Et d'expliquer par la même occasion que le maintien en l'état du bastion en question coûterait moins cher. C'est probablement pourquoi l'intendant accuse l'ingénieur d'être trop économe et médiocre en fait de maçonnerie[53]. Sans bien comprendre tous les dessous de l'histoire, on voit d'évidence éclatante comment les problèmes de bâtisse sont étroitement liés à de sordides affaires d'argent et de pots-de-vin.

Même très occupé par tous ces travaux et toutes ces traverses, Vauban a encore eu le temps de faire quatre voyages en service commandé : trois en Allemagne (dont le premier à Nuremberg en août 1664, pour s'occuper du jouet militaire du dauphin), le dernier aux Pays-Bas[54]. Mais déjà se prépare une nouvelle guerre. Le régiment de Picardie partageant avec quelques autres le privilège d'être des premiers engagés, Vauban rejoint son corps, soit dans l'hiver 1666, soit au début du printemps suivant. Il quitte Brisach, heureux d'échapper aux petitesses de l'intendant. Il tourne une fois encore une page de sa vie, du moins le croit-il.

Au cours de cette douzaine d'années, Vauban a eu l'occasion de se perfectionner dans sa profession et d'en découvrir toutes les finesses, voire toutes les ficelles. Il a poursuivi avec brio une carrière rapide, d'abord en sous-ordre, puis avec des responsabilités de plus en plus importantes. Sapes, mines, attachement du mineur, reconnaissances, attaques – et j'en passe! – aussi bien que démolitions ou reconstructions n'ont plus de secrets pour lui. Capitaine de Picardie, chargé de la réfection d'une importante place de guerre aux marches orientales du royaume, il a rempli plusieurs missions à la satisfaction de ses chefs et de Sa Majesté. Le petit noble nivernais, fils d'un cadet pauvre, a également élargi sa place au soleil de sa province. Il peut rentrer chez lui fier de sa réussite et siéger au milieu de ses pairs, les gentilshommes du Bazois.

Lorsqu'il évoquera plus tard dans l'un ou l'autre de ses écrits les années qui ont précédé ou tout juste suivi la paix des Pyrénées, il ne dédaignera pas de faire valoir sa valeur et ses coups d'éclat, tout en mettant l'accent sur les déficiences de l'armée royale d'avant 1659. En revanche, il ne parlera jamais de sa douloureuse aventure de Brisach, sauf – pourrait-on dire – en « négatif », en particulier par certaines réflexions acerbes contre les entrepreneurs, « tous gredins et voleurs », incapables de vraies responsabilités.

Aussi bien, au début de 1667, il ne se doute guère que sa comptabilité de Brisach lui sera durement contestée quelques années plus tard. Pour le moment, c'est la guerre de Dévolution qui accapare toutes ses énergies. Elle lui sera l'occasion rêvée de manifester ses dons mieux encore que par le passé et de se révéler cette fois-ci définitivement, tout en continuant de saisir sa chance.

CHAPITRE V

« Vos filles aînées en fortifications »

L'estime que Sa Majesté a pour vous.
Louvois à Vauban.

En ce début du règne personnel de Louis XIV, les ingénieurs militaires besognent dur aux frontières des nouvelles provinces françaises pour transformer les fortifications des places conquises, en retourner les défenses, en augmenter la valeur. Vauban à Brisach est loin d'être une exception. Ainsi Petit à Collioure, Chamoys à Perpignan, Valpergue à Philippsbourg, du Cairon à Château-Trompette travaillent-ils d'arrache-pied les uns comme les autres. Inutile d'allonger la liste. En haut lieu, c'est en conseil ou dans leurs bureaux que les responsables – le roi et ses ministres – décident de tous ces travaux. Ils en font contrôler l'exécution par le commissaire général des fortifications, le chevalier de Clerville, qui assure désormais – en principe – la liaison entre le sommet et la base par ses très nombreuses tournées d'inspection.

Durant plus d'un lustre, néanmoins, beaucoup de ces efforts donnent l'impression de n'être pas harmonisés autour d'un projet cohérent et global mais plutôt réglés au coup par coup, au fur et à mesure des opportunités. En Roussillon par exemple, de 1659 à 1668, on se contente de modestes travaux sans trancher, semble-t-il, dans le vif, de crainte de prendre des décisions engageant définitivement l'avenir.

Cette politique d'attente est bien sûr imputable à des tâtonnements ministériels ou à un louable souci d'économie qui freine les grandes réalisations. Mais il faut tenir compte de bien d'autres facteurs : l'ampleur de la tâche à mener, sa dispersion entre plusieurs ministères, surtout les arrière-pensées du roi, désireux de jouer un très grand rôle sur l'échiquier européen. On sait que Louis XIV – qui, dès le lendemain de la mort de Mazarin, donne un ton nouveau à son gouvernement et une plus grande efficacité à l'administration royale – désire faire respecter « la dignité du nom français », élargir son aire d'influence en Europe et, si possible, agrandir encore le royaume. C'est très consciemment qu'il retarde la mise en chantier de certains travaux qui, dans de telles hypothèses, risqueraient d'être très vite périmés, voire inutiles. Pour en revenir à l'exemple roussillonnais, d'aucuns pensent que l'importance réservée à la nouvelle province dans la politique française ne fut pas exactement définie de quelques années de manière à pouvoir faire de ce pays, le cas échéant, une monnaie d'échange [1].

Quoi qu'il en soit, le roi, auréolé de toute sa jeune splendeur, profite en 1662 des embarras d'argent de son cousin Charles II Stuart, restauré sur le trône d'Angleterre, pour lui racheter le port de Dunkerque, jadis cédé par Mazarin à Cromwell. Il dicte durement ses volontés au Lorrain. En 1664, il lance une expédition contre les Barbaresques. Il est le grand protecteur de la Ligue du Rhin. Surtout, en 1665, après la mort de son beau-père, Sa Majesté catholique Philippe IV, et l'accession au trône du petit Charles II, demi-frère cadet de la reine Marie-Thérèse, il rouvre le dossier espagnol. C'est bien alors qu'apparaissent ses véritables ambitions.

La guerre de Dévolution

La dot de sa femme n'ayant pas été payée en totalité, Louis XIV décide de faire jouer en sa faveur une clause du droit privé brabançon. « Le père commun n'étant plus, la Reine ne prétendit pas seulement la restitution de la dot de la feue reine sa mère, bagues et joyaux [...], mais encore que quelques provinces des Pays-Bas lui étaient dévolues, parce que, suivant la coutume du pays, les filles du premier lit héritent quoiqu'il y ait des mâles du second [2]. » Par ce véritable tour de passe-passe – glissement du droit privé au droit public –, le roi entend se faire céder une part de l'héritage hispanique. « Pour la défense des droits de la reine », il se lance sans attendre dans un conflit armé connu sous le nom de guerre de Dévolution. Il s'agit d'un engagement très bref. Une année à peine : deux campagnes éclairs – l'une en Flandre (1667), l'autre en Franche-Comté (février 1668) – terminées par un traité de paix signé dès le 2 mai 1668. Le roi, chef des armées, conduit les troupes au combat. Celles-ci affirment partout leur supériorité sur les modestes contingents espagnols ; les villes des Pays-Bas et de Franche-Comté, mal fortifiées, sont incapables de se défendre. Elles tombent comme autant de châteaux de cartes.

Entrées en campagne au début de mai 1667, les troupes de France, partagées en deux corps, avancent rapidement dans les Pays-Bas. La moins importante, aux ordres du maréchal d'Aumont, pénètre dans le pays par le « côté de la mer ». De Dunkerque, elle tend vers Bergues et Furnes, très rapidement enlevées. Après avoir incendié les faubourgs de Lille, le maréchal d'Aumont pousse en juillet vers Courtrai dont il s'empare en cinq jours (13-18 juillet). « Le Roi, à la tête de l'autre [armée], ayant sous lui M. de Turenne, marche droit sur Charleroy », place que bâtissaient les Espagnols sur la Sambre. Inachevée, la ville tombe immédiatement (fin mai). Ath en fait autant peu de temps après et Tournai pareillement au bout de deux jours (23-25 juin). De là, Louis XIV, qui « couche au bivouac, brave le danger et ne se ménage pas assez » de l'avis de tous ceux qui l'entourent, vient assiéger Douai qui « se rendit de même que les autres » (3-6 juillet).

Un seul intermède retardant de quelques jours la conquête mais destiné à la consolider : le rapide voyage de la reine venue prendre possession de son héritage par les « joyeuses entrées » de Tournai et Douai (23 et 26 juillet). Le baroque et somptueux cortège des dames à peine disparu, les opérations reprennent avec la prise d'Audenarde (1er août) et surtout celle de Lille. Le roi emporte cette dernière en sept jours de tranchée ouverte, avec des pertes relativement minimes (20-27 août). Après le retour du souverain à la Cour, le maréchal de Turenne termine rapidement les opérations militaires. L'armée est en quartiers d'hiver dès avant octobre 1667.

La campagne de Franche-Comté, entreprise en février 1668 malgré le froid hivernal, est encore plus rapide. En quinze jours, toute la province est aux mains des Français. Le roi est présent au siège de Dole, la capitale politique de la province, qui se rend le 19 février. La soumission comtoise suit immédiatement[3].

Dans tout cela, qu'en est-il de Vauban ? Il combat à trois sièges de Flandre, ce qui porte à dix-neuf le nombre de ceux auxquels il a participé jusqu'alors. À Tournai, il construit les circonvallations destinées à couper la ville de son plat pays. À Douai, il est blessé au visage d'un coup de mousquet tiré de près. S'incrustant dans ses chairs, les grains de poudre l'estampillent définitivement du sceau des combats, d'où la marque indélébile de sa joue gauche. À Lille, il est chargé de mener « la principale des attaques ». Il en donnera plus tard une analyse circonstanciée dans son *Mémoire pour servir d'instruction dans la conduite des sièges*. Il ne participe pas en revanche, et quoique certains en aient dit, à la campagne de Franche-Comté[4]. Dans toutes ces diverses actions, il a une fois encore prouvé ses qualités d'ingénieur de tranchée. « Sa Majesté en fut si contente qu'Elle le gratifia d'une lieutenance aux Gardes, d'une pension sur sa cassette de 2 400 livres par an et la permission de vendre sa compagnie de Picardie[5]. » Puis, sans attendre, on fait passer l'ingénieur des combats aux travaux.

L'AFFAIRE DE LA CITADELLE DE LILLE

Les opérations militaires ne sont point encore terminées aux Pays-Bas que déjà le roi donne ordre de renforcer les défenses des villes nouvellement conquises, manifestant par là sa volonté formelle de ne rendre en aucun cas ses dernières acquisitions. C'est alors que Vauban est « employé à régler les projets des fortifications de la citadelle de Lille et de Courtray » qui lui permettront de révéler ses aptitudes – encore en partie potentielles – d'ingénieur de place.

Depuis plus d'un siècle tous les historiens ont répété à qui mieux mieux qu'à cette occasion un véritable duel avait opposé Clerville – le maître – à Vauban – l'élève. Que cette joute s'était immédiatement terminée, à la courte honte du premier, par le triomphe du second. Sans infirmer totalement ce jugement, il convient cependant de le nuancer en replaçant l'événement dans son contexte.

L'affaire se noue très rapidement: septembre-novembre 1667. Il faut de toute nécessité construire une citadelle pour surveiller les débordements toujours possibles de la population de Lille, « une des plus grosses et des plus considérables [villes] des Pays-Bas tant par sa beauté que par sa grandeur et sa richesse [6] » et qui a donné des signes non équivoques de son attachement à S. M. Catholique. L'ouvrage devra aussi servir de caserne aux troupes du Très Chrétien; surtout, être capable de défendre la cité, assise comme une « isle » sur le lacis de la Deule à un nœud de communications, contre une possible attaque venue des Pays-Bas. Un triple rôle donc, qui n'est pas sans rappeler celui assigné soixante-dix ans plus tôt à la citadelle d'Amiens, du temps où la frontière du royaume était encore picarde.

Vauban est en Flandre depuis le printemps; il a fait toute la campagne. Clerville, en revanche, arrive tardivement d'une de ces épuisantes chevauchées qui ne le cèdent en rien à celles plus tard pratiquées par son successeur: côtes océanes, Bordeaux et les travaux de Château-Trompette, arrêt à Montauban pour y conférer avec l'intendant de la généralité, chantiers du canal des Deux-Mers. Le 13 juillet 1667 il était encore à Montpellier et en repartait pour Lyon par la petite Camargue [7]. Peut-être a-t-il pu arriver à temps pour combattre au siège de Lille. En tout cas, ni à celui de Tournai, ni à celui de Douai dont le créditent pourtant si généreusement certains de ses biographes [8]. En revanche, il est sûrement à pied d'œuvre dans les derniers jours du mois d'août.

Le commissaire général des fortifications vient d'avoir cinquante-sept ans, à peu de chose près un quart de siècle de plus que Vauban! Il a servi autrefois dans la flotte du duc de Brézé, un des neveux de Richelieu, et combattu en Morée sur les « galères de la Religion » (de Malte). Fidèle de Mazarin, il a été fait maréchal de camp en 1652. À la mort du cardinal, il s'est tout naturellement agrégé au clan Colbert – « Mon très honoré patron », lui écrit-il dès lors [9]. Intelligent, cultivé, épris d'œuvres d'art et ami des artistes, il est plus hydraulicien que fortificateur. Il en est d'ailleurs au moment où l'excès de travail administratif tue tout travail personnel. Sans tarder, cependant, il se met à la tâche.

Bon topographe, il désigne immédiatement l'emplacement de la future citadelle: une éminence à peine marquée à l'ouest de la ville, dans une zone encore plus marécageuse que le reste du site urbain – ce qui n'est pas peu dire ! – mais qui, en cas de siège, favoriserait l'inondation des dehors par les eaux de la Deule. Pourtant, le « griffonnement » d'avant-projet (un classique et modeste quadrilatère) « déplaît tout à fait à tous ceux auxquels le roi m'a commandé de le faire voir », mande le secrétaire d'État de la Guerre à l'intendant de Flandre le 23 septembre 1667[10]. À Lille, ignorant de l'attaque ou feignant de l'être, Clerville plante les piquets de délimitation de l'ouvrage puis repart bien vite pour d'autres missions urgentes. Il remettra au roi le plan définitif en novembre. Mais les jeux sont déjà faits.

En effet, les Le Tellier sont responsables des nouvelles acquisitions territoriales. Louvois, qui avait assisté aux côtés du roi aux combats de l'été et apprécié la valeur de Vauban (dont son père était convaincu depuis longtemps), décide de pousser en avant l'ingénieur. Dès le 23 septembre, le jeune secrétaire d'État[11] exige de Sébastien Le Prestre un contre-projet et en prévient quelques jours plus tard l'intendant de Flandre : « Vous pouvez laisser discourir le chevalier de Clerville sur tout ce qu'il aime à faire dans les places. Comme il parle fort bien et qu'il y prend plaisir, vous pourrez le laisser dire, mais ne faites jamais rien de tout ce qu'il dira que vous n'en ayez l'ordre d'ici. » Et d'exiger de son poulain un labeur forcené pour enlever l'affaire. Un mois plus tard, au prix de bien des veilles et des nuits blanches, Vauban fait porter à la Cour par l'un de ses fidèles les dessins et mémoires qu'il vient de réaliser.

« Le plan de la citadelle de Lille que vous m'avez envoyé vient d'être examiné en présence du Roi ainsi que tous les plans que le chevalier de Clerville a rapportés des villes conquises en Flandre sur lesquelles Sa Majesté a pris ses résolutions », lui écrit le ministre le 13 novembre. Et le 20 : « Sa Majesté désire que le plan de Vauban s'exécute de point en point à cette différence que... » Suivent quelques transformations mineures à apporter au projet. Le commissaire général court-circuité, Vauban reste en première ligne, passant de la mouvance de Colbert à celle des Le Tellier.

Cette affaire lui met le pied à l'étrier. Il exerce dès lors en Flandre le rôle de ce que l'on appellera à la fin du siècle un directeur des fortifications, chargé avec l'aide d'un certain nombre de collaborateurs des places fortes d'un secteur déterminé. Mais il devra y mettre les formes et prendre mille précautions pour ne pas blesser les confrères avec lesquels il aura à travailler.

Voyons bien sûr dans tout cela – on ne le dira jamais assez – la victoire de la jeune génération, Louvois, vingt-six ans, Vauban, trente-quatre, soutenus par la grâce du roi, vingt-neuf ans. En face les chenus : Colbert, né en 1619, Clerville, en 1610. Joignons-leur les deux maréchaux de France qui se piquent de fortifications : Turenne (de 1611), qui n'apprécie guère le projet des tenailles placées devant les courtines, et Condé, qu'écoute volontiers le roi. Or, leurs préférences vont toujours à Clerville [12]. Pour eux, l'affaire de Lille est un incident de parcours qui peut et doit être rattrapé le plus vite possible. Certes, la première manche a été gagnée par Louvois et Vauban ; pourquoi eux, maréchaux de France, ne pourraient-ils pas reprendre la main ? Ils vont s'y employer au cours de l'année 1668 (et même au-delà) tandis que Sébastien Le Prestre s'attache tous les jours davantage à ses nouveaux patrons.

Le roi veut aller très vite. « Avec deux hommes qui travailleront sous vous », Vauban fait immédiatement procéder aux déblaiements préliminaires sans, pour autant, être déchargé des travaux de Courtrai auxquels il donne son temps depuis déjà deux mois.

La reine des citadelles

Vauban atteint désormais la pleine maîtrise de son art. Seize années de service, dix-neuf sièges, de multiples démolitions ou reconstructions d'enceintes lui ont donné une longue pratique des activités de l'ingénieur. Il a observé aussi bien les modestes bastions du XVIe siècle accolés à des murs médiévaux (Clermont ou Sainte-Menehould) que contemplé, avant de les détruire, les belles enceintes « à la mode nouvelle » de Nancy. À Brisach, il a exécuté les plans d'autrui, n'en pensant pas moins. Déjà à propos de ce dernier travail, a éclaté son sens aigu de ce qui est nécessaire et de ce qui est possible. Rappelons-nous sa réflexion si réaliste : « Il ne suffit pas de les [les règles de la construction des places fortes] appuyer sur des principes indisputables en matière de fortification sy elles se trouvent contraires dans la pratique et sur le terrain [13]. »

Il n'a pas seulement observé. Il a également perfectionné ses connaissances intellectuelles. Il s'est nourri des traités de ses prédécesseurs, Errard de Bar-le-Duc (1554-1610), Antoine de Ville (vers 1596-vers 1656), surtout Blaise de Pagan (1604-1665). On comprendra mieux pourquoi il s'inspire davantage de ce dernier que des théoriciens précédents si on se remémore le jugement qu'il formule dans *La Fortification permanente* : « L'avantage que nous tirons des écrits des anciens ingénieurs et de ceux qui les ont suivis est qu'ils nous apprennent l'histoire de l'origine et du progrès des fortifications, le surplus nous étant presque inutile à cause des changements qui sont arrivés depuis et que ce qui se trouve de bon dans les anciens auteurs se trouve renfermé dans les modernes [14]. » Ainsi Vauban s'intéresse-t-il avant tout aux traités les plus récents, par voie de conséquence avant tout à ceux de Pagan.

Celui-ci naquit en 1604 dans une famille comtadine de lointaine origine napolitaine, ses aïeux étant passés d'Italie en Avignon avec un vice-légat pontifical. Poussé par l'exemple de plusieurs des siens déjà au service du roi de France depuis près d'un siècle, Pagan s'était engagé comme volontaire dans l'armée royale dès sa treizième année. Devenu ingénieur, il perdit un œil d'un coup de mousquet devant Montauban. Il participa néanmoins à la plupart des opérations contre les protestants, conduisit les « enfants perdus » aux barricades de Suse, fut à l'encerclement de Nancy où il construisit la circonvallation, puis combattit à la plupart des grands sièges d'entre 1635 et 1642. Atteint de cécité alors qu'il allait partir sur ordre au secours des Portugais révoltés contre l'Espagne, il occupa sa retraite forcée – prise dans la capitale – à rédiger plusieurs ouvrages, parmi lesquels *Les Fortifications* (1645) et *Les Théorèmes géométriques* (1654). Il meurt le 18 novembre 1665 [15].

On aimerait imaginer le jeune Le Prestre, lors d'un de ses passages à Paris, rendant visite au vieux maréchal de camp aveugle et discutant avec lui des dimensions et de la forme d'un bastion, à moins que ce ne soit de celles d'une demi-lune. Aussi bien, la chose n'est pas si irréaliste qu'elle apparaît au premier abord, le maître tenant salon ouvert et y accueillant volontiers nombre de visiteurs, spécialement ceux que préoccupent les sciences ou les fortifications [16]. Or, le lieutenant-colonel du régiment de La Ferté – compère de Vauban dans la démolition des enceintes de Nancy –, Charles de Siffredy, capitaine viguier de Mornas, dit comte de Mornas, appartient aux mêmes cercles avignonnais que Blaise de Pagan et partage même quelques lointaines alliances avec lui [17]. Certes, c'est rêver que de vouloir réunir les deux ingénieurs ! C'est en revanche fort vraisemblable de penser que, peu ou prou, un jour ou l'autre, Vauban a entendu vanter Pagan par son associé nancéen.

Mais venons-en plutôt au plan de la citadelle de Lille sise à 1 200 mètres à l'ouest de la porte de la Barre. Comme l'avait précédemment réalisé Errard de Bar-le-Duc à Amiens – et pour les mêmes raisons, un site de plaine – Vauban se plaît à dessiner un magnifique pentagone régulier. Mais, au contraire de son prédécesseur qui établissait ses mesures à partir des courtines, Vauban trace en premier lieu – comme le demandait Pagan – les cinq fronts de l'ouvrage, de 150 toises chacun (à peu de chose près 300 mètres [18]).

Les bastions d'Errard et de Vauban ont également des formes bien différentes les uns des autres. Attribuant un rôle défensif plus important aux arquebuses qu'à l'artillerie (ce qui est fort compréhensible pour son époque), Errard ne prévoyait qu'un canon pour chacun de ses bastions. Il donnait à ceux-ci une forme assez ramassée, les faces formant un angle droit avec les flancs (ceux-ci plus courts de moitié que celles-là) ; quant à l'angle du flanc avec la courtine, il devait être aigu. Pour son compte, Vauban fait de ses cinq bastions bien pourvus de canons (sans oublier de les armer aussi de nombreux mousquets) les pièces maîtresses de l'ouvrage. Les faces de chacun (le Roi, Anjou, la Reine, Turenne, le Dauphin) ont 43 toises (deux septièmes de la longueur de chaque front). Comme le demandait Pagan, leurs flancs sont perpendiculaires à la ligne de défense et l'angle qu'ils forment avec la courtine est donc obtus [19].

Les courtines de Lille sont protégées tant par des tenailles (que désavouent les partisans de la fortification classique) que par cinq grandes demi-lunes « très bien revêtues et environnées de larges fossés pleins d'eau et très profonds » (20 toises de large contre 10 chez Errard, 12 pieds d'eau). Couronnant la contrescarpe, un chemin couvert (que préconisaient aussi bien Errard que Pagan) court autour de ce premier ensemble ; en avant, un glacis de 56 mètres assure le défilement du corps de place et doit permettre aux défenseurs de tenir les extérieurs le plus longtemps possible.

Mieux, pour protéger l'ensemble de ce périmètre qui atteint déjà 2 000 mètres de tour et « rendre tous les environs [...], à l'exception de ceux du costé de la ville, inaccessibles », Vauban implante sur les quatre fronts de la campagne sept lunettes entourées d'un second fossé de 13,5 toises de large avec, en avant, un autre chemin couvert et un glacis. À l'est, une vaste esplanade sépare les nouveaux ouvrages de la ville aux murailles de laquelle ils sont réunis par deux lignes de conjonction.

Pour cette citadelle qu'il veut la « meilleure » de toutes, Vauban n'a en définitive ni utilisé un plan préétabli, ni davantage appliqué servilement des recettes toutes prêtes. Mais en revanche, faisant son miel de toute découverte précédente, il n'a dédaigné aucun des derniers acquis – pratiques ou théoriques – de la poliorcétique. Ainsi a-t-il proposé un nouveau modèle de fortification aux extérieurs amplifiés et aux flanquements étagés pour mieux lutter contre l'accroissement, si important au XVIIe siècle, de la puissance du feu. On peut aussi juger de l'élégance des solutions qu'il propose en admirant la combinaison parfaite des quatre étoiles géométriques qui dessinent la place et ses extérieurs en s'emboîtant les unes dans les autres.

« APPLIQUEZ-VOUS À FAIRE AVANCER VOS OUVRAGES »

Au cours du mois de décembre 1667, Vauban s'inquiète encore de possibles modifications apportées en haut lieu à son plan. Les opposants ne désarment pas et cherchent toujours à ébranler la confiance du roi. En sous-main, Turenne fait faire des vérifications à Lille par l'architecte tournaisien Thierry. Mais le secrétaire d'État de la Guerre veille au grain. Le 20 décembre 1667, il écrit à son protégé : « Je n'ai pas de peine à croire que vos plans [...] ne soient plus justes que ceux de M. le chevalier de Clerville ; mais il faut écouter les avis de chacun et profiter des bonnes ou mauvaises pensées... » Et d'ajouter : « Vous ne saurez rien faire de plus agréable au Roi que de mettre des ouvriers en besogne[20]. »

Fort de cet ordre et en dépit de l'éloignement de l'intendant de Flandre retenu à la Cour – qui ne pourra donc présider aux adjudications – Vauban presse désormais l'affaire. Quelques jours plus tard, il exulte : « Enfin, Monseigneur, la citadelle de

Lille est tracée et le marché fait au nom de Sa Majesté et sous l'agrément de M. l'Intendant absent, pour toutes les contrescarpes, à raison de 46 patards le scaf ou la verge carrée, mesure de Lille de 400 pieds cubes... »

Le chantier ouvert, il ne lui faudra que trois ans pour venir à bout de l'entreprise, ce qui est relativement peu. À plan royal, réalisation royale. Ni le souverain, ni le ministre n'entendent lésiner sur cette grande œuvre qui est aussi la leur. Ils enjoignent à l'intendant de Flandre – Charruel, puis, au printemps de 1668, Michel Le Peletier de Souzy – de faciliter au maximum la tâche des constructeurs. Même ordre est donné au gouverneur, le maréchal d'Humières, d'ailleurs tout acquis par avance à cette construction et qui soutiendra l'entreprise avec une énergie toujours en éveil et une remarquable efficacité. D'énormes moyens sont débloqués pour réussir le chef-d'œuvre et le magistrat de Lille en ira de sa quote-part [21].

Le terrain est difficile, humide et marécageux. Le sable qui forme le substrat à un mètre de profondeur est « bouillant et mouvant ». Certaines pierres des environs sont gélives. Il faut aller au loin pour en trouver de meilleure qualité. Pareillement pour les briques, celles d'Armentières étant beaucoup plus solides que celles du lieu. Pour diminuer la dépense, on creuse des canaux sur lesquels on apporte les matériaux à pied d'œuvre. On dépouille de leurs moellons des bâtiments plus ou moins abandonnés. On fait venir des tailleurs de pierre d'Île-de-France. Lille vit à l'heure française et ses commerçants profitent peu ou prou du remue-ménage et des salaires du chantier.

Vauban est partout, à tout, à tous. Se sentant soutenu et sûr de sa valeur, il ne s'inquiète jamais lorsque quelque détail accroche et semble ne pas marcher sur le plan technique. Au ministre désemparé par une difficulté matérielle : « Ce n'est que de la peine et de l'adresse pour moi », calme-t-il. Il se révèle excellent manieur d'hommes. Il soude autour de lui une bonne équipe, « la bande d'Archimède », qui le seconde avec empressement et dévouement : Chazerat, Choisy, Des Houllières, Montgivrault (*alias* Montguiraud), etc.[22]. Il confie à chacun de ses collaborateurs les travaux pour lesquels celui-ci est plus particulièrement compétent. Il veut éviter entre eux toute jalousie de mauvais aloi. Leur valeur fera le vrai départage. Lors de ses longues absences, à son gré trop nombreuses, il délègue la direction générale de l'ouvrage au savant arithméticien Michel Nicolas de La Londe – un autre ami de Charles de Mornas : « Il est entré dans le détail du ménage et des payements. C'est un garçon d'un soin et d'une activité extraordinaires et qui, en un mot, fait ce que pas un de ceux que j'ai ne sera capable de faire de plus de quatre ans. » En bref, Sébastien Le Prestre sait susciter enthousiasmes, dévouements et vocations d'ingénieurs ; en particulier celle de Simon Vollant, architecte lillois, bon connaisseur des traditions de maçonnerie et de sculpture du pays, qui, de ce fait, rend d'immenses services et à qui on laisse très vite prendre de très nombreuses initiatives [23].

Sur le terrain, Vauban veille à la bonne tenue de tous les travailleurs. « Je vous supplie de ne plus envoyer vos rocqueteurs [24] de Paris, parce qu'une partie sont enfants, les autres coureurs et tous ensemble les animaux du monde les plus indociles. » Tablant sur les réflexes de travail et d'économie des solides et laborieuses populations des Flandres, il obtient de payer à la pièce, et non à la journée, les paysans réquisitionnés – avec, pour ceux qui en possèdent, indemnisation des attelages et charrettes qu'ils doivent amener au travail. Pour tous, à l'heure de la lassitude, il a quelques piécettes en réserve dans sa poche. Les soldats – eux aussi rétribués – viennent en renfort. Quand la moisson ne presse pas trop, ce sont jusqu'à deux mille hommes (avec parfois aussi quelques femmes) répartis en brigades et en ateliers, qui besognent à qui mieux mieux. D'ailleurs Vauban ne fait pas dans la dentelle. Il ne tolère ni la paresse ni l'absentéisme : « Deux gardes [...], des plus honnêtes gens, auront leurs chevaux toujours sellés dans la citadelle, avec chacun un ordre en poche et un nerf de bœuf à la main. Les soirs, on verra ceux qui manqueront ; après quoi, dès le matin, ils iront les chercher au fond de leur village et les amèneront par les oreilles sur l'ouvrage. »

Grâce à un tel effort – pharaonien, diront certains –, l'ouvrage avance de façon rapide et méthodique en dépit du froid, de la pluie, de la chaleur ou des maladies. Après la construction des contrescarpes et le creusement des fossés, on s'attaque aux bastions, aux courtines puis aux extérieurs. Tandis que des équipes s'activent aux demi-lunes, aux glacis et aux lunettes de la seconde enceinte, d'autres travaillent à amener les eaux dans la place : « Quand mon aqueduc sera fait, je prétends vous donner de l'admiration et faire avouer à tous mes gloseurs la pauvreté de leur génie » (coup de patte à Clerville et à tous ceux qui le soutiennent).

D'autres encore construisent les bâtiments de la belle ville régulière incluse dans la citadelle : la chapelle, l'arsenal, la poudrière, les pavillons de soldats et d'officiers, les magasins et services pour assurer la vie de plus d'un millier d'occupants. Mais ici, l'essentiel mis en place, il est possible de souffler un peu ; la maison du gouverneur ne sera achevée que plus tardivement, vers 1684. Cependant là, comme partout, le gros œuvre est terminé en 1669. Le 24 août de cette même année Vauban se réjouit : « La voilà au cordon. » C'est dire que l'on peut désormais s'attaquer aux parapets.

Un an plus tard, en mai 1670, au cours du voyage qu'il fera dans le nord du royaume accompagné de toute la Cour et de sa maison militaire, Louis XIV reviendra à Lille ; il admirera la citadelle quasiment terminée, dont tout le monde parle, que les étrangers lui envient si fort et qui n'a coûté jusqu'ici que la bagatelle d'un million et demi de livres. Il en marque à Vauban son contentement... en le chargeant de nouveaux travaux.

« QUAND CE SERAIT POUR MOURIR,
JE NE SAURAIS ALLER PLUS VITE »

Revenons à l'année 1668. Plus encore qu'auparavant, le travail abonde et surabonde pour Sébastien Le Prestre. Alors qu'il construit Lille tout en s'occupant de Courtrai, il doit maintenant se charger encore d'autres places. De ce fait d'ailleurs, sa situation – on devrait plutôt parler de statut, mais le mot n'est jamais prononcé – se précise et se clarifie progressivement.

En mars, nonobstant toute autre activité, il reçoit ordre de courir à bride abattue vers la Franche-Comté conquise depuis trois semaines. « Comme le Roi est résolu de faire faire une citadelle à Besançon et quelques fortifications dans les autres places de la Franche-Comté, lesquelles, par l'estime que Sa Majesté a pour vous, Elle est bien aise que vous les traciez vous-même à ceux qui les entreprendront », écrit Louvois à son protégé le 7 mars. S'ensuit pour l'ingénieur un rapide déplacement – quinze jours, un mois au grand maximum – à Besançon et dans le Jura encore enneigé pour y établir les relevés et les projets demandés. Il en revient par le plateau de Langres sans avoir pu, semble-t-il, distraire la moindre petite semaine pour courir jusque chez lui : « Il ne faut que vous songiez à mettre le nez chez vous[25]. » Atteint d'un accès de fièvre, il est obligé de s'arrêter quelques jours à Chaumont et traîne encore à son retour en Flandre. À court terme, ce voyage peut apparaître comme une perte sèche de temps et d'énergie. « Ce n'eut pas de suite parce que le Roi rendit cette province par le traité d'Aix-la-Chapelle », notera plus tard Vauban dans l'*Abrégé des services*. Mais en réalité cette tournée est loin d'avoir été inutile. Elle a donné à Sébastien la possibilité de connaître le fort et le faible de Besançon, ce dont il se souviendra quelques années plus tard lors du second siège de la ville par les Français. Surtout, à nouveau, il a pu constater la grande confiance que lui ont manifestée et le roi et les Le Tellier.

Réinstallé en Flandre depuis quelques jours tout au plus, encore mal remis, il est mandé à Saint-Germain, où se trouve la Cour : « 6 mai – Je vous prie de vous rendre ici dès que vous serez quitte afin de m'entendre avec vous de plusieurs causes concernant le service du roi. » Dur avec les autres comme il l'est avec lui-même dès qu'il s'agit de l'État, le ministre a fait biffer sur la minute de cette lettre le mot aimable qu'il avait pourtant tout d'abord dicté : « Je vous prie surtout de ne point précipiter votre départ de crainte que vous ne retombiez malade. » Roi et ministre sont aussi impatients l'un que l'autre d'aménager les dernières acquisitions obtenues le 2 mai. Renonçant à la Franche-Comté, Louis XIV a exigé de l'Espagne la cession de douze villes des Pays-Bas avec leurs dépendances : Lille – la tant aimée du roi –, Furnes, Bergues, Armentières, Menin, Douai, Courtrai, Audenarde, Tournai, Ath, Binche, Charleroi. Il faut aviser au plus vite à leur défense.

À peine terminé ce rendez-vous de travail où il s'est vu remettre le soin de faire les plans des nouvelles fortifications de Flandre, Vauban repart en hâte vers ses chantiers. Mais il a aussi l'ordre de s'arrêter à Arras pour examiner l'implantation d'une citadelle. N'ayant « rien pu tirer des plans, des mémoires et des gens qui y avaient déjà été envoyés », il jette sur le papier le projet de celle qu'on appellera peu de temps après « la belle inutile », dans la mesure où l'avancée de la frontière dans la plaine des Flandres enlèvera à l'Artois son rôle militaire tout en renforçant sa vocation de caserne d'étape. Il rentre à Lille à la veille de la cérémonie officielle de la pose de la première pierre de « sa » citadelle. Puis commence dès lors pour lui un va-et-vient incessant, à courte distance certes mais épuisant, entre les douze nouvelles villes françaises. Il fait coup sur coup les projets d'Ath, Audenarde, Charleroi. Tour à tour à Tournai, Ath, Lille, Ath, Courtrai, Ath, il court de l'une à l'autre pour revenir le lendemain à celle qu'il a quittée la veille. Il vérifie les travaux, confère avec les ingénieurs des diverses places, Mesgrigny, La Londe, Launois... En bref, une activité stupéfiante servie par l'assurance orgueilleuse et tranquille de sa valeur professionnelle : « Comme l'achèvement de ce projet nous fera voir une place tout à fait royale et belle au point de n'avoir point de pareille dans l'Europe, cela m'en fait passionnément désirer la construction », écrit-il en parlant d'Ath. Pour Dunkerque, quatre mois plus tard : « Il en coûtera, pour tout parfaire, près de deux millions au Roi ; mais aussi il aura une place qui sera l'admiration des siècles à venir. » On pourrait multiplier de telles citations qui prouvent amplement combien il a conscience de son génie. Il dira même, se moquant de lui-même, qu'il en est « infatué ».

« Le Roi s'étant remis absolument à vous de la conduite de toutes les fortifications de mon département »

Vauban cependant n'est exempt ni de soucis, ni d'inquiétudes, d'importance d'ailleurs plus ou moins grande.

Sur les chantiers d'abord. Du fait de ses courses incessantes, il ne peut éviter que certains de ses collaborateurs ne prennent parfois, sinon le contre-pied de ses directives, du moins de grandes libertés avec les consignes qu'il leur a laissées. Il est sûr que manquent encore à cette époque des règles précises sur la distribution du travail de place et le rôle d'un chacun. L'éloignement des responsables, accentué par les difficultés de communication et joint à la fantaisie des hommes de l'âge baroque, libère fréquemment les exécutants d'une stricte application des ordres reçus. Point n'est alors question de « la discipline faisant la force principale des armées » du XIXe siècle. C'est justement un des traits du génie de Vauban d'avoir très vite mis l'accent tant sur la nécessité d'une normalisation dans les travaux que sur l'application stricte et respectueuse des ordres donnés. « Je vous prie, puisque vous me faites l'honneur de vous confier en moi de la conduite de quelques ouvrages, de trouver bon que je fasse mon métier et que ces Messieurs fassent le leur », se rebiffe-t-il auprès de Louvois quand, rentrant de Douai, il apprend que Simon Vollant, avec qui il a pourtant d'excellentes relations, a passé outre à une de ses instructions. Le ministre – qui, avec son père, Michel Le Tellier, s'est attelé à la réforme de l'armée royale, en particulier à son indiscipline – ne peut que lui prêter une oreille attentive : « Je priai de ne pas souffrir que vos subalternes raisonnassent en votre absence sur les choses que vous auriez une fois réglées. » Pourtant, il faudra encore quelques années pour que Vauban puisse s'imposer sans aucun problème.

Mais cela n'est en fait que broutille et pain quotidien. Beaucoup plus inquiétants pour Vauban, les coups bas de ses détracteurs. Comme précédemment et peut-être plus encore que l'année passée, il est angoissé et même obsédé par la répétition des incidents. Il sait qu'une contre-attaque est en cours à propos d'Arras car Clerville a réfuté son projet. Ainsi ne peut-il s'empêcher de laisser poindre sa hargne : « Je m'étonne que, pour un si grand homme comme est M. le chevalier de Clerville, il emploie tant de belles paroles pour dire si peu de choses [...]. Il s'est donné tout le loisir pour éplucher toutes les infirmités et imperfections des situations proposées », écrit-il au ministre le 12 juillet 1668. Et la fin de cette lettre trahit le tourment profond de son rédacteur : « Il y a bien de l'apparence que le sentiment de M. de Clerville, appuyé sur celui de Monseigneur le Prince, prévaudra. » Quelques jours plus tard, il dicte de Courtrai : « M. le chevalier de Clerville a passé ici et par Ath et Lille et m'a mandé (car je ne l'ai pas vu) qu'il avait fait quantité de propositions à toutes les places [...]. Il est fort chagrin contre moi, quelque mine qu'il fasse ; c'est pourquoi il ne me pardonnera rien qui lui aura semblé faute. »

Il est sûr que la situation de ces deux ingénieurs n'est guère confortable et de surcroît aussi fausse que possible. De par ses fonctions de commissaire général des fortifications, Clerville doit en principe superviser tous les ouvrages du royaume, donc tout vérifier (y compris ce pour quoi il a été évincé), et discuter *a fortiori* des projets à l'étude. Là encore, il n'y a pas de règle clairement établie permettant de trancher les différends, hormis l'appel aux ministres et le recours au roi. Or, Vauban tremble que le souverain ne se laisse circonvenir par le clan des aînés. Sûr de sa valeur, il doute à tout moment en revanche de son crédit auprès du souverain et fait penser à Richelieu craignant toujours de perdre la confiance du maître. Louvois prêche le calme et le secret : « Je vous adresse un plan que M. d'Aspremont a fait de la citadelle d'Arras […], un autre plan du chevalier de Clerville […]. Vous examinerez le tout. Vous me ferez savoir avec franchise et liberté tout ce que vous penserez qui sera à faire pour le mieux et vous vous donnerez bien de garde de lui faire connaître, ni à qui que ce soit, que je vous ai adressé lesdits plans et lettres, lesquels vous me renverrez… »

Les fortifications de Dunkerque relancent la polémique. Jean-Baptiste Colbert, avant même que d'être secrétaire d'État de la Marine, a reçu dans l'héritage de Fouquet la connaissance des questions maritimes. Au cours de l'année 1668, il demande à Clerville d'aller à Dunkerque pour y étudier un projet défensif. À l'automne, Vauban, sollicité de donner également son avis, fait un long séjour – trop long au gré de Louvois – dans le nouveau port français de la mer du Nord et en étudie la configuration. Au grand fort proposé par son ancien maître il oppose un système de bastions inondés, « le plus beau et le meilleur dessin de la place, selon l'art, qui soit dans l'Europe, pourvu qu'on n'y change rien ». Louvois de répondre : « Je viens de rendre compte au Roi du contenu de vos mémoires en présence de MM. les Maréchaux de France qui sont ici. Le fort a eu de grands défenseurs ; mais Sa Majesté ayant entendu vos raisons, Elle a trouvé bon qu'on s'appliquât, l'année qui vient, à la citadelle et à la tête de Nieuport, se réservant, dans le voyage qu'Elle prétend faire l'année qui vient, sur les lieux de décider pour les bastions ou pour le fort » (10 octobre 1668, de Chambord). Et une semaine après, il rassure à nouveau Vauban : « Ce sera assurément les bastions », ajoutant, ce qui traduit bien l'atmosphère de ces conférences autour des plans : « Ce n'est pas qu'il y ait eu de ces messieurs qui y étaient, lorsque le roi examinait cette affaire, qui n'aient défendu le fort, mais ce n'a pas été par raison, ce n'est seulement que parce que le chevalier de Clerville l'avait dit. » Le crédit de ce dernier demeure donc très fort à l'automne de 1668.

Cependant, Vauban se calme, désormais assuré de l'acquiescement *in petto* du roi. Il peut d'autant plus espérer triompher que son rôle auprès du ministre de la Guerre est dès lors bien clarifié et élargi : « Le Roi s'étant remis absolument à vous de la conduite de toutes les fortifications de mon département », lui a appris Louvois le 26 septembre. À quoi Vauban répond par une profession de fidélité bien dans l'esprit et le style de l'époque : « Je sais que j'ai l'honneur d'être votre créature, que je vous dois tout ce que je suis et que je n'espère que par vous. » Mais c'est pour mieux insister immédiatement sur la liberté d'expression qu'il entend pleinement conserver : « Je préfère la vérité, quoique mal polie, à une lâche complaisance qui ne serait bonne qu'à vous tromper, si vous en étiez capable, et à me déshonorer » ; en résultera une collaboration entre les deux hommes – Louvois et Vauban – de près d'un quart de siècle, rompue seulement par la mort du ministre en 1691. Elle s'établit sur la confiance réciproque qui règne entre eux. Le premier, très exigeant et fort de sa supériorité de ministre, le fait savoir ; il tance Vauban quand il l'estime nécessaire et parfois même se gausse de lui avec une nuance de moquerie bourrue, affectueuse et fort souvent narquoise. Vauban, de son côté, ne mâche pas ses mots et donne son point de vue sans hésitation, y compris sur des questions pour lesquelles on ne lui demande rien. Ce que lui reprochera plus tard Louvois. Mais cela est une autre histoire ! Nous n'en sommes pas encore là.

Départements et corps d'ingénieurs

Certes, les antagonismes humains ont joué largement leur rôle dans toutes ces difficultés. La volonté de puissance des uns et des autres, leur appréciation parfois différente des problèmes de la sûreté du royaume, le conflit des générations ont, tour à tour, opposé Clerville à Vauban, Louvois à Colbert. Mais, par-delà, il s'agit au moins autant de la difficile, lente et pénible mise en place d'une nouvelle organisation des fortifications royales, plus rationnelle et mieux structurée.

Parmi les multiples épisodes qui jalonnent leur partage entre la Guerre et la Marine, les incidents surgis entre Clerville et

Vauban ne sont en réalité que les révélateurs de bagarres plus secrètes. De l'année de « l'Avènement » à la fin de 1671, ce ne sont que luttes sourdes et sournoises pour savoir qui aura quoi, les fréquents échanges de provinces entre les quatre secrétariats d'État ayant en définitive permis à Colbert et à Louvois de « truster » toute l'administration des fortifications. La division de celles-ci, désormais clairement affirmée en deux départements, subira encore bien des modifications dans les années qui vont suivre ; elle offre dès maintenant un cadre cohérent qui durera un quart de siècle, jusqu'aux grandes réformes de 1691.

Colbert a les fortifications des provinces de l'ancienne France et des côtes du royaume – hormis le rivage roussillonnais – tandis que les Le Tellier ont la gestion des fortifications des acquisitions les plus récentes. Chacun est maître dans son ressort et s'organise en principe à sa guise, à condition, bien sûr, de respecter les règles existantes. En réalité, à des problèmes identiques on ne peut guère trouver que des solutions semblables, ou peu s'en faut.

Deux points essentiels. Le nombre croissant de travaux à mener en un temps record dans toutes les régions frontières, maritimes ou continentales, en raison de la grande politique louis-quatorzienne, amène les deux ministres compétents à augmenter considérablement le nombre des ingénieurs en ratissant large pour avoir un personnel de valeur. Ainsi devient-il nécessaire de réaliser une meilleure répartition des tâches et des responsabilités entre ces différents techniciens.

C'est au cours des années 1667-1669 que les ministres prennent progressivement conscience de la nécessité de fixer sinon des règles, du moins des habitudes de subordination entre les plus qualifiés et les jeunots encore sans expérience. Aussi bien chez Louvois que chez Colbert commence d'apparaître un embryon de hiérarchie qui marque la place de chacun : des directeurs (sans qu'ils en aient encore le titre précis) coiffant la circonscription territoriale qui leur est octroyée ; des ingénieurs en chef (là encore sans que ce titre existe immédiatement) dans chaque place pour y veiller à tous les travaux, avec sous leurs ordres « des jeunes souples et obéissants, qui exécuteront toutes choses avec honneur et qui apprendront le métier ».

Vauban, qui connaît bien le personnel, s'efforce d'orienter les uns et les autres vers les tâches qu'ils seront les plus aptes à mener. Le 18 octobre 1668, il explique qu'il a partagé les premiers travaux de Dunkerque, trop lourds pour un seul homme, entre deux. À La Motte La Myre, « très entendu au détail, fort commode et point acariâtre comme sont volontiers les gens de notre métier, la citadelle et les bastions inondés. À Chavignot, savant géomètre et dessineur [sic] qui vous fera des plans de toutes les manières », le soin de la ville et de ses appartenances.

Mais qui dit hiérarchie dit inévitable constitution de groupes articulés dont les membres fortement liés les uns aux autres forment des ensembles organiques à l'existence institutionnelle. Ce sont les deux ministres intéressés qui, chacun pour son département, sont les patrons de ces corps en voie de constitution. Ils en délèguent l'administration à un commis civil de leurs bureaux, lequel deviendra ainsi le véritable administrateur des ingénieurs. On aurait pu penser que le premier jalon d'une telle évolution avait été la nomination, quelques années auparavant, d'un commissaire général des fortifications du royaume. En fait, Clerville n'a jamais été chargé des hommes mais seulement de donner les plans de travaux à lui désignés, puis d'en inspecter la réalisation. La séparation en deux groupes d'ingénieurs n'a pas remis en cause son activité sur l'ensemble des fortifications royales. Il fait encore des inspections dans le département de Louvois en 1668 (il est cette année-là en Roussillon), voire plus tard encore. Mais, ne suffisant déjà pas chez Colbert à toutes ses tâches en raison de leur accroissement, il disparaît assez vite de l'horizon louvoisien. En définitive, débordé de travail, Clerville n'est peut-être pas mécontent d'être allégé d'un certain nombre de ses responsabilités. On le verra bien, en 1669, lorsque sera envoyé en Languedoc, pour y veiller sur les travaux du canal, Alexis de La Feuille de Marville, ingénieur destiné à suppléer par sa présence active et permanente aux absences trop fréquentes de son patron. Clerville pourra ainsi vaquer plus librement à ses incessantes inspections tournantes. À diverses reprises, il aura encore l'occasion de travailler avec Vauban, voire même de lui rendre service, bien que de bons apôtres aient pris plaisir à aigrir leurs relations et à relancer la polémique à plusieurs reprises. On a un peu trop vite conclu que Vauban, désormais seul responsable du département fortifié de la Guerre, y était un véritable commissaire général sans titre. Il faut quelque peu nuancer le propos. Certes, Vauban est inspecteur chez les Le Tellier mais il est loin d'avoir les coudées franches, surveillé de très près par ses collègues comme par les grands chefs militaires. De toute manière, pas plus que Clerville, il n'a de pouvoir sur les hommes, les connaîtrait-il parfaitement. Son rôle demeure bien, en définitive, celui d'un expert et d'un technicien. On s'en rendra de mieux en mieux compte au fil des ans.

Quoi qu'il en soit de ces problèmes d'organisation, comment Vauban – qui a beaucoup tremblé pour ses projets au cours de l'année 1668 – ne serait-il pas désormais pleinement satisfait de la protection du monarque et de celle, plus proche, plus rude, de son ministre ? Il a d'ailleurs reçu à plusieurs reprises de beaux gages de la faveur royale. Le 20 juin 1668, après la pose de la première pierre de la citadelle de Lille, Louvois lui a fait tenir « la provision que le roi a trouvé bon de vous faire expédier, de la charge de gouverneur de la citadelle de Lille » avec traitement afférent. Dès novembre 1667, il percevait 500 livres d'appointements par mois. Mieux, et très probablement au grand mécontentement du maréchal de Turenne qui à cette date s'aigrissait de ne pouvoir obtenir de l'intendant de Flandre de quoi nourrir son équipage[26], Louvois avait concédé à Vauban « du fourrage pour vos chevaux dans toutes les places où vous serez obligé d'aller pour vous acquitter de vos emplois ». Un mois plus tard, en décembre 1667, Louis XIV avait encore accordé à l'ingénieur 200 livres mensuelles « sur le fonds qui est entre les mains de son premier valet de chambre ». Avec la pension annuelle de 2 400 livres octroyée par le souverain après le siège de Lille et la lieutenance des gardes dont il obtient l'autorisation de se défaire pour 20 000 livres, Vauban est largement récompensé. Il n'a plus rien de commun avec le jeune cadet désargenté de ses débuts. Le sieur d'Épiry peut songer maintenant à arrondir ses terres. En attendant d'y pourvoir, à l'instar de tant de ses contemporains qui cherchent à faire fructifier leur argent, il prête à intérêt autorisé[27].

Ainsi les Flandres fournissent-elles à Vauban l'occasion de révéler ses remarquables aptitudes – encore mal connues – d'ingénieur de place. De par la volonté du roi, il est entré définitivement dans la grande politique de sûreté du territoire et a dès lors réalisé quelques-uns de ses chefs-d'œuvre. Il ne l'a pu qu'en raison de sa connaissance approfondie des impératifs de la guerre et de la fortification de l'époque. Mais le travail presse et, dès le 16 novembre 1668, Louvois lui demande d'entreprendre une tournée, cette fois-ci en Outre-Monts et en Roussillon. Commence pour Vauban le temps des grands voyages. Il durera jusqu'en 1703.

CHAPITRE VI

Jours de loisir pour M. de Vauban

> Bien servir le maître en ce dont il nous charge et ne pas nous inquiéter du reste...
>
> *Louvois à Vauban.*

Le 17 novembre 1668, Louvois mande à Vauban, alors à Ath : « Saint-Germain-en-Laye – Je serai bien aise qu'à votre premier jour de loisir vous allassiez faire une course à Lille […], que vous allassiez faire une course dans les places du Hainaut […] et que vous vous en vinssiez à Paris en poste (dont le Roi vous dédommagerait), à Pignerol et à Perpignan par la même voie, afin qu'étant de retour ici au 15 du mois de janvier, vous pussiez retourner en Flandres pour disposer les choses à l'ouverture des ateliers et avancer tout, l'année qui vient, autant que le Roi peut désirer. »

Ainsi chargé d'aller inspecter les unes après les autres les fortifications du domaine des Le Tellier, notre ingénieur ne peut plus douter du réel crédit dont il jouit auprès du roi et du ministre de la Guerre. Il peut dès lors se targuer d'être l'un de ces grands commis de l'État envoyés en missions de confiance à travers le royaume pour obvier aux forces centrifuges qui se révèlent si dangereuses pour l'unité française en ces époques de communication difficile et de transmission des ordres aléatoire. Leurs voyages sont bien pour le gouvernement royal un véritable moyen d'administration.

Sur ce point, il y a eu depuis peu une véritable révolution des usages. Pour traquer les rebelles de tout acabit, Louis XIII n'avait jamais hésité à partir en longues chevauchées le conduisant jusque dans les provinces les plus excentriques de son royaume. Quelques années après la Fronde encore, et pour s'affirmer pleinement, son fils avait transformé son voyage de noces – aller comme retour – en une glorieuse ostentation de sa puissance. Désormais, dans la mesure où l'autorité royale est pleinement restaurée dans l'ensemble du royaume, les déplacements à grand rayon du monarque sont bien moins nécessaires. Certes, Louis XIV se montre toujours à la tête de son armée et dans les tournées de prestige qu'il effectue dans les provinces nouvellement annexées. Mais il peut se laisser aller à ses préférences : les longs séjours dans les régions forestières d'Île-de-France (Saint-Germain, Compiègne, Fontainebleau, Versailles que vient de transformer Le Vau). Pour l'aider dans sa tâche, il y entasse autour de lui – tant bien que mal et souvent plus mal que bien – ses ministres et une partie de leurs commis ; le reste des bureaux ministériels vit encore pour longtemps dans la capitale, que n'aime pas le souverain[1].

En revanche, outre les officiers royaux civils déjà en place, un certain nombre d'administrateurs relayent le roi en province et font office d'« œil du maître ». Lorsque les intendants – successeurs des commissaires départis – se transforment en « permanents » dans leurs intendances, ils n'en continuent pas moins de faire des tournées fréquentes dans leurs circonscriptions et certains d'entre eux demeurent pour longtemps encore itinérants. Tel Bazin de Bezons, chargé des généralités de Montpellier et de Toulouse, qui n'utilise son bel hôtel de Pézenas que le temps de la tenue des états de Languedoc, et qui, le reste de l'année, parcourt son domaine en tout sens pour mieux connaître les réactions et les besoins de ses administrés. Surtout, on crée de plus en plus d'inspecteurs dont le rôle est de contrôler, d'une province à l'autre, les affaires et les hommes sur lesquels ils ont compétence. Selon le cas, ils tranchent les cas litigieux ou en réfèrent à leur ministre. Ils y gagnent une connaissance précise des faits relevant de leur responsabilité mais aussi une vision globale de la situation et de la mentalité de chacune des provinces traversées. Colbert a très vite compris l'intérêt de cette pratique. Outre les inspecteurs des manufactures et autres, il envoie de nombreux enquêteurs recueillir le maximum d'informations sur les questions qui lui tiennent à cœur, spécialement en géographie et économie. Ainsi a-t-il trouvé dès 1661 en Clerville non seulement un spécialiste des fortifications mais aussi un fidèle agent de transmission. Pour leur département de la guerre, les Le Tellier attendent le même office de Vauban.

À LA DÉCOUVERTE DE L'OUTRE-MONTS

Dans sa lettre d'envoi, Louvois avait émis la prétention de voir Vauban partir immédiatement pour revenir – après un périple de plus de 4 000 de nos kilomètres – dès le 15 janvier suivant ; soit des étapes quotidiennes de 80 à 100 kilomètres – en courant la poste et en changeant plusieurs fois de cheval dans la journée – avec un gros travail à fournir de surcroît. De quoi donner le tournis, surtout quand on songe à l'état des routes de la France du XVIIe siècle et qu'on se rappelle qu'il s'agit d'une course au plein cœur de l'hiver ! Si le ministre a prévu un temps d'exécution aussi court, ce n'est pas qu'il ignore les conditions pénibles de ce déplacement – il en a souvent fait lui-même de fort malaisés – mais parce qu'il estime qu'il ne faut cesser de se hâter au service du roi et qu'il attend de ses collaborateurs un travail et un acharnement comparables à ceux qu'il met de son côté à accomplir sa tâche.

Cependant, Vauban ne peut s'éloigner aussi rapidement que le souhaitait le ministre. Aller en Hainaut ne présente pas de difficulté majeure car Valenciennes et les diverses places de ce secteur sont proches de la Flandre. En revanche, Outre-Monts et Roussillon font partie de ces nouvelles *Ultimae Thulae* acquises récemment par la monarchie française et fort éloignées des bases de notre ingénieur. Avec méthode, Vauban règle d'abord les détails des travaux qui doivent continuer malgré son absence à Lille et dans les places flamandes. Puis il fait la tournée du Hainaut, y employant tout le mois de décembre 1668 et les premiers jours de l'année 1669. Vers la mi-janvier, il peut enfin se précipiter à Saint-Germain pour y prendre les ordres, recevoir un certain nombre de plans des places qu'il doit visiter et, de là, courir à bride abattue vers l'Outre-Monts.

Depuis déjà une quarantaine d'années, le roi possède quelques vallées alpines de « l'autre côté des monts ». Si les aventures italiennes des Valois – pourtant parées des grâces utopiques du passé – avaient depuis longtemps été abandonnées, les premiers Bourbons n'avaient eu garde, en revanche, de se désintéresser de l'équilibre politique des États de la plaine du Pô, ne serait-ce que pour mieux surveiller le passage des *tercios* cheminant par des voies de rocade, d'un État du Habsbourg d'Espagne à un autre de ses États ; également pour défendre la cause de leurs clients cisalpins. Ainsi Louis XIII avait-il été amené à intervenir pour soutenir les Gonzague-Nevers, Richelieu prenant bien soin d'affirmer lors de l'affaire de Casal : « Le Roy n'a aucun dessein de faire conqueste en Italie, mais seulement d'empescher que Monsieur de Mantoue soit despouillé[2]. »

Louis XIII en avait néanmoins profité pour se faire donner par le duc de Savoie les vallées – pendantes du côté italien – du Chisone (avec la place forte de Fenestrelle), de la Germana, du Pellice et quelques autres, la partie supérieure de la Doire ripuaire (avec Exilles et jusqu'aux environs de Suse) étant dès avant de mouvance française. Pignerol, seule grande ville de cet ensemble – et dans la citadelle de laquelle le roi a fait emprisonner quelques prisonniers d'État, dont Nicolas Fouquet, ancien surintendant des finances –, se trouve au débouché de la montagne sur la plaine du Pô, à seulement dix lieues de Turin.

Implantée comme une écharde dans le flanc piémontais du Savoyard, cette présence française neutralise en partie les velléités d'intervention du duc de Savoie vers le Dauphiné. Les habitants des vallées occupées par les Français sont loin d'être hostiles à leur réunion à la France, ayant vécu depuis des siècles en symbiose avec les Escartons briançonnais et le Queyras. Mariages et cousinages des catholiques comme des calvinistes de la région font fi du relief autant que des frontières ; il en va pareillement de l'art et de bien des coutumes[3]. Au total, un Outre-Monts intégré sans difficulté majeure au royaume mais qu'il faut rendre plus résistant contre une attaque toujours possible des Turinois si proches et qui tablent sur la lenteur des liaisons entre la France et Pignerol. En hiver, il est en effet très difficile de garder des relations entre les deux versants français car les cols – de Montgenèvre entre Briançon et Suse, de Sestrières vers Fenestrelle, ceux-là aussi qui mènent en Queyras (cols Agnel, Lacroix, Bousson, bien plus élevés encore que les précédents) – sont alors tous bloqués par les neiges. Il est quasiment impossible – encore que Louis XIII y ait réussi dans les premiers jours de mars 1629 – d'y passer durant la saison froide. Il faut donc laisser « en enfants perdus » les administrateurs et les garnisons qui tiennent le pays d'Outre-Monts et surveillent le Piémont [4]. En ce début de l'année 1669, Vauban fera d'ailleurs amplement l'expérience de cet éloignement.

De Paris à Lyon, il utilise la poste royale dont Louvois est surintendant depuis quelques mois et qui offre ses relais et ses auberges de quatre en quatre lieues [5]. Traversant la Bourgogne, notre ingénieur a sûrement été navré de ne pouvoir faire un crochet jusqu'à son « chez moi », ne serait-ce que pour quelques heures. Mais Épiry est à l'écart des grands chemins et le patron lui a formellement interdit d'y aller pour mieux se hâter vers sa mission. Au-delà de Lyon, il rejoint par La Tour-du-Pin, Le Pont-de-Beauvoisin, Chambéry et Montmélian, la grande voie transalpine privilégiée par les ducs de Savoie depuis le Moyen Âge : celle de la Maurienne qui draine vers le col du Cenis la plupart des voyageurs de l'Europe occidentale désirant passer en Italie.

Par la vallée de l'Arc qui forme un long et profond couloir transversal, le chemin savoyard pénètre très avant dans les massifs intra-alpins. En fin de course, il s'élève par une côte de quelque 700 mètres de dénivellation jusqu'à la crête des eaux et le plateau du Mont-Cenis, pour s'abîmer ensuite brutalement sur le versant oriental, vers Suse et le Piémont (avec, cette fois-ci, 1 300 mètres de dénivellation pour seulement 12 kilomètres à vol d'oiseau) [6]. Le vrai tour de force des Savoyards est de maintenir le passage ouvert en toute saison, hiver comme été. Dans la vallée proprement dite, cherchant à éviter les colères de l'impétueux torrent qu'est l'Arc, la route s'accroche aux versants et se fraie un passage en montagnes russes, d'un cône de déjection à un autre cône de déjection. Après la traversée de plusieurs petites villes d'étapes avec remonte, auberges et magasins, commence à Lanslebourg la grande montée vers le Cenis et son hospice par la côte de la Ramasse. À la mauvaise saison – c'est là le fait essentiel –, à chaque chute de neige, les villageois refont immédiatement la trace avec de grossiers chasse-neige – les triangles – pour garder toujours libre un sentier damé et gelé sur lequel peuvent passer les « ramasses », c'est-à-dire les luges conduites par les « marrons » du coin – muletiers l'été – qui, plus encore que les autres habitants de la région, participent au maintien de l'entreprise et s'empressent au service des voyageurs.

C'est de la sorte que, pour la première fois de sa vie, Vauban affronte les immensités hivernales toutes blanches des hauteurs alpines. Là-haut, le profond silence n'est guère rompu que par le raclement des patins et les jurements des humains, à moins qu'une brutale avalanche ne se déclenche sous un coup de vent chaud. Accueilli pour quelques heures de repos à l'hospice du col, il gagne ensuite Suse, puis la plaine et Pignerol, ayant d'ailleurs troqué la ramasse pour un mulet aux sabots agiles, sitôt les premiers cailloux réapparus. Parfois si disert sur les caractéristiques de certains pays visités, il ne donne aucun détail. Peut-être, après tout, n'a-t-il qu'à moitié été étonné, en bon Morvandiau habitué aux intempéries de la mauvaise saison ou surtout en soldat endurci depuis tant d'années aux inclémences de l'hiver ! Il se plaint cependant du retard occasionné par l'enneigement. Parti vers le 15 du mois précédent, il arrive au but le 6 février ; tendu vers le travail qui presse, il commence la visite des ouvrages dès le 7.

Il est probable que durant le voyage il a surtout réfléchi aux moyens de défendre les places commandées de presque tous côtés par des hauteurs. Jusqu'à présent, il n'avait jamais eu à s'occuper de fortifications de grande montagne ; tout au plus avait-t-il vu des villes fortes juchées sur des éminences modestes, même et y compris à Besançon. C'est donc à un nouvel exercice intellectuel et technique qu'il se trouve affronté. Il s'en ouvre très clairement à Louvois le 22 février 1669 : « J'ai été extrêmement long. Les défauts et la bizarrerie de ces travaux ici m'en ont fourni tant de matière [...]. Joint qu'il n'est pas aisé de prendre promptement son parti en une chose où il s'agit de réconcilier l'art avec la nature, tellement brouillés dans les fortifications de cette place. » Le mot est lâché : « réconcilier l'art [de la fortification] avec la nature ». Que de fois plus tard aura-t-il à méditer sur cet axiome, tant dans les Pyrénées que dans les Alpes ! Pour lors, il demande 100 000 livres pour renforcer de fond en comble la citadelle, à condition toutefois que les travaux soient exécutés « par une main fidèle »[7].

Grâce à quoi il devra retourner à Pignerol par deux fois dès l'année suivante. D'abord trois semaines en janvier 1670, avec les mêmes difficultés de parcours que précédemment. Puis au mois d'août suivant, pour escorter Louvois qui veut vérifier ce que deviennent les prisonniers d'État et qui profite de son déplacement – à moins que ce ne soit là son véritable but – pour s'en aller à Turin saluer le duc de Savoie, pour lors allié du roi. Tandis que le ministre, toujours trépidant, repart au grand galop, Vauban demeurera auprès du Savoyard qui désire connaître son avis sur ses places de Verceil, Verrue et Turin. Le duc garde ainsi son hôte auprès de lui plus d'un mois et demi et le conserverait bien davantage si Louvois, pressé de récupérer son ingénieur, ne mettait le holà à ce séjour piémontais. De celui-ci, Vauban ramène la considération du duc qui se dit son « bon ami » et qui, pour le remercier, lui donne un de ses portraits enrichi de diamants ; surtout un surcroît de considération dépassant cette fois-ci les limites du royaume[8]. Peu après, il obtient aussi que les travaux de Pignerol soient dorénavant dirigés par Gabriel de La Myre de La Motte, jusque-là employé à Dunkerque et en qui il a toute confiance[9].

EN ROUSSILLON, AUTRE « FINISTÈRE » DU ROYAUME

Mais revenons donc quelque temps en arrière, à la fin du premier séjour de Vauban à Pignerol. Se hâtant encore et toujours, l'ingénieur a repris son bâton de pèlerin le 23 février 1669 et repasse par le Cenis, « les passages du côté de Briançon s'étant trouvés bouchés ». Du coup, il ne peut ni franchir le col de Montgenèvre, ni descendre vers le sud du royaume par la vallée de la Durance. En revanche, après son retour forcé par la Maurienne, il rentre en France à Pontcharra, laissant tour à tour sur sa droite la place savoyarde de Montmélian à l'entrée de la combe de Savoie, puis Fort-Barraux – sentinelle française du Grésivaudan. Il découvre ensuite la position fortifiée de Grenoble et son enceinte du début du siècle voulue par Lesdiguières et construite par les ingénieurs Raymond de Bonnefond et Jean de Beins. Par la trouée de Voreppe, il rejoint Valence et le sillon rhodanien qu'il suit jusqu'au Saint-Esprit (l'actuel Pont-Saint-Esprit). C'est là que, pour aller en Languedoc, il traverse le Rhône sur le dernier pont de pierre, le suivant – celui d'Avignon, la ville pontificale – n'étant plus en état. D'où l'intérêt militaire autant qu'économique de la cité spiripontaine[10].

Vauban ne se doute guère alors qu'il reviendra, une quinzaine d'années plus tard, donner son avis sur la solidité de l'ouvrage en question. Son itinéraire passe ensuite par Nîmes et ses « antiques », par Montpellier et sa citadelle construite quarante ans auparavant sur ordre de Louis XIII. Puis, après Narbonne – autrefois « boulevard » défensif du royaume face à l'ennemi espagnol, pourvue à ce titre par les Valois-Angoulême d'une des plus anciennes enceintes bastionnées du royaume –, le chemin s'oriente plein sud vers Perpignan. Vauban atteint cette ville le 6 mars, soit douze jours après son départ de Pignerol[11].

Pas davantage que précédemment, il ne fait de commentaires sur son voyage, pas plus que sur le nouveau pays qu'il a découvert en arrivant au pas de Salses, ce goulot d'étranglement entre Languedoc et Roussillon par lequel passe obligatoirement la voie qui mène de l'une à l'autre de ces deux provinces et qui a longtemps servi de poste frontière. Pourtant en ce début de mars, le géographe qu'il est ne peut manquer d'être saisi par l'ampleur du paysage que l'on peut embrasser d'un seul coup d'œil en ce lieu : la grande plaine roussillonnaise bordée à l'est par une côte plate à lidos et encadrée des trois autres côtés par un large amphithéâtre montagneux. Au sud-est se détachent les sombres Albères ; en plein sud, le Canigou tout encapuchonné de neiges se dresse d'un seul jet ; vers le sud-ouest, au loin, les chaînes des hautes Pyrénées cerdanes et du Madre scintillent aussi au soleil ; à l'ouest et au nord-ouest, les Corbières, beaucoup plus basses, sont couvertes d'âpres garrigues. Tout cela, semble-t-il, ne touche pas l'homme de la France d'oïl qu'est Vauban. Sans plus tarder, là encore, il se met au travail. Il passe dix-huit jours à inspecter la plupart des ouvrages du Roussillon. Ceux de Perpignan, ceux de Collioure sur la côte rocheuse des Albères, avec une visite au site de Port-Vendres, ceux de Bellegarde entre Albères et Pyrénées, ceux de Villefranche-en-Conflent dans la moyenne vallée de la Têt, pour revenir à nouveau à Perpignan. Parce que la saison est encore trop peu avancée, notons-le bien, il ne peut aller ni en haut Vallespir (haute vallée du Tech), ni en Cerdagne (haute vallée du Sègre qui s'écoule vers l'Aragon).

Avec l'occupation puis l'annexion du Roussillon à la France, la frontière s'est déplacée du nord au sud de la province. Avant 1640, du temps où le Roussillon était encore possession espagnole, le pays était gardé du côté de la France par le magnifique château de Salses élevé à l'extrême fin du XVe siècle. De conception très neuve lors de sa construction – « toute particulière, composée de l'antique et moderne manière de fortiffier », dira si joliment Vauban [12] –, il servait aussi de base de départ pour des actions offensives contre le Languedoc. Désormais la frontière passe par la ligne de partage des eaux, et même au-delà dans le secteur cerdan. Dès lors, il n'est plus nécessaire de protéger le Languedoc ; le château de Salses n'a plus de raison d'être. En revanche, il faut absolument retourner contre l'Espagne les autres places fortes roussillonnaises existantes et construire toute une série d'ouvrages sur la nouvelle frontière. Cependant, au cours des dix premières années qui suivent l'annexion, jamais rien d'important ni de définitif n'a encore été tenté, dans la mesure où le gouvernement royal hésite sur sa politique catalane et ne débloque que des fonds dérisoires, y compris pour les travaux d'entretien les plus urgents. C'est au cours de la guerre de Dévolution et bien que les opérations militaires aient toujours été ici fort modestes qu'apparaît nettement la nécessité de bonnes défenses pour le glacis catalan. On prend alors brusquement conscience du danger que font courir à la province les raids des petites bandes pillardes de soldats espagnols lancées sur la Cerdagne française et dans la région du Perthus. Qu'arriverait-il s'il s'agissait de troupes numériquement importantes et bien organisées qui déborderaient alors les passages mal gardés ? À la veille de la paix d'Aix-la-Chapelle, une attaque de 700 fantassins et 400 chevaux sur Bellegarde – combinée à une diversion sur le Conflent – prouve amplement le bien-fondé de telles craintes [13]. Le gouvernement royal s'inquiète brusquement.

D'où, avant celui de Vauban, l'envoi en Roussillon de Clerville qui arrive ici peu après ses déboires flamands, au début de 1668. Au terme d'une visite très minutieuse, le commissaire général conclut à l'importance du Perthus, « porte pour pénétrer en Espagne », mais aussi au très mauvais état du château de Bellegarde qui en assure la défense. Il souligne également la vulnérabilité du Conflent dans le cas où, par la Seu d'Urgel et la Cerdagne, les Espagnols tenteraient une action accompagnée d'artillerie contre les villes d'Olette et de Villefranche. Tout compte fait, il ne prévoit d'ailleurs que des réparations fort mineures car, d'une part, il baisse les bras en ce qui concerne la défense du Perthus et, d'autre part, il ne croit pas que des pièces d'artillerie un peu importantes puissent jamais atteindre le Conflent par les sentes dévalant des hauteurs cerdanes. En revanche, et c'est là l'essentiel de son intervention, il propose de transférer le rôle militaire de Collioure plus au sud, au Port-Vendres « depuis si longtemps abandonné », en y créant de toutes pièces une véritable place défensive [14]. Mais le ministre hésite et veut encore de nouveaux avis. S'en viennent alors en Roussillon deux ingénieurs qui ne se gênent aucunement pour critiquer les projets de Clerville, en particulier celui de Port-Vendres. L'un, le Parisien Charles Chamois, architecte des bâtiments du roi, est un homme de Louvois; l'autre, Isaac Petit, protestant, fils d'un marchand de Béziers [15], jouit de la confiance de l'intendant de Languedoc, Bazin de Bezons, qui le « prête » à son confrère roussillonnais. Avant de retourner à d'autres tâches, ils proposent chacun à son tour, tant pour le Conflent que la Cerdagne, des solutions dont certaines sont loin d'être dépourvues d'intérêt. Ainsi la réflexion sur les problèmes de la sûreté du Roussillon est-elle largement entamée dès avant l'arrivée de Vauban.

Lorsqu'il parvient en Roussillon, celui-ci est déjà très au fait des problèmes, ayant reçu au fur et à mesure tous les rapports jusqu'ici présentés. Il s'est même efforcé de les commenter à distance, mais, au dire de ceux qui sont sur place et qui ont la critique particulièrement acerbe, sans véritable pertinence. « Estant impossible de discourir de loing sur une fortiffication à faire dans un terrain haut et bas », Louvois lui a finalement demandé de s'en venir conférer avec l'ingénieur d'exécution depuis peu en poste à Perpignan, un ancien de Tournai, le sieur de Saint-Hillaire, bâtard de la famille noble des Borelly de Rocqueserière, d'Alès en Cévennes. Reconnu comme « homme entendu mais plein de fantaisies, fort opiniâtre et de la religion [16] », celui-ci se débat courageusement pour faire front contre des difficultés de plusieurs ordres : d'abord, inhérente aux provinces annexées depuis peu, la quête malaisée d'entrepreneurs compétents et point trop exigeants. Ensuite, le parti à tirer des projets divergents proposés depuis un an. Louvois, plus conciliant que d'habitude, admet qu'en attendant la venue de Vauban, ces projets soient à nouveau discutés à la fois par l'intendant, les lieutenants de roi des diverses places et par « d'autres officiers d'infanterie de vostre département qui pourront se trouver habilles en fait de fortiffication ». Saint-Hillaire est en fait affronté à des travaux qui se révèlent beaucoup plus importants qu'on ne l'avait pensé au départ, donc beaucoup plus coûteux. Du coup, il a été amené à formuler, lui aussi, ses propres contre-propositions qu'il présente au nouveau venu.

Vauban, qui l'a connu en Flandre, lui demande de l'accompagner dans sa visite des lieux, lui fait expliquer sur le terrain ses projets et ceux qui ont précédé. Il prend des notes, tient un « agenda », fait des levers supplémentaires pour sa gouverne personnelle. Il ne déposera ses conclusions et les plans afférents qu'à son retour à Paris, lorsqu'il pourra enfin tout mettre au net[17]. Ayant vu de ses propres yeux, dès lors s'étant fait une opinion claire et précise de la situation de chaque place dans l'ensemble du dispositif défensif de la province, il juge en connaissance de cause. Ainsi, dans l'énorme masse accumulée des rapports des uns et des autres, peut-il commencer de trier le bon du mauvais.

Il constate la béance du Perthus et de ses abords mais ne trouve pas de solution satisfaisante. Il souscrit à la simple réparation de Bellegarde demandée par tous. Comme Chamois, il préconise la construction d'un fort à l'aplomb de Villefranche sur un piton rocheux qui commande la ville, de façon à mieux défendre celle-ci en contrôlant la route du Conflent. Mais, n'ayant point été en Cerdagne, il dédaigne les avis de Chamois sur la défense de cette viguerie, préférant sur ce point l'avis de Clerville – lui aussi empêché de monter sur les hautes terres enneigées lors de sa venue[18]. Ainsi, pendant une dizaine d'années encore, Vauban n'envisagera-t-il pas de doter les Cerdans d'une protection directe. Par ailleurs, il eût aimé de grandes transformations dans l'enceinte de Perpignan ; également – là encore en référence au projet de Clerville – la création d'une belle place à Port-Vendres. Mais, dans les deux cas, il se heurte à des impossibilités financières. Aussi se rallie-t-il aux solutions moyennes de Saint-Hillaire, tant en ce qui concerne les réparations de la citadelle de Perpignan qu'en ce qui touche les dispositions portant sur Collioure. Là, il admet la destruction d'une partie de la ville et l'installation sur le terrain ainsi dégagé d'un nouveau bastion tourné vers l'ennemi potentiel ; il souscrit aussi au renforcement du fort du Miradou, défense avancée de la cité colliouroise.

Au total, ce voyage vaubanien de 1669 n'entraîne pas immédiatement de transformations majeures dans les ouvrages défensifs du Roussillon, ne serait-ce que parce que les sommes allouées à ces travaux restent très modestes, de l'ordre de quelque 200 000 livres seulement, alors qu'il en aurait fallu plus de 1 million [19]. Le Roussillon est toujours jugé par le gouvernement royal comme une « marche » secondaire au regard des Flandres, celles-ci essentielles dans le cas d'un conflit contre les Provinces-Unies, conflit vers quoi on s'achemine de plus en plus. Mais notre ingénieur y a acquis une meilleure connaissance des problèmes de défense en montagne en général et de ceux du Roussillon en particulier. Il ne l'oubliera pas et gardera la plupart de ses projets dans ses cartons, sinon dans un coin de sa mémoire.

Vauban est reparti de Perpignan par la poste le 23 mars 1669. Le 25, de Pézenas, le chevalier de Clerville, depuis quelques jours en Languedoc pour y inspecter à la fois les ouvrages du canal des Deux-Mers et ceux du nouveau port de Sète, écrit à Colbert : « Monseigneur, j'embrasse avec beaucoup de plaisir l'occasion de [...] vous dire que Mr de Vauban ayant trouvé comme moy que le port de Vendre en Roussillon est un poste autant utile aux affaires du Roy qu'aucun austre qui soit de toute la mer Méditerranée, et qu'il s'y peut trouver des moyens de le bien accommoder, [...] j'aurais beaucoup de joie [...] que vous eussiez inspiré à Sa Majesté le dessein de faire en ce lieu là une retraite asseurée à ses galères et à une escadre de ses vaisseaux [20]... »

Vauban s'est-il arrêté à Pézenas pour saluer son ancien maître et ont-ils parlé, à cette occasion, du site de Port-Vendres ? C'est plus que probable, la date du 25 mars correspondant très exactement au passage de Vauban en cette cité ! En tout cas, que ce soit par ouï-dire ou par conversation directe, on est sûr que les deux hommes ont, au-delà de leurs divergences, de leurs aigreurs et de leurs rancœurs, communié avec le même enthousiasme dans leur découverte commune. Clerville veut probablement faire comprendre au ministre que vaines furent les critiques blessantes de certains sous-fifres, puisqu'il a l'approbation de celui qui est considéré maintenant comme l'étoile montante de la fortification. Il veut aussi rappeler au ministre qu'il fut le premier à signaler l'excellence de la position de Port-Vendres.

« Vous êtes tout à fait nécessaire dans les places de Flandre où mille choses demandent votre présence »

Après une dizaine de jours passés à Saint-Germain pour rédiger ses rapports et rendre compte à qui de droit (5-15 avril 1669), Vauban reçoit l'ordre de regagner immédiatement la Flandre, avec toutefois une halte à Arras pour y vérifier les travaux qui n'avancent pas assez vite au gré des ministres. Arrivé à Lille le 20 avril 1669, il reprend sans plus tarder ses tournées à court rayon. Il visite et revisite en un mode répété les chantiers de Douai, Bapaume, Béthune, Saint-Venant, Bergues, Le Quesnoy, Dunkerque, Courtrai, Tournai, Ath... et j'en passe. Il continuera de même au cours des années suivantes, n'interrompant pour un temps ses visites flamandes que pour de plus lointaines. Mais, sitôt revenu, il reprend immédiatement sa « cavalcade » incessante dont on ne voit pas toujours à quel ordre répondent ses zigzags, ses tours, ses détours, ses contrôles, ses marches et ses contre-marches. Ce qui est sûr en revanche, c'est que en prévision d'une guerre de plus en plus certaine avec les Provinces-Unies, le gouvernement royal veut de bonnes places fortes à la frontière du nord du royaume. Il faut donc les renforcer au maximum et au plus vite.

En suivant jour après jour Vauban, on note la progression de son activité à l'accroissement considérable et continu du nombre de ses déplacements. *Grosso modo* bien sûr, on peut tenter d'évaluer les distances qu'il a parcourues. Faisant ici fi des itinéraires de l'époque beaucoup plus tortueux que ceux de la nôtre, on ne comptabilisera que les distances à vol d'oiseau de ville à ville ou de province à province ; on n'intégrera pas davantage dans ce calcul les allées et venues à l'intérieur des divers chantiers visités car il serait impossible d'en estimer l'importance. Enfin, pour simplifier, on calculera toutes ces « routes » en kilomètres et non en lieues, pourtant seules en cours sous l'Ancien Régime. Dans ces conditions, les résultats auxquels on parvient restent très en dessous de la réalité. Mais mieux vaut pécher par défaut que par excès !

De 1651 (date de son engagement) à la fin de 1666, l'ingénieur a dû franchir tout au plus 10 000 kilomètres pour rejoindre ses garnisons, se rendre sur les lieux des campagnes militaires ou s'en aller remplir diverses missions, y compris ses voyages en Allemagne ; soit pour cette quinzaine d'années, une moyenne annuelle de 666 kilomètres. En revanche, pour la période des cinq années de l'entre-deux-guerres qui nous intéresse présentement (automne 1667-printemps 1672) il arpente au bas mot 20 000 kilomètres – probablement davantage, mais n'ergotons pas ! La moyenne annuelle passe ainsi à 4 000 kilomètres. Or, là-dessus, les courts déplacements en Flandre et lieux circonvoisins représentent à eux seuls la moitié du total (10 000 kilomètres), c'est-à-dire 2 000 kilomètres en moyenne par an, avec pour certaines années des totaux beaucoup plus écrasants : en 1668, il avale quelque 2 500 kilomètres et plus de 2 800 en 1672. À chevaucher par tous les temps dans ces platitudes, il épuise ses chevaux : « Le soleil et le coucher dehors les tuent et les rendent lâches. » Il se plaint aussi que « les fréquents voyages me ruinent » et à quelque temps de là ajoute : « Les eaux sont un peu basses chez moi. » Il y revient à plusieurs reprises. Mais le roi et les ministres, y compris Colbert, dans le domaine duquel il va aussi faire des expertises, ne se laissent pas fléchir. Il doit continuer de caracoler car « nous travaillons pour la gloire du maître que nous servons ».

Il a bien sûr des attentions particulières pour les places dont il surveille personnellement la construction. Avec la fierté d'un père, il admire la citadelle de Lille qui, à cette époque, est encore loin d'être achevée. Le 9 juin 1669, il s'exclame : « Rien n'est mieux conduit ni plus beau que toute cette maçonnerie, que l'on n'y voit pas le moindre défaut. » Il passe aussi de nombreuses journées à Ath dont le chantier devient de plus en plus important – 3 200 travailleurs en février 1670 et jusqu'à 5 438 en juin suivant[21], ce qui ne va pas sans poser de lourds problèmes de ravitaillement et de discipline. Aussi s'inquiète-t-il des dangers courus par ces places en raison de la surveillance insuffisante : « L'on ne voit présentement à l'entour d'Ath et de la citadelle de Lille que gens qui les viennent voir et reconnaître. Présentement le plan d'Ath se vend publiquement à Amsterdam. Je ne saurais trouver cela bon. Car, supposé que nous n'ayons rien à craindre présentement, il pourra toujours arriver dans un autre temps que les ennemis se prévaudront des connaissances qu'ils en prennent à présent. » Et, peu après, il revient sur le même sujet pour obtenir du ministre les moyens de préserver le secret des travaux et d'éviter « le chagrin de nous voir tous les jours regarder jusque dans le fond des entrailles par les étrangers qui viennent voir la place de tous côtés » (18 août 1669) – ce qui ne l'empêche pas à l'occasion, bien au contraire, d'aller à son tour en personne espionner les voisins espagnols.

Il donne aussi beaucoup de son temps à la fortification de Dunkerque qui relève de Louvois, le port en revanche relevant du département de Colbert. Il y va jusqu'à neuf fois en quatre ans, dont un séjour de trois semaines en 1669 et un autre d'une quinzaine de jours en 1671. Il regrette vivement que le port n'appartienne pas au domaine de Louvois. Il y avait rêvé d'un port fortifié qui ferait « l'admiration des siècles à venir ». Déçu des mesures prises par Colbert et ses conseillers, il s'en ouvre à Louvois le 11 septembre 1671 : « Tout y fourmille de commis, mais très ignorants ; et c'est merveille que, pour un ouvrage de cette importance, il n'y ait pas là un homme qu'on puisse dire raisonnable pour les conduire [...]. Si on avait suivi mon projet, [...] on aurait presque entré et sorti à tous vents du havre de Dunkerque [...]. S'il y avait lieu d'espérer un calme de deux années et que Dieu vous eût inspiré assez de charité pour vouloir décharger M. de Colbert de ce soin, vous rendriez un grand service au Roy [...]. Ce à quoi Louvois lui conseille avec sagesse de bien servir le maître en ce dont il nous charge et ne pas nous inquiéter du reste » (28 septembre 1671).

En fait, comme il prend toujours à cœur le service du « maître », Vauban s'indigne des dérives qu'il observe ici et là, de quelque nature qu'elles puissent être. Ainsi proteste-t-il auprès de Louvois (qui, là encore, doit le calmer) des négligences qu'il a observées à Saint-Quentin où Colbert lui a demandé d'aller faire une inspection en l'absence de Clerville, retenu en Alsace. Il y a constaté des dépenses trop importantes pour ce qui s'y fait et obtenu peu après d'être associé aux transformations de la place. Il s'inquiète aussi de voir parfois des incapables avoir le pas sur des gens de valeur : « Sur quoi j'ose prendre la liberté de vous représenter, Monseigneur, que cela est du plus méchant exemple du monde, et que le vrai moyen de dégoûter ceux qui servent bien est de les moins bien récompenser que ceux qui servent mal […]. Que c'est un peu me maltraiter que de traiter si bien le seul homme que je n'ai pas jugé digne d'être dans les travaux. » Apparaît déjà ici l'une de ses idées forces sur l'importance à donner au « mérite ».

Cette vie, tout adonnée au travail, n'est guère entrecoupée de repos. Le ministre refuse systématiquement tout séjour à Épiry et, sitôt une mission remplie, lui en confie une nouvelle. Cette hâte ne se comprend que dans le contexte de préparation à la guerre où se trouve le royaume. Mais cela suppose de la part de l'ingénieur une puissance de travail extraordinaire servie par une rapidité intellectuelle remarquable et par une non moins admirable résistance physique.

« Votre affaire d'Alsace »

Sans conteste, Vauban domine magistralement une telle activité et les fatigues qui en résultent. Tout au plus se plaint-il parfois d'un rhume tenace, de maux de tête et d'yeux, ou encore d'une très grande lassitude. Ferme, il tient le cap. Que diraient ceux qui l'entourent s'ils se doutaient de la tension dans laquelle il vit plusieurs mois durant, de janvier à septembre 1671 (et probablement depuis plus longtemps déjà), et de l'angoisse qui le mine à l'idée de voir sa carrière brisée dans une mauvaise affaire vieille de trois ou quatre ans, « sujette à beaucoup d'incidents qui vous auraient pu ruiner et votre famille [22] » ? Seuls quelques initiés – les ministres et le roi – connaissent ses tourments. Il ne semble pas que la malignité publique, toujours à l'affût des ragots et si prompte à dauber, se soit vraiment déchaînée. Il y eut cependant des insinuations qui auraient quelques années encore la vie tenace.

Nombreux sont les historiens qui, depuis un siècle et demi, se sont tour à tour penchés sur cette question. Mais plusieurs – au XIXe siècle en particulier – ont eu peur de salir l'admiration hagiographique entretenue autour de Sébastien Le Prestre. Découvrant certaines irrégularités d'écritures reprochées à l'ingénieur, ils ont craint de bousculer le dogme bien établi de sa « sainteté laïque » et se sont presque tous excusés, les uns après les autres, d'aborder un problème qu'ils auraient préféré entourer d'un voile pudique[23]. Voilà déjà qui rend si délicate l'étude sereine de cet incident ! Mais en réalité, le voudrait-on, il est quasiment impossible de suivre le dossier et tous ses méandres, dans la mesure où les pièces essentielles en ont été retirées par ordre du roi dès 1671 et immédiatement brûlées[24]. Ce n'est donc que par des allusions glanées çà et là dans les correspondances – lettres adressées par Colbert à son cousin d'Alsace ou à tel autre, rapports sur Charles Colbert, lettres de Louvois – que l'on peut tenter de saisir (bien mal) les différentes péripéties de cette sombre histoire.

L'affaire remonte au séjour de Vauban à Brisach – lorsqu'il avait pris l'entreprise du « revestissement » de la place. Elle concerne les quittances qu'il a alors signées et remises aux trésoriers des fortifications tant comme entrepreneur que comme ingénieur. Mais elle porte aussi sur les années 1667 et 1668, alors qu'il n'était plus en Alsace mais que s'y trouvait encore son cousin germain beau-frère, Paul Le Prestre, son associé semble-t-il. Du fatras des archives encore existantes, il ressort que la Cour des comptes aurait pu attaquer Vauban sur les prix exagérément élevés des ouvrages qu'il fit à Brisach et dont il ne pouvait justifier le bon droit, les marchés avec l'intendant ayant été faits verbalement et non selon les strictes règles des bonnes adjudications. Il y aurait donc deux fautes à reprocher à l'ingénieur : celle portant sur l'évaluation du prix de « sa » toise carrée ; celle d'avoir accepté de passer outre à la réglementation en vigueur.

En fait, toute cette histoire se trouve, peu ou prou, très vite liée aux soupçons de malhonnêteté qui pèsent sur l'intendant d'Alsace, Charles Colbert, et, par choc en retour, sur certains de ses collaborateurs. En 1669, Colbert est excédé par son cousin. Tandis que les travaux des Flandres – du département de la Guerre – poussent comme champignons après pluies d'été, ceux de Brisach et Philippsbourg, bien que mis en route depuis plus d'une dizaine d'années, traînent lamentablement. Et voici que l'intendant d'Alsace prétend une fois de plus changer d'entrepreneur, celui qu'il utilise présentement ne faisant pas davantage son affaire que les précédents. Le 23 novembre 1669, Colbert éclate : « Les premiers entrepreneurs n'ont pu se souffrir avec vous ; le sieur de Vauban a esté de même ; il a fallu chasser Valpergue, il faudra encore chasser Vouleau. » Plus tard, Colbert revient à la charge : « Tous les entrepreneurs qui vous ont été envoyés ont été constraints de quitter. » Puis il se fait accusateur : « Vous voulez qu'un entrepreneur entame une place de la conséquence de celle de Brisach sans avoir aucun ordre pour le faire qui luy serve de décharge. » Le 27 septembre 1670, le contrôleur général précise sa pensée : « Je ne veux pas croire qu'il y ait du mal et de l'intelligence vicieuse [entente malhonnête] entre vous et cet entrepreneur » (le dernier en date après le départ de Vouleau, un dénommé Saint-André, auquel tient beaucoup l'intendant) [25].

C'est pour avoir une vue plus nette de toutes ces intrigues que le contrôleur général envoie tour à tour deux enquêteurs. D'abord le chevalier de Clerville à la fin de 1670, puis, en juin 1671, son oncle Pussort en qui il a toute confiance. L'un et l'autre sont chargés de vérifier la conduite de l'intendant. Tous deux concluent non à de la malhonnêteté pure et simple, mais à une désinvolture coupable au regard des règles concernant les adjudications : ni avis d'enchères, ni contrats de marchés, ni réceptions des ouvrages dont le prix est, de surcroît, plus élevé que dans les autres provinces frontières. Dès lors, on peut soupçonner l'intendant d'entente ou de complaisance avec certains entrepreneurs. C'est après tout de cela que le ministre a accusé son cousin au regard de Saint-André ! Quant aux quittances signées par les ingénieurs et les divers entrepreneurs, elles sont toutes *de facto* entachées de vice de forme.

On comprend mieux pourquoi Sébastien Le Prestre s'est inquiété dès qu'il a su – probablement par Louvois – que Jean-Baptiste Colbert entendait faire la lumière sur les agissements de son cousin. Consentant, ou au contraire contraint ou forcé, Vauban est impliqué. Il est sûr que, pour être payé de son travail par les trésoriers des fortifications, il a présenté des quittances où la toise cube avait un prix plus élevé qu'ailleurs, et cela « sur le pied du marché qui avait été fait verbalement » avec lui et non en vertu d'accords solidement conclus. Il a donc passé outre aux règlements et s'est fait complice (volontaire ou involontaire, peu importe !) de l'intendant. L'affaire en cours risque donc de lui être fort préjudiciable [26]. Coupable ou non, le brillant constructeur de la citadelle de Lille tremble. On le comprendra d'autant mieux que, ayant quitté le clan Colbert pour celui des Le Tellier et brocardé Clerville (reste à savoir si ce fut en public ou seul à seul avec Louvois), il craint d'être l'un des boucs émissaires de tout ce remue-ménage. Il s'en ouvre à son ministre.

Au début, Louvois ne s'inquiète pas. Le 15 janvier 1671, il écrit à Vauban : « Je suis bien aise que vous ayez mis votre affaire d'Alsace en état d'être terminée, parce qu'il y a deux jours que le Roi ordonna à M. Colbert d'expédier les décharges qui vous sont nécessaires pour faire que l'on ne vous puisse rien demander pour tout ce qui s'est fait depuis votre départ de Brisach et pour que les ouvrages faits pendant que vous y avez été soient reçus et qu'il vous en soit donné une décharge en bonne forme. J'aurai soin de solliciter l'expédition et chargez seulement un homme d'affaires de me voir, de deux jours l'un, afin que je puisse lui demander les éclaircissements dont j'aurai besoin. » Jusqu'ici, rien que de très naturel dans la procédure dont Louvois entretient l'ingénieur. Le ton est moins optimiste à quelques jours de là : « J'ai reçu votre lettre du 26 de ce mois. Je parlerai à M. Colbert aussitôt que je serai de retour à Paris de l'expédient que vous proposez pour vous sortir de votre affaire de Brisach et de façon ou d'autre vous en tirer au plus tôt... » Mais, après conférence avec l'homme d'affaires de Vauban, Louvois récuse le premier expédient suggéré par l'ingénieur en ce mois de février 1671, qui est de « confondre tout ce qui a été fait sous votre nom, tant pendant que vous avez été à Brisach que depuis que vous en êtes sorti [...]. Comme il faudrait mettre la toise à 48 livres, laquelle je crois qu'on fait présentement à 30, il y aurait à craindre que vous ne fussiez quelque jour exposé à une taxe pour de l'argent que vous n'auriez pas gagné[27] ».

Jouant à fond son rôle de patron, Louvois intervient ainsi pour soutenir son fidèle et le sortir d'embarras. Il le réconforte en cours de route : « Ne vous inquiétez pas de votre affaire. » Plus tard : « Vous n'avez que faire de vous rompre la tête à faire des toisés et des comptes. » Surtout, il cherche le biais pour résoudre la difficulté. Il s'en ouvre à Colbert. Se faisant l'écho de leur conversation, il explique à Vauban : « Il [Colbert] convint du dernier expédient que vous avez proposé. C'est-à-dire que vous dresseriez un marché et un devis de tous les ouvrages faits à Brisach depuis que vous avez été entrepreneur jusqu'à ce que vous ayez cessé de faire les travaux sous votre nom, et afin que la toise d'ouvrages revînt à un prix moins excessif, que les voûtes, les escaliers, les embrasures et autres menus ouvrages eussent un prix à part, que vous dressassiez en même temps le toisé desdits ouvrages et l'acte de réception d'iceux, et que, m'adressant le tout, je le lui remisse. Il ferait signer à ceux qu'il faudrait qui le signassent [l'intendant d'Alsace] pour vous décharger et me le rendrait pour vous l'envoyer [...]. Je ferai voir les trésoriers des fortifications des années 1665, 1666, 1667 et 1668 pour savoir s'ils ont rendu les comptes à la Chambre, parce que s'ils ne les avaient pas rendus, je ferais bien en sorte de retirer toutes les quittances que vous aviez données et qu'ainsi on mettrait cette entreprise sous un autre nom que le vôtre, et au pis, sous le nom de votre cousin seul. » Pauvre cousin, endossant les responsabilités !

Le 25 février 1671, nouvelle lettre du ministre : « J'ai reconnu que, quoique les comptes aient été présentés à la Chambre, ils sont encore en état que l'on pourra retirer toutes les quittances que vous avez données et toutes les ordonnnances de M. Colbert d'Alsace qui sont en votre nom. Si cela se peut exécuter, comme j'en suis persuadé, l'on vous sortira mieux d'affaire par ce moyen que par tous les autres expédients que vous sauriez imaginer. » Le 1er mars : « Je travaille présentement à dresser ce qu'il faut que M. Colbert d'Alsace signe pour mettre à la place de celles qui sont sous votre nom. » Et le 11 mars : « Les ordonnances que l'intendant d'Alsace doit signer à la place des vôtres que j'ai retirées sont présentement chez M. Colbert ; ainsi je me propose de vous apporter toutes les quittances que vous avez signées touchant les ouvrages de Brisach, et, en les brûlant, vous vous mettez hors d'état de pouvoir jamais être recherché en cette affaire. »

Cependant, la situation traîne dans la mesure où le rapport de Pussort sur Colbert d'Alsace n'est présenté que dans le courant de l'été, concluant à la nonchalance, à l'insuffisance, voire à l'incapacité de l'intendant, mais non à sa friponnerie[28]. Dès lors que l'intendant est blanchi le sont aussi ses anciens collaborateurs. Néanmoins, il est préférable pour Vauban que toute trace de ses difficultés soit effacée. Le 21 août 1671, le roi écrit à Colbert d'Alsace, qui va incessamment quitter Brisach : « Désirant décharger le sieur de Vauban de toutes les recherches qui pourroient estre faites contre luy à cause du marché et entreprises qu'il a cy-devant fait pour le revestissement des ouvrages faits pour les fortifications de mes places de Brisach et de Philippsbourg, je vous fais cette lettre pour vous dire que mon intention est que vous signiez les ordonnances contenues en l'estat cy-joint et que vous biffiez votre signature sur celles que vous avez expédiées sous le nom dudit sieur de Vauban. Et m'assurant que vous satisferez à ce qui est en cela de ma volonté, je ne vous feray la présente plus expresse que pour prier Dieu qu'Il vous ayt, Monsieur Colbert, en sa sainte garde [29]. »

Une dernière péripétie intervient *in fine*, que rapporte Louvois à Vauban dans sa lettre du 16 septembre 1671, celle dans laquelle il annonce la victoire : « J'ai reçu [...] tout ce que je pouvais désirer [...] des ordonnances signées de M. Colbert d'Alsace, sous le nom d'un nommé Marchand que l'on fait entrepreneur des travaux de Brisach ; moyennant quoi, et des quittances que ledit Marchand signera dans un jour ou deux, je vous renverrai toutes les quittances que vous aviez données aux Trésoriers des fortifications, lesquelles sont présentement en mon pouvoir. Et ainsi, me voilà acquitté de la parole que je vous ai donnée, il y a si longtemps ; et vous, sorti d'une affaire qui, par quelqu'autre voie que l'on eût pu prendre, aurait toujours été sujette à beaucoup d'incidents qui vous auraient pu ruiner et vôtre famille. »

Il est à noter que ni Clerville ni Pussort n'ont mis l'ingénieur en cause au cours de leurs enquêtes. Le commissaire général ne s'est donc pas vengé. Il n'y a pas eu davantage d'affrontement des clans ministériels à propos de cette histoire mais, au contraire, des efforts communs pour l'étouffer. Le contrôleur général – qui, à cette époque, témoigne sa confiance à l'égard de Vauban en lui confiant l'inspection des ouvrages de Saint-Quentin – a vraiment recherché avec Louvois la meilleure des solutions. Et qu'on n'insinue pas que c'était parce qu'il était inquiet pour sa propre situation. En janvier 1671, il avait écrit à Clerville, gêné de devoir exhumer les malversations de Colbert d'Alsace : « Si mes ennemis n'ont point d'autres armes contre moy que ce qui s'est passé à Brisach et à Philippsbourg, ils ne me feront pas grand mal [...]. Les gens faits comme moy ne craignent rien et donnent toujours de la crainte à leurs ennemis, quand ils en ont [30]. » Cela étant, le mystère demeure en partie.

On regrette d'autant plus que les archives de la Cour des comptes aient brûlé lors de la Semaine sanglante de mai 1871. Peut-être aurait-on pu y apprendre ce qu'il advint de l'homme de paille, le dénommé Marchand (sur le compte duquel on ne sait vraiment rien). Peut-être ainsi aurait-on pu percer, sous ce patronyme, ce qui était reproché au véritable signataire des quittances, le sieur de Vauban.

Depuis 1667, Vauban est vraiment devenu un véritable expert ès fortifications. Bien sûr, c'est dans le département de Louvois qu'il exerce avant tout son activité débordante. Mais en 1670, il a aussi été « prêté » par son ministre au duc de Savoie qui s'est alors efforcé de l'employer le plus longtemps possible, rappelons-le, au grand mécontentement de Louvois, impatient de récupérer son ingénieur. Sébastien Le Prestre a aussi été à plusieurs reprises mandé par Colbert pour approuver ou amender des projets du département de celui-ci, auraient-ils même été « inventés » par le chevalier de Clerville, commissaire général des fortifications. Celui-ci d'ailleurs, fatigué par l'âge et ses nombreux voyages, ne cherche pas à entrer en opposition avec l'étoile qui monte mais au contraire à arrondir les angles chaque fois que cela est nécessaire.

Débarrassé d'une affaire compromettante, soutenu par le roi et Louvois, Vauban voudrait bien que les lourdes responsabilités qu'il exerce soient assorties d'un titre idoine. « Je ne vois pas quel caractère le Roi vous pourrait donner pour vous distinguer de ceux qui portent le nom d'ingénieurs, aussi avantageusement que vous l'êtes dans l'estime de Sa Majesté. Expliquez-moi nettement votre pensée. Je suis assuré, pourvu qu'elle soit raisonnable, que vous aurez toute satisfaction », lui écrit Louvois en décembre 1670. Cependant, lorsque le ministre l'invite « à dire adieu à toutes les places des Flandres pour cinq ou six mois, la campagne devant commencer le 1er mai » (1672), Vauban est encore capitaine ingénieur. Les promotions ne viendront qu'avec la guerre de Hollande.

CHAPITRE VII

De la conduite des sièges

> La plus fine marchandise qui soit dans ma boutique...
> *Vauban à Louvois.*

Avec une ardeur sans faille, Vauban s'active donc à toutes ses tâches. Mieux, il en invente de nouvelles. Souhaitant que les frontières avec les Pays-Bas espagnols soient un jour moins lacunaires et mieux fermées, il explique à son ministre les inconvénients du mélange des places amies et ennemies « pêle-mêlées ». Il profite de ses nombreuses sorties entre Lille, Ath, Tournai ou autres villes flamandes et hainuières annexées par la France pour se livrer à quelques actes d'espionnage. Tirant avantage de ce qu'il faut souvent passer chez le voisin espagnol pour se rendre dans certaines enclaves françaises, il lève des griffonnements et des plans cavaliers de plusieurs places des Pays-Bas, Valenciennes, Charleroi, Namur. Avec l'ingénieur Choisy, il a même monté une expédition secrète à Mons pour mieux reconnaître la ville[1]. Peu après, apprenant qu'« un nouveau canal [...] se faisoit à Nieuport dont partye devoit passer sur nos terres », il s'y rend, sans dire bien sûr qui il est : « Je fus voir ce travail sur lequel nous treuvasmes le gouverneur [espagnol] à cheval. C'est un vieillard de soixante-dix à quatre-vingts ans quy paroit encore vigoureux », lequel « se pétulant fort de ce qu'on le venoit voir sy souvent [...] dist quantité de choses confuses d'un vieillard fort en colère »[2].

Vauban suit aussi avec énormément d'attention les nouvelles du siège de Candie. Ce port crétois, l'une des dernières possessions vénitiennes de Méditerranée orientale, était assiégé par les Ottomans depuis près d'un quart de siècle. Mais la place avait réussi à conserver son indépendance, le blocus ennemi, trop lâche, restant jusqu'alors peu efficace. Au printemps de 1669, les Turcs, désireux d'en finir et de « réussir une entreprise d'où dépendaient l'honneur des armes de leur seigneur et le bien de son service[3] », n'épargnent plus ni argent ni hommes. Les moyens qu'ils mettent désormais en œuvre sont considérables. Ils se révèlent particulièrement experts dans l'utilisation des mines, des grenades, de l'artillerie, du camouflage des sapes. Dans la mesure où ils ont les moyens d'en finir et ne ménagent pas leurs troupes, ils creusent de multiples tranchées parallèles qui piquent droit vers les murs ennemis et font agir leurs mines en plusieurs endroits à la fois. Dès lors, le sort de la ville est signé. Malgré une belle défense et l'intervention de plusieurs contingents de secours européens dont un corps expéditionnaire français[4], Candie tombe en septembre 1669. Cette défaite vénitienne fait d'autant plus de bruit à travers toute la Chrétienté qu'elle témoigne d'une nouvelle avance ottomane. Elle révèle aussi une transformation dans les techniques du feu. Au cours des mois qui suivent, Vauban lit les relations du siège, se fait dresser un plan des opérations turques[5], prend contact avec les ingénieurs français de l'armée du maréchal de Navailles, en particulier avec Loubatières, Castelan et le chevalier Paul.

Très typique de Vauban, cette curiosité d'esprit sur tout ce qui lui permet de renouveler ou d'affiner ses connaissances, tout en poursuivant le train infernal de ses autres travaux. Le ministre se réjouit de cette incroyable activité et en profite pour charger encore l'ingénieur d'un travail supplémentaire. En 1669, « à l'instante réquisition de Monsieur de Louvois qui n'entend pas les sièges », le sieur de Vauban est sommé de rédiger un *Mémoire pour servir d'instruction dans la conduite des sièges*[6].

Il faut bien comprendre que tout cela se déroule dans une atmosphère d'entre-deux-guerres, le traité d'Aix-la-Chapelle étant considéré, tant par le roi que par ses ministres et collaborateurs, comme un simple intermède[7], tout au plus une pause. Le souverain rêve toujours d'une nouvelle extension du royaume aux Pays-Bas et regrette amèrement la restitution de la Franche-Comté à l'Espagne. Pour lui, rien de définitif n'est sorti du traité. Par ailleurs, il lui paraît particulièrement urgent d'accroître le rayonnement de la France dans le monde. Mais il voudrait aussi, toutes affaires cessantes, réduire l'arrogance de la république des Provinces-Unies [8]. C'est pourquoi il cherche à nouer en Europe de nouvelles alliances favorables, ce qui explique, entre autres, son attitude particulièrement conciliante vis-à-vis de son cousin Charles II d'Angleterre.

En conséquence, avant que n'éclate un nouveau conflit – si désiré soit-il –, il convient de se presser et d'accélérer autant que faire se peut les réformes de l'armée royale. C'est bien dans cette perspective que Louvois a adressé sa requête à Vauban ; c'est dans cette même perspective que Vauban s'est mis à travailler d'arrache-pied à la rédaction demandée. Puisqu'il faut instruire le ministre dans la science des sièges, il le fera, cela lui permettant de mieux fixer et de mieux préciser ses idées. Devenu – à usage interne – le théoricien de la conduite des sièges, il lui faudra quatre années de réflexions pour réaliser un mémoire de quatre cent quinze pages manuscrites ornées de soixante-huit figures. Avec la guerre de Hollande entreprise en mai 1672, il se verra presque immédiatement dans l'obligation d'appliquer les règles qu'il a eu à peine le temps de finir de mettre au net. En revanche, à cause de la guerre, il ne pourra obtenir diverses transformations qu'il méditait pour le plus grand bien des ingénieurs et du service.

« VOUS N'Y VERREZ RIEN DE CONNU,
NI PRESQUE RIEN QUI AIT ÉTÉ PRATIQUÉ »

Persuadé que lors d'un nouveau conflit la guerre de siège gagnera encore du terrain sur la guerre de mouvement car « le gain d'une bataille rend bien le vainqueur maistre de la campagne pour un temps mais non pas du pays s'il n'en prend les places [9] », Vauban martèle sa conviction. Il ne craint pas de se répéter. Les chefs de guerre doivent s'emparer des places de l'ennemi pour « assurer bien mieux les conquestes ». Il entend aussi prévenir des désastres comparables à celui du siège de Valenciennes [10]. Il a encore d'autres soucis. Au cours de ses premières années de service, il a trop souffert de la carence des chefs, en particulier lorsqu'il a été jeté dans la mêlée sans directives précises – réduit de ce fait à ses propres initiatives – pour ne pas vouloir éviter aux combattants en général et surtout aux jeunes ingénieurs de telles difficultés. À ce propos, il évoquera à plusieurs reprises la véritable solitude dans laquelle il se trouva lors du siège de Montmédy. Ses camarades très rapidement tués, il a été obligé de se débrouiller tout seul, au débotté.

Plume et crayon à la main, Vauban réfléchit donc à la meilleure manière de conduire les futurs sièges. Mais il met beaucoup plus de temps qu'il ne pensait au départ à formuler ses conclusions, cela pour plusieurs raisons. Il est toujours par monts et par vaux, accablé de travail et parfois gêné par un rhume tenace et à répétition. Il a donc laissé traîner la rédaction et ne s'y attèle pleinement que durant l'hiver 1671-1672. À Louvois qui s'impatiente il s'en explique à plusieurs reprises. Ainsi au début de l'année 1672, peu avant que n'éclate la guerre de Hollande : « Je travaille fort et ferme au mémoire que vous m'avez ordonné ; j'y suis même considérablement avancé, mais comme la matière foisonne beaucoup, qu'une pensée en appelle une autre et que j'ai envie de faire quelque chose qui vous contente, cela fera que j'en aurai encore pour longtemps[11]. » Quelques jours plus tard, le 9 février, il s'excuse de ne point aller aussi rapidement qu'il le voudrait : « Je vous renvoie la lettre [...] mais non pas le Mémoire parce qu'il est encore fort loin de sa perfection, quoiqu'il contienne déjà plus de 150 pages d'écriture corrigée ; il y faudra bien encore autant et plus de 30 figures ; enfin ce sera un livre, mais rempli de la plus fine marchandise qui soit dans ma boutique, et telle qu'il n'y a assurément que vous qui en puissiez tirer, de moi, de semblable. Vous n'y verrez rien de connu, ni presque rien qui ait été pratiqué et cependant rien qui ne soit aisé de l'être. Ce que je puis vous en dire, Monseigneur, est qu'après vous être donné la peine de le lire une fois ou deux, j'espère que vous saurez mieux les sièges et la tranchée qu'homme du monde. Souvenez-vous bien de cette promesse, mais n'attendez pas que je puisse faire tant d'écriture de ma main ; cela m'est impossible ; il me faudrait trop de temps et la grâce que Dieu m'a faite de ne pouvoir écrire trois mots sans brouille s'oppose formellement à cela[12]. »

Il revient encore sur le sujet à quelques jours de là (16 février 1672) : « J'irai demeurer 7 ou 8 jours [à Arras] aussitôt que j'aurai achevé mes Mémoires qui ne contiendront que deux choses d'extraordinaire qui est la conduite des travaux et des ouvriers. Pour la première je vous la fournirai en chair et en os quand il vous plaira ; pour la seconde je vous donnerai expédient d'en faire un corps considérable en moins de quinze jours [...]. Au reste j'y travaille tant que je puis. Cet ouvrage est assurément plus difficile que vous ne pensez à une balourde comme moi, et s'il ne m'avait été permis de me servir de la main d'autrui je n'aurais assurément pas voulu entreprendre de le faire en six mois. » Le 23 février, devant l'insistance du secrétaire d'État de la Guerre qui le presse, il s'exclame : « Il faut que je passe ma vie comme un esclave et que je sois encore bourré... Cela me servira de leçon pour m'apprendre, une autre fois, à faire des Mémoires ; mais, pour le coup, vous prendrez patience s'il vous plaît, car enfin je veux achever ce que j'ai commencé et vingt pièces de canon ne me feraient pas sortir de ma chambre que cela ne soit fait » (Lille, 23 février 1672).

Vauban a donc travaillé avec acharnement audit mémoire et le résultat est à la hauteur de la peine. Transcrit sur un registre cartonné, ce mémoire manuscrit est un véritable manuel de la conduite des sièges à l'usage du ministre. Il représente surtout la somme de plus de vingt ans d'expérience et de méditations raisonnées. À la fin de sa vie, l'ingénieur estimera que « cet ouvrage est bon et excellent », ajoutant toutefois qu'« il demande beaucoup de corrections ». Que le vieux maréchal qui rédige alors son *Traité de l'attaque des places* estime qu'il est nécessaire de rectifier tel ou tel propos de son premier ouvrage théorique est tout à fait normal puisqu'il a depuis lors perfectionné sa méthode en de nouveaux sièges victorieux. Il n'empêche que ce premier mémoire garde une jeunesse, une éblouissante fraîcheur de ton et une plus grande liberté d'expression que les suivants.

Ne se vouloir soumettre qu'à la raison

Faisant appel à la fois « à la raison et à l'expérience », l'auteur a très clairement divisé son ouvrage en trois grandes parties et chacune de celles-ci en un certain nombre de chapitres de longueurs fort différentes. L'ensemble est solidement charpenté, illustré de nombreux exemples concrets et de très beaux dessins clairs et parlants.

Dans la première partie, Vauban dénonce d'abord « les fautes quy se commettent le plus communément dans les sièges ». Il se remémore ses expériences et distingue au moins cinq points :
– Le peu de soin à tenir le dessein secret. D'évoquer à ce propos ses souvenirs de 1656 : « Quand le Roy partit pour Dendermonde, j'estois blessé à Douay sans pouvoir sortir de mon logis. Cependant il y avoit quinze jours que je scavois qu'on y alloit [...]. Les goujats mesme ne l'ignoroient point. »
– Le manque de surprise : « L'ennemy a quelque fois tout le temps d'y jetter [dans la place qui va être assiégée] du monde et des munitions et les gens de la place quy sont en dehors celuy de s'y retirer et les bestiaux aussi. »
– Le peu de soin à « resserrer » le plus possible le périmètre laissé à l'ennemi au moment de l'investissement : « Dans trop de cas, l'ennemi profite de tous les fourrages quy sont sous la demy portée du canon. Il y mène impunément ses bestiaux paistre. »
– La négligence dans la recherche de bons emplacements des quartiers et des circonvallations et la « meschante structure des lignes. »
– Le danger qu'il y a à ne pas construire de nombreux ponts pour faciliter les allées et venues de l'armée assiégeante sur les rivières proches. Il en profite pour stigmatiser l'inorganisation française à Valenciennes et à Condé (1656).

Dans un second temps (mais toujours dans la première partie), à partir de la page 20, Vauban expose cette fois-ci « les fautes dans la conduicte des tranchées » :
– « Meschant choix de l'attaque », comme à Montmédy (1657).
– Insuffisance en qualité et en quantité des matériaux, mantelets, gabions, chandeliers...
– Insuffisance du nombre des ouvriers, trop souvent inexpérimentés.
– Mauvaise disposition des tranchées et des batteries.
– Conduite déréglée des travaux qui se gênent mutuellement.
– « Meschant ordre » pour repousser les sorties. Il stigmatise la « pétulance » des troupes françaises quand elles repoussent

une sortie de l'ennemi : « Cella s'appelle quitter ses advantages pour aller chercher l'ennemy dans les siens. Je laisse à juger du reste. »
– Précipitation, ambition et peu d'expérience des chefs. Il en résulte une mauvaise émulation entre généraux « pour avancer quatre pas plus que leurs camarades ». Sur ce point Vauban est particulièrement sévère : « Ce que je trouve de surprenant est qu'on verra ces messieurs le landemain qu'ils auront relevé la tranchée raconter et ce plaindre ou plustot ce vanter avecq un air satisfaict et content qu'ils auront perdu cent ou cent cinquante hommes pendant leur garde parmy lesquels il y aura peut-être 8 ou 10 officiers et quelque brave ingénieur qui auroit bien peu servir ailleurs. Y a-t-il bien là de quoy ce réjouir ? »
– Fautes aussi des ingénieurs. Elles « proviennent ordinairement de la médiocrité de leur intelligence ou du manquement de cœur, ou du peu de considération où ils sont ». Sur ce point, Vauban est intarissable. Il critique la couardise de certains mais surtout regrette la subordination trop étroite où sont tenus les ingénieurs vis-à-vis de généraux inexpérimentés dans la fortification. Or « cette science demande beaucoup de cœur, beaucoup d'esprit et un jugement très solide et, oultre cella, une estude perpétuelle et une expérience consommée sur les principales parties de la guerre [...]. On ne doit pas s'estonner si parmy tant de gens quy se croyent ingénieurs ou quy se le disent, on en trouve sy peu d'habiles et quy le sont effectivement. Le métier en est grand et très noble mais il demande un génye faict exprès et l'application continue de plusieurs années. Et c'est pourquoi la nature et la vigueur de nos sièges s'accordent très rarement [...]. Outre que cet employ estant extrêmement dangereux, très pénible, peu honoré et encore moins récompensé, il est très facile de s'en rebuter. Ajoutez qu'il n'est pas aysé aux ingénieurs de persuader les gens en faveur des nouveautés, que l'on ne se defaict pas aisément des vieilles habitudes [...]. De plus, les propositions d'espargner les hommes dans un siège ne sont pas toujours bien reçues et il est nécessaire à ceux quy s'en voudront mesler d'avoir une réputation bien establye pour ne pas estre traité de cerveau creux ou d'homme qui songe à se mesnager ». Ne fait-il pas ici, consciemment ou non, son autoportrait ?

Il conclut de tout cela qu'il faut avoir des ingénieurs bien formés sur des principes solidement établis, des ouvriers dressés exprès et particulièrement affectés à cela, des matériaux façonnés « d'autre manière [que présentement] ». Au surplus, il ne faut « point sortir des règles qu'on se sera une fois prescrites après que la raison et l'expérience en auront vérifié la bonté et l'utilité ». Admirons l'accent mis à la fois sur la raison et sur l'expérience. D'ailleurs, pour illustrer son discours, Vauban introduit ici une analyse très critique des erreurs qu'il commit dans la conduite du siège de Lille en août 1667. Il démontre, plan à l'appui, comment il aurait pu les éviter.

Ayant ainsi largement déblayé le contentieux, il passe désormais, à partir de la page 60, à la deuxième grande partie de son ouvrage, beaucoup plus technique et prospective. Pour permettre au ministre de suivre très exactement ce qui va être exposé sont d'abord données les définitions des principaux termes utilisés dans les sièges et les attaques. Suivent toute une série de maximes, d'instructions en ce qui concerne les griffonnements et les plans à lever, le règlement du siège qui reprend – en positif – ce qui a été précédemment dénoncé en négatif. On voit de la sorte se dérouler progressivement les préparatifs et le cérémonial du siège. Vauban veut en effet qu'on suive exactement avec ordre et méthode – on peut aller jusqu'à dire rituellement – les différentes phases de la préparation du siège « sans sortir des règles qu'on se sera une fois prescrites ». La place de l'ingénieur est beaucoup mieux définie qu'autrefois et sa collaboration avec les généraux soulignée. Chaque point est précisé : vérification des quartiers, organisation des gardes, ordonnance des lignes, règlement des sorties, construction des circonvallations, des ponts de communications, reconnaissance de la place. Puis viennent les préparatifs de la tranchée qui doit pouvoir « être tracée selon un plan réglé », les creusements et le cheminement des sapes, la construction des places d'armes et des batteries. Il entre ici, avec de nombreux croquis à l'appui, dans toute une série de précisions sur les précautions à prendre pour protéger tous ces travaux, éphémères, certes, mais absolument nécessaires, les palissades à ne pas oublier, les gabions, les sacs de terre pour protéger les tireurs, les feux à allumer la nuit pour prévenir les sorties de l'adversaire – avec détails sur la façon de les établir... Vient enfin l'attaque si savamment préparée qui, elle aussi, doit être exactement réglée.

Vauban, qui n'a pas encore tout à fait quarante ans, dévoile dans cet ouvrage fondamental tout son génie fait de rigueur, de capacité de réflexion et d'abstraction raisonnée à partir de faits concrets, son éblouissante connaissance de la poliorcétique et l'aisance extraordinaire avec laquelle il mène son affaire. Mais, pour appliquer ces principes, encore faut-il avoir, *primo*, l'oreille des chefs – Vauban a présentement celles du roi et du secrétaire d'État de la Guerre – et, *secundo*, des collaborateurs bien formés. Il s'ouvre de ce dernier point à Louvois.

Régiment de la Tranchée ou détachement ?

Il a beaucoup médité au cours des années précédentes sur la manière de mieux former les jeunes à « ce métier grand et très noble » qu'il exerce pour son compte avec tant d'aisance depuis plus de vingt ans mais dont il a toujours regretté qu'on ne lui en ait pas livré toutes les clefs dès le départ. Il voudrait que des règles précises régissent le comportement des ingénieurs lors des sièges ; il désire plus encore que leur soit donnée une formation stricte pour qu'ils ne se retrouvent plus sans ordres précis, fermes et bien coordonnés. En un mot, il les voudrait encadrés et responsables de leurs mineurs et de leurs ouvriers – lesquels auraient intérêt à être mieux choisis et plus spécialisés.

Quelque temps, il a rêvé de la création d'un régiment d'ingénieurs – le régiment de la Tranchée – comprenant plusieurs compagnies. Longtemps, il lui parut souhaitable que les hommes de la fortification puissent être regroupés en un corps bien structuré ; qu'ils aient à leur disposition permanente des ouvriers bien entraînés et bien encadrés dépendant directement d'eux seuls et non plus hâtivement levés de-ci, de-là parmi les soldats, voire les paysans du lieu, à l'occasion d'un siège ou de grands travaux. « Pour ce qui est de mon avis sur la création du corps que je croirais nécessaire à la tranchée que j'ai à vous proposer, je vous l'écrirai de ma main et personne n'y mettra le nez[13] » (9 février 1672). Et il ajoute quelque temps plus tard : « Je vous proposerai un jour des compagnies d'ouvriers pour les ingénieurs avec lesquelles on pourrait faire de grands profits au roi dans les fortifications et de grands services dans les sièges[14]. »

Aussi consacre-t-il la troisième partie de son mémoire à cet exposé (près d'un septième du manuscrit). Il affirme d'abord « la nécessité de mettre sur pied un corps qui soit particulièrement destiné à cet usage » (celui de la fortification). Tout en marquant les avantages et les inconvénients de ce qu'il propose, il prône deux moyens, soit la création d'un régiment spécialisé permanent, soit juste avant le siège la constitution d'un détachement choisi dans l'armée, regroupant de mille à mille deux cents soldats parmi les plus adroits qui ne se sépareraient qu'après la prise de la ville.

Vauban entre dans un luxe de détails impressionnant en ce qui touche le régiment, plus coûteux mais plus efficace que la seconde solution, y compris en ce qui concerne les soldes. Il a tout calculé et tout prévu. À la tête, un colonel, « vieil officier intelligent, expérimenté de toutes les partyes de la guerre, principalement très scavant dans les fortifications, attaques et deffenses des places ». Il en ira de même pour le lieutenant-colonel, les majors et aides-majors. Les capitaines des vingt compagnies de soixante hommes chacune seront des ingénieurs du premier ordre, les lieutenants du second ordre[15], les sergents de bons conducteurs, maîtres charpentiers, mineurs ou appareilleurs, « en un mot gens quy entendissent tous quelque chose de particulier dans les ouvrages les plus usités des fortifications ». Les soldats seront de vieux soldats, servant depuis longtemps, « très braves gens et bien espprouvez ». Il faudra aussi « de bons aumôniers, gens de bien, éloquents afin de pouvoir prescher et harranguer les soldats au jour d'un combat ».

Après avoir proscrit les piques, beaucoup trop encombrantes, Vauban entre dans le détail des armes : demi-pertuisanes pour les officiers, hallebardes pour les sergents et les soldats « haultz appointés » ; douze hommes par compagnie sont dotés pour la tranchée et la sape d'une pique avec une épée à la ceinture. Pour le reste des soldats, des fusils ou des gypses « qui sont bien meilleures » ; dans tous les cas de « bonnes bayonnettes bien tranchantes, lesquellez dans le besoing ce pourront sy bien accomoder au bout du fusil qu'elles feront l'effet d'une hallebarde sans qu'on laissât de le charger et descharger comme s'il n'y en avoit point ». Voilà déjà l'idée vaubanienne du fusil à baïonnette, de ce fusil qui sera introduit, mais beaucoup plus tard, dans toute l'armée royale.

Pour vaquer à leurs travaux, les hommes doivent avoir les mains libres autant que faire se peut. Vauban prévoit donc que le fusil sera soutenu par une courroie en écharpe. Il remplace les « bandollières [16] » par « un simple fournyement capable de contenir une livre de poudre avec une petite gibecière pour les balles et la bourre, le tout avec la bayonnette attachée à une ceinture de cuir large de 3 à 4 doigts fermée avec une boucle à ouvrir quand le soldat s'en débarrassera pour travailler. Il faudra faire soutenir la ceinture par des bretelles de cuir s'entrecroisant dans le dos... ».

Après toutes ces précisions, Vauban cherche à convaincre son illustre lecteur de l'utilité de son projet qui permettrait de « contenir tous les ingénieurs en un corps », de faire de ce régiment « une très illustre école pour la guerre et la fortification ». Ce régiment, divisé en deux bataillons, serait chargé des tranchées et circonvallations difficiles, de la construction des ponts, des fossés, [...] des réparations des villes prises. En temps de paix, à loisir, les officiers prépareraient leurs ouvriers bien encadrés à de futurs sièges. Néanmoins – et l'on découvre encore une fois ici la rigueur et l'honnêteté intellectuelle de Vauban –, il ne cache pas les objections à faire à son dessein, mettant l'accent sur la dépense entraînée et le danger de grandes pertes dans les sièges...

En réalité, l'arme du génie à quoi rêve Vauban – car c'est bien de cela qu'il s'agit – attendra sa naissance jusqu'en 1791, cent vingt ans plus tard. Cependant, ce n'est pas l'une des moindres gloires du grand ingénieur d'avoir si clairement esquissé son organisation et ses missions dès avant la guerre de Hollande. Au printemps de 1672, le conflit étant déclaré, il faut faire très vite sans chercher désormais à promouvoir des réformes de structure impossibles à réaliser au cours des combats. Dès lors, Vauban manifeste encore une fois sa souplesse d'esprit. Il transforme son projet et en vient à l'idée d'incorporer dans chaque corps ou chaque régiment d'infanterie quelques ingénieurs à la tête d'une compagnie spécialisée. Lesquelles « compagnies faites exprès [...] seraient parfaitement instruites à toute sorte d'ouvrages de fortification, soit de campagne ou de ville et c'est de quoi il faudrait que ceux qui prétendent y entrer se chargeassent ; moyennant quoi tout le travail [entendez : de siège] d'un régiment étant conduit par sa

Grades	Nombre d'hommes	Soldes journalières	Armes	Commandement	Divisions organiques
officiers	122		demi-pertuisanes		1 régiment (20 cgnies.)
colonel	1			le régiment	
lieut-colonel	1		idem	1 bataillon = 1/2 régim.	2 batail. de 600 h.
major	1		idem	1 compagnie	Cgnie 60 h.
aide-major	1		idem	1 compagnie	idem
capitaines	18		idem	1 par compagnie	idem
lieutenants	20		idem	idem	idem
enseignes	20			idem	idem
Bas-officiers	60	15 sols	hallebardes	1 par escouade 20 h.	3 escouades par cgnie.
sergents					
Hommes					
caporaux	60	10 sols	hallebardes	1 par esc.	escouade
anspassades	60	9 sols	?	idem	escouade
soldats	1200 dont : 500 charpentiers 20 charrons 120 fagotteurs 500 mameliers + terrassiers, gazonneurs	entre 6 et 12 sols suivant l'ancienneté	fourches ou fusils + baïonnettes	par cgnie. : 12 fourches, 48 fusiliers	20 compagnies
Divers	20				
tambours					
fifres ou hautbois	4				
petits chirurgiens	20				
aumôniers	2				
chirurgien	1				
maître des logis	1				
prévôt	1				
archers	6				
bourreau	1				

Organisation du régiment de la Tranchée

compagnie et dirigé par un ingénieur, serait toujours bien fait et bien réglé, de quelque nature qu'il puisse être. Cet établissement brillerait extrêmement dans tous les travaux de campagne, mais spécialement dans la tranchée qui en serait toujours incomparablement mieux faite. Au reste, les compagnies seraient faciles à instruire et à entretenir après, par les moyens que je vous proposerai [17] ».

N'ayant même pas pu obtenir cette amélioration, Vauban réussit en revanche à imposer pour le temps de guerre une modification beaucoup plus modeste mais néanmoins fort utile : le regroupement des ingénieurs en petites unités de combat, les brigades étant fortes tout au plus de six à dix hommes dirigés par un chef de brigade. En opérations, l'ingénieur se trouve désormais dans une structure d'accueil, les plus jeunes obéissant aux plus qualifiés et recevant enfin des ordres précis et circonstanciés. Ainsi se créent progressivement une réelle cohésion et un esprit de corps entre les membres d'une même brigade, voire de brigades sœurs, plusieurs d'entre ces petites unités pouvant être affectées suivant les nécessités de l'heure à chacune des armées en campagne. La mesure se révélera si utile qu'elle sera maintenue durant tout l'Ancien Régime. Les chefs de brigade sont bien sûr choisis parmi les plus anciens et surtout les plus remarquables des ingénieurs, par exemple Mesgrigny, Choisy, Chavignot ou tel autre. Ainsi, sans réussir à promouvoir les grandes transformations de structure auxquelles il avait rêvé, Vauban obtient néanmoins que soit entérinée une certaine hiérarchisation des ingénieurs au combat.

MINES, BOMBES ET MORTIERS

Dans le même temps et en vue d'améliorer les techniques de l'attaque et de la défense des places, Vauban se préoccupe aussi beaucoup de l'évolution récente de la pyrotechnie, spécialement de la meilleure utilisation des mines et de l'artillerie dans les sièges.

Né dès la plus haute Antiquité – il s'agit de faire brèche dans la muraille de l'assailli –, l'art des mines avait considérablement évolué dans le courant du XVe siècle. Jusqu'alors, le mineur s'attaquait au mur de la place à conquérir en y creusant un trou qu'il étayait de bois, auquel il mettait le feu avant de se retirer. N'étant plus soutenue par les boiseries consumées, la muraille qui se trouvait au-dessus de la cavité s'écroulait. Mais le procédé était souvent aléatoire. Désormais, on substitue à la combustion des étais la déflagration de la poudre dont l'effet est particulièrement violent, donc beaucoup plus efficace. Mais ce procédé réclame du mineur une grande habileté tant pour s'attacher – se glisser jusqu'à l'endroit de la muraille où doit être placée la mine sans se faire repérer, arriver à s'échapper avant la combustion de la mèche – que pour creuser des galeries souterraines lui permettant de placer une mine sous les ouvrages à ébranler. Antoine de Ville, qui avait écrit sur les mines dans la première partie du XVIIe siècle, notait la haute technicité à laquelle devaient atteindre les mineurs. Mais il regrettait que les mineurs fussent parfois si mal formés qu'ils se faisaient souvent tuer par leurs propres fourneaux, à moins que ceux-ci ne fissent long feu.

Vauban s'entretient souvent de ces problèmes avec l'ingénieur Jean de Mesgrigny. Gouverneur de la citadelle de Tournai, celui-ci y a fait construire toute une série de contre-mines destinées à rendre l'ouvrage imprenable autrement que par la famine[18]. Les deux amis sont avides de toutes les nouveautés concernant le sujet. Or, durant le siège de Candie, il s'avère que les Turcs ont eu à leur disposition des mineurs remarquables : « Où ils avoient l'avantage des mines, rien ne servoit pour leur faire grande résistance [...]. Ce qui leur faisoit tenir les postes avancés toujours chargés de leurs meilleurs officiers et soldats, s'assurant sur ce qu'ils étoient encore les maîtres sous terre par le moyen des puits d'où ils poussoient des galleries et des rameaux, à la vérité bien profonds et bien sous les travaux des ennemis. Ils nous les enfoncèrent plusieurs fois sans que nos ingénieurs en sussent rien, ni ne vouloient croire les officiers et soldats des postes qui sentoient travailler sous leurs pieds, ce qui fut cause de la perte de plusieurs et des meilleurs de nos gens qui se trouvoient à la garde de ces postes avancés [...]. Ils se sont emparés de l'avantage des mines [...]. Ils gagnèrent en peu de jours jusqu'au pied de la courtine par leurs mines et grande quantité de bombes et grenades continuelles. Nos propres fourneaux ruinoient nos travaux et nous tuoient du monde parce qu'ils n'étoient pas bien placés[19]... »

Sur le conseil de Louvois, Vauban s'abouche dès leur retour avec les combattants de Candie, en particulier avec le chevalier Paul, vieux baroudeur des missions méditerranéennes expert en mines. Quelque temps inquiet de ce que « M. de Turenne a été vu faire de grandes caresses à Paul » – on est ici au cœur d'une querelle d'influence –, il réussit à capter la confiance du chevalier. À l'automne 1672, celui-ci étant à Lille, il l'emmène faire une tournée de plusieurs places sur lesquelles il veut son avis. Le 6 septembre 1672, ils sont à Ath, de là à Tournai : « Il me sera très utile [20]. » Un peu plus tard dans la saison : « Je renvoie Paul à Lille à qui j'ai fait voir les contremines de Tournay et les avenues de Charleroy, Philippeville, Le Quesnoy et la citadelle d'Arras qu'il trouve très propres à être contreminées. Il entend encore mieux les mines que Castellan et les sait conduire plus méthodiquement [...]. Je crois que ce serait une très bonne chose que de lui faire une compagnie de cent mineurs. On y pourroit dresser quantité de bons hommes. Lui m'a dit en savoir une douzaine qui ont servi avec lui en Candie, qui sont les meilleurs du monde [21]. » Mais Louvois douche un peu ce bel enthousiasme : « Je suis fort d'avis de la compagnie de mineurs que vous proposez pour le sieur Paul ; mais il faut un peu de loisirs pour cela ; et ce sera à mon sens un des corps du régiment des ingénieurs que le Roi a envie de mettre sur pied au premier loisir [22]. »

La compagnie du chevalier Paul reste et restera dans les limbes dans la mesure où le malheureux mourra très rapidement au combat. En revanche, Jean de Mesgrigny, en tant que gouverneur de citadelle, obtient l'autorisation de lever à son compte une compagnie franche de mineurs. Il forme avant tout ses hommes à la construction et à l'entretien des contremines. Plus tard, en 1679 et 1695, seront encore créées deux autres compagnies de mineurs. Mais leur statut et leur sort seront assez différents de ce qui avait été prévu au départ. Nous les retrouverons.

Si Vauban estime qu'il est absolument nécessaire à un ingénieur de posséder l'art des mines et de la sape, il pense aussi que cet ingénieur doit pareillement connaître les effets produits par les diverses pièces d'artillerie sur les ouvrages fortifiés, donc avoir de solides éléments de balistique [23]. Il est probable qu'il a lu certains traités d'artillerie – les plus récents, bien sûr, car ici, comme pour la fortification, les plus anciens n'ont pour lui que valeur historique. Auquel cas, il a dû avoir en main les ouvrages de Francis Malthus. Cet ingénieur, venu d'Angleterre, fut sous Louis XIII « commissaire général des feux et artifices de l'artillerie de France et capitaine général des sappes et mines d'icelle ». La première édition de sa *Pratique de la guerre, contenant l'usage de l'artillerie, bombes et mortiers, feux artificiels et travaux, avec l'ordre des asauts aux brèches et à la fin un traité des feux de joye,* date de 1646[24]. Elle connaît plusieurs rééditions et ne sera véritablement détrônée que par *L'Art de jetter les bombes* de François Blondel, paru à Paris en 1683. L'un et l'autre se contentent d'ailleurs de la balistique parabolique de Galilée[25].

Vauban tient compte de ce qui s'est passé à Candie : « La quantité de bombes, grenades et munitions de guerre qu'ils avoient les favorisoient, et nous, nous en manquions la plupart du temps jusqu'à n'avoir que des pierres à leur jetter[26]... » Aussi l'ingénieur s'inquiète-t-il de mieux posséder l'art des bombes. De Douai où il se trouve en septembre 1671, il a écrit à Louvois : « J'ai fait fondre ici une trentaine de bombes à canon pour faire une épreuve qu'il y a plus de quinze ans que j'ai dans la tête ; je n'ai pu davantage résister à ma curiosité. Si j'y réussis, tout l'avantage en retournera au roi et la dépense à moi ; ayez seulement, s'il vous plaît, la bonté d'ordonner à M. Dumetz de me faire mettre en batterie une pièce de 33 sur l'endroit de la citadelle que je lui montrerai. »

Le 6 septembre 1672, c'est cette fois-ci des mortiers qu'il est en peine : « J'ai tant rêvé sur l'usage qu'on peut faire des mortiers à l'attaque et à la défense des places que je m'en suis fait une idée excellente. En un mot, j'en suis si fort entêté que je n'en puis dormir [...]. J'ai fait tirer hier matin sept coups de mortier chargés de pierre qui font très bien ; les deux dont je me suis servi n'ont que 12 à 13 pouces de diamètre et ne laissent de jeter une trentaine de pierres chaque fois à près de 200 toises de la batterie. Leur rechute se fait avec tant de violence que les plus petites entrent d'un demi-pied en terre [...]. Un mortier de cette mesure jette jusqu'à deux brouettes de pierres à la fois, qui font en l'air une nuée et ensuite une pluie si terrible qu'il n'y a que celle de hallebardes, la pointe en bas, qui puisse être comparée [...]. Faites provision de bombes et de mortiers [...] ; ils seront d'un grand effet, c'est ce qui m'oblige à vous supplier très humblement,

Monseigneur, d'écrire à Monsieur Dumetz de me faire mener les deux qui sont dans la ville à la citadelle, afin que je me puisse satisfaire sur toutes les épreuves que j'ai envie d'en faire. » Au mois de novembre de la même année il annonce des essais de tir et le 14 janvier 1673 il mande au ministre de « ne point divulguer l'usage des mortiers pour lequel je vous solliciterai toujours jusqu'à ce que vous en ayez rempli votre artillerie et vos places ».

La première campagne de Hollande

Au cours de ces années 1669-1673, Vauban a donc longuement médité sur son art ; il a réussi à former des brigades d'ingénieurs, s'est penché sur la création des compagnies de mineurs et a beaucoup réfléchi au danger des nouveaux projectiles d'artillerie. Mais déjà, au printemps de 1672, la guerre dite de Hollande est déclenchée contre les Provinces-Unies par l'Angleterre, immédiatement soutenue par Louis XIV qui, depuis un certain temps déjà, cherchait un prétexte pour attaquer ces marchands hollandais qu'il méprise et dont il ne goûte guère la « mauvaise foi [27] ». Mais tandis que les Anglais se retirent très vite de la lutte, les Français en revanche bataillent durement au cours des années qui suivent. Les deux premières campagnes ont lieu sur le territoire des Provinces-Unies tandis que les suivantes se dérouleront sur d'autres théâtres d'opérations.

Dès le 26 février 1672, Vauban a été prévenu par Louvois de la probable entrée en guerre de la France contre les Provinces-Unies, « la campagne devant commencer le 1er mai ». Mettant à profit ce délai, l'ingénieur a fait une nouvelle tournée dans les places de Flandre et de Hainaut. Dès mars, après un crochet à la Cour alors installée au château de Saint-Germain-en-Laye pour y offrir son mémoire, il se rend en Lorraine ducale annexée depuis un an et demi pour y donner les plans de la nouvelle enceinte nancéenne. Il se contente de préconiser le retour pur et simple aux fortifications à l'italienne qu'il avait si bien contribué à détruire une décennie auparavant [28].

Ce travail mis en route et confié à la direction de son confrère Saint-Lô, Vauban galope pour rejoindre l'armée royale qui, par les évêchés de Liège et de Cologne et la trouée de la Meuse et du Rhin, progresse rapidement dans sa marche offensive contre la Hollande. En effet, pour éviter de traverser les Pays-Bas espagnols – ce qui aurait pu entraîner un *casus belli* avec Madrid –, Louis XIV a préféré emprunter les territoires amis de l'électeur de Cologne, prince-évêque de Liège. L'attaque contre les Provinces-Unies se fait ainsi sur leur flanc oriental, le long des frontières germaniques.

Vauban participe à cette campagne éclair. Sous le haut commandement du souverain, il dirige le siège d'Orsoy, sur la rive droite du Rhin. La place est enlevée en neuf jours (24 mai-2 juin 1672). Après le passage du Rhin par l'armée royale au gué de Tolhuis, il est chargé le 16 juin du siège de Doesbourg – son vingt et unième. Toujours en présence du roi, il fait tomber cette ville en six petites journées. C'est au lendemain de cette action que l'on apprend à la fois la chute d'Utrecht (une belle victoire française) mais aussi l'ouverture des écluses du Zuidersee par les soins du stathouder nouvellement nommé, Guillaume d'Orange. Tout l'ouest du pays hollandais, encore libre, est submergé par les eaux. Les troupes françaises, qui occupent déjà une quarantaine de villes ennemies, dont vingt-deux places fortes, sont ainsi arrêtées dans leur marche en avant. Comme il est impossible de poursuivre l'invasion du pays tant que le gel n'aura pas fait disparaître les inconvénients de cette inondation, le roi, après avoir écarté dédaigneusement les propositions de paix de ses adversaires, rentre à Saint-Germain pour y attendre la reprise des opérations. Mais il laisse sur place, sous le commandement de Turenne qui s'est une fois encore distingué durant la campagne, la majeure partie des troupes destinées à consolider les conquêtes françaises et à préparer la reprise de l'offensive du printemps suivant.

Au cours des mois de juillet et août 1672, Vauban est chargé de visiter les vingt-deux places hollandaises occupées. Il donne le projet des réparations à y faire de toute urgence[29], séjourne quelque temps dans l'une d'elles – Wardem – puis va prendre congé du maréchal de Turenne au camp de Milderoy devant Tongres. Le général en chef lui fait des amabilités dont il se méfie. De là, il retourne en Flandre par Ath et se réinstalle dans son gouvernement de la citadelle de Lille qui lui sert plus encore que précédemment de base de départ pour les très nombreux déplacements hivernaux qu'il a ordre de faire : la Cour, le Hainaut, l'Artois, la Flandre, la Picardie...

En dépit de tous ces voyages, tout en menant avec entrain les inspections à lui confiées, il réfléchit cette fois-ci à la manière de conduire les sièges de la prochaine campagne contre les Provinces-Unies. Or, la visite approfondie des vingt-deux places occupées – si modestes soient-elles – lui a apporté beaucoup d'enseignements et lui a permis d'assimiler pleinement l'originalité de la fortification hollandaise. Le principe en est bien sûr le même que celui qui régit tout ouvrage bastionné et remparé « à la moderne ». Cependant, les bastions et les demi-lunes hollandais présentent quelques caractéristiques bien adaptées aux impératifs d'un pays semi-aquatique où les architectes militaires ont appris à se protéger de l'eau, à ruser avec elle et surtout à la dompter au bénéfice de la défense. L'excellent ingénieur qu'est Vauban y affine son expérience. Qu'on songe à cette réflexion du 2 novembre 1672 : « Une place bien reconnue se peut compter demi-prise par celui qui l'attaquera. » Si notre ingénieur n'a pu examiner toutes les villes fortes des Provinces-Unies, il connaît néanmoins maintenant de l'intérieur – de *visu* – les ravelins et les travaux hydrauliques des Hollandais. Il ne peut plus se plaindre du « peu d'intelligence dont nous sommes naturellement pourvus pour l'attaque des places qui ont leur circuit un peu inondé[30] ».

Une magistrale application du mémoire : le siège de Maestricht

La campagne de 1673 a toujours pour théâtre la Hollande. Tandis que Condé fixe une partie de l'armée ennemie à Utrecht, le roi se dirige vers Maestricht qu'il investit dès le 8 juin. « Avec 20 000 hommes de pied dont plus de la moitié était de nouvelle levée [...], 12 000 chevaux, 52 pièces d'artillerie, 400 milliers de poudre, 50 000 boulets, 50 milliers de grenades et un nombre infini de toutes autres sortes de munitions », Louis XIV décide d'attaquer cette ville, elle-même « munie très abondamment de tout ce qui pouvait être nécessaire à sa défense [jusqu'à 65 pièces d'artillerie], comptant 5 à 6 000 effectifs de vieille troupe et plus de quinze cents chevaux[31] ». Après toute une série de travaux préparatoires, le siège commence le 17. « Sa Majesté, par une conduite et un bonheur qui n'eurent jamais d'exemple et que la postérité aura peine à croire, l'a forcé de se rendre en treize jours de tranchée ouverte. » Et Vauban, qui rédige le journal du siège d'ajouter : « Après la hardiesse de cette entreprise, qui tient beaucoup de la témérité, on peut ajouter la disposition du camp et des lignes qui l'un et l'autre furent si bien ordonnés qu'on ne perdit pas le moindre avantage de terrain ni de la campagne. » La témérité est ici vertu royale, la parfaite ordonnance qualité éminemment vaubanienne, le premier dirigeant en chef, le second menant tous les travaux d'approche. Et il est sûr que Vauban, appliquant à la lettre les préceptes qu'il a énoncés si peu de temps auparavant dans son mémoire, fait ici la preuve de ses admirables qualités de preneur de villes.

La conduite des travaux est exactement programmée : « Dans les terres molles et douces comme sont celles des environs de Maestricht », Vauban a d'abord fait creuser par plus de deux mille ouvriers une série de circonvallations et de lignes concentriques, parallèles les unes aux autres. Il les recroise à angle droit par des tranchées tendant vers la place, creusées en zigzag pour leur éviter d'être enfilées par le tir de l'adversaire[32]. À l'intersection des unes et des autres, il établit de vastes places d'armes garnies de banquettes et où il peut amener des pièces d'artillerie et des troupes d'intervention. Le roi en gardera un souvenir ébloui : « La façon dont la tranchée a été conduite empêchait les assiégés de rien tenter car on allait vers la place quasi en bataille avec de grandes lignes parallèles qui étaient larges et spacieuses [...] les ennemis, étonnés de nous voir aller à eux avec tant de troupes et une telle distribution, prirent le parti de ne rien tenter tant que nous avancerions avec tant de précaution[33]. »

En lisant le journal du siège, on peut suivre le déroulement des travaux et des opérations jour après jour et nuit après nuit. Il faudrait tout citer ! Les ouvriers sont employés tant à l'installation des emplacements des batteries – jusqu'à huit – chargées de battre continuellement la place qu'à la construction des sapes et à l'élargissement des places d'armes. Les six premières nuits du siège se passent à l'avancement des travaux, les batteries tirant sur les défenses de la place cherchant « à déchirer leurs travaux [...]. La septième nuit, du 23 au 24 juin, on se prolongea un peu de tous côtés mais la principale application des deux tranchées fut d'élargir et faire des banquettes à la grande place d'armes, ce qui fut continué avec grande chaleur aux deux attaques jusqu'au soir que la dite place d'armes se trouva achevée en perfection, c'est-à-dire large de trois toises avec quatre banquettes et partout garnie de sacs à terre ou de paniers. Pour lors on ne craignait plus les sorties de l'ennemi, attendu que la même place ou ses branches qui avaient la même largeur pouvaient aisément contenir deux mille à deux mille cinq cents hommes ; on estimait que c'était plus qu'il ne fallait pour défaire la sortie du monde la plus déterminée, vu que la dite place d'armes était faite de manière qu'on en pouvait sortir facilement partout en passant par-dessus le parapet[34] ».

La huitième nuit, « les mineurs continuèrent de pousser leurs galeries en avant et toutes nos batteries à incommoder l'ennemi [...]. L'attaque de Picardie manqua le logement de la contrescarpe sur la tête de la corne. Pendant le jour on ne fit que raccommoder ce que le désordre de la nuit avait gâté », les assaillis s'étant défendus pied à pied. Néanmoins, cette sortie intempestive avait permis de se saisir d'une demi-lune ennemie. Vauban n'en fustige pas moins l'impétuosité française : « Je ne sais si on doit appeler ostentation, vanité ou paresse, la facilité que nous avons de nous montrer mal à propos et de nous mettre à découvert sans nécessité hors de la tranchée, mais je sais bien que cette négligence, ou cette vanité (comme on voudra l'appeler), a coûté plus de cent hommes pendant le siège qui se sont fait tuer ou blesser mal à propos et sans aucune raison ; ceci est un péché originel dont les Français ne se corrigeront jamais si Dieu qui est tout puissant n'en réforme toute l'espèce. »

Après deux nouvelles nuits de travail obscur tendant à « perfectionner le travail des nuits précédentes », deux attaques ont lieu la onzième nuit. Malgré une vaillante défense des ennemis, « un logement [est] emporté sur les ennemis par le régiment des Vaisseaux et fort disputé. La contrescarpe et la corne sont emportées par les Gardes et les Mousquetaires noirs ». Vauban souligne la puissance du feu, « car, outre trois grandes mines qu'ils [les ennemis] firent jouer, ils firent un si grand feu de grenailles, d'artifices et de mousqueterie qu'il fut un temps que la contrescarpe représentait un enfer au naturel (si on peut le représenter) car les tremblements de terre y étaient fréquents, le feu et les coups de tonnerre horribles et, au travers de tout cela, la voix et la figure des combattants ne ressemblaient pas mal à une légion de diables déchaînés ». Au matin du 28 juin :

« Le jour nous fit voir le chemin couvert ou les autres lieux d'où l'on avait chassé l'ennemi tout couvert de grenades chargées, de barils de poudre tout ouverts, une grande quantité de sacs de poudre pour charger des mines, des balles de plomb, une infinité de mousquets, des piques, hallebardes, spontons, massues clouées et même de forts jolies pièces de canons avec leurs affûts que nous trouvâmes culbutées dans le fossé de l'ouvrage à corne [...]. Les ennemis firent jouer deux ou trois fougasses ou petits fourneaux et mirent le feu à quantité de bombes dans la demi-lune. Mais cela fut tellement maîtrisé que personne ne s'en émut [...]. Les Mousquetaires, les Gardes et un bataillon de Picardie arborèrent les drapeaux de leurs régiments sur l'ouvrage hollandais conquis tandis que le régiment des Vaisseaux en faisait autant sur la demi-lune et sur la seconde contrescarpe. »

La douzième nuit « on acheva de perfectionner ce qui manquait aux ouvrages de la nuit précédente » et la treizième « on fit entrer des gens armés à diverses fois dans le fossé de la place pour voir si les ennemis n'y faisaient rien et ne préparaient point de fourneaux pour faire sauter notre logement, ce que l'on avait fort soupçonné pendant le jour, mais il se trouva qu'ils n'y avaient pas pensé. [...] Au grand jour on renouvella d'ouvriers pour mener le travail de la nuit en sa perfection ; mais les ennemis battirent la chamade entre six et sept heures vis-à-vis de la corne, comme à l'attaque qui les pressait le plus et présentèrent aussitôt des otages qui furent envoyés au Roi ».

Le tout se passant bien sûr sous le roulement des coups des batteries françaises, à quoi répondaient les canons des assiégeants, les fifres et hautbois entraînant les soldats à l'attaque, une fois la surprise éventée. Le vrai fracas de la bataille, un vacarme étourdissant dans lequel Vauban, malgré une toux tenace et épuisante, ne cessa de parcourir les tranchées pour vérifier si tout était conforme à ses directives, fort satisfait des ingénieurs, « le plus joli troupeau qu'il est possible d'imaginer[35] », tandis que « le Roi pourvoyait à tout, prenait toutes les fatigues, et, si on n'eût pris la liberté de le contenir autant qu'il fut possible, il se serait exposé comme le moindre de ses officiers généraux[36] ».

Les moyens mis en œuvre ont été énormes, l'entrain des Français remarquable. En revanche, les ennemis, qui se défendirent pourtant avec vigueur, furent insuffisamment offensifs :

« [Ils] ont été contraints d'avouer qu'ils ont toujours été prévenus dans tout ce qu'ils purent imaginer pour leur défense, jusque-là même que le Gouverneur, interrogé après la prise de la place pourquoi il n'avait pas fait de sortie, répondit franchement que lui ni son Conseil n'avaient osé le hasarder à cause de la belle disposition de nos tranchées qui leur parurent si bien ordonnées qu'ils ne virent jamais la moindre apparence d'y réussir. » N'est-ce pas là le plus bel éloge, celui venu de la bouche de l'ennemi ? Et Vauban, très conscient de sa valeur et d'avoir réussi à faire exactement coïncider la théorie et la pratique, d'ajouter immédiatement : « Aussi furent-elles [les tranchées] faites d'une manière toute particulière et leur travail dirigé par une seule tête qui en recevait les ordres immédiats du Roi. »

Ayant placé sa nouvelle conquête sous la responsabilité du prince de Condé, le roi emmène très vite son armée en Lorraine, puis, bientôt, en Alsace. Il laisse Vauban sur place jusqu'à la mi-août pour étudier le relèvement de la place et faire la mise au net des projets des réparations. Auréolé de sa magnifique réussite, l'ingénieur a la joie de se voir enfin pleinement approuvé par M. le Prince venu examiner ses dessins[37]. C'est vraiment pour Vauban une nouvelle victoire – et combien importante ! – que de recevoir l'approbation de celui qui fut son premier général, surtout après sa grise mine des années précédentes, y compris celle du début de l'année, lorsque Condé a obtenu, contre l'avis de l'ingénieur, que la place lorraine de Marsal soit maintenue en l'état. Vauban tire encore bien d'autres avantages de son succès, entre autres, l'estime royale accompagnée d'une gratification de 80 000 livres, ce qui n'est pas une mince récompense – de quoi agrandir le domaine nivernais. Désormais aussi, son nom est célèbre. Il sera bientôt considéré comme « le premier homme du monde en son art[38] ».

CHAPITRE VIII

« Le meilleur ingénieur de ce temps »

> Le zèle et la passion que j'ai pour le service du Roi...
>
> *Vauban à Louvois.*

Après le brillant succès de Maestricht, point de repos, ni pour le roi, ni pour ses troupes, ni bien sûr pour Vauban. La campagne se poursuit durant l'été et l'automne 1673, mais le théâtre des opérations se déplace en raison des rebondissements de la guerre. Jusqu'alors, en effet, il ne s'était agi que d'un duel franco-hollandais dans lequel les Anglais avaient joué un rôle de plus en plus effacé avant de se retirer finalement de la compétition. Or, durant l'hiver 1672-1673, sous l'impulsion du jeune Guillaume d'Orange, descendant du Taciturne et fils d'une Stuart, les Provinces-Unies, en grande partie conquises, réussissent à nouer des alliances avec plusieurs princes allemands. Le 30 août 1673 – deux mois après la victoire française de Maestricht qui a inquiété toute l'Europe –, elles regroupent une solide coalition contre Louis XIV. Les Habsbourg, qu'ils soient d'Autriche ou d'Espagne, y tiennent leur place et jouent un rôle essentiel dans le conflit. Les Français ont désormais à lutter non plus seulement contre les Hollandais mais contre la plus grande partie de l'Europe coalisée, y compris le duc de Lorraine. Contre les Espagnols, les Français devront agir à la fois à la frontière des Pays-Bas, à celle des Pyrénées, en Franche-Comté et un peu plus tard en Méditerranée, spécialement en Sicile. Contre les impériaux et leurs alliés – plusieurs princes allemands excédés les uns et les autres par l'orgueil du Roi-Soleil –, les combats se fixeront avant tout dans les régions rhénanes.

Vauban, qui a déjà donné une parfaite démonstration de ses exceptionnelles qualités conjuguées d'ingénieur de tranchée et d'ingénieur de place, se taille dans ce conflit qui se prolongera jusqu'en 1678 la réputation méritée du « meilleur ingénieur de ce temps », avec vingt sièges victorieux, dix-neuf d'attaque, un seul de défense[1]. Dans le même temps il voit le périmètre de ses inspections s'élargir et se dissiper progressivement les réticences ou les inimitiés qu'il a précédemment soulevées. Surtout, il commence d'affirmer haut et clair ses idées sur les limites du royaume et l'organisation de ses frontières.

« Vous m'engagez insensiblement, Monseigneur,
à d'autres places que celles dont vous avez soin »

Après le siège de Maestricht, Louis XIV continue de diriger lui-même son armée. Ayant détaché un corps de troupes contre Trèves dont l'électeur vient de rompre avec la France, il s'avance en Alsace et s'empare de quatre villes de la Décapole en mal d'indépendance : Sélestat, Colmar et plus au nord Wissembourg et Landau, donnant « ordre qu'on en démolît les fortifications et les murailles et que l'artillerie et les munitions en fussent portées à Brisach[2] ». En raison des événements militaires, il décide aussi de transférer les fortifications d'Alsace du domaine de Colbert à celui de Louvois. Il s'agit là d'une véritable reprise en main. Il faut donc que Vauban, sitôt qu'il le pourra, vienne vérifier ces places si difficiles à gérer.

Pourtant, Colbert n'avait plaint ni sa peine ni son temps pour essayer de résoudre les problèmes soulevés dans cette lointaine province par les uns et les autres. Après le départ peu glorieux de son cousin l'intendant d'Alsace (1671), le ministre avait prié Clerville de revenir à Brisach s'occuper des travaux en cours et indéfiniment retardés. Le chevalier – déchargé pour un temps de la surveillance du canal des Deux-Mers par un second fort compétent, Pons-Alexis de La Feuille de Marville – quitte le Languedoc et repart alors en hâte pour l'Alsace d'où il n'était rentré que depuis peu. Il y demeure cette fois-ci de longs mois, y fait plusieurs projets défensifs, en particulier propose un fort de terre proche de Brisach. Mais il se débat dans toute une série de brouilleries, avec le nouvel intendant Poncet qui ne l'apprécie pas, avec un de ses anciens « domestiques » qui s'est mis à le dénigrer vilainement. En outre, M. le Prince, venu vérifier ses projets, leur oppose les siens. C'en est trop pour le pauvre chevalier qui ne désire rien tant que de retourner à ses travaux hydrauliques languedociens en dépit des gros moyens mis à sa disposition par Colbert. Celui-ci vient en effet de dégager pour les fortifications de la région – y compris Belfort, Landser, Huningue et rasement de Thann – 470 000 livres « pour amener tous ces ouvrages à leur perfection [3] ».

Durant l'été 1673, à peine chargé de ce nouveau département, Louvois – au lieu de manifester son contentement – se désole et s'inquiète d'avoir à « régler les contestations qui sont entre Clerville et ses valets [4] ». Quant à Vauban, il ne veut pas, lui non plus, se réjouir : « Je prévois tant de soins pour vous et tant de peine et fâcheux voyages pour moi que cela me fait peur. » C'est l'une des rares fois où Sébastien Le Prestre rechigne aussi ouvertement à l'ouvrage. Est-ce l'idée de se retrouver en Alsace, pour lui de si mauvaise mémoire ? Néanmoins, il faut obéir aux ordres du roi. Parti de Maestricht à bride abattue, il est à Brisach en septembre 1673 et, de là, passe à Philippsbourg. Mais il ne s'attarde guère car il doit, après un détour par les Flandres pour y vérifier l'avancement des travaux, s'en aller en toute hâte sur les côtes océanes, et cette fois pour le compte de Colbert.

Ici, c'est le grand branle-bas. Craignant une descente des Hollandais Ruyter et Tromp sur un point quelconque du littoral atlantique, le secrétaire d'État de la Marine demande aux uns et aux autres de se tenir prêts à toute éventualité en renforçant les défenses des ports et des îles. À l'ingénieur Deshoulières, qui est alors chargé de Belle-Isle et de Port-Louis, il ordonne « de faire travailler avec toute diligence » aux enceintes et aux palissades de ces places, ce qui se révèle, semble-t-il, efficace. Au printemps de 1674, Tromp débarque à Belle-Isle. N'y pouvant rien tenter, il passera de là à Noirmoutier où il enlèvera le bétail et rançonnera les habitants, mais sans en obtenir le moindre avantage militaire.

Colbert s'inquiète plus encore d'un débarquement possible en Aunis et en Saintonge, en particulier dans les îles de Ré et d'Oléron, car les espions français séjournant en Hollande affirment que les amiraux ennemis se vantent publiquement d'y parvenir sans peine et sans délai. Au chevalier de Clerville, gouverneur de l'île d'Oléron, est réservé le soin de « la [Oléron] mettre en estat de ne rien craindre ». Du coup, Clerville est obligé de quitter sans plus attendre ses autres inspections – Le Havre, Bordeaux et le canal du Midi – pour se précipiter en Saintonge.

En ce qui concerne Ré, plate et basse et qui se prête mieux que toute autre île à une descente ennemie, le roi veut l'avis autorisé de Vauban. Le ministre responsable prend des gants pour annoncer la venue de l'ingénieur à son cousin Colbert du Terron, intendant de Rochefort : « Vous trouverez assurément le sieur Vauban plus habile et plus entendu qu'aucun ingénieur quy ayt jamais esté en France ; et comme il est particulièrement considéré du Roy pour son mérite, il est nécessaire que vous agissiez avec luy sur ce fondement, et qu'au surplus vous l'entendiez et fassiez exécuter tous les expédients qu'il vous donnera pour avancer les ouvrages, en quoy mesme je vous puis assurer qu'il est très habile[5]. » C'est en janvier 1674 qu'a enfin lieu cette visite qui entraîne Vauban dans des régions qu'il n'avait encore jamais visitées. Il fait à plusieurs reprises le tour de l'île avant de décider des travaux. Ses projets ayant reçu l'approbation royale « avec éloge », il ne reste plus à l'intendant de Rochefort que de faire travailler le plus rapidement possible et par corvées aux ouvrages préconisés pour Ré et spécialement pour le fort de la Prée « qui est assurément l'endroit le plus délicat et le plus à craindre de tout le royaume ».

On sent bien que toutes les énergies du gouvernement royal sont désormais tendues à parer à toute attaque, d'où qu'elle vienne. C'est pourquoi, avec l'accord du roi et celui – beaucoup moins empressé – de Louvois, Colbert a de plus en plus recours à notre ingénieur. Le 16 juin 1674, il requiert encore son aide. Après l'avoir remercié des peines prises pour son département : « La visite que vous avez rendue aux places de Saint-Quentin et de Guise a esté d'une très grande utilité », il le prie : « Je vous avoue que j'aurois une très grande satisfaction si, dans les marches des armées, ou dans les autres voyages que vous ferez, vous pouviez toujours en visiter quelqu'un [un ouvrage] et me donner vos avis sur tous les ouvrages qui sont faits ou tous ceux qui sont à faire. Je suis à vous »[6].

Par ailleurs, se méfiant de la liberté dont usent certains subalternes au regard des directives de leurs supérieurs, il enjoint à ses ingénieurs et aux intendants des provinces dont il a la responsabilité d'exécuter très exactement les plans et devis proposés par Vauban et de respecter ses directives : « Sa Majesté a souvent donné et répété l'ordre de ne jamais rien faire dans ces places que ce qui est compris et écrit dans les mémoires signés du sieur de Vauban. Je ne veux point que vous fassiez jamais faire aucun ouvrage que ceux qui sont contenus dans lesdits mémoires, pour quelque cause que ce soit. »[7] À Moyenneville, intendant des fortifications, chargé plus spécialement d'Ardres et de Calais : « Faites travailler nuit et jour aux ouvrages que le sieur de Vauban dit pouvoir estre faits. » Un peu plus tard, au même : « L'excuse que vous prétendez estre bonne, que M. de Vauban ne trouve rien de bien fait que ce qui passe par un autre canal [celui de Louvois], n'est d'aucune valeur auprès de moy et je ne vous conseille pas mesme de vous en servir jamais. »

L'ingénieur se heurte parfois non seulement à une résistance larvée mais aussi à une fronde ouverte, en particulier celle venant de scientifiques confirmés – plusieurs appartiennent à l'Académie des sciences – qui sont blessés dans leur orgueil d'être ainsi coiffés par un homme de la Guerre. Si, admonestés, certains intendants des fortifications n'osent rien dire, si Richer – pourtant fort versé dans les calculs astronomiques et de ce chef déjà bien connu dans les milieux savants de la capitale – accepte assez facilement la tutelle de Vauban, d'autres, comme Niquet dans les Trois-Évêchés, renâclent et ruent dans les brancards à plusieurs reprises. On touche ici du doigt la difficulté qu'il y a à introduire une stricte discipline dans un ensemble mal lié, aux règles encore mal définies et où chacun se prendrait facilement pour son propre maître, hormis l'obéissance due au roi et à des ministres si lointains qu'il est licite de n'en jamais faire qu'à sa tête. Les mêmes causes produisant les mêmes effets, Colbert a donc été obligé, tout comme Louvois cinq ou six ans plus tôt, d'imposer Vauban aux ingénieurs de son département. Ainsi se dessinent lentement et non sans mal les linéaments d'une hiérarchie dans les fortifications de l'un et l'autre secrétariat d'État.

Malgré toutes ces péripéties, Vauban inspecte donc de plus en plus de places gérées par le contrôleur général. Bientôt toute la Picardie, bientôt aussi les Trois-Évêchés – « Je vois que vous avez l'espérance de faire de cette ville [Metz] la meilleure place du royaume » –, la Champagne, la Bourgogne, sans oublier les ports du Calaisis et de la Flandre maritime, d'obédience colbertienne : « Si dans les différents ordres du roy qui vous seront envoyés, il vous reste quelques journées de libres, je vous prie de les employer à visiter les places de Calais jusqu'à La Fère et Guise... » Le 14 septembre 1675, Colbert demande encore à Vauban de préparer des projets pour Dunkerque : « Vous me ferez le plaisir de m'envoyer vos plans et mémoires pour rendre le port de Dunkerque meilleur qu'il n'est, parce qu'il seroit bien avantageux au service du Roy que Sa Majesté pust tenir dans la Manche une escadre de ses vaisseaux qui entrassent facilement dans ce port[8]. » Vauban se rappelle sûrement son ancien désir de travailler à la transformation de ce port. Il n'est qu'en partie exaucé, le manque d'argent et la guerre en cours l'obligeant à surseoir quelque temps aux travaux dont il rêve.

Cela étant, Colbert n'a garde de pousser au désespoir le commissaire général des fortifications, chevalier de Clerville. Il lui maintient l'inspection de nombreux ouvrages – en particulier ceux de la Méditerranée et d'une grande partie des côtes de l'Atlantique – auxquels il n'est pas question de faire travailler Vauban, tout au moins dans l'immédiat.

D'ailleurs, Sébastien Le Prestre, en dépit de sa vitalité et de son enthousiasme, ne tient nullement à avoir davantage de travail. Il a parfois le sentiment d'être écrasé, ce d'autant que nombre des places qu'on lui confie sont en très mauvais état : « Je ne suis qu'un et plus je vais en avant, plus je me trouve seul, et plus mes travaux croissent et moins je me vois en état d'être soulagé. De plus, les projets [...] ne se font pas en courant[9]... » En outre, nonobstant tous ces travaux, il doit aussi partir en campagne, attaché tantôt à l'armée royale, tantôt à celle des Flandres.

La campagne de 1674

Connaissant les capacités de Turenne et de Condé et utilisant leurs compétences au mieux, le roi a placé l'armée d'Allemagne sous le commandement de l'un et celle des Flandres sous celui du second, tandis que Schomberg dirige celle du Roussillon. Pour sa part, il se réserve d'intervenir au printemps 1674 dans cette Franche-Comté dont il se préoccupe beaucoup depuis la paix d'Aix-la-Chapelle. Les escarmouches entre Comtois et Français ont d'ailleurs commencé dès l'automne précédent mais la grande offensive française ne se déploie vraiment qu'en février 1674 [10]. Le duc de Navailles, venant de Bourgogne, réussit alors une marche tournante et prend Gray à revers tandis que l'armée d'Enghien occupe tout le bailliage d'Amont, c'est-à-dire le nord de la province. Au sud, d'Aspremont s'empare de Lons-le-Saulnier et de Poligny dès le mois de mars. En avril, le roi vient prendre le commandement des armées et – comme l'avait préconisé Vauban dès le mois de septembre 1673 : « Il faut assiéger la citadelle de Besançon ; la longueur d'un blocus est trop à craindre [...]. Faites faire provision de bombes et de mortiers, s'il est possible ; ils seront d'un grand effet [11] » – il concentre ses efforts sur Besançon avant de s'attaquer à Dole, la capitale politique du pays. Vauban reçoit l'ordre d'arriver immédiatement en Franche-Comté.

Le 4 avril 1674, l'ingénieur est encore à Lille. Toujours au galop, il traverse une fois encore le royaume en diagonale, prenant cependant le temps de vérifier les travaux de Béthune et d'Arras. Il profite aussi, à son passage en Bourgogne, d'une toute petite semaine de repos auprès des siens à Épiry. Le 24 avril, il est au camp devant Besançon. Servi par sa grande mémoire, il se remémore son voyage d'études de 1668 et se rappelle exactement le faible et le fort de la cité bisontine : « J'ai déjà un peu vu les environs de cette place. J'en trouve la citadelle fort belle [...]. Si nous voulons réussir, il sera besoin d'une grande artillerie [...]. Il faudra bien 36 pièces, depuis 12 jusqu'à 24 [...]. Si vous pouvez en avoir quelques unes de 8, nous les emploierons à tirer dans les revers où elles seront d'une utilité merveilleuse. Si, à tout cela, vous y joignez 4 mortiers, nous serons en état de faire beau bruit [12]. »

Effectivement, la tranchée est ouverte le 6 mai sous un déluge de feu qui ne cessera qu'avec la capitulation de la ville, le 14 mai, et celle de la citadelle quelques jours plus tard. Installées sur les hauteurs voisines qui commandent Besançon – en particulier sur les collines de Brégille et de Chaudanne d'où elles pouvaient atteindre la citadelle –, les batteries ont fait merveille, confirmant l'intuition vaubanienne sur l'importance de plus en plus grande à donner à l'artillerie dans les sièges. Toujours sous le commandement du roi, Vauban mène les premiers travaux du siège de Dole qui résiste du 27 mai au 7 juin. Puis, immédiatement, il part rejoindre en Flandre l'armée du prince de Condé. Et tandis que tombent les unes après les autres les dernières villes comtoises encore libres, le roi s'en retourne de son côté à Saint-Germain le 19 juin après avoir placé la province conquise sous le gouvernement du duc de Duras et l'intendance de Camus de Beaulieu.

Après un court arrêt à Courtrai et Arras, Vauban se présente le 24 juin 1674 à Ville-sur-Aisne, au camp du prince de Condé, son généralissime. Chargé de contenir toute tentative espagnole contre la Flandre française et désormais convaincu de la maestria de l'ingénieur, Condé l'attend avec impatience. Il lui a déjà envoyé deux messages chiffrés et le reçoit avec chaleur. Peu après, il lui écrira : « Quand vous vous meslez d'une chose, cela est toujours bien et vous vous en acquittez si dignement qu'on n'y peut rien désirer [13]. » Les deux hommes entament ainsi une collaboration efficace, réfléchissant de concert à la valeur des places les plus exposées et aux améliorations rapides à faire à certaines d'entre elles. Vauban reprend ses incessants déplacements à partir de la citadelle de Lille [14], une sorte de quartier général d'où il rayonne sur toute la région. Il envoie des rapports sur chacune des places visitées tant à Louvois qu'au prince, avec lequel il entretient dès lors une correspondance parfois chiffrée mais toujours enjouée, bien dans sa manière : « Un Gascon finirait une lettre comme celle-ci par de belles et magnifiques promesses, mais comme par malheur je ne suis que Bourguignon, je ne peux [rien] promettre [15]. »

On surveille de très près les ennemis de manière à prévenir toute attaque sur la Picardie ou sur l'une ou l'autre place de la région. La victoire de Séneffe, remportée sur les Espagnols par Condé le 11 août, permet de respirer un peu [16]. Néanmoins, on craint pour Ath, puis pour Tournai, et encore pour Arras et Doullens. Vauban sait bien que, dans le cas d'un siège entamé par les ennemis, il devra se jeter dans la ville investie avant qu'il ne soit trop tard. À ce propos, il s'inquiète de n'avoir aucun autre titre que celui de capitaine ingénieur et s'en plaint à Louvois : « D'y entrer comme un volontaire, [...] sans autre crédit que celui qui m'est donné par la bonne opinion que l'on peut avoir de moi, […] vous m'avouerez, Monseigneur, que cela ne suffit pas et qu'il faut quelque chose qui me donne, en cas semblable, de l'autorité sur les troupes et sur l'argent du Roi. Autrement, c'est me soumettre à y faire une très sotte figure [17]. » En réponse à cette demande qui, cette fois-ci, paraît légitime et fort utile pour le service, le roi lui fait parvenir le 30 août 1674 une commission de brigadier d'infanterie, le faisant accéder à ce grade, créé depuis quelques années seulement, pour être la porte étroite et obligée des futurs officiers généraux.

Pour Vauban, les épisodes essentiels de cette campagne sont la défense d'Audenarde (*alias* Oudenarde) et l'attaque de La Bassée. En septembre, apprenant que les Espagnols vont tenter une attaque contre Audenarde, le prince de Condé demande immédiatement à Vauban de prendre toutes les dispositions nécessaires. L'ingénieur parvient à entrer dans la ville avec quelques troupes. Il noie les alentours de la place des eaux de l'Escaut en déclenchant l'inondation prévue pour ce cas, à quoi viennent s'ajouter les eaux de Tournai libérées par l'ouverture des écluses de cette ville. Cette manœuvre rendue possible par l'entente des deux compères, Vauban et Mesgrigny, qui étaient convenus d'un signal spécial, dérange les travaux d'approche des ennemis et empêchent ces derniers de continuer les sapes [18]. Après six jours de siège seulement, à l'approche de l'armée de Condé pourtant bien fatiguée, les ennemis préfèrent rompre le combat et décampent. Ainsi la place est-elle sauvée grâce à l'action conjuguée de Condé, Vauban et Mesgrigny.

On craint maintenant pour Bergues d'où proviennent des nouvelles alarmantes. Qu'à cela ne tienne ! Toujours au grand galop, Vauban part rejoindre la ville en question en coupant au plus court par des terres ennemies. À La Bassée, qui est un lieu de passage obligé, l'ingénieur et son escorte se heurtent à un parti espagnol (c'est-à-dire à une petite troupe mobile chargée de contrôler quiconque circule dans le coin). L'accrochage est violent. Dans l'*Abrégé des services*, Vauban rapporte qu'il « pensa être tué », que le parti « battit son escorte et la passa par les armes, blessa son neveu [Antoine Dupuy-Vauban, le dernier fils de Paul Le Prestre], cassa le bras à un palefrenier et prit son secrétaire prisonnier [19] ». Émotion rétrospective du roi et de Louvois qui savent combien est vitale dans la guerre de siège la présence d'un spécialiste de la valeur de Vauban. Le 3 octobre, le ministre lui écrit : « Je suis obligé de vous dire que le Roi vous défend, sous peine de son indignation, de ne vous plus exposer à de pareils risques [20] ».

LES OPÉRATIONS DE 1675

Cependant, à l'automne 1674, la guerre traîne dans les Flandres. Les mauvais jours arrivant, les troupes regagnent leurs quartiers d'hiver, aussi bien des côtés espagnol que français. Seuls les Hollandais, sous le commandement du prince d'Orange, s'obstinent au siège de Grave, ville forte du Brabant septentrional occupée par les Français et défendue par un fidèle de Condé, le brigadier d'infanterie Noël Bouton de Chamilly. Mais comme il ne saurait être question de lui envoyer une armée de secours – d'autres théâtres d'opérations étant plus importants –, il doit, sur l'ordre formel du roi, capituler à l'automne 1674, au quatre-vingt-treizième jour de tranchée, après avoir – dit-on – fait périr douze mille Hollandais. Condé peut dès lors envoyer des renforts à Turenne. Or, celui-ci est aux prises avec les impériaux et les Brandebourgeois qui, supérieurs en nombre, ont envahi l'Alsace et voudraient s'emparer de la Comté en se glissant par la trouée de Belfort. Se sachant soutenu sur son flanc sud par les troupes de Duras agissant à partir de Besançon, Turenne se lance alors dans sa légendaire campagne d'Alsace de l'hiver 1674-1675. Victorieux des impériaux à Turckheim le 5 janvier 1675, il oblige les ennemis à repasser le Rhin. Le roi et la France respirent. L'invasion est enfin repoussée qui risquait de déstabiliser toute la partie orientale du royaume et de déboucher d'Alsace en Comté pour y donner la main aux « loups de bois » et aux adversaires de la France.

Le Roussillon est à son tour sauvé. Après une année 1674 angoissante (Bellegarde, le Boulou, Céret enlevés par l'ennemi, la Cerdagne occupée par les miquelets au « service d'Espagne » qui lancèrent aussi quelques raids en Conflent pour y rapiner les troupeaux), la situation évolue au bénéfice des Français dès 1675. Ceux-ci reprennent l'offensive et dès lors mènent une guerre d'escarmouches tant en Cerdagne qu'en Empuria, de l'autre côté des Pyrénées[21]. L'étreinte se desserre d'autant plus que la révolte des Messinois oblige le Habsbourg d'Espagne à dégarnir le front pyrénéen pour envoyer des troupes en Sicile.

Réponse du berger à la bergère, le roi de France offre son soutien aux Messinois et fait partir en mer Thyrénienne un corps expéditionnaire dirigé par le duc de Vivonne, le propre frère de Mme de Montespan, alors au zénith de sa faveur. Les flottes françaises reprennent pour un temps l'avantage[22] mais l'affaire finira par pourrir. Parmi les officiers généraux qui s'y font tuer, on compte l'ami de Vauban Charles de Siffredy de Mornas, avec lequel l'ingénieur a gardé des liens étroits[23] et dont il a affirmé, peu auparavant, qu'il est « un esprit doué, honnête homme, capable de se faire aimer des peuples [...], très bon officier et qui ferait bien son devoir[24] ».

Les efforts français se révèlent donc très positifs sur les différentes frontières. Mais, encore une fois, l'effort principal est mené contre les Pays-Bas. Louis XIV désire y mener une action d'envergure dès le printemps de 1675. Au mois de mai, prenant encore une fois le commandement de l'armée des Flandres, le souverain, par les vallées de la Sambre puis de la Meuse, rejoint le prince de Condé occupé au siège de Limbourg, ville du nord-est des Pays-Bas assez proche de Maestricht. Après la capitulation de la ville le 28 juin, et dans la mesure où il faut envoyer des renforts à l'armée d'Allemagne qui en a besoin, le roi décide de surseoir à de nouveaux sièges. Devant rentrer à Saint-Germain où les affaires l'attendent, il donne pour consigne à Condé de rester sur le qui-vive mais sans rien hasarder. Puis, pour affirmer néanmoins sa puissance dans des Pays-Bas à demi envahis mais réticents, il traverse le pays de part en part – d'est en ouest – et rentre en France par Tongres, Saint-Trond, Tirlemont, Louvain, Bruxelles.

Durant tout ce temps et depuis l'automne 1674, le train d'enfer continue pour Sébastien Le Prestre avec des inspections élargies, Bergues, Dunkerque, la Picardie, encore Dunkerque, Calais, Ardres, à nouveau Ath et Audenarde, Courtrai, le Hainaut, avec, à chaque entre-deux, retour à Lille. Comment s'étonner dès lors que, malade et « fort incommodé », il soit arrêté plusieurs jours à Calais, obligé de retarder jusqu'à la fin du mois de janvier 1675 divers voyages déjà prévus ? Il part enfin, escorté d'une dizaine de chevaux et de quelques collaborateurs. Après avoir mis en ordre un certain nombre d'affaires à Lille, il se dirige vers la Picardie, de là passe en Champagne, puis dans les Trois-Évêchés. Mais, tandis que, à la fin de février 1675, ses bêtes quittent Verdun pour aller prendre le vert à Épiry, Vauban doit encore s'en venir en poste à Saint-Germain pour y présenter les rapports qu'il vient d'établir sur toutes les places dernièrement visitées, en particulier celles des Trois-Évêchés[25]. Alors seulement lui est enfin accordé le droit de partir se refaire à son tour à Épiry, avec, bien sûr, dans ses bagages quelques plans et quelques projets à terminer sans retard.

En effet, très curieusement, Vauban n'a pas été convoqué à l'armée au cours de cette année 1675. Après un temps d'arrêt à son « chez moi[26] » en mars 1675, il est reparti un mois plus tard pour la Franche-Comté et l'Alsace d'où il ramène les plans et projets de transformation des places de ces deux provinces. À l'issue de cette tournée, il fait probablement un second séjour à Épiry en juin. Deux preuves indirectes au lieu d'une : c'est le 25 de ce mois qu'il signe sous seing privé la promesse d'achat de Bazoches[27]. C'est également de ce même mois que datent plusieurs rapports importants sur la Franche-Comté. Or, c'est à partir de cette époque qu'il les rédige au cours de permissions devenues un peu plus nombreuses.

Aux tout derniers jours du mois de juin 1675 cependant, Louvois lui ordonne « de repasser le plus vite possible en Flandres par Metz [« La plus belle situation qui soit au monde », s'exclame alors l'ingénieur] et le Quesnoy[28] ». Puis, comme toute idée de reprise de campagne active est abandonnée quelques jours plus tard, il est enjoint à Vauban, arrivé ventre à terre au Quesnoy, de partir à Dunkerque pour, de là, passer à Calais, Alost, Ath, Audenarde, Courtrai, Tournai. Il emploiera tout le second semestre de 1675 à faire ces voyages de rayon relativement court mais presque aussi épuisants que les grandes inspections passées ou à venir.

Le pré carré

Tout cela n'empêche pas Sébastien Le Prestre de réfléchir de très près au sort des pays qu'il visite, au contraire ! Très tôt, dès 1668, il a pris l'habitude de s'exprimer sans fard avec le secrétaire d'État de la Guerre : « Trouvez bon que [...] je vous dise librement mes sentiments [29]. » Dans leur correspondance, il est avant tout question de travail, de fortifications bien sûr, mais aussi des hommes du département de la Guerre que connaissent bien les patrons mais dont Vauban entend défendre les intérêts, à moins qu'il ne se courrouce au contraire contre certains d'entre eux, mal intentionnés. Il aborde bien d'autres problèmes, parle de ce qu'il voit, de ce qu'il entend, se révélant toujours un précieux agent de renseignements [30]. Il est parfois rabroué et prié de ne pas se mêler de ce qui ne le regarde pas. Dans ce cas, il s'excuse de son audace : « Il n'appartient pas à un petit ingénieur comme moi de s'ingérer de vous donner des avis [31]. » Ou encore : « Par le passé, je me suis quelquefois émancipé jusqu'à vous parler de choses qui n'étaient point de mon fait [32]. » Mais s'il estime que sa requête est juste, il attend une meilleure occasion pour la renouveler et ne craint pas alors de marteler son point de vue.

Or, connaissant parfaitement la géographie de la plupart des régions frontières, il sait le fort et le faible de bien des villes, des Flandres ou d'ailleurs, amies comme ennemies. Ainsi, depuis quelque temps, a-t-il pris l'habitude d'expliquer ses vues sur la manière dont il entend la défense du royaume, passant nécessairement, dans son esprit, par de multiples annexions judicieusement préparées. Sans conteste, il est annexionniste, mais à la mode paysanne, à la fois rassembleur et remembreur de terres. Pour un rural, il est toujours désirable d'agrandir sa terre, d'acquérir tel champ bien placé et depuis longtemps convoité. Mais encore faut-il saisir la chance et éviter des acquisitions trop coûteuses, trop dispersées ou trop éloignées les unes des autres car ensuite, par une subtile politique d'achats, d'échanges et de rapts, il ne sera loisible de remembrer progressivement l'ensemble en un tout cohérent que si les distances ne sont pas trop grandes entre les différentes pièces du puzzle. C'est bien là l'idée profonde de Vauban sur laquelle il reviendra tout au cours de sa carrière et jusqu'en l'année 1706 – parfois de façon très claire, parfois de façon beaucoup plus détournée. Ainsi soulève-t-il et soulèvera-t-il jusqu'à sa mort deux problèmes, la plupart du temps inextricablement liés, celui des bonnes acquisitions à faire en terre étrangère, celui du nombre des places à entretenir ou à abandonner tant dans le royaume que dans les pays annexés.

Annexionniste, Vauban l'est donc avec ardeur, mais pas n'importe où et pour n'importe quelle place. Satisfait de la réoccupation de Nancy en 1670, il verrait d'un fort bon œil la prise de Luxembourg qui permettrait de couvrir toute la Lorraine, qu'elle soit ducale ou des Trois-Évêchés. Il y songe déjà en mars 1673 alors qu'en tournée dans le nord-est du royaume il désire que l'on maintienne des redoutes sur la Meuse – de Sedan à Verdun –, estimant qu'elles sont nécessaires « tant que le Roi ne sera pas maître de Luxembourg ».

Mais il est avant tout passionné de la frontière septentrionale du royaume. Ici, les précédentes conquêtes de Louis XIV, sanctionnées par le traité des Pyrénées comme par la paix d'Aix-la-Chapelle, avaient considérablement élargi le champ français au-delà de la Picardie. À l'Artois gagné en 1659 s'étaient ajoutées dès 1668 un certain nombre de villes flamandes. Mais si les Français avaient pu se « glisser » le long de la mer du Nord en Flandre maritime, descendre des hauteurs de l'Artois dans les plaines de la Flandre intérieure, ils n'avaient pu résorber les trouées des hautes vallées de la Lys, de l'Escaut et de la Sambre qui formaient autant de tentacules vers le royaume. Des avancées et des rentrants semblables à des caps et à des golfes – tel le Cambrésis encore espagnol s'enfonçant en coin au revers oriental de l'Artois – en compliquaient singulièrement le tracé et rendaient fort délicate l'organisation de la défense. Le résultat fut que le roi, qui agrandissait ainsi considérablement son royaume au septentrion, eut une frontière difficile à garder. Pas davantage n'avait-il été possible d'éviter des enclaves. L'enchevêtrement des places françaises et espagnoles de Flandre et de Hainaut – une véritable marqueterie étroitement anastomosée – entraînait bien des désordres : douanes et taxes multipliées, facilité de nombreux raids de l'ennemi. C'est ainsi qu'au cours de la guerre de Hollande, les Espagnols pourraient ravager la Picardie à partir de leurs bases avancées tandis que les Français feraient plusieurs promenades militaires jusqu'au tréfonds des Pays-Bas.

Vauban exprime nettement ses inquiétudes dès le mois de janvier 1673, à l'issue de la première campagne de la guerre de Hollande. Sa profession de foi sur ce point vaut d'être citée : « Sérieusement, Monseigneur, le Roi devrait un peu songer à faire son pré carré. Cette confusion de places amies et ennemies pêle-mêlées ne me plaît point. Vous êtes obligé d'en entretenir trois pour une ; vos peuples en sont tourmentés et vos forces de beaucoup diminuées ; et j'ajoute qu'il est presque impossible que vous les puissiez toutes mettre en état et les munir. Je dis de plus que si, dans les démêlés que nous avons si souvent avec nos voisins, nous venions à jouer un peu de malheur ou (ce que Dieu ne veuille) à tomber dans une minorité, la plupart s'en iraient comme elles sont venues. C'est pourquoi, soit par traité ou par une bonne guerre, si vous m'en croyez, Monseigneur, prêchez toujours la quadrature, non pas du cercle, mais du pré ; c'est une belle et bonne chose que de pouvoir tenir son fait des deux mains [33]. »

Trois arguments sont ici mis en avant : la dépense provoquée par l'entretien de trop nombreuses places appauvrissant à la fois le roi et ses sujets accablés d'impôts supplémentaires ; le risque, qu'on ne saurait minimiser, de quelque revers au cours du présent conflit ; surtout la crainte d'une minorité et le spectre d'une régence, avec les difficultés inhérentes à ce genre de gouvernement – la France étant bien payée pour savoir de quoi il retourne. Sur ce dernier point d'ailleurs, Vauban ne fait que reprendre à son compte l'inquiétude des conseillers de Louis XIV exigeant du roi la promesse de ne plus se dépenser autant à la tête de ses armées où il prend de trop gros risques [34].

Vauban, en bon paysan qui sait ce que sont les disputes engendrées par les bornages et les droits de passage, voudrait donc davantage d'annexions qui permettraient des rectifications de frontière. En particulier il rêve de la place de Condé, au nord de Valenciennes. Il connaît bien cette petite ville qui garde les passages de l'Escaut. Il a laissé, semble-t-il, un peu de son cœur dans cette place où il a séjourné du temps de la guerre de Trente Ans, quand la ville, occupée par les troupes françaises, n'avait point encore été rendue aux Pays-Bas ; il y fut d'abord neuf mois, de septembre 1655 à mai 1656, pour en réparer les ouvrages, puis durant l'été 1656 comme blessé. Y aurait-il laissé quelque amour de jeunesse ? C'est possible mais pure conjecture de notre part. En tout cas, il garde un excellent souvenir du pays ; il se souvient d'« avoir été à la canardière » au travers des marais gelés ; il en vante le site et signale la bonté de la situation qui permet de faire des inondations en cas de siège : « Prenons Condé sans faire tant de cérémonies ; quinze jours de temps employés en feraient l'affaire et, après cela, vous plaideriez main garnie[35] », écrivait-il déjà le 13 août 1668.

Plus tard, tandis que Maestricht et ses environs lui apparaîtront « comme des pièces [...] plutôt à charge qu'utiles en quoi que ce soit », il développe à nouveau son idée sur l'annexion de Condé. Le 21 septembre 1675, il signale que le siège de cette ville peut réussir en huit ou neuf jours, avec seulement douze mille à quinze mille hommes et quelque cavalerie : « C'est le plus beau coup qui se puisse faire dans la conjoncture présente [...]. Cette place vous assurerait la prise de Bouchain ; et celle des deux vous faciliterait tellement celles de Valenciennes et Cambrai qu'il serait presque impossible qu'elles pussent échapper. Enfin leur prise assurerait vos conquêtes et ferait le pré carré tant désirable ; sans quoi le Roi ne pourra jamais rien faire de considérable[36]. Il se répète presque mot pour mot le 4 octobre suivant : « Il me semble que le Roi n'a que trop de places avancées [...]. Si nous voulons durer longtemps contre tant d'ennemis[37], il faut songer à se resserrer. Vous ne le pouvez bien faire que par la prise de Condé qui nous assure de celle de Bouchain [...]. Si le Roi était maître de ces places, il épargnerait je ne sais combien de garnisons dans ses derrières et ferait un pré carré en Flandre, que vingt années de guerres ne pourraient pas lui arracher, attendu que la liaison que toutes ces places auraient les unes avec les autres, les rivières, le pays et la facilité de les secourir, rendraient inutiles tous les desseins des ennemis. » Le 25 octobre 1675, il revient encore à la charge à peu près dans les mêmes termes.

Dès lors, la cause est entendue ; l'obstination intelligente de Vauban a triomphé. Le roi et Louvois sont gagnés à l'idée du siège de Condé qui, cependant, ne pourra se faire qu'au printemps suivant, la saison étant désormais trop avancée. À Vauban de prouver désormais que la réalité colle à sa démonstration théorique.

PLAIDER MAINS GARNIES

Après une année 1675 malgré tout assez morose, attristée par la mort de Turenne, les trois campagnes suivantes, de 1676 à 1678, témoignent d'une belle reprise de la pugnacité française ;

elles permettront d'arriver enfin à un dénouement avantageux de la guerre et de plaider mains garnies. Pour cela, durant ces trois années, plusieurs offensives sont lancées sur les diverses frontières attaquées par la coalition.

Dès 1676, en Roussillon, le nouveau commandant des troupes – Philippe de Montaut-Bénac, duc de Navailles, depuis quelques mois maréchal de France – aurait voulu s'emparer de Puygcerda, grande place cerdane espagnole[38]. Le roi ne lui en donnera l'autorisation qu'au printemps de 1678. De Perpignan à Puygcerda, l'acheminement de l'armée française – surtout de l'artillerie, quatre pièces de 24 et quatre de 16 – par des chemins de chèvres, dans le vent, la pluie et la tourmente de neige, sera à cette date un véritable exploit réalisé avec l'aide de caravanes de mules languedociennes arrivées en renfort. La ville, bien pourvue d'une artillerie fondue sur place, bien défendue par de grands bastions, deux demi-lunes et deux forts, se rendra enfin après un siège difficile d'un mois (29 avril-29 mai 1678). Cette belle conquête « asseure le Roussillon, le Conflent et la Sardagne ; et l'on peut aller jusques à Lérida par ce costé-là, qui est prendre la Catalogne par derrière ». De ce côté donc, on voit désormais plus clair.

À l'est du royaume, l'occupation de la principauté de Montbéliard, petit État souverain neutre, paraît inévitable depuis 1675 ; il faut absolument couper toute velléité d'invasion de la Comté à des Impériaux et Germaniques trop entreprenants. Mais cette occupation est différée jusqu'à l'automne 1676[39]. Elle permet aux troupes de l'armée d'Allemagne de reprendre souffle et d'agir en liaison étroite avec celles de la Comté pour repartir à l'assaut du pays de Bade et de la Forêt-Noire où Fribourg-en-Brisgau est conquise en 1677, assurant, outre-Rhin, une bonne couverture à l'Alsace.

Mais encore une fois, l'effort principal se concentre sur les Pays-Bas espagnols. Pleinement acquis à l'idée de Vauban qu'il faut pouvoir plaider mains garnies, Louvois rappelle à l'ingénieur dès le 9 novembre 1675 qu'« il est bon de se préparer de loin » et lui explique comment il destine l'armée des Flandres, encore en quartiers d'hiver, à reprendre l'offensive le plus tôt possible. Au sujet de Condé, il réclame « un mémoire des préparatifs qu'il faudrait faire pour cet effet[40] ». Vauban n'ose aller faire la reconnaissance des lieux, étant « tellement connu que je ne saurais paraître qu'aussitôt on n'en prenne l'alarme ». Mais, se remémorant parfaitement ses souvenirs demeurés très précis, il prépare un projet très détaillé du futur siège. Rappelant combien les inondations sont préjudiciables aux assaillants – l'exemple du récent échec espagnol à Audenarde est là pour le prouver –, il obtient que l'on construise le plus vite possible et dans le secret une flottille sur l'Escaut destinée à l'approche de la place. Pour le même usage, Louvois fait aussi réaliser à Versailles une sorte de redoute flottante dont il est très fier et qu'il expédiera en temps voulu au lieu de rassemblement.

Après une longue inspection dans les Trois-Évêchés et en Franche-Comté, Vauban a pu aller se reposer tout le mois de mars 1676 à Épiry avant que ne commence la campagne. Puis, au début d'avril, il quitte sa famille et, toujours courant, se joint au corps d'armée du maréchal de Créquy qui se dirige vers Condé. On commence l'investissement de la place dès le 17 avril 1676. Le sieur de Vauban ouvre la tranchée le 21 en présence du roi venu spécialement pour assister à cette action. Grâce aux précautions prises et à tous les moyens mis en œuvre – y compris l'utilisation d'une artillerie performante –, la place tombe dès le 26 avril, après cinq jours seulement de tranchée. S'enchaîne presque immédiatement la chute de Bouchain (2-11 mai) investie par le corps d'armée du duc d'Orléans, Vauban menant encore une fois les travaux du siège malgré « une lassitude et un abattement » très grands. Les ennemis n'en pénètrent pas moins en Picardie à partir de leurs bases du Hainaut ; ils mettent à feu et à sang quatre-vingt-quatre villages de cette province : « 1 200 ou 1 500 chevaux d'établis ici aussitôt que la place [de Bouchain] fut prise vous auraient sauvé de cette course [...]. Occupons tous les clochers qui nous peuvent donner de la découverte et quelque avantage [...]. Monsieur de Quincy les tiendra en respect et les empêchera bien de courir[41]. »

Apprenant par ailleurs que le prince d'Orange a commencé l'investissement de Maestricht le 7 juillet 1676 – fort heureusement pour les Français, sans succès – et que Philippsbourg est aussi menacée, Vauban aurait aimé que, pour faire diversion, on procède immédiatement au siège de Valenciennes. Le roi préfère tourner d'abord ses forces contre Aire, qui est emportée en dix jours par les troupes des maréchaux d'Humières et de Schomberg (21-31 juillet). Vauban, à la tête des travaux, veille à ce que la très importante artillerie mise en œuvre soit utilisée au mieux, en particulier les bombarbes et les mortiers aux effets redoutables. À quelques jours de là, deux forts proches de la ville – forts François et de Linck – capitulent à leur tour.

Au cours de cette campagne de 1676, Vauban a ainsi dirigé victorieusement ses vingt-septième, vingt-huitième, vingt-neuvième, trentième et trente et unième sièges, ce qui permet au roi de mieux tenir le Hainaut et d'avoir, le cas échéant, une monnaie d'échange. Pour récompense, le souverain fait de Sébastien Le Prestre un maréchal des camps et armées. À ce propos, il convient de dissiper dès maintenant une légende tenace. On a dit et redit à maintes et maintes occasions que jamais ingénieur jusqu'à Vauban n'avait pu prétendre au grade d'officier général, qu'il s'agissait donc d'une promotion extraordinaire, ce qui est faux. Ne remontons qu'à la guerre de Trente Ans ! L'ingénieur Pierre Conty d'Argencourt était lieutenant général lors de sa mort, survenue en 1656, et Clerville avait été fait maréchal de camp dès 1651, bien avant d'être nommé commissaire général des fortifications. D'autres ingénieurs du département de la Guerre, tel Mesgrigny, suivront Vauban de près dans le généralat. Mais probablement continuera-t-on longtemps encore de répéter pieusement cette contre-vérité sentimentalo-geignarde prétendument destinée à mieux mettre en lumière la valeur de Vauban, lequel n'en a que faire, pouvant la prouver par des arguments infiniment supérieurs à celui-ci.

« Vous avez employé ce temps si utilement
et si glorieusement pour les conquestes du Roi »

Après tous ces succès, ayant préparé le projet de réfection d'Aire, le nouveau maréchal de camp repart une fois encore pour une nouvelle tournée qui le conduit à l'automne 1676 dans les diverses villes des Flandres, puis, de là, en Picardie, Hainaut, Champagne. Ici, le froid de l'hiver le transperce jusqu'à l'âme : « Toute la terre n'était qu'une glace sur laquelle je faillis vingt fois me casser le cou [...]. Je serai fort heureux, quand à moi, si j'en suis quitte pour quelque bout de nez ou d'oreille gelée[42]. » De là, en janvier 1677, il visite Metz, Nancy, forme le projet pour fortifier Bitche et Hombourg, passe en Alsace où il consacre plusieurs jours à Brisach et Belfort. Il se rend ensuite dans la principauté de Montbéliard présentement occupée et poursuit par l'inspection des places de Franche-Comté et de Bourgogne. Ces dernières sont loin d'avoir perdu toute valeur. En particulier si, le conflit s'éternisant, les ennemis à nouveau maîtres de l'Alsace tentaient un mouvement de revers par la Vôge et le plateau de Langres pour récupérer la Franche-Comté.

Étant en Bourgogne, Vauban a-t-il eu le temps de s'arrêter à Épiry ? Si oui – ce qui n'est pas certain –, cela aura été seulement pour deux ou trois jours car il doit impérativement rejoindre l'armée des Flandres dès le début du mois de mars 1677. À ordre donné, mission accomplie. « Avec des chevaux sur les dents et moi n'en pouvant plus », il arrive dans les temps. En présence de Louvois, il commence dès le 5 mars l'investissement de Valenciennes – ville importante tant par sa situation que par son rôle de petite capitale hainuyère. À son tour, le roi s'en vient de Saint-Germain le 14. Sur les conseils de Vauban qui a fait construire de grandes places d'armes pour contenir le plus de troupes possible, on donne l'assaut en plein jour le 17 mars avec des colonnes grosses de trois mille à quatre mille hommes. C'est un succès complet qui renverse en partie l'axiome tenu jusqu'alors pour intangible qu'on doit toujours attaquer une place de nuit pour éviter d'être repéré par l'ennemi. Belle et bonne victoire qui fortifie la situation française en Hainaut comme l'avait prédit notre ingénieur quelques années auparavant. Belle et bonne victoire qui fortifie aussi le crédit de l'ingénieur auquel le roi octroie 25 000 écus (soit 75 000 livres) de gratification pour le remercier de ses services. Le lointain souvenir du désastre de Valenciennes est définitivement effacé par une telle victoire.

Mais le roi veut mieux encore et le plus rapidement possible. Puisqu'on a dû renoncer à faire le siège de Saint-Omer en raison du mauvais temps, on peut s'attaquer à Cambrai qui est toute proche. Dès le 22 mars, soit cinq jours après la chute de Valenciennes, l'armée royale est à pied d'œuvre pour commencer immédiatement les travaux d'investissement de la place avec l'aide de huit mille pionniers picards. Le dimanche 28 mars, la tranchée est ouverte. Le soir, tandis que les canons mis en batteries tirent sur la ville assiégée, le roi, accompagné de Vauban, s'avance à cheval sur la contrevallation « fort proche de la place » pour inspecter travaux et travailleurs. Et Louvois, de qui on tient ce détail, d'ajouter : « Je vous dis ceci en passant, afin que vous partagiez un peu l'inquiétude que me donnent de pareilles curiosités [43]. »

Cambrai, qui contrôle le Cambrésis et ouvre le passage vers la Picardie et la Thiérache, capitule dès le 4 avril, après huit jours de siège seulement, tandis que sa citadelle tient jusqu'au 17. Le 15 avril, Vauban s'était inquiété des conditions léonines que le roi prétendait imposer aux ennemis. Il craignait que, de ce fait, les ennemis refusent de se rendre et que, le siège traînant encore plusieurs jours, les troupes françaises n'en pâtissent : « Ce serait nous attirer de la besogne pour cinq ou six jours de plus et nous mettre en état de redoubler nos pertes [...]. Sa Majesté doit songer que l'on va entrer dans de grandes affaires du côté de l'Allemagne où elle aura besoin de toute la vigueur et du bon état de ses troupes ; à quoi j'ajoute que la conservation de cent de ses sujets lui doit être beaucoup plus considérable que la perte de mille de ses ennemis. »

Là encore Vauban montre la vigueur de sa pensée. Mais fort de « la franchise naturelle que Dieu m'a donnée », de plus en plus sûr de soi en raison de ses exceptionnelles réussites en matière de fortification, devenu officier général à quarante-quatre ans du fait de ses mérites, il prend l'habitude de donner son avis, même et y compris sur des sujets qui ne relèvent pas directement de son art et sur lesquels on ne lui a rien demandé. Dès lors il risque d'indisposer certains en se laissant aller à trop parler ou à trop écrire. Cela ne prendra de l'ampleur que beaucoup plus tard. Cependant, dès 1677, on peut déjà déceler cette tendance que certains thuriféraires ont magnifiée mais que ses supérieurs jugèrent souvent inadmissible.

Cela étant, pour lors, il reprend encore une fois son bâton de pèlerin et court à nouveau de mai à décembre 1677 sur les routes des provinces frontières. Ses patrons, Louvois et Colbert – ou plus exactement Louvois et désormais Seignelay sur lequel son père s'est déchargé des fortifications de son département –, voudraient l'employer tous deux au même moment, ce qui entraîne des froissements entre les deux ministres. Il faut que l'ingénieur se précipite à la même heure à Calais et à Lille, qu'il travaille en même temps aux places de Flandre et au port de Dunkerque, qu'il se rende dans les Trois-Évêchés – spécialement à Toul dont la fortification est médiocre – mais qu'il donne aussi ses soins aux places hainuières nouvellement conquises. Tout cela lui impose d'impressionnantes jongleries d'emploi du temps.

En outre, à la fin de l'automne 1677, il est décidé d'attaquer Saint-Ghislain, proche de Valenciennes et de Mons. L'investissement de la place commence le 1er décembre 1677 alors que « la terre est toute blanche de la neige qui est tombée cette nuit ; il gèle aussi, ce qui n'accommode pas autrement le bivouac ». Le siège se poursuit malgré un froid « horrible » qui rend très difficile, sinon impossible, le creusement des tranchées à la profondeur voulue. Heureusement, le froid est aussi terrible pour les ennemis. La place capitule dès le 10 décembre.

Cette fois-ci, en récompense de ses services, Vauban reçoit deux faveurs royales qui le comblent : il a l'autorisation d'aller se reposer à Épiry, ce qu'il fait sans attendre. Il passera chez lui un à deux mois, approximativement de la fin de décembre 1677 à la fin de février 1678[44]. C'est aussi durant cette permission qu'il est fait commissaire général des fortifications de France. Que désirer de mieux ?

« *Pace in leges suas confecta*[45] »

Retiré de l'agitation des camps et du fracas des sièges depuis déjà quelques années, le commissaire général des fortifications en titre, le chevalier de Clerville, ne quitte plus guère le Languedoc à dater de 1675. En 1677, il se décide même à prendre un peu de large vis-à-vis des chantiers du canal des Deux-Mers en voie d'achèvement et s'installe à Montpellier, paroisse Notre-Dame, avec son épouse, Paule de Poussart de Lignières. Le couple vieillissant y profite ainsi des avantages d'une grande cité et de nombreuses relations mondaines. En particulier, il est lié avec le ménage de l'intendant d'Aguesseau. Ces dames sortent beaucoup ensemble, vont aux cérémonies officielles et papotent abondamment. Mais la ville n'est guère clémente aux Clerville. La chevalière est très malade au cours de l'été 1677 ; on va jusqu'à craindre pour ses jours[46]. À peine rétablie, elle doit à son tour soigner son mari. Celui-ci décède à minuit dans la nuit du 15 au 16 octobre, au terme d'une longue carrière bien employée au service du roi et de l'État[47].

Que l'homme ait eu des côtés mesquins, c'est évident. Mais qui n'en a pas ? En fait, il a correspondu à un type désormais révolu, celui des ingénieurs de la guerre de Trente Ans. Courageux, aventureux dans sa jeunesse, bon marin, excellent cartographe, il fut aussi bon hydraulicien. Son grand tort fut de n'avoir pas su se tenir au courant de l'évolution de la fortification et d'avoir vieilli trop vite. Cela étant, son œuvre n'est pas à dédaigner, tant s'en faut, et Colbert lui a maintenu jusqu'à ses derniers jours la haute main sur une partie non négligeable de son département. N'oublions pas non plus qu'il fut le maître du jeune Vauban, ce qui n'est pas un mince mérite !

Exit Clerville. En revanche, sa charge de commissaire général des fortifications demeure. Le roi ne peut mieux faire que de l'attribuer à Sébastien Le Prestre par provisions du 4 janvier 1678, ce qui le « surchargea du soin général des places fortes du Royaume », ajoute le récipiendaire[48]. C'est là une étape très importante dans la vie de Vauban. Mais, en ce début de l'année 1678, il n'est pas question pour lui d'aller prendre en charge les places restées jusqu'alors sous le contrôle du chevalier. Il doit avant tout se préoccuper de la préparation des sièges que le roi veut entreprendre dans les Flandres pour enfin arracher la victoire et plaider mains garnies quand commenceront les pourparlers de la paix que tout le monde souhaite et devine désormais proche.

Le roi ayant décidé d'un voyage dans les Trois-Évêchés, Seignelay a spécialement veillé à faire hâter les travaux en cours, rappelant à chacun qu'il ne faut rien changer aux dispositions prises précédemment par Vauban[49]. Mais ce n'est à la limite qu'une fausse alerte, car le souverain, arrivé le 22 février 1678 à Metz avec la reine et la Cour, ne s'attarde pas à vérifier le détail. Il n'en a pas le temps. De la Lorraine, il rejoint immédiatement la majeure partie de ses troupes qui, d'Audenarde où elles étaient massées, sont parties investir simultanément Gand et Ypres à l'ouest des Pays-Bas, étant entendu qu'elles se retourneront ensuite contre Namur et Mons à l'est. Louis XIV arrive au camp devant Gand le 4 mars ; Vauban ouvre la tranchée dès le lendemain. La ville, mal défendue, capitule le 10 mars et sa citadelle, le 12. Rapidement, on pousse alors les travaux contre Ypres. Le siège accompagné de tirs d'artillerie redoutables commence le 18 mars. La place et la citadelle se rendent très vite, dès le 25 mars. Ce sont deux succès à mettre encore à l'actif de l'ingénieur qui a préparé les attaques de main de maître.

Le roi devant repartir pour Saint-Germain, on renonce à attaquer Namur et Mons. Louvois et Vauban en profitent pour faire (avril, début mai) la tournée de quelques-unes des villes prises au cours des dernières campagnes, Gand, Condé, Saint-Ghislain, Cambrai, etc. En prévision d'une bien improbable mais néanmoins toujours possible attaque ennemie, ils prennent toutes mesures utiles pour faire retourner le plus rapidement possible face aux Pays-Bas les défenses de ces places précédemment renforcées face au sud. L'inspection terminée, les directives données aux ingénieurs maintenus dans les places en question, chacun s'en retourne à son travail, Louvois à son ministère, Vauban à Lille. Occupé toute l'année 1678 aux travaux de la région septentrionale du royaume, l'ingénieur rayonne selon son habitude du Hainaut aux Flandres, de la Flandre intérieure à la Flandre maritime – privilégiant avant tout Dunkerque où les nouveaux aménagements qu'il y apporte vont bon train.

Pendant ce temps, les plénipotentiaires des divers belligérants débattent de la paix. Celle-ci est enfin acquise par le double traité de Nimègue, l'un signé le 17 septembre 1678 entre France et Espagne, l'autre, du 5 février 1679, entre France et Empire. Les idées de Vauban triomphent. Le roi, « mains garnies », construit son « pré carré ». Il impose presque toujours ses choix, rendant ce qui ne pourrait être protégé, gardant au contraire les conquêtes utiles, allant même jusqu'à se faire donner des villes qui n'avaient pas été précédemment conquises.

Parmi ses acquisitions définitives, la Franche-Comté, morceau de choix s'il en fut, qui agrandit considérablement le royaume à l'est et permet de mieux couvrir le sud de l'Alsace. Dans la province rhénane, le roi impose sa loi à Landau, Wissembourg, Sélestat, Colmar. Il obtient aussi de conserver la ville de Fribourg-en-Brisgau à l'orée de la Forêt-Noire et en Lorraine ducale Nancy, Longwy, Marsal et quatre routes stratégiques. Les frontières du nord-est et de l'est sont donc reportées très en avant de leurs limites précédentes et la France agrandie de façon considérable. La Bourgogne devient province de l'intérieur. Metz n'est plus en première ligne pour couvrir la trouée de la Moselle et le prince-évêque de Liège est contraint de céder la ville de Dinant, proche de Namur, dont la fonction sera de garder la vallée de la Meuse.

Du côté des Pays-Bas, le roi remporte aussi un beau succès, se faisant livrer quinze villes avec leurs territoires, soit Saint-Omer, Cassel, Aire, Bailleul, Poperinghe, Ypres, Werwick, Varneton, Cambrai, Bouchain, Valenciennes, Condé, Bavai, Maubeuge, Saint-Ghislain. Ainsi la Picardie si difficile à défendre – où l'on pouvait craindre jusque-là que les ennemis ne vinssent se refaire « dans des lieux qui sont gras et riches » –, est-elle désormais couverte par les nouvelles conquêtes. Sont ainsi résorbées les poches espagnoles enclavées depuis 1668 sur les arrières des Flandres françaises.

Bien sûr, Louis XIV doit, en revanche, rendre certaines conquêtes. Du côté de l'Empire, il renonce à Montbéliard mais reprendra très rapidement la main. Il est aussi obligé de se dessaisir de Philippsbourg, « porte de l'Allemagne » à laquelle il tenait beaucoup mais qui était trop éloignée des bases alsaciennes pour être facilement défendue. Puygcerda redevient espagnole malgré la valeur de sa position pour couvrir la Cerdagne française. Le souverain rétrocède aussi aux Provinces-Unies la place de Maestricht de grande mémoire mais sans véritable intérêt stratégique pour le royaume. Dans les Pays-Bas – l'actuelle Belgique – vers lesquels les Français ont toujours tourné les yeux, il est de bonne politique de rendre aux Espagnols quelques places éloignées et conquises tardivement, Gand, Louvain, Limbourg. Mais beaucoup plus douloureux est l'abandon de certaines acquisitions de 1668 dans lesquelles le roi avait fait faire de grands travaux, Ath, Binche, Audenarde, Courtrai, Charleroi.

Obligés de restituer les places en l'état où elles se trouvaient, le roi et Louvois ont cherché à faire saboter les ouvrages en douce : « Voir comment on pourrait dégrader et détériorer les plus essentielles fortifications de Courtray, Audenarde et Ath, sans que l'on [le roi d'Espagne] puisse se plaindre que l'on rase ces places », écrit Louvois à Vauban le 27 juin dans une lettre chiffrée. Et il ajoute encore : « Tout cela se doit faire assez délicatement pour que l'on ne puisse point en avoir de reproches bien fondés [50] ». À quoi Vauban répond : « Ce que j'ai fait de mieux est d'avoir reconnu les endroits par où nous pourrons rentrer dans ces places en faisant de bons plans et des mémoires de leur attaque qui, étant un jour bien suivis, vaudront moitié besogne faite, et nous conduiront à leur prise en toute sûreté. C'est de quoi vous aurez amples copies quand elles seront faites, mais qu'il faudra garder comme prunelle de l'œil et comme un trésor inestimable. » L'ingénieur est bien sûr attaché à la conservation de ses œuvres – se refusant « à tuer ses enfants ». Surtout, il estime encore imparfait le pré carré royal. « Nous conduirons à leur prise en toute sûreté », preuve s'il en fut qu'il estime nécessaire de reprendre les armes quand la conjoncture s'y prêtera à nouveau. C'est bien de la sorte qu'il constitue lambeau après lambeau son pré carré nivernois. C'est ainsi qu'il estime que le roi doit constituer le sien. Tout un programme de risque calculé et d'astuce patiente !

Au cours des vingt sièges de la guerre de Hollande, aux travaux et attaques desquels il a présidé, Vauban a donc cherché à appliquer le plus systématiquement possible la méthode qu'il préconisait dans son *Mémoire pour servir d'instruction dans la conduite des sièges*. Chaque fois qu'il l'a pu – et c'est en ce sens qu'il se désolait tant de « la terre qu'on ne peut presque plus ouvrir » lors de l'affaire de Saint-Ghislain – il a fait méthodiquement creuser par les ouvriers mis à sa disposition les diverses lignes et parallèles, les grandes places d'armes que chacun – ami ou ennemi – admire à qui mieux-mieux [51]. Il a obtenu aussi des artilleurs qu'ils synchronisent leurs tirs avec le déroulement des travaux et des attaques. Il a poussé le ministre à les doter d'un matériel de plus en plus performant. Toujours sur la brèche, il rêve du pré carré et poursuit inlassablement ses inspections. Les traités de Nimègue comblent le roi comme ils comblent Sébastien Le Prestre de Vauban, tous deux, mais chacun à sa façon, grands rassembleurs de terres. Ils rêvent d'aller plus loin encore.

Le commissaire général des fortifications ne saurait maintenant s'endormir sur ses lauriers. Toujours animé par le zèle et la passion qu'il a pour le service du roi, il devra au contraire plus que jamais travailler à la gloire de son maître.

CONCLUSION DE LA DEUXIÈME PARTIE

Maréchal de camp et commissaire général des fortifications

1655-1678 : vingt-trois ans – pas même un quart de siècle – séparent l'ingénieur ordinaire du commissaire général des fortifications. Entre le jeune capitaine de vingt-deux ans et le général de quarante-cinq, il y a vraiment un monde. Dans ses rêves de jeunesse les plus fous, le petit hobereau a-t-il jamais imaginé cette ascension, lui qui n'était pas assez riche pour acheter une compagnie, *a fortiori* un régiment ? On peut en douter, mais il est sûr que, déjà, il aspirait à se distinguer et à réussir. Sa pétulance et sa hardiesse frappèrent tous ses chefs et très vite il eut à diriger les travaux de plusieurs sièges en l'absence de son maître Clerville. Surtout, n'oublions pas que depuis 1668 – soit depuis une décennie – il s'est imposé aussi bien dans la conception des ouvrages qu'à la guerre. Dès son trente-cinquième anniversaire, il a prouvé sa haute qualification d'architecte militaire par la construction de places et de citadelles enviées par toute l'Europe. Lors de la dernière guerre, au cours d'au moins vingt sièges, il a fait aussi d'éblouissantes démonstrations de ses talents de combattant. Il est le preneur de villes. Pour lui, l'attaque des places fortes doit être maîtrisée. Le creusement méthodique d'une série de lignes d'approche strictement menées, l'emploi judicieux d'une artillerie au tir nourri et de plus forte portée que précédemment, la minutie avec laquelle est réglée la marche des colonnes d'attaque lui permettent de faire tomber les villes les unes après les autres.

Très vite, pleinement conscient de sa valeur, il a prétendu à un titre le mettant au-dessus de ses confrères. Cela a pourtant traîné plusieurs années. En 1676, sa promotion au grade de maréchal de camp lui a enfin donné une réelle autorité militaire. Deux ans plus tard, par son accession à la charge de commissaire général des fortifications, il atteint à la pleine réalité du pouvoir. Surtout, il a réussi, et cela n'est pas un mince mérite, à faire prévaloir son idée-force sur le pré carré.

Précisons bien pourtant ce que sont exactement ses prérogatives et leurs limites. Désormais expert incontesté de toutes les places du royaume, il est estimé du roi et de ses ministres. Son excellence en tant qu'ingénieur ne sera pas de longtemps contestée. Il est des phrases qui ne trompent pas. De Seignelay, le 2 juillet 1678 : « Outre la capacité par laquelle vous estes si fort au-dessus de tous les gens qui se meslent des mesmes choses que vous, il y a une si grande netteté dans vos mémoires et une si grande certitude dans tout ce que vous proposez, qu'il y a beaucoup de plaisir à estre informé de vos sentiments et à faire travailler à l'exécution des ordres du Roy sur vos mémoires. » Et Colbert de surenchérir encore quelques jours plus tard en rappelant le « grand plaisir à lire [ses lettres] par la netteté de ses expressions et encore plus par les grands effets que l'on voye de ses pensées ». Le clan Colbert est enfin gagné, ou plutôt définitivement « regagné » à sa cause.

Libéré de toute suspicion dès 1671, Vauban a également surmonté les unes après les autres toutes les inimitiés et toutes les susceptibilités qui avaient durant un moment risqué de l'étouffer. Longtemps, le conseil qui se réunissait autour du roi pour discuter des fortifications – les maréchaux de Villeroy, de Turenne et de Condé – avait soupesé avec quelque malignité les projets de l'ingénieur et lui avait à plusieurs reprises mis complaisamment des bâtons dans les roues. Turenne est mort sans qu'on sache exactement où en étaient ses relations avec Vauban ; qu'on se rappelle pourtant qu'en 1672-1673 il avait essayé de favoriser le chevalier Paul, ce qui est tout un programme. En revanche, depuis Maestricht et la campagne de 1674, Condé est pleinement acquis au talent de Vauban. Le roi – qui a toujours imposé ses vues mais sans brusquer la vieille garde – permet enfin à Sébastien Le Prestre de donner sa pleine mesure.

L'ingénieur est désormais à sa vraie place, celle que le chevalier de Clerville occupa une vingtaine d'années sans en épuiser toutes les réalités. Les ministres voient en lui un spécialiste, un agent d'exécution, non un « décideur », le roi tranchant en dernier ressort après étude et discussion de ses rapports. L'ingénieur n'a donc rien d'un potentat livré à ses seules intuitions et à ses seules vues. L'inspecteur est à son tour l'inspecté. C'est bien dans ce cadre – inspecteur inspecté – que Vauban travaillera d'arrache-pied – encore et toujours – au cours du quart de siècle suivant.

TROISIÈME PARTIE

Les jours somptueux de l'automne

1678-1703

> J'ai assez bonne opinion de moi pour me
> croire un des plus forts de la troupe.
>
> *Vauban à Le Peletier.*

Du début de 1678 au mois de septembre 1703 – plus du tiers de sa vie, un quart de siècle –, Vauban exerce avec la fougue et la méthode qui le caractérisent sa fonction de commissaire général des fortifications. Rien ne semble changé dans ses activités antérieures. Par un certain côté, c'est vrai, dans la mesure où, comme par le passé, il enchaîne inspection sur inspection, rapport sur rapport, continuant de travailler à un rythme endiablé. Mais son grade d'officier général et sa charge de commissaire général lui assurent les coudées franches qu'il n'avait pas autrefois comme capitaine ingénieur. Il peut enfin proposer ses conceptions sans craindre l'intervention plus ou moins cauteleuse ou grognonne d'un quarteron de maréchaux vieillissants.

Désormais, son aire de travail s'étend à l'ensemble des fortifications du royaume – toujours partagées comme par le passé et pour plus d'une décennie encore entre les deux départements de terre et de mer. Du côté de chez Louvois, qui se montre plus autoritaire que jamais dans la mesure où il enrage de partager « son » ingénieur avec son collègue (il n'y perd rien, en fait, dans la mesure où Vauban le tient régulièrement au courant de tout ce qui se passe chez le voisin), le nombre des places fortes s'est accru sensiblement par l'adjonction de celles des dernières acquisitions royales et de celles des Trois-Évêchés cédées à son collègue par Colbert.

Chez celui-ci, Vauban contrôle désormais l'ensemble du département, en conséquence de quoi de nombreuses provinces frontières qui ne lui avaient jamais encore été confiées tombent sous son emprise, soit le Dauphiné et tous les fronts de mer, méditerranéen comme atlantique. Sa tâche est ici facilitée par les bonnes relations qu'il entretient avec Seignelay, fils de Jean-Baptiste Colbert – d'abord associé à son père, puis ministre à son tour en 1683. Certes, les ingénieurs de ce département voudraient bien se rebeller. Progressivement, tous sont obligés d'obéir, la plupart avec grande joie, quelques irréductibles par contrainte. On verra comment ceux-ci chercheront encore à tourner cette stricte autorité. De plus, lorsque interviendront, en 1690 et 1691 – après les décès de Seignelay et de Louvois –, d'importantes transformations dans l'administration des fortifications royales, rien ne sera changé en ce qui concerne le statut de Vauban.

Dans ces conditions, autant que ses talents, jouent à son bénéfice la continuité et la durée de ses services. Il n'est pas concevable qu'un individu quelconque exerce des responsabilités importantes pendant plus de vingt-cinq ans sans imprimer sa marque – en négatif comme en positif – à l'œuvre réalisée sous sa direction ; *a fortiori* lorsque l'homme en question a la personnalité affirmée de Vauban. Cela étant, Sébastien Le Prestre n'a pas été le *deus ex machina* que d'aucuns auraient tendance à déifier. Il est bien sûr que d'autres influences se sont exercées. D'autres personnages sont intervenus à des échelons divers, en amont comme en aval, pour apporter des solutions différentes de celles prônées par le commissaire général, pour en ajuster certains détails ou pour en transformer certains aspects. Surtout, en haut lieu, après examen des projets et évaluation prévisionnelle, le roi et les ministres ont plus que jamais exercé leurs prérogatives pour freiner ou au contraire accélérer la mise en œuvre des propositions du commissaire général.

Pour mieux comprendre l'importance de son action, pour juger de sa plus ou moins grande originalité, il sera bon d'étudier tour à tour la conception qu'il a des frontières du royaume, ses méthodes de travail, ses diverses réactions... Il n'empêche que, dans l'unité réelle de cette période, il est possible de distinguer au moins deux phases : 1690 – l'année de « la grande maladie » – et 1691 – l'année de la mort de Louvois –, constituant à plus d'un titre un tournant dans l'existence de l'ingénieur, une étape trop souvent sous-estimée par ses biographes. Il y a un Vauban d'avant 1690 et un Vauban d'après 1691.

CHAPITRE IX

« La plus belle frontière... »
(1678-1688)

> ... La plus sûre, la plus aisée.
> *Vauban à Louvois.*

Le premier traité de Nimègue à peine signé, Sébastien Le Prestre de Vauban troque sa fonction d'ingénieur de tranchée contre celle d'ingénieur de place. Ce n'est d'ailleurs ni la première, ni la dernière fois ! Âgé de quarante-cinq ans lors de sa promotion et en dépit de la vie trépidante qui a été la sienne depuis déjà plus d'un quart de siècle, il est en pleine possession de ses forces, de son intelligence, de son expérience. Alors que tant d'officiers militaires se « retirent » à la quarantaine pour enfin jouir de quelque repos, le commissaire général, pour son compte, s'adonne plus que jamais au travail. En « ce temps de paix qui commence[1] », il n'a jamais été aussi affairé et son emploi du temps est plus que jamais démentiel. Se plaignant certes de sa lassitude, affirmant qu'il est moins bien traité qu'un quidam, il n'en poursuit pas moins sa course effrénée, chargé qu'il est par le souverain d'ajuster les défenses du royaume aux clauses des nouveaux traités.

Ceux-ci ont bien sûr comblé de joie le roi et son équipe gouvernementale, assurant au royaume un accroissement fort substantiel. Qu'on se rappelle : quinze villes de Flandre et de Hainaut avec leurs territoires suburbains, la Franche-Comté,

Fribourg-en-Brisgau, Nancy, Marsal, Longwy et le passage en terre ducale par quatre routes stratégiques[2]... Certes, le roi a été obligé de consentir à quelques cessions douloureusement ressenties, comme celles d'Ath ou de Charleroi, la majeure partie de la Lorraine ducale, Philippsbourg, la principauté de Montbéliard. Mais les Français caressent le secret espoir de s'en emparer à nouveau un jour ou l'autre ; mieux encore, pour des raisons souvent fallacieuses, ils refusent de quitter certains pays occupés : telles les deux seigneuries de Héricourt et de Blamont dépendant de la principauté de Montbéliard, telle la Lorraine ducale elle-même.

Les dix années qui suivent la signature de ces traités – en particulier les six premières – sont avant tout employées à digérer les acquisitions de la guerre, à les renforcer, mieux, à les parfaire par le biais des « réunions », véritables annexions de temps de paix. Le roi et son équipe gouvernementale ont bien un dessein, celui de faire de la France la première nation continentale. Au commissaire général des fortifications qui a tant prôné le pré carré et qui est partie prenante dans tout cela, le soin de repenser le rôle des diverses villes fortes pour mieux couvrir le royaume. Il devra, suivant le cas, perfectionner ces places, de possession ancienne ou récente, peu importe ; maîtriser aussi les points faibles du dispositif par la création de nouvelles fortifications verrouillant les voies d'invasion ou servant d'antennes de surveillance contre l'extérieur. Il s'y emploie avec la passion de la terre qui est la sienne. Il désigne aussi les territoires à conquérir pour mieux protéger le royaume.

Ainsi travaille-t-il comme un forcené, courant à marche forcée d'une frontière à l'autre, étant, ou peu s'en faut, partout à la fois. On comprend mieux combien tous ces déplacements (plus de 60 000 kilomètres en dix ans) plus liés les uns aux autres que par le passé donnent au commissaire général une vision de l'espace français encore plus globale que celle qu'il avait précédemment ; de même, une connaissance expérimentale et approfondie des diversités du royaume. Jusque-là, Vauban travaillait davantage au coup par coup, à la « commande ». Désormais, il est investi du soin de « penser » la défense du royaume dans son intégralité et surtout de la penser de façon plus raisonnée et unifiée. Fidèle à son idée du pré carré, il voudrait l'appliquer cette fois-ci autant que possible à l'échelle du royaume et propose une organisation des places françaises systématiquement ordonnée. Le résultat en sera ce que l'on a pris l'habitude d'appeler la « ceinture de fer ».

Or, c'est aux quatre coins de la France que poussent en même temps ces chantiers royaux. Il ne saurait être question de suivre pas à pas leur chronologie commune. Il est préférable de les examiner dans leur cadre territorial, frontière terrestre après frontière terrestre, l'étude des fortifications maritimes étant réservée au chapitre suivant.

« Pour la sûreté des pays de l'obéissance du Roy »

Dès novembre 1678 – la seconde paix de Nimègue avec l'Empire n'est point encore signée –, Vauban formule ses conclusions sur les problèmes de la nouvelle frontière des Flandres et du Hainaut en présentant un mémoire court mais fort dense où il marque la direction à suivre. *In cauda*, il en profite même pour élargir son propos à d'autres frontières que celle du nord du royaume. Voyons en premier ce qu'il préconise pour celle-ci.

Jusque-là, biens espagnols et biens français étaient pêle-mêlés, ce dont – on se rappelle – se plaignait à répétition et fort amèrement Vauban. Les traités de Nimègue amènent sur ce point un très réel progrès. Non que les enclaves françaises en terre étrangère aient toutes disparu ; mais leur nombre a décru. La frontière, d'espace confus et enchevêtré qu'elle était – un véritable puzzle –, devient petit à petit une vraie ligne de séparation, en particulier grâce à la réduction des tentacules espagnols des hautes vallées de la Lys, de l'Escaut et de la Sambre. Mais encore faut-il que la nouvelle frontière soit solidement gardée. À tout prendre, il serait préférable qu'elle soit consolidée par quelques adjonctions judicieuses.

Dans son *Mémoire des places frontières de Flandres qu'il faudrait fortifier pour la sûreté des pays de l'obéissance du roi* écrit en novembre 1678, Vauban insiste sur la nécessité de « fortifier » – au sens originel du terme : « rendre fort » – « la frontière du côté des Pays-Bas qui se trouve ouverte et dérangée par la présente paix », y comprenant, bien sûr, le Hainaut, qu'il ne nomme pas mais qu'il n'oublie pas [3].

« Frontière dérangée » évidemment par les bouleversements apportés par Nimègue mais surtout « frontière ouverte » dans la mesure où la France, ayant comblé l'hiatus existant entre les deux Flandres « françaises », ayant aussi conquis une partie du pays hainuier et le Cambrésis, doit « retourner » à son bénéfice les fortifications des villes nouvellement acquises. Or, dans ces pays très fortement urbanisés – Guichardin, au XVIe siècle, disait déjà que la région était comme « une ville continue [4] » – les cités, très proches les unes des autres, s'étaient munies de murailles dès le Moyen Age. Leurs enceintes avaient ensuite été perfectionnées au cours des siècles par les princes qui avaient assuré progressivement l'unité politique du pays. En particulier, aux XVIe et XVIIe siècles, d'importantes transformations « à la moderne » avaient été apportées à plusieurs d'entre elles par les Espagnols soucieux de préserver leurs biens contre des attaques venues de France [5]. En 1678, Vauban estime qu'il est nécessaire d'aménager ces villes devenues françaises de manière à « régler promptement une nouvelle frontière et de la si bien fortifier qu'elle ferme les entrées de notre pays à l'ennemi et nous les facilite dans le sien ». Il entend donc défendre le royaume contre les incursions de l'ennemi et pénétrer sans peine sur ses terres si cela devient nécessaire. C'est de bonne guerre, ou plutôt de bonne paix ! Rien de très neuf dans tout cela et qui ne soit conforme à une politique de défense intelligente.

En revanche, Vauban innove dans la manière d'appliquer son programme de « recomposition » de la frontière. Il prévoit une défense articulée « à l'imitation des ordres de bataille », basée sur des places alignées, judicieusement choisies, distantes les unes des autres d'environ vingt-cinq à trente kilomètres. En outre, elles seront échelonnées en profondeur sur deux lignes. Il désigne pour la première ligne treize villes et deux forts, soit Dunkerque, Bergues, Furnes, Fort-de-la-Knocq, Ypres, Menin, Lille, Tournay, Fort-de-Mortagne, Condé, Valenciennes, Le Quesnoy, Maubeuge, Philippeville, Dinant. Plusieurs de ces places sont françaises depuis une dizaine d'années, donc déjà transformées. Mais les autres, telles Condé, Valenciennes, Le Quesnoy, Maubeuge, ont été acquises au cours de la guerre de Hollande. Dinant vient d'être cédée par le prince-évêque de Liège pour donner à la France un point d'ancrage avancé sur la Meuse. Il faut donc y entreprendre de très grands travaux.

Quant à la deuxième ligne, elle comprendra Gravelines, Saint-Omer, Aire, Béthune, Arras, Douay, Bouchain, Cambrai, Landrecies, Avesnes, Marienbourg et se liera au secteur champenois par Rocroi et Charleville. Là encore, des ouvrages importants en perspective ! Mais, ajoute Vauban, il faut encore prévoir de soutenir la première ligne « par des canaux ou communications du grand canal d'Ypres à la Lis et de la Lis à l'Escaut, suivant les bords de laquelle on pourrait bâtir des redoutes en temps de guerre qui, à l'aide de tout ce que dessus, tiendraient tous les derrières en sûreté ». Il voudrait donc une sorte de maillage défensif avec plusieurs villes d'arrêt destinées à prévenir les invasions. Selon les désirs de Louvois, il assigne encore un autre rôle aux places fortes : elles serviront de magasins aux munitions et aux vivres nécessaires non seulement à la défense mais aussi aux armées en campagne pour lesquelles elles seront autant de points d'appui et de ravitaillement. Le système unit donc étroitement les préoccupations concernant la « logistique » des armées opérationnelles à celles de la défense proprement dite. Son auteur, qui veut faire d'une pierre deux coups, espère également que les voies d'eau bien liées faciliteront « merveilleusement le commerce ».

On comprend mieux l'activité fébrile du commissaire général auquel le roi – qui, comme toujours en matière de fortification, suit les choses de très près et impose souvent ses propres vues – demande la réalisation la plus rapide possible du programme en question. Il faut alors établir des « projets particuliers » pour chaque ville de Flandre ou de Hainaut qui doit être transformée, ensuite viendra la phase de la mise en travaux. Mais en réalité, pour certaines de ces places, les remaniements ont déjà débuté dès le lendemain de leur conquête. Il en va ainsi, par exemple, de Bouchain, dont « les réparations et travaux à faire pour l'entière perfection de ses ouvrages » sont en route depuis 1676 ; pareillement de Cambrai, d'Aire[6]...

Par ailleurs, dans le mémoire de 1678, le commissaire général montre fort le bout de l'oreille en dévoilant – mais ce n'est pas une nouveauté – ses tendances fortement annexionnistes. L'encre du premier traité de Nimègue n'est pas sèche que le sieur de Vauban expose déjà qu' « il y a lieu d'espérer qu'on sera plus souvent sur l'offensive que nos ennemis. [...] En cas de guerre au temps à venir, les premières places ennemies que l'on doit avoir en vue pour rompre leur frontière et pénétrer dans leur pays sont, du côté de la mer, Dixmude qui nous mènera à Nieuport [...], du côté de la Lis, Courtray pour aller ensuite à Audenarde et de là à Ath ; du côté du Haynault, Charlemont, Mons et après Charleroy ». Ce faisant, il ne fait que s'aligner sur les désirs – secrets ou non – du roi et de son ministre de la Guerre.

Et pour tous ces messieurs, il faut regarder beaucoup plus loin que la frontière du nord ! Ainsi, à la fin de son mémoire consacré aux Flandres et au Hainaut, Vauban donne des suggestions rapides et claires sur plusieurs autres zones sensibles. Il désigne comme de bonne prise Luxembourg pour couvrir la Lorraine et avancer dans la vallée de la Moselle. Il souhaite pareillement une action contre Strasbourg. Tout un programme qui ne tardera pas à être appliqué dans les mois et années qui viennent grâce à ce que l'on appelle les « réunions » !

Les réunions

Très vite, à l'exemple de Vauban ou même le précédant, d'aucuns dans l'entourage royal ont en effet estimé qu'il ne serait pas inutile de compléter les conquêtes de Nimègue par quelques accroissements permettant à la fois de « mieux contenir les ennemis » – selon une expression vaubanienne – et d'achever le pré carré par des prises bien ciblées, sous des prétextes bien choisis. Or, dans le royaume de France, il ne manque pas de légistes habitués à jongler avec les divers droits – coutumier, écrit, noble ou roturier – pour trouver une solution juridique à cette royale fringale de terres. On avait bien vu des juristes soutenir « les droits de la Reine » dans les Pays-Bas en 1667. On les reverra à l'œuvre lors de ce qu'il est convenu d'appeler les « réunions »[7]. Les traités signés depuis 1648 prévoient en effet, avec la cession de lieux bien précisés, celle de leurs dépendances[8]. Dès 1670, des membres du parlement de Metz avaient déjà commencé d'affûter leurs arguments.

À partir de 1679, le roi met en place des chambres dites de réunion à Metz, Tournai, Brisach et Besançon. Ce sont des émanations des parlements ou des conseils souverains des provinces des Trois-Evêchés, Flandres, Alsace et Franche-Comté.

Au nom du roi de France, présentement souverain de ces provinces, elles doivent examiner en détail toutes les inféodations et toutes les aliénations faites au cours des âges par les précédents princes. Ceux-ci ont outrepassé leurs droits en se dépouillant de domaines inaliénables dont ils ne devaient ni ne pouvaient disposer légalement. Louis XIV a donc non seulement le droit mais encore le devoir de faire rétrocéder pacifiquement par leurs actuels détenteurs toutes ces terres aliénées pour les réunir à nouveau à chacune des provinces – devenues françaises – dont elles faisaient autrefois partie et dont elles n'auraient jamais dû être distraites. Pour autant et pour ne pas effaroucher les propriétaires des diverses seigneuries de ces territoires, il n'est pas question que les « réunis » renoncent aux droits seigneuriaux qu'ils possèdent sur les territoires ainsi récupérés.

En vertu de ces jugements fort unilatéraux, comme on s'en rend compte, et au fur et à mesure de leurs dates, le roi envoie immédiatement ses gens dans les terres à « réintégrer ». Escortés de troupes qui sont là pour intimider les populations et qui ne doivent intervenir qu'en cas d'hostilité intempestive, les hommes du roi entrent ainsi « en possession de plusieurs villes, bourgs et villages dans la Flandre espagnole, de presque tout le duché de Luxembourg, de celui des Deux-Ponts qui appartenoit au roi de Suède [9], de la principauté d'Orange et de quelques autres petits États », ce qui va permettre à Louis XIV de renforcer sérieusement la défense de son royaume [10]. En outre, le roi « fit demander Strasbourg à l'Empereur et Luxembourg, où il y avait une bonne garnison, au roi d'Espagne » [11]. Et l'historien de l'*Histoire militaire de Louis XIV*, Saint-Hillaire, d'ajouter fort judicieusement : « On peut facilement juger combien cette nouvelle manière de s'agrandir et de faire des conquêtes en pleine paix étonna les princes de l'Europe. » L'empereur et les Espagnols refusant l'un de céder Strasbourg – laquelle est en réalité une ville libre –, et les autres quoi que ce soit, le roi aura cette fois-ci recours à l'intervention militaire.

Vauban est impliqué dans ces affaires à plusieurs titres. D'abord il est pleinement acquis, on l'a vu, à cette politique de rapines. Ensuite, lorsqu'il y a intervention armée, il y participe, tant comme combattant que comme fortificateur. En 1681, il est depuis longtemps dans la confidence de la future prise de

Strasbourg à laquelle il a poussé depuis longtemps : à « l'égard de l'Allemagne, [...] il nous est de la dernière conséquence de prendre Strasbourg[12] ». Il donne également de nombreux conseils sur la façon dont doivent être menées les actions militaires, en particulier les sièges prévus aux Pays-Bas. Il a été question à un moment d'investir Bruges. Dans une lettre du 2 décembre 1682, il conseillera de ne pas s'y frotter car, dit-il, « Bruges est une fort grande ville dans laquelle il y a beaucoup de vides ; que pour la pouvoir bombarder comme il faut avec des mortiers communs, il faut du moins approcher à cent toises près de la contrescarpe et là établir les batteries, ce qui ne peut se faire que par le moyen d'une tranchée précautionnée comme celle d'un siège en règle et avec des places d'armes qui se soutiennent l'une l'autre ». Achevant sa longue démonstration, il ajoute : « En un mot, ce qu'il y a là de plus certain n'est que honte et dommage, et une fatigue horrible pour les troupes, et peut-être beaucoup de sang répandu[13]. » En revanche, il conseille d'attaquer Nieuport ou Audenarde, donnant sa préférence à la première ville : « La prise de cette place tiendra en laisse Ostende et Bruges par l'entrée qu'elle nous donnera dans le pays ennemi du côté de la mer ; elle bouchera une très vilaine trouée dans notre pays et achèvera de nous faire la plus belle frontière du royaume, la plus sûre et la plus aisée à garder en quelque temps que ce puisse être, en la fortifiant et Dixmude aussi[14]. » Vauban atteint ici au lyrisme, rêvant d'une frontière bien gardée et de trouées bien colmatées. Apparaît ici en filigrane la volonté toujours aussi ancrée dans l'esprit du commissaire général de faire le pré carré du roi en lui rassemblant les bonnes terres autour de son domaine primitif.

Après que s'est formée une ligue unissant les souverains spoliés – l'empereur, les rois de Suède et d'Espagne, ainsi que Guillaume d'Orange-Nassau –, les Français passent à l'action armée. En novembre 1683, le commissaire général dirige les attaques des sièges de Courtrai et de Dixmude qu'il préconisait depuis déjà quelque temps. Il donne du souci à ceux qui l'entourent par suite de son impétuosité : « Je n'ai pu empêcher M. de Vauban d'aller dans la ville ; il m'a promis positivement qu'il ne bougerait pas de son logis, où il se ferait rendre compte par ses ingénieurs de ce qui se passerait. J'ai même chargé M. le marquis d'Huxelles de ne le point quitter et de l'empêcher de s'approcher de la citadelle. Nous avons pensé nous brouiller là-dessus ; vous savez qu'on ne le gouverne pas comme on voudrait, et si quelqu'un mérite d'être grondé, je vous assure que ce n'est pas moi », écrit le maréchal d'Humières au secrétaire d'État de la Guerre qui lui a demandé de veiller personnellement à la sécurité du commissaire général[15].

Ces affaires ont pu être menées rondement : deux jours de tranchée pour la ville de Courtrai, six pour sa citadelle que le commissaire connaissait entre toutes, lui ayant consacré presque autant de temps qu'à celle de Lille ; une reddition immédiate pour Dixmude défendue par dix-sept cavaliers – pas un de plus, démontés de surcroît. Les deux villes conquises, les troupes françaises arrêtent leur progression en Flandre.

Au printemps suivant (en 1684 donc), au retour d'un long voyage d'au moins six semaines en compagnie de Seignelay sur le canal des Deux-Mers et après un arrêt d'un grand mois chez lui[16], le sieur de Vauban se précipite vers Luxembourg où l'attend l'armée du maréchal de Créquy. Commence alors le dur investissement de la cité, « du 8 may au soir de l'année 1684 au 1er juin à 7 heures du matin[17] ». Ce siège, le quarantième de Vauban, est long de près d'un mois et coûteux. Il n'est que de lire les listes d'ingénieurs morts ou blessés dans cette action pour comprendre la difficulté de l'opération. Vauban, qui se loue de l'action des bombes – « sans leur secours, nous étions perdus » –, se plaint en revanche de la mauvaise qualité de la poudre et des armes dont se servent les soldats français. Harassé, ne pouvant plus remuer ni bras ni jambes, il se réjouit de cette belle victoire acquise si chèrement : « Voilà enfin […] ce terrible Luxembourg réduit au point que vous désirez. Je m'en réjouis de tout mon cœur pour le grand bien qui en reviendra au service du Roi ; c'est la plus belle et glorieuse conquête qu'il ait jamais faite en sa vie[18]... »

Les réunions ont vraiment été pour Vauban « de belles et glorieuses conquêtes » destinées à améliorer les frontières du royaume, à en « guérir » les défauts, que ce soit en Flandres – on l'a déjà vu –, que ce soit sur les confins orientaux du royaume (Franche-Comté et Alsace), ou encore au nord-est, en Lorraine. Voyons donc d'un peu plus près les aménagements de la défense dans ces diverses provinces.

« LE COMTÉ DE BOURGOGNE, VULGAIREMENT APPELÉ LA FRANCHE-COMTÉ »

Les frontières orientales du royaume ont été transformées du tout au tout dans la trentaine d'années qui sépare les traités de Westphalie de ceux de Nimègue. La paix de 1648 octroyant une bonne partie de l'Alsace à la France et celle de 1678 lui donnant la Franche-Comté et quelques morceaux dépecés de la principauté de Montbéliard ont en effet reporté les limites de la France jusqu'aux crêtes du Jura ici et là, jusqu'au Rhin. Une avancée remarquable qui comporte néanmoins des points faibles et des hiatus dangereux en cas de guerre avec les impériaux, on s'en est bien rendu compte durant les dernières hostilités qui ont vu un début d'invasion de la plaine alsacienne.

L'acquisition de la Franche-Comté simplifie beaucoup la situation. À l'ouest, elle libère définitivement la Bourgogne du voisinage de l'ennemi : cette province a joué un rôle de bouclier du royaume depuis l'époque de son rattachement à la France, au dernier quart du XVe siècle, jusqu'à présent. Du coup, les places bourguignonnes s'assoupissent, à l'exception d'Auxonne, transformée en un grand arsenal [19]. En Comté, les enceintes de Gray et de Dole – tournées contre la France – sont rasées après la conquête. Sur la frontière orientale, peu d'ouvrages du côté suisse, les cantons étant engagés envers la France par la « paix perpétuelle » : néanmoins, le fort de Joux modernisé tient la cluse de Pontarlier.

Au sud, le Valromey étant français depuis plus de soixante-quinze ans déjà, il faut simplement remanier au goût du jour le fort de l'Ecluse et le pont de Seyssel qui surveillent la route du Rhône entre Genève et Lyon et, par-delà, la Savoie. Il n'est pas davantage question d'abandonner les forts construits par les Espagnols à Salins pour tenir solidement l'important nœud routier de cette région et mieux contrôler le commerce du sel comtois. Non content d'y conserver les forts Saint-André et Belin, l'ingénieur y rajoute un nouvel ouvrage, le fort Bracon. Surtout, il renforce la nouvelle capitale, Besançon, située sur le Doubs. D'expérience, il sait combien la ville est « commandée » par les hauteurs qui l'entourent. Aussi renforce-t-il la citadelle avec plusieurs fronts défensifs et développe-t-il le fort Griffon, de l'autre côté du cours d'eau, pour mieux tenir le pont du Doubs. L'enceinte de la ville est, elle aussi, perfectionnée par des tours bastionnées et casematées ; celles-ci, « fermées en outre à la gorge, devinrent autant de petites citadelles contre la fidélité mal affermie de la population [20] ». Ces solides ouvrages surveillent donc à la fois la ville et le pays environnant. Vauban en suit la construction pas à pas, ou peu s'en faut.

Mais en réalité, c'est la frontière du nord-est de la Comté qui donne le plus de fil à retordre, car elle est ouverte sur le seuil de Bourgogne et par-delà sur la route du Rhin. De toute nécessité, la défense comtoise est donc étroitement liée à celle de la trouée de Belfort, à celle du Sundgau et à la surveillance des abords du Rhin vers Bâle. On s'est bien rendu compte du danger lors du dernier conflit lorsque les impériaux, venus des « villes forestières » – sises sur le Rhin antérieur entre Constance et le coude rhénan – cherchaient à se glisser vers la Comté conquise par les Français pour tenter de donner la main aux partisans francs-comtois. C'est pourquoi en 1676 le comté de Montbéliard, principauté souveraine, fut occupé par les troupes du maréchal de Luxembourg de manière à occulter un des chemins commodes entre Rhin et Franche-Comté ; c'est la raison, à la paix, du rattachement forcé à la France d'une partie de la principauté, en attendant les réunions.

Surtout, on comprend mieux pourquoi, dès 1678, il est décidé en haut lieu de défendre par les mêmes ouvrages Franche-Comté et haute Alsace.

Germanis Gallia Clausa

Depuis qu'en 1648 les traités de Westphalie avaient accordé à la France une part non négligeable des terres alsaciennes, il n'avait pas été facile de défendre la province étirée du sud au nord sur plus de cent cinquante kilomètres et bordée par un Rhin encore sauvage, divaguant en bras multiples qui enserraient d'innombrables îles plus ou moins mouvantes. Certes, le roi possédait outre-Rhin deux « portes » vers l'Allemagne, Brisach et Philippsbourg. Mais une autre complication rendait la tâche particulièrement malaisée aux administrateurs et militaires français. Avant que n'intervinssent les réunions, le pays était littéralement « mité » – spécialement en basse Alsace – par toute une série de seigneuries et de villes libres ne relevant que de l'Empire, en vertu de quoi le roi de France n'avait aucun droit ni aucun pouvoir sur elles.

En raison de cette situation difficile, Louis XIV, dès 1673 – donc au début de la guerre de Hollande –, avait fait passer l'Alsace de la « mouvance » de Colbert à celle du secrétaire d'État de la Guerre. Entraînant à sa suite Louvois et Vauban, il était alors allé se rendre compte par lui-même de l'état de la province et des ouvrages nécessaires à sa défense. Cependant, à la suite des événements dramatiques de 1674-1675, il avait fallu surseoir à tout projet ; on avait surtout travaillé au coup par coup, mettant l'accent tantôt sur la défense de Belfort au sud, tantôt sur celle de Brisach outre-Rhin.

À partir de 1679, le roi entend rattraper le temps perdu en mettant les bouchées doubles. Cette année-là, après un long arrêt en Lorraine, Vauban reçoit l'ordre de parcourir durant tout l'été la plaine alsacienne pour concevoir un plan d'ensemble. Il décide d'appliquer à la province sa méthode du double verrouillage en profondeur : des places situées en arrière d'une série d'autres, ces dernières proches de la frontière, ici le Rhin. Très pragmatique et excellent géographe, il tient compte des trois secteurs s'articulant les uns aux autres, celui de l'Alsace moyenne avec comme pivot Brisach et, en ailes, haute Alsace et basse Alsace qui, à leurs extrémités, donnent réciproquement la main aux systèmes comtois et lorrain.

Tandis que vont bon train les réunions des seigneuries de ceux qui se réclament inutilement de l'« immédiateté », Vauban se préoccupe en premier de la défense de la haute Alsace qu'il lie à celle de la Comté. Il est décidé que deux places assureront le verrouillage, l'une du seuil de Bourgogne – ce sera Belfort – et l'autre de la zone du coude du Rhin, à la hauteur de Bâle – ce sera Huningue. Ici, il faut « tenir de court » la ville libre de Bâle, neutre certes mais plus mal que bien intentionnée à l'égard de la France. Il faut aussi prévenir, de la part des impériaux, toute tentative d'invasion par le Rhin antérieur et contrôler le nœud routier situé à la croisée des chemins nord-sud, est-ouest. D'où la ville neuve de Huningue, à quelques toises au nord de la cité bâloise, le commissaire général ayant déclaré : « Le seul endroit propice pour défendre l'Alsace se trouve à Huningue[21]. » La construction en est menée tambour battant. Peu après, au grand dam des Bâlois, on adjoindra à cette place, mais de l'autre côté du Rhin, un ouvrage avancé pour tenir la tête d'un pont de bateaux.

Dans le même temps, les travaux de remaniement de Belfort sont mis en route. Jusqu'alors, il ne s'agissait que d'une « villotte », avec deux petites agglomérations, la ville du haut regroupée autour du château, la ville basse coincée dans une étroite enceinte. La citadelle occupera désormais toute la butte de la Motte et la ville, agrandie, se blottira au pied de la falaise. Le travail dure plusieurs années. Enfin, pour parer à tout danger, on répare le vieux château du Landskron, proche de la petite ville de Leymen, sur la frontière entre Sundgau et cantons suisses.

Le secteur médian est moins préoccupant dans la mesure où la place forte qui le défend, Brisach, acquise lors des traités de Westphalie pour « ouvrir une porte dans l'Empire [22] », se trouve sur la rive droite du fleuve et a été depuis longtemps l'objet de maints travaux. Vauban n'est pas près de les oublier ! En outre, depuis 1677, la France est installée à Fribourg-en-Brisgau qui joue en quelque sorte le rôle d'un bouclier avancé en terre impériale. Sur l'Ill, Sélestat sert de verrou de deuxième ligne et est transformée en conséquence. Dans cette région, seules des adaptations sont nécessaires, qui supposent néanmoins certains remaniements sur lesquels veillent le commissaire général et son fidèle et brillant second dans la province, le Parisien Jacques Tarade.

En basse Alsace, la défense était longtemps demeurée médiocrement organisée en dépit de la couverture assurée par la lointaine Philippsbourg, sur la rive droite du Rhin, au sud de Spire. Mais cette place, française depuis 1648, est rendue à l'Empire aux traités de Nimègue. Or dans cette basse Alsace où le prince de Condé dénonçait dès 1673 que « l'autorité du roi va se perdant absolument », de graves difficultés étaient nées pendant le dernier conflit en raison « du comportement pour le moins ambigu de la ville libre de Strasbourg à l'égard des Français [23] ». La ville avait nettement favorisé les impériaux en leur accordant le passage du fleuve. Louis XIV et son entourage en avaient tiré cette conclusion que tant que la cité ne serait pas rattachée au royaume, il serait toujours impossible de prévenir une invasion ennemie. On comprend mieux Vauban rêvant de cette conquête dès novembre 1678, ce d'autant plus que « la prise et le siège de laquelle est beaucoup plus facile qu'on ne croit, et la conquête si considérable pour porter la guerre au delà du Rhin... ». Le roi partage pleinement ce point de vue, prépare l'encerclement de la ville en faisant progressivement converger des troupes vers la basse Alsace au cours des deux années qui suivent.

La prise de Strasbourg n'en est pas moins une surprise pour ses habitants qui subodoraient cette action sans la croire aussi proche (30 septembre 1681). Ne pouvant se défendre contre la mainmise des régiments français, le magistrat de la ville [24] se rend sans combattre. Vauban, depuis de longs mois au courant de tous ces préparatifs, est parti du Morvan le 25 septembre ; par Belfort, il rejoint Huningue, y prend le coche d'eau pour Strasbourg. Arrivé le 3 octobre, il se met immédiatement au travail, arpente le terrain pour prendre la mesure exacte du site urbain baigné par l'Ill et le Rhin. Dans la foulée, il développe les défenses de la ville, donne les projets d'une citadelle qui sera, selon l'habitude, à la fois signe tangible de la « souveraineté royale » sur ce nouveau domaine français mais aussi protection effective de la cité et de son *hinterland* contre les menaces d'un ennemi venu de Germanie. Au nord de l'agglomération, le fort de Kehl garde la tête du pont au-delà du Rhin ; ses ouvrages avancés sont implantés en terre d'Empire pour contrôler solidement les passages.

Au « grand nord » de la province, Landau, que l'on commence de remanier entièrement, assure la garde de la Queich, un affluent du Rhin qui, à cette date, sert de frontière ; des places secondaires comme Lauterbourg, Wissembourg, Haguenau sont progressivement améliorées. En outre, pour mieux assurer la défense du fleuve dans un secteur très boisé à la hauteur de Haguenau, les Français se rendent maîtres d'un îlot isolé ayant autrefois appartenu aux barons de Fleckenstein, dit « île de Giessenheim ou des Chenapans ». En 1687 – donc postérieurement aux précédents travaux –, Vauban y construira un fort carré à quatre bastions et deux têtes de pont à redoutes qui auront pour mission de garder tant la rive française que la rive allemande [25].

Ainsi, à l'heure où la province atteint sa pleine stature et forme désormais un espace homogène, bien délimité, « qui a triplé du fait des réunions[26] », les places alsaciennes de première ligne – disons plutôt les places de la ligne rhénane – forment un tout cohérent avec étroite surveillance de la rive allemande grâce aux diverses têtes de pont. Durant la guerre de la ligue d'Augsbourg, on prévoira en outre des redoutes de fortification passagère le long du fleuve, distantes de quelques lieues les unes des autres. La zone la moins bien gardée reste celle qui jouxte le Palatinat, au nord-ouest de la province. Néanmoins, les forêts qui couvrent la zone des Petites Vosges forment un réel obstacle et le vieux fort remanié de la Petite-Pierre – acquis par réunion en 1681 – surveille plus ou moins bien le col de Saverne. Il assure la continuité de la défense qui se lie par Phalsbourg avec celle des terres lorraines.

Il faut admirer la rapidité, tant de conception que d'exécution, qui permet de réaliser un ensemble si imposant destiné à protéger l'espace français rhénan. Du coup, et pour de longues années, l'Alsace est transformée en un vaste chantier sur lequel le commissaire général va et vient à chacun de ses nombreux passages.

En passant par la Lorraine

Enfoncée en coin entre Champagne et Alsace, la Lorraine possède, elle aussi, une importante frontière qu'il convient de défendre avant tout contre plusieurs princes d'Empire. Mais sa situation politique est quelque peu différente de celle des provinces voisines. Si les Trois-Evêchés, Metz, Toul et Verdun, sont pleinement intégrés au royaume depuis maintenant cent trente ans, la Lorraine ducale a connu en revanche depuis un demi-siècle un destin tourmenté. Occupée par les Français de 1632 à 1662, rendue alors à son légitime propriétaire, le duc Charles IV, elle a été réoccupée en août 1670 par les troupes françaises ramenant dans leurs bagages administrateurs et magistrats royaux revenus immédiatement à leurs postes[27]. À la fin de la guerre de Hollande, en vertu du second traité de Nimègue (5 février 1679), le duc Charles V, neveu et héritier du précédent souverain, devrait recouvrer son héritage, partiellement amputé au bénéfice de la France. Scandalisé par des conditions qu'il estime par trop léonines, le nouveau duc refuse de prendre possession de ses terres. Du coup, Louis XIV maintient ses troupes sur le sol ducal. Il en profite pour faire passer la Lorraine et les Trois-Evêchés du ministère de Colbert à celui de Louvois, ce dernier tenant désormais sous sa coupe quasiment toutes les provinces frontières du royaume, qui se succèdent de la mer du Nord à la Savoie. Enfin, de 1679 à 1682, le roi intègre à cet ensemble lorrain les terres acquises en vertu des réunions décidées par la chambre du parlement de Metz, ce qui a pour effet de déplacer vers le nord le centre de gravité de toute la Lorraine devenue française. Pour défendre ces nouveaux territoires, Louvois relance à grandes guides les travaux de fortification déjà entrepris en Lorraine au cours de la guerre de Hollande.

On se rappelle que, durant ce conflit, Vauban était déjà venu plusieurs fois ici à la demande de Colbert, alors responsable de la province. En 1672, sollicité sur le sort de la capitale ducale « découronnée de son enceinte » dix ans plus tôt, l'ingénieur avait tout simplement conseillé de relever les fortifications telles qu'elles étaient avant la démolition – dont, ne l'oublions pas, il avait lui-même été l'auteur. Ce travail avait été mené tambour battant (1672-1679). En août 1673, nouveau passage de l'ingénieur entre Flandre et Alsace mais cette fois-ci pour accompagner le roi qui, avec la reine, visitait la Lorraine avant de se rendre en Alsace. L'ingénieur, contré par le prince de Condé – on en était encore à cette date à la paix armée entre les deux hommes –, n'avait alors pu faire triompher son opinion sur la nécessité de démolir Marsal, « un trou qui peut estre assiégé par deux redoutes, qui n'est à portée de rien, qui ne s'oppose à rien et qui enfin n'est bon qu'à razer aussytost que Nancy sera asseuré au Roi et remis sur pied[28] ». Par ailleurs, chargé par le roi lui-même d'augmenter les fortifications de Thionville – le souverain ayant beaucoup admiré la position de cette place sur la Moselle –, Vauban s'était exécuté en faisant remanier et agrandir la place primitive sur plan heptagonal irrégulier.

Revenu au début de juillet 1675 et dans l'hiver 1676-1677 – cette fois-ci au sujet du renforcement des trois villes épiscopales –, Sébastien Le Prestre s'était particulièrement attelé à un projet de refonte profonde du système défensif de Metz, « la plus heureuse situation qu'il soit au monde » pour garder la trouée de la Moselle. Il avait fourni un projet visant à conserver la vieille enceinte messine, à perfectionner les anciens ouvrages extérieurs complétés par de nouveaux ; et pour mieux défendre la place, il avait conçu un plan très astucieux de manœuvres des eaux entre Seille et Moselle avec inondations et chasses d'eau conduites grâce à un système d'écluses et de batardeaux. On avait été amené à largement dépenser « à mesure que la fortification de ces places s'augmentoit ». En 1678, rien de moins que 500 000 livres pour la seule ville de Metz, les réparations ne faisant que commencer !

Quand intervient la paix de Nimègue, Vauban connaît donc bien les villes fortes de la région, leur situation, leurs avantages, leurs inconvénients. Mais, par suite de la conjoncture politique, nombre d'entre ces villes fortes sont désormais enfoncées à l'intérieur de la province, « la frontière s'estant esloignée ». L'ingénieur propose de les maintenir en parfait état pour s'en servir seulement en seconde position de défense. Le cas de Metz est éloquent. « La considération de Metz diminuant de mérite », la ville épiscopale n'est plus le pivot de la défense lorraine, la frontière, reportée au nord de la précédente, devant en revanche être « fortifiée par quantité de bonnes places qui la couvriront »[29].

Sur l'aile gauche de la Lorraine proche de la Meuse et de la Champagne, les Hautes-Fagnes de la forêt ardennaise constituent un obstacle suffisamment touffu pour que de grosses armées encombrées de bagages ne puissent s'y glisser[30]. Il faut néanmoins établir une solide défense destinée à protéger à la fois la Champagne et les Trois-Evêchés. On se contentera de certaines places existantes : Sedan sur la Meuse, Stenay, secondées en deuxième position par Verdun, remarquablement améliorée par une nouvelle enceinte bastionnée ; Montmédy sur la Chiers, affluent de la Meuse.

En revanche, la place de Longwy – également sur la haute Chiers mais surveillant à la fois le débouché des Ardennes, Luxembourg et la trouée de la Moselle – est entièrement rebâtie à dater d'août 1679. Le projet est préparé par M. de Choisy, ingénieur en poste en Lorraine ; il tient compte des *desiderata* du roi qui veut une ville forte nouvelle reconstruite à frais nouveaux sur l'emplacement de l'ancienne cité. Il est contresigné par le commissaire général le 13 juillet 1679. Après approbation royale, on dresse presque immédiatement le tracé de la nouvelle enceinte dont la première pierre est posée le 18 avril 1680. « Le plan est assujéti au terrain, bien qu'assez approchant du régulier. Du corps de place on voit dans tous les valons prochains qui pourroient valoriser les attaques et par les dehors presque dans tous les [vallons] esloignés, de sorte que la circonvallation en deviendra nécessairement fort estendue. » Bien protégée, la ville pourra contenir jusqu'à 3 000 hommes de pied (des fantassins), 100 à 120 bourgeois, tous les officiers nécessaires au service et 1 000 chevaux pour des sorties de reconnaissance ou de harcèlement. Une première estimation des travaux s'élève à 2 577 876 livres, 10 sols et 5 deniers ; le chiffre s'accroît bien sûr au fur et à mesure des travaux quelque peu ralentis par la difficulté à creuser les fossés dans un roc particulièrement résistant. Pourtant l'ensemble est presque terminé à l'automne 1681, lorsque le roi vient le visiter[31].

À l'est du dispositif lorrain, à la limite de l'Alsace, une autre ville neuve est également élevée à la même époque. Dès avril 1663, Vauban avait noté l'excellence de la position de Phalsbourg, devenue française depuis 1661 et d'où on pouvait à la fois verrouiller la route du col de Saverne et surveiller la vallée de la Sarre[32]. Mais le château et l'enceinte en étaient obsolètes. Comme il n'y avait pas urgence, on s'était contenté jusqu'à la paix de Nimègue d'entretenir les ouvrages existants. En avril 1679, Louvois, nouveau responsable de la Lorraine, s'inquiète d'installer dans ce site une place capable de « contenir de gros magasins et une garnison de douze à quinze cents hommes ». Vauban, assisté là encore par l'ingénieur Thomas de Choisy, revient peu après à Phalsbourg en compagnie de Louvois. En juillet 1679, il passe dix jours entiers sur place pour établir le projet définitif approuvé sans réserve par le souverain. Commencent immédiatement le « piquetage » du terrain sur lequel sont tracés les futurs ouvrages et le creusement malaisé des fossés dans un grès difficile à affouiller. La première pierre de cette ville toute militaire, de forme hexagonale, avec six bastions réguliers, est posée le 10 août 1680, quatre mois à peine après celle de Longwy. À l'est de la province et au nord de Phalsbourg, surveillant la forêt de la Warnt et les confins palatins, s'élève Bitche. Elle est rattachée par réunion à la France en 1683. Vauban y fait dès lors entreprendre de grands travaux destinés à la fois à remplacer le château féodal par une nouvelle citadelle et à protéger la cité par une enceinte bastionnée améliorée. Là encore les travaux vont bon train, moins néanmoins que dans les villes neuves.

Que ce soit donc tant à l'ouest qu'à l'est des terres lorraines, « le règlement de la frontière » de l'après-Nimègue est savamment combiné pour supprimer au maximum les hiatus entre Champagne et Lorraine à l'ouest, Lorraine et Alsace à l'est. Tout est également mis en œuvre pour colmater la trouée de la Moselle, cette fois-ci au centre du dispositif lorrain. Certes, les places de Metz et de Thionville ont été renforcées en pleine guerre de Hollande. Néanmoins, avec le déplacement déjà noté de la frontière septentrionale de la Lorraine, Louvois estime qu'il manque une place forte pour couvrir l'espace découvert entre la Moselle et les Petites Vosges. Il demande au gouverneur de la province, maréchal de Créquy, puis à l'ingénieur Thomas de Choisy de prospecter la région « le long de la Sarre ». À l'automne 1679, Choisy envoie un long rapport dans lequel il explique qu'il hésite entre plusieurs lieux. C'est Vauban qui, de Dunkerque, tranche : « Rien n'est plus nécessaire en matière de fortification qu'une place sur cette rivière aux environs de Vaudrevange [...]. C'est une espèce de nécessité de continuer notre première ligne de places qui est demeurée à Thionville et de luy faire prendre le chemin du Rhein par la Sarre et Phaltzbourg [...]. Je ne voy rien de plus nécessaire que cette place ny de mieux trouvé que le poste de Fraloutre de la manière dont M. de Choisy le dépeint[33]. » L'autorisation royale est immédiatement accordée. Encore faut-il construire la place.

Au cours d'une tournée d'inspection entamée en janvier 1680, le commissaire général demeure près d'un mois en Lorraine ; il visite attentivement l'emplacement désigné par son confrère : « J'ai passé par la Sarre où j'ai fait le plus beau projet de place qui fut jamais, près de Vaudrevange, qu'on appellera Sarrelouis. » Installée dans une boucle de la Sarre aux rives marécageuses et d'accès difficile, la nouvelle ville forte est terminée en 1685. Très régulière, forte de cinq bastions et de cinq demi-lunes, elle est défendue sur l'autre rive par un imposant ouvrage à corne. Pour simplifier les travaux, on a utilisé des matériaux de remploi, ceux des anciens remparts de Vaudrevange, villette détruite pendant la guerre de Trente Ans. Destinée à couvrir la Lorraine et le pays messin mais « pouvant porter la guerre jusqu'au Rhin », Sarrelouis veillera désormais sur les chemins germaniques et ne sera jamais investie [34].

Cela étant, ni le roi, ni Louvois n'ont garde d'oublier l'excellence de la position de Luxembourg que leur a signalée Vauban à plusieurs reprises, en particulier en novembre 1678 : « Du côté de la Lorraine, Luxembourg qui nous ruine 20 lieues de pays et nous en donnerait 20 autres par sa prise, nous faciliterait de plus celle de Trèves aussi bien que celle de Hombourg et de Bitche », écrivait-il alors. Ces deux dernières places étant maintenant réunies à la France, ce n'est qu'en 1684 que le roi se résout à s'emparer de la place luxembourgeoise solidement campée sur un éperon rocheux dominant l'Alzette, affluent de la Moselle et bien défendue par une bonne garnison espagnole. Le 4 juin, à l'issue du siège victorieux et s'adressant à Louvois dont il regrette l'absence, Vauban écrit que c'est « la conquête qui lui [le roi] assure le mieux ses affaires de tous côtés. Je vous demande par grâce spéciale de vouloir bien vous donner la peine de venir voir les tranchées avant qu'on les ait rasées ; j'ai tellement cela dans la tête que je crois que, si vous n'y venez pas, je déserterai les sièges et la fortification. Je ne laisserai de vous envoyer aujourd'hui votre plan à l'ordinaire. Après quoi, cela finira là, et je ne songerai plus qu'aux réparations de la place ». À quoi le ministre, qui n'a pu se libérer, de répondre le 7 juin : « Cette conquête me paraît d'un prix inestimable pour la gloire du roi et l'avantage de ses sujets. » Effectivement, la possession de Luxembourg assurant la meilleure couverture qui soit à la Lorraine, Vauban se met immédiatement au travail pour transformer royalement cette place.

En outre, pour la protection de la province et surtout pour se donner une base de départ vers une Germanie de moins en moins favorable à la France, le roi demande à Vauban d'élever à dater de 1687 une nouvelle place forte, Montroyal, cette fois-ci proche de Trèves, dans la basse vallée de la Moselle.

L'effort mené en Lorraine pour lui façonner une nouvelle défense après les signatures des traités de Nimègue a donc été particulièrement considérable. Qu'on songe aux quatre villes neuves, Longwy, Phalsbourg, Sarrelouis, Montroyal, et à la place éminente qu'elles occupent dans le dispositif ! Qu'on songe aussi à toutes les additions et adaptations qui transforment souvent de fond en comble d'antiques villes fortes telles que Thionville ou Luxembourg et tant d'autres encore ! Une œuvre titanesque, aussi importante, sinon plus, que celle réalisée en Alsace, avec, ici comme là, la volonté de créer une double chaîne de fortifications étagées en profondeur en première et seconde lignes.

« À LA TESTE DES COLZ ET DES PASSAGES »

Aussi bien, Louvois, si attentif à la défense du nord et de l'est du royaume, n'a garde d'oublier l'Outre-Monts et le Roussillon qui font également partie de son département. En ce qui concerne les possessions françaises de l'autre côté des Alpes, il y a du nouveau dans la mesure où, à la fin de l'été 1681 – au moment même où se faisait la réunion de Strasbourg au royaume –, le roi a acheté au duc de Mantoue la ville de Casal dans la plaine du Pô pour en écarter l'Espagnol. Entre deux inspections en Alsace et en Lorraine, le commissaire général n'a plus qu'à prendre une fois encore sur son temps au cours de l'hiver suivant pour courir examiner cette place lointaine. Il y passe deux mois et demi, de février à mi-avril 1682, rédige un *Mémoire sur les réfections de Cazal*[35], en surveille les tout premiers travaux avant de gagner la côte provençale où il a également à faire. Mais, il le dira plus tard, il n'a jamais beaucoup apprécié cette possession italienne si éloignée des bases françaises.

Beaucoup plus important aux yeux du ministre et de son ingénieur, le sort du Roussillon dont, en haut lieu, on commence seulement de mieux comprendre la valeur stratégique auparavant quelque peu dédaignée. Ce sont les campagnes de la guerre de Hollande, au cours desquelles il y eut en Roussillon beaucoup plus d'affrontements et d'accrochages qu'on ne le croit habituellement, qui, en détruisant quelques fausses certitudes, donnèrent à réfléchir sur les dangers bien réels des attaques espagnoles contre cette province. Dans l'entre-deux-guerres (1668-1672) on s'était contenté de défendre la plaine roussillonnaise par des travaux de fortification à Perpignan, à Bellegarde – difficile à tenir –, surtout à Collioure[36]. On avait aussi commencé la construction du fort des Bains dans la moyenne vallée du Tech et plus ou moins amélioré la place de

Villefranche dans la vallée du Conflent. Mais il n'avait encore jamais été question de tenir les cols pyrénéens abandonnés à leur malheureux sort et dont on pensait qu'ils ne pourraient jamais être franchis – même durant la belle saison – que par de petites unités de « partisans » sans valeur [37].

C'était oublier qu'à tout moment les Espagnols, proches de leurs bases, pouvaient attaquer en plusieurs points : par les chemins mal protégés des alentours du Perthus qui menaient au Boulou, par le col d'Arès, permettant de passer de Catalogne dans la vallée du Tech – le Vallespir – et de là par un affreux chemin au flanc du Canigou jusqu'à Villefranche [38], surtout par la vallée du Sègre, dont le bassin supérieur formait depuis le traité des Pyrénées la haute Cerdagne française. C'était aussi méconnaître l'effort militaire de l'ennemi acheminant de nombreuses troupes, fantassins comme cavaliers, vers ces théâtres d'opérations. C'était surtout ignorer la valeur militaire des « miquelets », mercenaires montagnards embauchés par l'Espagne, servant sur place et connaissant de ce fait parfaitement bien le terrain. La campagne de 1674 avait donné froid dans le dos aux Français, prenant brusquement conscience du danger. D'où le siège victorieux de Puygcerda au printemps de 1678, sitôt que cela avait été possible.

Le roi, pourtant « mains garnies », sait qu'il sera obligé, lors de la signature du prochain traité de paix avec l'Espagne, de revenir aux clauses de 1659 – donc de renoncer à Puygcerda. Il donne préventivement l'ordre d'évacuer les vingt pièces d'artillerie prises sur l'ennemi pour les transporter à la citadelle de Perpignan, puis de procéder à la destruction de tous les ouvrages fortifiés de la ville. (Ce à quoi se hâte l'ingénieur La Motte La Myre en plaçant près de trois cents mines dans des fourneaux judicieusement creusés : « Il n'y a jamais eu razement si complet [39]. ») De la sorte, la Cerdagne devient un *no man's land* ouvert à tout vent qu'il faudrait fortifier le plus rapidement possible car « les ennemis ne manqueront pas de rebastir [Puygcerda] ». Louis XIV prend de plus en plus conscience que la frontière du Roussillon mérite toute son attention.

Il faut revérifier tout le système fortifié de la province. En haut lieu comme sur place, on ressort certains projets qui, vieux de dix ans, n'ont pas été exécutés. Chacun y va de son idée pour savoir où et comment bâtir la future fortification de

Cerdagne[40]. Le commissaire général vient par deux fois en Roussillon. D'abord près de deux mois en 1680 (du 17 mars au 7 mai), au terme desquels il signe un long rapport énumérant minutieusement les travaux à faire à chacune des places roussillonnaises « pour les amener à leur perfection ». Deuxième voyage en mai 1681, mais cette fois-ci avec Louvois qui entend vérifier les travaux exécutés depuis l'année précédente, réduire certains projets de Vauban qu'il estime trop dispendieux, mieux préciser les fonctions de l'intendant des fortifications, le sieur Trobat, et celles des ingénieurs, Gabriel de La Motte La Myre, Rousselot, Joblot, La Vergne, etc.

Toute cette activité aboutira à disposer ici, comme dans les autres provinces frontières du royaume, de deux chaînes de verrouillage.

Dans la plaine, on conserve les vieilles places. Le château de Salses n'ayant plus d'intérêt majeur, priorité est donnée au renforcement de Perpignan. On y utilise presque toujours les éléments défensifs existants mais en les transformant par réparation ou aménagement. Une ville neuve, appelée par Vauban « l'augmentation », est également prévue. Quant à la citadelle, il faut en élargir l'esplanade et y bâtir de grandes casernes. La fortification de Bellegarde est également renforcée en dépit de sa médiocre valeur puisqu'il est impossible de s'en passer. Reste le sort de Collioure, mis en balance par le commissaire général au profit d'un nouveau port installé au Port-Vendres. Mais le grand projet de Vauban, jugé beaucoup trop onéreux par le roi et les ministres, est abandonné. Il ne sera repris qu'au XVIIIe siècle[41].

Sur les hautes terres – Vallespir, Conflent et Cerdagne – s'élèvent désormais des fortifications neuves. Dans la vallée du Tech, on fait quelques compléments de travaux au fort des Bains ; surtout on s'attache à défendre Prats-de-Mollo, gardant les passages vers Camprodon en Catalogne, vers le bas Vallespir mais aussi vers le Conflent par les sentes du Canigou particulièrement ardues mais néanmoins accessibles. Il faut aussi terminer le « renforcement » de Villefranche-de-Conflent déjà bien entamé et, surtout, construire impérativement le « château » en nid d'aigle préconisé par Vauban. Logé au flanc de la falaise, commandant les passages, il sera le seul ouvrage véritablement capable de défendre la place contre une tentative ennemie venue tant du Vallespir que de la Cerdagne. Enfin, et il s'agit là de la réalisation la plus spectaculaire du commissaire général dans cette province, une place forte neuve est élevée en Cerdagne, qui portera le nom du Mont-Louis [42].

Vauban, qui, lors de son premier voyage de 1669, n'avait pas compris l'avantage d'un établissement cerdan pourtant préconisé par l'ingénieur Chamois [43], est désormais convaincu de sa nécessité. Reste à désigner le site de la prochaine fortification : dans la proximité immédiate de Puygcerda, dans la vallée du Carol, au col de la Perche, au col de la Llagonne proche du Capcir... chacun y allant de ses suggestions. Vauban tranche. Sur le rebord oriental du haut plateau cerdan, donc assez loin de Puygcerda, là même où la rivière de la Têt naissante s'abîme brutalement vers le Conflent en une profonde gorge, il a repéré une petite éminence d'où on peut surveiller attentivement les alentours et toutes les voies de communication de la région : routes cerdanes de la Perche et de la Calme-de-Bolquère, sentes vers le Conflent, chemins qui conduisent au Capcir et, par la vallée de l'Aude, au Languedoc. Il y prévoit trois établissements : une citadelle et deux villes neuves, la haute et la basse ; cette dernière ne sera jamais exécutée car Louvois la jugera sans intérêt et de coût trop élevé. Le génie de Vauban a été de découvrir le bon site stratégique mais au moins autant d'adapter le tracé de la place au terrain, une partie des ouvrages étant naturellement défendus par des ravins et des escarpements impraticables aux batteries ennemies [44]. Cela étant, la citadelle à quatre fronts ne peut être attaquée que d'un seul côté, à partir de la Serre-de-Bolquère qui commande le plateau. Cela donne à l'ennemi une position très avantageuse pour préparer un siège et lui assure une protection immédiate contre les sorties. Il n'en reste pas moins qu'il s'agit là du seul front à surveiller de près. D'où le renforcement du bastion de Cerdagne, le seul à craindre vraiment les attaques ennemies. Quatre campagnes de travaux, de 1679 à 1682 – d'avril à fin septembre –, permettent de mener à bien tout le gros œuvre de cette nouvelle place. Il en coûte au roi quelque 762 000 livres mais il manifeste ainsi sa puissance sur les hautes terres cerdanes, à 1 600 mètres d'altitude.

En définitive, le Roussillon est désormais doté d'un système défensif cohérent qui lui assure une protection sérieuse. Louvois peut être rassuré : les fortifications roussillonnaises en imposeront vraiment aux ennemis lors de la prochaine guerre dite de la ligue d'Augsbourg ou de Neuf Ans. Ce sont les troupes du roi de France qui, alors, franchiront les cols.

« Il est très nécessaire de se défaire avec le temps »

De la paix de Nimègue au sac du Palatinat – et plus spécialement de 1678 à 1684 – le commissaire général a durement trimé pour rendre cohérentes les frontières du département de Louvois et pour les équiper de solides places. En revanche, durant cette même décennie, il n'est guère intervenu dans les provinces continentales gérées par les Colbert qu'il a progressivement contrôlées, Picardie, Champagne, le Dauphiné étant à part.

En effet, en ce qui concerne la frontière dauphinoise, tout le monde est parti du principe qu'il n'y avait que quelques « guichets » à surveiller. Peu de travaux y sont réalisés tant avant qu'après 1680. Et quand il y en a – par exemple la réfection de l'enceinte de Grenoble en 1670[45] – ils sont confiés à des sous-fifres. Les grandes entreprises de Vauban dans les Alpes viendront plus tard.

En revanche, à l'appel de Jean-Baptiste Colbert, Vauban avait travaillé à plusieurs reprises au cours des années précédentes en Picardie, menacée par l'ennemi sur son flanc est. D'importants ouvrages avaient été menés à bien pour rénover les villes fortes de la province, spécialement Péronne, Saint-Quentin et Guise. Cependant, dès 1677, alors que la paix n'est pas encore conclue, le contrôleur général note fort judicieusement : « Comme toutes les places de Picardie sont à présent couvertes par les conquestes du Roy, la seule presque de la province qui mérite une grande dépense et une grande considération est celle de Calais[46]... » Il suffit ici d'entretenir les fortifications existantes mais sans la moindre transformation.

Par ailleurs, la liaison entre frontières des Pays-Bas et de Lorraine se fait par le renforcement des quelques places champenoises de première ligne, en particulier Rocroi et Charleville. Vauban, dès lors, estime que la plupart des places de la région, autrefois essentielles, sont maintenant d'un bien moindre intérêt défensif puisqu'elles ne tiennent plus les « clefs du royaume ». Il obtiendra même en 1686 que soit détruite la place de Stenay qui pourtant a eu autrefois un rôle majeur mais que l'avance de la frontière a rendue obsolète.

En fait, les places terrestres des provinces colbertiennes, étant désormais éloignées de la nouvelle frontière, n'ont plus, aux yeux du commissaire général, d'utilité. On comprend mieux pourquoi il estime que le royaume a trop de places fortes. Dans le mémoire sur les places frontières cité plus haut, il a tenté de persuader le roi qu'il conviendrait de « ne point bâtir de nouvelles places hors de ces deux lignes » (celles de la frontière des Pays-Bas). Au contraire, ajoute-t-il, « il [...] est très nécessaire de se défaire avec le temps de toutes celles qui n'y seront point comprises ». Il faut aussi se débarrasser de toutes celles « qui se trouveront fort enfoncées dans le Royaume, comme ne pouvant plus servir qu'à favoriser les rébellions de ceux qui seront assez hardis pour s'en emparer ». Vauban pense à la fois à des ouvrages très anciens et sans le moindre intérêt militaire immédiat comme ceux de Nantes, de Caen ou de Rouen mais aussi à certaines villes plus proches de la frontière et dont l'entretien pèse lourd sur les finances royales. En effet, il juge et jugera encore – il y reviendra à plusieurs reprises les années suivantes – que le roi dépense trop en places inutiles, coûteuses, dangereuses (dont la plupart chez Colbert) et qu'il y immobilise des troupes qui seraient mieux utilisées ailleurs. Mais le roi ne se laisse pas séduire et ne consent sur le moment qu'à la destruction du Mont-Hulin proche de Boulogne, un ouvrage qui ne présentait aucun intérêt, « ayant été fort mal construit » au siècle précédent. Sur ce point, le commissaire général n'est pas écouté de son souverain.

Des chantiers royaux fourmillant d'activité quelques mois plus tôt se ferment progressivement au fur et à mesure de l'achèvement des travaux, tantôt l'un, tantôt l'autre. Mais de nouveaux s'ouvrent encore, tels ceux de Fort-Louis ou de Montroyal. À la veille de la guerre de la ligue d'Augsbourg, le roi peut vraiment se vanter d'avoir les plus belles fortifications terrestres qui soient dans le monde. Par-delà leurs amples fossés, elles dressent fièrement leur masse babylonienne, leurs bastions, leurs courtines et leurs demi-lunes au tracé si caractéristique. Le souverain compte sur elles pour cadenasser solidement son royaume lors du nouveau conflit que l'on devine très proche.

Le commissaire général, qui a présidé à la construction ou à la restructuration de ces différentes forteresses, a encore bien d'autres ouvrages en route. Depuis 1678, il donne aussi à plein temps ses soins à toutes les forteresses du département des Colbert. Il doit y veiller encore à l'aménagement de plusieurs voies d'eau, ces activités postulant cette fois-ci, les unes comme les autres, une parfaite maîtrise des eaux.

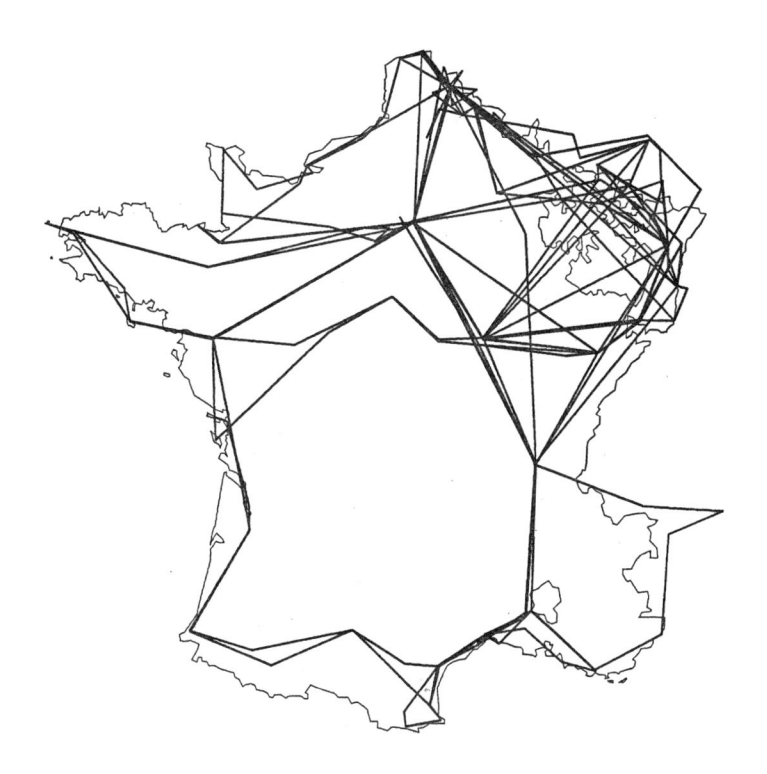

Les déplacements de Vauban de 1678 à 1688

246 LES JOURS SOMPTUEUX DE L'AUTOMNE

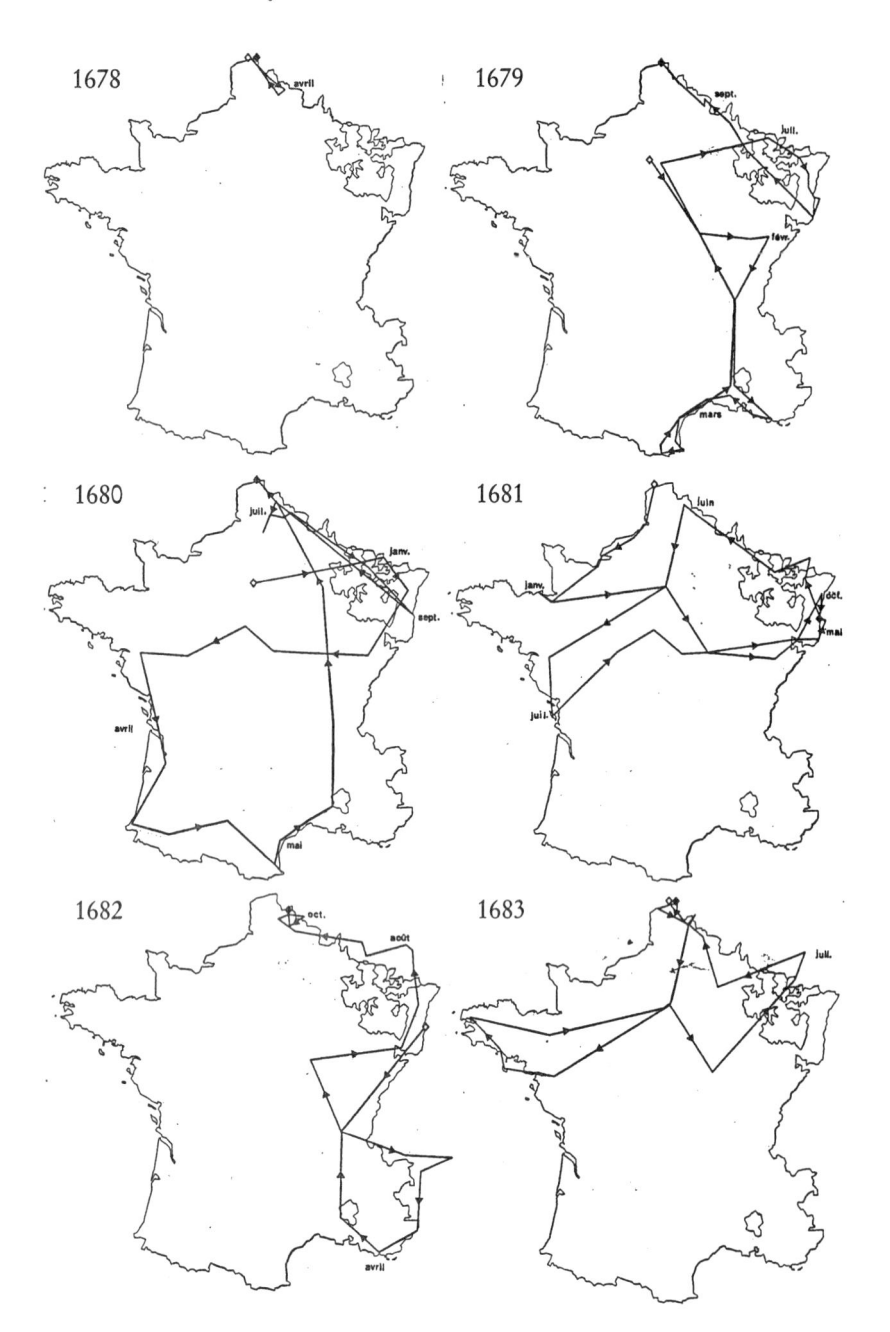

1678

1679

1680

1681

1682

1683

« LA PLUS BELLE FRONTIÈRE... »   247

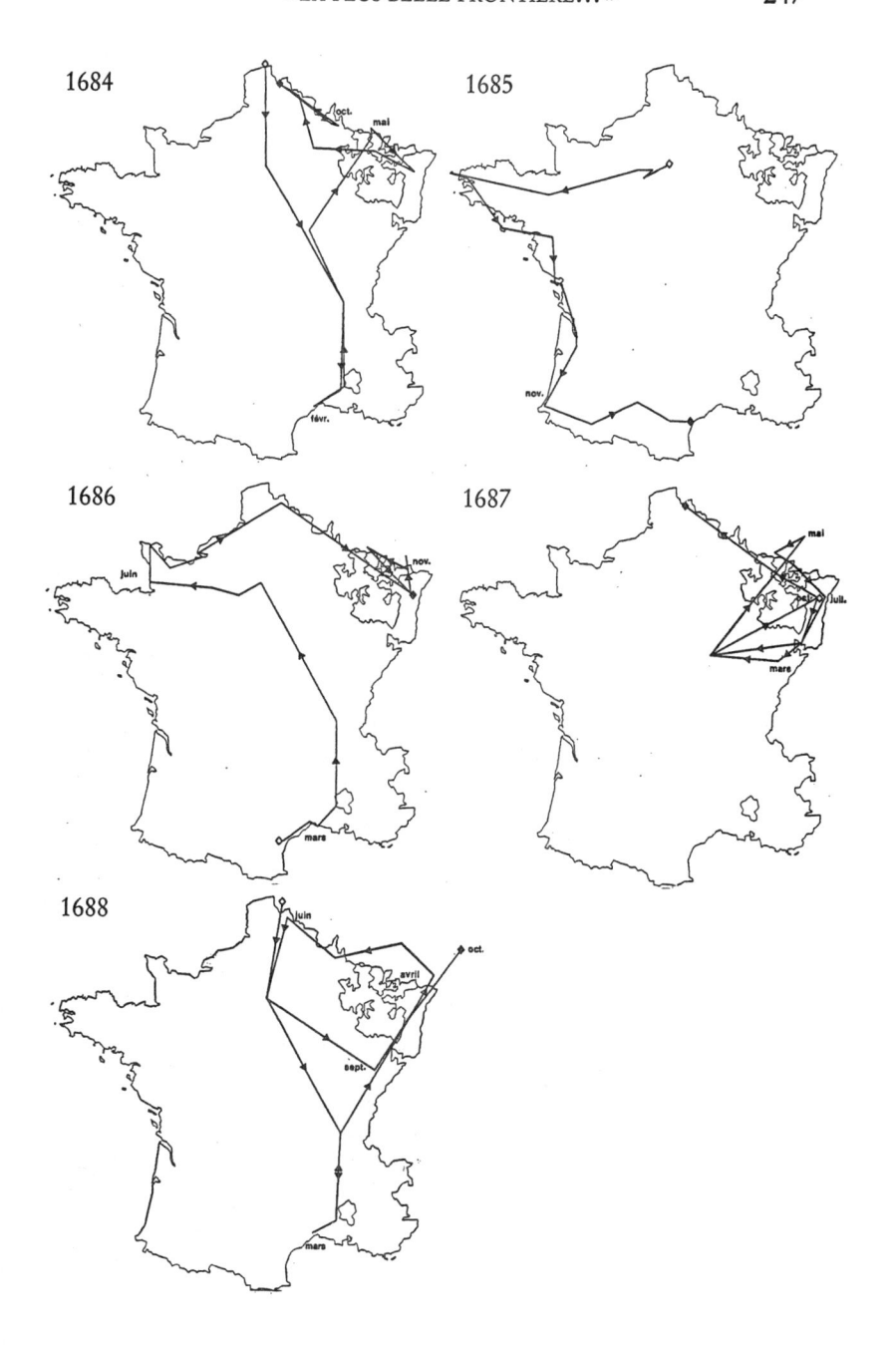

1684

1685

1686

1687

1688

CHAPITRE X

Chez les Colbert
(1678-1688)

> S'il était possible de vous partager en deux, je suis sûr que le Roy vous aurait aussy envoyé à Toulon.
>
> *Louvois à Vauban.*

Par suite de son accession au commissariat général, Vauban reçoit la direction technique de l'ensemble des fortifications du royaume, tant de la Guerre – ce qui ne change rien pour lui – que du département de Colbert. Certes, dès 1670 et plus encore durant la guerre de Hollande, il a déjà apporté sa compétence à l'entretien des places de certaines provinces colbertiennes, par exemple les Trois-Evêchés, la Champagne, la Picardie. En 1675-1676, il a aussi été chargé des ports de la mer du Nord dont il prépare les projets. Il lui a également été demandé de donner son avis sur la protection de certains secteurs côtiers, telle l'île de Ré en 1674. Il a donc solidement pris pied dans ce département lorsqu'il est promu premier ingénieur du royaume.

Il n'empêche que le chevalier de Clerville, son prédécesseur à la charge de commissaire général, avait conservé d'importantes responsabilités. En dépit de l'amenuisement progressif de son domaine, il s'occupait des fortifications de la plupart des ports et des côtes. N'oublions pas non plus que, depuis 1666, le chevalier avait été chargé par Colbert de la conduite technique du nouveau canal de jonction entre Méditerranée et Garonne, ce qui n'était pas rien s'agissant de la « merveille de son siècle [1] ». Au total, Clerville jouait encore un certain rôle, beaucoup plus important qu'on a bien voulu le dire et le répéter. Sa disparition, survenue en octobre 1677, clarifie la situation et la simplifie. En revanche, elle alourdit de manière considérable le travail du nouveau commissaire général mais lui permet d'avoir une meilleure vue d'ensemble sur toutes les provinces frontières du royaume.

« QUI ENTENDE SON FAIT ET PUISSE BIEN DIRIGER LES OUVRAGES »

L'essentiel du travail de Vauban chez Colbert de 1678 à 1688 concerne les ouvrages maritimes. Lui, le terrien, le continental, est désormais amené à passer de très longs mois en inspections sur les côtes du royaume pour y faire de nombreux projets : mis bout à bout, près de sept années pour l'ensemble de son commissariat, plus de quatre rien que pour la période ici envisagée. Le royaume possédant une grande longueur de rivages maritimes – presque autant que maintenant, à l'exclusion du littoral du comté de Nice – Vauban doit inspecter ces côtes une à une. En 1679 il est sur le bord de la Méditerranée, en 1680 à Bordeaux et Bayonne, en 1681 à Ré, en 1682 à Toulon, en Bretagne en 1683... Il découvre ainsi des pays dans lesquels il n'a encore jamais mis les pieds. Il y revient à plusieurs reprises si cela est nécessaire. Certaines années, Louvois l'accusera même de s'attarder sans raison chez le voisin, que ce soit en 1685 où il passe plus de six mois à « rôder » le long des côtes atlantiques pour finir par celle du Languedoc, que ce soit en 1689 où il inspecte quatre mois durant les côtes de la Manche puis séjourne à plusieurs reprises à Dunkerque pendant l'été. On comprend mieux la hargne de Louvois, à qui Colbert « vole » son ingénieur.

Aussi bien, s'il reconnaît qu'il n'est pas « homme de mer » autant que d'autres, ce qu'était au contraire son prédécesseur, le commissaire général n'en est pas moins un excellent hydraulicien. C'est avant tout ce qu'on lui demande. La construction des écluses et le maniement des inondations – qu'on se rappelle l'affaire d'Audenarde ou les projets de Metz pour faire passer l'eau de la Seille dans la Moselle « comme dans une bouteille » –

n'ont aucun mystère pour lui. Expert dans le mouvement des eaux, il excelle à les maîtriser. De toute manière, grâce à sa facilité d'adaptation, il n'a pas de difficulté à se mettre rapidement au fait des multiples travaux qu'on lui demande de reprendre en main à partir de 1678. Il sera solidement épaulé en cette tâche d'abord par Colbert, passionné des choses maritimes et des travaux publics, puis, à dater de 1683, par Seignelay, plus tard par Pontchartrain.

Voulant faire de la marine de guerre du roi l'une des meilleures d'Europe, à l'instar de celles de la Hollande ou de l'Angleterre, Colbert avait été amené à pratiquer une grande politique de constructions navales. D'où la nécessité d'avoir des arsenaux mais aussi des ports de guerre pour faire hiverner les vaisseaux ou les accueillir en cas de danger. Dès 1664, il avait donc décidé d'améliorer plusieurs ports déjà objets de la sollicitude de Richelieu et d'en ajouter de nouveaux, tant au Ponant qu'au Levant[2]. La tâche est largement entamée lorsque, une quinzaine d'années plus tard, Sébastien Le Prestre intervient comme commissaire général. Il s'insère donc dans un programme déjà défini mais qu'il doit parachever. Ce ne lui sera pas toujours facile. Parfois, il continue les projets anciens. La plupart du temps, avec beaucoup d'autorité, de confiance en soi et pas mal de mauvaise foi envers l'œuvre déjà accomplie, il relève ce qui ne va pas, tranche, coupe et propose ses propres solutions.

Dans ces conditions, les anciens du département de la marine ont tendance à faire bloc contre le nouveau venu. Ils regrettent le temps du chevalier de Clerville où, le court-circuitant parfois, ils réglaient beaucoup de problèmes directement avec le ministre. Cet état de choses donnait à tous une grande indépendance. Les intendants des fortifications et ceux de la Marine avaient ainsi gardé leurs coudées franches. Les ingénieurs en prenaient souvent à leur aise avec le commissaire précédent, se jugeant très capables de mener les travaux à eux confiés en se fondant sur leur propre expérience. À Bordeaux, Clerville avait eu des démêlés épiques avec Desjardins et les autres ingénieurs de Château-Trompette[3]. Il faut ajouter que la plupart des gens de Colbert sont des techniciens confirmés. Nombreux sont ceux qui, formés très jeunes à l'architecture, sortent des milieux de la surintendance des bâtiments. D'autres encore sont reconnus comme d'excellents mathématiciens, à tel point que quelques-uns ont reçu à ce titre des «gratifications faites par Louis XIV aux savants et hommes de lettres[4]». De 1666 à 1674, Niquet a ainsi émargé à ces libéralités en raison «de son application aux mathématiques». Il en fut de même à partir de 1667 pour Pivert, Richer et Delavoye (observations astronomiques). En outre, tous sont des civils, à l'exception de quelques marins passés dans les fortifications. Ils sont pour la plupart d'origine parisienne et regardent les provinciaux comme des inférieurs. Il y a donc une sorte d'antagonisme viscéral entre cette centaine d'ingénieurs souvent imbus d'eux-mêmes, mécontents de l'intrusion d'un militaire parmi eux, et le nouveau commissaire général.

L'exemple le plus éclairant de cet état d'esprit est celui d'Antoine Niquet. Arrogant, difficile à conduire, intéressé par les choses d'argent mais très compétent, l'homme avait été embauché en 1666 à l'Académie des sciences pour y faire un certain nombre d'observations. Employé ensuite «sur l'état des ingénieurs» de Colbert, il servit plusieurs années dans les Trois-Evêchés. La correspondance de Colbert abonde en semonces que lui adresse le ministre: «D'une vanité ridicule qui vous a rendu depuis si longtemps insupportable dans tous les lieux où vous avez travaillé[5]»; ou encore: «Vous devez encore travailler à estudier dix ans sous luy [Vauban]» avant de prétendre faire quelque chose de bon. Ses démêlés avec Vauban sont légion. Après avoir supporté de lui de nombreuses entourloupettes (Metz, Verdun, Toulon), le commissaire général, s'adressant à Seignelay en 1686, s'exclame: «Je devrois estre moins surpris de luy que d'un autre, vu qu'il n'a jamais rien exécuté de tous les desseins qui ont esté résolus sans y faire autant qu'il a pu des changements de sa façon en quoi j'ay souvent eu de l'indulgence dont j'aurais pu me passer mais je ne suis pas né pour estre mal faisant. J'apprendray à me garder de pareils gens à l'avenir[6].» Pourtant, Vauban reconnaît la qualité du travail de celui qui est devenu depuis 1684 directeur non seulement des fortifications de Provence mais aussi de celles de Languedoc, responsable de surcroît des travaux à compléter sur le canal des Deux-Mers. Lui écrivant quelque temps après et désirant lui marquer l'estime dans laquelle il le tient en dépit de tout, le commissaire général conclut sa missive d'un: «Je suis très affectueusement et de tout mon cœur tout à vous[7].»

Niquet est loin d'être le seul à marquer son indépendance. François Ferry, très vite directeur des côtes océanes, donne aussi du fil à retordre au grand patron. Delavoye et Robelin jeune aimeraient bien s'émanciper, et tant d'autres avec eux. Heureusement que d'autres, fort compétents eux aussi mais moins infatués d'eux-mêmes, font équipe avec le commissaire général, par exemple Benjamin Decombes, dont le ministre et Vauban apprécient les qualités d'hydraulicien. Il faut à Sébastien Le Prestre à la fois de l'autorité et une certaine souplesse d'adaptation pour se faire respecter pleinement dans le département de Colbert. Il doit, en définitive, s'imposer aux uns et aux autres avant tout par la qualité de ses projets : « Remarquez, Monseigneur, qu'il vous est plus important qu'à qui que ce soit d'avoir des avis sincères sur le choix de ces ports et de vous y conformer, attendu que si on en construit les ouvrages sous vostre ministère et qu'ils ne réussissent pas aussi bien qu'il seroit à désirer, on pourroit vous en imputer la faute. »

Le travail ne lui manque pas dans la mesure où Colbert lui confie plusieurs tâches, militaires ou non. Il faut, là encore, profiter de « la paix qui commence » pour améliorer la défense des côtes, pousser les ouvrages des ports de guerre, voire de certains ports de commerce, et des travaux publics entrepris sous l'égide du ministre.

La protection des côtes

Avec près de 3 000 kilomètres de littoral, la France est vulnérable du côté de la mer comme elle l'est du côté de la terre. Ses ennemis maritimes sont réels ou potentiels. Certes, tant que l'Angleterre demeurera entre les mains des Stuarts, sa neutralité au regard de la France sera assurée, ce qui n'est pas rien lorsqu'on compare cette situation avec celle d'époques plus anciennes, telle celle des interventions anglaises en faveur des protestants révoltés de La Rochelle. Mais la conjoncture risque toujours d'évoluer. Par ailleurs, les Provinces-Unies et l'Espagne ont à plusieurs reprises tenté au cours de la guerre de Hollande – il est vrai sans grand succès – de mener quelques débarquements sur les côtes du royaume. Il est encore d'autres agresseurs en Méditerranée, les pirates majorquins et barbaresques qui désolent à tout moment les côtes de Provence.

Le commissaire général aimerait un système de côtes fortifiées équivalant à celui qu'il est en train de prévoir pour les frontières terrestres. Mais il pense que c'est quasiment impossible. En partant paradoxalement des problèmes de défense en montagne, Vauban livre son sentiment en 1679 : « Si on avait l'inquiétude de fermer tous les endroits des Pyrénées par où les parties ennemies pourroient entrer dans le royaume, il faudrait fortifier sur plus de cent cinquante cols qu'il y a dans ces montaignes, qui feroit une entreprise aussi belle que celle de mestre toutes les costes de France en ports de mer[8]. » Il dénonce la difficulté d'assurer une défense côtière continue et montre l'absolue nécessité de prévoir quelques solides fortifications servant de points d'ancrage efficaces à la défense de vastes secteurs du littoral.

Il compte aussi sur la « défense mobile » de terre et de mer mise en place par Colbert[9]. Une ordonnance royale de 1681, complétée plus tard par le règlement de mai 1696, organise la milice garde-côte. Dans chaque paroisse côtière jusqu'à deux lieues du rivage, les hommes de seize à soixante ans – à l'exception des pêcheurs – sont enrôlés dans des compagnies garde-côtes tenues de surveiller le large même en période de paix. En période de guerre, ils sont mobilisés autour de leurs capitaines, signalent tout mouvement suspect et combattent à côté des troupes réglées et de l'arrière-ban en cas de débarquement. Sur mer, tant pour la protection des flottes de commerce souvent attaquées par les pirates ou les corsaires ennemis que pour celle des côtes, sont prévues des « croisières permanentes » de bâtiments garde-côtes – frégates et galiotes surtout – affectés à un secteur donné, croisant dans les parages et toujours prêts à une intervention rapide.

Vauban doit faire vite en cette décennie de paix. Il donne la priorité aux ouvrages défensifs de l'Atlantique : Ré en premier en 1681, ensuite Belle-Ile en 1683, enfin l'estuaire de la Gironde en 1685.

Déjà venu en 1674 dans l'île de Ré, il en avait alors fait le tour pour mieux en comprendre les ressources et les points faibles. C'est dire que le commissaire général ne part pas en aveugle lors de son second voyage de juillet 1681. Il sait combien l'île a un rôle stratégique majeur, servant en quelque sorte de « première ligne de défense » aux rivages continentaux – de la Gironde à l'estuaire de la Loire, et plus spécialement à La Rochelle et à Rochefort. En effet, l'île, basse et plate, offre d'évidentes facilités à des débarquements ennemis. En 1627, l'ingénieur Conty d'Argencourt – qui venait de construire la citadelle de Saint-Martin – ne s'y était pas trompé ; il avait été un de ceux qui avaient le plus insisté auprès du cardinal de Richelieu pour chasser les Anglais de l'île avant de s'atteler au siège de La Rochelle, car, estimait-il, débarrassé des premiers, il serait loisible de venir à bout des seconds, l'inverse étant impossible [10].

Vauban rédige un long rapport avant de quitter l'île. Il préconise de bâtir une « bonne fortiffication » à Saint-Martin-de-Ré, d'une « estendüe considérable, puisqu'elle doit contenir en un besoin tous les habitans de l'isle avec les troupes réglées, et parce que la scituation en est belle et très platte, on en a fait le dessein regulier d'une très belle simetrie et qui n'abat que pas ou point de maisons et occupe tout ce qu'il y a de terrain un peu avantageux du costé de la mer [11] ». Pour mieux défendre l'île, il prévoit, pouvant communiquer avec la ville, une citadelle construite à l'endroit où « estoit la vieille citadelle de Saint-Martin qu'il faudroit relever et accommoder sa figure au plan ». Situé sur le point le plus élevé, commandant le havre et la rade, pouvant abriter un petit port sur la mer, cet ouvrage ne risque guère d'être attaqué en premier et protège l'ensemble. Suivent des indications minutieuses, s'attachant au moindre détail, sur ce qui est nécessaire à la bonne construction de l'ensemble.

Vauban vient pour la première fois en Bretagne en 1683. Il commence son inspection par Belle-Ile. Cela a valeur de programme. La plus grande des îles bretonnes n'est séparée de la presqu'île de Quiberon que par un petit bras de mer. Elle doit être d'autant mieux gardée que sa possession risque de conditionner celle de toutes les côtes de la Bretagne méridionale. Longtemps propriété privée, elle a été successivement possédée au XVIIe siècle par les Gondi puis par Fouquet qui en connaissait la valeur stratégique. À peine arrivé, Vauban rédige un projet au terme duquel il propose la conservation de la « citadelle » – un ensemble fortifié par les Gondi et perfectionné par Fouquet. Il réclame la correction des bizarreries du tracé, la rectification du chemin couvert, la construction d'une enceinte plus large englobant le village du Palais. Bien que regrettant d'avoir à faire exproprier de pauvres gens installés là, il exige l'arasement de tout un quartier avoisinant la citadelle pour mieux la dégager et faciliter sa mission défensive. À l'intérieur, il prévoit de nouveaux bâtiments plus rationnels et surtout plusieurs citernes pour l'alimentation en eau [12].

Il reviendra en 1685 pour faire hâter les transformations demandées. Il est de fort méchante humeur contre l'ingénieur Hue de Luc qui surveille les travaux mais ne sait pas se faire respecter par les entrepreneurs, plus encore contre ceux-ci qui friponnent à qui mieux mieux [13]. De là, il visite les îles de Houat et Hœdic, pour lesquelles il donne un même projet de tour de garde. Il se rend ensuite à Saint-Martin-de-Ré pour vérifier où en sont les travaux, de là à l'île d'Oléron, où il préconise, comme à Ré, une enceinte de ville pour protéger la population au cas d'un débarquement de l'ennemi.

De la Saintonge, il se dirige vers Bordeaux, l'un des plus grands ports de commerce du royaume. La citadelle, Château-Trompette, bien que trop petite et trop enfoncée dans la ville, « ne laisse d'être bonne et sufisante pour l'effet qu'on en demande, [...] réprimer les émotions populaires d'une populace facile à prendre feu et à se mutiner sans scavoir bien souvent pourquoy ». Elle pourrait le cas échéant « soutenir les formalités d'un siège [...] assez pour toutes les armées ennemies qu'on peut avoir lieu de craindre en ce pays » [14]. Pour arriver en cette ville où il s'était déjà rendu en 1680 – mais par terre –, il remonte la Gironde qui forme une sorte de vestibule d'entrée. Il s'agit là d'une zone sensible à plusieurs égards. L'entrée de la passe est mal gardée. À mi-chemin de Bordeaux, mais sur la rive droite de l'estuaire, la ville de Blaye n'a guère que des fortifications obsolètes. Or, de cette petite cité, Claude de Saint-Simon, son gouverneur resté fidèle au roi pendant la Fronde particulièrement violente dans la région, disait : « Quand il plaira au Roi de se faire obéir à Bordeaux et dans toute la province, cela sera très facile par le moyen de Blaye [15]. » C'est dire l'importance de la renforcer pour le maintien de l'ordre. Certes, un certain nombre de travaux avaient été effectués à partir de 1663, mais toujours en un mode mineur. Vauban y séjourne une dizaine de jours à la fin du mois d'octobre 1685 et dresse deux projets, le premier n'étant en réalité proposé que pour faire mieux prendre conscience au ministre de l'impossibilité de garder ces « vieilles guenilles ». Avec son sens très aigu des positions stratégiques, il ajoute : « Comme l'importance de cette place qui peut être considérée comme maritime ne regarde pas moins Bordeaux que la sûreté de la côte, il me paraît être de conséquence de se rendre maître de la rivière autant que la disposition du lieu le peut permettre. » D'où deux sortes de travaux. D'une part la réfection sur plans nouveaux de la citadelle et de l'enceinte de la ville ; d'autre part la construction de deux ouvrages, l'un sur une petite île, au milieu de la Gironde, l'autre sur la rive gauche, à Fort-Médoc, pour bien surveiller l'estuaire.

Le terme de ce périple de 1685 sur les côtes océanes est Bayonne où les travaux de la citadelle du Saint-Esprit, sur la rive gauche de l'Adour, battent leur plein. Vauban était venu une première fois en avril 1680[16]. Ayant conservé telles quelles les vieilles places de Saint-Jean-Pied-de-Port et de Navarrenx[17], Vauban a proposé en revanche à Bayonne, de l'autre côté de l'Adour, une grande citadelle – dite du Saint-Esprit – destinée à verrouiller en même temps la terre (routes venant d'Espagne) et la mer (estuaire de l'Adour).

Cependant, et en dépit des travaux importants dont il vient d'être question, la défense des côtes ne se met en place qu'assez lentement. En 1689, on en est souvent aux premiers terrassements. C'est avant tout aux ports de guerre et parfois aussi de commerce que Vauban consacre son énergie.

Dunkerque, « l'une des plus belles choses que vous ayez faites »

Avant tout et en premier, c'est à Dunkerque qu'il donne ses soins. Sis sur la mer du Nord, cet établissement présente une réelle originalité au regard des autres ports de guerre français : il ne doit rien ni à Richelieu, ni à Clerville. Tombé très tard dans l'escarcelle du roi de France, il est vraiment l'œuvre de Colbert, de Vauban et d'une équipe y travaillant d'arrache-pied.

Petit havre de la mer du Nord peuplé d'un peu plus de cinq mille habitants, Dunkerque fut achetée en 1662 par Louis XIV à Charles II d'Angleterre pour quelque quatre millions et demi de livres[18]. À proximité d'une côte médiocre, basse, plate, bordée de dunes de sable jaunâtre, la ville s'élevait dans la région des polders flamands – les moëres –, admirablement bien drainés au début du siècle mais plus ou moins à l'abandon depuis les violents combats de la guerre de Trente Ans. La commission maritime de 1664 signale « la bonté et la grandeur de cette rade jamais à sec », couverte par le banc Brack ou Breedt Bank, également la sûreté de son ancrage à l'embouchure de la petite rivière du Vliet. En dépit de certains défauts, le site offre donc de très réels avantages, ce d'autant qu'il est possible de défendre la ville par des inondations provoquées.

La situation de Dunkerque, port le plus septentrional de France, ne peut manquer d'intéresser le gouvernement royal dès son rattachement, *a fortiori* après la paix d'Aix-la-Chapelle donnant au roi de France plusieurs villes flamandes. Dunkerque ouvre le royaume sur une mer fort poissonneuse et très commerçante, permet surtout aux Français de surveiller à la fois l'estuaire de la Tamise, les côtes des Pays-Bas et celles des Provinces-Unies. Elle prend ainsi pied dans ce Nord-Ouest européen déjà d'une si grande importance économique et stratégique à cette époque. Par tout un jeu de canaux, ce port sert en outre de débouché à certains produits de la Flandre intérieure grâce à ses bélandres, petites embarcations à fond plat qui circulent sur les canaux, les rivières, la rade, et assurent le cabotage de proximité avec les petits ports voisins.

Chargé de renforcer les fortifications de la ville en 1668, Vauban mena à bien ce travail avec l'aide de La Motte La Myre ; il fit entourer la ville d'une solide enceinte bastionnée à dix bastions et construisit une citadelle face à la mer. Les gens de la Marine menaient pendant ce temps les travaux d'agrandissement du port non sans difficultés et sans parvenir à dégager un chenal d'accès suffisant [19]. Vauban avait très vite vu par où le bât blessait. Rappelons-nous. Mettant Louvois dans la confidence, il lui disait combien il aurait aimé s'attaquer à cet aménagement. Mais il n'était guère à cette date *persona grata* auprès de Colbert. Ce n'est qu'à partir de 1675 que celui-ci se décide enfin à lui demander ses services : « Ce port se ruine extraordinairement. Je crois qu'il serait bien nécessaire de commencer à y travailler. » Le ministre écrit encore : « Rendre ce port meilleur qu'il n'est parce qu'il serait bien avantageux au service du roy que S. M. puisse tenir dans la Manche [*sic*] une escadre de ses vaisseaux qui entrassent et sortissent facilement de ce port. » [20]

Les temps sont mal choisis ; la guerre de Hollande fait encore rage. Vauban fait néanmoins un assez long séjour en Flandre maritime en l'été 1677, donne un projet [21] et s'efforce de faire démarrer certains ouvrages. Rien ne peut se faire vraiment. En revanche, le conflit à peine éteint et avant même que soient signés les accords de Nimègue, Colbert exige que le nouveau commissaire général s'installe pour plus d'un mois à Dunkerque au printemps 1678, « S. M. ayant résolu de ne rien espargner pour le succès de ce grand ouvrage ». Il obtient aussi que Vauban y revienne à plusieurs reprises au cours du second semestre. Du coup, les travaux avancent d'autant plus rapidement que le secrétaire d'État de la Marine ne lésine pas sur les crédits – plusieurs millions de livres.

Le 17 juillet 1678, Vauban propose un vaste projet pour transformer ce havre en un port de guerre capable de recevoir une nombreuse escadre. Colbert est aux anges : « Le service que vous avez rendu au roi en cela est si grand, si considérable, que rien ne peut être plus avantageux pour la marine. » Sont prévus plusieurs types d'aménagements auxquels on a déjà pensé mais sans leur donner de vraie consistance et surtout d'ampleur :

– creusement dans le port d'un bassin pouvant contenir 20 vaisseaux de 40 à 60 canons ;

– ouverture (menée très rapidement) d'une coupure de 6 à 7 mètres de profondeur dans le banc de sable obstruant le chenal de manière à permettre l'accès au bassin ;

– élargissement et approfondissement du chenal en question ; long de 1 000 toises (environ 2 000 mètres), il donne accès au port à des vaisseaux de 700 à 800 tonneaux ;

– protection de cet ensemble assurée par deux forts ou batteries en bois, fondés sur pilotis et élevés à l'extrémité du chenal.

Pour y tenir une escadre et « augmenter considérablement la puissance maritime » du roi commence alors une véritable course « contre la montre ». Deux ingénieurs hydrauliciens de qualité et à qui Colbert fait confiance – Decombes, ancien officier de marine qui dirige très bien les ouvrages, et le Toulois Clément d'Assincourt, très bon en tout ce qui touche les écluses – assurent la surveillance des travaux que vient vérifier régulièrement le commissaire général. Les entrepreneurs sont deux frères, Jacques et Isaac Robelin, issus d'une famille protestante de maîtres maçons et d'architectes parisiens qui ont déjà beaucoup œuvré dans les bâtiments royaux. Très attachés à « la Religion », fidèles du temple de Guines, apparentés à Isaac Van Robais, le manufacturier hollandais installé par Colbert à Abbeville, ils se font aussi adjuger durant les mêmes années les travaux de Calais, Boulogne, Montreuil, Péronne, La Fère et Saint-Quentin [22].

L'ouverture du banc est commencée dès 1678. Il faut travailler à marée basse pour enlever le sable du banc tout en construisant en même temps les jetées. Pour avancer l'ouvrage, on réquisitionne des milliers d'ouvriers qu'on rétribuera : « Tous les peuples des chastellenies voisines iront y travailler une ou deux semaines afin de faire d'un coup un très grand travail qui puisse ouvrir entièrement le banc [23]. » Les pierres sont amenées en hiver des environs de Boulogne, entreposées jusqu'aux travaux de printemps. En dépit de l'insuffisance des moyens techniques de l'époque – cela vaut en particulier pour les machines à draguer – on arrive à creuser le bassin et le chenal jusqu'à des profondeurs voisines de 16 ou 17 pieds, Vauban regrettant qu'on ne puisse arriver à 18. À marée basse, on fait « jouer les écluses » pour qu'elles fassent chasse d'eau et libèrent l'eau accumulée dans les canaux. La majeure partie des ouvrages est réalisée en cinq ans, mais dès 1680 le roi vient visiter les travaux du chenal qui est pratiquement terminé. Avant de mourir, Colbert a la joie d'apprendre que les deux jetées sont achevées dans toute leur longueur.

Pour lors, le chenal a atteint la profondeur désirable. À l'extrémité de la jetée de l'ouest une batterie en bois appelée château de l'Espérance protège le chenal de ses quinze pièces de canon. Vers le tiers de la longueur de cette même jetée en partant de l'extrémité s'élève un fort, cette fois-ci en maçonnerie, répondant au nom de Risban. Il est chargé de défendre la rade, le bassin à écluse, la citadelle de la ville et les rivages proches. Bientôt, ce sont six forts qui gardent le chenal (château de l'Espérance, fort Vert, Risban et petit Risban, château Gaillard et fort de Revers). Viendront ensuite l'aménagement du bassin et la reconstruction de l'arsenal des débuts du port.

Passant le mois de décembre 1683 à Dunkerque, Vauban en profite pour faire le point dans un nouveau mémoire : « Dès l'heure qu'il est, ce port et son entrée me paraissent une des plus belles choses du monde et la plus commode, et si je demeurais six mois à Dunkerque, je ne crois pas que ma curiosité ni mon admiration seraient épuisées quand je les verrais tous les jours une fois. » L'ingénieur qui n'a rien d'un fervent de la modestie est particulièrement fier de cette réalisation comme il le serait des prouesses d'un de ses enfants. Le démarrage de Dunkerque – pleinement favorisé par le pouvoir royal dans la décennie 1680-1690 – est remarquable, l'afflux de population comble très vite les vides dus aux coupes claires de la peste de 1666-1669 (mort du tiers de la population). Cela permet aussi de comprendre l'importance qu'y jouent les gens de mer et l'influence que les capitaines de vaisseau et commerçants dunkerquois ont sur l'esprit de Vauban – peut-être même à son insu.

Dans les mêmes parages, et sous les mêmes auspices, Vauban veille aussi sur les transformations de Calais et de Boulogne qu'il visite chaque fois qu'il va à Dunkerque, ces ports pouvant accueillir occasionnellement quelques unités de guerre. En revanche et en dépit du rôle stratégique des côtes de la Manche face à celles de l'Angleterre, peu de travaux nouveaux sont alors demandés à Vauban dans ce secteur. Durant les années 1680, le commissaire général ne passera que deux fois au Havre amélioré précédemment par Clerville : en janvier 1681, lors d'une inspection des côtes de haute Normandie, et en août 1686, au retour, cette fois-ci, des côtes de basse Normandie [24]. Il n'intervient pratiquement pas non plus à Rochefort. Mais, à la suite de son prédécesseur, il travaille beaucoup à Brest et à Toulon.

L'HÉRITAGE DU CHEVALIER DE CLERVILLE

En même temps qu'il donne ses soins à Dunkerque, Vauban est amené à continuer ou à reprendre à frais nouveaux plusieurs travaux de Clerville, spécialement ceux de Brest, Toulon et Sète, encore qu'il s'agisse ici d'un port de commerce.

À la pointe extrême de la Bretagne, face à l'Atlantique et mal desservi du côté du royaume par de mauvaises liaisons terrestres, Brest n'aurait jamais été qu'un petit village perdu n'était sa rade, « une des plus belles et des plus sûres de l'Europe » – sinon la plus magnifique du monde, estiment ses fervents. Profonde et bien protégée des tempêtes, elle communique avec l'océan par un étroit goulet « très difficile », nous disent les textes de l'époque, à cause de rochers invisibles à marée haute, qui la bordent et la gardent, en particulier les Minous, les Fillettes et la roche Mingant. Après des fortunes diverses au cours des âges, Brest trouva son avenir de place militaire dans la faveur de Richelieu qui aurait voulu en faire, avec Brouage et Le Havre, l'un des trois grands ports de la marine du Ponant, ce qui ne put être réalisé à cette date.

Tout en faisant construire le port de Rochefort[25], Colbert n'avait, pour autant, pas abandonné le projet brestois. Dès 1667, il demandait au chevalier de Clerville un mémoire sur les possibilités offertes par ce port installé au nord de la rade, sur l'estuaire de la Penfeld[26]. Le commissaire général des fortifications de l'époque concluait à la nécessité de très importants mais fructueux aménagements permettant d'accueillir un grand arsenal de guerre. Immédiatement mis en œuvre, les travaux approuvés allèrent bon train. L'arsenal, avec corderie, forges, magasins, boutiques, hangars, devint très vite opérationnel tandis qu'étaient jetées les bases d'une nouvelle ville pour loger marins et ouvriers des chantiers navals. Dès 1672, le port pouvait abriter une flotte de 194 bâtiments montés par plus de 21 000 matelots et 13 000 soldats[27]. En dépit de la mort du chevalier, les travaux continuèrent, Colbert faisant appel à l'ingénieur languedocien Massiac de Sainte-Colombe. Ce remarquable cartographe, baroudeur des guerres d'indépendance lusitanienne d'avant et d'après le traité des Pyrénées, fut d'abord chargé de visiter les lieux et d'établir un rapport. Il concluait à la nécessité d'élever une enceinte urbaine qui manquait jusqu'alors pour défendre la ville en cas d'attaque. Il se mit tout de suite au travail.

Le premier séjour de Vauban en Bretagne – qui sera suivi de cinq autres[28] – a lieu au printemps de 1683. Il dure deux mois, du 14 mars au 10 mai. L'ingénieur visite d'abord les côtes sud de la Bretagne où il donne le projet pour Belle-Isle, puis il s'en vient à la pointe du Finistère. Enthousiasmé tant par la situation que par le site de Brest, il voit tout de suite beaucoup plus ample que ses prédécesseurs. Il bouscule une partie des fortifications de Massiac pour permettre l'agrandissement de la ville neuve dont il veut l'extension et en fixe en partie le plan. Il transforme le vieux château, y installe des plates-formes à embrasures pour l'artillerie, prévoit des feux croisés à l'entrée du goulet pour mieux défendre l'accès de la rade. Plus tard, il installera aussi des batteries sur toutes les côtes de la basse Bretagne. Mais cela est une autre histoire [29]. Si donc c'est bien à Richelieu que revient l'idée de Brest place maritime de guerre, c'est en fait aux Colbert, aidés successivement par les deux commissaires généraux des fortifications, que revient la réalisation de ce dessein.

Les travaux de «l'agrandissement de Toulon» servent aussi à la gloire de Vauban bien qu'en cette circonstance il ait été contraint de composer avec les uns et les autres [30]. Ce port de guerre aménagé dès la fin du XVIᵉ siècle par l'ingénieur Raymond de Bonnefond a déjà une longue histoire. Il jouit d'avantages multiples, parmi lesquels une population importante. L'excellence de sa rade est depuis longtemps avérée, avec cependant comme défauts majeurs d'être commandée par des hauteurs proches et d'être gênée dans certains de ses secteurs par les atterrissements de plusieurs cours d'eau s'y déversant. Sa magnifique position sur la façade méditerranéenne du royaume et ses bonnes liaisons avec le reste de celui-ci, par la dépression Arc-Argens, donnent à Toulon la possibilité de jouer un très grand rôle dans la politique méditerranéenne de Louis XIV. Il lui faut donc un arsenal digne d'un grand port de guerre et un grand bassin pour l'hivernage des flottes. Les intendants de la marine du Levant ne s'y étaient pas trompés, qui, dès 1665, établissaient des projets de développement du vieil ensemble devenu trop étroit. Sollicité, Colbert s'empresse de consulter le chevalier de Clerville, que les intendants d'Infreville et Arnoul fils n'approuvent, bien sûr, que du bout des lèvres. Quand certains ingénieurs, et même le sculpteur Puget, se mêlent aussi de présenter leurs plans, la cacophonie est à son comble. Colbert hésite, ayant lui aussi ses propres idées sur les qualités requises d'un grand arsenal qu'il souhaite, pour la gloire du roi, à l'égal de celui de Venise ou d'Amsterdam.

Avec la nomination du nouveau commissaire général des fortifications, le ministre presse enfin le mouvement. Sitôt que la chose est possible, c'est-à-dire en février 1679, il envoie Vauban juger sur place. L'ingénieur se trouve devant un fatras de papiers. Il ne ménage pas ses critiques. Il s'en prend en particulier au dernier projet en date, celui du comte d'Aspremont, dont il a plusieurs fois déjà démoli les plans, en particulier ceux d'Arras douze ans auparavant. Mais en même temps, il fait son miel de toutes ces études et s'efforce d'en extraire la quintessence. Il n'empêche qu'il sera, lui aussi, obligé de s'y reprendre à trois fois pour donner enfin en 1682 un projet définitif.

En 1679, il reconnaît le terrain et rédige en trois semaines un premier programme dans lequel il conserve l'ancienne darse (bassin abrité) ; il propose d'en construire une nouvelle gagnée à la fois sur la mer, les étangs et la terre et dessine un nouvel arsenal installé entre la mer et la ville. Les Colbert n'étant point encore pleinement satisfaits, Vauban retourne à Toulon au printemps suivant. Le nouveau projet prévoit l'agrandissement du périmètre de l'arsenal, surtout une meilleure organisation de son espace. Une troisième inspection sera encore nécessaire au mois de mai 1682 pour parvenir à un accord qui satisfasse tout le monde, ministre, intendants de la marine, ingénieurs, maîtres charpentiers et *tutti quanti*. Le port-arsenal clos sur lui-même se veut à la fois lieu de stockage de munitions et de matériel, lieu de construction, lieu de relâche. Déjà commencés, les travaux peuvent alors prendre toute leur ampleur avec une nouvelle implantation de la grande darse et des bâtiments de l'arsenal. Il en coûtera plusieurs millions de livres au trésor royal. Cependant, tout sera loin d'être achevé à la reprise de la guerre en 1689 et même, beaucoup plus tard, pendant la guerre de la succession d'Espagne. Entre-temps, il y a de belles empoignades avec Niquet, empoignades qui se renouvelleront peu après à propos du port de commerce de Sète et de l'embouchure du canal des Deux-Mers.

Peu auparavant, Vauban aurait bien voulu, à l'instar de Clerville, être le créateur d'un port méditerranéen, mais cette fois-ci sur la côte des Albères. Autant la côte languedocienne et une partie de celle du Roussillon, plates et médiocres, sont répulsives de toute implantation portuaire de quelque importance, autant la côte des Albères qui leur fait suite est découpée et riche en criques et en caps. En 1679-1680, Vauban revient sur une idée qu'il a eue lors de son premier voyage en Roussillon, une dizaine d'années auparavant. Il voudrait un havre au Port-Vendres depuis longtemps abandonné et qui remplacerait avantageusement Collioure. Il s'agit d'un abri naturel, bien protégé des vents dominants et près de la frontière d'Espagne : « Sans un port, ce pays [le Roussillon] ne nous peut servir de rien pour la guerre de Catalogne. » Il ajoute : « On y pourroit établir une résidence de frégates légères et quelques galères en temps de guerre pour donner la chasse aux Majorquins qui ont désolé toutes les côtes. » En dépit de ce projet alléchant mais de trop grosse dépense, quelques premiers travaux traînent. Ils ne seront vraiment repris que dans la deuxième moitié du XVIIIe siècle [31].

« LE CANAL DE LA JONCTION DES MERS »

Au printemps de 1681, trois ans après la mort de Clerville qui en fut le technicien, même pas un an après celle de Pierre-Paul Riquet, entrepreneur des ouvrages, le ministre de tutelle étant en revanche bien vivant, a lieu l'inauguration officielle du canal des Deux-Mers qui relie la Garonne à la Méditerranée [32]. La cérémonie se déroule en grande pompe et en présence de la plupart des plus hautes autorités du Languedoc qui embarquent sur le canal à Toulouse. Ils se font suivre par vingt-trois barques chargées de marchandises destinées à la foire de Beaucaire, ce qui est hautement symbolique de l'importance de ce canal artificiel construit de toutes pièces en seulement quatorze ans. C'est là un temps très court, s'agissant d'un ouvrage aussi étonnant. Des virtuosités y ont été réalisées. De nombreuses écluses permettent de compenser les importantes dénivellations du relief (près de deux cents mètres entre le niveau de la mer et l'altitude du seuil de Naurouze). Des rigoles d'alimentation conduisent les eaux de la Montagne noire jusqu'à la ligne de partage des eaux, ce qui n'était pas chose évidente au départ et qui a demandé à la fois savoir-faire et imagination [33]. La réussite est indéniable.

Néanmoins apparaissent très vite un certain nombre de défauts qui témoignent d'un travail trop rapidement mené : point de bermes ni de contre-fossés du côté des hauteurs « pour recevoir les eaux qui tombent de travers », ensablement de certaines sections, réserves d'eau en deçà des besoins. Or, une grande partie du tracé se trouve dans une région méditerranéenne aux cours d'eau de débit médiocre pouvant se transformer brutalement en quelques heures en torrents furieux. Une des difficultés majeures provient du fait que le canal reçoit

« les eaux des ruisseaux grands et petits dedans son lit, qui remplissent tous les environs de leurs entrées de sables et de gravier sans que l'on se soit jamais avisé d'y rien faire ». Au début de l'année 1684, instruit de ces vices de forme, Seignelay décide de se rendre compte sur place. Il demande à l'hydraulicien confirmé qu'est Vauban de le rejoindre en Languedoc pour une visite des installations du canal. Ce voyage les conduit de Toulouse en bas Languedoc[34]. Vauban fera encore deux autres longues tournées dans la province en 1686 et 1688.

Lors de ses voyages en Roussillon, en 1669, 1679, 1680, Vauban a plusieurs fois traversé le Languedoc méditerranéen, mais toujours courant et galopant. Tout au plus, a-t-il noté la médiocrité des routes, véhémentement protesté auprès du surintendant des postes de la mauvaise tenue des relais de poste. Il a eu aussi à donner quelques avis sur des mines découvertes dans le diocèse de Narbonne. Rien dans tout cela d'une connaissance expérimentale approfondie. En revanche, il a appris à bien connaître la région lors de ses trois séjours de quatre à six semaines chacun.

C'est au cours du deuxième, en 1686, qu'il prend les plus importantes décisions concernant les réfections du canal. Enchaînant sans discontinuité avec sa grande tournée d'automne sur les côtes océanes, il est le 31 décembre à Toulouse. Il reconnaît le cours de la Garonne, sans oublier ceux du Lot et du Tarn inférieurs qui jouent un rôle non négligeable dans la navigation du sud-ouest du royaume. À petites journées, il fait l'inspection du canal, examinant attentivement les ouvrages les uns après les autres, vérifiant aussi bien les réservoirs et les rigoles de la Montagne noire que ceux de la plaine. Au terme de ce périple, il est à Montpellier le 5 avril 1686. Il profite de cette halte pour rédiger un très long rapport d'une cinquantaine de feuillets in-folio sur ce qu'est le canal, sur ce qu'il y a lieu de conserver tel quel et sur ce qu'il faut au contraire transformer et amender[35].

Il admire très sincèrement cette magnifique œuvre d'art : « Le canal de la jonction des mers est sans contredit le plus beau et le plus noble ouvrage de cette espèce qui ait esté entrepris de nos jours. » Il ajoute encore : « Cette entreprise n'estoit point chimérique comme on la vouloit faire passer [...] elle pouvoit réussir comme effectivement elle a fait. » Mais sans aucune vergogne, il ne peut s'empêcher de critiquer son prédécesseur : « Par le plus grand des malheurs du monde, on n'a jamais entendu le fond de cet ouvrage et l'entrepreneur qui en a esté aussy l'inventeur n'a esté *ny conduit ny aydé* comme il le devoit estre. [...] Il fit comme il y put pour se tirer d'affaire. » Clerville ainsi exécuté, Vauban propose les remèdes à toutes ces imperfections pour mettre le canal « à couvert de tous les accidents qui peuvent l'incommoder d'une manière seure et certaine qui le mettra en estat d'estre aussy bien canal d'icy à 200 ans comme il est présentement après que nous en aurons fait connaistre les mesures et les lieux principaux de son passage ».

Il propose de faire achever tous les ouvrages incomplets. Il fait réparer les talus et demande qu'il soit interdit de les cultiver comme cela se pratiquait jusqu'alors. Mais les ouvrages les plus remarquables que fait exécuter le commissaire général sont les aqueducs et les ponts-canaux. Le principe est le même dans les deux cas. Pour éviter que « la plus part des ruisseaux petits ou grands, venus du costé des hauteurs », se jettent dans le canal et n'y déversent leurs alluvions, il n'y a qu'un remède : empêcher ce mélange des eaux. Pour les petits cours d'eau, il fait construire perpendiculairement au canal et en belle maçonnerie des « aqueducs ou égouts souterrains sous le canal » pour drainer les ruisseaux. Pour les rivières plus importantes, deux transformations. Il fait passer le canal sur remblai au lieu de lui faire « contourner les vallons et rampes de montagnes pour atraper les rivières qui traversent le canal qui les reçoit, ce qui s'appelle mettre le loup dans la bergerie ». Deuxième transformation : le canal enjambera la rivière sur un solide pont-canal bien appareillé. Il propose des « déchargeoirs et épanchoirs » pour décharger le canal de ses trop-pleins d'eau et aimerait qu'un nouveau réservoir accroisse les réserves d'eau de la montagne.

Il s'inquiète aussi des exutoires du canal. Il demande que son embouchure dans la Garonne soit mieux liée avec la navigation toulousaine « pour faire que cette ville puisse avoir sa bonne part de l'activité du canal ». Reste à savoir où se trouvera la sortie sur la Méditerranée, soit à Agde, soit à Sète, que Clerville a créée *ex nihilo* vingt ans auparavant. Il est vrai que sur la côte à lidos languedocienne, basse, plate, répulsive, il est bien difficile d'implanter une installation portuaire quelconque en dehors des rares estuaires des tout petits fleuves côtiers. Néanmoins, pour le nouveau port dont Colbert a rêvé dès le début de son ministériat pour vivifier le commerce languedocien, Clerville a décidé de créer un havre artificiel à l'ouest du petit piton rocheux du mont Saint-Clair, au lieu-dit Sète. Lorsque Vauban prend la relève, les travaux sétois – qui ont pourtant bien démarré – stagnent depuis quelques années. Le problème qui se pose aux deux responsables, Vauban et Niquet, n'a rien à voir ici avec la défense – la ville de Sète ne possédera de fortifications que plus tard.

Il s'agit de savoir si, oui ou non, on donnera sa chance au nouveau port. Bien sûr, il n'est pas question de ne pas maintenir et entretenir le bassin déjà construit à Sète en arrière de la jetée initiale. Mais, en raison d'un ensablement très rapide du nouveau port, fort inquiétant pour l'avenir, il faut choisir. Soit prévoir un projet d'agrandissement de Sète en la mieux abritant des courants marins « ensableurs », soit reporter tous les crédits disponibles sur le port d'Agde, installé depuis la plus haute Antiquité dans l'estuaire de l'Hérault. Auquel cas, il conviendrait d'y faire, là aussi, des travaux de dessablement et de le placer sous la protection militaire d'une relâche de frégates installée au cap d'Agde (fort Brescou). C'est pour cette solution que penche le commissaire général, quoiqu'il s'en défende : « Au reste, je n'affectionne ny Agde, ny Sette, mais seulement la seureté de l'ouvrage et la bonté du port. » Il sera d'autant plus furieux que Niquet, d'abord consentant, ergote et prétend qu'ils ont tous deux donné leurs préférences au projet sétois. Pourtant, en référence à la volonté paternelle, c'est bien à celui-ci que Seignelay donnera son aval. C'est définitif, après sa traversée de l'étang de Thau, le canal rejoindra la Méditerranée à Sète. Le commissaire général n'a plus qu'à s'exécuter, mettant désormais tout en œuvre pour éviter l'ensablement des bassins et de la passe de Sète [36].

Vauban s'est aussi penché dans ce rapport sur le sort de la navigation fluviale de la France méridionale en général. Au milieu de propositions très précises et chiffrées concernant les transformations évoquées, le commissaire général se lance brusquement dans une « rêverie prospective ». Il voudrait la prolongation du canal dans diverses directions. Du côté de la Garonne, au moins jusqu'à Moissac, mais pourquoi pas jusqu'à La Réole ? De là il serait possible de rejoindre la navigation de la Garonne et de la Gironde. Il n'oublie ni le Lot, ni le Tarn qui ont déjà connu divers aménagements. Il faudrait remonter sans difficulté sur l'un et l'autre, jusqu'à Millau pour celui-ci. Il rappelle aussi qu'on doit pouvoir naviguer sur la Garonne jusqu'à Saint-Béat, au pied des Pyrénées, et qu'il en est de même pour l'Aude jusqu'à Quillan. Or s'il est sûr que Garonne, Ariège et Aude sont utilisées pour le flottage des bois pyrénéens, Vauban ne dit rien des travaux prévus pour rendre leur navigation plus aisée. En revanche, il est très précis sur le canal artificiel qu'il prévoit entre Narbonne et Perpignan ; il en donne le tracé, les mesures et les exutoires. Il voudrait de même un canal entre Sète-Frontignan et Beaucaire par Aigues-Mortes. Il s'agit là du futur canal des étangs, dont une seule section sera réalisée dès les premières années du XVIIIe siècle, les suivantes – jusqu'à Mauguio – sous le règne de Louis XV et le demeurant au XIXe siècle. En Provence il souhaiterait aussi un canal d'Arles à Port-de-Bouc en liaison avec le Rhône et les canaux déjà existants de la Crau. Dès lors, il estime qu'un tel réseau serait facile à mettre en liaison avec tous les grands fleuves du royaume, soit par les canaux déjà décrits, soit par la navigation maritime des deux mers désormais si bien reliées. Les « grandes barques tartanes et aleauges et tous autres bâtiments de cette espèce de gabarit », voire les galères royales, pourraient alors « sans rompre charge d'une mer à l'autre » aller de Dunkerque à Besançon, « sans faire le grand tour » (par Gibraltar). Quel rêve pour l'hydraulicien qu'est Vauban ! Toutes les dissertations vaubaniennes ultérieures sur les canaux, spécialement celle de 1691, sont déjà largement en gestation dans le mémoire de 1686.

Main-d'œuvre du canal et protestants

Bien plus étonnant à première vue, le fait que dans ce même *Mémoire sur le canal* de 1686 se trouve aussi en germe le *Rappel des huguenots*, long exposé auquel travaillera le commissaire général lors de son séjour nivernois du printemps 1687 et qu'il reprendra avec des additions en 1689, 1692 et 1697. Or, en 1686, il en vient au problème protestant tout simplement par le biais de la main-d'œuvre nécessaire aux aménagements du canal.

On pourrait imaginer que les souvenirs de son enfance morvandaise aient pu avoir quelques incidences sur la sensibilité de Vauban en ce qui concerne les difficultés entraînées par la révocation de l'édit de Nantes (édit de Fontainebleau du 15 octobre 1685). Les calvinistes de son village, les seigneurs de Ruères, ne donnaient-ils pas l'exemple d'une foi ardente et chevillée à l'âme en même temps que d'un sens très profond du service du roi ? L'un d'eux ne fut-il pas tué pour son souverain au siège de Valenciennes de 1656 ? Mais en admettant cette influence affective, cela n'aurait sûrement pas été suffisant pour que le commissaire général s'engage et intervienne à plusieurs reprises pour donner son avis sur des affaires religieuses qui n'étaient absolument pas de sa compétence et alors qu'on ne lui demandait rien. Plus motivant, le regret du départ pour le « refuge » de plusieurs excellents ingénieurs, tel Le Goullon, qui jusque-là avait eu le commandement d'une compagnie de mineurs et dont le départ fut très dommageable à la bonne marche du service. En réalité, les raisons de l'intervention du commissaire général sont à chercher ailleurs. Elles sont liées de très près à son service chez les Colbert.

Au vrai, ce sont ses inspections dans les provinces colbertiennes à fortes minorités protestantes – Aunis, Saintonge, Béarn (traversé rapidement par deux fois), Languedoc surtout – qui l'ont convaincu de la nécessité de dire à son souverain « mal informé » ce qu'il en est réellement des huguenots. Il n'agit aucunement pour des raisons idéologiques mais tout simplement parce qu'il a pris conscience du « poids » des protestants – quantitatif certes, mais aussi et bien davantage social et économique. Il s'est trouvé confronté à plusieurs reprises à cette situation, aussi bien durant la période d'application de plus en plus restrictive de l'édit de Nantes qu'au moment même de sa révocation, en octobre 1685. Déjà, en 1681, lorsqu'il faisait le projet de Saint-Martin-de-Ré, il signalait la collusion toujours possible des protestants de l'île avec des ennemis débarquant sur les lieux, car « ceux de la prétendue religion réformée sont assès bon nombre, [...] les ennemis plus à craindre en sont tous [37] ».

Lors de la proclamation de l'édit de Fontainebleau, en octobre 1685, il est à La Rochelle, considérée dans le mental collectif des protestants français comme la cité martyre par excellence. Passant de là en Saintonge, puis en Guyenne, à forts noyaux calvinistes, il finit la visite des côtes océanes par la catholique Bayonne. Mais, pour rejoindre le Languedoc, il continue son chemin par la route des gaves, donc par le Béarn où « ceux de la religion » sont toujours très actifs. Il arrive à Toulouse le 15 décembre, entame aussitôt sa longue visite du canal des Deux-Mers. Il est à Montpellier deux mois et demi plus tard. Or, c'est dans le Languedoc, « la plus grande province du royaume », que la masse protestante est de loin la plus importante du royaume. Utilisant onze ans plus tard les méthodes de dénombrement mises au point par Vauban, l'intendant, Lamoignon de Basville, évaluera la minorité protestante de la province (intendances jumelées de Toulouse et Montpellier) à près de 200 000 personnes sur une population d'environ 1 550 000 âmes, soit près d'un huitième du total[38]. La répartition en est d'ailleurs fort inégale, deux diocèses civils – Nîmes et Alès – comptant plus de protestants que de « vieux catholiques ». On ne peut esquiver la chose.

En deux mois et demi, Vauban a donc eu largement le temps de constater l'état d'esprit qui règne dans la province au lendemain de la révocation. Il a entendu parler des abjurations en série, de certains départs – tel celui du marquis d'Aubais quittant sa jeune femme enceinte – et des situations familiales souvent dramatiques que cela engendre[39]. À la fin de cette tournée de 1686, il passe encore plus de quinze jours à arpenter la Petite Camargue pour en vérifier les canaux. Nous sommes ici proches de Marsillargues, Aimargues, Vauvert, Lunel et autres petites villes très marquées par la Réforme. Repartant pour Paris, il passe encore à Nîmes – l'une des capitales de la « Religion ». C'est dire que, dans les trois à quatre mois qui suivent la révocation de l'édit de Nantes, il est témoin oculaire du remue-ménage qui s'ensuit. Il s'entretient avec les uns et les autres, l'intendant, les évêques, les administrateurs des diocèses civils (circonscriptions administratives de la province) mais aussi avec les contremaîtres des chantiers, les consuls des villes traversées – catholiques à Castelnaudary, Carcassonne ou Narbonne, protestants convaincus ou « nouveaux convertis » contraints et réticents à Revel, Castres, Alès... Il écoute chacun, cherche à comprendre, à s'informer. Il voudrait trouver une solution à ce casse-tête.

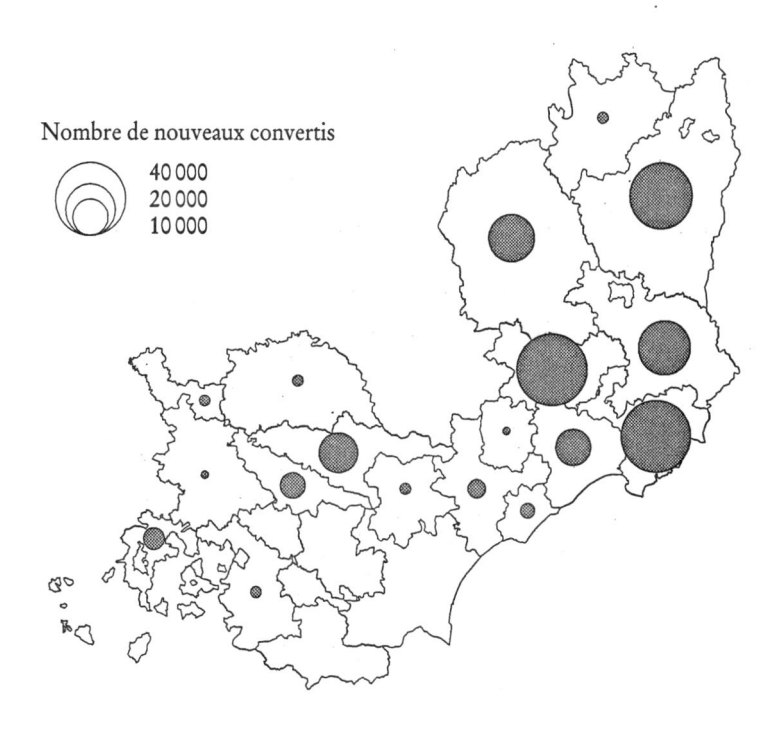

Les protestants en Languedoc selon l'intendant Basville vers 1696

Dans ces conditions, Vauban ne peut manquer de faire allusion au problème protestant dans le long rapport sur le canal signé du 5 mars 1686. Désireux de trouver une nombreuse et bonne main-d'œuvre « en vue de rendre le canal en estat de naviguer d'une mer à l'autre dans les cinq années », il propose d'utiliser les troupes stationnées dans la province. C'est ici qu'il donne le fond de sa pensée : « Si les troupes de Guyenne et Languedoc proposées pour veiller à la conduite des huguenots étaient composées de 12 bataillons et que le roi voulût bien les faire employer au canal, on pourroit espérer de le mettre en estat dans le temps cy-dessus, et ce d'autant qu'il ne faut guère moins de troupes dans ces grandes provinces où la plupart des nouveaux convertis ne le sont que du bout des lèvres, et où il ne faudra guère moins de neuf à dix ans pour achever d'establir la

Religion Catholique dans le cœur de tous, encore est-ce à condition que les vieux mourreront entre cy et ce temps-là, et que ceux du moyen âge s'y accoutumeront par ennuy ou autrement, et que les jeunes y seront eslevés [40]. » Vauban se contente donc ici de faire des constatations, n'étant alors nullement hostile à l'idée de faire élever les enfants protestants en bons catholiques. En dépit de la mauvaise humeur de Louvois excédé de le voir se mêler des affaires protestantes, le voyage languedocien de Vauban en 1688 confortera plus que jamais celui-ci dans ses idées sur la question. Dès lors, une réelle évolution se fera dans sa pensée, d'une difficile application de l'édit de Fontainebleau à une impossible application. Ce n'est d'ailleurs ni à lui ni à Niquet – paraît-il malade – que sont demandés les projets des citadelles de Nîmes, Alès, Saint-Hippolyte-du-Fort surveillant le bastion cévenol. François Ferry et Jean-Baptiste Minet, tous deux issus de la bourgeoisie parisienne, jusqu'à présent en poste sur les côtes océanes – donc sans attache avec le Languedoc –, sont chargés, avec l'aide du Champenois Raulet, de ces travaux que l'on s'obstine à attribuer faussement à Vauban.

Au total, la venue de Vauban chez les Colbert a eu de nombreux résultats, autant pour le département que pour Vauban lui-même. Comme chez Louvois, Vauban a transformé ou élevé plusieurs citadelles et places nouvelles qui sont autant de points d'appui à une défense des côtes dont il aura d'ailleurs à se préoccuper à nouveau et davantage durant la guerre de la ligue d'Augsbourg. Il s'est penché longuement sur les ports de guerre ou de commerce, y a pris conscience de l'importance des trafics maritimes, a mieux réussi à imposer ses vues sur les ports à écluses – là où il faut maîtriser les eaux – que sur les ports à flots. Il s'est enthousiasmé pour la navigation fluviale jusqu'à prévoir un réseau harmonieux de canaux reliant fleuves et rivières. Au contact des populations de certaines provinces du Midi, il se préoccupe désormais du problème protestant. Au cours de la décennie suivante, il n'oubliera aucune de ces leçons.

CHAPITRE XI

« Je sers avec une assiduité d'esclave »

(1678-1691)

> Je suis un bon garçon qui va droit à l'ouvrage.
>
> *Vauban à Louvois.*

Sur fond de travaux menés à grandes guides, les douze premières années du commissariat général apparaissent vraiment comme les plus fastes et les plus fécondes de la carrière de Vauban. Il est à tout et partout, en passe aussi de devenir une véritable vedette. Tout auréolé de ses victoires poliorcétiques et de l'éclat de ses travaux, il jouit d'une célébrité certaine, ce dont son orgueil – à moins que ce ne soit sa vanité – se trouve agréablement chatouillé. Le désignant à la jeune Marie-Christine de Bavière qui, s'en venant épouser le dauphin Louis, est de passage à Sélestat où se trouve alors l'ingénieur : « Voilà celui qui prend les villes [1] », s'exclame une des dames d'honneur. Et notre homme d'être d'autant plus joyeux de cette amabilité qu'il est en tenue de voyage, fort peu présentable « comme un brûleur de maisons ». De là à se prendre au sérieux, il n'y a qu'un pas vite franchi, ce d'autant que chez Vauban, pleinement conscient de son juste prix, se mêlent parfois de façon savoureuse et souvent naïve une grande et belle intelligence et une certaine fatuité de parvenu. Néanmoins, même si cette période s'éclaire, avant tout, d'une coloration d'alacrité joyeuse, elle amène aussi son lot d'épreuves familiales, de blessures d'amour-propre, voire d'incompréhension de la part des chefs, sans oublier l'usure physique qui va jusqu'à l'épuisement. Au terme de ces années, Vauban tombera gravement malade. Il devra interrompre son service durant plus d'une année.

« J'APPROFONDIRAI TOUT CE QUE JE POURRAI »

Durant ces années, surtout les premières, le commissaire général est vraiment satisfait. À la joie de sa promotion sont joints les avantages pécuniaires qui en découlent. On sait que le commissaire général est loin de les dédaigner. Il reçoit des appointements beaucoup plus importants qu'auparavant et, en cadeau du souverain, le gouvernement de Douai. Dès 1683 d'ailleurs, il obtiendra l'autorisation de revendre cette charge – ce qui lui permettra une opération financière juteuse – et de revenir l'année suivante à son gouvernement de la citadelle de Lille qu'il conservera cette fois-ci jusqu'à sa mort.

Cette période est aussi caractérisée, on l'a vu, par l'activité extraordinaire qu'il déploie, les plans qu'il propose, les œuvres qu'il réalise, les sièges qu'il gagne. Il est vraiment dans le plein épanouissement de sa vie. Il n'aura jamais autant travaillé ni autant voyagé, l'urgence première étant bien de « régler promptement la nouvelle frontière et de la bien fortifier ». C'est pourquoi, au cours de cette dizaine d'années, il passe son temps à inspecter toutes les frontières du royaume – hormis le Dauphiné qu'il traverse mais sans s'y arrêter. On pourrait le suivre pas à pas et d'une semaine à l'autre. Mais ce serait à donner le tournis. On s'en est déjà bien rendu compte ! Les Flandres et le Hainaut ont retenu toute son attention en 1678. En 1679, il commence par faire des projets en Franche-Comté (Besançon, Salins), de là il repart immédiatement pour Toulon ; en avril de la même année, il retourne en Roussillon où il n'a plus mis les pieds depuis dix ans, visite les diverses places de la province, en perfectionne plusieurs et conçoit le projet de Mont-Louis. Il est en Lorraine ducale au mois de juillet suivant, va de Montmédy à Phalsbourg par Longwy ; il gagne ensuite l'Alsace et Fribourg-en-Brisgau, travaille aux diverses fortifications alsaciennes, spécialement à celles d'Huningue, pour revenir à l'automne à Lille par les Trois-Evêchés et la Thiérache. Et bien sûr, sitôt arrivé en Flandre, il doit de toute urgence se rendre à Dunkerque pour l'aménagement du port auquel il travaille depuis 1676. Il y consacre pratiquement tout le mois de novembre 1679.

Chaque année qui suit est aussi lourde de travaux et de voyages[2]. « Je n'ai fait qu'aller et venir, écrire et régler les ouvrages », écrit-il au terme de l'une de ses courses. De chemin de rocade en chemin de rocade, il va de l'une à l'autre des provinces frontières, revient dans certaines d'entre elles à plusieurs reprises pour vérifier où en sont les travaux précédemment ordonnés. Parfois il accompagne le roi dans une de ses tournées d'inspection ou bien travaille sur le terrain avec l'un ou l'autre des ministres. Seignelay ne cesse de le prier et de lui demander toujours davantage. Louvois surenchérit dans la mesure où il a recueilli les fortifications des Trois-Évêchés en 1678 et la surintendance des bâtiments en 1683, ce qui lui donne un travail accru. Harcelé par les uns, par les autres, Vauban galope, avale des lieues et des lieues, une vraie course à faire tourner la tête. Course combien nécessaire cependant pour savoir quoi réformer, quoi proposer de nouveau avant d'aller rendre compte à qui de droit.

JOIES ET ÉPREUVES FAMILIALES

Nonobstant toutes ces allées et venues, en 1678-1679, le commissaire général voit l'avenir en rose. Il apparaît qu'il pourra enfin avoir une vie de famille un peu plus normale qu'auparavant, ne serait-ce qu'en raison de la paix et surtout de la nouvelle organisation de son travail, centrée en partie, cette fois-ci, sur son « chez moi ». C'est alors qu'il devient, après maintes péripéties contées ailleurs, seigneur de Bazoches et propriétaire de Vauban. Il installe dans son nouveau domicile plusieurs de ses collaborateurs chargés de mettre son travail au net. Il doit les rejoindre souvent pour vérifier leur besogne ou leur en donner d'autres. Du coup, il peut jouir plus que par le passé de sa famille.

En effet, le commissaire général n'est pas seulement ingénieur. Il a aussi une femme et une fille qui l'attendent au pays nivernois. Certes, en dépit de son mariage et à cause de ses missions, il a plus souvent mené une vie de célibataire qu'une vie d'homme marié. « Vieux garçon, vieux polisson », assure la sagesse populaire. Qu'il ait eu des aventures féminines et des liaisons dans telle ou telle ville où il avait à séjourner longtemps – Lille, Bergues-Saint-Winoc, Paris, entre autres – est patent. Par honnêteté et pour donner un legs à chacune des femmes qui affirmaient avoir eu un enfant de lui, il avouera dans le codicille de son testament au moins cinq d'entre ces fréquentations[3]. Mais il est avéré qu'il eut bien d'autres maîtresses.

Il n'en reste pas moins très fortement attaché à son petit pays et à sa famille. Or, l'exercice du commissariat général lui permet d'organiser mieux qu'auparavant quelques-uns de ses retours au pays. C'est ainsi qu'en dépit de tous ses voyages il passe au printemps de 1678 un mois et demi d'affilée à Épiry, chez sa femme, dans le vieux château à tour quadrangulaire devenu son domicile depuis son mariage. Peu après son départ, Jeanne d'Osnay, son épouse, découvre qu'elle est enceinte. Effectivement, le 28 octobre 1678 elle met au monde une fille, Jeanne-Françoise, née dix-sept ans après son aînée. Vauban aurait évidemment préféré un fils mais il témoignera toujours une tendresse particulière pour cette enfant arrivée après tant d'années de séparation. Ondoyée dès sa naissance à Épiry, Jeanne-Françoise reçoit les suppléments du baptême lors d'une permission de son père au début du printemps de 1680 ; elle a seize mois. Cela donne lieu à une belle cérémonie à l'église de Bazoches, la nouvelle seigneurie de haut et puissant messire Sébastien Le Prestre[4]. Une grande fête réunit ensuite toute la famille et les amis au château qui est en cours de réaménagement.

Cela permet aussi de renouer avec les Mesgrigny, la belle-famille de Charlotte de Vauban, fille aînée de l'ingénieur. Le mariage de celle-ci a été approuvé et même voulu par ses père et mère mais les jeunes gens ont un peu trop vite fêté Pâques avant les Rameaux. D'où vif mécontentement des Vauban, spécialement de Jeanne d'Osnay[5]. En gage de réconciliation, ce sont les parents les plus proches du jeune marié orphelin – un de ses oncles du côté paternel et sa tante maternelle – qui tiennent la petite Jeanne-Françoise Le Prestre sur les fonts baptismaux. Ainsi, le parrain n'est autre que Jean de Mesgrigny, ingénieur et gouverneur de la citadelle de Tournai, ami de

Vauban de surcroît. La marraine est haute et puissante dame Françoise de Régnier, épouse d'Antoine de Damas, seigneur de la Clayette, Cessy et autres lieux. La paix est donc faite entre les familles grâce à la jeune Jeanne-Françoise.

Quant au ménage de Charlotte de Vauban et de Jacques de Mesgrigny, chevalier, baron de Villebertin et d'Aunay, seigneur de Marcilly-le-Hayer, grand bailli de Troyes, il s'affirme tout de suite comme une excellente union[6]. Les Mesgrigny appartiennent à une vieille famille champenoise sortie de la marchandise, « élevée peu à peu par offices[7] ». Ils tiennent le haut du pavé à Troyes, possèdent plusieurs seigneuries dans les environs de cette ville. L'un d'eux – le propre beau-père de Charlotte de Vauban – s'était fixé en Bazois en épousant au début de 1656 Edmée-Georgette de Régnier de Guerchy (1631-1668), héritière de plusieurs vieilles lignées de la région et du beau château d'Aunay[8]. L'union de leur fille ne peut en définitive que flatter les Le Prestre, de moindre relief nobiliaire. Plus tard, Vauban s'appuiera à plusieurs reprises sur son gendre. Mais n'anticipons pas ! Pour le moment, Jeanne d'Osnay et Charlotte de Vauban, la mère et la fille, font de nombreux séjours l'une chez l'autre, tantôt à Aunay, tantôt à Bazoches, élevant ensemble leurs enfants, Jeanne-Françoise de Vauban et ses neuf neveux et nièces[9]. Dès leur très jeune âge sollicités d'être parrain et marraine d'enfants du voisinage, Jean-Charles de Mesgrigny – l'aîné de la tribu – et sa tante Jeanne-Françoise apparaissent à de très nombreux baptêmes ; tant qu'ils sont trop petits pour signer, Jeanne d'Osnay, grand-mère de l'un et mère de l'autre, le fait à leur place.

Au cours de ces années 1680, le commissaire général a multiplié ses passages au pays avec l'aveu et le soutien de Louvois. Dans certains cas, le ministre veut tout simplement obtenir le plus rapidement possible des rapports urgents. Or, il sait que l'ingénieur travaille beaucoup plus vite chez lui qu'ailleurs : « Après avoir vu quelques représentations d'opéra à Paris, vous voudrez bien prendre le chemin de Belfort pour aller[10] chez vous faire le projet de la fermeture que vous trouverez à propos de proposer pour ladite ville de Belfort[11]. » Dans d'autres cas, c'est pour brouiller les pistes et faire la nique aux espions. En 1681, le commissaire général fait ainsi deux séjours à Bazoches, en avril et en septembre, le second tout juste avant l'annexion de Strasbourg. Il profite encore une fois des joies familiales et se réjouit fort car depuis le printemps sa femme est à nouveau enceinte. Que sera le nouveau venu ?

L'enfant naît le 15 janvier 1682. C'est enfin un garçon ! Son père, entre Alsace et Outre-Monts, est passé par Bazoches vers le 7 ou 8 janvier, mais probablement trop tôt pour faire la connaissance de son héritier. Il apprend cette naissance alors qu'il inspecte Casal, la nouvelle place française de la plaine du Pô. Il regagne Pignerol où il se trouve encore le 17 avril. Puis, par le col de Tende, il se rend sur la côte provençale à Antibes et Toulon. Là, il trouve un courrier qui l'attend depuis près d'un mois, lui annonçant la mort de son petit garçon survenue le 15 mars. Il en avertit immédiatement Louvois par une lettre du 26 avril. Le ministre répond par retour de courrier : « J'ai appris avec bien du déplaisir [12] [...] la perte que vous avez faite de votre fils. Vous pouvez en revenant de Toulon passer chez vous où je vous adresserai au premier jour l'ordre de S. M. sur ce qu'elle voudra que vous deveniez après avoir demeuré les cinq ou six jours que vous demandez [13]. » En fait, le séjour de l'ingénieur à Bazoches dure plus d'une quinzaine, environ du 22 mai au 8 ou 9 juin, preuve s'il en fut que le roi comme le ministre ont octroyé au commissaire général un long temps pour se recueillir dans l'intimité familiale.

Pourtant, rien ne nous est dit de sa peine. Sa femme a maintenant quarante-quatre ans. Il est dès lors improbable qu'elle puisse encore concevoir. Certes, demeurent aux Le Prestre leurs filles et leurs petits-enfants Mesgrigny. Mais l'héritier est mort, à peine né, sonnant le glas des projets paternels. Or, Vauban avait déjà beaucoup souffert quelques années auparavant – cette fois-ci en le disant – lors de la disparition précoce de ses neveux préférés, les fils aînés de Paul Le Prestre, tous deux ingénieurs. L'un s'était noyé au siège de Cambrai en 1676, l'autre avait été tué au siège d'Aire en 1677. Vauban avait alors exprimé son très vif chagrin de la perte de ceux qu'il aimait comme des fils, affirmant qu'ils eussent été meilleurs que lui dans l'art des fortifications, surtout l'aîné dont il attendait tant. On comprend mieux qu'après la mort de son propre enfant il mette tous ses espoirs dans Antoine Dupuy-Vauban, le dernier de Paul Le Prestre, désormais l'héritier du nom. C'est avec un véritable soin paternel que le commissaire général veillera toujours sur son neveu et sur sa carrière d'ingénieur militaire.

Mais Vauban a trop le sens du service et le goût de l'action pour se laisser abattre. Serrant les dents comme il l'a fait chaque fois qu'il a été blessé, il repart au mois de juin 1682 vers de nouvelles inspections, de nouveaux rapports, de nouveaux travaux, l'Alsace, la Lorraine, les Flandres...

« Cent lettres et compliments, port dû »

Le carrousel des voyages continue, avec son cortège d'éreintements. À la fin du siège de Luxembourg, le commissaire général, exténué, écrit au ministre de la Guerre, dont il n'a cessé de regretter l'absence durant tout le combat : « Je soutiens la plus grande fatigue du monde depuis le 23 avril [...]. Si vous ne me donnez deux ou trois jours de repos après le siège, je suis un homme confisqué et de l'heure qu'il est je suis si las et si endormi que je ne sais plus ce que je dis [14]. » Mais quoique tout auréolé de sa victoire, Vauban subit dans les jours qui suivent une blessure d'amour-propre qui l'affecte profondément. Qu'il ait accepté d'être bousculé par Louvois fait en quelque sorte partie d'un jeu qui dure depuis plus de quinze ans et qu'il ne tolérerait guère d'un autre. Mais il est un point sur lequel le sieur de Vauban a toujours été chatouilleux, celui de son avancement militaire.

Il estime et a déjà estimé à plusieurs reprises qu'il lui est nécessaire d'obtenir un grade correspondant aux services qu'il rend dans ses fonctions d'ingénieur. Par deux fois au moins, il a véhémentement protesté contre ce qu'il considère comme regrettable non pas tant pour lui-même – du moins l'affirme-t-il – mais pour le service du roi. En revanche, le souverain et son ministre n'ont jamais été pressés sur ce point et lui ont toujours fait attendre longtemps ses nouvelles promotions. Ainsi a-t-il quelque peine à digérer la mésaventure qui lui arrive après la victoire de Luxembourg.

À Lille, à l'annonce de la victoire, tout le monde s'est réjoui. Le baron de Woerden – Lillois pleinement rallié à la France et taquinant agréablement la muse – en profite pour célébrer Vauban à l'instar d'un héros antique tout en soulignant ses titres actuels, spécialement celui de lieutenant général. Dans sa réponse du 1er juillet 1684, l'ingénieur – toujours à Luxembourg où il travaille au projet de transformation de la ville conquise – fait le modeste : « Je vous remercie de tout mon cœur, en particulier du témoignage que vous m'y rendez, qui surpasse de bien loin mon peu de mérite. » Mais tout de suite après, il rectifie les propos du baron : « Il n'est pas vrai que je sois lieutenant général, bien que j'aie payé le port de plus de cent lettres et compliments qu'on m'a faits là-dessus [15]. Mais ceux qui le doivent mieux savoir et qui m'écrivent tous les jours ne m'en ayant rien mandé, je crois que c'est une erreur. » Une certaine rancœur perce contre « ceux qui le doivent mieux savoir », avant tout Louvois.

D'ailleurs, cinq jours plus tard, Vauban, s'adressant au ministre, laisse poindre ses regrets : « Je ne sais, Monseigneur, comme quoi le monde l'entend ; mais je me trouve obligé de vous demander justice sur une forfanterie que l'on me fait depuis le siège de Luxembourg et dont je ne peux arrêter le cours. On m'écrit de toutes parts pour me féliciter, dit-on, de ce que le Roi a eu la bonté de me faire lieutenant général ; même on l'imprime dans les gazettes de Hollande et le *Journal historique de Werden*. Cependant, ceux qui le doivent mieux savoir n'en mandent rien. Faites donc, s'il vous plaît, ou qu'on me rende le port de 80 ou 100 lettres que j'en ai payé, ou que tant de gens de bien n'en soyent points dédits, en procurant auprès de Sa Majesté que je le sois effectivement. Vous ne devez point appréhender les conséquences ; je n'en ferai aucune et le Roi n'en sera pas moins servi à sa mode. Tout le changement que cela produira est que je renouvellerai de jambes [16] ; et toute la suite que j'en attends est un peu d'encens de la postérité, et puis c'est tout. Au reste, si vous doutez de ce que j'ai l'honneur de vous mander, je vous enverrai toutes mes lettres, car il n'en manque pas une. »

La blessure est plus profonde que ne le rend le ton badin employé pour écrire au ministre. L'ingénieur sait aussi que, dans les milieux bien informés de la capitale, on s'étonne de cette absence de promotion [17]. Celle-ci viendra seulement quatre ans plus tard, quatre longues années durant lesquelles Vauban gardera au cœur quelques ressentiments, ce d'autant que le ministre de la Guerre le charge entre-temps de l'adduction des eaux de l'Eure à Versailles, le harcelant sans lui laisser un instant la bride sur le cou.

La rivière d'Eure et l'aqueduc de Maintenon

Colbert mort, le roi a immédiatement partagé ses dépouilles – disons moins crûment ses divers ministères – entre plusieurs collaborateurs. Louvois reçoit la surintendance des bâtiments, ce dont il est très satisfait. Déjà fort compétent en architecture militaire en raison du vif intérêt qu'il prend aux fortifications, de ses voyages aux frontières et de ses fréquentes conférences avec Vauban, il entend bien exercer maintenant sa nouvelle mission dans les bâtiments civils. Ayant fait construire une dizaine d'années auparavant l'hôtel des Invalides [18], il rêve encore de nouvelles réalisations élevées à la gloire du maître, sans oublier la sienne propre. Parmi ses grands projets, celui de faire affluer au château de Versailles, qui en manque cruellement, de l'eau en quantité suffisante pour les usages domestiques de la Cour et l'alimentation des fontaines et canaux des jardins royaux.

On en vient très vite à cette idée qu'il doit être possible de détourner par une canalisation *ad hoc* une partie de la rivière d'Eure dont les sources sont proches du pays chartrain. S'il est relativement éloigné de Versailles, cet affluent de la Seine est bien alimenté en toutes saisons. Dès 1684, Louvois qui se pique de connaissances en hydraulique fait préparer un dossier par le mathématicien La Hire. Celui-ci estime le travail possible. Vauban en sera chargé; il est à Lille, le 30 décembre 1684, lorsqu'il reçoit du patron cette lettre comminatoire: «Je ne puis m'empêcher de vous témoigner ma surprise de ne voir point que vous fassiez état de partir et c'est ce qui m'oblige à vous prier de ne pas différer votre départ de vingt-quatre heures après que vous aurez reçu cette lettre.»

L'ingénieur obéit sans délai, vérifie d'abord les environs immédiats de Versailles, Satory, Bois-d'Arcy. Puis il se rend à Maintenon et Pontgouin pour examiner les sources, le cours supérieur de l'Eure et calculer le débit de la rivière. Il est entendu qu'il faudra amener à Versailles «l'eau dont le roi a besoin» mais sans plus. Vauban se lance immédiatement dans des relevés de terrain de manière à savoir quelle doit être la technique à employer pour conduire les eaux dans une région de plaine entrecoupée de vallons profonds et cela sur plus de soixante kilomètres. Deux conceptions s'affrontent. Louvois veut un aqueduc, aérien ou enterré suivant les reliefs traversés. Vauban, pour sa part, préférerait une canalisation entièrement enterrée. Louvois, outré, critique page après page le projet de Vauban, coût de revient trop élevé, impossibilités techniques : « Vous auriez bien dû m'expliquer quelle est la manière de faire cet acqueduc qui en espargnera les deux tiers dans la dépense. Si, comme j'en ay déjà ouï parler, c'est un cofre de maçonnerie qui tient l'inclination de la terre et dans lequel l'eau descend et remonte comme elle feroit dans un tuyau ; je ne croy point du tout que cela puisse réussir. » Le lendemain : « Vous ne devez point penser à proposer au Roy ce que vous avez projetté pour faire un tuyau de maçonnerie [...] pour descendre et monter les eaux. » Et le ministre de poursuivre : « Vous devez donner toute votre application à imaginer ce qu'il y a de mieux à faire pour construire un aqueduc sur lequel l'eau puisse passer ».[19]

On en arrive ainsi à une situation assez piquante. Le ministre ne cesse de donner des conseils et des directives impératives. Il vient souvent « inspecter » les travaux. Il descend dans des détails techniques particulièrement pointus sur tout, les qualités des bois, celles des genêts, la façon de construire les bateaux, etc. À se demander si ce n'est pas lui l'hydraulicien et le commissaire général un simple exécutant. Pourtant, vaille que vaille, l'affaire se met en route. Vauban donne un nouveau dessin d'aqueduc au début du mois d'avril 1685 et les travaux démarrent. Louvois, ministre de la Guerre, a résolu le problème de la main-d'œuvre en faisant travailler dix à vingt mille soldats des troupes réglées. Pour elles est dressé un grand camp. On ramène souvent de fort loin les ouvriers spécialisés, tels les « fendeurs de grays ». Par ailleurs, la navigation de Nogent à Maintenon est aménagée pour le transport des matériaux, spécialement le charbon arrivé à Rouen par mer, qui est indispensable pour les fours à chaux et les forges. Les bois du pays sont mis à contribution au même titre que bien d'autres forêts royales. Le jour où Vauban trouve enfin un moyen « pour rendre la rivière d'Eure navigable sans faire de sas », Louvois pavoise : « Ce [...] me paroist merveilleux. » Il faut encore trouver les embarcations adéquates. Plusieurs des ingénieurs du département des fortifications de la Guerre se sont joints à Vauban pour la conduite des travaux[20]. On retrouve en quelque sorte « la bande d'Archimède », les Mesgrigny, Robelin, Vollant

et autres collaborateurs du commissaire général. La région s'anime de tous ces chantiers, les registres paroissiaux et les comptes des bâtiments du roi en faisant foi [21].
L'affaire progresse autant que les dépenses, une dizaine de millions de livres en quatre ans. Une épidémie qui décime les soldats jette l'inquiétude chez les courtisans venant souvent admirer la progression des ouvrages. Le coup fatal est en réalité porté en 1688 par les préparatifs de la guerre qui s'annonce depuis déjà quelque temps. Troquant les travaux de Minerve contre ceux de Mars, il faut à nouveau songer à prendre les armes. L'adduction d'eau est abandonnée. Seules demeurent encore nostalgiquement dans le paysage quelques arches d'aqueduc.

La guerre de la ligue d'Augsbourg

Les événements se sont tendus en raison des réunions pleinement approuvées par Vauban ; elles ont ému la plupart des souverains européens. En raison aussi de la révocation de l'édit de Nantes, qui scandalise les princes protestants. Une coalition se noue progressivement contre le Grand Roi à partir de juillet 1686, ce qui oblige Vauban à construire les deux nouvelles places de Fort-Louis et Mont-Royal qui doivent respectivement tenir les routes du Rhin et de la Moselle. Les choses vont désormais très vite. Durant l'été 1688, le problème de la succession de monseigneur Maximilien-Henri de Bavière, évêque de Cologne et fidèle allié de Louis XIV, met le feu aux poudres [22]. N'arrivant pas à faire élire à ce siège vacant son protégé – l'évêque de Strasbourg –, Louis XIV pense à l'installer par la force ; par la même occasion il prendrait de vitesse la coalition. Dès lors, la campagne du Palatinat est programmée. En prévision des futurs affrontements, le roi fait une grosse fournée d'officiers généraux le 24 août 1688 ; Sébastien Le Prestre figure parmi les nouveaux lieutenants généraux [23].
À cette date, le commissaire général est à Lille. On lui mande de venir d'urgence à Versailles pour préparer les opérations militaires. Il arrive à la Cour au début du mois de septembre, travaille avec le roi et le ministre, puis repart immédiatement en tournée franc-comtoise, égarant ainsi les soupçons des indiscrets et des espions sur sa véritable destination. De Besançon, il

passe en catimini en Alsace. Le 28 septembre, il est à Fort-Louis, sur le Rhin et proche de la frontière germanique : « J'arrivais avant-hier à Strasbourg par eau sans m'être arrêté à Brisach ni avoir parlé à personne et hier au soir ici par la même voie [...] pour me rendre à Ghermessein. » Le 1er octobre, il rejoint l'armée commandée par le dauphin à pied d'œuvre devant Philippsbourg.

L'investissement de cette ville, difficile, débute le 6. Vauban – qui dirige les attaques – dénonce les « trois cruels ennemis à combattre : la saison, la difficulté des accès, la perpétuité des marais ». Il ajoute à peu de temps de là : « Les ingénieurs sont les martyrs de l'infanterie. » Il s'inquiète de l'excellence de l'artillerie ennemie et conte au ministre ses journées : « Mon esprit trouve toujours les journées trop courtes mais mon corps en récompense les trouve bien longues, car si toutes nos tranchées étaient mises au bout l'une de l'autre, elles pourraient composer une ligne droite de six grandes lieues de long, dont je fais tous les jours plus des deux tiers, le plus souvent le pied mouillé et par-dessus 100 milliers de fascines qu'on a employées à paver la tranchée dont le marcher dessus est à peu près aussi aisé que celui des rondins. Jugez de l'agrément de la promenade » (25 octobre 1688). Il est sûr que, pour un homme qui a des bronchites fréquentes, l'endroit n'est pas spécialement recommandé ! La ville capitule le 29 octobre. « Le succès de ce siège conduit d'ailleurs par les ordres du maréchal de Duras, et encore plus par ceux de l'intendant Vauban, ne manqua pas d'attirer au Dauphin les applaudissements inséparables des premiers exploits qui se font sous le nom et avec la présence des jeunes princes », rappelle d'ailleurs l'envoyé du duc de Brandebourg[24].

Les Français enchaînent immédiatement par le siège de Mannheim (6-12 novembre) puis par celui de Frankenthal (à l'époque orthographié « Franckendal »). Ayant arraché la victoire, Vauban, encore une fois, regrette l'absence de la compagnie de sapeurs à laquelle il rêve depuis 1672[25]. Il reçoit à la fois les félicitations du roi, un diamant, 2 000 pistoles et « quatre pièces de canon à son choix du calibre à prendre dans les arsenaux de Mannheim, de Heidelberg ou de Philippsbourg, lesquelles pièces de canon nous luy accordons pour luy marquer l'estime particulière que nous faisons de son mérite singulier et la satisfaction que nous avons des signalez services qu'il a rendu [*sic*] au Roy notre Seigneur et notre père pendant cette campagne dans l'armée qui estoit sous nos ordres en Allemagne. Fait au camp devant Franckendal, le 18ᵉ novembre 1688. [Signé] Louis [26] ».

Après une reconnaissance au grand galop jusqu'à Heidelberg et Spire, Vauban s'éloigne du Palatinat ravagé à la fin de l'année 1688 ; on a un urgent besoin de lui ailleurs. La guerre – dite de la ligue d'Augsbourg – est déclarée depuis le 26 novembre 1688. Habsbourg d'Autriche, Habsbourg d'Espagne, Provinces-Unies, plusieurs princes allemands parmi lesquels le duc de Bavière, l'électeur palatin, les ducs de Brandebourg et de Holstein, sans oublier le souverain lorrain exclu de ses domaines et la Suède, se dressent contre la France. Or, Guillaume d'Orange-Nassau, cheville ouvrière de cette coalition, devient roi d'Angleterre au début de 1689 et fait entrer dans la danse, aux côtés des alliés, son royaume, neutre jusque-là. Outre la protection de la plupart des frontières continentales du royaume, Louis XIV est obligé désormais d'assurer la défense non seulement des côtes de la mer du Nord inquiétées par les Hollandais mais de tout le littoral de l'Atlantique et de la Manche directement en butte aux attaques des Anglais. D'où, durant toute l'année 1689, les visites de Vauban en Bretagne, ports de Picardie, Flandre maritime, ce qui ne l'empêche pas de rédiger des réflexions sur *L'Importance dont Paris est à la France* et de présenter à Louvois le *Mémoire pour le rappel des huguenots*. Mais il a abusé de ses forces. Il n'en peut plus. Epuisé, il tombe gravement malade en décembre 1689.

La grande maladie

Tandis que la guerre fait rage, Vauban s'effondre. Il est obligé d'interrompre brutalement toute activité plus d'une année durant, de décembre 1689 au début de 1691. D'où le nom de « grande maladie » donné à cette période de sa vie.

On peut se demander si, au début, son entourage a vraiment pris conscience de la fatigue écrasante qu'il a traînée une bonne partie de l'année 1689. En tout cas, Louvois n'y a vu que du feu et s'est impatienté des lenteurs auxquelles il n'avait jamais été préparé. À plusieurs reprises, il admoneste l'ingénieur. Du 14 février 1689 : « Je vous prie de ne point perdre de temps à vous rendre ici après que vous aurez expédié ce que vous avez à faire. » Mais, après tout, c'est le ton habituel de ses missives ! Du 3 juin de la même année : « Cette lenteur ne s'accommode pas avec ma vivacité et je vous prie que, toute affaire cessante, je sois informé de l'état où vous avez trouvé les places. » Du 24 août : « Vous m'avez promis il y a quinze jours de m'envoyer copie de votre projet sur Calais ; cependant je ne le vois pas. »

Le ministre, exigeant pour lui-même, a depuis toujours beaucoup exigé de Vauban. Il a toujours été pressé. Rien de nouveau donc. Et n'oublions pas que la guerre est là, à laquelle on doit rapidement faire front. Il faudrait plutôt s'étonner de ce que Vauban traîne, de ce qu'il ne réagit pas, de ce qu'il mesure ses forces, ce qu'il n'a jamais fait jusque-là. À l'automne 1689, à l'issue d'une mission en service commandé de Lille à Philippeville, il reçoit une algarade du ministre parce qu'il n'a pas suivi la route prescrite, par Amiens et Saint-Quentin. Il a coupé droit au risque de tomber en Hainaut belge entre des mains ennemies : « Je suis bien scandalisé [...] que vous vous soyez hasardé de passer au travers du pays », écrit Louvois le 20 octobre. Et le 17 novembre : « Je suis fort mécontent [...] car j'apprends que vous êtes revenu par les mêmes routes [27]. » Ce que le ministre ne sait pas, c'est que le commissaire général ne souhaitait qu'une chose, aller se terrer le plus vite possible dans son hôtel du gouvernement de la citadelle de Lille.

Au vu de ces critiques ministérielles, d'aucuns ont prétendu que les relations entre Louvois et Vauban s'étaient nettement détériorées au cours de l'année 1689. Les deux hommes ont sûrement tous deux vieilli, affirmant davantage qu'autrefois et plus durement – l'un comme l'autre – leur caractère impérieux, et pour Louvois sa brutalité. C'est vrai ! Mais en réalité l'ingénieur est à bout de forces. Depuis le début du mois de novembre, il n'est plus seulement épuisé mais vraiment malade. Il ne peut plus suffire à la tâche. Comment le ministre en serait-il informé ou le soupçonnerait-il même ? Et lorsqu'il apprend enfin la chose, la sollicitude dont il a si souvent entouré Vauban réapparaît immédiatement. Le 24 décembre 1689 : « J'ai appris avec surprise que vous ne vous portiez pas bien depuis quelque temps. Je ne m'attendais pas que, sachant la part que je prends à votre santé, j'aurais de pareilles nouvelles par d'autres que vous. Le roi ne veut pas que vous pensiez à aller à Ypres, à Dunkerque et à Calais auparavant de venir ici. S. M. désire que vous vous rendiez ici. » Le 3 janvier 1690, alors que Vauban gît au fond de son lit à Lille, le ministre lui adresse un nouveau billet : « Je suis fâché que vous vous soyez laissé manger par la fièvre que vous auriez pu chasser avec un peu de quinquina. Je suis très aise que vous ayez pris le parti de vous envenir. » Et le 4 : « S. M. m'a commandé de vous mander de partir de Lille toute affaire cessante pour venir à Paris où sûrement vous trouverez de plus habiles médecins qu'au lieu où vous êtes. » On transporte le malade dans la capitale.

À Paris, les plus hautes sommités médicales y perdent leur latin. Outre le quinquina, qui est alors la panacée, ils décident de faire faire au malade une cure de lait, tant de vache que d'ânesse. Durant ce temps, à Versailles, le bruit a couru que « le premier ingénieur de son temps [...] avait failli mourir de maladie[28] ». Il n'en est heureusement rien. Cependant le 22 mars, le malade reconnaît : « Depuis cinq mois j'ai presque toujours été malade et [...] ne me suis mêlé d'aucune affaire[29]. » Ce qui est faux car, malgré sa fatigue, il s'est remis à annoter quelques rapports.

À cette date d'ailleurs, il commence de se sentir un peu mieux, ce qui lui permet de partir enfin pour Bazoches. De là, il renseigne le ministre sur son état de santé : « Hors quelques faiblesses qui me restent dans les jambes et un peu de maigreur, je commence à très bien me porter et ne doute plus du retour de ma santé, espérant d'être bientôt en état de pouvoir obéir à vos ordres. » Louvois s'en réjouit et lui exprime sa satisfaction le 14 avril : « J'ai vu avec plaisir par votre lettre du 3 que vous êtes arrivé chez vous en meilleure santé que vous n'aviez lorsque vous êtes parti de Paris. » Et le ministre de lui préparer en guise de reconstituant un programme allégé, ou prétendu tel, pour son retour. L'ingénieur se présente effectivement à la Cour le 1er juin[30]. Mais c'est encore trop tôt pour courir les routes. Aussi passe-t-il à Paris les mois de juin et de juillet à préparer des projets. En fait, il ne va pas encore très fort : « Si votre santé vous permettait de venir ici [Versailles] demain, le roi en serait bien aise[31] », lui écrit Louvois le 3 juillet. On ne sait s'il put s'y rendre. Quoi qu'il en soit, il repart quelques semaines plus tard en Morvan pour y jouir à nouveau du bon air. En septembre, nous avons un bulletin de santé grâce à un billet du ministre : « J'ai vu avec beaucoup de joie que votre santé revenait de jour en jour » (30 septembre).

Cependant, à l'automne de 1690, Louvois s'impatiente vraiment. Le roi vient de lui confier l'ensemble des places du royaume à la mort de Seignelay survenue le 3 novembre : « J'ai un grand besoin de votre assistance, [...] ce qui me fait vous prier, si votre santé vous le permet, de venir ici le plus tôt que vous pourrez sans vous précipiter. » Vauban sursoit encore quelques jours à l'invitation du ministre. Avec sa femme pour commère, il a accepté d'être parrain de la nouvelle cloche de l'église de sa seigneurie de Fontenay[32]. Le 17 novembre, son épouse lui signe une procuration notariale chez maître Ragon de Pierre-Perthuis[33]. À peu près rétabli, il quitte Bazoches le 22 du mois pour aller se réinstaller dans la capitale.

Au cours des années qui suivent, il aura encore à plusieurs reprises des fatigues et des fièvres qu'il désignera toujours sous le vocable commode et passe-partout de « rhume ». En février 1693, alors qu'il est à Nice, dans un climat doux en hiver : « Il y a quinze jours que je ne fais presque rien parce que je suis accablé d'un rhume très opiniâtre qui me tourmente beaucoup. » En novembre de la même année : « Je fais ce que je peux pour me guérir de mon rhume. » En janvier 1695, un peu plus d'un an après, il se veut tenir « clos et couvert » pour éviter un nouvel assaut de la maladie. En juillet 1697, après le siège d'Ath, il est « accablé d'un gros rhume sur la poitrine et le cerveau, [...] abandonné à la conduite d'un bon médecin de ce pays-ci, qui est de Cambrai, qui m'a interdit aussitôt l'usage du vin, de la viande salée et de toutes sortes de ragoûts d'épicerie et de fruits, et [...] réduit à la tisane et au sirop ; moyennant quoi mon rhume est considérablement diminué, mais je ne laisse pas de n'être encore fort incommodé. En un mot, je vais prendre, par son avis, le lait d'ânesse que je quitterai comme je l'aurai pris, s'il me survient quelque affaire[34] ».

On aimerait bien savoir ce qu'a été en réalité cette « grande maladie » et les rechutes qui ont suivi. Depuis le début de sa carrière, l'ingénieur s'est souvent plaint d'un « rhume tenace » dont en 1671 « il manque de crever » et qui « lui tombe sur les yeux » en 1675... À la fin de divers sièges, il a déclaré être harassé, écrasé de fatigue, en particulier après ceux de

Bouchain, de Luxembourg, d'Ath. Mais ceci n'explique pas cela. Alors ? La « grande maladie » est peut-être due à l'épuisement consécutif aux fatigues de ses tournées et de ses campagnes. On ne sert pas impunément quelque quarante ans à tout vent, en transformant en outre ses rares permissions en séances de travail, sans en subir les conséquences à un moment ou à un autre. C'est sûr ! Mais il y a autre chose, en particulier ces fièvres violentes et ces alternances de mieux et de plus mal. Quatre lettres de Vauban, écrites en 1706, nous permettront peut-être d'avancer un commencement d'explication. Ce n'est bien sûr qu'une hypothèse mais elle vaut néanmoins d'être explicitée.

Au printemps de 1706, Vauban – alors à Paris mais faisant allusion à un voyage qu'il a fait en Flandres l'été précédent – écrit à un ami : « J'ai été fatigué du rhume tout l'hiver [1705-1706], après une fièvre que j'avais attrapée à Dunkerque [...]. Le quinquina l'a chassée[35]. » À peu de temps de là, après la défaite de Ramillies, le roi nomme le maréchal au commandement de Dunkerque et de la Flandre maritime. Vauban s'y rend et y reste cinq mois, de mi-juin à mi-novembre 1706. Le 24 octobre, il écrit : « Le rhume commence à m'attaquer vivement. » Le 29, il mande à Chamillart : « Je crains de tomber tout à fait malade. Cela m'est arrivé l'autre fois que je commandais en ce pays, où j'amassai une maladie qui me dura onze mois et dont j'eus toutes les peines du monde à me tirer. » Et le 3 novembre 1706, il ajoute : « Quand on sort d'un cinquième ou sixième accès de fièvre tierce qui s'est convertie en double tierce, on n'est plus capable de tenir la gageure[36]. »

Pour Vauban vieillissant, pas de doute, c'est bien l'air de « ce pays » – la Flandre maritime – qui provoque ses accès de fièvre. Pour lui, il y a bien relation de cause à effet. On peut alors se demander s'il n'aurait pas contracté la malaria dans les moëres, ces marais souvent inondables et de ce fait impaludés[37]. Il était venu pour la première fois dans cette région en 1657, à la fin de la « vieille guerre ». Il y avait ensuite fait de très longs séjours, surtout à partir de 1668, souvent en alternance avec Lille, y avait plus tard mené les travaux du port nécessitant de très importants remuements de terre qui réveillaient l'activité des moustiques, vecteurs de la fièvre. Cela expliquerait aussi l'action curative du quinquina. Reste à savoir s'il est possible de formuler un diagnostic à trois cents ans de distance.

Gai ! Marions-nous !

Vauban sort de cette maladie moins patient, plus autoritaire. Il laisse pointer bien plus que par le passé des bouffées d'orgueil, parfois même de vanité. C'est dans ce climat psychologique que se concluent les épousailles de sa cadette avec Louis Bernin d'Ussé, vingt-sept ans. Depuis déjà plus d'un an, Vauban a préparé le « beau mariage » de sa fille Jeanne-Françoise, une fillette de douze ans toujours « papillonnant » et faisant preuve d'une activité « qui, du matin au soir, la fait courir, sauter et rire »[38]. Drôle de petite mariée, qui joue encore à la marelle ! Pourquoi le commissaire général a-t-il jeté si tôt son dévolu sur un futur déjà passablement endetté alors que lui-même – Vauban – vient d'avoir des mots avec un des oncles du garçon[39] ? En fait, il y a bien une raison, et même plusieurs, à ce mariage célébré dans l'église Saint-Roch à Paris le 8 janvier 1691 et précédé par la signature du contrat le 28 décembre 1690.

Les intérêts financiers existent mais ne sont pas aussi prépondérants qu'on pourrait le penser. Louis Bernin est fils du contrôleur général de la maison du roi, qui s'engage à lui léguer sa charge et qui, en attente de cette survivance, lui octroie la moitié de ses émoluments – soit une rente de 8 000 livres annuelles[40]. Le père donne encore à son fils le château d'Ussé, paroisse de Rigny en Touraine, mais en conserve la jouissance. De son côté, Sébastien Le Prestre accorde à Jeanne-Françoise une dot de 100 000 livres, dont il est vrai que le capital ne sera versé qu'en 1694 mais dont les intérêts seront ponctuellement payés jusque-là[41]. La fortune de l'un ne prime pas trop sur celle de l'autre et d'ailleurs, pour préserver l'avenir, les jeunes gens sont mariés sous le régime de la communauté strictement réduite aux acquêts.

En réalité, pour ce fin stratège qu'est Vauban – ne poussant ses pions qu'à bon escient –, les véritables enjeux du mariage sont ailleurs. Près de quatre-vingts personnes signent le contrat[42]. Bien sûr, les mariés et leurs parents. À ce propos, signalons que Mme de Vauban – qui a donné procuration à son mari pour la préparation de l'acte notarié – est là, quoi qu'on en ait pu dire[43]. Elle signe à côté de son mari et son paraphe est trop caractéristique pour être récusé. Il est probable qu'avec la jeune adolescente elle est arrivée seulement pour les cérémonies. En revanche, Mme de Mesgrigny – Charlotte de Vauban –, accaparée par sa nichée, n'a pu accompagner son mari présent avec son oncle, le gouverneur de Tournai et quelques cousins. Bruno de Riquetti de Mirabeau, de la branche bourguignonne[44], un intime, est bien sûr présent comme il le sera dans bien d'autres cérémonies de famille. Mais, aussi bien, les parents et amis des Le Prestre sont très peu nombreux – pas tout à fait une dizaine – et fort représentatifs de la modestie de leur noblesse provinciale.

Parmi les autres signataires, on distingue quatre groupes. Dix membres de la famille royale paraphent le document, le souverain d'abord, suivi du dauphin et de ses fils, les ducs de Bourgogne et d'Anjou encore garçonnets. Viennent ensuite une dizaine d'« amis des parties » : la princesse d'Espinoy, plusieurs ministres (Boucherat, Phélippeaux, Louvois, Colbert de Croissy), le duc de Beauvilliers, le maréchal de La Feuillade, l'abbé d'Effiat... Toutes ces hautes personnalités marquent ainsi l'estime dans laquelle elles tiennent les parents des mariés et confirment l'intérêt qu'elles prennent au sort des époux.

La très nombreuse parenté de Louis Bernin d'Ussé suit, d'abord la famille maternelle, ensuite la famille paternelle. En tête du premier groupe, Marie-Anne de Bourbon de France, princesse douairière de Conti, légitimée de France, fille de Louis XIV et de la duchesse de La Vallière ; elle est la propre cousine de Catherine Coudreau[45], la mère de Louis Bernin. Font encore partie de ce lot la duchesse douairière de La Vallière – Gabrielle Glé –, son fils Charles, gouverneur et lieutenant général du Bourbonnais, le marquis de Beauvau-Rivau et l'évêque de Nantes, Guillaume de Beauvau. On comprend dès lors l'importance capitale de ce mariage qui – à la limite – fait de Vauban l'« allié » de son souverain, serait-ce même par la main gauche. Ce n'est pas un mince honneur !

Mais la famille paternelle du marié est peut-être encore plus utile à fréquenter quotidiennement. Passons sur les oncles paternels, l'un receveur général des finances de Touraine, l'autre aumônier du roi et chanoine de Saint-Martin de Tours. La cousinerie est beaucoup plus remarquable. Sur les trente-neuf cousins paternels, deux anciens contrôleurs généraux des finances, dont Claude Le Peletier, ministre d'État, époux de dame Fleuriau, décédée ; l'un des Phélippeaux, secrétaire d'État ; deux autres intendants des finances ; plusieurs membres du parlement de Paris, de la Cour des comptes ; deux trésoriers généraux des finances ; deux financiers de la Ferme générale ; plusieurs officiers militaires. Les Bernin, originaires de la Touraine, y possédant quelques petites charges de finance cent cinquante ans plus tôt, se sont progressivement élevés dans la hiérarchie de la robe en nouant des alliances utiles et profitables dans les milieux de justice, d'argent et de gouvernement [46]. Tout ce qui manquait en fait à notre nobliau plus riche de ses talents que de ses parentés avec les grands de la terre !

Cette lacune est aujourd'hui comblée. Grâce à l'union de Jeanne-Françoise et de Louis Bernin d'Ussé, Vauban est désormais introduit par parentèle dans les réseaux parisiens d'intérêt, de décision et jusqu'aux arcanes du gouvernement et aux premiers cercles du trône. Que sa fille soit devenue cousine d'une légitimée représente pour lui une promotion aussi importante qu'un nouveau grade militaire, sinon plus ! Et les liens de famille désormais tissés avec plusieurs ministres ne peuvent que renforcer son crédit. D'où la joie orgueilleuse du commissaire général sacrifiant sur l'autel des vanités humaines l'avenir de sa petite dernière qui paraît d'ailleurs trouver cela fort amusant, pour le moment tout au moins.

MONS, SON QUARANTE-CINQUIÈME SIÈGE

« Je suis guéri et en état de travailler », déclare Vauban le 19 février 1691, un mois après, ou peu s'en faut, le si brillant mariage de sa cadette. Comment le roi et le secrétaire d'État de la Guerre ne se réjouiraient-ils pas de retrouver l'ingénieur à nouveau pétulant et en pleine forme ? Louvois attend avec impatience que l'ingénieur recommence de travailler. N'oublions pas que la guerre de la ligue d'Augsbourg mobilise toutes les énergies françaises sur toutes les frontières du royaume et qu'il faut maintenant se hâter de reprendre la tâche commune.

En menant le ravage du Palatinat au cœur de l'hiver 1688, Louis XIV et Louvois avaient pensé désorganiser rapidement par la peur la vaste coalition antifrançaise mise petit à petit sur pied à partir de juillet 1686. En fait et en dépit des victoires royales, cette campagne en pays rhénan n'avait rien réglé. Au contraire, elle avait scandalisé l'Europe antifrançaise qui resserra ses liens au cours des deux années qui suivirent, les princes allemands jusque-là dans l'expectative basculant dans le camp allié ; en 1690, ce sera encore la Savoie, auparavant dans le sillage de Louis XIV, qui adhérera à la coalition. Surtout, dès le 14 novembre 1688, Guillame d'Orange-Nassau – par ailleurs stathouder des Provinces-Unies – a déclenché une action contre son beau-père Jacques II Stuart, roi d'Angleterre, cousin germain et ami du roi de France. La « glorieuse révolution » de 1689, substituant au roi Stuart sa fille et son gendre, renforce singulièrement la puissance des alliés rejoints dorénavant par les Anglais. Désormais, pour briser l'encerclement ennemi et pour prévenir toute invasion, Louis XIV doit faire combattre ses troupes sur plusieurs théâtres d'opérations à la fois : Savoie et comté de Nice, pays rhénan, marches mosellanes de l'Empire, sans oublier les frontières pyrénéennes, ni les côtes. Mais l'effort le plus important porte encore une fois du côté des Pays-Bas, et plus spécialement sur le pays d'entre Escaut et Meuse. Cela étant, toute l'année 1690, la guerre se traîne de part et d'autre en dépit de la semi-victoire des Français à Fleurus le 2 juillet.

Sur ce théâtre d'opérations hainuier, d'urbanisation intense, Louis XIV, qui a d'ailleurs de tout temps apprécié la guerre de siège, estime qu'il ne faut pas se contenter de quelques victoires ou de quelques raids chez l'adversaire mais qu'il faut s'emparer du plus grand nombre possible de ses villes, soit pour avoir en main une monnaie d'échange, soit pour agrandir mieux encore le royaume. Dès l'été 1690, il veut faire de la prise de Mons, capitale du Hainaut et l'une des « clefs » des Pays-Bas espagnols, la principale action de la campagne de 1691. Désireux de garder le secret absolu sur ce nouveau dessein et en raison de l'indisponibilité de Vauban encore souffrant – mais néanmoins consulté sur le projet –, le roi et Louvois, dès 1690, ne mettent au courant de leur projet que deux personnes, Mesgrigny et l'intendant des Flandres, M. Dugué de Bagnols.

Il faut se préparer de longtemps. Mons, en pays boisé, d'accès difficile et bien fortifiée, peut se défendre en outre par un jeu d'inondations faciles à déclencher grâce aux eaux d'une petite rivière qui traverse la ville, la Trouille; tout cela expliquant d'ailleurs qu'on ait toujours, au cours des guerres précédentes, différé l'attaque de cette ville[47]. Pour assurer la bonne réussite du futur siège, l'ingénieur de Tournai et l'intendant sont chargés de sa préparation « logistique ». Ils le font avec une rare méthode et beaucoup de discrétion. Dès juin 1690, 900 000 rations de foin avaient été achetées sur pied dans la région d'entre Scarpe et Escaut et engrangées chez l'habitant; mises en bottes en janvier 1691, elles ne seront amenées à pied d'œuvre qu'au tout dernier moment. Il en va de même des provisions de bouche qui, en attendant, sont stockées dans la citadelle de Tournai: pois et fèves arrivent de Picardie, fromages de Hollande à croûte rouge[48] de leur pays d'origine[49]. En janvier 1691, le lieutenant général d'artillerie Vigny est chargé de réunir jusqu'à cent cinquante-six pièces d'artillerie de divers calibres et six pierriers. Mesgrigny, de son côté, rassemble à Tournai des bateaux en quantité suffisante pour acheminer – quand le moment sera venu – vivres et munitions par la Scarpe, l'Escaut, la Haine et la Trouille.

La machine se met définitivement en route à la fin du mois de février 1691. Le marquis de Boufflers est alors désigné pour commander l'armée assiégeante dont M. de Bagnols sera l'intendant. Vauban – qui a repris son service depuis un mois seulement – doit assumer la direction des opérations du siège. S'en venant de Paris où il a rédigé un long mémoire sur le canal de Languedoc et un projet pour la citadelle de Blaye, il arrive seulement le 19 mars à Jemmapes. Il peut constater que tout se déroule comme il avait été prévu en ce qui touche les transports, en dépit de quelques difficultés à faire passer les bateaux par les écluses voûtées de la Haisne, à Saint-Ghislain et à Boussu. L'armée, forte de 51 bataillons et 73 escadrons, se met en place. Lui sont également affectés 60 ingénieurs regroupés en 6 brigades et 64 sapeurs formant 8 brigades. Le 15 mars, aux bourgeois de Mons inquiets de voir des escadrons français patrouiller autour de la ville (ils commencent en réalité son investissement) le gouverneur espagnol a répondu avec superbe que « la France n'étoit pas en état de faire un siège comme celui de Mons[50] ». Pourtant les travaux de circonvallation débutent dès le 17. « Les paysans de toute la frontière marchoient pour travailler aux lignes et pour abattre les bois qui sont en grande quantité autour de

Mons ; [...] il en étoit arrivé vingt mille dans le camp [français].» Une partie non négligeable de l'artillerie du roi de France est déjà en place ; le reste la rejoint les jours suivants. Louis XIV, parti de Versailles le 17, est à pied d'œuvre le 21. Il se dépêche de faire la distribution des quartiers de son armée, s'installe à l'abbaye de Belian qui, bien que proche des attaques, ne peut être vue des batteries de la ville ; puis, remonté à cheval et sans crainte de s'exposer, il s'approche au plus près de la place, n'étant suivi que du maréchal de Duras et de Vauban. Ici se situe une anecdote croquée sur le vif qui met en valeur à la fois la promptitude courageuse de Vauban et sa forme physique. Un valet de l'armée royale, inconscient du danger, chemine sur le « pavé » reliant le village de Cuesmes à Mons. Il est attaqué par un soldat ennemi qui, fourrageant, s'était caché dans une des maisons du faubourg. « Alors Vauban, qui marchoit à dix ou douze pas devant le roi et qui se trouva tout proche de ce cavalier, courut à lui le pistolet à la main et lui fit lâcher le valet qu'il tenoit.» Le lendemain, le roi, toujours en compagnie du « chef des ingénieurs », fait le tour complet des lignes, soit « plus de sept grandes lieues[51] ». On continue de creuser le plus rapidement possible les sapes. En outre, pour prévenir toute tentative ennemie d'inondation des lignes par la Trouille, Mesgrigny s'emploie avec sa brigade d'ingénieurs et sa compagnie de mineurs à détourner loin de la ville le lit du cours d'eau.

Le siège, commencé le 24 mars bien que certains travaux ne soient point encore tout à fait achevés, se termine seize jours plus tard, le 8 avril. On en a diverses relations, dont le journal du siège, document officiel s'il en fut, ou bien encore la quarantaine de pages des *Mémoires* du marquis de Sourches[52]. Le grand prévôt escorte le souverain et suit par le menu toutes les opérations. Le 24, on ouvre la première tranchée et dès le lendemain les Français s'emparent en « grand silence » du moulin de Hyons, un avant-poste d'où les ennemis auraient pu incommoder les troupes françaises. Le lendemain, « les hautbois du régiment du roi ayant commencé à jouer », les batteries tirent à qui mieux mieux sur la ville, « grand feu de bombes, de carcasses et de canon à boulets rouges », dont Vauban, les jours suivants, ne cesse de réclamer l'intensification car, « pour épargner les hommes, [il] voulait ruiner l'ouvrage à cornes à coups de canons et l'embrasser des deux côtés pour en déposter plus facilement les assiégés ». Le 1er avril, l'attaque de cet ouvrage échoue, non sans pertes. Aussi apprend-on que « Vauban n'avoit pas voulu qu'on fît une seconde attaque le soir, quoiqu'on le lui eût proposé mais qu'il l'avoit remise au lendemain matin ». Cette fois-ci, c'est avec un plein succès. Au cours des jours qui suivent, Mons est toujours arrosée à boulets rouges, ce qui ne manque pas de démoraliser les habitants de la ville. Le 7 avril, monseigneur le Grand Dauphin « alla à la tranchée, et Vauban, lui ayant rendu compte de l'état des choses, lui dit avec sa franchise ordinaire que, de la manière dont elles étoient alors, le roi ne pouvoit plus manquer Mons que par sa faute, mais qu'on ne pouvoit la prendre que dans la fin de la semaine sainte ». Cependant, dès le lendemain, 8 avril, les ennemis font battre la chamade et offrent des otages. « À cette nouvelle, tout le respect qu'on avoit pour le Roi ne put empêcher qu'une nouvelle si peu attendue et si considérable n'attirât des acclamations de la part de tous les assistants qui ne pouvoient se lasser d'admirer le bonheur de Sa Majesté qui voyait capituler Mons le jour qu'elle avoit appris la nouvelle de la prise de Nice[53]. »

Victoires éclatantes permettant au roi de mieux tenir en haleine les ennemis. Victoires du roi certes, mais aussi de tous ceux qui le servent, Louvois, Catinat, Vauban, ce dernier « allant son chemin doucement » en appliquant avec méthode et doigté les règles qu'il avait édictées quelque vingt ans auparavant dans son *Mémoire pour servir d'instruction dans la conduite des sièges*. Notons son souci de ménager le sang des assaillants et de ne les lancer à l'assaut qu'à bon escient. Récompensé largement par le roi qui lui donne 100 000 livres d'argent comptant et le prie de venir dîner avec lui, l'ingénieur demeure ensuite plusieurs mois à Mons pour en aménager les ouvrages. Plein d'entrain, il semble guéri à tout jamais.

Durant tout le temps de la « grande maladie », Louvois avait dû faire appel aux compétences de divers ingénieurs de valeur, Mesgrigny en particulier, Choisy, Descombes. Satisfait de ses aides, il se réjouissait néanmoins pleinement de ce que « son » ingénieur ait enfin recommencé de travailler et repris sa place de conseiller auprès de lui. Les deux hommes, le bien-portant et celui qui vient d'être malade – le ministre et l'ingénieur – ne se doutent pas au lendemain de la victoire de Mons que leur « association » commencée depuis vingt-cinq ans sera brutalement interrompue trois mois et demi plus tard par la mort foudroyante du ministre. Rien ne sera après comme avant et se nouera alors le destin du corps des fortifications.

CHAPITRE XII

Nouveau climat :
de Mons à Charleroi

> Continués à m'escrire ce qui vous passe dans la teste.
>
> *Le roi à Vauban.*

La mort brutale de Louvois, à quelques mois seulement de celle de Seignelay, met le roi dans la nécessité de remplacer coup sur coup les deux titulaires des secrétariats d'État de la Marine et de la Guerre. Au premier ministère il nomme Louis de Pontchartrain, déjà contrôleur général des finances, et au second Louis François Marie de Barbezieux, fils de Louvois, fort intelligent, que son père a formé aux affaires, mais qui se révèle amuseur, paresseux et plus encore négligent. De toute manière, on ne remplace pas des hommes d'une personnalité aussi affirmée que celle de Louvois, voire de Seignelay, sans qu'il y ait ensuite une rupture très marquée. Il y a une façon de gouverner d'avant 1691 et une autre d'après[1]. Cela ne va pas sans conséquences sur l'organisation du gouvernement, d'autant que le roi profite de ces circonstances pour promouvoir quelques remaniements dans ses services, en particulier dans l'administration des fortifications.

Du coup, pour Vauban il s'agit d'une nouvelle aventure. Certes, en dépit de la mort de Louvois, comme par le passé, il poursuit par monts et par vaux son « pénible métier de visiteur de places qui veut bien faire son devoir ». Mais il met désormais sa passion à organiser le nouveau corps des ingénieurs, gagnant avec plus de panache que jamais plusieurs sièges, assumant des missions de confiance tant en Dauphiné qu'en basse Bretagne. Pour sa très grande joie, tout cela lui permet d'être beaucoup plus qu'autrefois en liaison directe avec le roi. D'une activité toujours débordante, il a parfois des accès de mauvaise humeur teintés de suffisance vaniteuse et de contentement de soi fort éprouvants pour l'entourage. Au milieu de tout cela, il lui reste toujours suffisamment de loisirs – on se demande quand et comment ? – pour continuer d'accumuler mémoires et réflexions sur toutes sortes de sujets, militaires ou extra-militaires.

Mort de Louvois

En assumant à nouveau toutes ses activités après sa grande maladie, en février 1691, Vauban s'était révélé immédiatement aussi méthodique, efficace et actif que par le passé mais aussi moins gai et moins pétulant. Il marque parfois le pas et surtout se prend bien plus au sérieux que précédemment. Ainsi, dès son retour, a-t-il exigé de tous la reprise des bonnes habitudes d'avant son absence. Quelques ingénieurs en avaient profité pour correspondre directement avec les ministres. Ne l'avait-il pas fait, lui-même, du temps de Clerville ? « L'usage est, parmi les honnêtes gens de notre métier, de s'adresser à moi avant toutes choses et de me proposer leurs difficultés », rappelle-t-il dès le 19 février 1691 à l'un de ses collaborateurs. Mais immédiatement, pour rendre malgré tout l'obéissance moins amère, d'ajouter comme s'il en faisait ses confidents : « Comme je ne suis pas indocile, [...] je leur explique mes pensées. »

Il a été d'autant plus à l'aise pour revendiquer cette soumission de la part des ingénieurs qu'il sait pouvoir toujours compter pleinement sur Louvois, maître depuis novembre 1690 de l'ensemble des fortifications du royaume réunies sous sa seule direction après le décès de Seignelay. Le ministre, de son côté, constate une nouvelle fois en ce printemps 1691 la virtuosité de Vauban ; il sait qu'il peut s'appuyer sur l'ingénieur. Ils n'ont jamais cessé de travailler ensemble, même au cours de la longue maladie de Vauban, le ministre continuant de solliciter l'avis du commissaire général sur les dossiers les plus épineux. Puis ils ont repris leur étroite collaboration dès février 1691. Le siège de Mons est en fait leur dernière joie commune.

Les relations entre les deux hommes – qui durent sans désemparer depuis 1667 – ont souvent été troublées par des chamailleries et quelques criailleries. Mais elles se sont toujours révélées solides et fructueuses. Certes, à la familiarité taquine et souvent brutale de l'un répondent les pointes d'humeur ou d'humour de l'autre : « Monseigneur, d'où vient que vous vous réveillez sur un rien comme cela ? » s'exclame Vauban à une réflexion un peu vive et injustifiée du ministre. La rivière d'Eure a été l'occasion de difficultés très réelles et renouvelées entre les deux hommes. Mais, quand il sent que cela pourrait mal tourner, le commissaire général préfère tendre le dos. Quelques années auparavant, en septembre 1687, après avoir reçu la première mouture du *Mémoire sur le rappel des huguenots*, le ministre s'était écrié : « L'air de Bazoches vous avait bouché l'esprit et il était fort à propos de ne vous y guère laisser demeurer. » Vauban de se tenir coi pour éviter des remous, quitte à représenter dix ans plus tard ce texte, et cette fois-ci au souverain lui-même [2]. Vauban n'attaquera d'ailleurs jamais le ministre directement et ne se permettra des critiques que dans son *Traité de l'attaque des places* en 1705. Il y rappellera alors l'attitude de Louvois au regard de l'artillerie : « S'étant emparé de la direction générale de ce corps, [...] il y disposait de toutes choses à son gré et c'étoit pour cela que quand la charge de grand maître étoit vacante, il avoit soin de procurer de tout son pouvoir qu'elle fust remplie par des sujets agréables au Roi mais qu'il pût gouverner [3]. » Nous n'en sommes pas encore là, mais bien au printemps de 1691.

Après la victoire de Mons et alors que l'ingénieur prépare son *Projet pour la fortification de Mons*, le ministre, toujours aussi impatient, s'irrite de ce qu'il appelle les lenteurs du commissaire général en train de finir ce projet : « Si le chevalier de Clerville vivait, vous seriez bien plus diligent. » Ou encore : « Vous employez bien mal votre temps, [...] retardements tout à fait extraordinaires auxquels je ne suis point du tout accoutumé. » Et le 26 juin 1691 – alors que le ministre n'a plus que vingt jours à vivre, mais qui pouvait s'en douter ? : « L'on ne peut être plus mécontent que je le suis de ces longueurs [4]. »

L'échéance eût-elle été moins prochaine pour Louvois, prêterait-on vraiment attention à ces ronchonnements, toutes ces joutes faisant bien partie du jeu habituel des deux hommes ? Ils ont tant travaillé ensemble, communié dans la même religion royale, voulu l'un et l'autre l'extension du royaume, désiré la victoire du souverain confondue avec la grandeur de la France ! En réalité, par-delà leurs agaceries renouvelées, un même et constant idéal les a toujours soutenus, unis ou réunis, celui de bien servir le « maître » et à travers lui le pays de France.

« Contenir tous les ingénieurs en un seul corps »

C'est au camp du maréchal de Luxembourg, à Braine-le-Château où il a été rendre visite, que Vauban apprend le décès de Louvois survenu le 16 juillet 1691. Nous ignorons les réactions à chaud du commissaire général et ses sentiments intimes. Par-delà l'émotion soulevée par l'événement lui-même, cette mort brutale permet au roi de modifier l'organisation des fortifications du royaume. Louis XIV, qui s'intéresse tout particulièrement au devenir de ses places fortes, profite du décès du secrétaire d'État pour détacher du ministère de la Guerre l'ensemble des ingénieurs qui avaient été réunis sous la direction de Louvois sept mois auparavant. Le 22 juillet 1691, six jours après le décès du ministre de la Guerre, il crée un « département des fortifications de terre et de mer », véritable petit ministère indépendant. Il en avertit immédiatement le commissaire général : « Monsieur de Vauban, Je ne doute pas que vous n'ayez été fâché de la mort du marquis de Louvois. Comme il était chargé des fortifications des places du royaume, j'ai cru qu'il était de mon service de pourvoir au plus tôt à cet emploi et de ne pouvoir faire meilleur choix que du sieur Le Peletier, intendant de mes finances. Je lui ai ordonné de vous consulter sur tout ce qui regarde cet emploi et j'attends du zèle que vous avez pour mon service que vous l'aiderez de vos conseils en tout ce que vous pourrez[5]. »

La mort du ministre permettra de réaliser rapidement dans le nouveau corps des ingénieurs des réformes de structure depuis longtemps souhaitées mais toujours différées. Elle introduit aussi une nouvelle donne dans la vie de Vauban. Le commissaire général, sur les épaules duquel commence de peser le poids des années, se sent en définitive beaucoup plus libre, débarrassé de la férule amie mais souvent étouffante. Il ira bientôt, dans certains cas, jusqu'à s'émanciper des ministres en exercice! Pour le moment – aux lendemains immédiats du décès de Louvois –, le commissaire général est encore à Mons, travaillant au projet des transformations de la place [6] et craignant quelques coups bas du prince d'Orange. Sur quoi le roi lui écrit: « Tant que vous y [à Mons] serez, je n'auray point d'inquiétude pour cette place [7]. » L'ingénieur n'abandonne le Hainaut qu'en septembre 1691 – et seulement pour une quinzaine de jours – de façon à aller recevoir les ordres du roi à propos du département nouvellement créé. Enumérant les nouveaux officiers généraux de la fournée du 24 août 1688, le marquis de Sourches, grand prévôt de France, avait alors donné à Vauban le titre de « chef des ingénieurs [8] ». *Stricto sensu*, le grand prévôt avait tort car Sébastien Le Prestre n'a jamais reçu officiellement ce titre. On l'a dit et redit, en principe il n'a nullement été chargé de la gestion des personnels. Cela étant, il est sûr que, tant par son rayonnement, son autorité, que par la connaissance aiguë qu'il a des hommes en général et de ceux des fortifications en particulier, Vauban s'impose. À tel point que les responsables des deux groupes d'ingénieurs lui ont toujours demandé son avis, bien entendu sur les travaux mais aussi sur les nominations et les promotions. En novembre 1690, la réunion des deux corps d'ingénieurs en un seul sous l'autorité de Louvois, surtout la création du département des fortifications de terre et de mer en juillet 1691 accentuent l'emprise du commissaire général sur l'ensemble des ingénieurs au cours de la douzaine d'années qui vont suivre, justifiant *a posteriori* le titre donné quelques années auparavant à Vauban.

Sébastien Le Prestre et Michel Le Peletier de Souzy

C'est à un administrateur civil – un intendant des finances – que le roi fait appel pour diriger le nouveau département des fortifications. Rien d'étonnant à cela. Confiant aux hommes de guerre le soin de se battre et de remporter les victoires, Louis XIV leur a toujours préféré des civils pour gérer les bureaux, fussent-ils militaires.

Le directeur des fortifications, Michel Le Peletier, est une vieille connaissance du commissaire général. Depuis 1668, ils ont souvent eu l'occasion de travailler ensemble. À l'issue de la guerre de Dévolution et en dépit de son jeune âge – il n'avait alors que vingt-huit ans –, Le Peletier fut en effet le second intendant de la toute récente province de Flandre, le premier ayant passé comme une comète. Colbert avait bien tenté de s'élever contre cette nomination mais les Le Tellier – parents et patrons du jeune homme – avaient réussi à l'imposer. Né dans une famille de la robe parisienne, ayant reçu une excellente formation secondaire à la maison sous la férule d'un précepteur, le nouvel intendant avait été maître des requêtes de l'Hôtel, véritable pépinière des futurs agents royaux [9]. Le poulain des Le Tellier – qui avaient vraiment fait le bon choix – s'était très vite révélé un excellent administrateur, désireux de cimenter solidement la réunion de la province annexée [10]. Il avait su écouter les uns et les autres, les ingénieurs et les entrepreneurs, la population civile et les officiers des régiments cantonnés en Flandre. C'est lui également qui, en partie, avait eu la responsabilité des voyages royaux des débuts de l'annexion, ce qui n'était pas rien. Apprécié tant à la Cour qu'en pays lillois, s'appuyant sur les Flamands ralliés, il avait noué des amitiés et des relations avec les autochtones tout en appliquant strictement les ordres royaux et en faisant corps avec les Français qui l'entouraient.

Le cas échéant intendant d'armée, toujours maître des adjudications des travaux des places fortes – en particulier de ceux de la citadelle de Lille –, il connaissait bien le sieur de Vauban pour l'avoir souvent consulté sur les problèmes des constructions militaires et fréquenté dans des réceptions officielles ou privées. Certes, beaucoup de points séparaient les deux hommes : leurs origines, parisienne pour l'un, rurale pour l'autre ; leurs formations différentes, le civil fortuné mêlé très jeune aux jeux raffinés de la grande culture classique et de la grande administration, le militaire besogneux faisant le coup de main à peine sorti de son collège provincial et par nécessité homme de terrain ; le noble de robe et le hobereau campagnard. Mais, comme il en avait été pour Louvois et Vauban, une même mystique du service du roi les liait étroitement. En 1683, tandis que son frère aîné Claude succédait au défunt Jean-Baptiste Colbert au contrôle général des finances, Michel Le Peletier, nommé intendant des finances, avait définitivement quitté Lille. Appelé maintenant à la tête des fortifications, il exercerait sa mission vingt-quatre ans durant jusqu'à la mort du roi, en septembre 1715, et serait, toujours considéré comme un véritable ministre, avec audience royale chaque semaine pour soumettre à Louis XIV les projets et les problèmes de son département.

Pour toute la partie technique, Vauban demeure l'expert incontesté ; mais il donne aussi son avis sur la valeur ou la médiocrité des ingénieurs et ne se privera jamais de dire ce qu'il en pense. Les deux hommes, à nouveau réunis, ont au départ quelque peine à se comprendre. Vauban fait la mauvaise tête. Il se moque et s'énerve des prétentions de Michel Le Peletier à se mêler des travaux. Or, celui-ci est bien obligé de s'occuper des adjudications, donc plus ou moins des travaux, puisque cela fait partie de ses attributions. Pendant quelque temps, le ton n'est pas à l'amitié. Le 29 octobre 1692, le commissaire général, qui se trouve à cette date à Pignerol, dans l'Outre-Monts, écrit à l'ingénieur Cladech chargé de la réfection de Namur : « Est-ce par une fade et basse complaisance que vous vous laissez aller avec tant de facilité aux sentiments de M. Le Peletier que vous voyez bien qui ne l'entend pas ? Et quand même il aurait quelque connaissance, comment serait-il possible qu'un homme qui, dans le fond, n'est nullement de la profession, qui ne va là que pour faire des marchés et qui n'y demeure que trois jours, et qui par conséquent ne saurait voir les choses qu'en courant, comment est-il possible de dire que ses sentiments puissent prévaloir sur l'expérience de quarante ans d'un homme qui vient de conduire le siège de Namur où il est demeuré trois mois après à faire le projet de sa fortification ? Vous m'avouerez qu'il faut une étrange opinion de soi-même pour croire que ses remarques puissent prévaloir avec raison. Il m'a envoyé toutes les observations qu'il a faites sur cette place, auxquelles j'ai répondu article par article et par apostilles, qu'il ne m'a pas été très difficile de réfuter car je n'en ai jamais vu de si mauvaises et de si mal tournées. S'il y change quelque chose, il faudra que le Roi y consente ; ce qui ne sera apparemment qu'après mon retour [11] [...]. Il faut que je vous dise que ces observations n'ont servi qu'à me faire voir deux choses, dont l'une est qu'il n'a point du tout le génie de la fortification, et l'autre qu'il n'a point lu le projet, ou s'il l'a fait, ç'a été sans l'entendre [12]. »

On note la liberté de ton du commissaire général qui réagit avec une extrême violence, digne de son ministre défunt, pour stigmatiser la prétendue incapacité de Le Peletier : « qui ne l'entend pas [...], n'est nullement de la profession [...], étrange opinion de soi-même [...], observations si mauvaises et si mal tournées [...], point du tout le génie de la fortification [...], point lu le projet... ». Tout cela s'opposant à « l'expérience de quarante ans... », etc. On saisit sur le vif la colère noire du commissaire général qui, à peine connues les modifications apportées à son projet, dicte sa missive à l'emporte-pièce sans mesurer ses jugements ni se soucier de ses répétitions.

Très vite, cependant, le jeu se calme, les domaines de chacun étant mieux connus et mieux délimités. Pour assurer la permanence et la cohérence du nouveau département, Michel Le Peletier s'installe à Paris, rue Barbette. Il a un secrétariat modeste, de l'ordre de quatre à six personnes tout au plus, rien qui étonne dans un temps où les hauts administrateurs n'ont pas davantage de personnel. Auprès de lui également, quelques ingénieurs forment un état-major réduit. Il y a là Louis de Lapara des Fieux, homme des hautes terres auvergnates proches d'Aurillac, le Millavois Samuel de Crozat de Grand-Combe, le Verdunois Nicolas de La Cour, Pierre de Girval – ancien ingénieur de Belle-Isle dont le père, gouverneur des pages de la petite écurie du roi, était originaire du Vigan, en Cévennes. Au total, une réunion d'hommes venus d'horizons sociaux et géographiques bien différents les uns des autres mais tous désireux, grâce à « leurs talents » et leur zèle, de faire carrière dans le service du roi[13]. Cet embryon de service administratif, souvent dénommé « bureau des fortifications », gère le corps des ingénieurs, lequel demeure un service et non une arme, puisque, au grand regret de Vauban et malgré ses demandes réitérées, ses membres n'ont pas davantage qu'autrefois de troupes à leur disposition.

Dès lors, durant plus d'une décennie, les deux hommes travailleront la main dans la main pour donner forme et vigueur au nouveau département. Leur correspondance fait désormais foi de cette entente. Elle permet de mieux comprendre leurs efforts conjugués pour régler le plus rapidement possible nombre de problèmes auxquels ils se trouvent l'un et l'autre affrontés : l'unification des deux groupes d'ingénieurs figés dans leur quant-à-soi, souvent imbus d'eux-mêmes, férus de leurs différences et de leurs traditions respectives, peu faciles à manier – « les gens de notre profession sont souvent de caractère acariâtre » –, refusant de s'accepter mutuellement. Il n'est pas du tout évident d'imposer de nouvelles habitudes à des gens déjà formés ! « Si vous saviez la peine que j'ai tous les jours à corriger et cacher les défauts des uns et des autres, je vous ferais pitié [14]. » Le directeur et le commissaire général s'inquiéteront en particulier de la normalisation de la hiérarchie, du renforcement de la discipline et de critères plus stricts de recrutement [15].

« Le génie est un métier au-dessus de nos forces »

Dans un premier temps et pour mieux connaître leurs administrés, les deux patrons s'inquiètent de faire établir des fiches signalétiques sur chacun d'eux : « Vous informer du nom, de l'âge, le pays, la qualité et le lieu d'où sont ceux qui travaillent dans votre département ; par qui ils sont dans l'emploi ; combien il y a de temps qu'ils servent et où ; ce qu'ils ont comme appointements ; s'ils ont vu des sièges, quels et combien ; s'ils sont mariés ou non ; s'ils entendent le toisé et le dessin ; et ce qu'ils savent faire de mieux [16]. » Ce recensement permettra de mieux repérer « qui est qui » et de suivre le profil de carrière des uns et des autres [17]. À partir de cette meilleure connaissance des hommes, il est possible aux deux chefs de mener une action dans trois directions.

D'abord, un véritable dégagement des cadres. On écarte du nouveau département trois à quatre dizaines de personnes qui se sont fourvoyées à tort dans les fortifications [18]. Bien sûr et en premier, ceux qui savent trop bien « se servir de leurs mains », c'est-à-dire les ingénieurs malhonnêtes qui ont eu des accointances trop étroites avec des entrepreneurs véreux. Mais aussi, sur un mode un peu différent, ceux dont les compétences ne sont pas à la hauteur de la tâche. Qui veut prendre sa retraite peut se « retirer [19] », tout en conservant son titre d'ancien ingénieur. D'autres, renvoyés dans leur régiment, viennent parfois renforcer à titre d'ingénieurs volontaires le personnel de siège en cas de difficulté.

Ensuite, l'établissement d'une stricte hiérarchie jusque-là esquissée mais encore souvent mal dégagée. Les places fortes tant de mer que de terre sont désormais regroupées en une vingtaine de directions régionales, à la tête desquelles sont placés des « directeurs des fortifications », coiffant chacun pour sa part les places à lui attribuées. À plusieurs reprises, Vauban revient sur ces découpages et réfléchit de manière à choisir chacun des directeurs en raison et de sa compétence et des qualités requises pour telle ou telle direction. « Je sais deux hommes à qui on pourroit la [haute Provence] donner ; l'un est M. de Chermont l'aîné, employé à Huningue où il a peu de choses à faire ; c'est un gentilhomme de beaucoup d'esprit et d'honneur qui en serait très capable mais je me méfie un peu de sa santé ; l'autre est le sieur Dupuy-Montdragon, aussi fort honnête homme, intelligent et appliqué [...]. Vous n'avez donc qu'à choisir. Cependant mon avis serait pour Dupuy-Montdragon[20]... » À la fin du siècle, on se décide à scinder certains de ces « départements » jusqu'à présent beaucoup trop étendus ; le Dauphiné et la haute Provence un temps regroupés redeviennent indépendants l'un de l'autre ; il en va pareillement de la Provence côtière et du Languedoc. On installe dans chaque place forte un « ingénieur en chef » responsable de ladite place et subordonné au directeur des fortifications de la région. Sous les ordres des ingénieurs en chef se trouvent des « ingénieurs ordinaires » assistés à leur tour par des inspecteurs et des dessinateurs. Autrement dit, la structure pyramidale du corps des fortifications qui jusqu'alors se cherchait est réalisée, chacun étant strictement impliqué et sa place bien précisée dans la filière hiérarchique.

Enfin, la fusion en un seul corps des personnels venus tant de la Marine que de la Guerre. Vauban a très bien expliqué là où blessait le bât : « Le génie [...] embrasse trop de choses pour qu'un homme le puisse posséder dans un souverain degré de perfection. » Il poursuit : « Puisque j'en suis sur ce chapitre, il faut que je vous fasse voir la différence de ceux qui savent bâtir et de ceux qui ne savent qu'attaquer les places. Il n'y a point d'officier capable d'un peu de bon sens que je ne puisse rendre capable de la conduite d'une tranchée, d'un logement de contrescarpe, d'une descente de fossé, attachement de mineur, etc., en trois sièges un peu raisonnables ; mais un bon bâtisseur ne se fait qu'en quinze ans d'application, encore faut-il qu'il soit employé à diverses choses et qu'il soit homme de grande application. Nous en avons présentement une assez bonne quantité qui sont propres aux sièges mais très peu qui entendent bien le bâtiment et encore moins de ceux qui entendent l'un et l'autre. » Or, les gens de la Guerre appartiennent pour la plupart à la première catégorie – celle des « ingénieurs de tranchée » – tandis que les ingénieurs de chez les Colbert, davantage formés à l'architecture, s'affirment souvent plus compétents dans les ouvrages des places que dans les travaux de siège. Pour Vauban, l'idéal serait que chacun s'applique à excercer l'un et l'autre de ces deux types d'activités : « Quand on peut parvenir à se rendre bien intelligent dans les ouvrages et dans les sièges et à être un bon officier d'infanterie, cela fait la perfection du métier [21]. » C'est dans cette perspective qu'il voudrait entraîner tous ses collaborateurs, les 276 ingénieurs maintenus en activité dans la dernière décennie du siècle, 164 venus de chez Louvois et 112 de chez les Colbert, les plus jeunes confiés au soin des directeurs des fortifications et des ingénieurs en chef. Aussi, au cours de ses inspections, le commissaire général veillera-t-il de près à ce que la formation idoine soit bien dispensée et exigera-t-il qu'ils s'initient aux méthodes qu'il a mises au point dans les années 1680 dans son instruction intitulée *Le Directeur général des fortifications*[22].

Ainsi, sous l'impulsion des deux chefs, il y a bien eu création d'un nouvel organisme animé d'un esprit novateur. Depuis 1661, les responsables des départements d'ingénieurs avaient compris dans quelle direction marcher. Ils avaient tenté à plusieurs reprises des réajustements progressifs. Mais seule la fusion a permis la mise en place des vraies réformes.

Mérite et capacité

Dès 1680 Vauban s'était élevé contre le favoritisme et avait en revanche préconisé la sélection des vrais talents : « Personne ne doit être reçu dans les fortifications par faveur ou recommandation ; il faut que le mérite seul et la capacité des gens leur attirent les emplois. » Il revient à plusieurs reprises sur ce point car il veut avant tout des ingénieurs de valeur.

Il obtient que soit organisé un examen au cours duquel « les jeunes gens qui veulent s'introduire dans les fortifications pour y être employés comme ingénieurs » seront examinés publiquement « non seulement en ce qui concerne la géométrie et le toisé, mais aussi sur les autres parties des mathématiques plus nécessaires telles que la trigonométrie, les mécaniques, l'arithmétique, la géographie, l'architecture civile et même le dessin. En suite de quoi je serais d'avis de les obliger à une année ou deux de noviciat dans les places où il y a de grands ouvrages pour savoir quelles seront la portée de leur esprit, leur application et les progrès qu'ils y feront ». Dans les mois qui suivront, les jeunes gens qui auront franchi le premier barrage devront encore subir deux autres examens sur la théorie et la pratique. Ce n'est qu'à l'issue de ces diverses épreuves échelonnées sur plusieurs mois qu'ils obtiendront le brevet qui les consacrera ingénieurs. La qualité intellectuelle et technique des « novices » doit donc être testée à plusieurs reprises. Le commissaire général est très net dans ses recommandations : « Franchement, si j'en suis cru, on ne recevra jamais d'étrangers [23] dans les ingénieurs du Roi, ni même personne qui n'ait été examiné à fond et qui n'ait fait une espèce de noviciat, car il est honteux de voir combien peu il y en a d'habiles [24]. »

Le caractère audacieux et novateur de ce programme apparaît immédiatement. Ecartant les vieilles coutumes du patronage et des clientèles, Vauban voudrait donner la priorité aux études sur le simple apprentissage. Exaltant le mérite intellectuel, il désire tester avant tout la valeur des postulants. Beau programme, mais qu'il n'a réalisé qu'en partie car il est bien difficile de transformer les mentalités ambiantes et de remanier de fond en comble un système rodé déjà depuis près de trois quarts de siècle. D'autre part, les combats faisant toujours rage, les ingénieurs payent un lourd tribut. Il faut donc les remplacer au plus vite, être donc moins exigeant que prévu. Néanmoins, Vauban demeure partisan d'un très strict choix. Chaque fois qu'il le peut, il interroge lui-même les candidats ; mais il en est souvent empêché par ses autres activités. Dans ce cas, il cède sa place à un mathématicien chevronné, Chevalier, de l'Académie des sciences, puis quelques années plus tard à Joseph Sauveur, un autre académicien, auteur d'un manuel de fortification inspiré par le maître lui-même. Grâce à ces précautions, le niveau scientifique des jeunes gens se révèle du coup bien meilleur que celui des candidats des années précédentes, trop souvent recrutés à la va-vite.

Cette organisation – qui durera jusqu'en 1743[25] – entraîne néanmoins quelques difficultés en temps de guerre, ce dont on ne prend conscience que progressivement, au fur et à mesure du déroulement du conflit de la ligue d'Augsbourg. Les raisons de ces embarras sont multiples mais l'essentiel vient de ce que, le nouveau département étant désormais indépendant, les ingénieurs sont en principe placés sous la seule juridiction du directeur des fortifications et leurs appointements réglés par les trésoriers des fortifications : 60 livres par mois pour un jeune ingénieur ordinaire, 80 pour un ingénieur en chef et 120 livres ou plus pour un directeur des fortifications.

Mais, comme par le passé – et cette constatation est une vraie lapalissade –, on a toujours besoin d'ingénieurs pour les opérations de siège puisque le temps des guerres n'est pas clos. Les responsables du département des fortifications désignent donc les brigades d'ingénieurs destinées à combattre dans l'armée. Ces brigades sont la plupart du temps prélevées dans les directions des fortifications proches du lieu des combats, en Roussillon s'il s'agit des sièges de Catalogne, en Flandres ou Artois pour les opérations des Pays-Bas, etc. Ce sont donc des ingénieurs « embrigadés » qui passent pour le temps de la ou des campagnes sous l'autorité du secrétaire d'État de la Guerre (voire, mais plus rarement, de la Marine). Il en découle un imbroglio difficile à éviter et souvent pénible à vivre au quotidien.

À la guerre, les brigades, fortes d'une dizaine d'hommes chacune, sont rattachées nommément à une armée donnée. Elles conservent leur organisation spécifique – chef de brigade, brigadier, second... – tout en étant placées sous les ordres du général commandant en chef les opérations du siège, qui en use comme on a depuis toujours usé des ingénieurs. Il peut donc les envoyer en reconnaissance pour détecter les pièges à déjouer et les traquenards à éviter. Surtout, il requiert leur compétence pour des levers de cartes, plus encore pour toutes les constructions d'approche, circonvallations, parallèles, places d'armes, le creusement des sapes et la pose des mines, ces travaux étant exécutés avec l'aide de travailleurs requis ou de soldats mis à la disposition du génie ; également, la préparation des attaques. En contrepartie, les ingénieurs – dont beaucoup sont officiers militaires et dont certains ont souvent conservé leur compagnie, ne l'oublions pas – reçoivent en sus de leurs appointements d'ingénieurs et de leur solde d'officiers militaires (quand ils en ont une) une allocation et des rations de campagne correspondant à leur fonction.

C'est à la fois sur l'emploi plus ou moins judicieux des brigades et sur le règlement des soldes qu'éclatent fréquemment des difficultés. L'esprit de corps se forge même aux combats. Les ingénieurs auraient facilement tendance à estimer que même en campagne, ils ne relèvent que de leurs chefs naturels du département des fortifications. Il est vrai que, s'ils échappent alors au contrôle du directeur des fortifications, ils demeurent quasiment toujours en revanche sous celui de Sébastien Le Prestre, lieutenant général des armées, qui se fait leur défenseur passionné auprès du secrétaire d'État de la Guerre.

« C'EST MOI QUI LES AI FORMÉS »

Sébastien Le Prestre veille étroitement sur ses collaborateurs et entend être leur tuteur, leur défenseur ou leur juge : « C'est moi qui les ai formés », expliquait-il déjà à Louvois. Quoique officier sans troupes et féodal sans vassaux, Vauban a l'âme d'un chef et d'un patron. Il a le sens du travail d'équipe et voudrait toujours des collaborateurs solidement soudés autour de lui. Qu'on se rappelle sa joie à diriger « la bande d'Archimède » lors de ses premiers travaux de Flandre ! Avec son commissariat général, il est désormais amené à jauger la valeur ou l'incapacité de l'ensemble des ingénieurs, tant dans les places de terre ou de mer qu'à la guerre. En particulier au cours de ses inspections ou dans les opérations de siège, il se rend très vite compte de la valeur ou de l'incapacité des uns et des autres. Et bien que la gestion des personnels soit du ressort de Michel Le Peletier, il s'inquiète de « ses » ingénieurs et, suivant le cas, plaide en leur faveur ou, au contraire, réclame quelque punition.

On pourrait composer un florilège de toutes les réflexions qu'il a faites sur les uns et les autres. Contentons-nous de quelques citations cueillies parmi tant d'autres : « Quand j'ai eu l'honneur de vous représenter qu'il était juste d'augmenter les appointements de Rousselot et La Londe, ce n'est pas qu'ils soient mes parents, ni mes amis, ni par l'envie que j'ai de partager avec eux ; c'est parce que tous deux sont capables, fidèles et appliqués et, en un mot, gens qui prennent le chemin de devenir de très bons ingénieurs[26]...» Jugement corroboré par la carrière postérieure de ces deux hommes. Ou encore: «J'ai ici Portau qui a servi dans Luxembourg et un capitaine de Bourgogne, nommé Legrand, qui n'en est sorti que depuis deux ans, tous deux assez intelligents et qui m'aideront beaucoup[27]...»

Selon la circonstance, il les louange ou les brocarde. Jugeant les trois ingénieurs de haute Provence, il dit le plus grand bien de Beauregard, qui « a de l'esprit, beaucoup de vivacité et d'intelligence; il est au poil et à la plume, c'est-à-dire propre à la guerre et aux ouvrages ». En revanche il est moins enthousiaste sur Bonvoisin, «garçon doux, sans bruit, de génie médiocre [...]. C'est une mauvaise preuve de capacité que celle de n'avoir rien que son emploi et de faire un mariage qui, pour tout bien, lui donne une femme ». Le troisième, Boniquet, lui paraît sage et appliqué, « de médiocre intelligence mais qui se peut améliorer car [...] il me semble aimer son devoir ». Et il ajoute: «Je leur parle assez aux uns et aux autres, mais le mal est qu'on ne peut pas les voir souvent[28] ».

S'il ne peut les inspecter aussi souvent qu'il le désirerait, il suit de près leur carrière, sait leur donner le coup de pouce quand cela est nécessaire. Il demande véhémentement des récompenses pour ceux dont il estime qu'ils ont bien servi et intervient lorsqu'il lui semble qu'ils sont lésés. Le sort d'un dénommé Robert le consterne. L'ingénieur en question, un Cévenol dont la conversion à la foi catholique demeure assez suspecte – mais il ne semble pas que ses malheurs lui viennent de ce chef –, a été de ceux qui ont participé à l'expédition malheureuse d'Irlande en 1691. Ayant auparavant une compagnie, il avait dressé certains de ses soldats aux travaux du génie. Or, Louvois mort, « M. de Barbezieux, n'ayant plus la fortification, commença son ministère par lui ôter sa compagnie et les appointements qui lui étaient dus depuis douze à treize mois, et M. Le Peletier ceux d'ingénieur pendant deux ou trois autres; au bout de quoi, ayant été envoyé en Dauphiné, le pauvre diable s'est trouvé accablé de fatigue et de pauvreté dans un pays où l'on meurt de froid pendant huit mois de l'année[29] ».

Chaque fois qu'il estime qu'il le doit, il les gronde, les encourage, les félicite ou les admoneste. Il aide bien sûr Michel

Le Peletier à préparer les promotions, en particulier celles des directeurs des fortifications, donne son avis sur ceux qu'il juge les plus aptes à remplir ce rôle et, surveillant de près la façon dont ils remplissent leur mission, les soupèse, sachant très bien ce que vaut l'aune d'un chacun. Chaque fois qu'il le peut, il cherche à convertir à ses vues le roi et les ministres responsables.

Vantant l'un de ses aides auquel il espère faire donner une gratification supplémentaire, il ajoute : « Je ne peux compter sur les autres [ingénieurs] que comme de fort braves gens qui s'exposent tant que l'on veut mais qui n'en savent guère davantage[30]. » Il s'inquiète en particulier des jeunes encore mal aguerris lancés dans la mêlée : « Comme il n'y en a presque point qui aient jamais vu d'attachement de mineur, ni de descente de fossé, il faut à tout moment se porter sur les lieux pour les en instruire[31]. » Mais lorsqu'il s'agit de dresser la liste des tués et des blessés, il sait fort bien mettre en avant leur bravoure et leur courage car, dit-il : « Je n'ai que la voie des bienfaits du Roi pour pouvoir récompenser ceux qui l'ont servi longtemps avec moi[32]. »

Aussi bataille-t-il auprès du secrétaire d'État de la Guerre pour que justice leur soit rendue. Il s'adresse à Barbezieux pour que les appointements de certains sous-brigadiers ne soient pas « rognés ». De 250 livres par mois et huit rations de pain, on les a fait descendre lors du siège d'Ath à 200 livres et six rations de pain : « Ce retranchement nous convient beaucoup moins dans ce temps-ci que dans un pas autre, vu le retard de leurs appointements ordinaires dont ils ne sont payés qu'une année après l'autre ; à joindre que n'étant commandés que la veille de leur départ, la plupart n'ont pas un chausson d'équipage, ce qui les mettrait absolument hors de service si je ne les assistais de ma table[33]. »

Il se désole aussi des blessures de ses subordonnés : « Deux ingéniers [...] ne sont pas hors de danger, de Pizy et Salmon. Les blessures des deux vont mal ; [...] un pour être blessé trop près de l'artère du bras droit et l'autre trop près de la veine cave [...]. Jonville, le moins qui puisse lui arriver sera d'être estropié. Cela est bien désagréable, car ce sont trois bons sujets pour la tranchée et pour tout ce que l'on veut, notamment le dernier qui est par-dessus cela un très honnête garçon[34]. » On pourrait multiplier les exemples de la sollicitude de Vauban à l'égard de ses ingénieurs tant en campagne que dans les places. On se rend compte aussi comment il profite souvent des distorsions entre la guerre et les fortifications pour renforcer son patronage personnel sur eux.

Le « génie », vocable dont on use désormais officieusement et familièrement pour parler du département des fortifications, s'est vraiment cimenté dans l'entente de Vauban et Le Peletier. L'attelage des deux hommes fonctionne bien. Ils s'écrivent très fréquemment, autant que le faisaient Vauban et Louvois. Le commissaire général rend un compte précis de ses inspections et de ses suggestions au directeur général pour que celui-ci, à son tour, en entretienne le roi qui décide toujours en dernier lieu : « Je vous prie, Monsieur, de vouloir bien vous donner la peine de lire tout ceci au Roi [35]. »

« Je prie Dieu qu'il vous ayt, Monsieur de Vauban, en sa saincte garde »

Les deux ou trois années qui suivent la création du département des fortifications sont particulièrement fastes pour le lieutenant général sieur de Vauban. Plus qu'il ne l'a jamais été, plus qu'il ne le sera jamais, il se sent proche de son roi, ce qui lui est une joie très profonde.

La conjoncture est favorable. Louis de Phélippeaux de Pontchartrain [36], déjà contrôleur des finances, a pris la relève de Seignelay mort en novembre 1690. Le ministre entretient de bonnes relations avec le commissaire général et lui confiera même son fils en voyage de formation à Brest, en 1694. En revanche, avec le nouveau secrétaire d'État de la Guerre, Barbezieux, qui se laisse glisser dans la fainéantise – ce dont le souverain le tance fortement –, cela marche beaucoup moins bien. Sous prétexte que les fortifications lui avaient été retirées dès son entrée en fonction, il n'a pas voulu garder un contact cordial avec Vauban : « Je ne suis pas curieux d'entrer dans ce qui regarde les fortifications ordinaires, sachant que les intentions du Roi sont qu'un chacun ne se mêle que des choses dont il est chargé... » Ce faisant, il oublie que, tant que la guerre dure, il a à connaître des ingénieurs qui combattent aux armées. Quand il réalise enfin ce manque de liaison – sans avouer ni même s'avouer qu'il en est le principal responsable –, il se plaint auprès du commissaire général : « Mais vous voulez bien que je vous dise [...] il n'y a que vous qui ne mettiez le secrétaire d'État de la guerre en état de rendre compte à Sa Majesté de ce qui se passe[37]. » Vauban vit très mal cette situation : « Mais comme je n'ai point d'affaire qui m'oblige à écrire à M. de Barbezieux et que d'ailleurs il ne me demande rien, je n'ai nul empressement de m'adresser à lui parce qu'il ne sait qu'éluder et contrarier ce qui vient de moi [...]. Ce n'est pas comme cela qu'on me range[38]. »

Du coup, le commissaire général prend l'habitude de court-circuiter le secrétaire d'État de la Guerre – ce qu'il n'aurait jamais pu ni même songé à faire du temps de Louvois – pour correspondre à diverses reprises avec le souverain, auquel il rend compte de certains événements, spécialement de certains épisodes de la guerre. Louis XIV, en effet, lorsqu'il ne commande pas lui-même les opérations de siège, veut être tenu au courant, jour après jour, de ce qui se passe. Et s'il se trouve à la tête des opérations, il réclame aussi du « chef des ingénieurs » des rapports quasi journaliers et lui mande parfois par un billet de venir le rejoindre à son camp lorsqu'une affaire urge.

S'ensuit une série de missives entre le souverain et le commissaire général. Celles qui furent envoyées par le roi sont conservées dans le fonds Le Peletier d'Aunay déposé aux archives départementales de la Nièvre. Les trente premières s'échelonnent de 1689 à 1697, les neuf dernières couvrant la guerre de la succession d'Espagne[39]. Les minutes des lettres de Vauban se trouvent dans les archives du château de Rosanbo[40]. Les unes et les autres se répondent, tantôt sur un mode officiel et guindé, tantôt sur un mode familier, voire affectueux. L'on devine combien l'ingénieur est fier, heureux, parfois même émerveillé, de s'adresser à son souverain sans aucun truchement. La plupart du temps, il garde sa spontanéité de style et n'hésite pas à dire ce qu'il pense devoir être dit. Devant Namur assiégée, il regrette qu'on ait oublié la compagnie de mineurs de Camelin : « Il la faut pourtant avoir pour les mines. » Après la prise de la place : « J'ay fait le tour de la ville dans laquelle je me suis bien amusé », y ayant bien « badaudé », explique-t-il. Le souverain, de son côté, est également très direct. À l'automne

1692, demandant à l'ingénieur comment envisager et préparer dans le secret le siège de Charleroi pour l'année suivante, il ajoute : « Vous pouvez me parler d'autant plus hardiment que je ne montreray vostre lettre à personne et que cela demeurera entre vous et moy ». Et que dire de ce dialogue : « Je conduirai cela de mon mieux et j'espère que, mort ou vif, Sa Majesté sera contente de moi. » À quoi Louis le Grand répond du tac au tac : « Il est assuré que je serai content de vous ; je souhaite que ce soit vif et longtemps encore. » Comment Vauban ne serait-il pas ému d'une telle marque de confiance et d'intimité et, du coup, « infatué » de lui-même ? Joie également d'être à côté du souverain en 1692 – chacun à sa place bien sûr – pour mener, comme tant d'autres fois, un siège, celui de Namur. Joie encore pour Vauban en 1693 d'enlever haut la main la place de Charleroi – cette fois-ci sans le roi mais toujours pour lui.

Namur et Charleroi

C'est en effet dans ces temps que Vauban mène avec une virtuosité particulièrement méthodique deux sièges qui sont parmi les plus remarquables de sa carrière, essentiels pour parfaire la frontière du nord, « celle qui importe le plus ». Le premier est celui de Namur, « assiégé par le Roi en personne le 25 mai et rendu à l'obéissance de Sa Majesté le 29 juin 1692 ». Le second sera celui de Charleroi où, sous le commandement du maréchal de Villeroy, Vauban conduira les attaques victorieuses du 15 septembre au 11 octobre 1693.

Namur, bâtie au confluent de la Meuse et de la Sambre, est à cette date l'une des villes frontières des Pays-Bas espagnols de véritable enjeu stratégique. La posséder permet de verrouiller ou d'ouvrir vers l'amont les dangereuses trouées des deux rivières qui s'y rencontrent mais aussi de couvrir la région de l'Entre-Sambre-et-Meuse conduisant directement à la trouée de l'Oise. La ville, très ancienne, est en partie agglutinée au pied de l'éperon rocheux du Champeau qui domine la confluence et où se dresse le vieux château. L'agglomération s'est avant tout développée sur la rive gauche de la Sambre dans une vaste plaine ; un quartier beaucoup plus modeste s'est aussi créé sur la rive droite de la Meuse. On comprend mieux pourquoi le périmètre des murailles des XVe et XVIe siècles, englobant le tout, fut démesuré. Or, vers 1640, une enveloppe à la moderne, avec bastions et courtines, fut élevée à l'extérieur de cette première enceinte, accroissant encore la taille de l'ensemble. La citadelle qui domine la ville fut alors également agrandie et complétée par un ouvrage important, la Terra Nova. Après la paix de Nimègue, les Espagnols, qui à l'instar des Français perfectionnent leurs forteresses, concentrent une grande partie de leurs efforts sur cette place qui « commande à la fois le fleuve et la trouée de l'Oise [41] ». Ils construisent des retranchements sur le plateau de la confluence. Mieux, les Hollandais y financent un ouvrage à cornes redoutable, appelé suivant les cas fort d'Orange ou Guillaume en l'honneur de Guillaume III, parfois aussi fort Cohorn, du nom de l'ingénieur hollandais qui vient de le construire et qui le défendra lors des attaques françaises. D'autres ouvrages complètent encore cet ensemble impressionnant. C'est dire que l'attaque d'une telle ville n'a rien d'une plaisanterie.

Mené avec un art consommé, le siège a d'autant plus d'éclat que, placé sous le haut commandement du roi, il oppose deux célèbres ingénieurs, Vauban le Français et Cohorn le Hollandais. Il oppose aussi des forces considérables. Plus de 8 000 alliés (infanterie allemande, espagnole, hollandaise, artillerie anglaise) d'un côté et de l'autre 53 bataillons d'infanterie, 148 escadrons de cavalerie, 2 bataillons de fusiliers, autant de bombardiers, 1 compagnie de mineurs et 60 ingénieurs, sans oublier la masse des travailleurs. Plusieurs relations en ont été faites, dont le journal rédigé par Vauban lui-même, mais aussi, entre autres, celles du chevalier de Quincy, du marquis de Sourches, sans oublier celle de l'historiographe du roi, Jean Racine. Celui-ci souligne la part active prise par le roi qui garde auprès de lui pour l'aguerrir le petit comte de Toulouse. Il s'émerveille de la magnifique revue préparatoire au siège faite au son « des tambours, des trompettes et des timbales » et qui réunit « six vingt mille [42] hommes ensemble sur quatre lignes [43] ». Toute une série de hauts faits jalonnent ces dures journées.

L'écrivain est particulièrement enthousiaste sur Vauban : « M. de Vauban, avec son canon et ses bombes, a fait lui seul toute l'expédition. Il a trouvé des hauteurs au-deçà et au-delà de la Meuse, où il a placé ses batteries » ; emportant très rapidement le chemin couvert de la ville, faisant combler un fossé en un temps record, poussant les attaques contre les demi-lunes et les bastions avec tant de maestria que Namur, en dépit du courage de ses bourgeois, capitule dès le 5 juin. L'armée se porte alors dans l'Entre-Sambre-et-Meuse pour forcer les divers ouvrages défensifs de la citadelle. Le 15 juin Racine écrit : « Comme le retranchement qu'on attaquait avait un fort grand front, il fit mettre sur notre tranchée des espèces de jalons, vis-à-vis desquels chaque corps devait attaquer et se loger, pour éviter la confusion ; et la chose réussit à merveille. » Défendu par Cohorn, le fort Guillaume se rend le 23 juin après quinze jours de tranchée ouverte et Terra Nova le 29. La rencontre des deux ingénieurs, l'attaquant et l'attaqué, le vainqueur et le vaincu, est pleine de considération réciproque. Dans une lettre écrite à la fin du siège, Racine résume ses impressions : « Notre tranchée est quelque chose de prodigieux, embrassant à la fois plusieurs montagnes et plusieurs vallées, avec une infinité de tours et de détours, presque autant qu'il y a de rues à Paris. » Il insiste sur les terribles effets de l'artillerie : « Quand je vous dirai que notre artillerie leur a tué, en deux jours, douze cents hommes. Imaginez trois batteries qui se croisent et qui tirent continuellement sur de pauvres gens qui ne peuvent pas trouver un coin où ils soient en sûreté. »[44] On ne saurait non plus passer sous silence les recommandations qu'a faites le commissaire général aux soldats avant une attaque, témoignant du souci qu'il a eu d'éviter de trop grosses pertes : « Mes enfants, on ne vous défend pas de poursuivre les ennemis quand ils s'enfuient ; mais je ne veux pas vous faire échiner mal à propos sur la contrescarpe de leurs autres ouvrages. Je retiens donc à mes côtés cinq tambours pour vous rappeler quand il sera temps. Dès que vous les entendrez, ne manquez pas de revenir chacun à vos postes. » Le commissaire général limite ainsi autant qu'il le peut la trop grande précipitation française et les pertes en hommes. Néanmoins, d'après ses propres calculs, les morts du côté français atteignent 1 100 hommes, dont 9 ingénieurs, et les blessés 1 600, dont 16 ingénieurs ; du côté ennemi, 3 650 ont été mis à mal, morts et blessés confondus.

 L'éclat de cette remarquable victoire – *Namurcum captum*, vantée à travers le royaume – est néanmoins atténué par trois revers français survenus peu après dans la seconde moitié de l'année 1692 :

– en rétorsion de la conquête de Nice par les Français, le raid savoyard en haut Dauphiné qui désole la région, encore que la situation ait vite été redressée par Catinat ;
– l'échec du siège de Rheinfeld : il s'agit d'une forteresse située sur le Rhin en face de la Lorelei, dont la prise eût permis de commander toute la navigation fluviale ; mais l'armée d'Allemagne fut obligée de lever le siège ; Vauban, retenu sur les côtes méditerranéennes, dit qu'il s'agit là d'une « grande ânerie » ;
– l'affaire de la Hougue.

En revanche, les Français demeuraient offensifs sur le théâtre des opérations des Pays-Bas. La place de Charleroi avait été édifiée de toutes pièces par les Espagnols à partir de 1666 sur un éperon dominant la Sambre moyenne ; les Français l'avaient améliorée les années suivantes sous la direction de Thomas de Choisy, Chamois donnant des plans de la ville [45]. Puis elle avait été rétrocédée lors de la paix de Nimègue à ses légitimes propriétaires, les Espagnols, Vauban s'en enrageant. Tenant ainsi les chemins de l'Entre-Sambre-et-Meuse, les ennemis en profitent pendant la guerre de Neuf Ans pour encourager « des coureurs de parti de profession ». À partir de Charleroi, leur base de départ, ces partisans harcèlent les troupes royales sur les arrières français tout en rançonnant allègrement les habitants du plat pays. Vauban manque d'en être victime lors de l'une de ses inspections : ils « savent parfaitement le pays [...] ; ce qui fait qu'il n'y a point de sentier, bois ni buisson dont ils ne connaissent parfaitement les advantages [...]. Ce sont gens vigoureux [...] qui s'enrichissent à nos dépens [46] ». Cela l'amène à proposer des lignes de fortification passagère légère pour limiter les dégâts. Mais, surtout, il en revient à sa vieille idée : « proposer, prêcher et reprêcher le siège de cette place maudite [...]. Supposé qu'elle fût à nous, l'Entre-Sambre-et-Meuse deviendrait comme la plaine Saint-Denis, reculerait les ennemis de 8 à 10 lieues de nous, réduirait Bruxelles à devenir place de guerre ».

Le roi, pourtant pleinement d'accord, prend son temps, attendant le moment favorable. Après la victoire chèrement acquise du maréchal de Luxembourg à Nerwinden à la fin du mois de juillet 1693, Louis XIV décide qu'il faut faire rapidement les derniers préparatifs du siège. L'armée commandée par le maréchal de Villeroy investit la ville le 10 septembre. Sur les ordres de Vauban, la tranchée est ouverte dans la nuit du 15 au 16 septembre. La place capitule le 11 octobre et la garnison ennemie sort de la ville le 13. Cette action, menée selon les meilleures techniques vaubaniennes – méthode, rapidité, soucis d'éviter les pertes inutiles – rétablit la situation et donne de l'air à l'armée royale qui guerroie contre les Pays-Bas. Vauban ajoute : « La prise de cette place est une des plus nécessaires conquêtes que le Roi ait faites de son règne et qui achève de lui faire la plus belle frontière que la France ait eue depuis mille ans [47]. »

Véritable chef des ingénieurs sans le nom, allégé de la tutelle de Louvois, honoré de l'estime affectueuse du roi, ayant mené les triples attaques victorieuses de Mons, Namur et Charleroi qui élargissent le champ français, Vauban n'est cependant pas dupe de la situation. La France demeure étroitement encerclée par la meute de ses adversaires et se retrouve – toutes proportions gardées bien évidemment – dans la situation de la France des Valois, pressée de tous côtés par l'ennemi. Vauban va dès lors chercher à la mieux défendre contre toutes ces agressions.

CHAPITRE XIII

« Une fâcheuse défensive, par terre et par mer »

> Toujours présenter son fort à l'ennemi, et jamais son faible.
>
> Vauban à M. de La Pailleterie

Durant la décennie 1678-1688, Vauban avait travaillé comme un forcené à « borner » les frontières du royaume tout comme un paysan borne ses champs. Pour autant, les responsables – le roi, Louvois, Vauban lui-même – n'avaient nullement l'idée d'un pur et simple renfermement du royaume et d'un repliement frileux de la France sur elle-même. Pas de *limes* mais des places fortes bien alignées et stratégiquement placées à des lieux clefs, suffisamment proches les unes des autres pour surveiller les intervalles, soutenues en cas de danger par une seconde ligne de forteresses ; au surplus, pouvant facilement devenir autant de points d'appui pour une action offensive chez le voisin. C'est bien ce que Vauban a voulu concernant certains secteurs de la frontière des Pays-Bas, lorgnant en particulier vers la Sambre moyenne et Charleroi. Rappelez-vous, après la prise de cette place en 1693 : « la plus belle frontière que la France ait eue depuis mille ans ». Quant aux têtes de pont sur le Rhin – Huningue, Brisach, Kehl, Fort-Louis – elles donnent de l'air à la France du côté de la Germanie. Pareillement Mont-Royal, en sentinelle avancée sur la Moselle. En revanche, pris par le temps, le commissaire général n'a pu avancer autant qu'il l'aurait fallu la défense de plusieurs secteurs. En particulier et en dépit du prodigieux effort mené au cours des années précédentes pour fortifier le royaume, la défense des Alpes a été négligée, celle des côtes demeure insuffisante, certaines villes – et des plus importantes – sont ouvertes ou mal gardées.

Or, la guerre de la ligue d'Augsbourg entraîne un véritable retournement de la situation. Certes, chaque fois que cela est possible, le roi cherche à prévenir les ennemis par l'offensive, à commencer par l'attaque du Palatinat à l'automne 1688. Mais le sac de cette province germanique, créant un glacis de protection de terre brûlée, dresse la quasi-totalité de l'Europe contre lui. Lors même que les troupes royales n'auraient fait autre chose que d'y renouveler les malheurs de la guerre de Trente Ans, le XVIIe siècle finissant ne les supporte plus. Aussi la coalition voit-elle affluer de nouveaux adhérents. En particulier, l'Angleterre et la Savoie, auparavant amies ou alliées de la France, entrent dans la course et ces deux puissances, profitant des difficultés religieuses du royaume, soutiennent les huguenots français – selon les cas par conviction ou opportunisme.

Pour neutraliser le plus vite possible ces ennemis de dernière heure et éviter tout danger de collusion avec les « nouveaux convertis », Louis XIV décide là encore de jouer de l'offensive. D'où les croisières en haute mer de la flotte royale. D'où l'envoi d'une expédition en Irlande destinée à aider le roi Stuart à reconquérir son royaume. D'où encore la mission confiée à Catinat, commandant de l'armée des Alpes, d'attaquer les Savoyards en plusieurs points. Sachant parfaitement jouer des cols alpins pour lier les différentes opérations qu'il déclenche, celui-ci est vainqueur en Piémont à Staffarde en 1690. Au printemps suivant, le 2 avril 1691, il s'empare de Nice[1] et de la Riviera niçoise pour empêcher les flottes anglaises d'y trouver un mouillage commode à deux pas de la Provence. Il enlève à l'automne de la même année la place savoyarde de Montmeillan, bloquant les routes de la cluse de Chambéry, de la combe de Savoie et du Mont-Cenis. Pour autant, le duc de Savoie n'est pas abattu ; mieux, il passe à son tour à l'attaque en 1692.

Quant à l'affaire d'Irlande, elle échoue, laissant aux Anglais les mains libres de ce côté. « Maîtres de la mer » à partir de l'affaire de la Hougue en 1692, ils peuvent tourner dès lors toutes leurs forces contre les Français et spécialement contre leurs côtes. Encore qu'elle soit toujours offensive sur plusieurs théâtres d'opérations – aux Pays-Bas et rapidement aussi en Catalogne – la France est attaquée sur d'autres frontières. Le déchaînement des forces de la coalition exige donc un réajustement de la défense du royaume. Vauban doit intervenir dans les Alpes puis en Bretagne pour y coordonner la défense. Inquiet, il utilise désormais la fortification dite de campagne, se préoccupe de Paris, s'efforce de persuader le roi d'apaiser ses sujets protestants pour fermer là encore une brèche dangereuse.

Au secours du Dauphiné

Septembre 1692-mars 1693 : dans l'entre-deux des glorieux sièges de Namur et de Charleroi élargissant la frontière au nord du royaume, Vauban doit tout abandonner pour courir ventre à terre dans le sud-est du royaume. Le duc de Savoie y a pleinement joué son rôle de diversion. Comme il ne pouvait tenter une offensive à partir de Chambéry, il l'a faite à partir du Piémont. Il a une armée forte de quarante-cinq mille hommes de diverses provenances : des Savoyards, des Impériaux, des réfugiés protestants auxquels on donne le nom de « Barbets », les Vaudois de la montagne – ces derniers étant les descendants des Vaudois du Moyen Âge passés très tôt et en bloc au calvinisme. Laissant un tiers de cette armée tenter le siège de Pignerol présentement défendue par Catinat, il divise le demeurant de ses troupes en deux groupes pour leur faire franchir les monts et prendre le Dauphiné à revers. L'exploit est de taille.

La première troupe, d'environ cinq à six mille hommes et dans laquelle servent les Barbets et les Vaudois, est dirigée par le comte de Schomberg, ancien officier du roi de France. Du Piémont, ils franchissent les cols de Lacroix, Urine et Malaure (à 2 500 mètres d'altitude chacun) pour passer en Queyras. Ne trouvant pas l'aide espérée auprès d'habitants effrayés et rétifs, ces hommes, après moult pillages, « brûleries », réquisitions (en particulier de mulets, bêtes si précieuses en haute montagne), rejoignent à la fin du mois de juillet le gros des Savoyards à Guillestre, au débouché du Guil. En effet, l'armée principale conduite par le duc de Savoie, beaucoup plus nombreuse que la précédente – environ vingt-cinq mille hommes traînant de surcroît une importante artillerie –, cantonne depuis le 29 à Guillestre, à une lieue et demie de la vallée de la Durance. Pour sa part, elle est passée par le col de Larche (1 691 mètres d'altitude), lequel permet de se rendre de Cuneo, au Piémont, dans la vallée de l'Ubaye, possession du duc sur le versant occidental des Alpes. De là, par un nouveau col, celui de Vars (2 111 mètres d'altitude) et par des sentes de chèvres, l'armée ducale a dévalé droit sur la vallée de la Durance. Installée à Guillestre le 29 juillet, elle met immédiatement le pays en coupe réglée.

Catinat, rentré à marche forcée de Pignerol par Le Montgenèvre, tient solidement le Briançonnais en gardant la possibilité de rejoindre Grenoble par le col du Lautaret. Il a trop peu de troupes pour tenter de contre-attaquer. D'ailleurs, les Savoyards ne perdent pas leur temps contre lui. En revanche, poussant vers le sud, ils déboulent brutalement au fil de la Durance, dévastent tout sur leur passage, ponts, villages, récoltes encore sur pied. Les modestes villes de la région tentent parfois de se défendre. À Embrun, fièrement campée sur son roc, la résistance est particulièrement remarquable[2]. Gap, déclarée ville ouverte mais abandonnée par ses consuls, est pillée. Le village et le château de Tallard, sur la route de Provence, sont brûlés par les soldats de Schomberg en rétorsion du sac du Palatinat où s'était illustré le maréchal Camille d'Ostun, propriétaire du château en question[3].

En fait et par-delà les divers épisodes, il faut bien comprendre que les troupes ennemies veulent rejoindre Grenoble à partir de Gap. Deux routes sont possibles : soit par le col de Manse, la vallée du Drac et la Matésine en écrasant la défense organisée par Catinat à Corps, à mi-chemin de Grenoble ; soit par les cols de la Croix-Haute et de Cabre, ce cheminement-ci permettant aussi de se rapprocher du Diois et des Baronnies, citadelles dauphinoises de la « Religion ».

La troupe qui tend vers Grenoble par la première route dépasse le col de Manse mais n'ira pas loin. Beaucoup trop loin pourtant pour les populations ! Elle se répand dans la haute vallée du Drac ou Champsaur. Ici aussi, la région est dévastée, les ponts coupés, les villages pillés, les maisons détruites. Moins nombreux mais peut-être encore plus motivés, les soldats qui dépassent Veynes, au sud de Gap, tentent d'avancer du côté de

Cabre et de la Croix-Haute ; mais ils se heurtent à une résistance des populations qu'ils n'avaient pas soupçonnée.

Très vite, l'expédition tourne court. En dépit de l'impatience de ses généraux [4] qui voudraient toujours aller de l'avant, le duc, malade et craignant les premières neiges d'altitude qui rendraient particulièrement difficile le retour, donne l'ordre du départ le 12 septembre. La rage au cœur et pour n'être pas en reste, les troupes d'invasion brûlent tout au fur et à mesure de leur retraite, Veynes, Gap, La Bâtie, Chorges... Elles renouvellent leur exploit « sportif » en repartant par le chemin d'aller mais ne laissent derrière elles que ruines et cendres, un pays désolé par ce véritable ras de marée brutal et dévastateur, avec son flux et son reflux, les pillages à l'arrivée et tout ce que cela sous-entend, les incendies au retour.

Dès le 1er septembre, alors qu'on ne sait pas encore comment va se terminer l'aventure, Vauban, d'ordre du roi, abandonne en catastrophe la réfection de la fortification de Namur qu'il confie à Cladech. Il arrive rapidement à Grenoble qui n'a pas connu la tourmente mais qu'il estime mal protégée. Il prévoit de régulariser l'enceinte de Lesdiguières construite par l'ingénieur Jean de Beins au tout début du siècle [5]. Elle est ancienne et surtout négligée. Il demande la démolition d'au moins soixante-deux maisons construites abusivement sur le rempart, l'expropriation de plus de vingt hectares de terrain aux alentours de la ville de manière à prévenir toute surprise en cas de danger [6]. De là, il part vérifier les défenses du fort Barrault, le pendant français de Montmeillan sur la cluse de Chambéry, au pied du mont Granier. Il court une première fois à Gap et Embrun, dès lors reconnaît le site du futur Mont-Dauphin, et de là passe dans l'Outre-Monts pour donner des projets de souterrains pour Pignerol et renforcer plusieurs forts des vallées françaises du versant italien. Il revient en haut Dauphiné en novembre et visite minutieusement les villes, toutes plus ou moins détruites. En décembre, il descend vers la Méditerranée par Sisteron, Digne, gagne Nice et s'en retourne ensuite par les côtes provençales. Le 8 mars 1693, il est encore à Aix-en-Provence et s'apprête à quitter le sud-est du royaume dans lequel il pèlerine depuis près de six mois.

Il a beaucoup travaillé – « la charge d'un mulet de papier » – et beaucoup fait travailler ses collaborateurs, en particulier le directeur des fortifications de Dauphiné et de haute Provence, son « pays » le Nivernois Guy Creuzet de Richerand qui a plusieurs fois déjà servi sous ses ordres tant à la guerre qu'aux travaux[7]. Le commissaire général établit la liste des lieux incendiés, se navre des destructions commises par l'ennemi, cherche les moyens de rétablir au mieux les murailles des villes et leurs maisons détruites car il est indispensable à son avis de panser les plaies et de lutter activement contre les malheurs de la guerre. Tour à tour il s'inquiète d'Embrun, de Gap, celle-ci si pauvre et où il voudrait que les casernes soient moins épouvantables qu'elles ne le sont présentement.

Mais l'essentiel n'est pas là. Mieux vaut prévenir de nouvelles misères en cherchant la meilleure manière de protéger ce pays. Il en coûtera certainement beaucoup ! « Mais, une fois, il est nécessaire de faire une frontière en ce pays-ci ; et on s'est fort trompé quand on a cru qu'il n'en fallait point d'autre que les Alpes puisqu'on les passe partout en de certains temps, et qu'elles sont pour les ennemis comme pour nous[8]. » Allusion, bien sûr, à la sauvage razzia savoyarde utilisant au cœur de l'été des cols de très haute altitude. Dans une autre missive, celle-ci adressée à Catinat, il remarque : « Il est de la dernière conséquence de mettre cette frontière en état, eu égard au passé et à l'avenir[9]. »

Si Gap, Sisteron, Digne peuvent servir de places de seconde ligne, il faut prévoir de bons verrous en première position. Dans la haute vallée de la Durance, Briançon améliorée peut tenir sans grosse difficulté la route du col de Montgenèvre. Il a prévu une redoute surveillant la route d'Italie et un ouvrage qui sera plus tard le fort des Têtes, mais l'une et l'autre ne seront exécutés que beaucoup plus tard[10].

Embrun étant trop éloignée pour contrôler les débouchés du Queyras et du haut Ubaye, Vauban songe immédiatement à une place neuve. Il s'enthousiasme pour le site du plateau d'Eygliers que lui a signalé Catinat. À l'extrémité du plateau de Mille-Ores – les Mille Vents –, cette position escarpée sur les trois quarts de son pourtour surplombe par des falaises vertigineuses le confluent du Guil et de la Durance ; il n'y a qu'un très petit front à défendre. D'où le projet d'une grande place installée sur ce plateau de poudingues que l'on dénommera Mont-Dauphin en l'honneur de « Monseigneur ». Avec seulement deux fronts de fortifications couverts par des contregardes sur tous les saillants des bastions et demi-lunes, un avant-chemin couvert et deux lunettes avancées, la très vaste enceinte peut contenir une nombreuse garnison. À l'occasion, une armée en difficulté pourrait venir s'y réfugier. Le commissaire général attend beaucoup de cette future place et s'irrite en janvier 1693 de ce que des crédits n'ont pas encore été débloqués pour sa construction : « J'ai été fort surpris de n'y point trouver le Mont-Dauphin, vu que cette place a plus de raison d'établissement que toutes autres du Dauphiné ensemble et qu'elle peut être en défense plus tôt qu'aucune [11]. » Il obtiendra gain de cause peu après.

Pour fermer également à toute tentative de l'ennemi la confluence de l'Ubaye avec la Durance, « une des entrées les plus considérables du Dauphiné et de la Provence », Vauban fait préparer par Richerand le projet de Seyne qui comporte une tour « suivant l'idée que je lui en ai donnée » – et établit pour Saint-Vincent celui « d'une bonne et forte redoute capable de 80 à 100 hommes avec une enveloppe revêtue et escarpée tout autour pour le poste ». Bien que n'ayant pu les visiter, il veut aussi le renforcement des places de haute Provence : Colmars – pour surveiller la haute vallée du Verdon –, Guillaume et Entrevaux pour la surveillance du haut Var. Dans un pays « bossillé » où les postes sont « commandés de près et de loin par des hauteurs », il s'adapte : « Il m'a fallu inventer un nouveau système de fortifications pour en tirer parti. » Il reprend : « Il n'y a qu'une méthode de fortification à y observer qui est celle des tours bastionnées et des murailles couvertes, un peu fortes, percées d'embrasures. » [12]

En attendant toutes ces réfections, il réclame instamment que soit organisé en été un camp retranché devant le futur Mont-Dauphin pour prémunir la région de toute nouvelle invasion. Et il en voudrait également un autre pour bloquer la basse vallée de l'Ubaye avant que les deux ouvrages prévus aient été réalisés.

Ce voyage de 1692 dans les Alpes, la haute Provence et l'arrière-pays niçois dont il vérifie aussi les fortifications est donc essentiel pour la défense de ces pays dont on avait estimé trop rapidement qu'il n'était pas nécessaire de les fortifier. Cela a permis à Vauban de jouer de ses talents de poliorcète, cette fois-ci dans une région qu'il ne connaissait guère. Désormais, les Alpes françaises entrent dans la grande politique de défense du royaume.

Souvenons-nous aussi que Vauban y a, une fois encore, rencontré des « nouveaux convertis ». Mais déjà d'autres tâches l'attendent en d'autres provinces frontières, en particulier les côtes du royaume.

Prévenir les descentes ennemies

Beaucoup d'ouvrages côtiers projetés au cours des années de paix sont loin d'être terminés à la reprise de la guerre, ce d'autant que la priorité a été donnée à l'aménagement des ports proprement dits. Or, avec la « glorieuse révolution » d'Angleterre, il apparaît d'évidence certaine que les flottes anglaises liées à celles des Hollandais et des Espagnols s'attaqueront aux rivages français du Ponant comme du Levant, les escadres anglaises se risquant de plus en plus souvent en Méditerranée en profitant des relâches alliées. Dès le mois de février 1689, Vauban a fait une longue inspection de cinq mois sur les côtes de Bretagne et de la Manche, de Belle-Isle à Dunkerque. Quatre ans plus tard, au terme de son périple dauphinois et haut provençal, il passe les mois de janvier et février 1693 à examiner les ouvrages des côtes de la Méditerranée. Il admire le site de Nice, plus encore celui de Villefranche, puis continue par les îles Sainte-Marguerite, Antibes, Toulon. À Marseille, il visite l'arsenal des galères. Dès avril de la même année, il entreprend la visite minutieuse des côtes du Boulonnais et de la mer du Nord, vérifie les batteries de Dunkerque, contre laquelle on craint une attaque. Lorsqu'il ne peut se rendre sur place, il fait les projets de loin et corrige les plans présentés par ses collaborateurs, lesquels se chargent ensuite de la réalisation des ouvrages.

Concernant la fortification de bord de mer, il poursuit trois buts :
– la protection accrue des ports les plus utiles ou les plus menacés ;
– la prévention des descentes des ennemis. Ceux-ci risquent de débarquer en un point de rivage désert pour, de là, prendre à revers leur objectif principal, par exemple un grand port ;

– l'intégration des îles les plus proches du littoral dans cette politique défensive ; il faut éviter qu'elles ne tombent dans les mains ennemies et, en même temps, les faire participer à la défense côtière.

Dans tous les cas, il faut construire des ouvrages plus ou moins importants, en particulier de solides batteries qui croiseront leurs feux pour bloquer l'accès des endroits les plus menacés. Dans ces conditions, rien d'étonnant que les crédits attribués aux fortifications de la marine soient considérables durant les années de guerre, en dépit de la disette des fonds. En 1689, onze sur les quinze premiers chantiers de fortification à recevoir les plus fortes dotations royales appartiennent à ce département. Entre autres : Calais, Dunkerque, Toulon, Marseille, plusieurs tours de garde, des batteries. En fait, jusqu'à la fin du conflit, on travaillera d'arrache-pied sur les divers secteurs des côtes françaises.

Peu de travaux dans le Cotentin et la rade de Cherbourg cependant très mal protégés. Vauban s'était beaucoup désolé peu avant 1689 de la démolition des vieilles murailles de la ville hormis deux tours. Il craignait que « le rasement de cette place ne les [les ennemis] attire là ». Et il est sûr que les Anglais en profitent lors de la bataille de la Hougue, incendiant plusieurs vaisseaux échoués sur le rivage et l'île de Tahitou. Pour remédier à cette carence seront rapidement élevées les tours de Saint-Vaast-la-Hougue et de l'îlot de Tahitou qui, croisant leurs feux, défendront vaille que vaille le rivage qui, heureusement, ne possède pas de grands ports.

On travaille davantage sur les côtes bretonne et atlantique. Dès 1689, le commissaire général a proposé deux forts à Saint-Malo, a fait des aménagements à Morlaix et à Concarneau. Il a surtout donné ses soins à Brest, où les travaux entrepris à partir de 1683 sont loin d'être terminés. Il s'efforce de mettre la ville à l'abri d'un coup de main de l'ennemi par la construction de batteries installées sur les côtes du goulet, tandis qu'à Camaret il fait édifier une forte tour hexagonale à quatre étages, entourée d'une batterie semi-circulaire.

De même, les défenses des rivages de l'Aunis sont améliorées. Ne pouvant se rendre sur place, le commissaire général décide de plusieurs ouvrages mais s'en remet à François Ferry de leur exécution ou de leurs améliorations. C'est ainsi que

Rochefort reçoit une enceinte légère, que des murailles bastionnées sont reconstruites à La Rochelle à partir de 1689, que l'enceinte du château d'Oléron est complétée, que divers travaux renforcent la protection de l'ensemble, en particulier des îles et perthuis de la région (ouvrages du perthuis d'Antioche, Oléron, tour du Chapus, ouvrage de Fouras pour garder les abords et les rives de la Charente, aménagements de l'île d'Aix, commencés en 1692 mais toujours inachevés en 1699). On hâte aussi les travaux sur la Gironde, trop peu avancés en 1689, en particulier ceux des deux forts destinés à défendre la passe de la Gironde par le croisement de leurs feux : fort Pâté – tour ronde et basse dont la terrasse sommitale à parapet est garnie d'artillerie et dont les meurtrières basses sont armées de mousqueterie – et fort Médoc – solide ouvrage trapézoïdal à batteries.

Il n'est pas question de ne pas renforcer également les défenses des côtes du Levant ; de là des travaux importants sur le littoral et en particulier autour de Toulon et dans la rade de Marseille. Ici, les diverses petites îles situées à quelques encablures du littoral sont autant de nids à batteries croisant leurs feux pour rendre la rade imprenable[13].

Pour ces ouvrages destinés à garder les rades, les estuaires, voire les chenaux entre le continent et telle ou telle île, Vauban en vient de plus en plus à préconiser des tours à canons, comme il l'a proposé à Seyne, dans les Alpes. Souvent d'allure médiévale, parfois à mâchicoulis, parfois à embrasures d'artillerie, ces ouvrages ont une hauteur qui permet à leurs occupants d'observer de beaucoup plus loin qu'au ras du sol, tant du côté de la mer que de celui de la terre, et de « commander » l'ennemi. Casematées, à deux ou trois étages, avec batteries hautes ou basses – parfois les deux –, elles sont bien pourvues de canons dont la portée s'est accrue au cours des années précédentes, permettant de tirer même sur des navires relativement éloignés[14]. En revanche, les bateaux, secoués par les mouvements de la mer, ne sont pas sûrs d'atteindre leur cible d'aussi loin. Et s'ils s'approchent, ils se placent sous le feu de la mousqueterie qui, à son tour, entre en action[15].

Mais comme ces ouvrages ne s'édifient pas en un jour et que le temps presse, Vauban s'applique à munir les lieux des possibles descentes d'un certain nombre d'ouvrages plus légers, redoutes, batteries, retranchements.

Les campagnes de Bretagne de 1694 et de 1695

Le danger d'un débarquement ou d'un bombardement anglo-hollandais s'est précisé surtout à partir de 1692. La flotte royale ne tenant plus la haute mer depuis la bataille de la Hougue, ce sont les bateaux ennemis qui en ont désormais la maîtrise. Ils peuvent à tout moment – et croient-ils en toute impunité, ce en quoi ils se trompent – arriver en vue du littoral français en dépit des attaques des corsaires dunkerquois ou malouins. En 1693, comme les espions à la solde de Louis XIV et les contacts de Jacques II Stuart dénoncent à qui mieux mieux une action prochaine des Anglo-Hollandais, très probablement en direction de Dunkerque, les garde-côtes sont en état d'alerte quasi permanent pour surveiller la mer. Pourtant, déjouant les prévisions, la flotte ennemie a retardé son action jusqu'à l'automne et se dirige sur Saint-Malo. Le 26 novembre 1693, 12 vaisseaux de 50 à 70 canons et 4 galiotes anglaises se présentent dans la rade. Ces bâtiments réussissent à s'approcher suffisamment du port, jettent 150 bombes dont seulement 26 tombent dans la ville et, à quelques encablures des maisons, mettent le feu à une machine infernale, une vieille coque bourrée de poudre, de produits inflammables, de morceaux de canons sciés. Bien que soigneusement montée, elle explose trop vite, tuant quarante des leurs ; en revanche elle ne blesse aucun Malouin. Cependant, en dépit de la relative modestie des dégâts, l'événement inquiète beaucoup le gouvernement royal. Il devient plus urgent que jamais de développer au maximum la défense des côtes en profitant de l'hivernage des vaisseaux ennemis.

Au printemps de 1694, Vauban repart pour une nouvelle tournée sur le littoral de la Manche. Il se rend en premier lieu à Saint-Malo dont il voudrait renforcer les remparts et les abords. Pour mieux défendre la principale passe de la rade, l'ingénieur prévoit l'agrandissement d'un ouvrage dont les premiers travaux ont à peine commencé, le fort de la Conchée, installé sur un îlot battu des vents. Au début du mois de mai, alors qu'il s'apprête à partir vérifier les côtes du Cotentin, Vauban reçoit coup sur coup deux lettres du roi. La première lui confie le commandement militaire de Brest, la seconde étend ce commandement aux quatre évêchés bas-bretons (Dol, Saint-Malo,

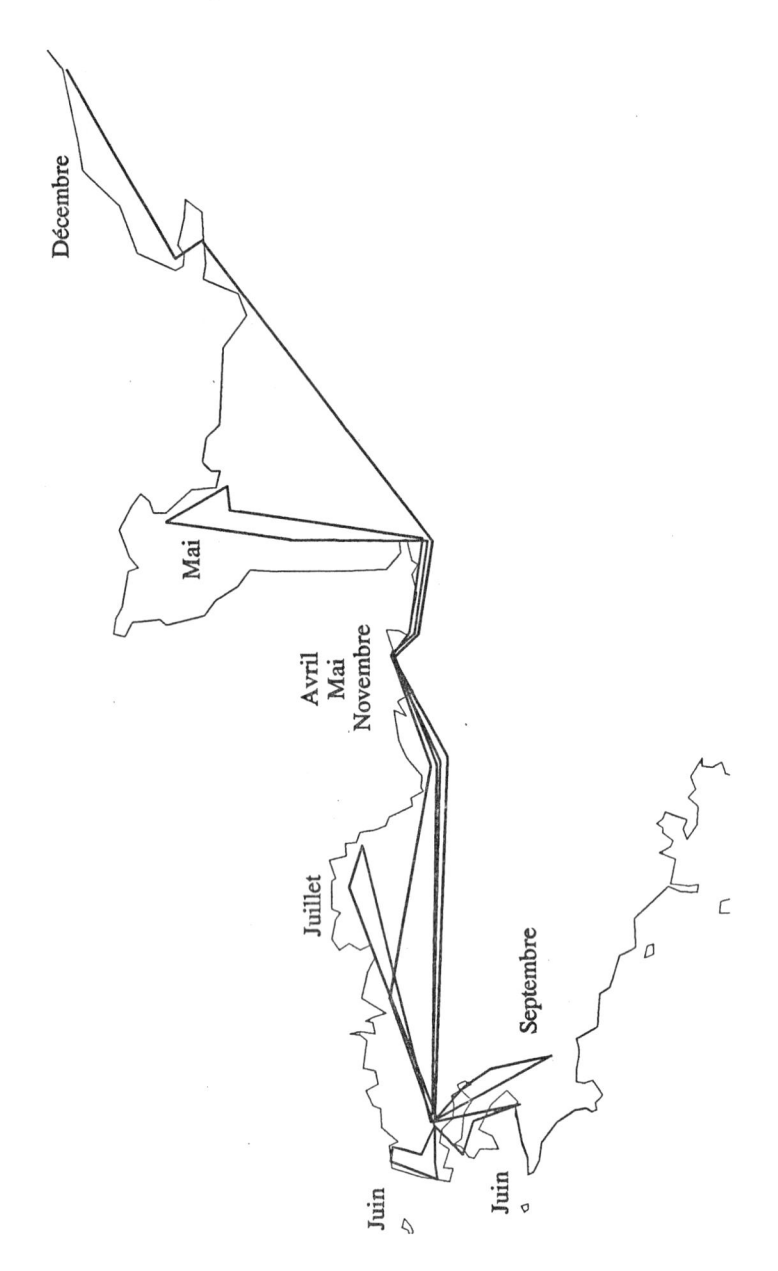

Déplacements de Vauban en Bretagne en 1694

Saint-Brieuc, Tréguier) : « J'ay des avis de plusieurs endroits différents et qui se rapprochent tous qui m'assurent que le dessein du prince d'Orange [16] est d'essayer, avec les flottes d'Angleterre et d'Hollande jointes, de brusler les vaisseaux qui resteront à Brest et de tenter avec un corps de six à sept mil hommes de se rendre maistre de la dite place [17]. » Et, ajoute le roi : « L'importance de Brest fait néanmoins que je ne veux pas me reproscher de n'avoir point contribué à tout ce qui peut dépendre de moy pour essayer d'empescher les ennemis de réussir dans cette entreprise. [...] L'employ que je vous donne est un des plus considérables par raport au bien de mon service et de mon Royaume. »

Ecourtant sur ordre royal l'inspection des côtes du Cotentin qu'il avait néanmoins tenu à entreprendre car il s'agit d'une partie de littoral mal gardée, Vauban arrive à Brest le 23 mai. Il a reçu du roi toute autorité sur les troupes rassemblées dans la région bas-bretonne – tant de terre que de mer –, également permission de lever les milices et d'appeler l'arrière-ban de la noblesse si cela devenait nécessaire. Il s'agit donc d'un vrai commandement militaire confié à un officier habituellement sans troupes. Son rôle sera de coordonner les trois types de défense, donc de combiner et d'harmoniser les actions des uns et des autres, marins, fantassins, milices, en calmant les rivalités et en ménageant les susceptibilités. On comprend que, pour un tel rôle, le roi ait choisi un officier général à la fois populaire et libre vis-à-vis des diverses armes. Libre aussi de toute attache avec une province difficile à mener. Ce n'est pas facile. Les miliciens nouvellement levés « ne peuvent comprendre l'exercice, ni ce qu'on leur défend », assurait peu auparavant Mme de Sévigné [18]. À propos des capitaines garde-côtes, Vauban de son côté explique : « Ce sont des paysans lourds et grossiers qui n'oseraient reprendre aucun de ceux qui sont sous leur commandement ; aussi n'en tire-t-on service qui vaille. » Quant au ban et à l'arrière-ban, leurs membres sont pitoyables. L'ingénieur en est scandalisé. Il doit aussi aviser quant aux mesures à prendre pour mieux armer les côtes. Mais sa situation présente le rattachant à la fois aux deux secrétariats d'État de la Guerre et de la Marine – sans oublier son appartenance au département des fortifications – n'est pas de tout repos, ce d'autant qu'il lui faut aussi compter avec le duc de Chaulnes, gouverneur de

Bretagne, et avec le duc de Choiseul, commandant des troupes de la province.

À peine arrivé à Brest et réglés divers problèmes de préséance, Vauban entreprend la visite systématique des côtes proches ou éloignées de la rade, secteur par secteur : vingt-quatre grandes lieues de côtes à garder avec vingt descentes possibles – un peu plus tard, il dira même quarante-neuf. Pour la garde du goulet, il marque l'emplacement de nouvelles batteries qu'il y fait installer et renforce les autres, le tout le plus rapidement possible. À la mi-juin, ayant noté les facilités de débarquement qu'offrent la baie de Douarnenez et surtout, plus proche, l'anse de Camaret à l'extrémité de la presqu'île de Crozon, il ordonne le rapide retranchement des anses « où l'on peut faire descente » et désigne les endroits que devront occuper les troupes réglées – campées jusque-là un peu loin du rivage – et les compagnies garde-côtes, arrivant les unes et les autres sur les lieux.

Il rentre à Brest le 17 juin : « J'en revins satisfait et content, après y avoir donné tous les ordres nécessaires, quand, vers les dix heures du soir, on entendit des signaux d'Ouessant, qui marquaient la vue d'une grande flotte [19]. » Espérant que les batteries joueront leur rôle et sachant que les troupes sont bien stationnées aux points qu'il a estimés stratégiques, Vauban se rend rapidement aux batteries de Léon et de Cornouaille [20] pour observer l'arrivée des ennemis – environ trente vaisseaux et quatre-vingts bâtiments de charge anglo-hollandais qui transportent environ douze mille hommes de troupes réglées. On ne peut encore deviner s'ils se dirigent vers Brest ou vers la presqu'île de Crozon puisqu'ils mouillent le soir dans la baie de Bertheaume.

Le lendemain, 18 juin, huit vaisseaux et nombre de petits bâtiments se détachent du gros de cette escadre et approchent de Camaret après avoir arrosé la rade d'une grosse canonnade de deux heures de temps. Rassuré sur le sort de Brest, le commissaire général rejoint Camaret aussi vite qu'il le peut. Mais il est encore à deux lieues de là lorsque se dénoue l'action engagée déjà depuis quelques heures. Portés par la marée haute, les navires ennemis ont amené sans difficulté à pied d'œuvre quelque sept cents hommes de troupes de débarquement, parmi lesquels des huguenots français, dont La Motte, ci-devant capitaine de mineurs. Dans un premier temps, l'opération a semblé réussir ; mais, grâce au courage des compagnies franches qui repoussent les assaillants à la mer, la tentative anglaise se transforme très vite en désastre, d'autant que plusieurs de leurs bateaux, échoués à cause de la marée basse, ne peuvent repartir. La plupart de leurs occupants – douze cents matelots et soldats – doivent se rendre ; cinq cents autres sont noyés, tués ou blessés. Du côté français, « il n'y a pas eu plus de 40 à 50 hommes tués ou blessés [21] ». Les garde-côtes se parent hâtivement des dépouilles des morts : « Nos milices qui étaient très mal armées se sont fort accommodées de leurs armes et de leurs habits. On ne voit plus que bonnets de grenadiers parmi nos troupes, fort beaux, et où les noms des colonels et leurs armes sont en broderie [22]. »

Pour se venger de cet échec sanglant encore que ponctuel, la flotte ennemie entame une terrible campagne de bombardements. Plusieurs ports sont atteints, en particulier Dieppe (22 juillet) où flambent les maisons à pans de bois ; sur la lancée et beaucoup plus sérieusement blessé encore, Le Havre du 26 au 31 juillet (300 000 livres d'indemnité, autant que pour le haut Dauphiné). Dunkerque, attaquée le 20 septembre, et Calais, le 27 septembre, ripostent avec succès. Les forts du chenal pour l'une et pour l'autre les ouvrages de la côte auxquels Vauban avait donné autrefois beaucoup de son temps ont été pleinement efficaces [23]. Cela étant, on comprend pourquoi, s'en allant rejoindre Lille en novembre 1694, le commissaire général a passé encore deux longs mois – parmi les plus froids du siècle – à examiner de très près les ports et les ouvrages des côtes, port après port, de Saint-Malo à la mer du Nord.

Dans la mesure où l'on craint la reprise des bombardements dès que reviendra la belle saison, Vauban est à nouveau chargé en 1695 du commandement de Brest où il a si bien réussi l'année précédente avec ces « messieurs de la marine ». L'évêché de Saint-Malo lui est, cette fois-ci, également confié. Il demeure en Bretagne d'avril à novembre, travaille d'arrache-pied au *Mémoire qui prouve la nécessité de mieux fortifier les côtes du goulet de Brest qu'elles ne l'ont été du passé ; l'utilité et l'épargne qui en reviennent au roi.* Il y explique les travaux qu'il conduit pour préserver la passe du goulet, note l'importance capitale du retranchement de Roscanvel qui coupe la presqu'île de Crozon en deux, rendant désormais sans intérêt un débarquement allié qui, grâce à cette parade, ne pourrait prendre Brest à revers.

En ce qui concerne Saint-Malo et plusieurs autres ports, il pèche en revanche par optimisme. En décembre 1694 – il est alors au Havre –, il rédige le *Rapport des bombes et canon de mer avec bombes et canon de terre*[24]. Il y a fait une démonstration – « une proposition de géométrie » – de la supériorité des batteries côtières sur celles de mer : « Veu que la batterie de terre estant sur des platte-formes stables et bien couvertes, doit incomparablement mieux ajuster que celle de mer toujours branlante et découverte. » Sur ce point, on s'en est déjà expliqué, il a pleinement raison. Il passe ensuite aux « bombarderies » causées par les galiotes à bombes qui s'attaquent aux villes. Il estime qu'elles ne sont pas « fort à craindre n'y même qu'elles puissent estre de durée lors qu'on se précautionne comme l'on doit contre elles ». Même raisonnement pour les brûlots ou machines infernales : « Mais de s'imaginer qu'elles puissent abattre une face de bastion […], c'est une erreur indigne du sens commun […]. Celles de Saint-Malo et de Dieppe et les deux de Dunkerque ont fait voir la sotise des diables qui les ont fabriquées et de ceux qui les ont mises en usage à leurs dépens. » Il développe la même argumentation dans le *Projet des précautions que M. de Vauban juge qu'on peut prendre contre l'effet des bombes au Havre*[25]. Il faut bien comprendre que pour lui, ce qui compte avant tout, avant même les destructions, c'est qu'un port ne tombe pas entre les mains des ennemis. C'est pourquoi il affirme avec raison : « Les bombarderies ne prennent pas les places. » Mais il ajoute ensuite, et cela est sujet à caution : « Elles ne tuent personne quand on veut prendre garde à soi. » Aussi, pour s'en prémunir, prévoit-il une organisation idéale des places fortes. Il voudrait même un personnel – pompiers ou secouristes – et du matériel contre l'incendie. Il envisage de confier à tel ordre religieux, par exemple les capucins, le soin d'éteindre les incendies et de soigner les brûlés. Mais cela reste à l'état de prospective. En réalité, Vauban a très vite été démenti par les faits puisque les bombardements meurtriers ont recommencé avec une violence accrue dès la saison suivante.

L'occasion se présente vite. Le 15 juillet 1695, l'ennemi parvient à neutraliser la Conchée encore en construction et lance sur la ville de Saint-Malo plus de quinze cents bombes qui causent cette fois-ci de très gros dégâts. Puis, délaissant la Bretagne, la flotte ennemie se dirige vers Dunkerque, où elle arrive le 11 août. Certains de ses bâtiments entrent dans la rade, lancent là encore plusieurs bombes et des brûlots sur les ouvrages fortifiés, spécialement sur le château du Risban dont les toitures sont endommagées, la ville, hors de leur portée, étant sauve. Cependant, obligés d'abandonner une frégate, deux galiotes et un brick échoués sur le banc Brack, les ennemis se retirent, non sans avoir tenté une attaque avortée contre Calais. L'été déjà bien avancé, les Anglo-Hollandais n'insistent pas et rentrent à leur point d'attache de l'île de Wight.

En définitive, lorsqu'ils sont suffisamment armés et défendus – comme à Dunkerque –, les forts appuyés sur les batteries jouent pleinement leur rôle dissuasif; en revanche, là où la couverture défensive est insuffisante, les villes maritimes, mal ou peu gardées, sont gravement touchées. Le danger des galiotes à bombes, existe bel et bien, n'en déplaise au commissaire général. Cela étant, il a eu raison d'insister sur la nécessité de renforcer le système défensif des côtes.

En fait, c'est bien en raison de ces dangers que le commissaire général s'entiche des galères comme bateaux garde-côtes et comme escorteurs [26]. Bâtiments de bas bord, elles ont l'avantage sur les vaisseaux à voile de pouvoir marcher à voile ou à bras, donc de posséder un « moteur » supplémentaire par rapport aux premiers. C'est là un atout qui n'est pas mince. Elles ne « volument » pas énormément, offrent donc une cible plus réduite que celle des vaisseaux de haut bord. Grâce à leur faible tirant d'eau et à leur largeur modeste, elles peuvent également serrer le rivage d'assez près. Certes, elles exposent dangereusement leurs flancs lorsqu'elles tournent. Mais voilà! un Maltais, le bailli de La Pailleterie, propose de faire marcher les galères à reculons, au moins sur des distances réduites. Vauban tente l'expérience avec l'une de celles qui se trouvent à Brest [27]. Il est enthousiasmé. De là à vouloir les doter d'un double gouvernail, le pas est vite franchi, même si le résultat ne répond pas à ses espoirs. Vauban reste cependant convaincu de la valeur des galères, les voyant en action tant à Brest où demeurent deux galères, à Saint-Malo (quatre galères) qu'à Dunkerque où il s'en trouve une vraie petite flotte: « Je les considère [...] comme ces animaux vigoureux qui présentent toujours les défenses à l'ennemi et qui par là se font tellement craindre que le plus souvent ils se tirent d'affaire. N'avez-vous jamais vu un matou acculé au coin d'une rue par d'autres chiens [28] ? Il est constant qu'ils ne le pillent jamais par l'endroit où il leur montre les dents. »

Certes, les galères ne sont plus à la pointe du progrès maritime. Elles sont même condamnées à moyenne échéance. Soixante ans plus tard, la France y renoncera, mais on est loin d'en être là dans la dernière décennie du XVIIe siècle. Elles peuvent encore jouer un rôle non négligeable dans la défense des côtes. Ce qui explique que, dès 1686, Vauban avait rêvé d'agrandir les écluses du canal des Deux-Mers pour y faire transiter ces bâtiments. Vue utopique en raison des moyens techniques de l'époque ? Il eût fallu surtout une trésorerie royale en meilleur état qu'elle ne l'est alors. Vauban s'est probablement trompé en croyant les galères capables de prendre la haute mer pour lutter contre les voiliers, peut-être aussi en les voyant dans son rêve capables de remonter la Tamise pour aller attaquer l'ennemi dans sa capitale et patrouillant autour des îles Anglo-Normandes [29]. En revanche, il a parfaitement raison de s'en pourvoir pour la défense de proximité.

La défensive, « celle que nous pouvons faire par mer »

Dans les nombreux ports qu'il visite, le commissaire général a souvent eu l'occasion de rencontrer des corsaires, de converser avec eux, de se renseigner sur leurs activités, voire même d'acheter une part de participation à leurs entreprises. À Saint-Malo il est lié avec M. Magon de La Chippodière et à Dunkerque il estime tout particulièrement Jean Bart. Donc rien d'étonnant à ce que, à l'issue de son second commandement breton, en novembre 1695, il profite de quelques semaines de repos pour rédiger le *Mémoire concernant la caprerie*, mot qu'il affectionne pour désigner la course [30]. Or, et ceci est à noter, c'est dans le cadre de la « défensive » qu'il se décide à en parler. Il revient d'ailleurs à plusieurs reprises sur ce thème : « Nous sommes réduits à la défensive. » Le ton a parfois même une connotation de défaitisme : « On s'est fait une fausse idée des armées navales, qui n'a point du tout répondu à ce que le Roi en avait espéré, et n'y répondra jamais tant que la ligue d'à présent subsistera. »

Son argumentation est la suivante. Il craint pour le royaume un épuisement consécutif aux « efforts extraordinaires » déployés pour combattre la coalition. D'autant que la conjoncture est particulièrement défavorable pour le royaume : calamités naturelles, crises de subsistance, mortalité, graves difficultés financières. Il s'inquiète de ce que la France risque d'être réduite « à une fâcheuse défensive, par terre et par mer, qui, quoique vigoureuse et respectable, aura besoin d'un grand bonheur et de beaucoup d'industrie pour se tirer d'affaire et se pouvoir longtemps soutenir contre tant et de si puissants ennemis, qui de leur côté, s'apercevant que nous faiblissons, redoubleront leurs efforts et continueront à s'éloigner de la paix ».

Comment vaincre les Anglais et les Hollandais, ces « principaux arcs-boutants de la ligue » qui soutiennent la guerre par l'argent qu'ils distribuent à nombre de coalisés ? « Or cet argent ne vient pas de leur pays, nous savons qu'il n'y a que celui que le commerce y attire. » Ce commerce est fait « au moyen de leur prodigieuse quantité de vaisseaux qui vont à travers le monde commercer ». Scandalisé par cet argent trop facilement gagné, le paysan qu'est Vauban insiste : « Ils se sont rendus les maîtres et dispensateurs de l'argent le plus comptant d'Europe. [...] C'est ce mal qu'il faut combattre et contre lequel il faut employer toute la force et l'industrie possible. »

Il est impossible de briser leur commerce aussi bien par la guerre continentale que par « la guerre de mer en corps d'armées » où ils sont supérieurs. Reste la course « qui est une guerre de mer subtile et dérobée, dont les coups seront d'autant plus à craindre pour eux qu'ils vont droit à leur couper le nerf de la guerre ». Devant l'impossibilité où se trouvent les flottes royales de contrer les ennemis, « il faut donner un autre tour à la guerre de mer et voir par quel expédient nous pourrons parvenir à la leur rendre dure et incommode plus que du passé ». La course bien appuyée (et soutenue au besoin par les galères) peut se faire à partir de la plupart des ports français. « Il faut se réduire à faire la course comme au moyen le plus possible, le plus aisé, le moins cher, le moins hasardeux et le moins à charge à l'État, d'autant même que les pertes n'en retomberont que peu ou point sur le Roi, qui n'hasardera presque rien ; à quoi il faut ajouter qu'elle enrichira le royaume, fera quantité de bons officiers au Roi et réduira dans peu ses ennemis à demander la paix à des conditions beaucoup plus raisonnables qu'on n'oserait l'espérer. » Il faut donc soutenir vigoureusement la course. D'ailleurs « tout le monde est présentement en goût des armements à cause des grosses prises qu'on vient de faire ». Lui-même reconnaît qu'il y a placé de l'argent.

Vauban, comme dans bien des cas, s'enthousiasme et tire de son raisonnement des conclusions péremptoires, souvent trop tranchées. Oscillant ici entre pessimisme et optimisme, il systématise sa pensée. Il n'empêche qu'à défaut d'une grande guerre navale empêchée, la course a son intérêt : enrichissement des ports corsaires, harcèlement des vaisseaux de commerce ennemis. Les Anglais ne s'y sont pas trompés et s'en vengeront en exigeant en 1713 la destruction des grands travaux vaubaniens de Dunkerque, le port exécré.

FORTIFICATION DE CAMPAGNE

Réfléchissant aux moyens de parer à la guerre défensive que la France connaît sur plusieurs de ses frontières, le commissaire général rêve de multiplier les obstacles. Certes, au cours des années précédentes, il s'est bien sûr efforcé de barrer les accès du royaume, mais – on l'a déjà signalé – avec en arrière-fond une constante pensée offensive. Après tout, hormis quelques sièges de la « vieille guerre » et celui, plus récent, d'Audenarde, Vauban a toujours été l'homme de l'attaque des places. Il l'est toujours. Mais il ne voudrait pas que les armées royales – si importantes soient-elles et gonflées jusqu'à des effectifs jamais atteints – succombent sous le poids de la meute hurlante des alliés.

Pour mieux protéger les places fortes et alléger la peine des troupes de soutien, il propose de plus en plus des ouvrages de fortification de campagne, suivant le cas levées de terre, retranchements, redoutes légères, camps retranchés. Il regroupera plus tard – en 1705 seulement – les diverses réflexions qu'il aura faites sur la fortification de campagne [31] en prévenant ses lecteurs : « La plupart des pièces qui composent cet ouvrage ne sont que des pensées ramassées pendant mes voyages et dans des temps fort éloignés les uns des autres [32]. » Il s'agit de textes datant presque tous de la guerre de la ligue d'Augsbourg, en particulier le *Mémoire sur les sièges que l'ennemi peut entreprendre la campagne prochaine et les moyens qui paraissent les plus convenables pour l'empêcher de réussir*, écrit en 1696. En réalité, l'usage a très largement précédé la rédaction de ces considérations dans la mesure où, à partir de 1692, le commissaire général est féru de ce type de remuements de terre.

Pour Vauban, les retranchements sont bons, mais à condition d'être bien gardés : « Quand il n'y a pas une étendue considérable des lignes qui soit inaccessible, il est bien difficile de les soutenir avec des corps inférieurs, d'autant que celui qui attaque choisit les points sur lesquels il tombe de toutes ses forces, et que celui qui défend est obligé de l'attendre également partout, et, partant, de diviser ses forces, ce qui l'affaiblit. [...] On soutient aisément les lignes avec des gardes ordinaires et beaucoup d'ordre contre toutes sortes de partis[33]. » Il fait ici allusion à l'action menée dans la châtellenie de Lille par des partis ennemis qui, en juillet 1692, forcèrent une ligne à redans élevée de Menin à l'Escaut. Elle était mal gardée par des détachements insuffisants. Il précise sa pensée : « Ce n'est pas leur faute si les ennemis ont fait des courses sur nos terres, mais bien du peu d'ordre que l'on y a tenu et de la mauvaise garde qu'on y a faite. » Ce sont les hommes qui sont en cause et non les lignes. Ainsi, dès 1693, il propose à nouveau un *Projet de retranchement d'Ypres à la Lys*. Il souligne « l'utilité des lignes faites pour couvrir la frontière[34] » et approuve les redoutes proposées par le marquis d'Huxelles le long du Rhin « pour la sûreté du pays[35] ». Pour lui donc, les retranchements de terre sont très utiles – il en a usé sans parcimonie. Mais il considère qu'une ligne défensive, un simple couvert, ne vaut que par ses défenseurs. Elle les protège, elle ne les dispense ni de veiller ni de combattre au moment opportun.

Avant tout, il s'intéresse passionnément, à dater de 1692, aux camps retranchés. Pour Vauban, pas de doute, les villes fortes finissent toujours – plus ou moins rapidement – par être prises, soit par le feu, soit par la faim. Pour retarder au maximum la prise de la place de façon à permettre à une armée d'intervention amie de venir repousser l'assiégeant, on a de plus en plus agrandi les dehors de la fortification, pour retarder d'autant la progression de l'ennemi. Dans le même but, il serait souhaitable d'installer une petite armée de dix à quinze mille hommes en avant de la place menacée. Comme « un homme bien retranché en vaut six qui ne le sont pas », il faut utiliser au mieux le terrain par la construction d'une véritable place provisoire qui accroîtra d'autant le périmètre défensif de la fortification en dur. Les hommes du camp retranché devront d'ailleurs éviter de se laisser enfermer dans la place qu'ils soutiennent en s'esquivant le plus tard possible si nul n'est venu entre-temps dégager la place.

Dès 1692, Vauban voudrait qu'un de ces camps protège le débouché du Guil en attendant la construction de Mont-Dauphin ; toujours dans les Alpes, il en prévoit encore un en avant de Seyne. Dès 1693, il détermine l'emplacement de celui de Dunkerque. Celui-ci est construit en 1694 entre deux canaux – des moëres à gauche, de Bourbourg à droite. Pour lui, « une fois terminé, il n'y aurait point d'armée de 100 000 hommes qui pût tellement circonvaller Dunkerque qu'on n'y pût faire entrer des secours quand on voudrait ».

Il fait aussi des projets de camps pour Menin (1693), Furnes (1695), Philippeville, Mons (1696). Il obtient d'en faire construire un à Charlemont-Givet, trop lentement réalisé à son gré. Dès la conquête de Namur, il a également demandé d'adjoindre à la défense de la ville un camp retranché. Mais le gouverneur de cette place précieuse entre toutes – le comte de Guiscard, allié de son gendre Bernin, de caractère difficile et de sens militaire médiocre – ne s'en préoccupe nullement. Vauban s'en désole, ne cesse d'affirmer que si on ne se résout pas à construire le retranchement du Vieux Mur en avant du plateau du Champeau, il faut s'attendre tôt ou tard à la reprise de la ville. Il a raison. Namur, attaquée par les alliés, tombe en 1695.

Il apparaît donc que les contemporains et en particulier le roi, auquel le *Mémoire sur les camps retranchés* a été lu deux fois, ne s'en préoccupent guère. Ce qui amènera Vauban, quelques années plus tard, à enjoliver son mémoire de toute une série de considérations historiques pour donner davantage de poids à sa démonstration. Ce qui l'amènera aussi à se désoler : « Je prévois les malheurs, je les vois venir, je propose des expédients pour les éviter mais on ne me croit qu'après qu'ils sont arrivés », se navrera le commissaire général au lendemain de la perte de Namur.

« De l'importance dont Paris est à la France » et du mur de Marseille

Vauban n'a pas davantage de succès lorsqu'il propose au roi et aux ministres de s'inquiéter de défendre la capitale, « le cœur de la France », et Marseille, « une des villes les plus importantes de France ». Mais n'oublions pas que l'une et l'autre de ces cités avaient été mutines.

Son mémoire *De l'importance dont Paris est à la France* fait partie d'un certain nombre de réflexions que le sieur de Vauban couche sur le papier dès le début de la guerre de Neuf Ans. Il le ressortira d'ailleurs, à quelques années de là, pendant la guerre de succession d'Espagne.

On sait que Louis XIV, craignant l'esprit frondeur des Parisiens, avait fait démanteler en partie l'enceinte parisienne dont certains secteurs dataient du Moyen Âge et d'autres du règne de son propre père. Il faisait transformer les « boulevards » défensifs – de la Bastille à la porte Saint-Honoré – en promenades, avec des arcs de triomphe en remplacement des portes fortifiées[36]. Le commissaire général, qui prône le désarmement de nombreuses places, qu'il estime de trop grosses dépenses pour le trésor royal, voudrait en revanche que Paris, depuis quelques années mal fermé, puisse à nouveau se défendre. En stratège clairvoyant, il est persuadé qu'en cas d'invasion la capitale serait l'objectif principal des armées ennemies[37]. Il accompagne sa réflexion de toute une série de considérations sur l'importance de la capitale, « mère commune des Français et l'abrégé de la France ». D'énumérer les avantages géographiques de Paris, ses richesses, sa nombreuse population (d'après ses calculs, environ 700 000 âmes), son importance administrative. Reconnaissant d'ailleurs que son projet est « simple mais fort cher à la vérité », il n'en propose pas moins de « reformer » la vieille enceinte et d'en construire une seconde, beaucoup plus large, pourvue de bastions et de tours bastionnées. Celle-ci s'appuierait sur les hauteurs qui entourent Paris : Belleville, Montmartre, Chaillot, faubourgs Saint-Jacques et Saint-Victor, et toutes les autres qui pourraient lui convenir ; grâce à quoi les ennemis ne pourraient commander la ville et auraient un périmètre impressionnant à circonvaller. Ils en seraient retardés et d'autant affaiblis. Le commissaire général se transforme ensuite en intendant d'armée, prévoit les munitions de guerre et de bouches qu'il faudra réunir, leur renouvellement d'année en année, le nombre des soldats nécessaires pour la défendre, l'échelonnement de sa construction. Pourtant, en dépit des dangers d'invasion, le roi demeure et demeurera sourd à cet exposé.

Il reste pareillement sourd aux demandes du commissaire général concernant Marseille, « la ville la plus mal gardée du royaume ». Ici comme pour Paris, Louis XIV n'oublie rien. Il se souvient de l'agitation de la cité phocéenne et de son « esprit mutin » lors de l'insurrection de 1658-1659[38]. En mars 1660, c'est par une brèche symbolique que le jeune roi était entré dans la ville enfin soumise. La construction, poussée bon train par le chevalier de Clerville, de la citadelle Saint-Nicolas et du réduit Saint-Jean avait alors visé avant tout à « retenir dans le debvoir une ville un peu libertine et fort penchante à la liberté[39] ». Les deux citadelles, encadrant le vieux port, tenaient en effet la cité sous le feu de leurs canons et ne se préoccupaient pas de la défense du large. Contre quoi Vauban s'élevait déjà en 1679. Tout à sa vindicte contre le chevalier, il ajoutait de façon assez venimeuse : « J'ai visité la citadelle de Marseille qui est un assemblage fort magnifique de tout ce qui a jamais passé d'extravagant et de ridicule par la tête des plus méchants ingénieurs du monde[40]. »

Avec l'installation de la flotte des galères en 1665 et la décision de tripler la superficie urbaine l'année suivante, on aurait pu croire que seraient renforcés à la fois le port et l'enceinte élargie de la grande ville commerçante. Il n'en fut pas ainsi. Pour limiter l'autonomie de la ville tout en lui assurant les moyens de s'enrichir, « on s'en prit à ses murailles qui furent abattues pour les [les séditieux] punir[41] ». Une enceinte, dessinée par l'intendant de la marine Nicolas Arnould, entoura les nouveaux quartiers mais elle était beaucoup trop légère pour les défendre vraiment.

En 1694, excédé par les rapports du comte de Grignan et des responsables marseillais qui craignent un bombardement et ne songent qu'à la défense de la rade, Vauban s'emporte : « Le grand défaut de Marseille est du costé de la terre ; elle est ouverte comme un village et si les ennemis débarquaient des troupes dans un temps que les armées du roi en seraient éloignées, ils pourroient la piller et brusler avec dix mille hommes[42].» Il ajoute un peu plus tard : « Il est fort extraordinaire que [Marseille] [...] ait demeuré si longtemps ouverte et qu'on ait voulu après cela la fermer simplement comme un parc ou au plus d'une muraille de cloître. » Il propose donc de construire une véritable enceinte bastionnée s'appuyant sur les hauteurs qui commandent la ville, en particulier s'ancrant à Notre-Dame de la Garde. Il n'est pas écouté et ne le sera pas davantage six ans plus tard lorsqu'il reviendra à la charge.

Sur le point de la défense de deux des plus grands villes françaises, il ne peut rien. Pas davantage sur le problème protestant, qui lui apparaît pourtant comme également lié à la défensive du royaume.

LE RAPPEL DES HUGUENOTS :
« POURVOIR À LA SEURETÉ DU ROYAUME »

Vauban rédige son *Mémoire pour le rappel des huguenots* adorné de plusieurs compléments au cours de la guerre de la ligue d'Augsbourg : décembre 1689, avril 1692, mai 1693, 1695, 1697. C'est dans le droit-fil de ses préoccupations défensives qu'il met tant d'ardeur et d'obstination à proposer au roi le retour pur et simple à l'édit de Nantes. Pour lui, cette mesure est absolument nécessaire pour désarmer ceux qu'il appelle « les ennemis domestiques », c'est-à-dire ceux de la « maisonnée ».

Au cours de ses nombreux déplacements, il a vu les effets pervers de la révocation. Dans ses lettres, il revient à plusieurs reprises sur ce problème brûlant. S'arrêtant au Saint-Esprit au retour de son grand voyage dans le Sud-Est en 1693, il s'exclame : « Cévennes et Vivarais, pays pavés de nouveaux convertis qui sont catholiques comme je suis mahométan[43] ! » Et dans son *Rappel* : « On ne saurait dire s'il y en a un seul de véritablement converti. » Mieux : « Ils affectent de paraître plus huguenots qu'ils ne l'étaient. [...] Toutes les rigueurs qu'on a exercées contre eux n'ont fait que les obstiner davantage. [...] Dieu sait le martyrologe qu'ils en ont historié »[44]. Il rappelle les très nombreux départs – qu'il évalue de 80 000 à 100 000 hommes – vers le refuge européen, la sortie de près de

10 000 matelots, d'autant – et même plus – de soldats, de 600 officiers des armées du roi, la fuite des capitaux. Prenant peut-être l'effet pour la cause – la récession économique pour la conséquence de la révocation alors qu'elle est probablement à l'origine de la chasse au bouc émissaire, en l'occurrence les protestants –, il regrette l'abaissement des manufactures françaises[45]. Il souligne plus encore l'importance pour l'opinion publique européenne des « bonnes plumes » qui « ont déserté le royaume et se sont cruellement déchaînées contre la France et la personne du Roi ».

Dans les premiers temps de la révocation, il a cru possible la conversion des jeunes mais, la guerre venue, il n'y croit plus. Certes, le conflit n'est pas dans son essence d'origine religieuse, mais le prince d'Orange, « le pire de tous les ennemis », se sert du prétexte de la religion pour pousser ses avantages : « L'obstination au soutien des conversions ne peut être que très avantageuse au prince d'Orange, en ce que cela lui fait un grand nombre d'amis fidèles dans le royaume, au moyen desquels il est non seulement informé de ce qui s'y fait, mais de plus très désiré et très assuré, s'il peut mettre le pied, d'y trouver des secours très considérables d'hommes et d'argent. » Vauban a toujours craint la collusion des calvinistes français avec les ennemis protestants. Qu'on se rappelle ce qu'il disait déjà en 1681 à propos de Saint-Martin-de-Ré. D'autant que nombre de coalisés sincères se sont engagés pour soutenir leurs frères « de cette religion ».

À dater de 1689, Vauban s'inquiète d'une possible invasion, ce qui explique *De l'importance dont Paris est à la France* et, pareillement, son *Rappel des huguenots* : « La guerre, ne pouvant manquer d'être toujours offensive de leur part [des ennemis] et devenir défensive de la nôtre, il est impossible que nous ne perdions terrain et qu'à la fin, la frontière ne soit pénétrée par un endroit ou par l'autre. » S'il en allait ainsi, une collusion entre les ennemis de l'extérieur et les ennemis de l'intérieur serait possible et Guillaume III en profiterait : « Il est bien certain que la plus grande partie de ce qu'il y a de huguenots cachés iraient à lui, grossiraient son armée en peu de temps et l'assisteraient de tout ce qui pourrait dépendre d'eux, qui est bien le plus grand péril, le plus prochain, le plus à craindre où la guerre présente puisse exposer cet État ; tous les autres me paraissent jeux d'enfants ou très éloignés de comparaison de celui-ci. » Dans un autre passage, il continue : « Les huguenots ne sont pas assez puissants dans le royaume pour entreprendre quelque chose de considérable d'eux-mêmes ; mais ils le sont assez pour pouvoir assister puissamment l'ennemi, s'il avait remporté quelque avantage considérable sur nous. »

Il cherche comment dénouer la situation. La meilleure solution serait qu'« il plût à Dieu de nous ôter cet usurpateur qui fait aujourd'hui le scandale de la Chrétienté, cet ennemi juré de la France et de la Religion, qu'on peut dire le perturbateur général du repos public de toute l'Europe [46] ». Mais comme il ne s'agit là que d'un vœu pieux (?), il examine les moyens de garantir la France contre le danger. Il en cite plusieurs ; entre autres, l'un serait « de les tous chasser du royaume. Mais l'État serait dépeuplé ». Vauban tient beaucoup à cet argument populationniste car pour lui « la grandeur des rois se mesure par le nombre des sujets ». Quant au septième moyen cité pour se débarrasser du problème protestant, il ne l'indique que pour le récuser immédiatement : « [Il] serait de les tous exterminer, depuis le premier jusqu'au dernier. Mais outre les difficultés qui se trouveraient dans l'exécution, cette action, qui serait exécrable devant Dieu et devant les hommes, ne serait bonne qu'à nous affaiblir beaucoup plus que nous le sommes, et à nous rendre pour jamais odieux chez nous et chez tous nos voisins. »

Le seul moyen est en fait la « réhabilitation » de l'édit de Nantes. « Elle couperait la principale racine qui unit les confédérés » et « mettrait le poignard dans le sein du prince d'Orange parce qu'elle lui romprait la plus grande partie de ses mesures, lui qui ne compte réussir dans ses entreprises sur la France que par le secours qu'il espère tirer d'elle-même par le moyen des huguenots ». Le commissaire général insiste et insistera toujours sur cette « réhabilitation », d'autant qu'il ne voudrait pas que les alliés l'imposent de façon autoritaire comme préalable à tout traité de paix, dans le cas d'une France écrasée. Il voudrait donc le retour à l'édit et un pardon royal magnanime et miséricordieux : « Il faut rallier, rappeler ceux que les misères passées et les chagrins des conversions ont fait sortir du royaume et ménager ceux qui y restent, au lieu de les vexer et tourmenter comme on a fait et comme on fait encore en plusieurs provinces. » « Voilà un moyen certain pour lever une des plus grandes difficultés de la paix. » La France dès lors redeviendra « le plus beau royaume du monde et rempli des meilleurs sujets ».

Au cours de la guerre de la ligue d'Augsbourg, Vauban s'est donc colleté à tout moment aux dangers supposés ou réels d'une invasion. Tout en préconisant l'offensive partout et chaque fois que cela était possible, il s'est aussi efforcé de « fermer les entrées du royaume » par toute une série d'expédients, retranchements, camps retranchés, garde-côtes fixes ou mobiles. Il s'est vivement intéressé aux moyens tactiques mis à sa disposition : canons et mousqueterie dans les batteries et les redoutes, galères et frégates garde-côtes. Il aurait même voulu construire des batteries flottantes. Mécontent de savoir les plus grandes villes du royaume ouvertes à tout vent, il a proposé de mieux prévoir leurs défenses. Décidé à « pourvoir à la sûreté du royaume », il s'est attaqué aux effets de la « guerre psychologique » et de la guerre économique. Adepte de la course ruinant le commerce des ennemis, il a par ailleurs tenté de désamorcer les difficultés nées de la révocation de l'édit de Nantes et de ramener au roi les « ennemis domestiques ». Sur plusieurs de ces points, il n'est guère écouté. Le sera-t-il lorsqu'il prêchera ce qu'il appelle une « paix honorable » ?

CHAPITRE XIV

« Je servirai toujours le roi »
(1697-1703)

> Mon estime et mon amitié sont toujours telles que vous les connaissez.
>
> *Le roi à Vauban.*

Pour sortir de la guerre de la ligue d'Augsbourg qui s'éternise, le roi est désormais prêt à beaucoup de concessions. Il l'a déjà prouvé en 1696, lors de la signature généreuse d'un accord séparé avec le Savoyard. Mais avant de négocier la paix avec le reste de la coalition et pour faire pression sur les alliés – eux aussi désireux de conclure –, il veut un dernier baroud d'honneur. D'où, entrepris au cours de l'été 1697, les deux sièges d'Ath et de Barcelone. Vauban, mis à contribution pour le premier d'entre eux, est une fois encore victorieux, ce dont il est très fier et fort loué de tous.

Plus libre du côté des ministres, il a vu ses relations avec Barbezieux s'améliorer. Pontchartrain l'a estimé au point de lui confier quelque temps son fils à Brest pour le former au travail. Le commissaire général a donc bien l'impression d'être un des grands personnages de l'État, ce qui n'est pas faux. Commandeur du nouvel ordre royal de Saint-Louis depuis 1693, écouté en plusieurs occasions, il est particulièrement heureux de toutes les marques d'affection témoignées par le roi. Néanmoins, parce qu'il y a du naïf en lui – à moins que ce ne soit de l'entêtement –, il respecte probablement trop fidèlement la consigne donnée par le souverain quelque temps auparavant : « escrire ce qui vous passe dans la teste ». Il ne s'en est pas privé au cours de la guerre, il ne s'en privera pas davantage lors de la signature du traité de paix et moins encore plus tard. Il croit toujours pouvoir convaincre par ses raisonnements « en forme de démonstration mathématique ». Il s'étonne et regrette qu'on ne prenne pas en considération tout ce qu'il propose. Il en conçoit quelque irritation et quelque déception dissipées en partie par les missions de confiance dont il est investi. Mais irritation et déception, fussent-elles celles d'un si fidèle serviteur de la monarchie, sont toujours prêtes à se manifester à nouveau.

Les dernières années de la carrière de celui qui ne sera qu'*in extremis* maréchal de France sont toujours très actives. Il fait encore de très longues inspections mais préfère de plus en plus travailler en son cabinet plutôt que de courir la poste. Il écrit beaucoup sur des sujets variés et cherche, sans y arriver jamais vraiment, à organiser ses voyages à son mode. Ainsi s'efforce-t-il chaque fois qu'il voit le roi de lui suggérer l'itinéraire de son choix.

Cependant, son humeur se ressent des tracas de la vie. Veillant à parfaire la nouvelle frontière de Ryswick, il n'a pu s'empêcher de se scandaliser plus ou moins ouvertement de certaines clauses des traités de 1697 et, plus encore ensuite, des choix du roi concernant la succession d'Espagne. Attristé par des difficultés familiales, il voudrait aussi que sa valeur militaire soit mieux récompensée que jusqu'à présent. D'où son désir forcené d'être maréchal de France et sa joie de l'être. Telle quelle et bien que jalonnée aussi de satisfactions, son arrière-saison n'est pas exempte de chagrins, de bougonnements, de mécontentements. Mais il s'est engagé à toujours servir le roi de ses avis et de sa personne. Aussi, quand il le faudra, sera-t-il prêt à reprendre les armes. En dépit du poids des années et bien qu'il n'approuve pas le motif du nouveau conflit qui éclate en 1701, il sera encore présent lors de deux campagnes de la guerre de la succession d'Espagne.

«Voilà une place réduite promptement par vos soins»

En 1697, alors que la guerre de la ligue d'Augsbourg se traîne indéfiniment, Louis XIV voudrait profiter de la lassitude générale pour négocier « clef en poche » en arrachant une bonne fois pour toutes la paix qui, cette fois-ci, sera durable, du moins l'espère-t-on. Dans cet esprit il décide en 1697 de tenter deux sièges, celui de Barcelone et celui d'Ath, l'un et l'autre réussis, mais de manière bien différente. Chargé du siège de Barcelone, capitale de la Catalogne, le maréchal duc de Vendôme, aidé par l'ingénieur en chef Louis de Lapara des Fieux, beau combattant mais trop impétueux, ne prend la ville qu'au bout de deux mois (15 juin-15 août). Belle prise certes, mais bien coûteuse pour les armées du roi : 3 500 morts, dont 200 officiers, et 4 600 blessés, sur lesquels 350 sont des officiers.

En revanche, le siège d'Ath, qui précède celui de Barcelone d'un mois, est enlevé en seulement quatorze jours (23 mai-6 juin). Placé sous le commandement de Catinat, lui-même protégé par les corps d'armée de Villeroi et de Boufflers – en tout 40 000 hommes – il est conduit par Vauban qui y va en toute assurance : « Je connais beaucoup mieux leur place qu'eux. » Il profite aussi du fait que la ville est mollement défendue. Du côté français, il n'y aura que 50 tués et 250 blessés [1].

Vauban affirme pleinement ici sa virtuosité faite de méthode, de risque calculé, de précaution – « ne rien risquer et [...] être en état de se mettre dans les règles en cas d'accident » –, de connaissance parfaite du terrain – « bien m'en a pris d'en avoir fait faire un nouveau plan avec toutes les remarques quand il [le roi] la céda ». Il n'a jamais aussi bien utilisé l'artillerie, exigeant des artilleurs peu convaincus la pratique de ce qu'il appelle, faute de mieux, le « tir à ricochet » dont il avait commencé d'user au siège de Philippsbourg. Il installe les batteries au niveau de la deuxième parallèle. Il ne veut pas que, selon leur habitude, les officiers pointeurs fassent tout simplement tirer les coups de canon devant eux avec le plus de bruit possible, atteignant ce qui s'y trouve, important ou non. Il place les batteries de telle sorte qu'« embrassant tout le front des attaques, elles croisoient et enfiloient par plongées tellement les bastions, demi-lunes et chemins couverts de la place que, quand elles furent une fois bien en train, les ennemis ne purent plus tenir à leur défense ». Enfin, il fait tirer à petites charges. Ainsi cherche-t-il « plus à incommoder les ennemis et à les chasser de leurs défenses qu'à faire un fracas inutile qui n'aboutissait qu'à bien ruiner des bâtiments et n'avançait de rien la prise des places »[2].

Vauban veille à ce que le siège avance « par le canon, la pelle et la pioche ». Bien qu'il ait maintenant soixante-quatre ans et une santé médiocre, il est à la tranchée tous les jours, de cinq à onze heures du matin et, l'après-midi, de trois à sept heures. Mieux, dans la nuit du 29 au 30 mai, s'inquiétant des attaques, « il résolut de rester la nuit pour être témoin de ce qui se passerait ». On retrouve ici l'ardeur du jeune ingénieur d'autrefois. Au cours du siège, il est blessé à l'épaule, « une contusion, un peu grande à la vérité et dans un assez mauvais endroit, mais qui n'était pas capable de me faire relâcher un moment de ce que je dois au Roi, à l'État et à moi-même ». Cela étant, il est très satisfait de lui et des troupes. Le 4 juin : « Je m'en puis vanter sans faire le gascon, [...] jamais place n'a été attaquée avec tant d'art et de vitesse tout à la fois ; la bonne chose que c'est de bien connaître l'ennemi à qui on a affaire ! [...] Nous les tenons présentement bridés comme des oisons[3]. » Et le 5 juin, s'adressant à Barbezieux, envers lequel il est fort aimable : « Ou je suis le plus trompé du monde, ou nous voici, Monseigneur, bien près du but. » Prévenu par un courrier exprès, le roi répond dès le 6 juin : « Voilà une place réduite promptement par vos soins à mon obéissance. [...] Vous pouvez être persuadé que je suis très content de vous[4]... »

Désirant peser encore davantage sur les alliés, Louis XIV envisagerait bien dans la foulée le siège d'Audenarde. Sur ce point, Vauban ne le suit pas et lui déconseille fortement cette nouvelle action[5]. Le 18 juin, le roi, se rangeant finalement aux raisons avancées, lui écrit : « Mons. de Vauban, j'ay veu avec plaisir par une lettre du 6ᵉ de ce mois que nous nous soyons rencontrez tous deux de mesme avis sur le party que j'ay pris de différer l'entreprise d'Oudenarde jusques à ce qu'il soit arrivé quelque événement heureux qui la facilite[6]. » En fait, cela sera inutile car, après Barcelone, la paix tant attendue ne tarde plus.

Ryswick, « paix honorable » ou « paix déshonorante » ?

Depuis longtemps le roi se posait la question de savoir comment terminer dignement cette guerre interminable. Dès 1693, les belligérants avaient subodoré de part et d'autre qu'ils ne pourraient ébranler dans leurs fondements leurs puissances respectives. L'échec de l'expédition d'Irlande et les mésaventures maritimes de la France lui interdisaient à tout jamais de ramener les Stuarts sur leur trône. De leur côté, les alliés voyaient bien qu'ils ne pourraient jamais entamer largement le territoire français. C'est ce que leur avait insolemment signifié Louis XIV lorsque, en 1692, il avait fait frapper une médaille à la sécurité perpétuelle du royaume – « *Securitati perpetuae* » –, avec en exergue : « *Urbes aut arces minitae aut extructae CL ab anno MDCLXI ad annum MDCXCII* » – cent cinquante places ou citadelles bâties ou fortifiées de 1661 jusqu'en 1692[7]. Ce à quoi Vauban ne pouvait qu'acquiescer car il est bien sûr que la guerre avait été contenue la plupart du temps à l'extérieur du royaume grâce aux bonnes places fortes savamment installées aux points sensibles. Certes, l'invasion savoyarde puis les bombardements anglo-hollandais dévastant quelques lieues du territoire de la France semblèrent improuver les assertions royales. Les razzias des partisans sur la frontière des Pays-Bas gênèrent parfois les mouvements des troupes françaises et désolèrent le plat pays. Mais ce n'étaient là qu'attaques limitées, vite colmatées – rien de semblable aux terribles invasions frappant le royaume au XVIe siècle et aux débuts de la guerre de Trente Ans.

Cela étant, des pourparlers de paix s'étaient ouverts dès 1693. Ils s'étaient très vite enlisés. En 1697, Sa Majesté Très Chrétienne souhaite arriver maintenant promptement à la conclusion. Louis XIV veut une paix – et une paix durable – pour plusieurs raisons : se bien préparer à la succession de Charles d'Espagne, sans héritier direct ; rendre force au royaume après l'extraordinaire effort de guerre soutenu pendant neuf ans en dépit des froidures, des disettes frumentaires, des épidémies, sans oublier la crise financière et le vide désespérant des coffres de l'État. Il désire négocier en grand monarque fort de ses triomphes. Il le peut désormais grâce aux derniers sièges victorieux.

Or, le monarque sait très bien que le commissaire général a déjà beaucoup réfléchi à quelle sorte de paix peut prétendre le royaume. Dès le mois de janvier 1694, Vauban présentait au souverain un projet « en faveur d'un traité de paix » dans lequel il proposait au roi de renoncer à un certain nombre de places inutiles à sa gloire, ce qui lui permettrait de faire de grosses économies de troupes, d'argent et surtout d'éteindre ou de diminuer la « jalousie » de ses voisins. Ce n'était rien de moins qu'un vaste projet d'abandon de la plupart des conquêtes accumulées de 1681 à 1693 au cours des réunions et des dernières campagnes. En revanche, Vauban y affirmait avec force qu'il était impossible de rendre trois places clefs et leur *hinterland*, soit Mons, Luxembourg et Strasbourg [8].

Plus tard se répandent dans Paris des bruits de paix « à des conditions déshonorantes pour nous ». Il est question de rendre et Luxembourg, et Strasbourg. S'adressant à Racine, le commissaire général, qui craint d'en « trop dire », laisse néanmoins percer ses angoisses : « De la manière enfin dont on nous promet la paix générale, je la tiens pour plus infâme que celle du Cateau-Cambrésis qui déshonora Henri second. » Et il ajoute : « Nous sommes dans tous nos avantages. Nous avons gagné terrain considérable sur l'ennemi, nous lui avons pris de grandes et bonnes places, nous l'avons toujours battu, nous vivons tous les ans à ses dépens, nous sommes en bien meilleur état qu'au commencement de la guerre, et, au bout de tout cela, nous faisons une paix qui déshonore le Roi et toute la nation [9]. » Entre parenthèses, le commissaire général oublie ici un peu trop rapidement ses mémoires alarmistes sur les problèmes de la « fâcheuse défensive ».

Bien sûr, Vauban s'exprime un peu moins crûment lorsqu'il s'adresse au roi, mais celui-ci n'est pas sans savoir le fond de la pensée du commissaire général. On comprend mieux la lettre autographe que lui envoie le souverain le 22 août 1697 : « Je suis fort persuadé de votre joie en la prise de Barcelone et sur ce qui est arrivé à Carthagène. Vous êtes trop bon Français pour n'en pas avoir et pour ne pas souhaiter ce qui est dans la lettre que vous m'avez escrite. Je pense tout comme vous et je feray ce que je croiray convenable pour mon advantage, celuy de mon royaume et de mes sujets. On s'en peut raporter à moy qui sait et connoit le véritable estat où nous sommes. Si la paix se fait, elle sera honorable pour la nation. Si la guerre continue, nous sommes en estat de la bien soutttenir de tous costés quoy qu'il arrive. J'aurai la mesme considération pour vous et vous verrez dans la suitte que mon estime et mon amitié sont toujours telles que vous les connaissez depuis si longtemps [10]. » Réponse du berger à la bergère ? Plutôt délicatesse du souverain pour un collaborateur qui lui a tant donné et qu'il ne voudrait pas froisser, même s'il n'approuve pas toutes ses conclusions et s'il entend mener les négociations de paix en souverain et en chef de la diplomatie, sans se laisser impressionner par son vieux serviteur. Il n'empêche, l'un parle de paix honorable, l'autre la prévoit déshonorante.

Certes, le roi a des gages, Mons, Charleroi, Ath, Barcelone et autres villes de Catalogne. Mais il veut la paix. Il est décidé – il semble bien que ce soit sous l'influence de Mme de Maintenon – à user de mansuétude. Il l'a d'ailleurs déjà bien prouvé l'année précédente lorsque, par le traité de Turin, il a détaché de la coalition le duc de Savoie. Lui rétrocédant une partie des territoires conquis au cours du siècle, en particulier Pignerol et Casal outre-monts, également le comté niçois, il s'est néanmoins réservé les têtes des vallées de la Doire Ripaire et du Cluson, avec Oulx et les forts d'Exilles et de Fenestrelles. Il a surtout préparé la dislocation de la coalition et marié son petit-fils aîné, le duc de Bourgogne, à la jeune Marie-Adélaïde de Savoie. S'il a perdu Nice et quelques autres bonnes places – que Vauban aurait tant voulu conserver –, il y a gagné l'alliance éphémère du portier des Alpes et, de surcroît, une petite-fille vive, gaie, très attentionnée à l'égard de son royal grand-père.

Pour en revenir aux traités de Ryswick, l'un est conclu le 20 septembre entre France, Angleterre, Hollande, Espagne, l'autre le 30 octobre entre France et Empire.

Délaissant la question huguenote, Guillaume III en profite pour faire reconnaître sa légitimité par le roi de France. Au regard de l'Espagne, la France rentre dans les limites de Nimègue. Elle abandonne les places catalanes conquises, mais cela n'est pas très grave. La suggestion de Vauban, celle de rendre tous les villages cerdans et de raser Mont-Louis pour obtenir en compensation la place de Castel-Léon dans le val d'Aran – ainsi aurait été réalisée une frontière de partage des eaux –, n'est pas retenue. Pas retenu non plus, et c'est infiniment plus grave, le désir qu'il a exprimé

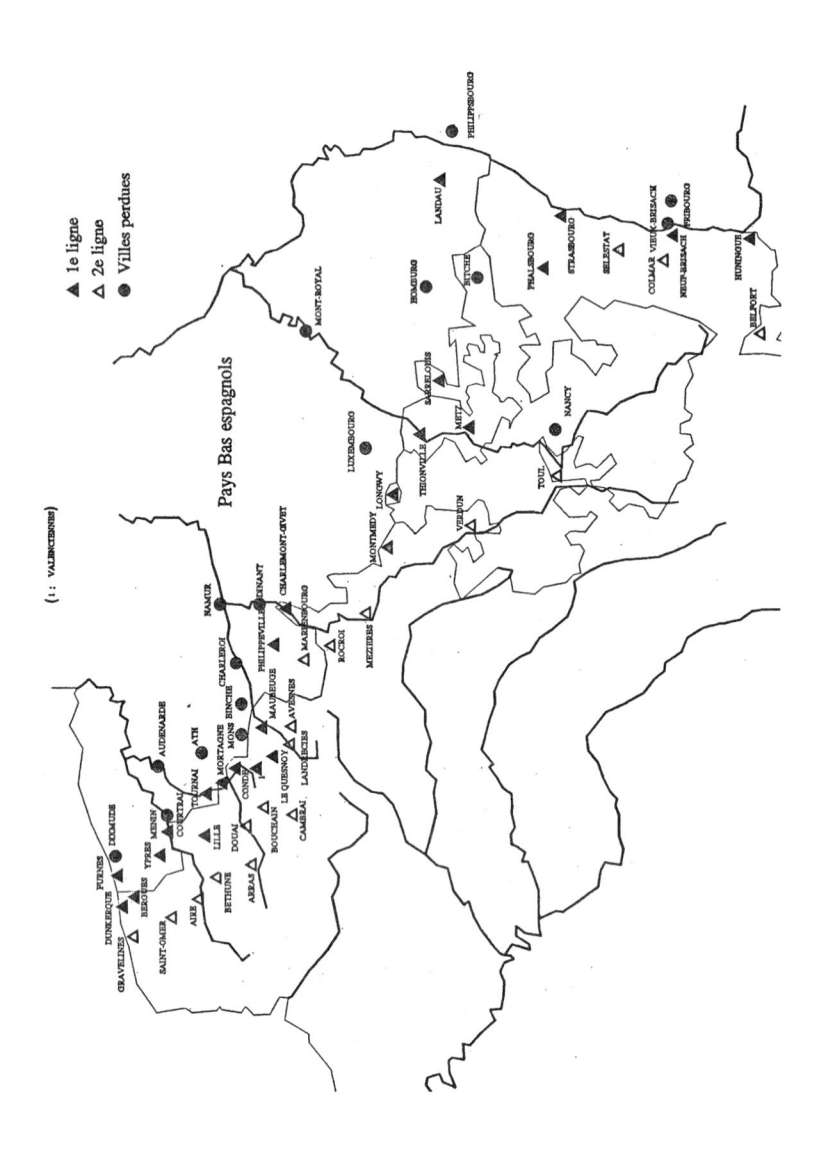

*Les frontières du nord et du nord-est du royaume
après Ryswick (1697)*

de conserver Mons. Cette place est perdue pour la France en même temps que Charleroi, Ath, Courtrai, toutes « grandes et bonnes places ». Malgré ces pertes, la frontière du nord de la France, qui se retrouve telle qu'elle avait été organisée après Nimègue, demeure en dépit de tout remarquable.

Du côté du nord-est du royaume, la situation est beaucoup plus délicate. Dinant, démolie, est rendue à son légitime propriétaire, l'évêque de Liège, ce qui n'est guère gênant dans la mesure où cette place ne donnait pas entière satisfaction. Mais se pose néanmoins une nouvelle fois le problème du colmatage de la trouée de la Meuse. D'autre part, le fait que Luxembourg, « une des plus belles et plus fortes places du monde », retourne dans le giron espagnol découvre la frontière du nord de la Lorraine. Ce d'autant plus que le duc de Lorraine récupère ses biens tels qu'ils étaient en 1670 à la réserve de la ville et prévôté de Longwy et de Sarrelouis qui demeurent en toute propriété à la France. D'ailleurs, pour préserver la sécurité française, les fortifications de Nancy, Bitche et Hombourg, rendues au duc, devront être démolies. Du coup, la frontière française de la région lorraine est ramenée très en deçà de son expansion précédente. Il faut à nouveau prévoir une surveillance accrue de la trouée de la Moselle, ce d'autant que les places avancées en région mosellane, Montroyal, Kirn, Ebernourg, doivent purement et simplement être démolies.

Du côté alsacien, en revanche, les clauses du traité entre France et Empire sont conformes à ce que désirait l'ingénieur. En principe, on s'est appuyé sur les traités de Westphalie et de Nimègue pour mener la discussion [11]. Mais le roi a fort judicieusement recommandé à ses plénipotentiaires de ne pas entrer dans l'évocation dangereuse de plusieurs clauses assez obscures du premier de ces traités. Rendant « les lieux et droits » obtenus hors d'Alsace par les réunions, telle la principauté de Montbéliard, Sa Majesté Très Chrétienne, en revanche, conserve par accord tacite tout l'ensemble territorial alsacien. La frontière entre France et Empire est bien précisée, la France se cantonnant « à la gauche du Rhin ». Deux conséquences de poids : Strasbourg, « ses appartenances et dépendances » sont irrévocablement cédées à Louis XIV en toute souveraineté. En contrepartie, celui-ci renonce à toutes les avancées françaises sur la rive droite du fleuve. Il abandonne donc, d'amont en aval :

la tête de pont de Huningue, qui « ne plaît ni aux Allemands, ni aux Suisses [12] » ; Brisach, « de réputation plus que de mérite » ; Fribourg, qui « ne sert de rien à la sûreté de la frontière » ; Kehl, qu'aurait voulu conserver l'ingénieur ; les ouvrages de Fort-Louis sur la rive droite ; Philippsbourg, reprise en 1688, « la meilleure entrée que nous ayons en Allemagne » mais dont il vaut mieux se défaire que de perdre l'intégrité du territoire alsacien.

En définitive, c'est donc avant tout sur les cessions de Mons et de Luxembourg que porte le différend entre le souverain et son ingénieur. C'est à cause de la perte de Luxembourg que Vauban parle d'une paix déshonorante alors que d'autres privilèges consentis aux Hollandais (garnisons de la barrière des Pays-Bas, avantages commerciaux), bien qu'exorbitants, n'ont pas retenu son attention. Quoi qu'il en soit de ses regrets, le roi exige son adhésion aux nouvelles conditions et lui garde toute sa confiance. Le commissaire général doit immédiatement entreprendre des travaux pour consolider la nouvelle frontière.

« Ouvrages solides et non affamés »

Les états d'âme de Vauban ne l'empêchent pas de faire de la belle ouvrage. La paix de Ryswick signée, Vauban a repris son bâton, non de maréchal mais de pèlerin, pour renforcer de main de maître les béances de la nouvelle frontière et compléter les carences des anciennes.

Rien n'urge du côté des Flandres et du Hainaut. En revanche, la trouée de la Meuse n'étant plus couverte en son aval, il faut trouver une nouvelle parade. C'est donc vers la Champagne que se dirige Vauban dès l'automne 1697. Le commissaire général, qui, après les réunions, avait estimé que Stenay était une forteresse dépassée et qui ne pensait guère mieux de Charleville, Sedan, Bouillon ou Mézières, s'intéresse à nouveau à ces places, spécialement à la première, entre-temps rasée. Dans son esprit, elle devrait permettre de faire à la fois front contre les Pays-Bas et la Lorraine. Il va la visiter, écrit un beau mémoire sur son utilité. Mais le roi regrette Dinant. En juin 1697, avant la paix, il écrivait : « La conservation de Dinant [est] nécessaire, n'ayant que Charlemont et Rocroy pour deffendre ma frontière qui sont deux places médiocres. » Obligé de rendre cette place, il demande que ce soit Charlemont-Givet, amélioré, qui verrouille la Meuse. Vauban n'a qu'à travailler le plus rapidement possible à ce projet, ce qu'il fait du 10 au 24 novembre 1697 en dépit du froid et de la neige [13]. Transformer en un seul ensemble fortifié les deux agglomérations de Charlemont (devenant la citadelle de l'ensemble) et de Givet (située de l'autre côté de la Meuse) est très possible, mais il en coûtera au roi la bagatelle de 4 millions de livres. Vauban y prévoit en même temps un grand camp retranché. Les travaux, immédiatement entamés, sont loin d'être encore terminés à la reprise des hostilités, en 1702.

Au printemps suivant, en avril 1698, l'ingénieur quitte Paris pour rejoindre l'Alsace par les routes du plateau de Langres et de la Vôge. Après l'inspection de Belfort « qui m'a tenu plus longtemps que je n'avais espéré » et visité le Landskron « par un froid à ramener tout mon rhume », Vauban s'arrête à Huningue, en examine les défenses amoindries par la perte de sa tête de pont et, de là, gagne Colmar [14]. Il vient spécialement en moyenne Alsace étudier sur le terrain l'emplacement d'une nouvelle place forte qu'il faut élever sur la rive gauche du Rhin pour compenser la perte de Brisach. Celle-ci, longtemps « porte de l'Allemagne » pour les Français, risque de jouer ce même rôle au bénéfice des Germaniques. Il faut donc la surveiller de près. Vauban hésite quelques jours sur l'implantation de la nouvelle forteresse. Il penche pour le renforcement de Colmar qui offre les avantages d'une ville bien pourvue. Cependant, avec l'aide du maréchal d'Huxelles, le gouverneur de la province qui connaît parfaitement le terrain, il propose en définitive la construction d'un nouveau Brisach – le Neuf-Brisach. À la même latitude que la place perdue, mais à quelque deux kilomètres et demi en deçà du Rhin, la nouvelle forteresse bénéficiera d'une bonne situation dans « une plaine sèche, rasée et unie [...] où l'air est bon, les bois près et abondants, les fourrages beaucoup plus qu'à Brisach ». Assez éloigné du Rhin pour n'être pas la cible des bombardements de la rive droite, le Neuf-Brisach sera en même temps suffisamment rapproché du fleuve pour couvrir et défendre une île concédée à la France et sur laquelle s'élève le fort Mortier. Le projet général en est présenté au roi le 15 juin 1698 et le devis des ouvrages établi en août [15]. Vauban a donné à choisir au roi entre trois plans. C'est le plus majestueux que retient le souverain : une forteresse octogonale régulière de conception très savante, dont les ouvrages se flanquent mutuellement. À l'intérieur, une ville neuve. Un canal de près de trente-sept kilomètres sera construit pour amener à pied d'œuvre les matériaux ; la plupart viendront de la région de Rouffach mais certains seront en principe tirés des décombres fournis par le démantèlement – prévu lors de Ryswick – du « vieux » Brisach [16].

Obligé de repartir dès le mois de juin, Vauban laisse l'exécution des travaux aux mains de ses collaborateurs, entre autres Jacques Tarade, directeur des fortifications d'Alsace, qui, aussi entendu aux travaux qu'à la guerre, prend parfois des initiatives audacieuses. Après enchères, les travaux sont très vite attribués à Jean-Baptiste Regemorte, d'origine hollandaise, très sérieux et qui a les reins solides dans la mesure où il est à la tête d'un syndicat de six entrepreneurs. Vauban ne reviendra plus à Neuf-Brisach que par deux fois, en avril 1702 [17], avant de rejoindre l'armée du maréchal de Boufflers à Liège, et en août 1703, pour le siège du « vieux » Brisach. En définitive, comme cela était si souvent arrivé – y compris pour ses propres enfants –, Vauban ne verra pas naître sa dernière « fille en fortification ». À peine la verra-t-il grandir : une rapide visite en 1702 et, durant l'été 1703, un dernier regard.

Mais nous n'en sommes pas encore là, il s'en faut de cinq ans. Quittant la moyenne Alsace dès le mois de juin 1698, le commissaire général consacre un long temps à Strasbourg pour en vérifier les travaux. De là, il donne ses soins à Fort-Louis, pousse jusqu'à Landau qu'il convient de mieux préserver comme place frontière, puis rejoint Phalsbourg et la Lorraine. Ici, les deux ailes du dispositif défensif français sont bien en place avec Longwy et Sarrelouis construites il y a peu. En revanche, il faut renforcer le centre de ce secteur. Pour verrouiller la Moselle, Vauban songe immédiatement à Metz dont il avait autrefois admiré la situation, du temps où il avait fait un premier puis un second projet pour le compte de Colbert. Après la conquête de Luxembourg, plus rien ne pressait, encore que l'ingénieur ait fait ajouter plusieurs articles à ces projets tant en 1684 qu'en 1687 et 1692, date à laquelle il avait demandé au directeur des fortifications de Metz, le chevalier de Denonville, de reprendre l'ensemble en un long mémoire de cent sept articles [18]. En 1698, le commissaire général s'en inspire.

Il rappelle d'abord les raisons qui avaient poussé à négliger Metz dans l'entre-deux-guerres : « Parce que la frontière s'estoit esloignée et en même temps fortifiée par quantité de bonnes places qui la couvaient à mesure que la fortification de ces places s'augmentoit et la considération de Metz diminuoit de mérite » on avait différé les premiers projets. « Présentement que par leur cession et démolition, la frontière s'est rapprochée d'elle, et que la Lorraine a changé de maître, elle a repris et même augmenté toutes les considérations du passé et l'importance dont elle est aujourd'huy y fait qu'on ne doit rien négliger de tout ce qui peut rendre la fortification parfaite. »

Suivent projet et devis de 1698 :

Total de l'opération : 4 630 862 livres.

Soit :
Ouvrages restant des anciens projets :	218 561 livres
Ouvrage de l'addition du 18 septembre :	3 830 862 livres
Ouvrage de la rivière de Seille :	800 000 livres

Comme aux débuts de sa carrière, l'optimisme reprenant le dessus, Vauban s'enthousiasme dès lors pour son travail : « Elle pourra devenir la plus grande et meilleure ville du royaume, moyennant les soins recquis pour la faire valoir, sans quoy il seroit très inutile de fortifier les places. » Et il continue, vantant cette fois-ci la situation géographique de la vieille cité épiscopale : « Celle-cy aura encore par-dessus les autres d'estre admirablement bien située pour pouvoir faire subsister les armées en avant et dans les mauvais pays, notamment si le roi a gré de faire faire la communication de Meuse à Moselle proposée en dernier lieu près de Toul et de rendre la Seille navigable depuis icy jusqu'à Marsal, chose non moins aisée que très possible, moyennant quoy on pourra jouir d'un très bon païs qui porterait beaucoup de bled et fourrages dans cette estendue de cette vallée, car pour lors, Metz seroit en état de jouir et d'attirer à soy tout ce qu'il y aura de bon et commerciable le long de la Meuse, de la Seille et de la Sarre, qui est un avantage rare et dont peu de villes se peuvent vanter. » N'oublions pas que le commissaire général est alors « entêté » de canaux, qu'il voudrait les voir se multiplier, d'où cette allusion au val de l'Asne.

L'inspection continuée par Toul, Marsal, Verdun (qui a besoin de grosses améliorations), Thionville, Longwy, se concrétise en une avalanche de mémoires, projets et évaluations de travaux pour mettre toutes ces places en bon état de servir. Le voyage ne s'achève qu'en janvier 1699, après l'inspection des places de Champagne et de la frontière du nord[19]. Quelques semaines de repos et surtout de mise au net des divers mémoires et le commissaire général des fortifications est à nouveau en route car il ne faut pas négliger les autres frontières du royaume, maritimes comme terrestres.

LES GRANDES INSPECTIONS

Après avoir longuement travaillé aux places des frontières les plus exposées : Flandres, Hainaut, Champagne, Lorraine, Alsace, Vauban repart donc en juillet 1699 pour une tournée des littoraux – moins spectaculaire que les précédentes –, de la mer du Nord à la Bretagne. Il crée moins que les années passées. Il aurait cependant aimé faire un bassin bien défendu à Saint-Malo que ne désire pas, en revanche, le négoce. Il ne peut davantage améliorer le port de Cherbourg et y établir de véritables défenses. Il avoue le 25 octobre : « J'ai rodé la côte […]. J'y trouve toujours des trésors cachés mais je ne sais comment les mettre à jour. » Il laisse néanmoins un nombre important de projets ou de compléments pour ces rivages sur lesquels Michel Le Peletier se rend l'année suivante pour mieux comprendre les propositions du commissaire général.

Puis, en 1700, voyage dans le Sud-Est pour bien couvrir la frontière alpine dans le cas où le duc de Savoie, actuellement ami de la France, se laisserait une nouvelle fois débaucher par les sirènes. Cette tournée conduit le commissaire général en Dauphiné. Il demeure une douzaine de jours en Grésivaudan, le temps de faire des « additions à ses projets de 1692 » sur Grenoble et Barraux[20]. De là, il passe dans la vallée de la Doire Ripaire. Il y étudie de près la position de Bardonnèche et d'Oulx, rejette l'idée de faire de cette dernière villette un poste fortifié pour barrer l'accès à la haute vallée et aux cols de Montgenèvre et de l'Échelle. Il préfère plus simplement le renforcement du vieux fort d'Exilles. Il s'en explique très clairement :

« Je reviens toujours à ma vieille opinion, qui est de bien accommoder nos vieilles places. Elles seront plus tôt prêtes et on ne multipliera pas les autres sans nécessité. » Passé ensuite dans la vallée du Cluson par le col de Sestrières, il s'arrête à Fenestrelles et se scandalise du fort Mutin que vient de construire Richerand selon les « bonnes règles » de la fortification, inapplicables en haute montagne : « On s'est opiniâtrément attaché […] à l'observation des règles dans un lieu qui en est si peu capable et où il est impossible qu'elles puissent produire leur effet. »

De là, il s'en vient par le col de Montgenèvre vers les places de la Durance. Dix jours à Briançon, deux à Queyras, quatre à Mont-Dauphin, sans oublier Seyne et Saint-Vincent avant de s'installer à Embrun pour y rédiger d'abondants dossiers, y compris l'un d'eux concernant Belfort et que son agence vient de lui faire tenir afin qu'il lui donne la dernière main. Il est satisfait de l'exécution de Mont-Dauphin, beaucoup moins de celles de Seyne et de Saint-Vincent. Reparti à la fin du mois d'octobre pour la haute Provence, il visite cette fois-ci Guillaume, Entrevaux sur le haut Var. Il longe ce fleuve pour en examiner de près les postes défensifs dressés contre le comté de Nice. Saint-Paul de Vence, construit du temps de François Ier, le retient un moment[21]. Il résulte encore une fois de ce voyage nombre de rapports sur chacune des places examinées mais aussi, et ceci est beaucoup plus nouveau, de courtes descriptions des pays traversés.

Le voyage se poursuit dans les premiers jours de 1701 par les côtes méditerranéennes : Antibes en particulier, mais aussi Toulon, Marseille. Il s'indigne ici une nouvelle fois du manque de défense « du costé de la terre » de la grande cité marchande et revient à nouveau – comme il va d'ailleurs bientôt le faire encore pour Paris – sur le thème de la sûreté du royaume : « Ce sont les villes murées qui assurent la tranquilité au dedans et les fortifications qui font la sûreté des frontières. » Et il ajoute, rageur, rappelant les difficultés de la précédente guerre et prévoyant celles de la future : « Si l'ennemi, maître de la mer, avait pû mettre à terre 12 ou 15 000 hommes, ou que Monsieur de Savoie les eût pu joindre, c'en étoit fait, et on peut bien dire que la prise de Nice a été la plus heureuse conquête pour le roy qui se soit faite de toutes ces guerres, car c'est bien sûrement cette place qui a sauvé le coup à Marseille[22]. » Mais il sait aussi, alors que se profile une nouvelle coalition générale contre le royaume, qu'il n'est plus temps de reconstruire les murailles de la cité phocéenne.

Il ne quitte la Provence qu'à la mi-avril 1701. Cela aura été une tournée longue et difficile pour un homme maintenant âgé de plus de soixante-sept ans et qui veut tout voir, tout vérifier. D'où son irritation contre certaines initiatives de ses subordonnés. Il n'empêche qu'il s'attarde davantage que par le passé à certains aspects extra-militaires. Il rentre au bout de plus de huit mois avec, à nouveau, des projets et rapports à foison où il conte avec beaucoup de brio ses allées et venues « par voyes et chemins ».

Le roi n'a pas hésité à adopter la plupart de ses suggestions rapidement réalisables, en dépit du coût formidable des travaux. Malgré ce temps de vaches maigres, la dépense pour l'ensemble des fortifications s'élève à près de 5 millions de livres en 1698, plus de 3 en 1699. On ne peut s'empêcher de penser aux milliers de travailleurs employés tant en Alsace qu'en Lorraine, Champagne, haut Dauphiné, Provence ou côtes océanes, encadrés par les entrepreneurs et surveillés par les ingénieurs. Il s'agit là d'un gigantesque effort renouvelé des années 1680. Grâce à quoi, quelque peu rétrécies par les traités de Ryswick, mais mieux définies qu'à Nimègue, les frontières françaises sont à nouveau, semble-t-il, à l'abri des insultes des ennemis. Elles en ont besoin car le temps de la guerre est revenu.

La succession d'Espagne

Dans ces dernières années du XVIIe siècle, toute l'Europe s'inquiète du dénouement de la succession d'Espagne depuis si longtemps attendue mais dont l'échéance se rapproche en raison de l'état de santé du malheureux Charles II d'Espagne. En dépit de certaines pertes consenties par le souverain espagnol à la suite des guerres précédentes, il s'agit encore d'un énorme héritage : l'Espagne, bien sûr, avec ses colonies d'Amérique et d'Asie (ce n'est pas rien), mais aussi plusieurs États italiens (royaume de Naples et de Sicile, duché du Milanais, Sardaigne), Pays-Bas. Les prétendants à l'héritage ne manquent pas, tous plus ou moins neveux du Habsbourg d'Espagne en ligne maternelle avec, pour la plupart, des doubles – voire triples –

parentés. Pour tenter de régler l'affaire à l'amiable, les divers souverains européens en lice suscitent ou acceptent nombre de conférences et rencontres diplomatiques. Anglais et Hollandais, qui, en principe, ne sont nullement partie prenante, surveillent néanmoins de très près l'affaire car ils veulent avant tout conserver l'équilibre européen qui leur convient. De 1698 à 1700, on arrive à plusieurs compromis aux termes desquels il est entendu que ni le Habsbourg d'Autriche ni le Bourbon de France ne tenteront d'accaparer à leur profit exclusif toute la succession, se contentant d'un partage.

C'est en vue d'un compromis de cette sorte que Vauban rédige un *Mémoire sur l'intérêt présent des États de la Chrétienté*[23]. Après avoir affirmé qu'il faut s'entendre avec l'Espagne, le vieux rural qu'il est envisage favorablement l'agrandissement du royaume en cas de partage. Mais toujours fidèle rassembleur de terres, il prône uniquement l'adjonction au royaume de pays mitoyens. Il ne faut pas « voler le papillon au-delà des Alpes », c'est-à-dire courir s'embourber dans les affaires italiennes. Il précise son programme : « Toutes les ambitions de la France doivent se renfermer entre le sommet des Alpes et des Pyrénées, des Suisses et des deux mers ; c'est là où elle doit se proposer d'établir ses bornes par les voies légitimes selon le temps et les occasions ; et par conséquent Genève et la Savoie et le comté de Nice sont de sa convenance, de même que la Lorraine, le duché des Deux-Ponts, la principauté de Montbéliard, le Palatinat, l'archevêché de Trèves, celui de Mayence et de Cologne en deçà du Rhin, les duchés de Clèves et de Juliers, le pays de Liège et le reste des Pays-Bas catholiques, y compris la Flandre et le Brabant hollandais. » Tout cela se faisant par héritage ou par troc avec certains souverains, tel le Lorrain dont il est entendu qu'il se dédommagera de la perte de ses provinces sur quelque État espagnol d'Italie[24]. Vauban voudrait donc pratiquer à l'échelle du royaume un remembrement semblable – toutes proportions gardées – à celui qu'il est en train de réaliser dans la vallée de la Bazoche.

Mais Charles II d'Espagne – qui, après tout, est le premier intéressé avec ses peuples – refuse tout dépècement de ses biens et lègue l'ensemble de ses domaines au duc d'Anjou, deuxième fils du Grand Dauphin. Après bien des hésitations que reflète la division du conseil du roi tenu le 9 novembre

1700, Louis XIV se décide à accepter ce cadeau empoisonné. Outre la gloire de la dynastie bourbonienne, sont en balance d'un côté une meilleure assise continentale du royaume, de l'autre l'accès de la France au grand commerce espagnol[25]. Louis XIV sait très bien que l'acceptation pure et simple risque de mettre à nouveau le feu aux poudres européennes. Le 16 novembre 1700, il reconnaît cependant Philippe d'Anjou comme roi d'Espagne[26]. Les dés sont jetés.

« La guerre a pour père l'intérêt, pour mère l'ambition »

Durant quelques mois néanmoins, Louis XIV a pu espérer que l'empereur et l'électeur de Brandebourg – celui-ci devenu roi de Prusse entre-temps – seraient les seuls à s'élever contre le testament de Charles II. Dans un premier temps, toutes les autres puissances reconnaissent en effet le nouveau roi d'Espagne. Les gouverneurs des possessions espagnoles – le prince de Vaudémont, de la maison de Lorraine, pour le Milanais, le vice-roi du royaume de Naples, l'électeur de Bavière pour les Pays-Bas – se déclarent fidèles au jeune Philippe V.

Mais le Très Chrétien n'écarte pas le nouveau roi d'Espagne de la succession française. Surtout, en février 1701, il envoie ses troupes aux Pays-Bas pour remplacer les garnisons hollandaises qui, aux termes du traité de Ryswick, étaient campées à Luxembourg, Namur, Charleroi, Mons, Ath, Oudenarde, Nieuport. Les Français contrôlent bientôt tout le pays et les ingénieurs Jonville et Girval sont chargés de construire une grande ligne de retranchements fraisés et palissadés destinée à défendre les Pays-Bas en cas d'agression. On y distingue trois secteurs : du canal du sas de Gand jusqu'au-dessous d'Anvers, ayant devant son front le canal de Hulst ; de la rive droite de l'Escaut au-dessous d'Anvers à Liers sur la grande Nethe ; de Liers à la Meuse au-dessus de Huy, en s'appuyant pour une partie du trajet sur les cours du Demer et la Petite Gette : soit quelque cinquante lieues de fortification de campagne soutenues par un camp retranché installé sur la rive gauche de la Meuse, à égale distance de Huy et de Maestricht. Jonville et Girval ont-ils discuté avec le commissaire général de ce projet avant son exécution ? C'est probable. En tout cas, le commissaire général écrira peu après une *Dissertation sur les palissades et les chemins couverts* approuvée par le roi et dont les méthodes ont dès lors force de loi. Notons par ailleurs à propos de la ligne de retranchements faite au nord des Pays-Bas qu'il s'agit – avec bien entendu de très nombreuses variantes – d'un tracé repris plus de deux siècles plus tard pour le creusement du canal Albert.

L'Angleterre et les Provinces-Unies s'inquiètent de ces travaux. Comment pourraient-elles accepter la présence française à Bruxelles et à Anvers et les mesures défensives prises par les Français ? Elles se joignent à l'empereur en une nouvelle coalition : la Grande Alliance est signée le 7 septembre 1701. En dépit de la mort de Guillaume III en mars 1702, l'Angleterre y joue un rôle capital grâce à ses troupes et surtout à son argent distribué à bon escient. Chacun des alliés poursuit d'ailleurs des buts différents : l'empereur veut l'Empire espagnol pour un de ses cadets ; l'Angleterre se contenterait de privilèges commerciaux en Amérique espagnole... En 1703, coup sur coup, la Savoie et le Portugal quitteront l'alliance française pour s'unir à la coalition qui vient de reconnaître comme roi d'Espagne l'archiduc Charles d'Autriche. Il y a désormais deux souverains pour le trône madrilène et son empire.

Les Deux-Couronnes – France et Espagne (de Philippe V), si longtemps ennemies et désormais unies pour le meilleur et pour le pire – doivent très vite faire front sur plusieurs théâtres d'opérations. Pour établir une liaison avec leurs alliés – l'Espagnol, mais aussi les électeurs de Bavière et de Cologne – les Français doivent s'éloigner de leurs frontières. Installés aux Pays-Bas et à Liège, ils sont aussi à Bonn et à Rheinberg sur la rive gauche du Rhin, à Kaiserwerth (proche de la Lorelei) sur la rive droite. Ils réussissent leur jonction avec les Bavarois sur le haut Danube. Ils soutiennent les Espagnols dans la plaine du Pô pour tenter de défendre le Milanais. La guerre sera longue et de très nombreux sièges émailleront les hostilités, y compris aux frontières françaises. Il y aura aussi des combats en Espagne entre les deux rivaux au trône espagnol soutenus par leurs alliés, France d'un côté, Angleterre de l'autre, celle-ci poussant ses avantages en Méditerranée (prise de Gibraltar et des Baléares). Les colonies ne seront pas épargnées. Il y aura des moments dramatiques pour le royaume de

France. Mais nous n'en sommes pas encore là de ce si long conflit. Revenons-en à 1701.

Cette année-ci se passe donc avant tout en préparatifs de guerre. Pour Vauban, aucun changement dans son emploi du temps. Depuis son retour à Paris au printemps 1701, il travaille à ses écritures. En octobre, il passe selon son habitude une semaine à Fontainebleau où a transhumé la Cour. De là il rejoint Bazoches deux mois durant. À la ville comme à la campagne, il travaille dur sur un certain nombre de mémoires : mémoire sur Landau, gros cahier sur l'amirauté de Dunkerque, lettre sur La Rochelle, mémoire sur la distribution des armées[27].

Au printemps suivant, celui de 1702, l'heure a pourtant sonné pour lui de repartir une fois encore en campagne. Il a maintenant soixante-neuf ans et le nouveau ministre de la Guerre, Chamillard, ne sachant pas bien à quoi l'employer, lui laisse beaucoup de liberté d'allure, ce qui change notre homme qui, du temps de Louvois, devait au contraire voler au commandement. L'ingénieur n'aura aucune part aux quelques sièges malheureux de l'année et devra se contenter de son travail d'inspecteur. Il ne se privera pas de le bien faire et, donc, ne se gênera pas pour faire connaître ses critiques.

Après avoir eu audience auprès du souverain et avoir rédigé son testament[28], Vauban se rend au début du mois d'avril 1702 en Alsace pour y inspecter Neuf-Brisach et Huningue. C'est au cours de ce printemps qu'il s'inquiète beaucoup des deux places rhénanes de Kaiserwerth et de Landau, menacées par les ennemis. Avant que la première d'entre elles ait été encerclée, il y passe quelques heures pour s'entretenir avec son gouverneur – le marquis de Blainville, fils de Colbert – de tout ce que celui-ci pourra faire pour retarder l'échéance de la capitulation. Lorsque cette place tombe le 15 juin – après deux mois de siège –, il félicite le marquis de sa belle résistance. En revanche, le commissaire général est très mécontent de la défense et de la reddition de Landau qui, pourtant, ne se rend qu'au bout de quatre-vingt-six jours (16 juin-9 septembre).

De la région rhénane, Vauban se dirige ensuite vers Liège où il passe deux à trois mois à travailler, bien sûr, en vérifiant le mieux possible l'état des places espagnoles et en calculant les moyens de les renforcer. Lorsque le secrétaire d'État de la

Guerre lui écrit en juillet : « Puisque Monseigneur le duc de Bourgogne ne juge plus nécessaire votre présence à son armée… », il rentre à Lille. Mais il a entre-temps inspecté Anvers, Liers et la ligne de retranchements construite l'année précédente. D'ailleurs, dès le 20 août, il est rappelé à nouveau aux Pays-Bas où il assassine de conseils le malheureux maréchal de Boufflers qui désirerait faire le siège de Hulst, une place maritime hollandaise. Se trouvant au camp de Saint-Gilles, au sud de Hulst, Vauban lui mande : « Souvenez-vous que les plus courtes folies sont toujours les meilleures et ne vous opiniâtrez point contre l'impossible ; à moins d'un miracle très certain, toute l'armée n'y avancerait pas. » Et, le lendemain, rendant compte d'une reconnaissance qu'il vient d'effectuer, il ajoute : « Ce n'est pas une affaire qui puisse être poussée plus loin sans se procurer un affront de propos délibéré. Révoquez donc, s'il vous plaît, tous les ordres que vous avez donnés pour le siège d'Hulst. »[29] Boufflers de s'incliner mais la pilule est amère.

Vauban quitte enfin les Pays-Bas après une nouvelle tournée des places espagnoles, parmi lesquelles Malines, Termonde, Gand, Bruges, Damme, Ostende, Nieuport. Après avoir également vérifié l'état de certaines places des Flandres françaises, il regagne son havre de Lille « pour pourvoir à ma santé que je sens qui se brouille » (24 septembre 1702). Chamillard lui souhaite « le rétablissement de votre santé qui nous est nécessaire » et ajoute avec beaucoup de gentillesse : « J'espère que vous voudrez bien me donner des instructions, ou du moins m'apprendre les termes d'un métier qui commence à devenir bien sérieux pour moi » (30 septembre).

Après trois mois de repos tout relatif à Lille, Vauban reçoit comme mission de relever les fortifications de Namur fort endommagées par le dernier bombardement, celui des Hollandais qui refusaient d'abandonner la place aux Français en 1701[30]. C'est là, au début du mois de janvier 1703, que lui arrive la nouvelle de son accession au maréchalat.

« Vous serez maréchal de France »

Le commissaire général mentionne dans l'*Abrégé des services* qu'en 1703 « il apprit avec un étonnement non moins surprenant qu'agréable que le Roi l'avait nommé maréchal de France ». En l'occurrence, l'étonnement semble de trop, à moins que Sébastien Le Prestre, ayant alors perdu tout espoir d'obtenir le bâton, ne s'émerveille de l'obtenir enfin. Saint-Simon, dans ses *Mémoires*, fait mieux, donnant de l'événement une version toute personnelle. Il vaut la peine de le citer pour mieux comprendre comment peut se gauchir la vérité : « Ce prince [le roi] s'était ouvert à lui, un an auparavant, de la volonté qu'il avait de le faire maréchal de France. Vauban l'avait supplié de faire réflexion que cette dignité n'était point faite pour un homme de son état, qui ne pouvait jamais commander ses armées et qui les jetterait dans l'embarras, si, faisant un siège, le général se trouvait moins ancien maréchal de France que lui. Un refus si généreux et appuyé sur des raisons que la seule vertu fournissait augmenta encore le désir du Roi de la couronner [...]. [Il] crut se faire maréchal de France soi-même et honorer ses propres lauriers en donnant le bâton à Vauban [31]. » On notera tout de suite la discordance entre les deux versions. Dans un cas Vauban s'étonne, dans l'autre il est au contraire au courant des desseins du prince depuis longtemps mais il refuse d'y souscrire par délicatesse.

Les faits, un peu différents et plus nuancés, méritent d'être précisés. Lieutenant général des camps et armées du roi depuis août 1688, le commissaire caressa très rapidement l'ambition d'être fait maréchal de France. À l'automne 1692, lors de son voyage dans le sud-est du royaume, il s'en était ouvert à Catinat. Il avait alors affirmé à son ami : « Vous serez maréchal de France », ajoutant : « Je vois bien que je ne le serai point et que l'on pense autrement sur moi. » [32] À quoi Catinat avait donné des paroles d'encouragement d'autant plus sincères qu'il tenait l'ingénieur en très haute estime. Mais rien ne venait.

Certes, le roi avait à plusieurs reprises laissé entendre à Sébastien Le Prestre qu'il voulait le récompenser de ses services : « Vous pouvez être persuadé que je suis très content de vous et que, dans les occasions, je serai bien aise de vous en donner des marques », lui écrivait-il le 6 juin 1697 à l'issue du siège d'Ath, si rapidement enlevé. Et le 22 août suivant : « Vous verez dans la suite que mon estime et mon amitié sont toujours telles que vous les connaissés depuis si longtemps. » Mais il ne s'agissait là que de promesses bien vagues pour un homme de plus en plus impatient.

Au début de 1702, la guerre de succession d'Espagne bien entamée, il est question d'une promotion de maréchaux. Vauban se décide à écrire à son souverain : « Le bruit qui court à Paris, à Versailles et dans toutes vos troupes, d'une prochaine promotion de maréchaux de France m'autorise à représenter à Sa Majesté que ma qualité de lieutenant général plus ancien que la plupart de ceux qui sont le plus à portée d'y prétendre, mes services mieux marqués que les leurs [...] me donnent lieu d'espérer qu'Elle ne me jugera pas indigne de cette élévation. » Il a donc bel et bien quémandé cette dignité. Il est vrai qu'il souligne une difficulté, la seule importante à ses yeux : « Il semble qu'une telle élévation doit être embarrassante pour un emploi ambulant comme le mien qui a tant de places à voir et à visiter et qui se trouve dans une obligation continuelle d'être si souvent mêlé parmi les ouvriers [33]. » Le commissaire général présente donc un état de fait : des services suffisants pour la dignité demandée ; mais il pose immédiatement après la question de savoir si l'architecture militaire ne serait pas en quelque sorte « dérogeante ». Nouvelle attente. Ce n'est qu'un an plus tard, lors de la grande fournée du 14 janvier 1703, que le roi élève Vauban au maréchalat. Ils sont dix à être appelés dans le même temps, parmi lesquels d'Harcourt, Rosen, Tallard, Chamilly... « Il n'y avait jamais eu une si grande promotion, ni tant de maréchaux à la fois » (dix-neuf en tout), souligne Dangeau dans son *Journal*.

Vauban est évidemment ravi. Il reçoit beaucoup de lettres de félicitations et joue à l'étonné dans divers billets de remerciements [34]. Néanmoins, tout maréchal de France qu'il est et bien que très enrhumé, il continue de donner ses soins aux réparations de Namur. Il ne quittera cette place qu'à la convocation du roi. Il arrive à Paris le 26 février, est reçu en audience par Louis XIV dès le 28 février. En avril il passe huit jours à Marly, y revient en juin [35] et entre-temps travaille dans son hôtel parisien sur divers mémoires (Kehl, Ypres, etc.). Il accomplit donc ses devoirs de commissaire général comme à l'accoutumée.

Cependant, très vite, dès le printemps de 1703, apparaîtront en pleine lumière les difficultés qu'entraîne cette nomination.

« CETTE INCOMPARABLE PLACE
RÉDUITE EN SEULEMENT QUATORZE JOURS »

Après les défaites de l'année 1702 (Luzzara en Italie, Kaiserwerth et Landau dans les régions rhénanes), le roi voudrait reprendre la main en 1703. Il décide donc l'attaque de Kehl et demande à Vauban de rédiger un mémoire sur cette place en mars 1703[36]. Le commissaire général souhaite vainement que ce siège lui soit confié : « Mais songez-vous, Monsieur le Maréchal, que cet emploi est au-dessous de votre dignité ? – Sire, lui répondit-il, il s'agit de vous servir, ce que je crois pouvoir faire utilement en cette occasion ici. Je laisserai le bâton de maréchal de France à la porte et j'aiderai peut-être à la prise de la place. Plus vous nous élevez et plus nous devons avoir envie de vous servir. » Le roi ne veut pas lui permettre d'y aller, « mais il insiste encore », rapporte Dangeau[37]. Cette insistance chagrine le roi ; elle dérange.

C'est, en fait, au maréchal de Villars qu'échoit la tâche de faire le siège de Kehl, Jacques Tarade étant chef des ingénieurs. Ils enlèvent la place en onze jours. Évitant la trouée de Pforzheim qui ouvre un accès facile vers Stuttgart mais que le margrave de Bade a fortifiée par les lignes de Stollhofen, le maréchal de Villars traverse alors audacieusement la Forêt-Noire. Par la vallée de la Kinzig, il fait sa jonction avec les Bavarois à Donaueschingen, aux sources du Danube.

Dès lors, le roi entend réinstaller ses troupes dans le « vieux » Brisach de manière à garder le contact avec l'armée de Villars. Peut-être conviendrait-il de faire le siège de Fribourg-en-Brisgau. Ou de reprendre Landau dans la plaine du Rhin ? Louis XIV confie à son petit-fils, le duc de Bourgogne, âgé d'une vingtaine d'années, l'armée du Rhin chargée de ces deux sièges. Comme le prince n'a pas d'expérience militaire, le roi cède enfin au désir du vieil ingénieur et fait escorter son petit-fils par Tallard et Vauban, deux maréchaux de la même promotion qui ont fait leurs preuves. Cependant, pour que les choses se passent du mieux possible entre eux, le roi met les points sur les *i* : « Le maréchal de Vauban m'a dit qu'il ne prétendait pas rien faire de plus à l'armée du duc de Bourgogne que ce qu'il a fait avec moi à toutes les places que j'ai prises. Il ne se mêlait que de la tranchée et des attaques des places. » La vraie raison qui a fait si longtemps hésiter le roi à faire de Sébastien Le Prestre un maréchal de France est bien là : on ne peut confier une armée qui risque quelques affrontements en rase campagne à un officier sans troupes qui a toujours été employé aux sièges – et avec quel bonheur ! – mais n'a jamais été chef d'armée. Et le roi d'insister : « Présentement qu'il est maréchal de France, il faut qu'il prenne l'ordre quelque fois et qu'il ne se mêle en rien du détail de l'armée ; le maréchal de Tallard fera tous les détails sous le duc de Bourgogne, hormis la tranchée, après qu'il aura fait fournir tout ce que le maréchal de Vauban aura demandé[38]. »

Grâce à quoi et sous la fiction d'un duc de Bourgogne généralissime de l'armée, la paire de maréchaux fait de la bonne et belle besogne. Vauban est quasiment chez lui. Mieux que quiconque, il connaît le fort et le faible de Brisach. Le 21 août, avant l'investissement, il fait encore des reconnaissances : « Je suis assez content de ma dernière nuit que j'ai en partie passée à fouiller les plis du haut Rhin qui peuvent aider aux attaques de cette avenue. » Et alors que le siège est commencé depuis trois jours, il explique, moitié épuisé, moitié ravi : « J'ai hier mené Monseigneur à la tranchée presque malgré moi parce qu'on tirait beaucoup de canons que j'aurais bien voulu faire taire avant que de l'exposer. Mais il m'en a tant pressé que je m'y suis laissé aller, n'étant pas fâché de lui voir cet empressement. […] Je lui ai fait voir depuis la queue jusqu'à la tête et tous les postes avancés et non avancés. Il s'en est retourné si las qu'à peine pouvait-il mettre un pied devant l'autre ; il m'en a paru très content. […] Pour moi qui ai parcouru toute cette tranchée deux fois en un jour et près de trois, m'en voici de retour si las que je ne crois pas l'avoir jamais été tant[39]. » La fatigue n'est pas un vain mot pour un homme de soixante-dix ans.

Mal défendue par l'ennemi, la place se rend après quatorze jours de tranchée ouverte (24 août-6 septembre 1703). Les pertes françaises sont très limitées. Vauban conte à Chamillard la reddition : « Content de l'état de nos ouvrages et de la bonne disposition où ils étaient, je m'en suis venu changer de chemise à mon ordinaire chez M. le comte de Marsin qui loge dans un petit village à la queue des tranchées. […] J'y ai été fort agréablement surpris quand un homme […] m'est venu dire que la ville demandait à capituler et qu'elle offrait et demandait des otages. Cela m'a obligé d'en aller faire compliment à Monseigneur qui a voulu que je me donnasse l'honneur d'en écrire au Roi en même temps que lui, ce que je fis à demi endormi et fort brièvement. » Vauban triomphe une nouvelle fois. Ce sera la dernière car le siège de Landau se fera sans lui.

Après le « vieux » Brisach, il a d'abord été question de se tourner vers Fribourg. En fait, ce sera vers Landau que se portera le nouvel effort. Cependant, pour diverses raisons, le roi préfère rappeler auprès de lui le duc de Bourgogne qui n'aime guère la guerre – au contraire de son royal aïeul – mais qui a suffisamment fait ses preuves. Restent sur place les deux maréchaux. Or, Vauban, fatigué, « à demi endormi », a la fâcheuse habitude de ne pas mâcher ses mots et – rappelons-nous la lettre de Louis XIV – de vouloir se mêler parfois « du détail de l'armée ». Le 29 septembre, il s'adresse au ministre de la Guerre, et par-delà au roi : « Quoique d'un âge fort avancé, je ne me condamne pas encore au repos. [...] J'offre de bon cœur tout mon savoir-faire au Roi. » Dans un *post scriptum* autographe, il ajoute : « Au nom de Dieu, que le Roi ne se fasse aucune peine sur ma manière de servir ; je ne veux me mêler que de ce qui regardera la conduite des lignes et des attaques. Cela ne doit point donner de jalousie à son général auquel je serai aussi soumis que le pourrait être l'un de ses lieutenants généraux, pourvu qu'il me laisse exercer mon petit ministère dont j'estime assez le personnage pour ne le pas croire indigne de l'application, je ne dis pas d'un maréchal de France, je dis même d'un prince tout des plus considérables. Qu'on ne me l'empêche donc point, s'il vous plaît. Le Roi me donnerait un chagrin dont il ne me pourrait jamais guérir. »

Comprenant très bien que Vauban s'accroche et prévoyant le danger de laisser les deux maréchaux côte à côte, le roi se décide à couper court à ses demandes. Mais, lassé de lui avoir déjà expliqué la chose, il n'ose lui écrire un mot personnel et fait envoyer une lettre explicative par Chamillard, secrétaire d'État de la Guerre. Après des remerciements pour « le zèle et l'ardeur » de Vauban, Chamillard continue : « Elle [S. M.] veut bien que je vous fasse part de la résolution qu'elle a prise de faire faire le siège de Landau, mais elle m'ordonne de vous dire en même temps qu'elle a résolu d'en laisser la conduite entièrement à M. le maréchal de Tallard qui ne pourra, Monseigneur le duc de Bourgogne n'étant plus à la tête de l'armée, partager avec vous le commandement, sans que de part et d'autre, avec même intention et même désir de bien vivre ensemble, il n'arrivât tous les jours quelques incidents[40]. » Le ton donne à penser qu'il y en avait eu fort probablement au siège du « vieux » Brisach !

Cette lettre navre le vieux bien que tout nouveau maréchal de France pris à son propre piège de gloire. C'est vraiment pour lui un moment pathétique et d'une amertume insondable. Alors que se prépare puis se déroule le siège de Landau, il reprend l'inspection des ouvrages d'Alsace.

Six ans séparent les deux sièges victorieux d'Ath et de Brisach – désormais Vieux-Brisach. Six ans durant lesquels le commissaire général a continué de servir son roi avec autant de fougue et d'enthousiasme qu'auparavant, terminant sa carrière militaire par un quarante-neuvième siège plein d'éclat. Mais le poids de l'âge se fait davantage sentir ; sa santé « se brouille » plus tôt qu'autrefois dans la saison. Surtout, avec les années, son impatience croît. C'est d'autant plus normal que Vauban est beaucoup plus libre avec les divers ministres et les différents chefs militaires qu'il ne fut dans ses belles années avec Louvois ou avec certains maréchaux de l'époque. Du coup, il se laisse entraîner à son propre jeu, ne modérant ni ses propos ni ses conseils, surtout à l'égard de ceux qui sont beaucoup plus jeunes que lui.

Il est également plus libre avec le roi, à qui il dit ce qu'il pense. Mais, ce faisant, il va trop loin, désirant à tout prix être l'inspirateur de certaines mesures de politique étrangère, que ce soit avec le *Rappel des huguenots*, que ce soit avec ses propos sur les frontières françaises *(Projet en faveur d'un traité de paix, Mémoire sur l'intérêt présent des États de la Chrétienté)*. Après tout, n'a-t-il pas été l'homme du pré carré et de la ceinture de fer ? Il a conscience de ce que cela représente. Mais à trop insister et à trop répéter, on se rend facilement insupportable, ce d'autant que le roi a, lui aussi, vieilli. Que Louis XIV reste très reconnaissant envers Vauban est sûr. Il vient de le lui prouver en lui remettant le bâton de maréchal, même si au fond de son cœur il a toujours su que cela entraînerait des difficultés. Il le lui prouvera encore. Mais les propos du commissaire général agacent le souverain. Au moins autant, ils agacent une partie de son entourage militaire et nombre d'ingénieurs. Les jeunes n'ont pas les mêmes méthodes que les anciens et veulent voler de leurs propres ailes. Il ne semble pas que Vauban, « à demi endormi », y ait suffisamment pensé au lendemain de la victoire de Vieux-Brisach.

CONCLUSION DE LA TROISIÈME PARTIE

Maréchal de France

Un quart de siècle durant, Vauban a donc assumé sa charge de commissaire général des fortifications avec une remarquable assiduité. Au cours de ces vingt-cinq ans – hormis 1690 – il a toujours été, d'ordre du souverain, par « voyes et chemins ». Tenant compte à la fois des conditions tactiques et stratégiques de l'époque, il a doté la France d'un système défensif ajusté aux nouvelles frontières du royaume. Durant ce même temps, il a aussi gagné onze sièges menés avec la méthode et la célérité qui le caractérisaient, tout en ménageant, autant que faire se pouvait, le sang de la troupe.

Il y a cependant, dans cette période de sa vie, un avant et un après 1690. Au cours de la décennie 1680, sa joie – celle d'un homme encore jeune – est éclatante, voire irradiante. Comment ne serait-il pas heureux ? Il a en quelque sorte imposé au roi sa vision du pré carré. Les traités de Nimègue et les réunions – avec la prise de Strasbourg, les sièges de Courtrai et de Luxembourg – en sont la parfaite conclusion. À la place qu'il occupe depuis le début de janvier 1678, il est vraiment l'un des principaux artisans de la grandeur de la France. Il en est parfaitement conscient et pleinement satisfait, travaillant sans désemparer aussi bien dans le département de Louvois que dans celui des Colbert, tant à des œuvres de guerre qu'à des œuvres de paix. Et lorsqu'il lui arrive de se reposer, c'est encore pour s'occuper de quelque étude destinée à augmenter la puissance de l'État.

Cependant, tandis que la guerre européenne recommence à nouveau avec le sac du Palatinat auquel il participe vaillamment, il se fait prophète. Il écrit à Louvois le 30 décembre 1688 : « Ne pas hasarder de grosses affaires qui puissent devenir gniolles [des échecs] ; [...] nous plaidons mains garnies, nous ne saurions faire de mauvaises affaires que par notre faute. Du surplus, prendre garde au-dedans du Royaume et y veiller à la conduite des nouveaux convertis qui, je m'assure, ne demandent que paix et repos. » Il est peu écouté car le ministre estime qu'il n'a pas à se mêler d'autre chose que de son métier.

À la fin de 1689, alors qu'il a déjà largement entamé sa cinquante-septième année, l'épuisement et la maladie ont raison de lui. Il est accablé, écrasé et traîne une longue convalescence jusqu'au début de l'année 1691. Le mariage de sa cadette et la mort de Louvois le font entrer dans son été de la Saint-Martin. Son arrière-automne est encore somptueux, riche de tant de récoltes largement engrangées dans cette décennie 1691, aussi rutilant que ces forêts de feuillus parées d'admirables couleurs, de l'or le plus pâle au rouge cuivré. Laissant aux autres les échecs, les victoires militaires ont toujours été de la fête pour la plus grande joie du vieux guerrier : il gagne quatre sièges parmi ses plus glorieux. Il travaille à l'organisation du corps des ingénieurs du département des fortifications menée tambour battant. Il donne les plans des places du Mont-Dauphin et du Neuf-Brisach. Il rédige beaucoup et s'intéresse à tant de choses... Cependant, aussi longtemps que le conflit de la guerre de la ligue d'Augsbourg n'est point terminé, le commissaire général tremble très fort pour la France, réduite dans certains de ses secteurs à « une fâcheuse défensive ». Surtout, il voudrait désespérément que les frontières qu'il a contribué à créer demeurent intangibles alors que, plus modestement, le roi veut une paix « honorable » pour permettre au royaume de se refaire.

Après Ryswick et les cessions de territoires, les premiers jours de froid arrivent. Ils sont encore pour Vauban une fête lorsque craque déjà sous les pieds le sol durci par la gelée blanche : il retrouve sous divers cieux ces ingénieurs qu'il a formés à la tranchée et aux travaux. Il approuve ou réforme leurs œuvres et s'estime toujours indispensable. Mais, petit à petit, alors que se noue un nouvelle guerre européenne, la fin de l'automne se rapproche de plus en plus pour lui. Il est comme ces arbres progressivement dépouillés par le vent qui les effeuille les uns après les autres. Tandis qu'une sorte de lassitude l'envahit, que les jours mélancoliques et sombres se font plus fréquents, le vieux lutteur s'inquiète à nouveau pour son roi et son pays avec le retour des combats nés de la succession d'Espagne. La joie de son élévation à la dignité de maréchal de France lui est très grande, bien que trop attendue. Elle lui sera d'ailleurs un piège. Si le commissaire général est encore une fois victorieux au siège de Vieux-Brisach – le quarante-neuvième et le dernier de sa si longue carrière militaire – l'hiver est là, déjà arrivé.

Mais, avant que de connaître du court hiver du maréchal, penchons-nous quelque temps sur les œuvres qu'il a accumulées et sur certains aspects de sa carrière ou de sa vie.

QUATRIÈME PARTIE

« Un homme qui n'avait pas grand-chose à faire »

> Il faudrait des hommes parfaits et où les trouvera-t-on ?
>
> VAUBAN, *Pensées*

Au cours de sa très longue carrière – plus de cinquante-deux ans – Vauban a mis son exceptionnel dynamisme au service d'une activité elle aussi remarquable, pour ne pas dire extraordinaire. Pour mieux saisir les multiples facettes de ce destin si riche, avec ses évolutions et ses constantes, ses joies et ses peines, il a été nécessaire de l'accompagner aussi bien dans ses campagnes militaires que dans le lacis de toutes ses occupations de temps de paix. Cela permet de suivre la transformation du petit noble morvandiau, né en plein âge baroque, en l'un des plus connus des serviteurs de Louis le Grand. Cependant, avant de le retrouver bientôt dans l'inaction toute relative de sa courte vieillesse, il n'est pas inutile de mieux cerner sur la longue durée quelques aspects de sa vie :

– On le sait constructeur de citadelles et de places fortes. Il faudra observer en quoi consistent les emprunts qu'il fait à ses prédécesseurs, de quelle manière il est dans la droite ligne de l'école française de fortification du XVIIe siècle, en quoi il s'en démarque, en un mot, quels sont son originalité et son style architectural.

– Vauban n'a eu d'efficacité dans son rôle de commissaire général que dans la mesure où il était féru de méthode et plus encore de normalisation non seulement pour lui-même mais aussi pour tous les ingénieurs dont il a obtenu qu'ils soient finalement structurés en un corps des fortifications. Son rôle de mentor des jeunes vaut d'être étudié, en particulier pour tout ce qui concerne leur travail de place.

– Au cours de sa carrière, on l'a vu voyager tant et plus dans toutes les provinces frontières. Encore faut-il se pencher sur l'organisation de ses tournées, leur longueur, leur périodicité ou leur discontinuité, en recherchant dans quelle mesure Vauban a « hanté » plutôt certaines régions que d'autres.
– Passionné de la France, il a poussé le roi à réaliser son pré carré. Tout autant, on le sait passionné de sa petite patrie, le Morvan, et, plus encore, du village de Bazoches, berceau de ses aïeux. Reste à savoir comment, pour son compte, il réalise son propre pré carré et quelle est la politique qu'il suit dans ses achats et le remembrement de ses terres.

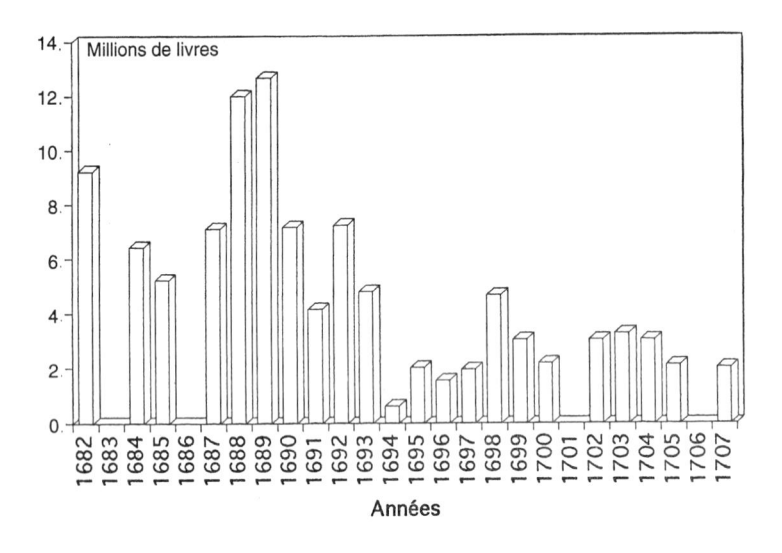

Budget des fortifications de 1682 à 1707

Manquent les dépenses des années 1683, 1686, 1701 et 1706.
D'après Ch. Lecomte, *Du service des ingénieurs, op. cit.*, p. 124 et p. 198, cité par Pierre Rocolle, *2 000 Ans de fortifications, op. cit.*, p. 214.

CHAPITRE XV

La règle et le compas

> Je ne me suis mêlé que de diriger des lignes et des angles sans m'être jamais informé d'autre chose.
>
> *Vauban à Louvois.*

Plus que n'importe lequel de ses pairs, Vauban a droit aux armes spécifiques des ingénieurs, la règle et le compas, ces instruments mathématiques qui servent si souvent à estampiller les tableaux des gens de la fortification. Il est vraiment ingénieur au sens pleinier du terme, autant de tranchée que de place. Il est sûr que le métier d'ingénieur exercé dans sa perfection comporte deux activités assez distinctes, réclamant chacune pour son compte des aptitudes et des qualités typées et souvent différentes. À l'homme des tranchées il est demandé une bonne connaissance du terrain et des règles élémentaires de poliorcétique. Mais plus encore courage, détermination, autorité sur les travailleurs lui sont nécessaires puisque c'est à lui que revient la charge de tracer les circonvallations, de creuser les sapes et les parallèles, voire – à l'époque où les mineurs n'étaient pas encore rattachés à l'artillerie – de poser les mines, de savoir assembler les bateaux pour suppléer au manque de ponts. Il lui faut encore un minimum de notions pratiques d'artillerie. Ce ne sont donc pas là de minces capacités exigées de celui qui devra mener à bien toutes ces tâches. Pourtant, elles relèvent autant du caractère que de la technicité.

La construction des places exige une formation technique beaucoup plus poussée. D'abord les connaissances de base qui sont le lot de tout architecte : habileté pour dessiner et tracer les épures, sens des volumes et des formes. Il faut également ne pas négliger les diverses propriétés des matériaux, savoir juger et jouer de leur diversité, calculer leur résistance. C'est, dira-t-on, l'affaire de tout architecte. C'est vrai. Mais pour un architecte militaire, on est encore très loin du compte : une fortification n'est pas à traiter comme une construction ordinaire. Elle obéit à des règles géométriques très précises, à l'époque celles-là mêmes de la fortification bastionnée et remparée. Elle doit s'y plier très exactement si elle veut remplir son but, celui d'ériger des forteresses résistant le plus longtemps possible à l'attaque ennemie. Ce qui veut dire qu'un bon ingénieur de place se doit encore de bien connaître les effets des armes à feu, spécialement des tirs d'artillerie, pour les déjouer ; d'en suivre également les progrès s'il ne veut pas qu'en raison de l'accroissement de la puissance du feu ses constructions soient obsolètes dès avant leur achèvement.

Sébastien Le Prestre reconnaît sans ambages qu'il est relativement peu d'ingénieurs possédant cette double qualification. Sans la moindre fausse modestie, il admet qu'il est l'un des meilleurs, sinon le meilleur. Effectivement, on se rappelle que, mis à part les quelques rares sièges malheureux de sa prime jeunesse – mais il n'en était pas responsable –, tous ceux qu'il a dirigés – dont vingt en présence du roi – ont été victorieux. Magnifique exemple d'ingénieur de tranchée, il est non moins un grand ingénieur de place et un grand constructeur.

On l'a déjà suivi dans ses courses perpétuelles, de forteresse en forteresse, pour construire ou reconstruire. On l'a vu aider le roi à créer une frontière progressivement plus lisible, mieux dégagée de ses enclaves, définissant l'espace français en dépit des pesanteurs historiques, géographiques ou humaines. Il s'agit maintenant de savoir comment il a appliqué les règles de la fortification « à la moderne » dans les places soumises à son contrôle. Plusieurs points méritent l'attention :
– on doit se demander comment il concevait une place type et, en corollaire, s'il est exact que Vauban a inventé trois systèmes fortifiés successifs ;

– pour mieux apprécier son œuvre, il est nécessaire de s'attarder sur quelques-unes des villes construites ou réparées par ses soins tout en essayant de comprendre pourquoi et en quoi elles sont à la fois si différentes et si semblables ;
– enfin, il faut se pencher sur l'urbanisme de Vauban.

« L'ART DE FORTIFIER NE CONSISTE PAS DANS DES RÈGLES ET DES SYSTÈMES »

On ne saurait s'attarder à la critique qui a été faite à Vauban par plusieurs – parmi lesquels Choderlos de Laclos – de n'être l'inventeur ni des bastions ni des remparts[1]. Un minimum de connaissances ès fortifications et surtout un peu de sens chronologique balayent immédiatement de telles objections. Autant accuser un savant atomiste du XXIe siècle de n'être pas à l'origine de la bombe d'Hiroshima. Plus intéressante est la question de savoir si le grand poliorcète a proposé un système de fortification, voire plusieurs, se voulant ainsi théoricien de la fortification et « pédagogue » des futures générations.

Il n'en est rien. Vauban a toujours violemment récusé cette ambition. Lui qui n'a pas hésité à rédiger *Le Directeur général des fortifications* en 1680 – concernant le règlement des places –, lui qui consacre une grande partie des années 1703 et 1704 à réaliser son *Traité de l'attaque des places*, refuse en revanche de se laisser enfermer dans cette aventure : « L'art de fortifier ne consiste pas dans des règles et des systèmes, mais uniquement dans le bon sens et dans l'expérience. » Le mot est jeté. Ce qui révulse le commissaire général, c'est le nombre incroyable de traités de fortification qui ont été écrits par de braves gens n'ayant jamais eu à connaître des places fortes, à commencer par maints jésuites enseignant la fortification dans les collèges de leur ordre[2]. Qu'on réfléchisse d'ailleurs sur ce point : il est normal que des professeurs aient cherché à appuyer leurs leçons sur des manuels scolaires.

Mais Vauban ne veut pas être des leurs : « Voulez-vous que j'enseigne qu'une courtine est entre deux bastions, qu'un bastion est composé d'un angle et de deux faces, etc. ? Cela n'est pas mon fait. »

On a déjà eu l'occasion de l'indiquer par ailleurs, deux de ses fidèles écrivent des traités de poliorcétique. L'un, le dévoué secrétaire Thomassin, aurait d'abord voulu entraîner le commissaire général dans cette rédaction[3]. Devant son refus, Thomassin décide de coucher sur le papier ce qu'il a appris du patron. Vauban accepte de discuter du manuscrit, de donner son avis sur les cas difficiles. Il se réserve le droit d'argumenter contre les auteurs mal informés dont il pourrait être question, tels Medrano, Gautier, Naudin ou Ozanam[4]. L'autre mathématicien de l'entourage de Vauban qui rédige à son tour un *Traité des fortifications* n'est autre que Joseph Sauveur[5], de l'Académie des sciences, chargé d'examiner les candidats ingénieurs et désireux de bien former ses fils qui postulent, eux aussi, à l'ingéniorat[6]. Voici donc deux auteurs proches du commissaire général et fort désireux de ne pas trop déformer ses idées ; ils ne sont pas inutiles à consulter. Est également fort utile à lire le *Traité de la défense des places,* dans lequel Vauban traite de certains aspects de la fortification et précise quelques-unes de ses idées en la matière[7].

Il apparaît très clairement que Sébastien Le Prestre s'est toujours défendu sur ce point de tout dogmatisme. Rappelons-nous combien le jeune sieur de Vauban était déjà fort critique contre certains préceptes contraignants : « Il ne suffit pas de les [ces règles] appuyer sur des principes indisputables en matière de fortification sy elles se trouvent contraires dans la pratique et sur le terrain[8]. » Quand il s'agit de tracer un front : « Le bon sens et la nécessité devant décider de bien des choses dans la fortification, on pourait en user en cette occasion comme en beaucoup d'autres sur cette dernière alternative. » De même en ce qui concerne la grandeur de l'angle : « Pourvu qu'un angle soit bien fortifié, il importe peu qu'il soit aigu, droit ou obtus, pourvu qu'il n'ait pas moins de 60 degrés, et j'ai toujours laissé les angles tels qu'ils sont venus en fortifiant au-dessus de 60 degrés. »

S'agissant du corps de place, il ne craint pas d'aller à contre-courant de l'opinion alors fort répandue que les courtines sont les parties faibles de l'enceinte tandis que les bastions en sont les parties fortes. Persuadé du contraire, il n'hésite pas à donner une grande longueur à la courtine chaque fois que cela est plus pratique, quitte à placer en avant des tenailles, « ouvrages bas et de peu de défense » qui « occupent un grand vuide ci-devant inutile ». Cela permet aussi de mieux protéger les communications vers les demi-lunes.

Partisan d'armer solidement les bastions qu'il considère comme les points faibles du dispositif défensif et comme les points d'attaque, il veut qu'ils soient assez grands pour recevoir beaucoup de défenseurs armés de mousqueterie et de quelques pièces d'artillerie. Il les faut bien retranchés en cas d'attaque. Dans certains cas, il accorde sa préférence – on retrouvera cette façon de faire d'ici peu – à des bastions détachés, « avec demi-revêtements et sans maçonneries apparentes ».

En ce qui concerne les murs de revêtement des ouvrages, il les construit avec un parement intérieur vertical mais un parement extérieur incliné au cinquième, avec quatre et demi à cinq pieds d'épaisseur au sommet et des contreforts espacés de dix-huit pieds d'axe. Cela étant, en dépit de toutes ces précautions, « on ne doit pas attendre une grande résistance de ces revêtements ; ils ne sont pas faits non plus pour souffrir longtemps le canon, comme plusieurs se l'imaginent, mais pour soutenir le rempart et empêcher l'effet d'une escalade ouverte ou dérobée, puisqu'il est certain que, si on met une batterie de 8 ou 10 pièces sur le parapet du chemin couvert, à dessein de faire brèche dans la face opposée du bastion, et qu'elle soit bien servie, en moins de deux fois vingt-quatre heures, elle l'ouvriroit jusqu'aux fondements, perceroit jusqu'aux terres. Et quelque solidité que le revêtement pût avoir, elle le renverseroit, mais non pas toute la masse des terres qui conserve toujours asez d'élévation et de solidité pour faire de la peine à l'ennemi, quand il y voudra monter[9]. » Il compte donc beaucoup sur les terres du rempart. Aussi demande-t-il qu'elles soient bien fascinées et souhaite que le mur d'escarpe soit couronné par un bon parapet derrière lequel court le chemin de ronde.

Dans son *Traité de la défense des places* écrit en 1705, il estime qu'il faut prolonger le siège au maximum. Pour cela, il désire avant tout l'échelonnement de la défense en profondeur, des dehors vers les parties vives de la place. Ainsi ajoute-t-il sur les fronts particulièrement menacés des demi-lunes dont les feux flanquent les abords. Elles sont pour lui « les meilleures pièces des dehors parce qu'elles sont les mieux défendues et qu'elles sont situées sur des angles rentrants qui leur donnent beaucoup d'avantages. [...] Quand elles sont grandes et bien faites, ce sont de tous les dehors les pièces les plus difficiles à prendre ». Il en est tellement entiché qu'il en consacre l'usage.

Il tient à de bons fossés : « les plus profonds sont les meilleurs ». Il les préfère pleins d'eau plutôt que secs mais fait là encore avec ce qu'il a sous la main. Il ajoute : « Pour conclusion, un bon fossé est toujours la meilleure pièce de la fortification. » Il tient pareillement au chemin couvert qui enveloppe l'ensemble de la place du côté de la contrescarpe (mur extérieur du fossé) et la sépare du glacis. Il veut lui donner entre 3 et 6 toises de large (de 6 à 12 mètres). Il l'estime nécessaire : « C'est là où l'on s'assemble pour faire des sorties, et d'où on les soutient ; c'est là que l'on reçoit les secours qui se jettent à la dérobée dans la place. » Il prévoit même dans certains cas une palissade pour défendre à son tour ce chemin couvert.

En revanche, il n'est pas favorable à la multiplication des dehors : « Ce n'est point la quantité mais le bon arrangement des dehors qui rend une place meilleure. » Cependant, si la chose est nécessaire, il s'accommode très bien des ouvrages à cornes et à couronne : « pour couvrir quelque partie défectueuse d'une place, pour occuper un grand terrain ou un commandement nuisible, pour servir à clore quelque faubourg, ou une partie de place mal assurée ». Il n'est pas non plus hostile à la construction, au-delà de la place, de lunettes, redoutes, forts et fortins, « sur des avenues dangereuses ou dans des marais. […] L'expérience et le bon sens en cette matière consistent à les bien choisir et à les occuper utilement », pour que ces ouvrages ne risquent pas d'être plus nuisibles qu'utiles.

Il veut que la place, bien ravitaillée, ait en particulier d'abondantes réserves d'eau grâce à la construction d'amples citernes. Il prévoit exactement les provisions de vivres et de munitions à y faire entrer avant la campagne. Il se soucie aussi beaucoup des souterrains, « dont on ne saurait avoir trop dans une place de guerre, […] voûtés à plein cintre », bien pavés, avec murs bien jointoyés et cheminées d'aération. Grâce à quoi, certaines sorties seront toujours possibles et plus encore la pose de contre-mines entravant le travail des mineurs ennemis.

S'il propose toujours de bien dérober l'intérieur des ouvrages aux vues du dehors, il ne s'inquiète pas en revanche que les escarpes soient visibles d'assez loin. Il désire en contrepartie que les ouvrages se masquent de l'extérieur vers l'intérieur de telle sorte que l'ennemi ne les découvre que progressivement, au fur et à mesure de sa progression. À cette époque, le tir d'artillerie n'a pas encore une portée suffisante pour qu'on craigne les pièces tant qu'elles restent éloignées. L'approche des fantassins est beaucoup plus inquiétante ; celle des mineurs encore plus car ils cherchent à se faufiler au plus près de l'escarpe pour déclencher des tirs qui feront brèche.

Contre tous ces dangers, il convient de promouvoir une défense active : « Rien n'est plus important, dans une place où il y a une grosse garnison, que de la pouvoir faire agir dedans et dehors [...] afin de le [l'ennemi] tenir éloigné du corps de ladite place et de ne lui laisser prendre aucun pied... » C'est pour prévenir à la fois le rapprochement des fantassins et celui de l'artillerie qu'il multiplie les palissades et compte beaucoup sur les inondations là où elles peuvent être pratiquées. Reste que ces solutions perdent progressivement de leur intérêt avec l'accroissement de la puissance du feu. Il est sûr que Vauban, inventant le tir à ricochet, fragilise de ce fait la plupart des places qu'il a jusqu'alors construites. C'est pourquoi il ne veut pas que l'on connaisse sa méthode.

Il s'est donc expliqué sur tous les éléments indispensables à donner à une place de guerre digne de ce nom. Pour autant, il n'a jamais eu la prétention de construire cette place type dont le dessin, normalisé, serait à appliquer *ne varietur*[10], au contraire. Pourtant, on parle toujours des trois systèmes de Vauban, ce qui laisserait à entendre qu'il a trois patrons de construction invariables.

Les trois systèmes vaubaniens existent-ils ?

Très vite après la mort de Vauban, on a pris l'habitude de dire, voire d'enseigner, qu'il avait inventé « trois systèmes » de fortification[11]. Si l'on prend le terme dans son sens le plus étroit, tout ce qui vient d'être dit va à l'encontre d'une telle assertion. Mais l'expression n'en est pas moins demeurée, lors même qu'elle était contestée. Il vaudrait mieux dire que les constructions vaubaniennes peuvent être classées d'après la manière dont il a modulé les règles irréfragables de la fortification et les a adaptées au cas par cas. Les combinaisons sont nombreuses. On peut cependant les regrouper en trois grands ensembles, d'où l'expression – fautive – de trois systèmes. Point n'est question d'entendre par là que l'ingénieur a voulu une systématisation rigide de son art, ce qui est à l'encontre de son dessein.

Venons-en néanmoins à ces trois modèles.

Le premier est celui même qu'avait prôné le comte de Pagan. Partant de l'intérieur de la place, Vauban trace de très vastes bastions (suivant le cas à orillons ou à flanc droit, là n'est pas le problème) destinés à être gardés avant tout par une nombreuse mousqueterie. La longueur des courtines varie en fonction des nécessités. Nous savons déjà que, pour les protéger, il leur adjoint des tenailles construites en avant du mur. Celles-ci gardent les poternes. Un parapet qui les couronne sert de bouclier aux fantassins en faction derrière l'ouvrage. De vastes demi-lunes, détachées de la fortification, permettent aussi à un assez grand nombre de soldats de s'y tenir suffisamment de temps pour retarder l'avance des ennemis infiltrés dans les fossés. Vauban construit les escarpes en tenant compte des profils et des épaisseurs qu'il a calculés et codifiés pour accroître la résistance des maçonneries, estimant que leurs mesures doivent être strictement respectées. Il aménage le chemin couvert de manière à protéger les défenseurs des positions avancées. Il veut avant tout – ce sera également le but des deux autres modèles – la multiplication de coupures successives qui entravent la marche de l'ennemi : « Les sorties faites à propos peuvent considérablement retarder les approches », permettant dans bien des cas à une armée de secours d'arriver avant que la place ait été obligée de se rendre.

Parmi les œuvres qui relèvent de ce premier « système », outre Lille qui en est le premier exemple, figurent aussi les places ou citadelles de Menin, Maubeuge, Strasbourg, Phalsbourg, Longwy, Toulon. Elles datent toutes soit de la jeunesse de Vauban, soit des débuts de son commissariat général. Elles ont les formes épurées si caractéristiques et si dépouillées qu'on admire sur les plans-reliefs – alors conservés aux Tuileries et dont, soit dit en passant, Vauban ne devint féru que dans les années 1690 après les avoir quelque peu méprisés auparavant [12].

Le deuxième modèle utilisé par Vauban vise à la fois à augmenter la profondeur du dispositif et à accroître davantage la fragmentation de l'attaque. Les courtines, rectilignes, sont flanquées désormais par des tours bastionnées. Ces deux éléments associés forment en quelque sorte une première enceinte. Alternent en avant de la courtine des tenailles et, en avant des tours, des bastions détachés. Des demi-lunes complètent cette véritable seconde enceinte adjointe à la première. Parmi les places construites selon ce schéma, figurent Besançon, Belfort, Landau. Vauban est arrivé à ce modèle plus sophistiqué que le précédent probablement sous une double influence. N'oublions pas ses longs voyages sur les côtes océanes dans la décennie 1680; il y a pris conscience de l'utilité des tours de garde casematées pour la défense du littoral. À la même époque, il met au point la méthode du tir à ricochet; il l'expérimentera pour la première fois à Philippsbourg en 1688. Or, ce procédé, qui substitue aux fortes charges de poudre de petites, modifie la trajectoire du boulet et permet d'atteindre l'artillerie se trouvant derrière le parapet du bastion, donc de neutraliser l'ouvrage en question en le rendant intenable. Étant à l'origine de ce progrès balistique encore inédit, Vauban se préoccupe de lui trouver une parade : c'est la tour bastionnée. Cependant, les utilisations de ces tours peuvent être différentes. À Besançon et à Mont-Royal, elles sont seules à assurer le flanquement des courtines, fonctionnant à la façon des caponnières[13]. À Belfort et à Landau, on va le voir, il en va différemment.

Il vante ces tours bastionnées qu'il vient d'inventer lorsque, en 1687, il fait le grand projet de Landau pour prévenir toute tentative d'agression de la part de l'empereur qui, libéré pour un temps de la menace turque, risque de se retourner contre la France[14]. Le commissaire général propose « un système qui a bien quelque air de nouveauté, mais qui pourtant n'est qu'une simple amélioration de l'ancien. Je puis même dire que c'est un enfant de la nécessité qui, m'ayant, il y a quelque temps, réduit à chercher des moyens extraordinaires pour tirer parti de la mauvaise situation de Belfort, me suggéra enfin celui-ci sur lequel, ayant repassé et réfléchi depuis, j'ai cru qu'on le pouvait rendre praticable et très utile à toutes les places où l'on voudrait l'employer, [...] où il ne s'agit que de les fermer et mettre en sûreté ».

Il y voit un double avantage : un moindre coût de construction (toisé à l'appui), mais surtout un ralentissement de l'attaque. Lors de la prise d'un bastion détaché de la courtine, le reste de l'enceinte n'est pas touché, ce qui n'est pas le cas dans le modèle classiquement utilisé jusqu'à présent. Il reconnaît ici, pour la première fois de sa vie, qu'il s'agit d'un *système* et ajoute que « les tours ne seront pas exposées à l'effet des bombes et du canon, puisqu'on ne les verra qu'après l'ouverture des bastions détachés et du haut de leurs brèches, d'où s'ensuivra que leurs défenses seront entières et bien mieux en état de soutenir que les autres parties du rempart qui auront déjà souffert. [...] On ne saurait passer le fossé entre les fausses-braies et la place sans essuyer le feu croisé de huit pièces de canon, qui n'est pas chose soutenable. [...] Il ne s'agira jamais que de petits ouvrages et de prompte expédition, qui est peut-être l'un des meilleurs moyens de défense qui se puisse imaginer. [...] On peut aussi ajouter que le rempart des bastions détachés sera si près des tours bastionnées qu'il est impossible que le canon ennemi placé sur le haut du rempart puisse plonger jusqu'à incommoder les communications ».

Inutile de préciser longuement que si le fossé extérieur renferme l'ensemble de la fortification, des fossés de même profondeur séparent l'enceinte principale de ses dehors, et pareillement chacun des ouvrages détachés. Vauban en tire la conséquence : « Le corps de ladite place, séparée de ses dehors d'une manière très avantageuse, obligera l'ennemi à deux sièges. »

Dans la troisième combinaison qui procède directement de la deuxième, la demi-lune est à son tour dédoublée avec la création de ce qu'on appelle le réduit de la demi-lune. La place de Neuf-Brisach, octogonale et conçue en 1698, est l'exemple parfait de cette nouvelle distribution. La distance entre les centres des tours bastionnées est égale à celle déjà employée à Landau, 140 toises, soit environ 280 mètres. Les longues courtines sont à leur tour bastionnées pour accroître le nombre de canons de chaque front. Les contre-gardes et les demi-lunes avec leur réduit, plus grandes que dans les fortifications précédentes, n'ont que des semi-revêtements surmontés de haies vives de manière à éviter l'éboulement des décombres en cas de brèches.

Cela étant, cette multiplication des obstacles – dont Vauban ne veut pas une extension inconsidérée telle qu'elle se produira au siècle suivant – émiette et retarde l'effort des assaillants, puisqu'elle accroît la profondeur de l'appareil défensif. En contrepartie, elle gèle de plus en plus de terrains gagnés par expropriations sur les faubourgs ou extensions sur le plat pays. L'isolement de la ville forte d'avec la campagne environnante s'en accroît d'autant.

« TIRER TOUS LES AVANTAGES DE LA SITUATION »

C'est bien dans la mesure où il connaît parfaitement les règles de la fortification que Vauban n'a jamais voulu se laisser enfermer dans leurs limites étroites. Prenons une comparaison quelque peu triviale, s'agissant d'art militaire. Le bon cuisinier n'est pas celui qui applique à la lettre la recette reçue d'un chef mais qui l'adapte et lui imprime son tour de main d'artisan, voire parfois même d'artiste. C'est bien de cela qu'il s'agit. Vauban n'a jamais voulu que des préceptes étroits bornent son génie créateur et l'empêchent de trouver une véritable adéquation au terrain. Il prouve le bien-fondé des principes de la fortification en modulant ses plans, qu'il s'agisse des forteresses qu'il a à remanier ou à construire de toutes pièces. S'il peut édifier des forteresses de plaine de parfaite régularité – la citadelle de Lille, la ville de Neuf-Brisach – il est beaucoup plus souvent obligé de ruser avec les sites sur lesquels il a à travailler. Il en va ainsi à Mont-Dauphin, Mont-Louis, Landau, Belfort... En fait, il cherche toujours à coller au réel, à ce qui existe et dont on ne peut s'abstraire : colline, montagne, rivière, en un mot accidents de terrain, site ou situation dont il faut tenir compte, qualité des terres ou des matériaux d'une région donnée, sans oublier *a fortiori* l'objectif précis assigné à la forteresse en question. Il n'y a pas une fortification à répéter perpétuellement, des règles à appliquer *ne varietur*, des ouvrages à construire toujours selon le même schéma mais au contraire à moduler et à adapter à chaque circonstance. Ainsi Vauban s'est-il livré durant toute sa vie d'ingénieur à de véritables variations sur l'utilisation, la combinaison et le dédoublement des divers éléments de la fortification bastionnée, courtines, bastions, demi-lunes et autres ouvrages plus compliqués.

On comprend mieux pourquoi il s'exaspère contre ceux de ses collaborateurs qui appliquent le rudiment sans sourciller et sans chercher à l'adapter à leur site. On se rappelle probablement sa colère lorsque, au cours de sa dernière grande inspection dans les Alpes, il découvre les aberrations de Guy de Creuzet de Richerand, directeur des fortifications de Dauphiné, n'osant se détacher de ses acquis d'école, même et y compris dans des régions montagneuses commandées de tous côtés par des sommets aux vues plongeantes. A contrario, on admire l'élégante solution trouvée dès 1679 à Villefranche-de-Conflent : la construction d'un nid d'aigle accroché au flanc de la montagne assurant la surveillance des chemins.

Le commissaire général aimerait se débarrasser d'un certain nombre de places fortes dont il dénie l'intérêt, allant parfois jusqu'à en dénoncer la dangerosité. Mais le roi est viscéralement attaché à ses forteresses, symboles de sa puissance, et refuse de suivre Vauban sur ce point. Si celui-ci regrette d'avoir à entretenir ces poids morts, il surveille au contraire d'un œil jaloux le demeurant des places fortes et s'inquiète de constater que plusieurs sont insuffisamment défendues. Plus il vieillira et plus il gémira sur leurs manques, à croire parfois que ce qu'il fait ne sert à rien. D'où ses courses incessantes pour aller examiner le travail à faire, pour le présenter au roi et aux ministres, pour le confier ensuite à ses collaborateurs.

Aucune place n'échappe à son contrôle, mais il en est certaines qui, par suite de leur importance stratégique, retiennent plus particulièrement son temps et ses peines. Suivant le cas, il conduit des travaux assez différents :
– à plusieurs reprises, il doit construire des citadelles dans des villes fraîchement conquises dont il faut surveiller la population mal ralliée et qu'il faut en même temps défendre contre une attaque toujours possible de l'ennemi. La citadelle est bien à la fois le « signe de la souveraineté royale » et l'héritière du château médiéval ;
– plus souvent encore, il remodèle des villes bastionnées, les unes au XVIe siècle, d'autres au début du siècle suivant, parfois même plus tardivement : c'est le cas de certaines villes hainuyères remaniées par les Espagnols après la paix des Pyrénées[15]. Il ne saurait être question de tout transformer ; dans la plupart des cas il faut rectifier le tracé précédent et surtout retourner les défenses contre les anciens possesseurs ;
– enfin, par neuf fois, il est chargé de construire une place neuve. Cela exige de lui des qualités de créateur et, pourrait-on dire aussi, de prophète : convaincu de la nécessité stratégique d'un nouvel ouvrage, il doit « inventer » le site adéquat à son implantation et s'adapter à lui par un plan de construction idoine.

Les citadelles

Au premier type d'ouvrages se rattachent les citadelles de Lille, d'Arras, de Tournai, de Besançon, de Strasbourg... Nous sommes ici dans des régions très nouvellement conquises où la présence française doit s'imposer le plus rapidement possible. Il ne faut donc pas faire traîner la construction de ce qui peut, dans de telles hypothèses, devenir un « réduit ». Dans ce cas, Vauban a été amené à prendre en compte les impératifs du site et surtout le plan de la ville tout à la fois à surveiller et à protéger. C'est ainsi que la citadelle ne saurait être placée à l'opposé des chemins d'invasion, qu'elle doit être très proche de la ville pour lui être rattachée par les lignes de conjonction – des remparts joignant le nouvel ouvrage aux murs d'enceinte de la cité. Entre les deux, une vaste esplanade formant une sorte de glacis de surveillance. Mais en même temps, il faut faire avec le terrain, la boucle du Doubs, les eaux de la Deule, celles du Rhin et de l'Ill... Enfin, il ne s'agit pas de construire une enceinte trop étroite car on doit pouvoir y faire cantonner des régiments de passage montant au combat en supplément de la garnison installée à demeure.

La citadelle devient ainsi une véritable petite ville à côté de la grande, avec son organisation interne, ses usages militaires et ses habitants : plus d'un millier à Lille. À Arras, les très vastes casernes feront de cette ville, durant plus d'un siècle, une sorte de plaque tournante du mouvement des troupes des provinces frontières du nord du royaume. Cependant, dans quelques rares cas, la disjonction entre la ville et la citadelle est néanmoins complète. À Bayonne, le cours de l'Adour sépare la ville du fort installé dans le faubourg du Saint-Esprit. Aussi bien, cette citadelle, au contraire de la plupart de ses sœurs, n'a qu'une seule fonction : celle de protéger tout son *hinterland* et plus encore toute la région des gaves contre des attaques venues tant des cols pyrénéens que de la mer.

Les villes remaniées

Le remaniement des villes aux vieilles murailles ou aux remparts plus ou moins bastionnés est la tâche la plus fréquemment demandée au commissaire général. Il ne saurait être question de reprendre ville après ville les travaux entrepris mais de rappeler tout au plus les méthodes vaubaniennes pour assurer la défense d'une cité et de toute sa région.

Dans certains cas, il doit en réalité reformer l'ensemble de l'enceinte en question. Il en va ainsi par exemple de Belfort. Son projet date du 1er mai 1687, à un moment où le roi se préoccupe beaucoup de sa frontière alsacienne. Comme cette ville est resserrée par des hauteurs, elle ne peut guère comporter de grands fronts bastionnés. Or, la place a un grand rôle stratégique à jouer en cas de conflit avec les Germaniques, celui de verrouiller le passage du seuil de Bourgogne. Désirant trouver une solution, Vauban recourt à sa dernière trouvaille, la tour bastionnée pour défendre la ville basse. Ces tours sont des ouvrages pentagonaux, en forme de bastion, avec flancs casematés perpendiculaires aux courtines. Elles forment en quelque sorte une première enceinte protégée à son tour en avant par des bastions détachés qui constituent avec les demi-lunes une deuxième enceinte.

À la même date, il a été un moment question de raser les murailles de Landau. À la demande expresse du commissaire général, cette place est au contraire consolidée et le commissaire donne de longues explications dans le projet qu'il rédige pour sa transformation. Selon le principe suivi à Belfort, la place est entièrement remaniée et rajeunie mais, cette fois-ci, l'enceinte forme un octogone régulier.

Dans bien d'autres cas, Vauban se garde au contraire de supprimer les murailles mêmes anciennes. Il les enveloppe. Tel est le cas de Perpignan [16]. La capitale du Roussillon avait été fortifiée dès le XIIe siècle. À la fin du siècle suivant, elle avait reçu des rois de Majorque une nouvelle enceinte particulièrement solide construite en cailloux de rivière. Des travaux importants furent ensuite réalisés sous le règne de Louis XI – durant les années de la présence française de la fin du XVe siècle. Après le retour du Roussillon au principat de Catalogne et lors des règnes des deux premiers Habsbourgs, les ingénieurs espagnols de Charles Quint et de Philippe II avaient reconstruit un cinquième des murailles. Mais le siège de 1642 les avait malmenées et mises en assez mauvais état. Lorsqu'il est décidé en haut lieu qu'il convient de mieux protéger le Roussillon, Vauban, au cours de son voyage de 1679, propose de faire de Perpignan une place de seconde ligne, de rôle important et sur laquelle s'articulera toute la défense roussillonnaise. Il veut donc une ville solidement protégée. Comme il n'est pas question de détruire ce qui existe et qui peut être conservé, il est amené à se servir au mieux des anciennes enceintes plus ou moins superposées.

Le projet comporte trois volets. D'abord, la construction d'ouvrages avancés pour couvrir et renforcer les divers fronts. Le commissaire général propose des bastions et des demi-lunes qui protègent, selon le cas, les murailles médiévales ou les bastions du XVIe siècle et doublent la vieille enceinte. Une ville neuve est prévue entre les cours d'eau de la Basse et de la Têt, avec comme principale défense un grand ouvrage à cornes auquel est dévolu le soin de bloquer la progression ennemie sur un front particulièrement délicat à tenir. Vauban s'attache aussi à agrandir la citadelle qui n'est autre que le château des rois de Majorque remanié par Louis XI de France, puis par les gens de Philippe II d'Espagne. Courtines et bastions en mauvais état sont rebâtis et des ouvrages avancés sont adjoints à cet ensemble pour en faire un bon réduit défensif. Enfin, en avant des fossés, un chemin couvert court tout autour de la ville et accroît encore la profondeur de cet ensemble qui doit abriter les deux villes. Mais cela gèle autour de l'ensemble urbain une bande de terrain de 130 à 400 mètres de profondeur.

Bien que Vauban ait essayé de ne pas trop mordre sur les quartiers urbains bloquant ses projets, il a été obligé, dans bien des cas, de demander des expropriations douloureusement ressenties par les habitants. À Belle-Isle, il regrette ces extensions, mais estime qu'elles sont absolument nécessaires à la solidité de la nouvelle enceinte. À Collioure, un quartier entier a été démoli pour implanter à son emplacement un bastion surveillant la route d'Espagne. Dans les régions côtières, par exemple à Marseille, dont il ne cessera de dénoncer le « mur de cloître », il prévoit des batteries judicieusement installées dans les îles de la rade pour tenir sous leurs feux croisés le passage vers le vieux port.

Construire une ville neuve semble, au moins à première vue, plus facile et moins contraignant que de se colleter avec le plan des devanciers. Ce n'est pas sûr.

Les villes neuves

Au cours de son commissariat général, Vauban donne les plans de neuf villes neuves. Cinq d'entre elles sont conçues à peu près à la même époque – 1679-1681 – et sont réalisées en un laps de temps très court. Il s'agit de Mont-Louis de Cerdagne, de Huningue en Alsace, de Longwy, Phalsbourg et Sarrelouis en Lorraine. Deux autres, Montroyal et Fort-Louis, sont à peine plus tardives, 1687-1688. Enfin les deux dernières sont l'une – Mont-Dauphin – de 1692, l'autre – Neuf-Brisach – de 1698 [17]. Ces neuf places fortes sont des cités artificielles, créées par décision royale. Elles sont filles d'une nécessité politique et stratégique et n'ont rien à voir avec les villes nées lentement et progressivement aux siècles passés sur des sites choisis par leurs habitants.

Les raisons militaires de leur implantation ont déjà été longuement évoquées [18]. Résumons-les : en raison des variations de la frontière française et pour combler les hiatus de la « ceinture de fer » en Lorraine, il se révèle nécessaire aux lendemains des traités de Nimègue de construire quelques verrous supplémentaires. Ils bloqueront la trouée de la Moselle et de ses affluents et assureront la liaison du système lorrain tant à l'est qu'à l'ouest de cette province. Le traité de Ryswick perturbera durement cette organisation puisqu'il sera exigé qu'un des maillons défensifs, Mont-Royal, avant-garde française dans la région de Traben, soit démoli. En ce qui concerne l'Alsace, et pour la mieux défendre des incursions germaniques toujours possibles, rien ne vaut une bonne forteresse à Huningue au coude du Rhin, une autre à Fort-Louis surveillant de près les passages septentrionaux du fleuve. Neuf-Brisach naît, lui, directement des clauses des traités de 1697. Dans les Pyrénées, Mont-Louis a été inventé pour contrôler la Cerdagne et bloquer efficacement la descente vers le Conflent. En haut Dauphiné, Mont-Dauphin est posté à la confluence de plusieurs routes d'invasion. Les impératifs stratégiques et militaires sont donc bien à l'origine de ces réalisations. Notons-le dès maintenant, il ne s'agit pas là de quelconques forteresses destinées à accueillir seulement leur garnison mais de véritables créations urbaines. Ce qui postule à l'intérieur du périmètre fortifié de chacune d'elles la construction d'une agglomération possédant la plupart des fonctions urbaines et une population en conséquence.

Vauban, maître d'œuvre, signe les plans de chacune de ces villes nouvelles après les études préparatoires. Il faut calculer à la fois l'assise de la place, l'extension à lui donner compte tenu de sa mission particulière, la forme convenant le mieux. Mais auparavant il faut d'abord fixer la taille de la future garnison. Étant entendu que les combattants doivent tenir quarante et un jours de siège, la forteresse doit être construite en fonction du nombre de ses combattants et du stockage des vivres et munitions nécessaires au cours du siège. Il faut en outre prévoir la quantité d'habitants civils qui viendront s'y installer.

Comme le temps où il menait lui-même les travaux est passé, Vauban ne peut guère suivre les épisodes de la construction. Comme pour les transformations des places anciennes, il s'en remet aux directeurs des fortifications chargés de l'affaire, Choisy en Lorraine, Tarade en Alsace, Rousselot en Roussillon... On l'a noté ailleurs, le commissaire général n'est retourné en Cerdagne qu'une seule fois : la place de Mont-Louis n'était point encore entièrement finie. Il n'a revu Neuf-Brisach presque terminé qu'en 1703. Mont-Dauphin dont la construction a d'abord traîné n'est pas achevé à son second voyage dans les Alpes, au début du siècle. On pourrait multiplier les exemples de cette distorsion séparant le créateur de son œuvre, avec ce que cela peut entraîner de regrets pour lui. Mais n'est-ce pas en réalité le sort commun de tous les grands patrons qui définissent le projet mais ne peuvent l'exécuter ? C'est aussi celui de tous les architectes de conception qui n'ont plus guère de prise sur leurs projets après les avoir abandonnés entre les mains des architectes d'exécution, quitte à prier le ciel de n'être pas trop trahis dans leurs intentions. Pour Vauban, il reste surtout la possibilité de protester véhémentement lors d'une nouvelle inspection ou au reçu du rapport annuel. Il ne s'en prive pas.

Nées à peu de temps les unes des autres, ces places sont cependant fort différentes. C'est probablement ici que l'on mesure le mieux l'ingéniosité de l'ingénieur jouant ses variations sur un thème commun. Les deux places de montagne sont étroitement tributaires de leur site. Mais dans les deux cas, Vauban a su utiliser le relief pour libérer son maximum d'efficacité, que ce soit le promontoire du plateau d'Eygliers sur lequel s'asseoit Mont-Dauphin, que ce soit le ravin de la Têt transformé en élément défensif de la double fortification de Mont-Louis. Les places lorraines et alsaciennes, avec leurs formes quadrangulaires, pentagonales ou hexagonales, sont plus classiques dans la mesure où le relief est moins tourmenté.

La plus régulière de toutes les villes neuves de Vauban est sans contexte Neuf-Brisach, un octogone parfait se développant sans la moindre contrainte dans la plaine d'Alsace. Pour un œil superficiel, ce dessin semblerait presque inspiré de la fortification de Palma Nova, construite durant les ultimes années du XVIe siècle par Scamozzi pour le compte de la Sérénissime république de Venise. Mais ce n'est là que fausse impression. Vauban ne s'intéressait pas aux vieux traités italiens de fortification et rien ne permet de supposer qu'il ait pu pousser jusqu'en Vénétie lors de ses courts séjours en Piémont ou à Casal. Plus simplement, il apparaît que d'un siècle à l'autre, il a été donné à deux grands ingénieurs d'inscrire librement dans la pierre une véritable épure de géométrie. De l'une à l'autre, apparaît la parenté de toute fortification « à la moderne ». Mais se révèlent aussi la complexité croissante des ouvrages et leur extension de plus en plus importante.

Ces villes élevées d'un seul jet permettent de saisir mieux qu'ailleurs l'esprit même de la fortification vaubanienne. Venant de l'extérieur, le visiteur ne découvre que la première enceinte. La forteresse semble monolithique alors qu'elle est fractionnée et profilée. Les ouvrages se flanquent mutuellement, se masquent les uns les autres et ne se dévoilent que progressivement aux regards. Particulièrement impressionnante à ce titre, la liaison des deux Mont-Louis. Le glacis pentu qui sépare la ville de la citadelle cache parfaitement le fossé et le rempart de celle-ci jusqu'à la lèvre de la contrescarpe.

Dès le début de sa carrière, Vauban a été amené à faire œuvre d'urbaniste. L'exemple déjà connu de la citadelle lilloise est à cet égard exemplaire. La grande cour centrale de la citadelle, pentagonale comme l'enceinte, est le point de ralliement autour duquel s'organise toute la vie de la garnison. Les différents bâtiments sont regroupés sous le regard du gouverneur et du lieutenant de roi. De larges avenues en étoile conduisent directement aux cinq bastions pour permettre à la troupe de gagner très rapidement ses positions de combat. En revanche, la ville neuve gagnée sur l'extension urbaine, quadrillée, ne présente pas la même régularité.

Cela a donc été une aubaine pour Vauban de pouvoir tailler dans l'inédit des places nouvelles. Dans ces grands ensembles de sa maturité, il met l'accent sur la grande place d'armes centrale qui est d'abord et avant tout un espace militaire. C'est là qu'auront lieu les revues et les rassemblements avec fifres et tambours. Y sont rassemblés la plupart des bâtiments publics importants, les hôtels des principaux officiers et des notables. Il n'est pas rare que l'église ouvre ici ses portes principales ; de même on y trouve la maison de ville. Cette place doit avoir des accès faciles vers toutes les parties de la ville, en particulier vers les portes et les organes de défense. On doit pouvoir y faire passer les pièces d'artillerie. Le plan des rues varie beaucoup, en étoile, en damiers carrés ou rectangulaires.

Les bâtiments militaires sont installés en différents lieux de l'enceinte selon leur plus ou moins grande nuisance. Les casernes sont souvent à la périphérie. La boulangerie ne saurait en être éloignée. Il ne faut oublier ni le parc d'artillerie, ni les magasins à vivres et à fourrage, ni le manège et les écuries, ni l'hôpital. L'arsenal et le magasin à poudre, solidement voûtés, sont autant que possible tenus à l'écart des habitations pour éviter tout danger d'incendie et d'explosion.

La construction de beaucoup de ces édifices est normalisée mais la plupart du temps très soignée, avec des charpentes de qualité. Vauban donne ainsi un dessin de caserne et de pavillon d'officiers qui peut s'appliquer *ne varietur*. Il est également prévu de donner une façade identique aux maisons civiles. En effet, qui dit ville neuve dit aussi installations *intra muros* d'une population d'immigrants venus se fixer de plus ou moins loin. Vauban a donc été obligé d'organiser l'espace urbain en tenant compte à la fois des impératifs militaires et des besoins des civils. Mais sur ce point, les réalisations n'ont pas toujours été au niveau des projets. À Mont-Louis, les cabanes de planches dans lesquelles loge l'habitant seront tardivement remplacées par des maisons de pierre alors que Vauban est mort depuis longtemps.

Assurément, Vauban a été un remarquable architecte et un bon urbaniste désireux de faire du grand et du beau à la gloire du roi. Il veut en particulier que les portes tournées vers l'ennemi soient aussi somptueuses que possible pour magnifier son souverain. Il veut aussi, chaque fois que cela est réalisable, d'amples perspectives. Ses projets de la collégiale de Briançon et surtout de l'église paroissiale (inachevée) de Mont-Dauphin témoignent d'une certaine magnificence. Désireux de faire du bel ouvrage et du « fonctionnel », il se fait souvent reprendre par les ministres car il n'hésite pas à dépenser largement. Colbert le freinait. Louvois proteste mais souvent se laisse convaincre. Grâce à quoi le bugdet des fortifications est fort élevé. Craignant toujours d'être dépassé dans ses prévisions par les progrès de la tactique militaire et par l'accroissement de la population, il conçoit souvent des projets trop vastes. Ses villes – comme beaucoup d'autres cités neuves – donnent parfois une sensation de vide tant les constructions sont éloignées les unes des autres.

Avant tout désireux de mettre son art au service de l'efficacité militaire, il est plus soucieux de faire du solide et de donner une impression première de puissance que de chercher à fignoler les détails de beauté superflus. Il se révèle un vrai bâtisseur, non un esthète.

CHAPITRE XVI

« Faire le détail du mesnage »

> Il faut s'en tenir à ce que j'ai réglé là-dessus.
>
> *Vauban à l'un de ses subordonnés.*

Que Sébastien Le Prestre ait une activité démentielle qui en briserait tant d'autres, nul ne le conteste. L'aménagement de la « ceinture de fer » au cours de la décennie 1680 le prouve amplement : le commissaire général arrive à tenir tête à toutes ses tâches au milieu du tourbillon des travaux, du hourvari des voyages ou du fracas des combats, se réservant en outre – mais quand ? – des temps libres pour mener à bien ce qu'il appelle ses « oisivetés », statistiques ou réflexions diverses. Pour ce faire, il lui faut à la fois une résistance physique et une puissance de concentration intellectuelle exceptionnelles, une rapidité de conception et d'exécution hors normes, le goût passionné du travail mais aussi une méthode depuis longtemps mise au point et parfaitement rodée. Peut-être autant et plus encore faut-il chercher le secret de l'efficacité vaubanienne dans le travail d'équipe qu'il a réussi à mettre progressivement sur pied depuis 1668, aidé en cela par les deux ministres responsables des fortifications du royaume.

« LE LOISIR EST FORT INCONNU PARMI EUX »

Appelé à donner les plans de la citadelle de Lille à l'automne 1667, Vauban n'aurait pu suffire à tout. De toute nécessité, il lui fallait des collaborateurs. Le ministre l'avait immédiatement engagé à se faire aider aussi bien pour le toisage des terrains, le lever des plans et des cartes que pour son secrétariat proprement dit. Cela était d'autant plus nécessaire qu'il eut toujours, et cela dès sa jeunesse, une écriture très affirmée mais peu lisible car trop rapide. Sur ce point, il n'est que de regarder les rapports sur Arras qu'il rédigeait de sa propre main en 1668. Il a d'ailleurs très volontiers reconnu cette véritable infirmité : « La grâce que Dieu m'a faite de ne pouvoir écrire trois mots sans brouille », s'exclame-t-il en 1672[1]. Et Louvois de renchérir : « Quand votre secrétaire ne sera pas avec vous, vous en emprunterez quelqu'un parce qu'on ne peut plus lire votre écriture. »

Très rapidement, avec l'accroissement de ses tâches, il a été amené à grouper autour de lui un certain nombre de collaborateurs dont il reconnaît volontiers qu'il exige beaucoup. Il est probable qu'il a recruté ses secrétaires et ses « dessineurs » parmi les jeunes gens déjà munis d'une certaine teinture de dessin et rêvant d'être embauchés dans les fortifications comme inspecteurs à 30 livres par mois[2]. Tel est Jean-Baptiste de Richebracque de Montigny (*alias* Montaiguies) qui est à ses côtés à Lille dès 1667 et qui, en 1682, vit à demeure à Bazoches pour coordonner l'équipe de mise au net nouvellement installée au château[3]. On perd ensuite sa trace, à moins qu'il ne soit cet ingénieur « employé sur l'état » en 1686 et qui servit plusieurs années à Philippeville[4]. En tout cas, c'est de lui qu'il s'agit en 1677 : « Mon secrétaire est tombé malade il y a 5 à 6 jours, ce qui me donne bien de la fâcherie », se désole Vauban le 29 juin. Et, le 1er septembre : « Mon secrétaire est malade à la mort. C'est une étrange incommodité pour moi. » Le 22 avril de l'année suivante : « Je n'ai qu'un méchant secrétaire qui se meurt et ne peut suffire à toutes les copies dont j'ai besoin[5]. » Pauvre Richebracque, dont il ne fut jamais glosé qu'en raison de son indisponibilité !

Un autre secrétaire apparaît justement à partir de 1677, probablement embauché lorsque le premier est si malade. Il s'agit de François Friand qui demeurera auprès du patron jusqu'à la mort de celui-ci. De vingt et un ans plus jeune que Vauban, Friand est originaire de la forêt d'Othe, petit massif boisé s'interposant entre Bourgogne et Champagne méridionale. Il est né en 1654. Son père était avocat en parlement en même temps que bailli de son village, Maraye-en-Othe[6]. Nous connaissons déjà bien ce milieu en voie d'ascension sociale. Il a été celui des aïeux de Vauban, il est aussi celui de plusieurs contemporains de Friand, en particulier celui de Louis Filley, futur maréchal de camp, futur directeur des fortifications de la Meuse, dont le village natal n'est qu'à six lieues de Maraye. Voici donc, parmi bien d'autres, deux garçons des confins burgondo-champenois, du même âge ou peu s'en faut, et qui se sont tournés l'un comme l'autre vers les fortifications. C'est à bon droit qu'on peut se poser la question de savoir qui leur a fait connaître cette filière et les a présentés à Vauban. Dans un monde où les relations personnelles, les réseaux de fidélité et les recommandations jouent un rôle si essentiel, il ne serait pas étonnant que l'intermédiaire – si vous préférez le présentateur – ait été Jean (*alias* Nicolas) de Mesgrigny. Chargé de la construction de la citadelle de Tournay dès les débuts de l'annexion, ce dernier voyait souvent le futur grand patron des fortifications, à qui il était lié par des relations et des alliances nivernaises et bourguignonnes communes. Ils sympathisaient, se renseignaient mutuellement sur leurs travaux et s'aidèrent de plus en plus au fil des ans. Or Mesgrigny, d'origine champenoise, était seigneur de Marcilly-le-Hayer, tout proche de Maraye-en-Othe. Cela donne à penser ! Mais revenons à Friand.

À peine âgé de vingt à vingt-deux ans, il entre au service de Sébastien Le Prestre. Il est toujours en poste à la mort du maréchal. Du secrétariat professionnel, il glisse d'ailleurs très vite au secrétariat personnel. Il devient l'homme de confiance du futur maréchal et le suit très fidèlement, à moins qu'il n'aille régler ailleurs quelque affaire d'importance en lieu et place du commissaire général. À dater de 1691, Friand fait des séjours plus longs que par le passé à Bazoches dans la mesure où il a épousé la fille du premier président du grenier à sel de Vézelay. Il fait le va-et-vient entre cette charmante cité et le château seigneurial des Vauban, distants tout au plus d'une dizaine de kilomètres. Désormais, à peu près toutes les affaires et les intérêts de son patron lui passent par les mains – y compris ceux concernant la gestion des terres dont il ne s'occupait absolument pas jusqu'alors. Les procurations qu'il détient spécifient bien toutes ses attributions, et elles sont très larges. En bref, il peut signer dans toute affaire comme mandant de Vauban. Servant fidèlement son patron, au courant de bien des transactions et de certains secrets de famille – on aura à y revenir –, Friand n'a pour autant garde de s'oublier. Il sait fort bien faire fructifier son avoir et profite de sa fonction pour gagner de l'argent, avant tout par le prêt à intérêt [7]. Lors de l'élévation de Sébastien Le Prestre à la dignité de maréchal de France, il réclame – et obtient – la charge de commissaire des guerres attribuée à chaque nouveau dignitaire pour que celui-ci la remette à son tour à son homme de confiance [8]. Il profite de la vente des biens des réformés, en 1705, pour acheter la seigneurie de Ruères, ancienne possession des Briquemault, ce qui est une bonne affaire. Ses filles et ses gendres jouiront d'une réelle considération sociale autant à Saint-Léger qu'à Vézelay et dans l'Avallonnais [9].

À son tour, il est aidé par plusieurs autres secrétaires, Clément, Gaigneau, le sieur Quesneau, que l'on retrouvera à l'aqueduc de Maintenon. Un peu plus tard, un dénommé Pellegrin, de l'entourage de Mesgrigny, les rejoint. Le commissaire général réclame pour les uns et les autres quelques gratifications du ministre car, dit-il : « Il n'y a point de secrétaire d'intendant qui ait plus d'affaires que les miens, et qui cependant n'en sont pas plus riches, car les bons morceaux ne sont jamais pour eux ; et où les prendre, s'ils ne viennent de vous [10] ? » Et il est sûr que ses secrétaires ont un travail écrasant ; il n'est que de considérer, dans les archives Rosanbo ou celles du génie, la masse écrasante des rapports et autres plusieurs fois recopiés.

Vauban a également besoin de dessinateurs. Dès 1667, il en a au moins deux à son service pour lever les plans et mettre au net les projets des places flamandes. Leur nombre s'accroît au fil des années. Certains suivent l'ingénieur sur le terrain pour prendre les premières mesures et établir les premiers « griffonnements ». En même temps, une équipe s'installe au logis du gouverneur dans la citadelle de Lille ; elle est chargée cette fois-ci de mettre au net les esquisses précédentes. C'est une partie de ces « dessineurs » que Vauban détachera dans les années 1680 à Bazoches pour y travailler dans la galerie du château aménagée à cet effet. Ils préparent le travail du commissaire général en amont ou le parachèvent en aval. Ainsi, l'un d'eux est chargé de renseigner Vauban sur le meilleur parcours d'un canal projeté entre Loire et Seine et d'en établir les plans préparatoires.

Parmi ces personnages, citons le premier d'entre eux, le sieur Godignon : « Il n'est pas méchant ingénieur ; du moins, il sait aussi bien se faire taper dessus qu'un autre, puisqu'il eut la cuisse cassée d'un coup de mousquet au siège de Puycerda, blessure qui l'arrêta près de dix-huit mois et dont il était encore fort incommodé lorsque je le pris. Il y avait six ou sept ans qu'il servait sous La Motte de La Myre, si bien qu'en voilà du moins vingt de bon compte [11]. » À ses côtés citons les frères Francart, de la paroisse Saint-Evrard de Paris, fils d'un peintre assez coté et qui illustreront les *Oisivetés*. Citons aussi Thomassin, qui aida le commissaire dans plusieurs recherches hydrauliques. Il écrira plus tard deux *Mémoires sur la fortification* [12] directement inspirés des méthodes vaubaniennes. Tous sont très attachés au commissaire général pour qui ils ne ménagent ni leur temps ni leur peine.

Dans ses marches et ses combats, Vauban a toujours été – et depuis longtemps – entouré de « ses gens », une équipe d'au minimum six à huit personnes partageant son travail et ses activités. Qu'on se rappelle l'escarmouche entre sa petite troupe et les partisans de La Bassée, durant la guerre de Hollande ! Parmi ces familiers, outre les secrétaires et dessinateurs déjà cités, des ingénieurs, la plupart recrutés parmi les amis ou la parenté. Les neveux de Vauban font partie du lot. Leur cadet, Antoine, se fera même rappeler à l'ordre par le ministre car il préférerait rester auprès de son oncle plutôt que de rejoindre le poste qui vient de lui être assigné.

À partir du moment où Vauban devient officier général, il s'adjoint encore des aides supplémentaires. En outre, il est tenu d'avoir auprès de lui un aide de camp, sinon plus, pour la durée de chaque campagne militaire. Il recrute ces officiers de manière diverse mais toujours en fonction de leur dévouement. En 1693, il obtient que le sieur Devire, lieutenant de la compagnie des cadets-gentilshommes de Tournay (encore l'entourage de Mesgrigny !), lui soit affecté durant tout le siège de Charleroi

(5 septembre-11 octobre 1693). Lors de ses commandements en Bretagne, en 1694 et 1695, il désigne pour la même tâche plusieurs de ces « messieurs les marins » dont il n'a qu'à se louer[13]. À Ath, il en aura trois – en fait cinq – mais «j'en aurais bien employé six». Soit Marc-Antoine de Girval, sous-brigadier, frère de l'ingénieur détaché au bureau des fortifications; le sieur de La Courcelle, « capitaine de bombardiers, mon parent, dont je me suis servi à plusieurs sièges à cause du commerce continuel que j'ai avec l'artillerie; le troisième est le sr Ferry, directeur général des fortifications de Guyenne qui m'a demandé, pour l'amour de Dieu, de lui procurer du service à quelque siège avec moi; le quatrième est le chevalier d'Entragues [...], le meilleur aide de camp ingénieur qui soit au monde; [...] le cinquième est d'Affry, major de Surbek, qui est bien un des meilleurs sujets qui ait jamais sorti des Suisses et qui a autant d'envie de bien faire »[14]. Ayant, selon les habitudes de l'époque, à renouveler ses aides de camp à chacune de ses campagnes, il appelle donc tantôt les uns, tantôt les autres. Il se fera plusieurs fois suivre dans ses dernières années par Jean-Charles de Mesgrigny, son petit-fils aîné, qui est officier d'infanterie[15].

Il attend beaucoup de ces officiers qui l'accompagnent durant tout le siège, assurant la transmission des messages, marchant à ses côtés dans la tournée des parallèles, lui servant souvent d'yeux car il ne peut être partout à la fois, en un mot veillant à tout instant avec lui comme peuvent le faire des officiers d'ordonnance mâtinés d'officiers d'état-major. Mais du coup il cherche à les mieux instruire des subtilités du métier. Un François Ferry ou un Renau d'Eliçagaray demanderont l'honneur de l'assister dans cette perspective.

C'est une lapalissade de dire que Vauban n'a guère eu de vie de famille. Pour autant, il ne faut pas se l'imaginer vivant en solitaire mais au contraire en « chef de bande », pourvu d'une « maison » de plus en plus importante, animateur tout à la fois d'une équipe de travail soudée autour de lui mais aussi des multiples équipes d'ingénieurs qui œuvrent aux quatre coins du royaume.

Méthodes de travail

Pour mener à bien l'énorme travail qu'il abat si allègrement, le commissaire général a besoin de beaucoup d'ordre et de méthode. Caractéristiques sur ce point, ses agendas, sortes de pense-bête dont il use toujours lorsqu'il veut préparer une conférence avec quiconque, en particulier lorsqu'il s'agit pour lui d'aller rendre compte au roi. Longuement préparés, parfois plusieurs fois modifiés avant l'entrevue, les agendas révèlent la multiplicité des questions à traiter, d'ordres professionnel mais aussi personnel. En 1695, il note – ou plutôt fait noter par le secrétaire – qu'il faudra « parler au roi de l'invention à escrire de loing par le moyen des lunettes », soulignant « l'excellence de ce moyen pour avoir des nouvelles d'une place assiégée ». Il doit aussi présenter son mémoire sur les camps retranchés, prier de faire venir Dupuy, son neveu, à la tête des ingénieurs de Flandre, « suggérer » qu'il serait bon qu'il inspecte les places de Flandres... L'année suivante, il revient à nouveau sur le mémoire concernant les camps retranchés : « Corrigé et éclaircy, luy en répéter les conséquences notamment pour Dinant, Charlemont, Charleroy, Furnes et Dunkerque ». Et d'ajouter : « Demandé au roy de le faire étudier à Chamlay [...] à Marly quand il n'aura rien à faire. » À l'article suivant : « Savoir ce qu'il plaît au Roy que je fasse du petit-fils que j'ay eu l'honneur de lui présenter. Il a servi trois ans dans les cadets de Tournay dont deux de services bien effectifs [16] ». En 1697, pêle-mêle, l'évocation d'une possibilité pour l'Espagne de tomber dans la main d'un fils de France, le sort de son cousin Paul Le Prestre, « vieil, usé et incommodé par la goutte la moitié de l'année », son travail sur une possible réforme fiscale : « Lui parlé de ce que à quoy je travaille sur l'établissement de la taille réelle et scavoir de luy s'il agréra que je luy fasse voir une carte nouvelle du Canada. » D'en profiter encore pour recommander tel ou tel aux grâces du roi et de donner son avis sur la fortification de plusieurs villes ou régions. Tout cela nous montrant en action la diversité des préoccupations de Sébastien Le Prestre, sa façon de les sérier, son obstination répétitive pour enfoncer les idées.

Plus importante pour la fortification, la méthode de travail qu'il systématise dès le début de son commissariat et ce d'autant plus vite qu'il l'a déjà fort bien rodée au cours des années précédentes. Rappelons-nous Arras, Saint-Quentin ou les ouvrages du Roussillon ! Appelé à donner son avis sur des projets préparés par des confrères dont il ne pensait pas nécessairement que du bien, il a toujours eu en main les projets établis par l'ingénieur ou les ingénieurs à qui ont été précédemment confiés ces travaux. Il ne partait donc pas de rien, au contraire. Cela a été sa force d'être soutenu par tant et tant d'études préalables, ce qui lui a ensuite permis de travailler très rapidement. Ce le sera plus encore durant tout son commissariat général.

Cela étant, il ne faut jamais oublier non plus que Vauban fortificateur est un homme du « voir » qui, cherchant à coller à la réalité, ne se lance jamais dans un ouvrage idéal sur plans. Après étude de ceux-ci et avant d'établir ses propres propositions, il se déplace donc pour se rendre compte *de visu*, pour étudier le site et la situation de la place en question. D'où ses voyages qui font partie intégrante de sa méthode. Il lui faut donc être aussi organisé que possible. Dans sa façon de procéder, il y a deux phases, celle de la préparation, celle de l'exécution. Dans la première phase, deux cas peuvent encore se présenter, qu'il règle de façon un peu différente selon qu'il s'agit d'une place ancienne ou d'une création récente.

Il estime que toutes les villes fortes existantes doivent être parfaitement connues. Il demande des plans qu'il étudie à l'avance et dans le détail, en vérifiant le travail prévu pour améliorer chacune des places où l'envoie le roi. Il se déplace ensuite sur le terrain et tranche en connaissance de cause, transformant parfois de fond en comble ce qui a été proposé, le plus souvent en corrigeant tel ou tel point. On comprend combien son travail personnel est allégé par toutes les préparations antérieures. Mais on conçoit aussi combien est nécessaire l'esprit d'équipe ; il permet d'éviter les froissements de caractère ou de susceptibilité – et Dieu sait s'il y en a ! – surtout lorsque celui qui a été le premier concepteur est obligé de s'incliner devant un commissaire général très sûr de lui. Certes, le roi tranche en dernier ressort mais donne raison dans la plupart des cas à Vauban, pas toujours cependant. Ainsi est appliqué à la lettre le conseil de Boileau, contemporain et admirateur de l'ingénieur : « Vingt fois sur le métier remettez votre ouvrage. »

Lorsqu'il s'agit de créer de toutes pièces, il est sûr qu'il doit lui-même faire une visite préliminaire et toute une série d'expertises. Mais là encore, il se fait aider par des équipes d'ingénieurs, inspecteurs, arpenteurs, dessinateurs, toiseurs et *tutti quanti*. Pour les places lorraines – en particulier pour Longwy et Sarrelouis – tout a été préparé par Thomas de Choisy en qui il a grande confiance et dont, surtout, le roi n'eût pas accepté de se passer. Et si Vauban a tranché pour l'implantation de Sarrelouis à Vaudrevange, en revanche il n'a pu imposer entièrement ses vues à Longwy. Il aurait voulu une place neuve à quelques toises de l'ancienne cité. Le roi donna ici la préférence à Choisy, conseillant une construction à frais nouveaux sur le site même de la vieille ville, ce qui fut exécuté. La réalisation du Mont-Louis, l'un des fleurons des villes vaubaniennes, n'aurait pu se faire sans toutes les expertises de Chamoys, Petit, Saint-Hillaire, La Motte de La Myre et autres. Vauban paraît, trie les divers projets et choisit le site qu'il estime le meilleur ou le moins mauvais. En revanche, au Mont-Dauphin, il approuve immédiatement l'emplacement « inventé » par le maréchal de Catinat.

Après avoir donné un premier cadre et une esquisse de ce qu'il prévoit, il ordonne des relevés de terrain et des toisés préparatoires. Tout le monde s'affaire et se met en quatre pour arriver à boucler à temps. Vauban réclame des aides. S'il demeure quelques semaines sur place, il veut pouvoir consulter les mémoires qui lui serviront de canevas. Si, en revanche, il est obligé de repartir rapidement, il demande qu'on les lui envoie par exprès : « Vous ne saurez vous dispenser d'entretenir ici un dessinateur, quand ce ne serait que pour m'envoyer un millier de plans dont il est besoin que j'aie communication tous les jours[17] », écrit-il à Louvois avant de quitter Perpignan en 1679. S'ensuit une navette entre les places visitées, les ministères et le commissaire général qui fait parfois refaire entièrement tout travail jugé insuffisant.

Il consigne soigneusement ses notes aux haltes. Plus tard, il travaillera même en voyage. Secoué dans sa chaise à porteurs à deux places, il dictera ses réflexions et ses lettres au secrétaire qui, lui faisant vis-à-vis, écrit sur la tablette rabattue à cet usage entre les deux voyageurs. Parvenu au terme d'une tournée d'inspection, Vauban rédige aussi vite que possible les projets les plus importants. Il le fait parfois lors d'un arrêt prolongé dans une des villes de son périple. Le très long rapport sur le canal des Deux-Mers, de 1686, a été rédigé à Montpellier avant de repartir vers la vallée du Rhône. Mais, la plupart du temps, c'est à Lille, à Paris, et à dater de 1681 surtout à Bazoches qu'il parachève ses conclusions provisoires ou définitives. S'établit ainsi un va-et-vient incessant de messagers qui sillonnent la France, transportant les plans dans des boîtes de fer prévues à cet effet, les rapports inédits ou corrigés, les lettres, un véritable réseau de correspondance qui supplée aux difficultés de communication de cette époque.

Il sait aussi batailler pour maintenir ses propositions, pour lors qu'il les estime judicieuses. Il ne baisse pavillon qu'*in extremis*. Très symptomatique est la réplique qu'il fait à Louvois à propos de Bavay et de Longwy : « Je partirai demain d'ici [...] ; et bien que je ne croie pas qu'une place audit Bavay puisse être bonne à autre chose qu'à garder la lune des loups, non plus qu'une autre à Longwy, je ne laisserai pas de vous en rendre fidèlement compte et d'y consommer de bon cœur le temps qu'il pourrait être bon ailleurs, puisque vous le voulez[18]. » L'obéissance étant sauve, l'insolence est parfaite. Si le ministre entre dans ses raisons à propos de Bavay, le roi exige en revanche que Longwy soit reconstruite sur plan nouveau.

Les projets étant acceptés en haut lieu, encore faut-il passer à leur réalisation. De nouveau, navette de plans, nouvelles instructions, nouveaux voyages. Dans les cas importants, par exemple en Alsace après la prise de Strasbourg, le commissaire général surveille plusieurs mois les travaux. Il en laisse ensuite la conduite à l'ingénieur en chef du lieu ou à celui qui a été désigné à cet office, pour l'Alsace Jacques Tarade, bon combattant mais non moins bon architecte. Muni de toutes les instructions nécessaires, inspecté parfois plusieurs fois dans l'année et au cours des années qui suivent, cet ingénieur doit se conformer strictement aux ordres reçus, n'apportant que les modifications absolument nécessaires et après en avoir référé au commissaire général. À cet ingénieur, véritable courroie de transmission, le soin de veiller à toutes les opérations nécessaires pour faire un bel ouvrage, de surveiller les entrepreneurs et leurs équipes de travailleurs, de tenir au bon usage des matériaux, de vérifier les toisés. C'est bien à un travail d'architecture d'exécution qu'il est alors confronté, en liaison permanente avec le commissaire général, en principe concepteur de l'ouvrage.

À ce dernier, lorsqu'il est en tournée d'inspection, le soin de voir, de jauger, de juger, d'approuver ou de réformer. Cependant, dans certains cas d'éloignement, il arrive qu'il ne puisse revenir que de loin en loin, et dans certains cas pas du tout. Ainsi n'est-il jamais retourné contempler Mont-Louis de Cerdagne complètement terminé, à moins qu'il n'ait poussé jusque-là lors de son voyage éclair en Roussillon au printemps de 1686 ; mais cela ne paraît guère possible, occupé qu'il était d'aménagements de canaux pour le compte de Seignelay et non de fortifications. De même plus tard, après sa grande inspection de 1700, il ne retournera jamais dans les Alpes malgré un certain nombre de travaux dont il a amorcé la mise en cours. Dans tous ces cas, il garde le contact au moyen des plans et rapports annuels déjà indiqués. Il accepte volontiers que celui qui est sur place lui propose des améliorations : « Il n'y a point de subordination qui empêche de proposer le mieux à qui peut le découvrir, bien plus naturel à ceux qui résident un long temps sur les lieux de s'apercevoir des défauts et des avantages des situations qu'à ceux qui ne font que passer », écrit-il à François Ferry en 1696.

Mais il ne tolère pas la dissimulation. Ce qui n'empêche pas toujours quelques ingénieurs rétifs de tenter de faire œuvre personnelle en substituant subrepticement leurs propres vues à celles du patron. Richerand en Dauphiné, Niquet – déjà connu pour son mauvais caractère – à Toulon, Isaac Robelin – fils de l'entrepreneur de Dunkerque – en Bretagne en sont les exemples les plus souvent cités, mais non les seuls, tant s'en faut. Cela leur vaut d'ailleurs quelques algarades bien senties chaque fois que leur indiscipline est découverte. Ce qui ne les empêche pas de persévérer dans « l'impénitence finale ».

Visites sur les ouvrages

Vauban n'a rien d'un homme de cabinet, encore qu'il le soit à ses heures. Il travaille autant sur le terrain qu'à son bureau. De même qu'il a su décrire de quelques coups de plume bien des actions militaires, de même il croque souvent des descriptions particulièrement vivantes des travaux visités.

D'abord les visites prévisionnelles. Suivons-le en mai 1689, lorsqu'il arrive à Abbeville, sur la ligne de la Somme, bien vieillie et sans intérêt défensif majeur depuis les grandes conquêtes françaises. Mais on craint désormais l'Anglais et toutes les places des côtes et des estuaires de la Manche doivent être remises en état. Vauban conte son inspection aux ministres, s'adressant à Seignelay dont relève la ville en question, envoyant par ailleurs un double de sa lettre à Louvois : « Le mesme jour, je fit le tour de la place par le dedans, le lendemain et le jour suivant jusqu'à midy fut employé à la visite des dehors et des avenües par où cette place peut estre attaquée, et des endroits plus propres à la disposition des eaux. J'ay travaillé dur depuis à mettre mes pensées par escrit et à faire rectifier un plan de la place. C'est ce qu'on débrouille présentement sans perdre de temps et que l'on mettra incessamment au net aussitost que je les auray repassés encore une fois. Après quoi Descombes (ingénieur des places de la région, fort apprécié de Vauban) y joindra l'estimation et moy quelques profils. Tout cela me tiendra encore huit jours pendant que j'iray voir les ouvrages de Hedin d'où je me rabbattray à Montreuil où Descombes et mes gens me viendront joindre et c'est de là que je vous envoieray ce projet. [...] Au reste je fais revivre tous les vieux dehors par ce projet et ne fais au plus que les coriger et perfectioner [19]. »

Ensuite les visites sur les ouvrages entamés depuis plus ou moins longtemps. Le 18 novembre 1681, il est à pied d'œuvre sur les chantiers de la citadelle de Strasbourg dont la construction urge pour une bonne surveillance des Strasbourgeois conquis autant que pour la mainmise française sur le pont du Rhin et les portes de l'Empire. Un mois et demi seulement s'est écoulé depuis la réunion de la ville libre au royaume ! « Je suis bien fâché de vous avoir tant fait attendre mais je puis vous dire avec vérité que trois dessinateurs ont travaillé incessamment depuis votre départ et que, de mon côté, je n'ai fait qu'aller et venir, écrire, corriger et régler leurs travaux [...]. Ceux de la citadelle commencent à très bien aller et j'en fus hier bien content, mais ce n'est pas sans peine qu'on y a établi l'ordre qui y est présentement. Voici quel il est. Le matin, la cloche sonne pour l'ouverture de la porte et avertit en même temps les soldats d'aller au travail ; et quand ils sont une fois sortis des portes, pas un n'y rentre qu'à la nuit. À l'heure des repas, le tambour bat pour quitter et reprendre le travail. Sur les 3 heures, huit ou dix cavaliers de la garde sortent, qui investissent doucement la citadelle et se mettent en vedette sur toutes les avenues par où les travailleurs pourraient s'en aller, où, malgré leurs injures et leurs brocards, ils les gardent jusqu'à ce que la cloche qui sonne la fermeture de la porte ayant cessé, le tambour du travail sonne la retraite, à quoi chacun obéit ponctuellement. » Se réjouissant par ailleurs de ce qu'on s'est efforcé de procurer aux soldats et travailleurs du pain à des prix abordables, il conclut : « Le travail a repris avec vigueur et [...] ils s'y portent avec bien plus de gaité qu'ils ne faisaient auparavant [...]. Il y avait plus de 1 800 hommes [...] tout y fourmillait d'ouvriers. » Mais, ajoute-t-il : « Je ne vois plus qu'une chose qui les fatigue et nous profite de peu, c'est le travail du dimanche, qui est un jour destiné au repos par Dieu même. [...] Il n'est pas possible que des corps qui ont travaillé avec vigueur six jours durant n'aient besoin de repos le septième. [...] Cette contrainte les chagrine et diminue visiblement leur courage[20]... » Il y a dans ce tableautin une réelle puissance d'évocation. Vauban, n'entendant céder en rien sur le rendement des ouvriers dont il exige qu'ils s'appliquent à une construction rapide et solide, est au contraire prêt à certaines concessions pour l'amélioration des conditions de travail.

Quelques années plus tard, visitant les travaux d'Antibes : « C'est le pays du monde où les ouvrages sont les plus difficiles parce que les terres ne se portent que par des femmes et des enfants, à la hotte et sur la tête, dans des paniers (qui est de toutes les manières de les remuer la plus chère) et ne se charge que par des paysans forcés qui ne travaillent que par commandement, quoique payés chèrement[21]. » Ou encore, parlant de Rocroi : « Cette place est du nombre de celles qui demandent de l'attention aussi bien que Sedan et Mézières. Ayez donc la bonté, s'il vous plaît, de bien représenter tout cela au Roy[22]. »

On pourrait multiplier de telles saynètes ou de telles instructions avec leur saveur de vécu et d'authenticité. Grâce à ces divers récits, nous pouvons nous représenter le commissaire général en plein exercice de ses fonctions, visites entremêlées, plans révisés, attention à la peine des hommes mais plus encore au bon service du roi.

ENTREPRENEURS ET INGÉNIEURS

On comprend mieux comment Vauban, connaissant par cœur, ou peu s'en faut, les caractéristiques de chaque place du royaume, s'efforce aussi de jauger ceux qui y travaillent ou en ont la responsabilité. Premier trait, il déteste les entrepreneurs qu'il considère tous, à quelques exceptions près, comme des voleurs et des improbes. Certes, il en est quelques-uns pour lesquels il a une réelle considération. Par exemple, il en a pour Armand Jourdain, originaire de Châlons en Champagne, allié des Brulart de Sillery et de Puysieux, qui a eu l'adjudication des travaux de Belfort, de Huningue et de plusieurs autres places d'Alsace. Il est également sûr du sieur Jean-Baptiste Rosset, à lui bien connu puisque de « L'Isle en Flandres », s'en venant en haut Dauphiné comme « maître inspecteur des travaux du roi en ce pays » pour y construire de toutes pièces Mont-Dauphin et y reconstruire Briançon [23].

Pour avoir de bons entrepreneurs, tels que les précédents, Sébastien Le Prestre estime qu'il faut éviter les ruptures de marché : « Elles retardent et renchérissent considérablement les ouvrages qui n'en sont que plus mauvais, car ces rabais et bons marchés tant recherchés sont imaginaires, d'autant qu'il en est d'un entrepreneur qui perd comme d'un homme qui se noie, qui se prend à tout ce qui peut ; or, se prendre à tout ce qu'on peut en matière d'entrepreneur est ne pas payer les marchands chez qui il prend les matériaux, mal payer les ouvriers qu'il emploie, friponner ceux qu'il peut, [...], tirer toujours le cul en arrière sur tout ce à quoi il est obligé... » À la probité exigée des entrepreneurs doit répondre l'exactitude du payeur, c'est-à-dire de l'État : « Donnez le prix des ouvrages et ne plaignez pas un honnête salaire à l'entrepreneur qui s'acquittera de son devoir. Ce sera toujours le meilleur marché que vous puissiez trouver. [...] Soyez fidèle dans l'exécution de votre part comme vous prétendez que l'entrepreneur le soit dans la sienne. Mais surtout n'acceptez point d'entrepreneur qui ne soit solvable et intelligent ; c'est l'unique moyen d'être bien servi » [24].

Cela étant, il se méfie de la plupart comme de la peste. Est-ce souvenir de ses difficultés de jeunesse, du temps où il a été ingénieur-entrepreneur ? On ne sait, mais il est sûr qu'il a parfois des mots d'une dureté terrible concernant toute cette « engeance ». Tout y passe pour les stigmatiser : « Gouteroux, entrepreneur depuis 1684, est ouvrier et fort intelligent, [...] qui s'est fourré mal à propos dans je ne sais combien d'entreprises qui lui ont coûté mille démêlés avec ses associés. [...] Caris, autre entrepreneur [...] est un fripon. [...] Il s'est fait payé de son ouvrage comme s'il était achevé et reçu. [...] Quant à Colin, nouvel entrepreneur [...] c'est un jeune homme de 26 à 27 ans, sans expérience, qui, par les fredaines de sa jeunesse, s'est mis mal avec son père, [...] qui est fort adonné au vin et, du surplus, un peu bretteur et polisson. » Il s'agit ici des entrepreneurs de Belle-Isle mais ceux de bien d'autres places sont autant malmenés. Il découvre que ceux du Roussillon ne peuvent tenir les marchés et qu'il vaut mieux leur substituer des Languedociens aux reins plus solides, par exemple les Bounyol de Narbonne. En 1683, il dénonce la collusion entre un notable de Gravelines et Henserick, « commissaire d'artillerie, vieil officier, qui a été sept ou huit ans entrepreneur des fortifications de Gravelines, tantôt à perte, tantôt à gain. [...] Très longtemps, tout des mieux avec M. et Mme de Flavacourt[25], il encourut leur disgrâce [...]. Il me manda que l'aigreur de M. de Flavacourt, ou plutôt de Madame qui gouvernait (comme font bien d'autres) ne provenait que de ce qu'ayant mis mondit sieur de Flavacourt de part dans les entreprises qu'il avait faites, il[26] avait bien voulu être de celles où il y avait du gain, mais non de celles où il y avait de la perte[27] ».

Il est excédé par les entrepreneurs de Rocroi qui « sont comme ceux de Dinant et de Mézières, escumeurs d'ouvrages qui ne les entendent pas, qui n'ont point de caution qui vaille, gens qui font hardiement des rabais sans avoir veu les ouvrages ny scavoir de quoy il est question et sans entendre de même les devis. Quand une adjudication leur est demeurée, ils ne scavent pas par où s'y prendre. [...] Un d'eux, maistre d'école de son mestier, me vint présenter un long mémoire à Dinant de leurs griefs et des injustices qui leur ont esté faites. Son mémoire était plein de 30 articles, tous plus impertinents les uns que les autres ». La conclusion tombe comme un couperet : « Il faut une fois purger les ouvrages du Roy de ces maraudailles-là si on veut qu'il soit servy comme il faut »[28].

En réalité, Vauban connaît d'autant mieux ces « maraudailles » qu'il les rencontre à tout moment sur les chantiers

Années	Noms des entrepreneurs	Lieux de naissance	Épouses	Lieux de travail* 1	2	3
1694	Barthélemy Lacroix	Bourgeois de Grenoble		•		
	J.-B. Rosset	Lille	Anne de Vilaine	•		
	François de Georges	Bourgeois		•		
	M. Salmy			•		
1696	Bernard Grimaud	Dauphinois	Anne Paniel			•
1698	Louis Anglas				•	
	Pierre Renkens	Braye-en-Flandres	Marg. Prieur, d'Auxonne		•	
1700	Jacques Vial				•	
	Philippe Aubin				•	
1701	Mathias Soler	Cheloin, pays des Grisons	Marie Bonnot			•
1703	François Dumas	De Grenoble			**	
1704	Jean Dumas				•	
	Pierre Renkens	Braye-en-Flandres		•		
	Léonard Bailly		Élisabeth Voir	•		
	Pierre Anceau		J. Chalvet, de Briançon	•		
	Jacques Pépin	Saint-Rémy-du-Quesnoy, d. Amiens		•		
1706	Nicolas Croiset					•
1713	Claude Motte	Belley-en-Bugey		•		

* *Lieux de travail* : 1. Briançon ; 2. Mont-Dauphin ; 3. Embrun (établi d'après divers documents). ** Grenoble.

Entrepreneurs de Briançon, Mont-Dauphin, Embrun de 1694 à 1713 royaux, allant des uns aux autres comme des « chiens se disputant un os », offrant leurs bons offices, n'hésitant pas à traverser le royaume pour obtenir un marché bien juteux. Ils accourent de tous les coins de France, de Paris, bien sûr, où ils se recrutent dans le milieu des entrepreneurs des bâtiments du roi, mais aussi du Berry, des Trois-Évêchés, de la Marche et même des nouvelles provinces, Flandre, Hainaut ou Lorraine. Il en vient même des pays étrangers, tel le dénommé Mathias Soler, natif de Cheloin, pays des Grisons. André Lambert, expert en travaux hydrauliques, est une vieille connaissance. Né dans une famille de bourgeoisie marseillaise en 1623, il a longtemps été employé en Grésivaudan à la régularisation de l'Isère et du Drac, puis a été constructeur des écluses de l'Agout et du Tarn, ensuite de plusieurs ouvrages d'art du canal des Deux-Mers, de l'excavation des fosses de Rochefort, travaillant aussi à Trinquetaille, Arles, Marseille... Ses routes croisent à tout moment celles des deux commissaires généraux, d'abord Clerville, ensuite Vauban.

Ce dernier pourrait facilement dresser le curriculum vitae d'un chacun d'entre eux : Colin, parti de Belle-Isle, et qui réussit à prendre en charge des travaux languedociens et roussillonnais avec l'aide d'un autre Parisien, le sieur Launay ; Pierre Bailly, maître d'œuvre de la charpente de Fort-Louis, et Léonard Bailly à Briançon ; Pierre Renkens, de Braye en Flandres, entrepreneur général des travaux du Mont-Dauphin ; Jacques Pépin, natif de Saint-Remy-du-Quesnoy ; Barthélemy Henry, entrepreneur des ouvrages royaux de Charleville ; Nicolas Gamache, natif de Vansencourt, diocèse de Rouen, à Strasbourg... Grâce à quoi les intendants de province qui font les adjudications des travaux et les ministres qui les commanditent prennent conseil du commissaire général quand se nouent les gros marchés.

Sur les chantiers royaux, Vauban rencontre aussi, et cette fois-ci avec joie, les ingénieurs. Dans les années 1680, ils doivent être au moins quelque trois cents, en additionnant bien sûr les hommes des Colbert à ceux de Louvois. « Un fort joli troupeau » assurément, à ceci près qu'il est toujours dispersé, égaillé aux frontières du royaume. Vauban entend que chacun donne le maximum. Si l'un est paresseux ou incompétent, il le tance et le bouscule de la belle manière. Paillardel de Villeneuve en sait quelque chose, déplacé qu'il est de Flandre en haut Dauphiné pour s'être livré à quelque fainéantise. Mais Vauban n'est présent auprès des uns et des autres que de temps en temps : « Je vois une belle nonchalance, mais ce n'est pas pour cet endroit seul qu'on en a. J'en rencontre souvent dans mon chemin qui sont d'assez grande conséquence », écrit-il à l'intendant de Languedoc, Nicolas de Lamoignon de Basville [29]. Il demande aux responsables de les houspiller sans cependant les pousser au désespoir ou à la désertion, ce qui arrive parfois.

Il exige d'eux beaucoup de travail et beaucoup de présence sur les chantiers. « Recevoir les travaux » terminés, c'est-à-dire les certifier conformes aux plans, toisés et diverses clauses de l'adjudication, est une des fonctions les plus importantes des ingénieurs de place. Cela donne lieu à tout un rituel sur le terrain, avec, pour renforcer l'autorité des ingénieurs responsables, la présence des administrateurs civils qui ont présidé aux adjudications. Mais ces contrôles de dernière heure n'ont d'intérêt que s'ils ont été précédés de toute une série de visites journalières. Vauban estime qu'il est indispensable que les jeunes ingénieurs passent la plus grande partie de leur temps à surveiller ouvriers, chasse-avants [30], contremaîtres autant qu'entrepreneurs. Ils doivent vérifier de près les travaux en cours, tenir la main à de bons matériaux, s'opposer à l'utilisation d'un ciment de mauvaise qualité et exiger que soient strictement respectés les toisés figurant sur le marché. Aussi, pour aider les ingénieurs à bien accomplir toutes ces tâches, le commissaire général estime dès le début de sa mission qu'il faudrait établir une réglementation commune. Dès 1680, il rédige à cet effet une *Instruction pour ordre à tenir dans les ouvrages par ceux qui y sont employés*.

Le directeur général des fortifications

Vauban a bien trop l'habitude des travaux de place depuis qu'il y participe – quasiment depuis son entrée au service – pour ne pas savoir quelles sont les difficultés techniques, disciplinaires, voire éthiques (spécialement les dangers de concussion), auxquelles se heurtent les ingénieurs. En poste sur les frontières du royaume, dans des provinces parfois encore mal assimilées, où la vie est souvent fort chère, où les appointements ne suffisent pas toujours à joindre les deux bouts, ces ingénieurs sont souvent soumis à des pressions et des tentations. Comment les faire travailler efficacement alors qu'ils sont peu entendus – parfois même ignares –, comment surveiller des entrepreneurs souvent plus désireux de profits que de bel ouvrage, comment exiger des ouvriers, « travailleurs » souvent contraints, un rendement satisfaisant ? Le commissaire général aimerait que les deux ministres de tutelle adoptent une réglementation uniforme qui à la fois favoriserait la construction de bons ouvrages, permettrait de faire de notables économies et d'« appliquer chacun à celui [le travail] qui lui conviendra le mieux ». On comprend pourquoi, dès le début de sa mission de commissaire général, profitant du temps de paix favorable à l'érection de grands travaux, Vauban a tenu à rédiger un recueil de « consignes et avis » à proposer aux ministres responsables.

Dans le courant de 1680, fort d'une expérience longuement mûrie et réfléchie, il rédige donc un *Mémoire concernant les fonctions des différents officiers employés dans les fortifications*. Toutes proportions gardées, cette instruction – que l'on nomme parfois aussi *Le Directeur général des fortifications*[31] – est aux travaux de place ce qu'est, à ceux des sièges, son traité de 1673 sur la conduite des sièges. Dans les deux cas il s'agit de réflexions destinées à informer et instruire les ministres responsables et non pas de traités destinés à l'impression. À la systématisation raisonnée du premier traité concernant les principes à appliquer durant les préparatifs et les attaques d'un siège répondent les prescriptions – elles aussi raisonnées et systématisées – du second traité qui vise à donner des règles sur la conduite des travaux de place. Néanmoins, cette instruction est beaucoup plus courte que la précédente – seulement quatorze pages – et surtout plus dogmatique – donc moins vivante – que la première. Elle est écrite par un chef qui, résumant à la fois son expérience et ses *desiderata*, propose avant tout une réglementation stricte d'us et coutumes déjà connus, sinon bien appliqués.

Dans l'introduction, il énumère en premier sous forme d'axiomes les critères généraux requis pour construire de belles fortifications : « Des soins infinis, une activité perpétuelle, une grande conduite, une parfaite connaissance de la capacité des ouvriers, de toutes les différentes espèces de matériaux et de leur prix. » Parmi les fautes à éviter : « le peu de connaissance de la maçonnerie, le défaut d'intelligence dans le toisé, joints aux transports mal concertés des matériaux, et mille autres petites fautes et négligences ». Toutes ces erreurs ne manquent jamais de « grossir les dépenses qui s'augmentent parfois d'un quart ou d'un tiers et bien souvent de moitié plus que la juste valeur des ouvrages ». Pour obvier à ces difficultés dues avant tout à l'incompétence des exécutants, Vauban propose des changements sur plusieurs points très différents mais se commandant mutuellement.

S'agissant d'une de ses préoccupations majeures, il demande en premier une organisation mieux hiérarchisée de chacun des deux corps d'ingénieurs. En dessous du directeur général, il voudrait, tant dans l'un que dans l'autre département, des intendants des fortifications alors qu'ils n'existent jusqu'à présent que chez Colbert. Il en fait une des pièces maîtresses de son organisation, leur attribuant des pouvoirs étendus. Viennent ensuite les ingénieurs de la province ou de la place, puis les ingénieurs en second. Il estime que cette subordination des uns aux autres simplifierait énormément la répartition des tâches de chacun et allégerait d'autant le commandement.

Sous forme d'avis, il formule ensuite toute une série de conseils généraux afin de mettre un « ordre uniforme dans toutes les places qu'on fortifiera [...] afin de n'y employer que les gens utiles et nécessaires et de ne charger personne de ce qu'il ne sait pas, ni plus qu'il ne peut faire ». Une fois encore apparaît donc ce désir de normalisation qui est un des fondements de la réflexion vaubanienne.

Suivent des règles concernant la bonne conduite des travaux. Il insiste beaucoup sur la nécessité de n'employer que des entrepreneurs à juste prix et solvables. Il préconise les entreprises particulières, chaque entrepreneur passant marché pour une tâche limitée et bien déterminée (maçonnerie, plâtrerie, serrurerie), plutôt que les entreprises générales qui pèsent très lourdement sur les reins de celui qui les a souscrites, lequel ne s'en sort bien souvent que par des malversations. De toute manière, les marchés ne devront jamais être conclus qu'en présence des lieutenants de roi ou majors de la place « afin que rien ne se fasse (comme on dit) dessous la cheminée et que tout soit authentique ».

À propos des travailleurs que l'on emploie, spécialement pour les terrassements, il n'aime pas « les ouvrages à journées » et préfère le travail horaire, « car l'ouvrier qui est assuré de son gain ne se presse jamais au lieu que celui qui ne gagne qu'autant qu'il travaille n'a besoin d'autre chasse-avant que son propre intérêt ». De même, « le maçon qui travaille à la tâche et qui ne voit pas son censeur à portée de lui, non seulement ne s'applique pas à bien poser la pierre, mais bien souvent il en ensevelit bonne quantité à sec pour avancer besogne et à avoir plus tôt fait, défaut qui est présentement général dans toutes les places du roi », écrit-il en septembre 1700. En revanche, il voudrait le moins possible d'ouvrages à corvées, « attendu que la diligence et le savoir ne se trouvent jamais chez les gens qui ne travaillent que par force et ne tâchent qu'à couler le temps ». Tout au plus peut-on utiliser la corvée pour quelques charrois et travaux grossiers.

De même, il faudrait que les travaux ne commencent qu'autant qu'ils auront été autorisés par qui de droit, en particulier en ce qui concerne la démolition de quelques dehors ou ouvrages, « parce que l'ouverture d'une place de guerre est dangereuse dans la paix même la plus profonde ». Il n'oublie pas davantage la nécessité absolue d'estimer les maisons expropriées pour dédommager le plus rapidement possible les ayants droit, « étant juste que le propriétaire à qui on prend les biens sans les lui demander et pour un prix ordinairement très médiocre, ne soit pas frustré de son revenu annuel par l'attente trop longue de son principal ».

Il passe ensuite à une pratique qui lui tient particulièrement à cœur et qu'il s'efforce d'inculquer depuis longtemps à ses ingénieurs : celle de l'uniformisation systématisée des méthodes de lever de plans : « L'ingénieur [...] fera à la fin de l'année un plan assez grand pour que toutes les pièces qui le composent y puissent être clairement distinguées avec les particularités qui le doivent accompagner : sur lequel il observera de laver en rouge toutes celles qui seront achevées, si les ouvrages qu'elles représentent sont revêtus de muraille ; et d'encre de Chine ou de grisaille si c'est simplement de terre ou de gazon ; distinguant le parapet du terre-plein par une couche plus forte aux endroits où il sera commencé. Mais là où il n'y en aura point encore, le lavis sera tout uni, avec cette remarque que plus l'ouvrage sera avancé et près de sa perfection, plus il faudra aussi fortifier ledit lavis et approcher sa couleur de celles des ouvrages parfaits. » Les travaux projetés mais non encore réalisés seront eux lavés en jaune et les parties du vieux plan ou des vieux ouvrages, effacées par le nouveau dessin, seront représentées par des lignes ponctuées.

Suivent encore des règles sur la nécessité d'avoir des gens qualifiés et honnêtes aux postes clefs : surveillance de la maçonnerie, de la fabrication des mortiers, construction des fascinages, vérification en un mot de tous les travaux sans la « moindre condescendance pour les entrepreneurs ». Il insiste sur la qualification requise des ingénieurs : « Il faut appliquer chacun à celui [l'ouvrage] qui lui conviendra le mieux et surtout tenir pour maxime d'avoir toujours un homme fidèle et intelligent dans la maçonnerie » et autres travaux. Rappel aussi de la nécessité d'un contrôle annuel des travaux : « Chacun apportera ses plans, son livre et le détail de ses toisés avec l'état apostillé des ouvrages qui auront été faits et l'estimation de ceux qui resteront à faire », tout cela examiné et mis en ordre par le directeur général, « lequel avec l'ingénieur particulier en informera le ministre, et le ministre, après en avoir rendu compte au roi, approuvera ou rejettera les articles proposés selon les fonds qu'il aura entre les mains ».

Passant de la conduite des travaux au choix des hommes dirigeant ces travaux, il a déjà en 1680 des idées très précises sur le recrutement des ingénieurs et en vient tout naturellement aux règles à observer en matière d'enrôlement. Il formule un certain nombre d'axiomes qu'il s'efforcera de mettre en pratique lors de la création du département des fortifications en juillet 1691, se préoccupant de la qualification technique des toiseurs mais plus encore de celle des jeunes ingénieurs, ces derniers devant être déjà bien dégrossis en sciences mathématiques et en dessin. Ainsi, s'agissant de compétence dans le service du roi, préfère-t-il la méritocratie scientifique à la naissance et au jeu des parentèles. Vue novatrice qui substituera progresssivement aux critères des fidélités et des clientèles ceux de l'intelligence et de l'efficacité, encore qu'il n'ait jamais été question dans son esprit de supprimer totalement celles-là au profit de celles-ci, mais plutôt de les additionner[32].

Il est certain que le souverain et les ministres de la Guerre et de la Marine sont d'accord avec le commissaire général sur la plupart de ces points, mais encore faut-il pouvoir les faire passer dans les faits. Ce n'est que petit à petit que ces « avis » seront adoptés, les ministres ne demandant leur application que progressivement. La création du département des fortifications en 1691 y aidera beaucoup, bien qu'il faille noter que les intendants des fortifications tant prônés par Vauban aient alors définitivement disparu. Cependant, dès les années 1680, la hiérarchisation s'esquisse. Les travaux sont menés avec davantage de méthode que précédemment. Tous les documents des fortifications sont tenus désormais selon les directives du commissaire général, ce qui nous vaut, conservées aux archives du génie, les remarquables séries de plans et de rapports établis annuellement sur chaque place forte à dater de cette décennie[33]. Et n'oublions pas que certaines de ces règles, à peine transformées, sont encore appliquées de nos jours.

Un dernier article sur lequel insiste beaucoup Vauban : le danger que présentent pour les ingénieurs des mutations trop fréquemment renouvelées à travers le royaume. Ils suivent en cela le sort commun de beaucoup d'officiers militaires qui vont à la suite de leurs régiments en tournant rapidement de garnison en garnison. Or, pour lui, ce changement, s'appliquant à des ingénieurs qui n'ont pas de troupes, est préjudiciable : « Il arrive que personne ne s'instruit jamais à fond et que l'on y est toujours nouveau ; que l'on ne connaît qu'imparfaitement la qualité des matériaux, leur prix et la capacité des matériaux ; que l'on ne sait ni les moyens de faire les voitures ni de quelle manière s'y prendre pour établir un bon ordre. » Il propose au contraire une certaine stabilité « géographique » qui favorisera la bonne connaissance des conditions de construction de chaque région. Aussi faut-il « se donner patience qu'ils soient bien instruits et les perpétuer après dans l'emploi tant que l'on aura besoin d'eux et qu'ils s'y conduiront bien ».

Matériaux, mortiers et enduits

Si le commissaire général répugne à une trop grande mobilité des personnels, c'est qu'il tient beaucoup à ce que tous les ingénieurs – jeunes comme vieux – s'instruisent parfaitement sur la topographie du lieu et sur les matériaux utilisés dans la région où ils œuvrent et dont dépendra la solidité des ouvrages. Il n'est pas facile de connaître par le menu les réserves minérales d'une province lorsqu'on vient d'y être envoyé sans préparation. Et il faudra reprendre à nouveau ce long apprentissage, le premier à peine terminé, si on est à nouveau propulsé ailleurs.

Il est vrai que pour sa part, c'est en bourlinguant dès sa jeunesse que Vauban est devenu expert en la matière, écoutant attentivement les leçons des uns et des autres – surtout celles des architectes provinciaux et des maîtres maçons avec lesquels il a à travailler ici et là –, profitant de tout ce qu'il grappillait. Rappelons-nous qu'à Lille il se fit aider par l'ingénieur de la ville : « La ville de Lille conserva [...] M. Quillien et nous nous en servîmes même assez longtemps », se rappelle-t-il à quinze ans de distance. Surtout, il profita des enseignements de l'architecte Vollant qui, appartenant à une lignée de bâtisseurs de la ville, connaissait toutes les astuces de construction d'une Flandre argileuse, condamnée par nécessité à la brique et à la tuile. Encore fallait-il savoir comment implanter les constructions sur un sol spongieux, savoir où trouver la bonne argile à brique – celle d'Armentières surclassant celle de Lille –, savoir aussi où aller chercher dans les carrières des pays avoisinants les pierres indispensables à certains éléments de la fortification. Vollant et quelques autres furent ainsi parmi les collaborateurs indispensables des ingénieurs français.

Or tout le monde n'a pas la rapidité d'assimilation d'un Sébastien Le Prestre et bien des ingénieurs tâtonnent au détriment des travaux. C'est pourquoi, chaque fois que cela est possible, Vauban s'efforce de leur livrer son expérience, ses secrets de fabrication, ses tours de main, ainsi que le ferait un maître artisan à l'égard de ses apprentis. En inspection, il parcourt le terrain avec eux, le verbe haut – morigénant l'un, complimentant l'autre –, prêt à faire démolir les murs mal assis et – plans en main – à vérifier si les mesures ont bien été respectées. Une véritable tornade que redoutent les uns mais qui enthousiasme les autres.

Il ne peut être partout à la fois. Aussi, bien qu'il n'ait écrit ni traité sur la stéréotomie ou coupe des pierres – comme le fit plus tard l'ingénieur François-Amédée Frézier – ni manuel sur les toisés et les matériaux, le commissaire général a en revanche bien souvent envoyé aux uns et aux autres des mémoires particuliers sur ces problèmes. Il y revient souvent aussi de façon discursive dans telle ou telle lettre, rappelant à chaque fois que la construction d'une fortification demande l'emploi simultané de plusieurs matériaux et qu'il ne faut jamais lésiner sur la qualité des uns et des autres, en particulier sur les pierres des parements ou sur les enduits de protection.

Encore faut-il avoir des matériaux idoines. Or, les conditions sont très différentes d'une province à l'autre. Plusieurs cas peuvent se présenter : régions abondamment pourvues en pierres ou, au contraire, pays de sédiments argileux ou sableux éloignés de toute carrière. Pays calcaires où abonde la pierre à chaux, régions boisées où le bois est à portée de main, à moins que ce ne soit le contraire. Les solutions apportées à ces problèmes seront donc bien différentes les unes des autres et, la plupart du temps, autant que possible conformes aux usages du pays où l'on se trouve, en définitive toujours choisies en vue de la « perfection » des ouvrages royaux.

Dans les provinces où les pierres de belle qualité abondent, il suffit de se bien faire préciser la diversité des carrières, à moellons, à pierre de taille, à pierre à sculpter, pour les utiliser à bon escient. Mais il arrive souvent que les pierres dont on croyait qu'elles résisteraient longtemps s'abîment, en particulier lorsqu'elles sont gélives. Il en va ainsi au Mont-Louis de Cerdagne, à Longwy, à Verdun. Ici, « la pierre est suspecte [...], elle gèle vingt ans après avoir esté mise en œuvre. Il est nécessaire de choisir les meilleurs bancs avec plus de soing que du passé. » Suivent les noms des lieux où il faut se fournir en priorité : « C'est pourquoy il faudra préférer ces carrières à toutes les autres, et pour plus de seureté, faire tirer une année ou deux à l'avance car toute pierre qui n'a pas eu le temps d'essuyer son eaüe de carrière doit être suspecte [34]. »

En revanche, lorsque la pierre est rare, il faut trouver une autre solution. On doit la remplacer par un autre matériau. Louvois s'est fort étonné que Vauban ait choisi de construire la citadelle de Perpignan en galets de rivière posés en arêtes de poisson alternées avec des briques cuites sur place. En cela, l'ingénieur, convaincu à juste raison de la valeur du procédé, ne faisait qu'imiter les architectes locaux ou les ingénieurs espagnols du XVIe siècle. Encore fallait-il extraire des rivières de beaux galets bien frottés et se procurer de la belle argile à briques !

Pourtant, il est parfois possible de faire venir des pierres d'assez loin. C'est le cas pour les ouvrages de Strasbourg et plus tard pour ceux de Neuf-Brisach, qui sont réalisés en grès rouge des Vosges. Il faut amener ces blocs à pied d'œuvre. Pour en faciliter le transport, Vauban et ses aides font creuser des canaux reliant les lieux d'extraction à ceux d'utilisation, diminuant d'autant le prix de revient du matériau.

Même soin pour enseigner aux ingénieurs le moyen de se précautionner à la fois des bons gîtes de pierre à chaux, du meilleur sable – à Verdun celui des fossés est meilleur que celui de la Meuse –, des bois bien coupés et bien séchés : « À l'esgard de la brique, il faut non seulement bien rechercher la terre la plus propre sans s'en fier aux briqueteurs, mais la faire toujours tirer une année d'advance afin que l'hyver et les gelées la puissent corrompre, elle s'en conroyera mieux et la brique en sera incomparablement meilleure. » Les mêmes soins valent pareillement pour la briquette, la tuile et le carreau.

À Jean-Baptiste Rousselot, qui, de Bellegarde proche du Perthus, avait triomphalement expliqué qu'il avait aménagé d'énormes citernes pour l'approvisionnement en eau des mille deux cents hommes de la garnison, le commissaire général répond par un véritable petit traité sur la manière de fabriquer de bons ciments : « Je vois quantité de défauts, dont le premier est qu'elles ne sont ni glaisées, ni cimentées [...]. Il faut mettre à sec les citernes, [...] piquer les parements afin qu'ils prennent mieux l'enduit ; les enduire après de cinq à six couches de ciment composé de deux tiers de poussière de tuile (de la plus cuite), bien pulvérisée et passée au tamis fin, longtemps battue et démêlée avec un tiers ou deux cinquièmes de chaux vive, détrempée en huile de lin au lieu d'eau[35]... » Viennent alors des conseils sur la nécessité d'aménager des citerneaux tapissés de sable. L'eau pluviale des toits, polluée, « empuantée par toutes les ordures de chauve-souris, de hiboux, de chats, de rats et souris morts, chenilles, papillons et mille autres vilenies et d'insectes », se purifie en filtrant à travers ce sable d'où elle sort, claire comme eau de roche, dans le fond de la citerne.

De même, lorsqu'il fait construire la Conchée, cette énorme tour bâtie sur un roc à proximité de Saint-Malo, ou plusieurs autres fortifications îliennes, tant dans la Manche que dans l'océan, il se préoccupe de bons enduits capables cette fois-ci de résister aux éléments déchaînés, vents et marées. Et dans son mémoire sur Saint-Martin-de-Ré, en 1681, il décrit de façon magistrale la façon de construire les remparts dont l'âme est faite de fascines et de terre battue[36].

Une recommandation sur laquelle revient à plusieurs reprises Vauban et sur laquelle il insiste est celle de la programmation des ouvrages : « Il est très important de résoudre une fois la suite des ouvrages qu'on voudra faire année par année un an ou deux avant de les commencer. » Il estime que cela permet d'éviter à la fois gâchis et retards, chacun sachant exactement que faire au moment où il faudra le faire. Cela veut dire que l'ingénieur de la place aura souvent des conférences de travail avec ses aides – jeunes ingénieurs, toiseurs, inspecteurs, etc. – pour vérifier à la fois l'excellence et l'avancement des travaux. Surtout il tiendra la main aux finasseries des entrepreneurs ou au manque de zèle des ouvriers. Se faisant, le commissaire général ne fait que réclamer ce qu'il a lui-même si souvent pratiqué.

Autant de recettes de maître à apprentis, mais des recettes bien éprouvées et longuement raisonnées. Enseignées pour une circonstance bien précise, elles peuvent aussi être normalisées et systématisées, servant ainsi à bien d'autres qu'à ceux auxquels elles ont d'abord été adressées : « Cet avis qui ne regarde que Verdun peut être apliqué à toutes les autres places[37]. »

Vauban, chef de chantier, veut que tous les ingénieurs sachent « faire le détail ». Il supplée à l'éloignement de « ses » hommes par des instructions multipliées, des conseils renouvelés et des inspections fréquentes, parfois même – mais plus rarement – imprévues. Exigeant pour lui-même, il requiert aussi beaucoup d'eux car il sait que les constructions dont ils surveillent l'édification sont le rempart du royaume. Tout cela ne peut être qu'au prix d'un travail d'équipe méthodique et de conseils normalisés. Grâce à quoi il arrive à limiter les fantaisies, les prétentions et les carences de beaucoup de ses aides. En les tenant d'une main ferme, il les stimule et les pousse à réaliser l'œuvre commune à laquelle ils sont tous attelés.

CHAPITRE XVII

Le vagabond du roi

> Ne pouvant remuer ni bras, ni jambes quand je suis de retour, tant je suis harassé.
> *Vauban à Louvois.*

Il est des vagabonds par état, pourrait-on dire, par maladie, guerre, pauvreté, incapacité à mener une vie sociale organisée... Il est aussi des vagabonds pour la gloire de Dieu, ces « marcheurs de Dieu [1] » arpentant les routes de la Chrétienté médiévale et moderne, tel encore, au XVIIIe siècle, ce paysan picard natif d'Amettes – Benoît Labre – pèlerinant sans relâche d'un sanctuaire marial à un autre « pour la louange de la mère de Dieu ».

Vauban, pour son compte, est bien aussi un marcheur, « toujours allant par voyes et chemins », mais cette fois-ci pour le service du roi, incarnation de l'État. Un grand commis obligé par ses fonctions de courir perpétuellement sur la rocade des frontières du royaume, d'inspecter, de prévoir, de bâtir, de surveiller, de vérifier, de rectifier. Il décrit son travail avec beaucoup d'humour. S'adressant à Michel Le Peletier, directeur général des fortifications, il explique : « Mes visites sont longues à la vérité, mais il n'est pas de mon inspection comme de celle des troupes qui se rendent à point nommé aux ordres de l'inspecteur où il lui plaît d'en faire la revue. Il n'y a pas une guérite, dans toutes les places du roi, qui voulût faire un pas à mes ordres ; et si je veux les voir, il faut les aller chercher où elles sont, sans que pas une bouge de sa place [...]. Jugez de la quantité de tours et retours que je suis obligé de faire[2]. »

Qu'il en ait souvent souffert est certain. Il le dit à plusieurs reprises à haute et intelligible voix et avec la véhémence qui lui est coutumière : « Que pendant que les autres se réjouissent et prennent tout ce qu'ils peuvent de bon temps, le mien se passe partie à faire le chemin d'une place à l'autre, partie à en visiter et ordonner les ouvrages et le reste à écrire et régler des dessins pour l'instruction de ceux qui en ont soin et pour avoir l'honneur de vous en rendre compte ; et tout cela avec une application aussi continue que si je n'avais d'affaires ni de plaisirs en ce monde-ci que ceux-là [...]. Enfin, je sers avec une assiduité d'esclave qui me fait négliger mes propres affaires jusqu'au point de les avoir entièrement abandonnées[3]. » Mais il ne lui vient pas à l'esprit de surseoir à sa tâche. Tout au plus, au fur et à mesure des années et des expériences, cherche-t-il à organiser ses déplacements et son travail plus rationnellement et plus systématiquement que dans ses débuts, sans qu'il y parvienne d'ailleurs totalement.

Il n'est pas question ici de reprendre un à un tous les itinéraires vaubaniens[4]. On se perdrait dans ce dédale ! En revanche, il est nécessaire de chercher à appréhender le phénomène dans son ensemble sans se noyer dans le détail, pour mieux connaître les moyens mis en œuvre pour « apprivoiser » les difficultés multiples – transport, travail, fatigues... – de ces vagabondages si nécessaires à la gloire du roi et à son service. Pour savoir également dans quelles provinces s'est rendu le plus ou le moins souvent l'ingénieur et les conséquences qui en résultèrent.

« Toujours m'en allant par voyes et chemins »

Au cours de sa carrière, Vauban a pour le moins parcouru des centaines de milliers de kilomètres pour procéder à la visite des places. Je n'ai pu calculer – avec une marge d'erreur certaine – que ses déplacements à moyens et grands rayons, soit 180 600 kilomètres. Il ne s'agit d'ailleurs là que d'un chiffre indicatif, forcément très approximatif et très probablement inférieur à la réalité. Je me suis déjà expliquée sur ma méthode de comptage[5] ; elle ne vise qu'à donner un ordre de grandeur susceptible de fixer les idées. 180 600 kilomètres pour cinquante-sept années de service, soit une moyenne annuelle de 3 168 kilomètres. Si l'on tient compte du fait qu'un cheval parcourt tout au plus 30 à 35 kilomètres par jour, on arrive à une moyenne d'une centaine de journées de route par an, trois mois au minimum sans débrider.

En fait, par-delà les moyennes, il est des réalités très différentes les unes des autres. On peut et on doit distinguer plusieurs périodes dans cette vie errante. D'abord celle où Vauban n'est encore soumis qu'aux simples déplacements inhérents à la vie militaire et à ceux d'un jeune ingénieur, comme tout un chacun de ses camarades ; de 1651 à 1667, *grosso modo* 15 000 kilomètres pour dix-sept années. Puis viennent les grands voyages de 1668 à 1677. La moyenne annuelle passe de 865 à 4 280 kilomètres (cinq mois de voyage sans désemparer) mais les déplacements à moyen rayon (régionaux) demeurent encore très importants : près du tiers des routes. Vauban est avant tout chargé, durant cette période, des fortifications du nord de la France. Aussi, en dehors de ses grands voyages, il n'est guère de journées où il ne se dirige vers Tournai, Dunkerque, Bergues ou telle autre place de la région. Mieux que quiconque, il connaît tous les chemins des Flandres. En revanche, avec sa nomination au commissariat général, les grandes courses prennent définitivement le pas. De 1678 à 1703, on peut d'ailleurs distinguer deux périodes encadrant la « grande maladie » : 66 000 kilomètres avalés au cours de la première (1678-1690), 52 900 pour la seconde, soit respectivement comme moyenne annuelle 5 077 et 4 070 kilomètres (cent quatre-vingt-douze et cent trente-cinq journées par voyage). Les « grands » déplacements sont désormais massivement majoritaires, les voyages « régionaux » ne représentant plus que 14 et 16 % du volume total. Enfin, de 1704 à sa mort, Vauban ne se déplace plus qu'en quelques circonstances bien précises ; le rythme de ses voyages devient beaucoup moins rapide puisqu'il peut désormais, mieux qu'autrefois, prendre tout son temps.

Dire que, selon les périodes, l'ingénieur fait en moyenne tant ou tant de kilomètres par année ne résout pas grand-chose. En effet, là encore, la moyenne gomme trop souvent les différences. Les Flandres et le Hainaut retiennent toute son attention en 1678. En 1679, il parcourt plus de cinq mille kilomètres :

Franche-Comté, Provence, Roussillon, Lorraine, Alsace, Flandres. Au total, plus de 5 000 kilomètres pour 1679. Chaque année qui suit est aussi lourde de travaux et de voyages. En 1681, Vauban parcourt jusqu'à 7 500 kilomètres sans quasiment débrider (quelques deux cent cinquante jours par voyage) alors qu'il n'en fera que 1 500 l'année de sa « grande maladie ». Mais parfois l'accumulation d'incessants déplacement peut être encore plus écrasante que la longueur du chemin proprement dite. Le 23 février 1693, l'ingénieur écrit de Nice : « Je puis dire n'avoir point eu de repos depuis que je suis sorti de ma grande maladie. » Effectivement, il a repris son service dès le mois de février 1691 et n'a jamais pu souffler depuis, avec le siège de Mons (28 mars-19 avril), les travaux en Hainaut pour mettre le pays en état de bonne défense, les allées et venues entre les Flandres et la capitale pour y conférer avec le roi et les ministres. En 1692, à peine sorti du siège de Namur (25 mai-29 juin) et des réfections de l'enceinte de cette ville, il a dû, toutes affaires cessantes, partir ventre à terre en Dauphiné pour pallier les dévastations savoyardes de la vallée de la Durance. De là, il part inspecter les places du comté de Nice – possession des Savoyards occupée par les Français –, puis celles de la Provence. Pourtant, lorsqu'il rédige la lettre du 23 février 1693, il ignore encore que l'année qui vient sera, au moins autant que les précédentes, fertile en rebondissements, avec le siège de Charleroi soutenu du 10 septembre au 11 octobre 1693. Ce n'est qu'ensuite qu'il pourra enfin se « retirer » quelque temps à la citadelle de Lille. De même, en 1698, il pèlerine de Paris à l'Alsace, de là en Lorraine, dans les Trois-Évêchés, en Champagne. De retour à Lille le 12 janvier 1699, il met un point final à l'agenda de cette route commencée à Paris le 9 avril 1698[6]. Dix mois se sont écoulés sans qu'il prenne le moindre répit. Or, l'ingénieur a maintenant soixante-cinq ans et une santé parfois chancelante.

Cavalcades toujours recommencées, va-et-vient incessants, allées et venues souvent exténuantes, telle est la part du commissaire général. Parfois, il doit s'arrêter longuement tandis qu'en revanche, dans d'autres cas, il peut se permettre d'aller beaucoup plus vite : « Aussitôt que j'aurai achevé de faire mes remarques, qui sera dans cinq ou six jours au plus tard, je m'en retournerai, Dieu aidant, par le chemin le plus court[7]. » Il n'est

Nbre de km

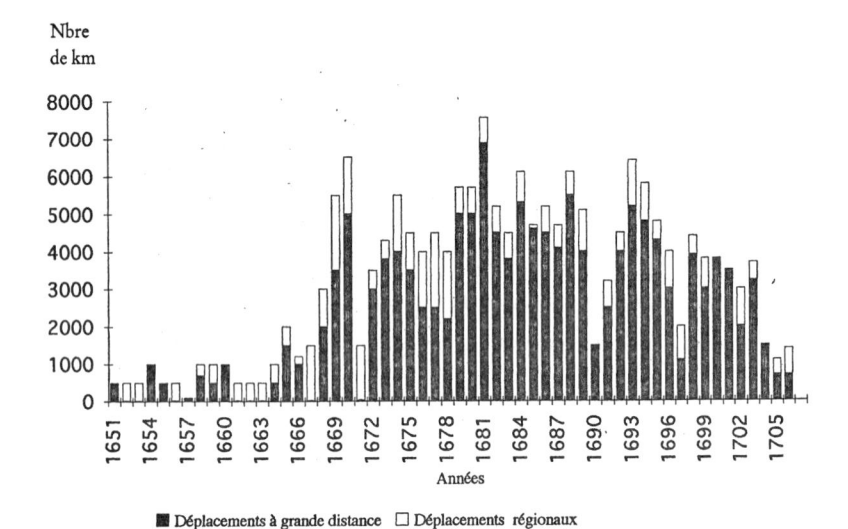

■ Déplacements à grande distance   □ Déplacements régionaux

« M'en allant par voyes et par chemins »

Provinces visitées	Nbre de mois	Provinces visitées	Nbre de mois
Campagnes militaires	56	Outre-Monts	8
Flandres	151	Dauphiné	6,5
Hainaut	7	Provence	12
Picardie	1	Languedoc	7
Artois	5,5	Roussillon	3
Champagne	9,5	Côtes océanes	5,5
Lorraine et Trois-Évêchés	16	Bretagne	21,25
Luxembourg	4	Normandie	11
Alsace	25	Rivière d'Eure	5
Franche-Comté	4	Paris	90
		« Chez moi »	32

« J'ai toujours voyagé »

donc point sans intérêt de savoir quelle est la durée totale de ses séjours (cumulés) dans chacune des provinces visitées.

Pour les années 1651-1666, la reconstitution de l'emploi du temps de l'ingénieur était irréalisable, trop de détails manquant. En revanche, en dépit d'un certain nombre de trous impossibles à combler, on est arrivé à suivre Vauban de 1667 à 1707, souvent mois par mois, parfois même jour après jour. Ainsi le tableau ci-contre ne porte-t-il que sur ces quarante années-ci. On s'aperçoit que durant ce temps, Vauban a fait campagne pendant quelque 56 mois (tous théâtres d'opérations confondus), qu'il est demeuré plus de 151 mois en Flandre (plus de 12 ans et demi), 7 mois en Hainaut, 5 et demi en Artois, plus de 9 en Champagne, 16 en Lorraine – soit près de 1 an et demi –, 25 en Alsace – plus de 2 ans –, 7 mois et demi dans l'Outre-Monts, un an en Provence, etc.[8].

Les provinces du Nord et du Nord-Est ont donc accaparé son énergie plus qu'aucune autre. Si, à première vue, Champagne et surtout Hainaut semblent l'avoir retenu moins longuement que l'Alsace ou la Lorraine, c'est tout simplement parce qu'il était là plus proche qu'ici de ses bases flamandes, ce qui lui permettait des allées et venues de voisinage.

Cela étant, il convient maintenant de préciser les itinéraires et les modalités de ces si fréquents voyages en gardant toujours bien présente à l'esprit la modestie des moyens de communication et de transmission de l'époque.

« L'INTENTION DE SA MAJESTÉ
EST QUE VOUS VOUS EN ALLIEZ À... »

Première question qu'on ne saurait esquiver, celle de savoir qui décide de ces déplacements, de leurs dates, de leurs itinéraires. Vauban est-il le serviteur auquel on dit : « Va », et il va, « Viens ! », et il vient, ou a-t-il quelque latitude dans ses travaux et ses inspections ?

Il est en fait bien des différences suivant les circonstances et les missions à accomplir. Dans certains cas, le but du voyage étant soigneusement précisé par les ministres et le roi, les dates ne sont pas strictement impératives ; l'ingénieur jouit alors d'une certaine liberté dans l'organisation de son temps. On l'a vu lors du premier voyage en Outre-Monts et Roussillon prévu initialement pour novembre et décembre 1668 mais exécuté seulement de janvier à avril 1669. Il arrive ainsi bien souvent que des voyages soient décalés de plusieurs mois, non par mauvaise volonté mais tout simplement par suite des délais inhérents à la longueur des travaux entrepris auparavant et qui traînent plus qu'on ne le prévoyait, ou encore aux difficultés du voyage lui-même, voire même aux détours justifiés par la mission à accomplir.

Les ministres laissent donc parfois à l'ingénieur la possibilité de choisir en toute liberté son temps et d'organiser le détail de ses inspections à son agrément. En février 1680, alors qu'il est en Alsace du Nord, Vauban prévient Louvois qu'il va rejoindre la Franche-Comté par Sélestat et la plaine du Rhin « parce que le chemin est plus beau que par les montagnes et que cela ne l'allonge que de cinq lieues ». En 1686, Seignelay semble tout étonné de savoir que Vauban est en Normandie mais, du coup, il le prie de se « souvenir en visitant la côte d'examiner les lieux où l'on pourrait faire des ports [9] ». On constate donc fréquemment que l'ordre donné est bien exécuté mais en son temps, qui n'est pas toujours celui qui aurait satisfait le ministre. Ainsi en va-t-il de ce voyage qui mène le commissaire général de Flandres en Alsace, en Forêt-Noire avec retour à Lille avant de repartir en Hainaut et en Champagne et qui s'étale sur plusieurs mois.

Par ailleurs, après la mort de Louvois, Vauban semble combiner ses voyages avec un peu plus de liberté que précédemment grâce à une exécution plus souple du périple. Le 4 mai 1694, alors qu'il est envoyé commander les troupes dans les quatre évêchés de basse Bretagne et qu'il doit se rendre à Brest pour y prendre son commandement, il écrit au souverain depuis Saint-Malo où il vient d'arriver : « Comme Sa Majesté ne me prescrit point positivement le temps que je dois me rendre à Brest et que Monsieur de Barbezieux ne m'en dit mot, je partirai d'ici pour me rendre en droiture à Carentan et de là, je compte de faire la visite de la côte depuis le Vey jusqu'à la Hougue et Cherbourg pour, de là, m'en revenir le long de la côte jusqu'à Granville et Saint-Malo d'où, sans m'arrêter que pour voir si on aura mis du canon sur la Conchée[10], je me rendrai incessamment à Brest. » C'est dire qu'il décide d'inspecter en premier les côtes du Cotentin plutôt que de rejoindre sans délai son commandement à Brest.

Néanmoins, il demeure bien un inspecteur entièrement à la disposition du souverain et des ministres, même si Barbezieux, dans les années 1694-1695, manifeste son mécontentement de n'être pas exactement au courant de ses déplacements. En fait, les responsables gouvernementaux ont besoin de toujours savoir où se trouve le commissaire général : « Adressez-moi aussi un mémoire des jours que vous faites état d'être en chaque place, afin que je puisse toujours savoir où vous écrire et être informé du temps que vous pouvez être ici », écrit Louvois le 24 novembre 1682. Et l'année suivante : « Je suis un peu surpris d'apprendre que vous partiez de Sarrelouis pour Traerbach sans m'en avoir rien mandé » (10 août 1683). La raison de ce semblant de tyrannie est toute simple : comment correspondre rapidement avec le commissaire général si on ne sait pas où il se trouve et donc sans savoir où envoyer les courriers ?

Dans d'autres cas – assez rares, il faut bien l'avouer –, Vauban doit strictement suivre à la lettre l'itinéraire et le « minutage » du déplacement. Au printemps de 1680, Louvois doit résoudre la quadrature du cercle ou peu s'en faut. Qu'on en juge ! Le 9 mars, il écrit par exprès à Vauban qui se trouve alors en Alsace pour lui intimer l'ordre d'aller le plus tôt possible à Bayonne, d'où l'ingénieur devra revenir ventre à terre par le Languedoc méditerranéen – après un détour par le Roussillon – pour être dès le début du mois de mai en Flandre où le souverain compte se rendre. Puis les instructions changent. Le roi, qui a très bien compris que le périple de Vauban – avec projets à préparer à la clef, tant au Pays basque qu'en Roussillon – est impossible à réaliser en ce temps record, retarde son propre voyage lillois jusqu'à l'été.

Une première hypothèque est désormais levée. Mais en restent plusieurs autres. En effet, Seignelay s'est mis dans la tête de conférer sur place avec l'ingénieur à propos de l'embouchure de l'Adour et de la construction de la citadelle du Saint-Esprit qui doit veiller sur la sécurité de Bayonne et de tout le sud-ouest du royaume. Cela étant, le ministre refuse de voyager durant la Semaine sainte, qu'il entend consacrer aux offices des Ténèbres. Il ne partira que le lundi de Pâques 22 avril et ne rejoindra Bayonne et Vauban – déjà sur place depuis une dizaine de jours – qu'une semaine plus tard au moins mal (29 avril). Pour comble d'imbroglio, Louvois sera de son côté à Perpignan le 18 mai, et il entend que l'ingénieur ait rédigé à cette date le projet de Port-Vendres de manière à en discuter de concert. Or, il faut une dizaine de jours pour mener à bien ce travail. Aussi le secrétaire d'État de la Guerre demande-t-il à l'ingénieur de travailler plus vite que jamais, et, lui enjoignant de passer de la côte océane en Roussillon par Pau, Lourdes, Tarbes, Toulouse, Narbonne, il ne lui réserve qu'une toute petite semaine pour le voyage proprement dit; il lui mande : « Ne manquez pas de vous mettre en chemin le jour que je vous ai marqué par mes précédentes [...]. J'ai expédié un ordre pour vous faire fournir des chevaux de poste ou de louage partout où vous en aurez besoin, moyennant quoi, j'espère que vous ferez toute la diligence que je puis souhaiter[11]. »

Parfois le ministre choisit minutieusement l'itinéraire de son ingénieur pour d'autres raisons, par exemple pour éviter les indiscrétions et l'espionnage. En 1681, c'est pour brouiller les pistes que Louvois demande à Vauban d'aller vivre à nouveau quelques semaines à Bazoches, de la fin août à la fin septembre, alors que le commissaire général a déjà passé chez lui le mois d'avril précédent. À la fin d'une tournée en Aunis et Saintonge, Vauban reçoit donc l'ordre impératif de retourner en Morvan. Il s'agit de camoufler son départ pour l'Alsace et sa participation longuement préparée à l'annexion de Strasbourg. Le billet que lui envoie Louvois le 25 août est sur ce point fort explicite : « Ce mot pour vous dire qu'il n'y a rien de changé au projet qui vous a été confié, et vous recommander surtout de régler de manière ce que vous direz chez vous en partant, que l'on ne puisse point mander ici que vous avez pris la route que vous devez suivre véritablement[12]... Il se fait assez publiquement des préparatifs en Dauphiné pour une entreprise en Italie. Vous pouvez dire que vous allez gagner Lyon. Comme il suffit que vous arriviez le 4 du mois prochain au lieu que vous savez, partez le plus tard que vous pourrez et réglez votre marche de manière que vous ne passiez point dans les grandes villes, et que vous ne passiez et ne logiez que dans des lieux peu fréquentés. Je vous envoie une carte qui pourra servir à diriger votre chemin selon ce qui est marqué ci-dessus et les communautés d'Alsace vous fourniront des chevaux de relais où vous leur en demanderez ; moyennant quoi, arrivant à Belfort le 1er ou le 2 du mois d'octobre, vous ne sauriez manquer de vous rendre en deux petits jours au lieu que vous savez [13]. » Même manœuvre en 1688 en prévision de la campagne du Palatinat. Cette fois-ci, Vauban doit même faire un détour supplémentaire – du Morvan vers la Franche-Comté – pour mieux camoufler sa remontée vers le Rhin.

Pour tous ces périples – aussi bien pour les plus longs que pour les plus courts – il est certains itinéraires classiques et d'autres moins. Vauban pourrait aller les yeux fermés de Paris à Lille. Il a suivi cette route tant et tant de fois, par Senlis, Gournay-sur-Aronde, Roye, Péronne, Bapaume... De là, il peut varier, soit par Arras, soit par Douai. De même, la route qui mène de la capitale parisienne en Alsace du Sud l'entraîne par Provins, Nogent-sur-Seine, Troyes, Bar-sur-Aube, Chaumont, Langres, Conflandey, Port-sur-Saône, Lure, avant que d'atteindre Belfort, une variante par Bar-sur-Seine permettant d'éviter Chaumont [14]. Il parcourt au moins une dizaine de fois les routes du Languedoc avec leur chapelet de villes qui s'égrènent à une journée de cheval tout au plus les unes des autres. Il connaît les moindres cailloux des routes de Champagne, des Trois-Évêchés et de Lorraine ; il y faisait déjà trotter son cheval durant la Fronde et la « guerre vieille ». Il est pleinement à son aise dans la plaine d'Alsace qu'il a traversée pour la première fois en 1664, où il est revenu en 1673 et dont il connaît maintenant les moindres paysages. Il cavalcade vers La Rochelle ou découvre les rivages bretons. Il n'y a guère que le cœur du Massif central où il n'a jamais eu l'occasion de pénétrer.

En fait, il a arpenté la plus grande partie des routes de France, celles qui conduisent de la capitale vers les provinces frontières comme celles desdites régions frontières, les bonnes et les moins bonnes, les plus courtes ou les plus agréables. Parfois, il les décrit : « Depuis Provins jusqu'à Troyes, les chemins ne sont pas bons et depuis Troyes jusqu'à Bar-sur-Seine, très mauvais. Depuis Bar jusqu'à Soyes [15] qui en est à trois lieues en deçà, les chemins commencent à se bonifier à mesure que le pays devient pierreux et mauvais [16]. » Au détour d'une lettre, il fait souvent allusion à la médiocrité du réseau routier. Il trouve que les chemins de Franche-Comté « sont raides et difficiles » [17]. Lors de sa tournée de 1692 en Dauphiné, il dénonce la difficulté des accès et des communications de certaines parties de la région alpine « où il n'y a au plus que des chevaux et mulets qui y passent une partie de l'année ». En haute Provence, il parle des « chemins horribles que le diable a faits[18] ». L'année suivante, 1693, alors qu'il se rend de Philippeville à Mons, la pluie tombe cinq heures durant. Vauban et son escorte ont quitté la ville de Chimay à trois heures du matin : « Après avoir bien piétonné parmi les boues et la glaise détrempée et bien déferré des chevaux par les plus mauvais chemins du monde, mes dragons étant sur les dents et n'en pouvant plus, je pris le parti d'en renvoyer 150 à Chimay et, avec les 50 des mieux montés, je continuai ma route jusqu'à Avesnes où j'arrivais sur les huit heures du matin très fatigué[19]. »

On conçoit d'autant plus aisément sa fatigue si l'on pense que toutes ces « randonnées », quelles qu'elles soient, se font avec des moyens de locomotion relativement peu variés et bien peu confortables.

« J'AI TOUJOURS COURU, DE PLACE EN PLACE
AVEC 7 OU 8 CHEVAUX... »

Vauban a passé la plus grande partie de sa vie à cheval, suivant les cas, essuyant tout ce que l'hiver et le mauvais temps ont de rude et fâcheux ou galopant malgré les chaleurs torrides de l'été et leur cortège de méchants insectes bourdonnants. Dès son séjour à Brisach, il s'est constitué un équipage confié aux soins éclairés de son cousin et beau-frère Paul Le Prestre. Malheureusement, nous n'avons rien nous permettant de décompter exactement le nombre de ces chevaux dont nous ignorons pareillement la ou les races. En revanche, nous savons que Vauban tient beaucoup à son équipage, qu'il le fait soigneusement entretenir, ce qui n'est pas une mince charge tant en soins journaliers qu'en argent. Soucieux comme tout bon cavalier qui se respecte de ne pas fatiguer inutilement ses bêtes, il les utilise chaque fois qu'il compte mener sa tournée au rythme des animaux : « Je m'en irai à la journée de mes chevaux. » Il les fait souvent partir avant lui pour les retrouver dans la région où il sait qu'il va travailler durant plusieurs semaines. Ainsi les emmène-t-il à maintes reprises de Flandre en Champagne, de là dans les Trois-Évêchés, voire en Alsace ou même en Franche-Comté, également dans ses diverses campagnes militaires. À la fin de ses longues inspections, il tient à les renvoyer « chez moi » se rafraîchir aux vertes prairies de la vallée de la Bazoche avant de les faire repartir vers les Flandres ou d'autres cieux. Très attaché à ses bêtes, il ne s'en défera – avec regret – qu'en 1705. D'ailleurs, durant l'été 1706, lors de son commandement à Dunkerque, il en aura à nouveau neuf ou dix[20].

Mais un équipage alourdit un voyageur pressé qui ne peut guère parcourir avec lui plus de trente à trente-cinq kilomètres par jour, et encore! Il faut donc trouver d'autres moyens de transport pour les voyages urgents. L'un d'eux est incomparable. C'est celui de la poste royale[21]. Louvois, surintendant des postes et relais de France depuis 1668, s'efforce d'exiger des fermiers de cette entreprise la bonne régularité des relais et des transports. Sûr de la qualité des liaisons, le ministre enjoint donc à plusieurs reprises à notre ingénieur d'user de ce service. Vauban peut alors, suivant les cas, soit changer de bête de relais en relais, soit encore prendre la diligence: « Je vous envoie le billet que vous me demandez pour pouvoir courir la poste en chaise roulante. Je dois vous avertir que vous ne devez pas partir plus tard que jeudi matin parce que Mr le duc de Créquy doit partir vendredi matin, qui vous romprait toutes les postes pour huit jours[22]. » L'ingénieur en profite d'ailleurs pour informer le ministre de l'état exact de cette organisation. Par exemple, il signale la médiocrité des relais de Provence et de Languedoc: « Enfin, on ne peut pas dire qu'on court la poste, on la traîne et fort souvent à pied[23]. »

Parmi les autres moyens de transport mis à la disposition du commissaire général, n'oublions ni la ramasse alpine pour le franchissement des cols enneigés, ni les mulets pour les passages scabreux des précipices de montagne, ni surtout les transports fluviaux dont Vauban s'est en définitive assez souvent servi. Il a plusieurs fois descendu ou remonté le Rhône lors de ses courses dans le midi de la France[24]. Il a parfois navigué sur les lentes rivières flamandes. Il a également descendu la Loire en bateau. En janvier 1689, il quitte le Morvan pour rallier la Bretagne par voie d'eau. On ignore dans quel port il embarque (pourquoi pas Nevers?), mais on sait qu'il arrive le 25 janvier à celui d'Ancenis, à sept lieues de Nantes ; de là, il rejoint Redon et Vannes par terre.

Il a beaucoup pratiqué le cabotage lors de ses séjours bretons tant pour la visite des côtes que pour la traversée des estuaires si enfoncés dans les terres; il a usé aussi de la voiture d'eau pour la remontée ou la descente des rivières. En septembre 1694, il inspecte ainsi toutes les côtes de basse Bretagne tant par terre que par mer. Et, se trouvant à Quimper au retour de l'une de ces tournées, il mande au ministre Phélypeaux qu'il s'apprête à descendre l'Aulne de Châteaulin à Landevennec pour ensuite traverser la rade de Brest proprement dite [25].

Chaque fois qu'il visite une île, il doit bien évidemment embarquer, que ce soit pour se rendre sur l'île de Ré en Aunis, sur celle d'Oléron en Saintonge, à Belle-Isle et dans les îlots du golfe du Morbihan, au château d'If, à Pomègue et Ratonneau dans la baie de Marseille, sur les îles d'Hyères ou de Lérins en Provence... En revanche, il a très rarement été autorisé à naviguer sur mer pour un périple un peu long, même en cas d'urgence. Colbert insiste à plusieurs reprises sur les dangers de la droiture en Méditerranée : tempêtes aux lames courtes et rageuses, razzias barbaresques. En 1679, alors que l'ingénieur a l'intention de s'embarquer à Toulon pour se rendre au cap de « Cette », ordre lui est enjoint de faire son voyage par terre [26]. Ce n'est ni la première ni la dernière fois qu'un tel ordre lui est intimé ! Il en va à peu près de même sur les côtes océanes et celles de la Manche où, cette fois-ci, il faut craindre les Hollandais et, à partir de 1689, les Anglais. Ce n'est donc guère que sur une courte distance qu'il peut tenter l'aventure. Au printemps de 1694, de Saint-Malo, il navigue ainsi au large de la baie du Mont-Saint-Michel pour débarquer à Lessay, sur le flanc ouest du Cotentin ; de là, par terre, il rejoint Carentan et la côte est. De là, pour faire la visite et examiner à fond la rade de la Hougue, il a obtenu du secrétaire d'État de la Marine l'usage d'une frégate, d'un canot et de deux chaloupes [27].

Avec la fatigue et la nécessité de travailler tout le temps, le commissaire général finit par adopter une chaise à porteurs. Bien d'autres que lui en ont usé, tel monseigneur Nicolas Pavillon, si attentif à effectuer régulièrement ses visites pastorales que, même malade et fatigué, il se faisait hisser de la sorte sur les hautes terres pyrénéennes capciroises, incluses dans son diocèse d'Alet [28]. Cependant, la chaise de Vauban – qui fait partie intégrante de sa légende – est de construction très étudiée.

Elle est portée par des animaux. Ceux-ci, chevaux, voire mulets, sont attelés aux brancards ; la caisse est en quelque sorte suspendue entre les deux bêtes, ce qui permet de la faire passer par tous les chemins possibles et imaginables, bossillés ou plats, larges ou étroits, Alpes de haute Provence comme côtes de Normandie. D'autre part, son aménagement intérieur permet à deux personnes de s'y installer vis-à-vis. Tandis que l'un dicte, l'autre peut écrire sur une tablette rabattue à cet usage. Le travail est toujours maître, malgré les cahots du chemin ! Mais encore faut-il se loger.

« Depuis ce temps-là, je n'ai point eu d'autre gîte que les cabarets »

Si le nombre des moyens de transport est relativement restreint comme nous l'avons déjà souligné, les gîtes ne sont guère plus variés, parfois excellents, souvent médiocres. En campagne, le jeune Vauban a plusieurs fois couché à la belle étoile, à moins que ce ne soit chez l'habitant. Mais « prendre le parti de camper sous le buisson [...] n'est nullement commode pour les gens qui reviennent de la tranchée[29] ». Aussi, devenu commissaire général, il a comme tout officier général qui se respecte une tente à dresser en cas de bivouac, avec des lits de camp et des ustensiles lui permettant de s'y loger point trop incommodément. Pourtant, chaque fois que la chose est possible, il préfère quelque maison réquisitionnée où il est plus à l'aise pour se reposer des courses épuisantes des tranchées et où il peut installer son quartier général. Ainsi en va-t-il en 1692, lors du siège de Namur, durant lequel il s'établit à l'abbaye de Salsinnes, d'où il dirige les travaux et propose les attaques[30].

En temps de paix, au cours de ses inspections, il sait toujours se contenter de ce qu'il trouve et, chaque fois que cela est nécessaire pour le service du roi, faire contre mauvaise fortune bon cœur : « Les cabarets [...] sont les lieux du monde les plus propres à se ruiner à petit bruit et sans façon, spécialement en Flandre où ils excellent sur tous les autres pays en cherté et en mauvaise chère[31] », écrivait-il en 1672. À la fin de sa carrière, en dépit de son grade, de ses exploits de guerre et de son âge, il accepte encore de bien médiocres conditions de logement. En

1700, lors de sa dernière tournée dans le sud-est du royaume, il traverse les Alpes de haute Provence dans un inconfort plus qu'évident [32]. Pourtant, il ne se plaint guère que d'avoir été « très mordu de punaises et bien enfumé à Québris », petit village de cinquante feux situé dans la haute vallée du Var, sur une croupe de rocher sec et aride [33].

Lorsqu'il doit rester plusieurs semaines en un lieu, ou bien lorsqu'il est assuré d'y revenir fréquemment, il loue un pied-à-terre. C'est ce qu'il fait à Dunkerque, où il se rend très souvent dans les années 1676-1685, d'autant qu'il a pendant un certain temps comme maîtresse une jeune veuve nommée Mlle Baltasar, de la ville voisine de Bergues-Saint-Vinoc [34]. Parfois aussi, il loue une chambre et un cabinet de travail chez une personne de connaissance pour le temps de sa visite ; à Metz, il réside ainsi chez le sieur Gibaut, bourgeois de la ville. Mais plus souvent encore, il est accueilli par l'un de ses collaborateurs ou de ses amis. À Lyon, c'est selon le cas chez le chevalier de Montguirault ou chez M. de La Cour, tous deux anciens ingénieurs, qu'il s'arrête lorsqu'il passe dans cette ville, ce qui lui arrive chaque fois qu'il va ou revient de Provence et de Languedoc. À Belle-Isle, il loge chez l'ingénieur du coin. Rentrant de son commandement de Bretagne à l'automne 1695, il passe quinze jours au château d'Ussé chez sa fille Jeanne-Françoise. À l'issue d'une inspection en Normandie, avant de regagner Paris par Gaillon, il est accueilli pour quelques jours au château de la Meylleraie par François d'Harcourt, comte de Beuvron, gouverneur et lieutenant général de Normandie [35]. Et lors de l'un de ses derniers voyages en Flandre, il s'installe dans la citadelle de Tournai chez son ami Mesgrigny, suivant une vieille habitude contractée dès les débuts de l'installation de Mesgrigny dans cette ville [36]. Mais en tout cela, il ne diffère guère de Louis XIV ou des ministres, qui, voyageant souvent, se logent aussi où ils peuvent, parfois au petit bonheur la chance [37].

Il n'empêche que cette vie errante lui pèse, et de plus en plus : « L'hiver est une saison qui ne me convient plus du tout pour voyager », s'écrie-t-il à l'automne 1694. Commentant l'ordre du roi d'aller de Bretagne à Lille en faisant l'inspection de toutes les côtes de Normandie, de Picardie et de Flandre, il poursuit : « Ce voyage va m'occuper jusqu'à Noël pendant quoy j'auray tout le temps de souffler à mes doigts et de faire provision de rhume pour la moitié de l'année, à mon ordinaire »[38].

Aussi, quoique souvent obligé de repartir en raison des ordres multipliant ses voyages, n'en rêve-t-il pas moins de se « retirer », de s'« en retourner ».

« Quand je serai de retour »

Vauban, s'adressant à des correspondants qui le connaissent bien, ne donne quasiment jamais d'indication sur le lieu où il aspire à être de retour. Mais celui qui possède son emploi du temps sait très bien vers quel endroit il doit se retirer quand il l'annonce. En effet, Sébastien Le Prestre a trois résidences où il peut enfin, au retour de ses courses épuisantes, se retrouver dans ses meubles : « chez moi », Lille et Paris. Au cours des quarante années où le décompte est possible (1667-1707), il y demeure approximativement et respectivement environ trente-cinq, soixante-huit et quatre-vingt-dix mois. En tout, seize ans et demi d'une stabilité d'ailleurs plus que relative.

D'abord, « chez moi ». Si Vauban a toujours voulu « demeurer » au sens précis du terme – « avoir sa demeure, son domicile » – au plus près de son pays morvandais, d'abord à Épiry puis à Bazoches à partir de 1679, il n'en a pas moins été obligé de vivre presque toujours hors de chez lui. Tout au plus trente-cinq mois de permission en quarante ans. C'est peu ! Nous en parlons ailleurs[39].

Sur les cent cinquante et un mois passés par l'ingénieur en Flandre, soixante-huit le sont à Lille ; soit globalement cinq ans et demi sur les treize années de sa vie flamande. Mais il s'agit en fait de séjours morcelés par de nombreuses et longues absences, voire parcellisés par des courses plus proches mais plus fréquentes encore. Installé dans la capitale des Flandres dès 1667, Vauban y gardera un logement jusqu'à la fin de sa vie. Il y réapparaît quasiment tous les ans pour quelques jours ou quelques semaines, sauf en 1681, 1685, 1700-1701, 1703-1704, années durant lesquelles il est retenu au loin. Sa dernière visite a lieu à l'automne 1706. Ayant alors la responsabilité militaire de Dunkerque, il loge en Flandre maritime durant tout le temps de ce commandement et ne revient très rapidement à Lille que pour régler un certain nombre de problèmes pendants.

448 « UN HOMME QUI N'AVAIT PAS GRAND-CHOSE À FAIRE »

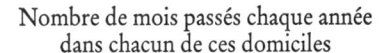

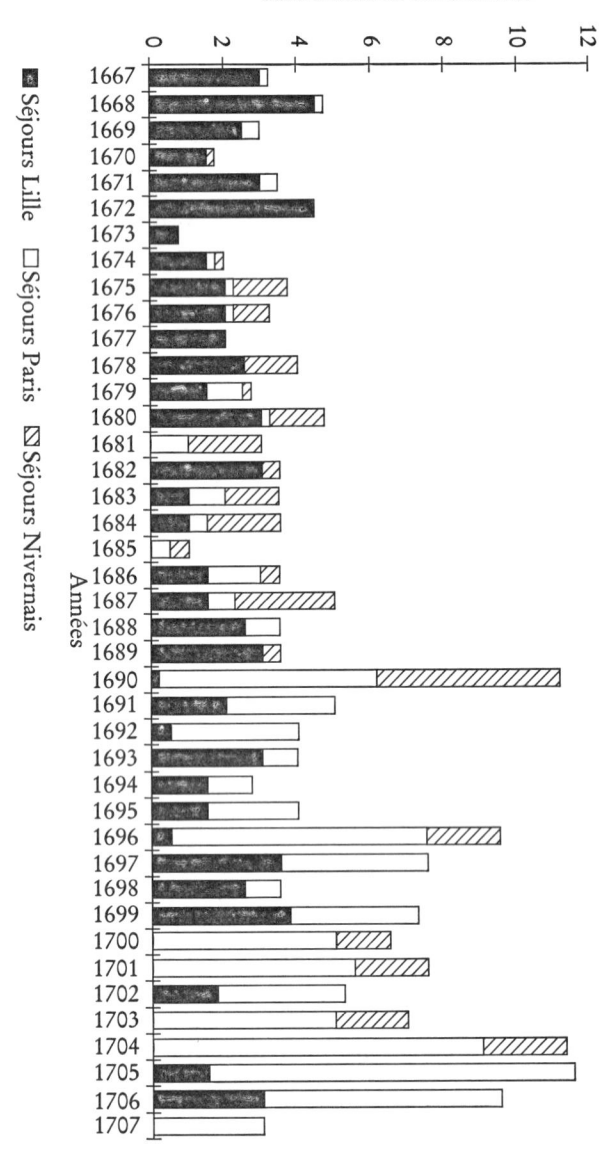

*Les trois domiciles de Vauban de 1667 à 1707 :
Lille, Paris, « chez moi » en Nivernais (Épiry puis Bazoches)*

À Lille, il a dû pendant plusieurs années se contenter d'un toit de fortune, le roi lui octroyant cependant 3 000 livres « pour les colifichets », meubles ou ustensiles divers. Il a possédé quelque temps un grand terrain donné par le roi sur le glacis qui sépare la citadelle de la vieille ville. Il aspire à y créer un beau jardin, puis, en définitive, préfère le vendre à un prix avantageux[40]. Il finit, dès que cela est possible, par s'installer dans l'hôtel du gouvernement construit sur la grande place de la citadelle lilloise et contigu à la chapelle. Nous avons la chance de posséder un inventaire dressé en février 1706, lorsque, le maréchal, désirant faire revenir de Lille une partie de ses affaires, il est nécessaire – pour en faciliter le départage – d'établir une recension exacte des meubles de fonction et des biens et objets personnels du gouverneur[41]. Ce document permet d'entrevoir ce qu'était l'agencement du « gouvernement », avec ses trente-deux pièces (plus greniers, soupentes, galetas, remises, écuries) ordonnées en trois corps de bâtiments assis autour d'une cour carrée ouvrant sur la place. Une aile supplémentaire, dite « de gauche », se détachait à l'angle supérieur gauche de l'ensemble précédent. Le grand escalier avait été installé à cette jointure des bâtiments et desservait le premier étage des divers corps de logis.

La chambre de Vauban est installée sur la cour dans l'aile droite du bâtiment en U, grâce à quoi, en traversant la chambre sur le devant joignant la chapelle par le bas, il pénètre directement dans la chapelle. Il peut en cas de maladie s'installer dans la tribune de la chapelle en passant cette fois-ci par une pièce du premier étage conçue à cet usage. Cabinet de travail, salle à manger avec grande antichambre sont également installés au rez-de-chaussée de l'hôtel, tandis qu'au premier étage on compte plusieurs chambres à donner, avec, en outre, celle de Laurence, la gouvernante. « L'aile de gauche » est affectée aux services. Au rez-de-chaussée, la cuisine avec toutes ses dépendances, office, garde-manger, salle de commun, lavoir avec pompe ; à l'étage, un grand couloir et plusieurs chambres et pièces à usage professionnel.

L'ensemble est confortablement meublé mais sans luxe ostentatoire. Des tapisseries – suivant les cas de brocatelle de laine verte, de tissu damassé, de bergame, de haute lisse – réchauffent les murs de la plupart des pièces. Mais la salle à manger et une antichambre sont en revanche tapissées de carreaux de cuir doré et plusieurs autres pièces sont lambrissées, dont le bureau du maître de céans. Le mobilier est robuste mais relativement simple et sans prétention. Vauban dort dans un lit à la duchesse dont le bâti est en chêne avec matelas de crin et matelas de laine, un « lit » et traversin de plumes, une couverture de laine et une autre de satin blanc piquée et doublée servant de courtepointe. La couleur rouge domine, en harmonie avec sa complémentaire verte : rideaux et bonnes grasses du lit en calamande[42] feu doublée de vert et galonnée d'or, sopha, fauteuils et chaises garnis de cette même étoffe. Table et guéridons sont en racine de noyer plaqué. Un miroir à bordure d'écaille de tortue de 19 pouces sur 26 de large (environ 48 centimètres sur 66) égaie la cheminée sur le manteau de laquelle trônent une statue du roi en bronze et plusieurs faïences. N'oublions ni le « thermomesse » ni le « baromesse » qui, mieux que tout autre objet, manifestent les préoccupations scientifiques de l'occupant de cette chambre.

Le cabinet de travail, « tout lambrissé de menuiserie autour », est équipé d'armoires-bibliothèques, d'un grand bureau de chêne de 6 pieds – près de 2 mètres de long, ce qui permet d'y étaler de grands documents –, de fauteuils recouverts de point de Hongrie. Il est orné de nombreuses cartes, des tableaux officiels au cadre doré ovale du roi, de Louvois, sans oublier le grand portrait du dauphin sur la cheminée ; également un miroir de mêmes proportions que celui de la chambre et deux portraits de dames dont la qualité n'a pas été spécifiée. Deux grandes cartes complètent la décoration, l'une des Pays-Bas, l'autre de la châtellenie de Lille.

Accueilli chez les uns et les autres lors de ses voyages, Vauban peut à son tour recevoir des hôtes, les chambres du premier donnant sur la cour étant toutes fort bien équipées. Quant à la salle à manger et la salle de commun, elles offrent suffisamment de tables pour y installer un banquet : dans la première, quatre tables, respectivement de vingt, douze, huit et six couverts. Rajoutons encore en cas de nécessité une grande table installée dans l'antichambre voisine. De son côté, la salle de commun possède une table de 11 pieds de long (plus de 3,5 m) accompagnée de bancs – de quoi asseoir de nombreux domestiques. La cuisine est bien équipée et on a même une bonne réserve de couvertures pour faire les lits ; on va parfois jusqu'à les prêter aux soldats.

Mais, plus encore, le « gouvernement » est pour le commissaire général un atelier de travail. Il y loge ses « dessineurs » et ses secrétaires et consacre à leurs activités plusieurs pièces. C'est là que pendant des années, au retour de ses tournées, il a mis au net ses rapports et ses projets avec l'aide de toute l'équipe qui l'entoure. Ainsi y a-t-il au « gouvernement » « une salle de dessin et une chambre » pour le secrétariat, l'une et l'autre installées dans l'« aile gauche » avec leurs annexes. La première, au-dessus de la cuisine, est réchauffée d'une tapisserie de brocatelle et meublée de plusieurs tables à dessiner, dont une grande en pente avec tiroir, une autre – plate – de 6 pieds de long. On y trouve de nombreuses cartes. La « chambre des secrétaires » – nous dirions le bureau – est installée juste au-dessus de la salle de commun ; elle est habillée de brocatelle vert et aurore. Le matériel nous apparaît assez sommaire [43] : une table de 6 pieds de long couverte d'un drap vert, « une armoire de chêne à 4 volets avec du fil de laiton pour mettre les papiers et les mémoires » ; dans le cabinet voisin, des râteliers à mettre des rouleaux de dessins et des armoires conçues pour un rangement méthodique. Celles-ci ont « des portes garnies de fils de laiton et plusieurs tours de tablettes et séparations pour mettre les papiers et mémoires séparement [44] ». Lorsque, après 1679, Vauban a fait aménager une galerie au premier étage de la façade occidentale du château de Bazoches, il a repris ce schéma. Pareillement dans ses appartements parisiens du faubourg Saint-Honoré où il réside de plus en plus souvent après 1691.

Il semblerait que Vauban ait été bien aise pendant de longues années de se « retirer » à Lille. En tout cas, Louvois le pense et le houspille à plusieurs reprises pour l'inviter à ne pas s'attarder et à reprendre son bâton de pèlerin. À l'automne de 1679, le ministre s'impatiente particulièrement et demande à l'ingénieur de quitter Lille, « le séjour que vous y faites ne pouvant être bon à un homme dont la poitrine est attaquée ». Et, cinq jours plus tard, de brocarder lourdement : « Rien n'est plus mauvais à un homme attaqué de rhume que les occupations que les mauvaises langues disent que vous avez à Lille. Sortez-en le plus tôt possible [45]. » Si l'on ignore l'exacte signification du sous-entendu ministériel, on est bien sûr en revanche que Louvois n'a qu'une idée en tête, celle de faire cheminer encore et toujours le vagabond du roi.

Or, arrivé, et pour cause, à Lille dès le début de la conquête, Vauban a très vite noué tout un réseau de connaissances et d'amitiés, voire d'inimitiés – on s'en rendra compte plus tard[46] – dans la capitale flamande. Nécessairement en relation avec toutes les autorités françaises et locales, il est fort apprécié du maréchal d'Humières, gouverneur de la ville. Il est lié avec les intendants successifs, spécialement avec le premier, Michel Le Peletier de Souzy, qui l'aide à résoudre nombre de problèmes soulevés par la construction de la citadelle. Il connaît aussi les membres du magistrat[47] plus ou moins impliqués à leur corps défendant dans les grands travaux royaux ; il a aussi affaire avec bien d'autres bourgeois de Lille ou des villes voisines dans lesquelles il a souvent de solides amitiés.

Il s'entend aussi fort bien avec certains membres de l'aristocratie flamande ralliée, tel le baron de Woerden, avec lequel il entretient longtemps une correspondance très savante. Il est aussi parmi les admirateurs de la princesse douairière d'Espinoy. Malgré ce titre, qu'on n'imagine pas une vieille veuve revêche ! Il s'agit au contraire d'une jeune et noble dame « au visage un peu longuet et un peu avancé depuis les yeux jusqu'au menton »[48], née Jeanne-Pélagie de Rohan-Chabot (1651-1698). Au même titre que la fille aînée du maréchal d'Humières, elle a été de ces Françaises mariées dès la paix d'Aix-la-Chapelle à des nobles flamands sous le signe de l'intégration de la nouvelle province à la France. De très haut lignage – arrière-petite-fille de Sully, petite-fille du duc de Rohan –, elle a donc épousé en 1668 Alexandre-Guillaume de Melun, marquis de Roubaix, connétable héréditaire de Flandre, veuf de trente-cinq ans[49]. Elle se retrouve elle-même veuve en 1679, à vingt-huit ans, avec quatre enfants en bas âge, obligée de gérer et de défendre les grands biens des Melun contre les prétentions de sa belle-fille issue d'un premier lit et presque aussi âgée que sa marâtre. Elle profite de son statut de Française de souche, de ses hautes parentés, de ses nombreux séjours à la Cour, de son charme de jeune femme aussi et de son amitié avec les autorités – certaines mauvaises langues vont jusqu'à insinuer qu'elle est au mieux avec l'intendant Le Peletier qui l'aurait épousée secrètement à la mort de sa femme[50] – pour défendre les biens de ses enfants. Pour faire respecter ses prérogatives de « haute et puissante dame de Melun, princesse d'Espinoy », elle profite du fait que les Melun ont été les clients de la France, au contraire des princes de Ligne, fidèles des Habsbourg d'Autriche. À son tour, elle dispense largement son patronage et prétend même s'imposer pleinement dans son rôle de seigneuresse, au besoin contre certaines décisions locales ou royales. Elle profite de toutes ses relations pour avancer ses pions. Jeu féminin et bien dangereux dans lequel des hommes comme Vauban ou Le Peletier sont obligés de naviguer avec tact et diplomatie pour ne fâcher ni ne blesser personne[51].

Pour en revenir à Vauban, n'oublions pas son entourage militaire de gouverneur de la citadelle et l'admiration que lui vouent tous les ingénieurs qu'il côtoie journellement sur les chantiers de Flandre ou de Hainaut. On comprend mieux pourquoi ce Morvandais s'est si bien acclimaté dans les brumes flamandes. Mais avec le départ de plusieurs de ses amis, avec sa « grande maladie », surtout avec le mariage de sa fille Jeanne-Françoise fixée à Paris, il préfère dorénavant se « retirer » dans la capitale au retour de ses longues courses.

Dès qu'il avait eu quelques responsabilités – donc à dater de 1667 – il avait été obligé de venir fréquemment dans la capitale pour y discuter de ses travaux avec les ministres. De là, il allait à Saint-Germain et plus tard à Versailles pour s'entretenir avec le roi. Il en profitait aussi pour aller écouter quelques pièces d'opéra[52]. Pour autant, il n'avait pas de domicile fixe et se logeait donc dans divers hôtels dont les noms nous sont plus ou moins parvenus. On ne connaît pas le lieu de son installation parisienne lors de sa maladie de 1690, durant laquelle il vécut dans la capitale six mois en deux séjours. En revanche, dès le début de l'année suivante, laissant son épouse veiller comme toujours sur ses biens, il partage un hôtel avec le ménage Bernin dans le quartier du faubourg Saint-Honoré. Il s'installe quelque temps plus tard rue Saint-Vincent, toujours dans le même quartier, lequel, en dépit de l'exode de la Cour (d'abord à Saint-Germain, puis à Versailles), demeure celui des ministres et des grands commis[53]. Les séjours de Vauban à Paris deviennent ainsi de plus en plus longs. Mieux, il en fait véritablement sa résidence principale dans les dernières années de sa vie. Il y meurt en mars 1707.

Si l'on ne dispose pas d'un inventaire du logement de la rue Saint-Vincent, on sait cependant que Vauban y dispose de pièces à usage professionnel et qu'il en fait remanier certaines [54]. Il y travaille beaucoup. La plupart des rapports écrits de 1691 à 1703 et des projets faits à cette époque l'ont été à Paris. Il s'y attelle aussi d'arrache-pied à la rédaction de son *Traité de l'attaque et de la défense des places* et à sa *Dixme*, surtout à partir de 1704 et de l'allongement de ses séjours parisiens. Il profite du voisinage pour rencontrer souvent de vieilles connaissances lilloises, parmi lesquelles Claude Le Peletier de Souzy, devenu entre-temps directeur des fortifications de France. Il peut enfin de temps en temps aller faire sa cour à Versailles, à moins qu'il ne soit invité à la faire à Marly. Il semble qu'il se soit fort bien accommodé de cette nouvelle installation et des nombreuses relations qu'il entretient dans la capitale.

En dépit de ces quelques moments dérobés aux agitations des routes, la vie de Vauban a bien été une course continuelle, entrecoupée certes de haltes, mais très morcelées et très vite écourtées. On comprend mieux dès lors que dans ces voyages si fréquents il ait affiné deux de ses qualités maîtresses. D'abord l'expérience des êtres humains, expérience acquise au cours de tous ces déplacements et de toutes ces haltes. Il en a tant côtoyé et de tant de milieux différents, riches, pauvres, nobles, paysans, soldats, grandes dames ou dames de petite vertu, ecclésiastiques, officiers du roi ou marchands ! Il sait ce qu'en vaut l'aune et connaît le tréfonds de l'âme humaine. Ainsi a-t-il des paroles pleines de bon sens sur le rôle des chefs qui doivent toujours être présents pour faire respecter leurs ordres. Il juge les uns et les autres – pas toujours tendrement – mais estime que, tout compte fait, mieux vaut une main de fer dans un gant de velours que le laisser-aller ou, pis, l'ignorance.

Surtout, au cours de ses tournées au travers du royaume, il a accumulé une masse considérable de renseignements précis et précieux sur les diverses provinces traversées. Il y gagne en particulier un sens aigu de la description géographique, sait « silhouetter » un paysage en quelques mots, mettant en valeur l'aspect physique, économique ou humain du pays évoqué. Visitant les îles d'Hyères, il se désole que le roi n'y ait pas un établissement car celles de Porquerolles et du Titan « sont très fertiles et capables de toutes sortes de culture [...]. Les petits forts même sont déserts [...] et servent de retraite aux corsaires de Barbarie et aux Majorquins qui, de là, ont ruiné toutes les côtes de Provence pendant cette dernière guerre[55]... » Parlant de la région de Noirmoutier, au sud de l'estuaire de la Loire : « Tout le pays de la terre ferme attenante est fort entrecoupé de marais, gras, fertiles et abondants en toute chose, surtout en mauvais convertis qui pourraient bien favoriser une entreprise par là[56]. » Décrivant Abriès en Queyras, il note que ce lieu « consiste en deux bourgs tous ouverts, qui ne sont séparés l'un de l'autre que par une ravine. [...] Fort bien situé pour un pays de montagne [...]. Les habitants m'ont paru fort affectionnés [...] ; leurs terres sont même assez bien cultivées[57]. » Il croque l'atmosphère d'Embrun : « Il faisait hier le plus beau du monde et cette nuit voilà le sommet des montagnes tout blanc[58]. » Peu après, il célèbre le soleil de Saint-Paul (de Vence), « le plus beau de la Provence et le pays où croissent les plus belles oranges de toutes espèces, qui sont là en plein vent en hiver et en été, ce qui ne se trouve point ailleurs [...]. Ce territoire est couvert de vigne, d'oliviers et de figuiers et dans la même terre on y voit communément de ces trois sortes de plantes, disposées par alignement, avec des blés entre deux, de sorte que le même héritage porte du blé, du vin, des olives et des figues. Tout cela est cultivé avec beaucoup de soin ; mais le mal est que la sécheresse les désole et rend très souvent leurs travaux inutiles [...]. Un arrosement [...] doublerait les revenus de ce petit pays. C'est une commodité [...] qui ne va pas à moins qu'à doubler le rapport de toutes les terres qu'on peut arroser. Je n'en vois que dans le Dauphiné, la Provence et le Roussillon qui en font un excellent usage, notamment les Dauphinois de la montagne qui s'en servent avec une industrie merveilleuse ». On pourrait multiplier ces tableautins. Encore un, à propos de Dunkerque : « Les eaux y sont fort bonnes. Les fourrages sont excellents, car les chevaux de la ville et les miens qui n'en mangent point d'autres et ne boivent d'autre que celle du canal [de Bourbourg] s'en portent fort bien et sont gras à lard[59]. » La description de l'élection de Vézelay n'est pas loin. Toujours proche, le terrien pointe derrière l'homme de guerre.

En définitive, quels que soient l'époque et l'état de sa santé, Vauban s'empresse toujours : « S'il arrivait quelques ordres pressés, ayez la bonté, Monseigneur, de me les faire tenir là[60]. Je remettrais, dans ce cas, la guérison à une autre fois pour l'exécuter, quelque chose qui en puisse arriver à moins que je ne sois réduit à ne plus aller à pied ni à cheval[61]. » Il a vraiment été le bon serviteur qui va où il lui est commandé.

CHAPITRE XVIII

« Chez moi »

> Il faut croire que le séjour de Bazoches est de grand charme puisqu'il nous prive de vostre présence.
>
> *Pontchartrain à Vauban.*

Cadet – sinon de Gascogne, du moins de Bourgogne –, Vauban reste toute sa vie très marqué par ses origines et son éducation. De petite noblesse et, de surcroît, d'une branche cadette désargentée, élevé à la dure en pleine civilisation rurale, arraché très tôt au toit paternel pour se rendre au collège puis à l'armée, il a toujours rêvé, même en plein combat, de reprendre force au pays comme Antée touchant terre. Caractéristiques à ce titre, ses nombreuses demandes de congé pour aller « chez moi ». Par exemple le 29 janvier 1675, de Guise, il écrit à Louvois : « Faites-moi la grâce de me faire savoir si je ne peux envoyer mes chevaux chez moi de Verdun. Je suis en quelque façon indispensablement nécessité de m'en aller cet hiver. Et je ne crois pas même que vous m'en puissiez empêcher car le voyage que j'y fis l'an passé est comme si je n'y avais pas été. »

« Chez moi » ! Pour ce vagabond par devoir qu'a été sa vie durant le sieur de Vauban, « chez moi » désigne un seul « petit pays » – le Morvan ou ses alentours immédiats – mais successivement trois demeures différentes sises en des lieux relativement peu éloignés les uns des autres. L'ingénieur est censé avoir son domicile en la maison maternelle de Saint-Léger-de-Foucherets jusqu'à son mariage[1], puis, à dater de mars 1660, en la vieille tour seigneuriale d'Épiry, dans le Bazois bocager et boisé. Les Sébastien Le Prestre ne quitteront définitivement ce manoir qu'au printemps de 1681[2] pour « demeurer » ensuite dans l'imposant château féodal de Bazoches, à peu près à égale distance de Saint-Léger et d'Épiry. C'est là d'ailleurs que le futur maréchal s'est senti plus que partout ailleurs viscéralement et totalement chez lui dans la paroisse de ses aïeux.

Il n'est donc pas sans intérêt de savoir aussi exactement que cela est possible les dates de ses retours au pays et la durée de ses séjours, de connaître les sources de revenu qui lui ont permis de devenir le seigneur de Bazoches et d'un certain nombre d'autres seigneuries, de savoir aussi de quoi se composent exactement les domaines qu'il a acquis au cours de sa vie, d'en comprendre la gestion, d'en voir vivre leurs habitants.

Faire un tour « chez moi »

On a dit et répété que Vauban n'avait touché barre chez lui qu'en de rares occasions et à chaque fois pour de très courts séjours[3]. C'est vrai ! En particulier, semble-t-il, il n'aurait joui d'un semestre complet de congé qu'une seule fois dans sa carrière, à la fin de la guerre de Trente Ans : il en profita d'ailleurs pour se marier ! Cependant, pour y voir plus clair et ne pas se contenter d'approximations trop simplistes, il est nécessaire de dénombrer, autant que faire se peut, ses temps de permission, leur durée, leur fréquence. Dans la chronologie détaillée des activités du futur maréchal de France que nous avons tenté d'établir, il est encore de très nombreuses plages d'ombre dont on peut craindre qu'elles ne soient jamais totalement comblées, à moins de découvertes ultérieures[4]. Il serait possible qu'en quelques-uns de ces cas Vauban ait été chez lui. Mais, dans le doute, les chiffres présentés ici ont été volontairement sous-estimés plutôt que gonflés.

Nous avons en cela suivi l'exemple de l'ingénieur : pour obtenir satisfaction, il minimisait sciemment la durée de ses permissions. Le 8 novembre 1688, au camp de Mannheim, en plein sac du Palatinat, il affirme : « À l'égard de ma destination pendant cet hiver, le Roi ne me saurait faire un plus grand plaisir que de me permettre d'aller passer deux mois de temps chez

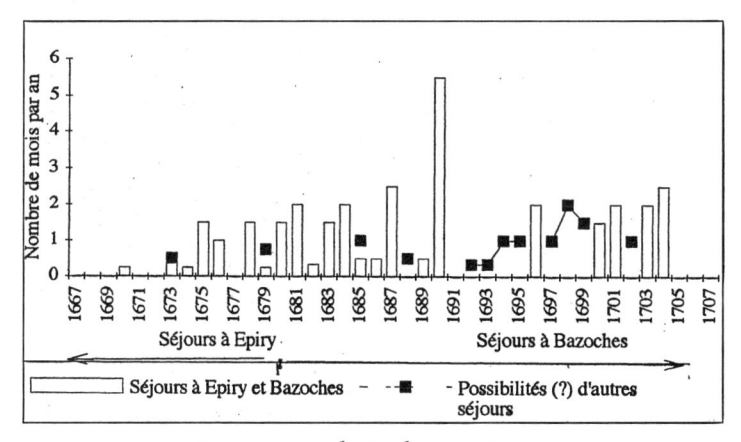

*Fréquence et durée des permissions
de Vauban « chez moi »*

Comme on peut s'en rendre compte, le rythme des permissions de Vauban n'a été établi qu'à partir de 1667. Leur durée moyenne serait alors dans ce cas approximativement de 25 jours par an. La périodicité et la longueur réelle de chacun des séjours sont extrêmement variables. Il n'est pas question d'oublier qu'ils peuvent être accordés aussi bien en hiver qu'en été.

---

moi dans ma pauvre famille, et ce d'autant plus que depuis trois ans je n'y ai été que deux fois; encore en a-t-il fallu partir quinze jours après, sans jamais avoir le temps de faire pour cinq sols d'affaire. Je vous supplie donc d'avoir la bonté de m'obtenir congé pour cela; la saison est peu propre pour séjourner dans un aussi mauvais pays comme le mien, mais j'aime beaucoup mieux y être au cœur des plus cruels hivers que de n'y point aller du tout. » Or, en deux ans, il y a été par trois fois et – pour l'une de ces permissions – beaucoup plus longtemps que ce qu'il annonce. Le ministre n'est pas dupe et sait bien ce qu'il retourne de cette astuce finaude et quelque peu paysanne dont use parfois l'ingénieur auprès de lui.

En cinquante-quatre ans de service (1651-1703; 1706), Vauban n'aurait guère séjourné plus de quarante mois dans son « pays »; mille deux cents jours, soit à peu près vingt-deux jours par an. C'est vraiment peu! Mais comme chacun sait, une moyenne est par définition plus ou moins trompeuse car elle ne rend pas suffisamment compte du vécu quotidien. En fait, il faut distinguer trois périodes de longueur très inégale : 1651-1659, 1660-1666, enfin de 1667 à sa mort.

On ne sait rien de la première. Il semble bien que l'ingénieur ne soit jamais revenu chez sa mère au cours de ses premières campagnes (1651-1659). Il est sûr qu'entre les sièges de l'été et les réparations à faire aux places lors des quartiers d'hiver, il ne restait guère de temps au jeune homme pour voyager. Admettons donc – jusqu'à preuve du contraire – que Vauban a été absent sans discontinuité durant neuf années. Aussi n'avons-nous établi le graphique de ses permissions qu'à partir de 1660, en y incluant son semestre de congé au lendemain de la paix des Pyrénées. Ce qui hausse la moyenne à vingt-cinq jours de permission par an.

Cela étant, on ne sait pas non plus grand-chose de ses retours au pays de 1661 jusqu'à la fin de 1666. Il est possible qu'il soit revenu quelquefois à Épiry durant ce laps de temps. En particulier, il ne serait pas étonnant qu'il ait passé chez lui une partie de l'hiver 1666-1667 – entre Brisach et les Flandres. Milite en faveur de cette hypothèse une réflexion que l'ingénieur fit en avril 1673 : « En six ans de temps, je n'y ai été que trois jours » – ces trois jours concernant un passage éclair en septembre 1670. On peut en déduire qu'il s'est rendu chez lui avant la période incriminée, c'est-à-dire avant le printemps de 1667.

À partir de cette année-là, il est plus facile de s'y retrouver grâce à divers documents, correspondances, actes notariés, etc. Néanmoins, l'incertitude règne encore bien souvent.

Malgré les importants travaux de fortification qu'il conduit et de ses grands voyages – ou à cause d'eux –, Vauban ne profite nullement du temps de paix qui suit la guerre de Dévolution et ne peut dételer, au contraire. En 1669, alors qu'il doit revenir de Perpignan par la vallée du Rhône, le ministre de la Guerre devine la tentation qui sera la sienne lorsqu'il passera en Bourgogne et lui écrit : « Vous comprenez bien qu'il ne faut pas que vous songiez à mettre les pieds chez vous. » Et peu après, d'enchérir : « De Perpignan, il faut que vous vous rendiez [en Flandre] en toute diligence sans passer par chez vous. » Pourtant, en septembre 1670, n'y tenant plus, Vauban – sur le

chemin de retour de son troisième voyage à Pignerol – fait un crochet par Épiry. D'où sa réflexion du 5 avril 1673 déjà citée : « Souvenez-vous, s'il vous plaît, qu'en six ans de temps, je n'y ai été que trois jours, encore m'en avez-vous bien grondé. »
Vauban a souvent gémi de la modestie de ses congés. Parmi bien d'autres lettres, outre celles déjà citées, celle du 29 janvier 1675 : « Le voyage que j'y fis l'an passé est comme si je n'y avais pas été. » Et le 5 mai 1679 : « Je m'en irai de là [Perpignan] à Narbonne, [...] et chez moi où j'espère arriver le 14 ou 15 mai, y demeurer cinq à six jours. » Ou encore : « Je partirai demain pour me rendre chez moi joindre mon équipage » (20 mai 1682). « Passant chez moi où je demeurerai tant et si peu qu'il plaira au Roi, y ayant deux ans que je n'y ai mis les pieds. » (11 octobre 1703). En fait, les séjours de Vauban chez lui deviennent plus fréquents à partir du moment où son statut est bien précisé (1678) et où il a installé un véritable bureau de travail en son château de Bazoches (1681). Ainsi, même en permission, le service du roi demeurant prioritaire, le commissaire général des fortifications peut espérer avoir un peu plus de temps pour demeurer chez lui. Mais il est bien payé pour savoir que ses congés (durée comme fréquence) sont avant tout fonction de la conjoncture militaire et de la volonté du roi, ses « affaires » devant nécessairement passer en second.

Pourtant, en dépit des difficultés inhérentes à la rareté et la rapidité de ses congés, l'ingénieur s'est toujours préoccupé de très près de ses « affaires », l'amour du pays natal ne se dissociant pas dans son esprit de la constitution d'un grand patrimoine foncier. Mais pour avoir le patrimoine il faut d'abord avoir de quoi le payer.

« LES EAUX SONT BASSES CHEZ MOI »

Que Vauban ait été impécunieux en sa jeunesse est un fait incontestable. Qu'on se rappelle sa réaction après le premier siège de Sainte-Menehould : « Lorsqu'on voulut le faire enseigne dans Condé, [...] il en remercia sur ce qu'il n'étoit pas en état d'en soutenir le caractère[5]. » Pour lors, être maître de cavalerie lui convenait davantage, encore que l'entretien d'une monture, voire de deux, avec le ou les valets d'écurie indispensables, représentât déjà une lourde dépense pour une bourse légère. Mais la solde et les rations reçues en ce temps de guerre y pourvoyaient probablement[6]. Et son passage dans l'infanterie ne put que lui amener un allégement de ses dépenses. En tout état de cause, le jeune Vauban s'est toujours efforcé d'économiser sur les « gracieusetés » reçues à l'issue des sièges auxquels il a si vaillamment combattu. Lors de son mariage, au printemps de 1660, il put ainsi apporter – ce qui n'est pas lourd ! – 2 000 livres en « meubles et espèces » dont il dut immédiatement sacrifier la moitié à payer les dettes de son beau-père. Mais il y gagna, outre l'épousée, une seigneurie et son domaine, également la promesse du domaine de Vauchezeuil à Chissey, en Bourgogne[7], probablement aussi le dédain pour ceux qui n'étaient pas capables de tenir correctement leurs comptes.

À quelques mois de là, de retour en Lorraine, il s'entend avec son lieutenant-colonel pour prendre en main l'entreprise de la démolition des enceintes de Nancy. Pour mémoire, rappelons que les adjudications se sont montées à 46 000 livres pour la Ville neuve (part du roi et part du duc de Lorraine confondues) et pour la Ville vieille à quelque 65 000 livres, à raison de 55 sols par toise cube détruite. Reste que nous ne savons pas – une fois payés les ouvriers et tous les faux frais – ce qu'en tirent exactement nos deux compères puisqu'il ne reste ni trace ni pièce comptable des détails de ces travaux[8]. Mais les résultats sont probablement satisfaisants pour l'un comme pour l'autre. En tout cas, en 1664, étant de semestre de congé au Comtat Venaissin, le lieutenant-colonel Charles de Siffredy se lance dans des achats[9]. Quant à Vauban, envoyé à Brisach et sollicité par M. Colbert d'Alsace, il accepte sans réticence aucune l'entreprise du « revestissement » de l'enceinte urbaine. On connaît la suite et les chagrins qui en résultent[10]. Inutile de s'attarder à nouveau sur cet épisode, sauf à en retenir que l'ingénieur à son arrivée en Alsace n'est plus du tout dans la gêne de sa prime jeunesse : il a pu faire immédiatement les avances de matériaux pour commencer les travaux et acheter sans attendre un équipage de plusieurs chevaux, « peut-être le mieux réglé qui se soit encore vu[11] ».

Mais en réalité c'est avec la guerre de Dévolution que, pour Sébastien Le Prestre, l'argent afflue véritablement. En raison des responsabilités qui sont désormais les siennes, il a 1 200 livres d'appointements par an dès 1667 et, de plus,

6 000 livres annuelles pour ses indemnités et gratifications. Par ailleurs, deux dessinateurs lui sont affectés ainsi qu'un secrétaire. Certes, il est obligé de les rétribuer sur sa propre caisse, mais il en est intégralement dédommagé. Du fourrage est mis à la disposition de son équipage. Tout cela d'ailleurs n'empêchant pas le sieur de Vauban de réclamer son dû et de gémir sur les dépenses auxquelles il est affronté [12]. Il est vrai que parfois les comptables de la Guerre font traîner en longueur le règlement des paiements, spécialement celui des indemnités de déplacement. Enfin, il reçoit des récompenses pour les sièges menés en 1667 : une pension annuelle de 2 400 livres que lui octroie le roi sur sa cassette personnelle [13] ; une lieutenance aux gardes qu'il revendra lorsqu'il recevra, l'année suivante, le gouvernement de la citadelle de Lille ; un beau terrain, « jardin et héritage de mondit sieur de Vauban, enclos de murailles en l'agrandissement de ladite ville de Lille, haboutissant [sic] à l'esplanade de la citadelle et à front de la rue Princesse [14] ».

L'abondance lui sera définitivement assurée à partir de 1672, avec la guerre de Hollande et plus encore avec sa nomination à la fonction de commissaire général des fortifications en 1678. De 6 000 livres annuelles dès 1672, ses appointements passent, la paix revenue, à 15 000 livres. Les indemnités augmentent en raison de ses déplacements. Beaucoup de gratifications et de dons royaux jalonnent plus que jamais son parcours. Ne citons pour mémoire que les plus grandes récompenses remerciant la direction victorieuse des attaques de certains sièges majeurs ou la participation à des actions ou des réalisations particulièrement importantes.

Récompenses royales pour quelques sièges menés par le sieur de Vauban

Années	Sièges	Sommes en livres	
1673	Maestricht	80 000 livres	(4 000 louis)
1677	Valenciennes	75 000 l.	(25 000 écus)
1684	Luxembourg	30 000 l.	(3 000 pistoles)
1687	Travaux hydrauliques	36 000 l.	(12 000 écus)
1688	Palatinat	2 000 l. + 4 canons + 1 diamant de 1 000 l.	
1691	Mons	100 000 l.	
1692	Namur	120 000 l.	(40 000 écus)
	Total	*444 000 l. + 4 canons*	

Dans cette énumération, nous ne tenons bien sûr pas compte d'un certain nombre de dons plus modestes mais toujours bien palpables – de l'ordre de quelques milliers de livres seulement – reçus par l'ingénieur en telle ou telle année. Joignons-y les pensions de l'ordre de Saint-Louis dont il sera grand croix. N'oublions pas non plus les bénéfices réalisés grâce aux ventes de plusieurs cadeaux royaux : 20 000 livres pour la lieutenance des gardes revendue en 1668 ; environ 30 000 livres pour le terrain de Lille ; 150 000 livres pour la revente de la charge de gouverneur de Douai tenue de 1680 à 1684. Toutes ces sommes – les petites ajoutées aux grosses – constituent un fort joli magot. Ce sont au moins 700 000 livres d'argent frais – et probablement davantage – qui, au cours de ses longues années de service, entrent dans les caisses de l'ingénieur en sus de ses appointements et de ses indemnités. En ce domaine comme en bien d'autres, il y a loin du jeune cadet morvandiau au vieux maréchal de France.

Mais cet argent, Vauban désire le faire fructifier pour ensuite en user avec discernement. Il entend jouir de ses revenus « en bon père de famille ». Sur ce point, il y a du bourgeois en lui. Le grand-père Carmignolle n'est pas loin ! Il met autant de méthode et de minutie à la constitution et à la gestion de sa fortune qu'à la conduite de ses multiples activités professionnelles. Tandis que tant de ses camarades se laissent piéger au mirage des emprunts dont ils dédaignent parfois de payer les intérêts annuels – ayant souvent comme seule perspective la ruine au bout de plusieurs années, à moins qu'un riche mariage ou un héritage important ne les tire d'affaire –, Vauban au contraire est un parfait comptable qui entend faire prospérer sa fortune. Il reste d'ailleurs très classique dans ses choix et ne semble pas avoir été tenté par les placements en milieu « industriel ou commercial », sauf en ce qui concerne l'exploitation des forêts et quelques participations à la course. Il préfère souscrire à des emprunts d'État. Ainsi place-t-il une partie de ses liquidités en rentes sur l'hôtel de ville de Paris ou sur les Aides et Gabelles [15]. En juin 1670, il offre au secrétaire d'État de la Guerre 40 000 livres « pour employer cette année aux travaux de la citadelle de Lille ». Et Louvois de répondre : « [Elles] vous seraient rendues ponctuellement dans l'année qui vient avec les intérêts [16]. » Au vrai, on ne sait pas si cette transaction se fit.

Mais peu importe ; il reste que l'ingénieur avait alors 40 000 livres immédiatement disponibles.

Plus encore, avec cet argent frais qui, du roi, afflue vers lui, Sébastien de Vauban prête à des particuliers, fait affaire pour des sommes modestes comme pour de plus grosses, consent un emprunt à un camarade gêné, à des paysans de sa seigneurie, plus largement – mais sans la moindre complaisance – à de nobles familles nivernaises propriétaires de beaux domaines.

L'intérêt demandé au débiteur – parfois au denier 18, plus souvent au denier 20, c'est-à-dire à cinq pour cent – est normal et relativement léger. Mais, en contrepartie et selon la coutume de l'époque, il est toujours bien spécifié dans les contrats notariés que les intérêts courront tant que n'aura pas été remboursé le principal, c'est-à-dire l'intégralité de la somme empruntée, aucun amortissement de la dette n'étant prévu. Certes, le prêteur peut avoir avantage à se contenter de la rente annuelle constituée par les intérêts tombant régulièrement dans son escarcelle. Cela peut durer longtemps et être une source de profits appréciables puisque répétés ! Mais si le débiteur est incapable de se libérer au bout du temps prévu pour le remboursement, surtout s'il a cessé de payer les intérêts – à moins qu'il n'ait jamais commencé de le faire, ce qui arrive parfois –, le prêteur peut alors mettre la justice en branle, exiger la vente des biens de l'insolvable, à moins qu'il ne préfère transiger avec lui et récupérer de gré à gré une partie de ses possessions. Ce schéma est classique dans la France d'Ancien Régime. Il n'y a donc rien de spécifiquement vaubanien dans tout cela, mais c'est essentiellement par ce biais que l'ingénieur s'est constitué le beau patrimoine foncier qu'il possède en Nivernais. Ainsi a-t-il pu se rendre acquéreur de plusieurs domaines et de plusieurs seigneuries, le cas de Bazoches étant malgré tout un peu différent des autres, mais beaucoup moins qu'il pourrait paraître à première vue.

Songer à faire son pré carré

Vauban s'est toujours efforcé de mettre en pratique pour son propre compte ce qu'il a si bien prêché au roi : « C'est une belle et bonne chose que de pouvoir tenir son fait des deux mains. » Qu'on en juge.

Du chef de sa femme, il est depuis 1660 seigneur d'Épiry en Bazois, sur la rive gauche de l'Yonne (à sa sortie du Morvan). Il possède en cette paroisse des bois, tels ceux de Charnois, de la Vigne, des Mailly, du Curé ou de la Tour, et j'en passe. La propriété comporte aussi des prés et des terres labourables qui s'étendent jusqu'à Bellevault, un hameau qui jouxte la rivière ; rien que dans ce quartier-ci, le seigneur jouit de quelque quarante journaux labourables [17]. Mais il voudrait élargir son territoire car il a, comme tout Français, le goût de la terre et, comme tout noble de son temps le désir d'asseoir son prestige sur des seigneuries multipliées.

Le premier achat qu'il ait probablement réalisé est celui du domaine du Creuzet, paroisse de Sardy-lès-Épiry, très proche de la seigneurie conjugale. Nous ne possédons ni la date exacte, ni le détail de la transaction ni le prix de l'achat [18] – probablement vers 1671 et pour quelque 15 000 livres. En revanche, nous sommes sûrs, grâce à une déclaration postérieure de Vauban, que cette terre appartenant au comte de Crux [19] « lui avait été adjugée par décret du bailliage de Saint-Pierre-le-Moutier [20] ».

Louis-Antoine de Damas, comte de Crux, était issu d'une noble famille prolifique qui avait noué des alliances avec plusieurs maisons importantes de la région. En particulier, il était plus ou moins apparenté avec les Loron, les Jaucourt, les Dupuis d'Aurigny ou les Veilhan, tous nobles propriétaires en Bazois, dans les Vaux d'Yonne, voire en Bourgogne. Pour son compte, il avait hérité de ses père et mère – François de Damas et Louise de Pracomtal – de nombreuses seigneuries mais aussi une situation financière obérée par de lourdes dettes dont certaines remontaient à 1654, voire même à 1644. Or, comme beaucoup de ses proches, il n'avait rien fait pour s'en sortir et s'était contenté de contracter de nouveaux emprunts négligemment ajoutés aux précédents. Sa femme, haute et puissante dame Marie-Anne Courtier, voyant tous les créanciers exiger les uns après les autres le remboursement de leur capital, avait même été obligée d'engager une action en séparation de biens pour tenter de sauvegarder une partie de ses « propres » [21].

Comme plusieurs de leurs collatéraux, les Damas ont été, semble-t-il, parmi les premiers « clients » de l'ingénieur. En 1671, par exemple, celui-ci leur prête 15 083 livres en espèces sonnantes et trébuchantes délivrées à Dijon, le comte résidant dans son château de Soussey [22], qu'il préfère à ses terres nivernaises. Avec cet argent, Louis-Antoine de Damas pourrait éteindre définitivement la dette qu'il a contractée envers une bourgeoise bien décidée à ne pas lâcher son débiteur, demoiselle Marie d'Enfert, veuve de noble homme Christophe Cochet, baron de La Ferté-Chaudron, autrefois avocat en parlement puis, peu avant son décès, maître d'hôtel de Son Altesse le duc d'Orléans [23]. Mais, comme si les choses n'étaient pas déjà suffisamment compliquées et inquiétantes, Louis-Antoine de Damas a préféré garder pour son usage personnel une partie du prêt de Vauban, n'en reversant qu'une partie sur Marie d'Enfert. Du coup, celle-ci, incomplètement remboursée, garde barre sur lui ; nous la retrouverons. Par ailleurs, débiteur insolvable du sieur de Vauban, M. de Damas a été obligé par jugement de justice, comme nous l'avons déjà dit, de céder à celui-ci un de ses domaines, celui du Creuzet, paroisse de Sardy.

En 1676, autre rebondissement, dans la mesure où l'ancien et le nouveau propriétaire du Creuzet se disputent la justice de la terre en question. L'un prétend qu'il n'a jamais été envisagé de la vendre, l'autre qu'elle lui a été cédée avec la propriété de la terre. Néanmoins, les 20 et 25 février 1676, « pour nourrir paix, amitié et conserver l'union et la concorde qui a toujours été entre elles, les dites parties ont transigé ». Sébastien Le Prestre rachète pour 9 230 livres « les droits de justice haute, moyenne et basse en quoi qu'elle puisse consister jusqu'à la rivière d'Yonne, à commencer à une ligne qui sera tirée et où bornes seront plantées de distance en distance, à prendre au grand chemin de Corbigny à la Collancelle au-dessous du Bois rond appartenant au sieur de la Chaise, du côté de la Chaulme-Bureau attenant le buisson [24] de Loumot à un chêne qui fait l'ancienne séparation des deux justices de Demain et du Creuzet, passant par le haut des terres, fors un vieil chemin entre deux qui demeurera commun… » [25] En outre, le comte de Crux se dessaisit d'une pièce de pré (le pré de Picampoix) « où autrefois il y avait un étang, continuant à fournir cinquante chariots de foin ou environ […]. Plus les cens, rentes et bourdelages [26] dus par plusieurs détenteurs d'héritages en ladite terre du Creuzet. Plus un canton de bois de 5 arpents […]. Plus quelques autres bourdelages à prendre sur quelques masures… »

C'est Marie d'Enfert qui encaisse le paiement décidé au cours de ces diverses transactions. Le procureur de Vauban, le sieur Bruneau, vient à chaque fois spécialement de Corbigny à Paris pour régler ces affaires embrouillées. En deux versements, il paie directement à la demoiselle 11 458 livres, 18 sols, ce qui éteint cette fois-ci définitivement les dettes des Damas auprès de ladite personne. En revanche, Vauban demeure leur créancier pour 3 948 livres : 2 228 payées à demoiselle d'Enfert en sus du règlement de la justice du Creuzet et 1 720 d'un autre emprunt. Louis-Antoine de Damas n'en paie même pas les intérêts. À sa mort en 1705, il est donc redevable envers Vauban de 9 573 livres, 9 sols et 3 deniers, les intérêts non payés s'élevant pour vingt-huit ans à 5 625 livres, sans oublier les 9 sols et 3 deniers[27]. Le 14 novembre 1705, le frère et héritier du comte, Etienne de Damas, préfère en définitive céder au maréchal, particulièrement entiché de forêts, cent vingt arpents de bois (soixante et un hectares) avec leur justice. Sis à la Collancelle, ces bois de Demain sont attenants à ceux du Creuzet et pour partie à ceux du domaine d'Épiry. Vauban, qui avait commencé de réclamer le remboursement de son argent dès 1684, a donc attendu durant plus de vingt ans, mais il a profité des retards de son débiteur pour se constituer une magnifique propriété forestière quasiment d'un seul tenant de Demain à l'Yonne. N'est-ce pas là « tenir son fait des deux mains » ?

L'achat de plusieurs autres seigneuries ou domaines offre à peu près le même scénario. C'est le cas de la seigneurie de Pierre-Perthuis acquise sur le comte de Vitteaux en 1680. C'est aussi celui des terres de Vauban et de Champignolle en partie reprises par l'ingénieur de 1683 à 1685 sur ses cousins, descendants endettés de Paul Ier et de Jacques Le Prestre le Jeune[28]. Ici les malheureux ont été étranglés par de vieilles dettes contractées en 1652 et au cours des années suivantes sur Martine Magdelenet, la veuve du notaire Houdaille que la famille appréciait si peu. Depuis, les héritiers de Vauban et de Champignolle traînent leurs emprunts comme un boulet et ne peuvent en définitive s'en sortir qu'en faisant racheter leurs dettes (une dizaine de milliers de livres) par leur illustre et riche cousin. La seigneurie de Vauban change de branche mais non de famille. Ainsi, Sébastien devient dès lors le seigneur de Vauban. Ses cousins lui transfèrent « les bâtiments, maison, granges, estables, prés, terres, bois, buissons, usages, pacages, eaux, cours d'eaux sans aucune réserve et en quoy consistaient leurs biens provenant de feu Paul Le Prestre... », nous dit le contrat signé chez maître Ragon. Jeanne d'Osnay en profite pour accoler désormais ce surnom terrien à son paraphe. Les cousins continuent d'ailleurs à porter le nom de la terre ancestrale mais sans aucun avantage désormais. Il s'agit d'un vrai retournement de ce qui s'était passé en 1632 quand Urbain Le Prestre avait renoncé à tous ses biens.

En outre – juste retour des choses d'ici-bas – un des Magdelenet, messire Jean, président en l'élection de Vézelay, se croit obligé de mener grande vie. Il contracte à son tour des emprunts que lui consent Friand, le secrétaire particulier de Vauban, dans cette affaire simple homme de paille de son patron. Le 17 juillet 1704, par le canal de Friand, le maréchal récupère sur le président Magdelenet fortement endetté la maison de maître de Champignolle. Il acquiert en même temps trois cent vingt journaux de terre (un peu plus de quatre-vingt-un hectares) dispersés en une quarantaine de parcelles – dont certaines autrefois arrachées à ses oncles – toutes plus ou moins imbriquées dans les siennes, vingt-trois chariots de foin au finage de Chaluron et un buisson à Empury[29]. Il a ainsi reconstitué, mieux, très largement agrandi le domaine si patiemment édifié un siècle auparavant par ses aïeux dans le finage de Bazoches.

Encore un autre exemple. En 1698, Vauban obtient d'Hélie de Jaucourt et de sa femme Marguerite de Damas d'Anlezy la session de quatre domaines : le Pré-au-Crot, paroisse de Saint-Aubin ; la Provenche, paroisse de Fontenay ; le moulin de Brinjanne, paroisse de Domecy et justice de l'abbaye de Chore[30] ; Montaigu, paroisse de Bazoches mais seigneurie de Pierre-Perthuis. Plusieurs années durant, leurs propriétaires ont eux aussi emprunté de l'argent à Vauban jusqu'à concurrence de 17 805 livres (y compris les intérêts). Plus avisés que les précédents débiteurs, ils transigent avant que n'intervienne la justice, offrent d'eux-mêmes leurs quatre propriétés pour 15 346 livres et paient en outre immédiatement le solde des 2 459 livres, 10 sols restant[31], de manière à éteindre toute poursuite ultérieure.

On touche mieux désormais du doigt l'importance qu'a pu avoir sur la constitution de la propriété foncière de Vauban

Dates	Bazois Seigneuries	Domaines	Vallée de la Bazoche Seigneuries	Domaines	Prix	Vendeurs	D
15.03.1660	Épiry				?	Dot J. d'Osnay	•
v. 1671		Le Creuzet			15 000 l	L.-A. de Damas	?
v. 1675 ?				Montjouné à Bazo.	?	?	?
v. 1675 ?				Roussot à Bazoches	?	?	?
v. 1675 ?				Écosse à Bazoches	?	?	?
15.02.1676	Le Creuzet				9 230 l.	L.-A. de Damas	•
17.09.1679			Bazoches		69 000 l. +5 500 l.	Melun-Veillan droits féodaux	•
1680			Pierre-Perthuis		?	cte de Vitteaux	?
20.05.1683			Neuffontaine		6 000 l.	duc de Nevers	?
30.07.1683		Cervon et la Ceuldre			?	F. de Jaucourt	•
1683-1685				maison Vauban et partie Champignolles	11 340 l.	hoirs Le Prestre	•
17.02.1690		La Chaulme, La Calfondrée, Le Tillot			40 000 l.	G. de Bony, des Cluzeaux	?
06.02.1693		Cervon et la Ceuldre			?	duc de Nevers	?
26.09.1698			Domecy et Fontenay	Pré-aux-Crots Provenche, Montaigu, Moulin Brinjanne	15 346 l.	Hélie de Jaucourt; sa femme, née Damas	•
17.06.1704				Champignolles	6 000 l.	J. Magdelenet	•
14.11.1705		125 arpents, bois de Demain			9 600 l.	E. de Damas	•

Achats des seigneuries et des domaines

l'afflux continuel et important d'argent frais, récompense de ses hauts faits. Ces liquidités lui permettent de mener une véritable partie d'échecs, avançant ou retirant ses pions à bon escient. Grâce à quoi, il accumule les seigneuries. En Bazois : Épiry ; le Creuzet ; Cervon et la Cueuldre ; dans la même paroisse de Cervon qui compte plusieurs seigneuries, la Chaume, la Calfondrée et le Tillot ; plus tard une partie des bois de Demain (avec les domaines y afférents).

Dans la vallée de la Bazoche, il acquiert les seigneuries de Bazoches, Pierre-Perthuis, Neuffontaine, Vauban, celle de Pouilly, paroisse de Fontenay-lès-Vézelay, sans qu'on sache exactement à quelle date et comment elle lui est échue ; quelque temps seulement la seigneurie de Tressolles qui fait très vite retour aux Jaucourt. Il a enfin plusieurs domaines dont certains acquis avec la seigneurie correspondante et d'autres tenus en roture.

« Terre et seigneurie de Bazoches et roture en deppendant »

Mais, sans conteste, la seigneurie et le domaine de Bazoches représentent la plus belle et la plus importante des acquisitions de Vauban, celle qui lui permettra de s'installer dans le château de Louis de La Perrière (père de sa grand-mère paternelle) et auparavant des Montmorillon et des Chastellux. Quelle revanche prise sur certaines vexations antérieures ! L'histoire de cet achat, bien que fort embrouillée, est cependant si révélatrice des éminentes qualités de tacticien de Vauban qu'elle vaut la peine d'être contée.

Après Louis de La Perrière, la seigneurie de Bazoches passa de mains féminines en mains féminines. Sa fille Louise l'avait amenée à son époux Ludovic de Viesvres. Leur fille Antoinette en fit de même lorsqu'elle se maria à Antoine de Veilhan. À son tour, ce ménage doté de plusieurs enfants mettait Bazoches dans la corbeille de mariée de leur fille Anne, épousant en 1661 Louis-Armand, comte de Melun [32]. Malheureusement, Anne de Veilhan amenait aussi à son mari une dette (6 000 livres de principal, 300 livres de rente) contractée il y avait déjà pas mal de temps par son grand-père maternel et qu'elle partageait avec un jeune frère[33]. En 1667, frère et sœur avaient oublié de régler les intérêts de trois années, « d'où un retard de paiement de 975 livres, plus 134 livres 10 sols 9 deniers de frais, sans préjudice des arrérages échus ». Devant l'inertie de ses débiteurs, le prêteur – Henri Daquin, médecin ordinaire du roi – en avait appelé aux requêtes de l'Hôtel. Mais, nouvelle péripétie à la mort du jeune François de Veilhan, deviennent solidaires des Melun leurs frères, sœurs et beaux-frères Veilhan, héritiers en partie du jeune homme[34]. Aucun n'accepte de payer quoi que ce soit. En réponse, le 12 juillet 1670, une sentence en parlement statue qu'il y aura saisie réelle de la terre et seigneurie de Bazoches « pour être criée, vendue et adjugée par décret et autorité au plus offrant et dernier enchérisseur ». Les criées ont immédiatement lieu à la sortie de la messe, tant à Bazoches qu'à Lormes, Corbigny, Vézelay…

Puis l'affaire traîne jusqu'à la mort de Daquin (1673). Sa veuve reprend la procédure en 1674. Les Melun ne réagissent toujours pas, continuent de vivre à Bazoches où la seigneuresse apparaît à plusieurs reprises dans des cérémonies de baptême[35]. Elle y rencontre parfois Anne Guesdin, la belle-sœur de Jeanne d'Osnay. La famille des Le Prestre est donc au courant de tous ces événements depuis les premières criées. Comme les nouvelles vont relativement vite du Nivernais aux Flandres ou aux armées – avec la guerre de Hollande –, le gouverneur de la citadelle de Lille sait parfaitement ce qui arrive grâce aux renseignements fournis par tous ses indicateurs familiaux, sœur, belle-sœur, cousins.

Quand est-il intervenu ? Sûrement dès le début de 1675, probablement dès 1673 – dès qu'il a touché la gratification du siège de Maestricht –, peut-être même avant. Il est possible que ce soit vers cette époque qu'il ait acheté les métairies de Rousseau, d'Écosse et Montjoumé, ainsi que la plupart des bois qu'il possède à Bazoches. Mais nous n'en avons aucune preuve formelle. En revanche, nous savons fort bien quand il propose aux seigneurs de Bazoches de racheter leur seigneurie. Par contrat du 21 juin 1675 (probablement sous seing privé, le nom du notaire n'apparaissant nulle part), les Melun et les Veilhan « auroient promis solidairement ès noms de faire adjuger par décret au sieur de Vauban lad. terre de Bazoches et deppendances et d'en fournir le décret en bonne et due forme à leurs frais et despens au désir dud. contractant[36] ».

Ici, nouvelle péripétie. Le 26 octobre 1675, s'est substituée à la veuve Daquin, qui lui a vendu sa créance, une demoiselle Monnin, habitante de Bazoches. On ne sait qui est son commanditaire, à peu près à coup sûr Vauban en accord avec les Veilhan. Quoi qu'il en soit, elle s'agite tant et plus, fait feu des quatre pieds, va et vient de Bazoches à Paris, de Paris à Bazoches, de là à Nevers ou à Vézelay, de Domecy à Empury. La campagne de criées reprend en 1676 (27 septembre, 11 octobre, 25 octobre, 8 novembre, également 14 janvier 1677) à la sortie des grand-messes de Bazoches, Neuffontaine, Empury, Saint-Aubin, Domecy, Fontenay, c'est-à-dire dans toutes les paroisses où s'étendent « les terres de la seigneurie de Bazoches et roture en dépendant ». La demoiselle Monnin court bien sûr de criée en criée. Les années 1677 et 1678 se passent en assignations multiples. Des affiches de mise en vente sont aussi apposées à Paris : une à la porte des requêtes de l'Hôtel, une à la grande entrée du palais, d'autres à l'entrée de l'église Saint-Barthélemy, aux portes Saint-Marcel et Saint-Victor. Quant à Vauban, il attend, mais d'une attente active.

À dater du 8 juin 1678, les annonces d'une mise en vente par enchères se poursuivent plus d'une année durant, à raison d'une annonce toutes les quinzaines, tant à la sortie des grand-messes de diverses paroisses – y compris la Madeleine de Vézelay, la cathédrale Saint-Cyr de Nevers – qu'au marché aux bleds[37] de Nevers, aux sièges des bailliages de Dompierre et de Lormes. Le 15 décembre 1678, la mise à prix à 10 000 livres est enfin proposée devant la cour du parlement de Paris. Mais là encore, il faut quinze séances, se succédant de quinzaine en quinzaine, pour que des acheteurs se présentent. « Finalement advenu le 17 août 1679, est derechef comparue devant nous [...] lad. Monnin pour l'adjudication pure et simple de lad. terre et seigneurie de Bazoches, héritages, roture, etc. [...]. À l'instant ils auroient été surenchéris par Lepelletier pour 20 000 livres ; Carette pour 26 000 ; Lepelletier pour 30 000 ; Lemoyne pour 36 000... »

Tous ces gens sont très probablement de mèche pour faire monter les prix jusqu'à la somme fixée antérieurement dans la promesse de vente. Quoi qu'il en soit, Lemoyne l'emporte pour 69 000 livres. La terre de Bazoches lui « est adjugée avec fonds, tréffonds, propriété dudit fief, terre et seigneurie de Bazoches

Enchères en livres	Enchérisseur	Qualité de l'enchérisseur	Enchères en livres	Enchérisseur
20 000	Lepelletier	inconnu	52 000	Lemoyne
25 000	Hallé	procureur de J. Monnin	55 000	Hallé
26 000	Carette	inconnu	59 000	Chevrel
30 000	Lepelletier	(disparaît ensuite)	60 000	Lemoyne
36 000	Lemoyne	procureur non déclaré de Vauban	65 000	Hallé
40 000	Hallé	Monnin	67 000	Lemoyne
47 000	Lemoyne	Vauban	68 000	Hallé
50 000	Hallé	Monnin	*69 000*	*Lemoyne*

Mise à prix pour les surenchères : 10 000 livres

Vente de la seigneurie de Bazoches à Paris, aux requêtes de l'Hôtel, le 17 août 1679 (Archives nationales, V^H 1 373, 17 août 1679)

et principal manoir d'icelluy scitué et assis en lad. paroisse de Bazoches en Nivernois, tenant [...] [ici les confronts du château et de ses dépendances]. Et consistant en justice haute, moyenne et basse, cens, rentes, bourdelages, dixmes, prés, terres, bois, buissons, maisons, granges, droits, redevances, moulins, estangs, eaux tant vives que mortes, droit de glandée, et généralement toute la circonstance dud. fief, terre et seigneurie, principal manoir dud. Bazoches, sans aucune chose en réserve, plus les terres et héritages en roture deppendants de lad. terre et seigneurie de Bazoches [38] ». Suit la liste des diverses terres adjugées (plusieurs folios [39]). L'ensemble représente 306 journaux de terre, 28 chariots de foin, 32 ouvrées de vigne, 57,25 arpents de bois, soit 78,5 hectares de terre labourable, 1,5 hectare de vigne à Chaluron, paroisse de Saint-Aubin, et seulement une trentaine d'hectares de bois. Les prés se trouvent aussi pour la plupart sur le teroir de Saint-Aubin.

Ce n'est qu'au verso du folio 45 qu'est enfin dévoilé le nom du véritable acquéreur : « Et led. jour est comparu au greffe de lad. cour maître Jean Lemoyne, procureur, lequel a déclaré que l'adjudication qui luy a esté faite présentement en lad. cour de la terre et seigneurie de Bazoches en Nivernois, rotures, circonstances et deppendances pour le prix et somme de soixante-neuf mil livres faite à la requeste de demoiselle Jeanne Monnin sur Messire Louis Armand de Melun, la dame son épouse et autres, est pour et au profit de Messire Sébastien Le Prestre, chevalier, sgn^r de Vauban [40], gouverneur pour le Roy de la citadelle de l'Isle en Flandre, maréchal des camps et armées, et commissaire général des Fortiffications de France... »

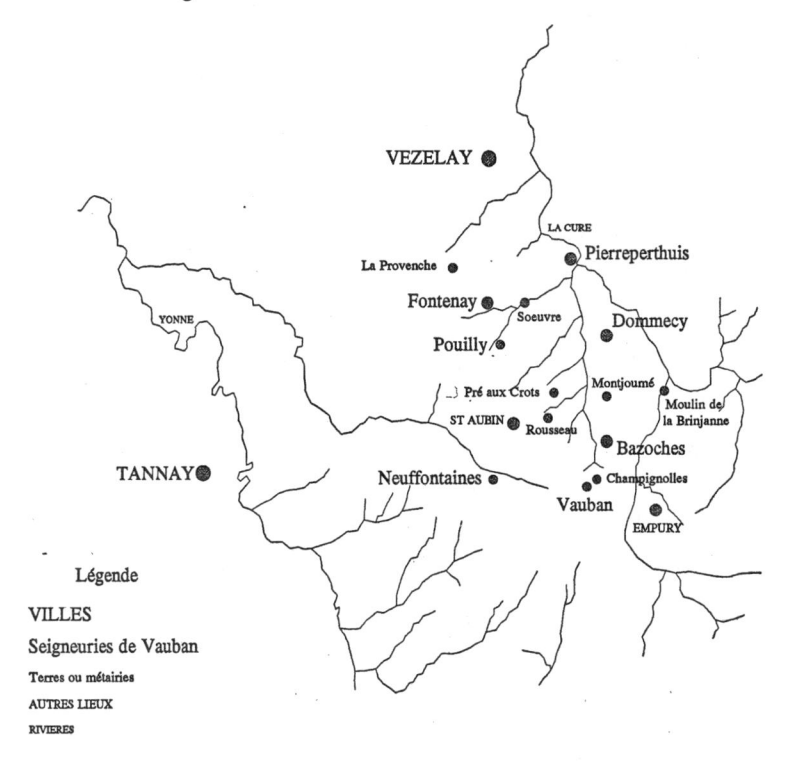

Les domaines de Vauban dans la vallée de la Bazoche

Vauban s'est donc intéressé de très près au sort de la seigneurie de Bazoches dès qu'il a connu les difficultés de ses propriétaires. Il est probable qu'il leur a prêté de l'argent. En tout cas, il est en affaire avec eux depuis au moins 1675, d'où son inquiétude à l'idée de n'avoir pas de congé cette année-là : « Par l'extrême envie que j'ai d'aller faire un tour chez moi... » Il a suivi – s'il ne les a pas suscités – les divers épisodes de la mise en vente : neuf ans de palabres et d'atermoiements ! Au courant de tous les détails du déroulement de l'opération, il mène un véritable siège. Comment l'homme des décisions hardies et fulgurantes n'aurait-il pas saisi l'occasion et mené sans bavures l'affaire jusqu'à sa conclusion ? Les grandes récompenses royales arrivent à point nommé pour lui assurer les espèces sonnantes et trébuchantes nécessaires à l'achat convoité autant qu'aux lourds frais de réparations du château.

Oui vraiment, « c'est une belle et bonne chose que de pouvoir tenir son fait des deux mains ». Que Vauban ait appliqué à la formation de son patrimoine foncier ses théories bien paysannes du pré carré s'impose désormais d'évidence à l'esprit. Pour arriver à se constituer un ensemble de plus de 1 200 hectares de terres et d'au moins 400 hectares de bois [41], il lui a fallu un remarquable sens des opportunités doublé d'une patience à toute épreuve. Deux objectifs l'ont toujours guidé, qui sont ceux-là mêmes qu'il prônait pour le royaume :
– programmer sur de longues années les « achats » possibles en tenant compte de leur valeur et de leur implantation. Pas n'importe où et, autant que possible, pas n'importe quoi !
– remembrer du mieux possible les terres trop souvent « pêle-mêlées » avec celles des voisins – ceux-ci tenus par définition comme toujours gênants. Chacun chez soi !

Il a parfois subi des échecs, c'est certain. En voici un exemple. En 1701, Georges de Bony, sieur des Cluseaux, acquitte les dettes contractées il y a de très nombreuses années par son beau-frère Bernard Dupuy d'Aurigny auprès de Vauban. Du coup, ce dernier est obligé de rendre « les saisies et roles qu'y celuy seigneur de Vauban avait fait faire des terres de Moissy, Aurigny, Chassaigne, Charnalou et du Moulin et autres, sur le sieur Dupuy d'Aurigny [42] ». Cet accommodement entrave un nouvel agrandissement de ses terres, à mi-chemin entre ses deux blocs fonciers [43]. En revanche, le rachat de Champignolle en

1704 et l'acquisition des bois de Demain l'année suivante sont d'éclatantes victoires de la stratégie d'un grand rassembleur et d'un grand remembreur de terres. Tout cela n'empêche pas Vauban de s'intéresser de près à la gestion proprement dite de ses propriétés, au contraire.

L'ŒIL DU MAÎTRE

Certes, Vauban ne vient que rarement en Nivernais et la plupart du temps pour de courts séjours. D'aucuns – superficiels – pourraient imaginer qu'il prend alors quelque repos, qu'il en profite pour mener une véritable vie de château [44], abandonnant sans contrôle le détail de l'administration des terres à ceux de ses collaborateurs qui demeurent sur place. Ils oublieraient tout simplement que Vauban a trop le goût de l'action et le sens de l'inspection pour se satisfaire d'une vie au ralenti en refusant de prendre connaissance de ce qui se passe autour de lui. En fait, et bien qu'il ait prétendu qu'il lui fallait alors meubler « les oisivetés d'un homme qui n'avait rien à faire », il travaille, comme toujours, d'arrache-pied. En premier, et on l'a déjà dit [45], il surveille ses dessinateurs et dicte ses rapports aux secrétaires qui l'entourent. Il a cependant encore suffisamment de temps de reste pour combiner ses « affaires » en grand tacticien qu'il est sans pour autant dédaigner les détails, même menus, d'une gestion agricole dont il entend qu'elle soit aussi méthodique que faire se peut.

Ici, mis à part Friand qui n'intervient que très rarement, deux aides principaux : sa femme et l'un de ses agents d'affaires, son cousin Millereau. La première, « haute et puissante dame Madame Jeanne d'Osnay, épouse et compaigne de Messire Sébastien Le Prestre... », se voit fréquemment renouveler la procuration par laquelle son mari lui donne pouvoir de signer en son nom diverses transactions. Elle en a déjà usé à Épiry pour les domaines que le couple possédait dans ce coin de Bazois ainsi que pour la ferme bourguignonne qui lui était échue de son grand-père. Elle continue à Bazoches. De 1681 à 1705, sur les quatre-vingt-onze actes concernant les affaires agricoles des Le Prestre – passés devant maître Jean II Ragon, notaire de la paroisse [46] –, plus de la moitié portent sa signature.

Dès son installation, avec l'assistance du procureur fiscal de la seigneurie de Bazoches, elle s'est préoccupée du « charoyage de 800 cordes de bois[47] » que son mari venait de vendre à un marchand de Saulieu mais qu'il fallait amener jusqu'à la rivière des Hauts-Bois, avec « empilage et encordage » sur les bords de la rivière. Elle y engage plusieurs laboureurs des environs et en profite aussi pour donner du travail à un lointain petit-cousin famélique qui pourra ensuite « faire pascage dans les dits bois […], à charge de tous dégâts, dommages et justice ». Elle concluera un marché de type semblable en 1686 pour les bois du Bazois. Elle réalise à plusieurs reprises des achats ou des échanges de forêts, vigne ou terres. Concernant des parcelles souvent fort modestes (d'un carton de terre à quelques journaux, arpents de bois ou chariots de foin), cela lui permet en réalité de remembrer dans le détail les terres familiales en « stoppant des trous de mites » tant à Bazoches même (en particulier au pied du château autour du hameau de Bourbassot) que dans les localités voisines de Chaluron[48] et de Sœuvres. Il s'agit là d'un véritable travail de dentellière qui, seul, permet de réduire au minimum les enclaves et les droits de passage.

C'est elle aussi qui conclut les baux d'exploitation. Parfois le fermage prévaut. Le domaine d'Épiry est « accensé[49] » après le départ des Le Prestre qui préfèrent désormais, puisqu'ils se sont éloignés, en tirer de l'argent plutôt que de la nourriture. C'est aussi le cas de la ferme de Pouilly, paroisse de Fontenay-lès-Vézelay, les fermiers s'engageant à payer 650 livres par an. Mais au domaine de Sœuvres, même paroisse, le fermier – qui en principe prend un bail de neuf ans – doit payer en nature et livrer chaque année « 90 bichets, mesure de Vézelay, de bon bled loyal et marchand, bien vanné, mi froment, mi orge, rendu et conduit sur les greniers du château de Bazoches ». À la ferme de Pierre-Perthuis, seule varie la quantité – cent bichets – et la composition, « savoir 1/4 froment, 1/4 seigle, 1/4 orge, 1/4 avoine, plus deux chapons et deux livres de beurre », le cheptel vif étant fourni par le propriétaire. À Bazoches même, les différents domaines sont mis en métayage à mi-fruit. Les clauses des baux en sont là encore exactement précisées, en particulier le mode de perception des fruits, « la moityé [des gerbes] qui appartiendra à lad. dame sera charoyée au frais desd.

preneurs en sa grange aud. Bazoches avant celles des preneurs qui seront tenus employer toute l'agreste dud. domaine à la culture des terres d'iceluy sans en pouvoir distraire ni aliéner... »

Avec les difficultés que connaissent les paysans en ce XVIIe siècle finissant [50], fermiers et surtout métayers ont bien de la peine à tenir, à Bazoches autant que dans le reste de la France. Les uns après les autres, ils dénoncent leur bail, dans certains cas au bout d'une seule année d'exercice. Il en va ainsi de plusieurs laboureurs, métayers de Montjoumé : Jean Noirot, puis à leur tour Jean Charil, Léonard Jolly, François Baillot... n'arrivent pas à tenir durant les « six années et six déblaves » que devrait durer leur contrat. Il en est de même des fermiers de Pierre-Perthuis. Les métayers des métairies d'Écosse et de Rousseau n'ont pas un sort plus enviable : en 1691, le premier, Vincent Jolly (dont cependant un fils est filleul de Vauban), doit signer une obligation de 1 040 livres au profit de Mme de Vauban ; à la même date, le second, Sébastien Bertault, doit 876 livres, 10 sols. Comme ils sont insolvables, les quelques terres qu'ils possèdent en propre risquent fort de passer progressivement d'une main à l'autre. On s'en rend compte dans certains actes d'achat.

Jeanne d'Osnay s'active donc comme représentante de son mari. Millereau, qui n'intervient pratiquement pas au niveau des achats, gère en revanche de très près le capital foncier, surveille les preneurs de bail ou les travailleurs loués directement, en particulier les garde-bois, bouviers et autres employés et domestiques seigneuriaux ou domaniaux. Friand est parfois délégué par le maître en voyage, surtout après 1691, très rarement cependant. Mais le sieur de Vauban ne dédaigne pas, le cas échéant, de conclure lui-même quelques menus contrats. Ainsi, en 1683 et 1684, il s'intéresse à divers échanges – souvent modestes mais utiles. Il achète des vignes au Bourbassot avant de se débarrasser de celles de Sœuvres, trop lointaines [51]. Il n'hésite pas non plus à racheter arpent de bois après arpent de bois, poursuivant encore et toujours, inlassablement, le regroupement de son bien.

Sur le plan de l'exploitation, il a en effet toujours eu un double objectif. D'abord, bien sûr, le remembrement des parcelles, on l'a dit et redit. Mais, en même temps, il s'est toujours efforcé de maintenir, voire d'accentuer, un certain équilibre dans la diversité des terres. Dans l'économie de subsistance qui est celle de son pays, il désire pouvoir faire son pain de ses propres grains, boire le vin de ses propres vignes, nourrir son cheptel du foin de ses prés. Il faut donc des terres adaptées à ces diverses productions : chaumes à bleds des vastes plateaux au couchant, vignes des côtes bien ensoleillées, prés des rus verdoyants. Estimant que la superficie des prés provenant du domaine de Bazoches était par trop insuffisante, il l'a doublée, par de petits mais multiples achats. Au contraire, c'est dans une économie de marché qu'il s'insère en ce qui concerne les bois, tant dans le premier que dans le second groupe de ses possessions.

Vauban a donc suivi de très près la gestion de ses propriétés. Il n'a jamais désavoué ses collaborateurs ou critiqué leurs méthodes d'exploitation. N'ayant jamais eu la prétention d'innover en matière agricole, tout au plus de mieux rationaliser ce qui existait en ce qui concernait la forêt ou la « cochonnerie »[52], il s'est coulé dans le moule de l'époque, acceptant sans la moindre hésitation le mode d'exploitation agricole de son temps et de sa région. Prêt à regretter les difficultés paysannes en observateur lucide[53], il n'a pour autant jamais cherché à alléger les charges de ses fermiers ou de ses métayers.

Bazoches, Vauban, Pierre-Perthuys, Pouilly, Cervon, La Chaume, Espiry et autres lieux

Il ne récuse pas davantage le système seigneurial. Au contraire, chaque fois qu'il le peut, il cherche à en tirer le maximum de ressources en lui assurant le maximum de cohérence. En particulier, lorsque cela est possible, il tient à joindre domaine et seigneurie. On en a plusieurs exemples. En 1683, il achète les droits seigneuriaux du duc de Nevers[54] sur Neuffontaine de manière à être à lui-même son propre seigneur sur son domaine de l'Armance et sur les bois de Montry possédés depuis quatre ans mais relevant jusqu'alors de la juridiction du duc. Il en fait autant lorsqu'il obtient la justice du Creuzet en 1676 ou de Cervon en 1693. Il acquiert aussi à plusieurs reprises des « droits et usages » que certaines paroisses possédaient sur des cantons de bois dont il a la propriété roturière et où il désire être son maître. Par ailleurs, il fait régulièrement accenser les divers droits de ses seigneuries qui ne représentent souvent que des sommes modestes mais jamais négligeables : 15 livres et 5 bichets d'avoine pour les droits de prévôté du seigneur de Pierre-Perthuis à Charancy et Chaluron, paroisse de Saint-Aubin ; 55 livres par an d'accensement du droit de foire de Cervon « à prendre sur toute sorte de bestiaux qui s'y vendent ». Enfin, dans le même esprit, il use toujours de toutes les prérogatives que lui confèrent ses seigneuries. En mai 1689, ayant reçu l'autorisation royale de faire dresser des « lettres à terrier », il charge immédiatement maître Bussy, notaire à Lorme, de faire connaître « par cris publics, son de trompette et par affiches que vous ferez mettre ès portaux des villes, bourgs et villages et portes des églises, à tous vassaux et amphitéotes, censiers, bordeliers, tenanciers, la présence de ces droits[55] ».

Avec cela, il estime qu'il a des devoirs envers ses « vassaux ». Il s'est beaucoup démené pour Cervon, « bourg bien peuplé, de grande étendue, où il y a église collégiale, [...] bon pays de flotilles où il se fait un grand commerce de bestiaux, bois et marchandises ». En juillet 1691 et « en considération des grands services qu'il nous a rendus », le roi signe des lettres patentes qui l'autorisent à créer à Cervon un jour de marché hebdomadaire et surtout trois nouveaux jours de foire avec – en outre – transfert des dates des deux autres foires pour qu'il n'y ait plus de concurrence avec celles de Saint-Saulge, ce lieu-ci étant « fort peu éloigné dudit Cervon, ce qui cause à l'une et l'autre de ces foires des préjudices considérables à cause de la proximité des lieux et des dates[56] ».

Il tient aussi à l'image que doit donner le seigneur sur ses terres et dans la région. Ses séjours sont donc jalonnés de cérémonies auxquelles il accepte bien volontiers de participer. En 1696, sa commère n'étant autre que son épouse, il est parrain d'une cloche solennellement bénie en sa présence par un nombreux clergé réuni dans l'église de Fontenay. Il se rend à Vézelay au cours des fêtes votives, est accueilli en grande pompe par les échevins d'Avallon lors de l'un de ses derniers voyages au pays[57]. Il accepte parfois d'aller en Auxois, en Bazois ou en Terre-Pleine pour une visite à des amis, à sa famille. Plus simplement, il se promène dans ses domaines et s'entretient sans morgue avec les uns ou les autres.

Au cours de ses séjours dans son « pays », il s'efforce de visiter ses domaines : en septembre 1681, il inspecte ceux du Bazois et passe chez le notaire de Corbigny avant de repartir pour l'Alsace. Mais à tous il préfère Bazoches, dont il a en partie réaménagé le château. Les fossés – signe de la présence seigneuriale – sont soigneusement recreusés. Au centre de la façade orientale, il substitue à l'entrée à herse une grande porte d'honneur. Il en fait plus ou moins consciemment le symbole de sa réussite. De même qu'il orne toutes les places fortes qu'il construit de belles portes monumentales en l'honneur de la majesté royale, de même, ici, il en reprend le modèle, cette fois-ci pour affirmer sa propre gloire. Il a voulu faire de l'austère demeure féodale quadrangulaire, cantonnée de quatre tours en poivrière, une résidence plus adaptée à ses nouvelles fonctions. Pour que les dessinateurs et les secrétaires qu'il installe à demeure puissent mettre au net leurs travaux dans les meilleures conditions de lumière, il transforme tout le premier étage de la façade occidentale en une vaste galerie des plans. Pour le service de la cavalerie – soit pour son propre équipage qu'il envoie à plusieurs reprises se refaire en Morvan, soit pour les chevaux des nombreux messagers qui font une navette permanente entre le ministère, le commissaire général (au repos ou en tournée d'inspection) et ses dessinateurs –, il fait construire de vastes écuries et davantage de bâtiments annexes.

La maîtresse de céans, Jeanne d'Osnay-Vauban, assume la responsabilité d'une grande maisonnée. Il semble qu'elle ait beaucoup aimé accueillir les divers membres de la famille Le Prestre – qui, ne n'oublions pas, est la sienne propre. Elle maintient des liens avec les uns et les autres. Une missive de sa main adressée à un ménage de ses neveux qui venait de perdre un enfant est pleine de cœur, sinon de talent épistolaire[58]. Certains invités vivent ici à demeure : jusqu'à sa mort, Charlette, sœur de Vauban ; plusieurs des enfants de Paul Le Prestre, en particulier Louis, abbé commendataire de Brantôme (1684) et de Belleville (1690), plus tard prieur de Casseins[59]. Mme de Mesgrigny – Charlotte de Vauban – vient souvent de son château d'Aunay jusque chez sa mère. Elle arrive pour de longs séjours, entourée de sa nombreuse progéniture ; durant toute leur enfance ses aînés ont joué avec leur tante Jeanne-Françoise, à peine plus âgée qu'eux. Celle-ci, mariée, reviendra très fréquemment et très longuement dans le château dont elle finira par hériter. Rappelons-nous aussi que les dessinateurs et les ingénieurs font partie intégrante de la maison : Godignon, les frères Francart, de la paroisse Saint-Evrard de Paris, installés dès 1681 ; l'un d'eux – Laurent, plus tard capitaine lieutenant de la première compagnie des mineurs de France – épousera demoiselle Françoise de La Courcelle, petite-fille en ligne maternelle de Jacques Le Prestre le Jeune[60].

Le clan Le Prestre aime à se regrouper au cours des fêtes familiales : mariages, baptêmes, voire séances de conciliation sont autant d'occasions pour ressouder la cohésion familiale[61]. Viennent souvent se joindre aux habitants à demeure Antoine Dupuis-Vauban, le dernier fils de Paul Le Prestre et d'Anne Guesdin, les Verdigny des Essarts, qui se trouvent habituellement à Empury, les Mercy, les Des Jours de Mazille et tant d'autres parents... Arrivent aussi des amis, tel l'ingénieur Nicolas de Mesgrigny, gouverneur de Tournai, oncle très aimé de la tribu d'Aunay ; ou encore Bruno de Riquetti, ancien aide-major aux gardes et neveu d'un très valeureux combattant de Candie[62]. N'oublions pas non plus les visites du « prestre-curé de Bazoches, messire Charles Belin » ou de messire Magdelenet, chanoine de Vézelay. Il y a encore le va-et-vient du notaire Ragon, des divers procureurs seigneuriaux, surtout des agents et nombreux hommes d'affaires du seigneur, tels Friand, Millereau, Jean-Baptiste de Richebracq, sieur de Montigny, et bien d'autres.

Le château est une véritable ruche bourdonnante, animée d'un incessant va-et-vient, avec les domestiques, les travailleurs de ferme, les filles de cuisine, les bouviers. Il y a cocher, cuisinier, demoiselles de compagnie, laquais, y compris un « dénommé Sébastien, vulgairement appelé Touman [...], domestique de M. de Vauban qui l'avait pris parmi les Turcs et fait baptiser peu de temps après[63] ». Dans la cour des écuries les valets s'affairent auprès des montures des estafettes qui arrivent ou des messagers qui repartent. Ils bouchonnent les coursiers, les nourrissent, les sellent. Le forgeron active son feu, prêt à referrer les sabots des chevaux ou des bœufs. Il ne chôme guère. En été, ce sont aussi les métayers qui apportent les gerbes de la moisson.

Le comptage en a déjà été fait au champ, mais un agent du seigneur en contrôle l'arrivée « sur les greniers du château ». Il veillera ensuite à les faire mettre en meules puis à les faire battre petit à petit sur l'aire avant d'en emmener les grains au moulin. Plus tard dans la saison, ce sont les fermiers qui livrent à leur tour, bien ensachés, les bichets de bleds auxquels ils sont assignés. En juin et lors des regains – en septembre – des chariots de foin montent lentement la rampe qui conduit aux granges du château pour y décharger leur provende. Les vignerons ne sont pas en reste et fêtent joyeusement la Saint-Vincent. Aux dates convenues – à la Saint-Jean d'été pour les unes, à la Saint-Martin ou à la Saint-Etienne pour les autres – fermières ou métayères apportent qui deux poules, qui quatre et autant de livres de beurre ; le château est ainsi régulièrement approvisionné. Lorsque arrive au grand galop le maître impérieux, plein de vitalité, bourru et chaleureux, l'animation est à son comble, chacun se multipliant pour lui plaire et faire du mieux possible.

Faisant le tour du propriétaire, il prend vraiment son « fait des deux mains ». Du château adossé à la masse sombre de la forêt morvandaise, il peut descendre par son verger jusqu'au Bourbassot, y vérifier ses vignes, pousser de là au nord de la paroisse jusqu'à la ferme de Montjoumé, à moins que ce ne soit à celles de Rousseau ou d'Écosse. Selon la saison, il y admire les blés qui lèvent, les chaumes desséchés ou les terres prêtes à être ensemencées. Après s'être arrêté à l'église de Bazoches où il fait construire une chapelle neuve, il examine les prés verdoyants de la Bazoche ou de la Queudre et remonte par le chemin de la Croix-des-Chaumes pour déboucher sur le plateau au droit du château de Vauban. Il arrive ici dans le domaine de ses aïeux qu'il a agrandi par remembrement : de la Grande-Pièce (à l'extrémité sud-ouest du finage de Bazoches) jusqu'à l'extrême sud-est (aux Brosses de Vauban), et par-delà même en mordant sur le finage d'Empury, il est vraiment chez lui, quasiment sans discontinuité. Pour redescendre dans la vallée, il emprunte le chemin qui joint Champignolle haut à Champignolle bas, puis longe les bois des Usages, s'arrêtant parfois encore pour admirer d'autres de ses prés et de ses bois. De retour au château de Bazoches qui par sa majesté témoigne mieux que la maison noble de Vauban – son véritable berceau pourtant – de sa pleine réussite, il s'attarde au balcon de sa chambre installée dans une des tours d'angle. Contemplant l'horizon éployé à près de 180 degrés, d'un seul coup d'œil, il découvre mieux encore ses terres : les masses sombres boisées, les côtes porteuses de vignes, les plateaux à bleds, la dépression verdoyante et bocagère à ses pieds. Dans le lointain du septentrion, admirable de netteté, la Madeleine de Vézelay se dresse en figure de proue sur la butte qui lui sert de socle. L'un des paysages les plus émouvants qui soient en France. Plus que partout ailleurs, il est ici vraiment chez lui.

CONCLUSION DE LA QUATRIÈME PARTIE

Moissons engrangées et vin tiré

Constructeur méthodique, apprenant à ses subordonnés les normes et les méthodes qu'il leur veut voir appliquer, Vauban a aussi été ce voyageur toujours courant et toujours travaillant que l'on a suivi sur les routes françaises. Amoureux de sa petite patrie comme il l'est de la grande, il va, vient, dicte, s'enthousiasme, tempête au cours de sa longue carrière pour revenir, chaque fois qu'il le peut, se ressourcer dans son Morvan natal.

On pourrait désormais estimer que le moment est venu de porter un jugement sur l'homme Vauban et sur l'ensemble de son œuvre. En réalité, il faut encore attendre. Il est nécessaire de se pencher auparavant sur ce qu'il fait de la semi-retraite à laquelle il est condamné à partir de l'automne 1703. On pourrait penser qu'il voudrait enfin jouir de quelque repos après tant d'années d'efforts et de peines. Mais n'est-ce pas là vue simpliste d'un citoyen du XXe siècle finissant ? En tout cas, c'est bien mal le connaître. En effet, on vient de le constater, Vauban n'en finit pas d'être entreprenant. En ce qui concerne ses biens par exemple, on a constaté qu'il ne néglige aucune occasion d'agrandir ses terres : il demeure vigilant jusqu'au bout de sa vie. La « récupération » de Champignolle est de 1704, l'achat des bois de Demain de 1705.

Dans d'autres domaines encore, on le voit animé de cette même pugnacité, de cette même volonté de combattre et de travailler au maximum de ses possibilités. Les plus importants de ses écrits datent de sa retraite studieuse. Suivons-le donc sur cette nouvelle route.

CINQUIÈME PARTIE

Les frimas d'un court hiver

1703-1707

> Quoique d'un âge fort avancé, je ne me condamne pas encore au repos.
>
> *Vauban à Chamillart.*

Tout à la souffrance de n'être pas autorisé à commander les attaques de Landau, le maréchal de Vauban fait brutalement irruption dans le quatrième âge de la vie – l'hiver, qui ne débouche que sur la mort. Pour lui cette saison ne durera guère, trois années et demie seulement : il ne s'en faudra que de deux mois pour qu'il n'entre dans sa soixante-quinzième année. Si sa santé laisse souvent à désirer, s'il donne parfois une allure trop systématique à ses raisonnnements, lui seront épargnées et les dégradations physiques et les dégradations intellectuelles.

Cela étant, il ne peut se consoler d'avoir été mis à l'écart. Précisons bien son statut. Au début d'octobre 1703, il n'est pas mis à la retraite : il demeure commissaire général des fortifications en titre. Mais le roi ne lui confie plus de missions qu'épisodiques, telle celle qui le conduira à Dunkerque en 1706. Or, en dépit de cinquante-deux ans et demi de carrière – deux chez les frondeurs, le reste chez le roi –, il ne vient même pas à l'idée de cet homme âgé et usé par tant de voyages et de campagnes militaires de se « retirer » – c'est-à-dire de prendre sa retraite. Son idéal demeure le même que celui des années précédentes. Il veut servir jusqu'à son dernier souffle le roi et l'État « de [ses] avis et de [sa] personne ». Ne le pouvant plus de sa personne, eh bien ! il servira de ses avis. Mais, ce faisant, il devient un « gêneur », un donneur de conseils revenant plusieurs fois à la charge et, de ce fait, lassant ses interlocuteurs même et surtout lorsqu'il a raison.

S'est-il jamais souvenu de son exaspération contre les maréchaux qui bloquaient ses projets ? À bien calculer, ils étaient plus jeunes qu'il ne l'est maintenant. S'est-il jamais souvenu de ce gouverneur espagnol de Nieuport dont il se riait en 1671 : « vieillard de soixante-dix à quatre-vingts ans qui parroit encore vigoureux, [...] se pétulant fort de ce qu'on le venoit voir sy souvent. [...] Il me dist quantité de choses confuses d'un vieillard fort en colère[1] » ? Et que dire de ses propos concernant le chevalier de Clerville ? C'est lui maintenant, le vieillard qui se désole de ne pouvoir se faire mieux entendre de la jeune génération, qu'elle soit familiale, militaire ou gouvernementale. « Si jeunesse savait, si vieillesse pouvait », mais justement elle ne peut pas.

Sur ce point, il a donc beaucoup vieilli. Aussi pourrait-on croire que toute son œuvre est derrière lui, achevée et livrée aux épigones et à cette postérité dont il espérait bien « quelque encens ». En réalité, il garde une curiosité de jeune homme, s'intéresse à mille et une choses comme il l'a toujours fait. Il fournit toujours à son secrétariat un travail considérable. C'est alors qu'il réunit en une sorte de pot-pourri – qu'il appelle un « ramas » – de nombreux travaux écrits à des dates diverses, dont il ne veut pas qu'ils soient trop dispersés et qu'il intitule avec quelque malice ses *Oisivetés*. C'est encore dans ces dernières années qu'il écrit ses *Traités de l'attaque et de la défense des places* et surtout « qu'offrant de bon cœur son savoir-faire au roi », il met en forme son dernier ouvrage, *La Dixme royale*, depuis longtemps à l'étude mais terminée seulement un mois avant sa mort.

En définitive, sa retraite lui donne enfin l'occasion d'une production littéraire d'importance. Désespéré en 1703, il finit très vite par s'accommoder d'être « un homme qui n'avait pas grand-chose à faire ».

CHAPITRE XIX

« Me trouvant valet à louer »

> Le Roi me donnerait un chagrin dont il ne
> me pourrait jamais guérir.
> *Vauban à Chamillart.*

La lettre de Chamillart signifiant à Vauban qu'il ne dirigera pas les attaques du siège de Landau est datée du 2 octobre 1703. Elle arrive le lendemain ou le surlendemain au plus tard. Le commissaire général est à Strasbourg. Il s'y est rendu pour se rapprocher de la place que l'on compte maintenant attaquer. Cette missive a sur le vieil ingénieur l'effet d'un coup de massue bien qu'il se soit, d'avance, douté de son contenu. Il est navré, désolé au sens fort du terme, se refusant à reconnaître les difficultés causées par « sa dignité de maréchal ». Il nie surtout le fait que « l'âge fort avancé » auquel il est parvenu lui rende très pénibles les fatigues d'une campagne militaire. Pourtant, bien des fois les ministres et le roi se sont inquiétés de son état de santé au cours des deux campagnes précédentes[1].

On lui enlève l'action. Qu'à cela ne tienne ! Malgré son chagrin, il a encore le fruit de ses réflexions à offrir. Quatre jours plus tard, le 6 octobre, voulant donner « de nouvelles marques de mon zèle et de mon affection au service du roi », il rédige un avis destiné à ceux qui dirigeront le siège en question : « Puisque, pour des raisons qui n'ont pas besoin d'être expliquées, il ne m'est pas permis de conduire en personne les attaques de Landau, [...] je veux m'en consoler du mieux que je pourrai en faisant part de mes vues et de mes faibles lumières à ceux qui doivent tenir ma place et conduire les travaux de ces attaques. » Et d'ajouter : « Je souhaite de tout mon cœur que nos frères s'attachent à le bien pénétrer et qu'ils en profitent. » Mais ses frères, c'est-à-dire ceux qui conduisent le siège et auxquels il a réitéré ses consignes – en particulier le lieutenant général de Laubanie et l'ingénieur Louis Filley –, s'ils approuvent ses conseils, ne les suivent pas[2]. C'est d'ailleurs ce à quoi sera dorénavant condamné Vauban.

Pourtant, jusqu'à sa mort, inlassablement, le maréchal ne cessera d'offrir ses services et de prodiguer ses enseignements. Comme il souffre désormais d'un désœuvrement peu conforme à son tempérament et à son génie, il comble peu à peu le vide de l'inactivité par le travail intellectuel et meuble ses « oisivetés » à écrire. Cependant, il s'organise très vite une vie plus conforme à son âge et à ses infirmités que la précédente. Il fait dès lors de Paris son principal point d'ancrage. Il ne dédaigne pas de repartir de temps à autre en voyages d'études ou de famille mais passe la meilleure partie de ses loisirs à rédiger des rapports, des mémoires et à mettre au net les manuscrits entrepris antérieurement, ce qu'il appelle ses *Oisivetés*. Par ailleurs, il donne son opinion sur les sièges et les événements militaires de l'époque et, parce qu'ils sont souvent malheureux, il joue à plein son rôle de Cassandre. En définitive, il fournit un gros travail intellectuel pour mettre au service du roi ses « avis », même lorsqu'on ne les lui demande pas. Certes, il a partiellement conscience de ce que cette offre incessante peut avoir d'exaspérant et d'inopérant mais il n'en persévère pas moins. Cela permet de mieux comprendre à la fois ses interventions et l'agacement que produisent souvent ses écrits, à commencer – ou pour finir – par la *Dixme*.

« JE POURRAIS ME DISPENSER DE VOUS DONNER DES AVIS »

Vauban est en train d'inspecter Strasbourg lorsqu'il écrit à Chamillart, le 11 octobre 1703, une lettre pleine de mélancolie : « Je ne songerai plus qu'à achever la visite des places de cette province et à m'en retourner, passant chez moi où je demeurerai tant et si peu qu'il plaira au roi, ayant deux ans que je n'y ai mis les pieds. De temps en temps, je vous ferai savoir de mes nouvelles afin que vous sachiez toujours où me prendre et à mon retour du Fort-Louis [qu'il doit encore inspecter], je vous enverrai la route que je tiendrai pour mon retour. » La chute de la missive est particulièrement émouvante : « Je vais aujourd'hui visiter le fort de Kehl et me donner tout entier à ce qui concernera la fortification des places de cette province puisque je n'ai plus que cela à faire. » Il y a pour ce maréchal de France quelque chose de vraiment pathétique dans l'acceptation d'un simple travail routinier. Car il refuse le repos, espérant contre toute évidence son rappel. S'en retournant en Nivernais, il passe en revue les unes après les autres les villes fortes d'Alsace. Il est encore à Belfort à la fin du mois d'octobre. Ce sera sa dernière inspection. Comme il n'est plus question de construire quoi que ce soit en ces temps de guerre et de vaches maigres – tout au plus renforcer certains ouvrages –, le directeur général des fortifications, Michel Le Peletier, peut en cela suppléer le vieil ingénieur.

Cependant, on a parfois recours aux conseils de l'expert incontesté qu'il est toujours. Il en est tout particulièrement ravi mais s'exaspère parfois contre son vieil ami Le Peletier qui lui pose des questions comme à « un enfant ». On fait assez souvent appel à lui, aussi bien du secrétariat de la Guerre que de celui de la Marine, et les questions qui lui sont soumises sont fort variées. Le 8 août 1704, on le consulte sur les pouvoirs que doit avoir le commandant militaire de Brest au regard des troupes de terre et de « messieurs de la Marine ». « Celui qui commande est personnellement chargé de la garde de la place envers le Roy à qui il en a fait serment solennel, et à qui il en doit répondre au péril de sa teste. [...] Il n'y a point de troupes soit de terre ou de mer qui ne doivent reconnoistre ses ordres s'il s'agissait d'un siège. Cependant, le mauvais usage en a décidé autrement, et la marine et les troupes de ce nom font bande à part et ne veullent point reconnoistre les ordres du gouverneur, en quoy ils ont tort et raison. » Il explique : « J'avois autrefois fait un mémoire raisonné sur les moyens de concilier la terre et la mer à l'occasion d'un démeslé assez échauffé qui arriva à Dunkerque entre M. de La Neuville, commandant de la place, et M. d'Amblimont, commandant de la marine, dont j'adressay copie à M. de Louvois et à M. de Seignelay... » Il ajoute, se louant d'avoir réussi où d'autres échouent : « La vérité est que la marine faisoit pour moy ce qu'elle n'auroit pas fait pour d'austres [3]. »

Le 26 mars 1704, avisé au point du jour qu'un feu a éclaté dans une salle basse des Tuileries, il se précipite en voisin et donne des ordres pour l'éteindre [4]. Le 23 septembre 1704, il expertise la Bastille, qui est une forteresse « d'avant le canon [5] ». Le lendemain, il doit donner son avis sur une porte du château de Luxembourg qui menace ruine. Il conseille tant les ministres que les ingénieurs. En 1706, il se penche sur les inondations de Nieuport et rédige, à l'usage des grands responsables, toute une série de mémoires sur chacune des villes de Flandre maritime [6]. Il ne se prive d'ailleurs pas d'écrire directement aux ingénieurs qu'il connaît si bien ; il s'inquiète de leur carrière et de leur avancement, tout en leur donnant encore, de longtemps, instructions et conseils [7] : « Prenez garde, s'il vous plaît, au contenu de cette lettre et songez à vous y conformer et rien de plus ; car je sais bien mon Brest et j'ai plus d'expérience de l'attaque des places que vous », écrit-il à Isaac Robelin, jeune qui, ingénieur en chef du grand port breton, voudrait bien n'en faire qu'à sa tête [8]. Il estime qu'il se doit d'envoyer ses instructions à son neveu Dupuy-Vauban lors de sa nomination au gouvernement de Béthune – il est vrai qu'il s'agit là d'un membre de sa maison – mais aussi à bien d'autres, tels Clément à propos des écluses de Dunkerque, Lapara à propos des sièges qu'il mène, Desroches et tant d'autres [9].

Cela étant, il réalise fort bien l'importunité de certaines de ses interventions. Aussi tient-il à s'en expliquer : « Je pourais me dispenser de vous donner des avis que vous ne me demandez pas et qui, peut-être, ne valent pas grand chose. Mais quand on est autant prévenu d'affection que je le suis, on a peine à se contenir quand on a pensé quelque chose qui, selon nous, peut être utile au service du Roy. Voilà ce qui me meut uniquement car, du surplus, je ne voys pas d'assez loing pour pouvoir estre garand de ce que je vais vous dire [10]. » De fait, il continue d'entretenir une grosse correspondance, et comme il ne perd jamais le sens des réalités financières, il prie le ministre de le dédommager de ses frais de poste : « Je vous demande l'affranchissement de mes lettres. Il y a vingt ans que je le devrais avoir car il n'y a personne qui écrive tant que moi [11]. »

Ces tâches, modestes au regard de toutes celles qu'il a remplies autrefois, le laissent souvent désœuvré. Tout cela ne comble pas son ennui. Aussi joint-il parfois le geste à la parole. C'est ce qui arrive lors de l'incident des canaux de Flandre en 1705.

Fort entiché de navigation fluviale, Vauban non seulement écrit des mémoires sur ces problèmes [12] mais entend à nouveau travailler sur le terrain. En septembre 1704, plein d'amour pour son pays natal, il prépare un projet sur la navigation du Cousin et accueille à Bazoches plusieurs magistrats du conseil municipal d'Avallon venus le remercier de ses projets. Il les a «fort agréablement receus, leur ayant témoigné qu'il affectionnait particulièrement Avallon et souhaitait leur en donner les marques, qu'il avoit conceu un dessin propre à le faire connoistre, scavoir de faire porter batteaux à la rivière du Cousin [...] mesme sans établir aucun droit sur les marchandises, qu'il estimoit qu'il en reviendroit beaucoup d'utilité à ladite ville par le débit de ses danrées et des pays voisins pour la fourniture de Paris, que cela procureroit encore de l'ouvrage au menu peuple ; que tout ce qui en pourroit retarder l'exécution, c'était le contretems fâcheux de la guerre que la France étoit obligée de soutenir contre ses ennemis [13] ».

L'année suivante, inquiet de certaines difficultés qui entravent la bonne navigation fluviale de Flandre «dont tout le bonheur de ce pays-ci dépend», il part le 4 juillet avec son gendre Mesgrigny pour examiner les canaux de la province. Une véritable escapade dans laquelle ils entraînent le gouverneur de Tournai, avec, à la clef, un voyage en bateau sur les rivières flamandes, Lys, Aa, surtout Deule, en compagnie des ingénieurs de la région et des députés du magistrat (ou conseil municipal). Il s'agit de sonder, d'examiner le cours de la rivière, d'en mesurer les sas car l'essor économique de Lille cause quelques soucis à ses habitants. L'industrie textile y est moins vivace que précédemment, le retrait des troupes envoyées aux Pays-Bas diminue aussi l'activité du commerce urbain. Enfin et surtout, les canaux de la région et la liaison entre haute et basse Deule – qui traverse la ville – «sont noirs comme de l'encre et d'une puanteur insupportable» en raison des extrêmes chaleurs. «Les moulins ne peuvent présentement tourner la moitié du temps.» Il convient donc de «fortifier» le canal de Douai à Lille au moyen des eaux de la Sensée qu'il sera nécessaire d'endiguer. D'autre part, il faudrait «faire prendre [au canal] le tour de la citadelle et de la porte Saint-André jusqu'au port d'en bas».

Enfin, il est nécessaire de curer les fossés, les égouts et certains souterrains [14]. Mais, immédiatement, c'est une levée de boucliers du magistrat qui en appelle à Chamillart (qui cumule secrétariat d'État de la Guerre et contrôle général) et au gouverneur de la ville, le maréchal de Boufflers. Les fossés de la Lys servent à faire rouir le lin, une des plus grandes activités de la région ; ils « se communiquent avec les eaux des canaux [...] avec la haute et basse Deule et d'autres rivières ». Il n'est pas question d'y renoncer. Par ailleurs, les gens de Douai se plaignent que « l'on n'a pas fait le canal de communication pour donner de l'eau à l'Escarpe mais bien pour en avoir à Lille ». Voici Vauban désavoué. Pourtant, il reprendra l'affaire l'année suivante, lors de son commandement de Dunkerque, à un moment où il faut prévoir que des « inondations » seront peut-être nécessaires pour défendre les villes de la région. « La conjoncture requiert que la navigation de Douay, de Tournay à Lille et à Arras ne soit point interrompue, c'est ce qui m'a obligé de faire un voyage à Douay pour voir comment on pourroit accorder tous ces besoins de sorte que le remède de l'un ne nuisît point à l'autre [15]. »

Pourtant, il ne s'agit là que d'une des multiples et menues activités d'un Vauban oisif dont nous avons déjà dit qu'il préfère désormais demeurer la plupart du temps à Paris.

Tracas domestiques

De 1691 à 1702, le commissaire général a résidé à chacun de ses passages parisiens dans l'hôtel particulier habité par le jeune ménage Bernin rue Saint-Honoré, paroisse Saint-Roch. En 1702, il s'installera très près de là, dans la rue Saint-Vincent. Il tire avantage de ses temps libres – lui qui en a eu si peu – pour faire sa cour. Il se rend à plusieurs reprises à Versailles ou à Marly et est ravi d'être reçu en grande pompe chevalier des Ordres du roi le 2 février 1705, nonobstant le fait que le juge d'armes d'Hozier ait mis en doute certaines preuves de noblesse fournies à cette occasion.

Rue Saint-Honoré, il apprend à connaître ses petits-enfants d'Ussé à qui il conte ses souvenirs [16]. Mais, de la part des époux Bernin, ce ne sont que demandes d'argent, emprunts à intérêt au denier 20. Friand, l'homme de confiance du commissaire général, est lui aussi sollicité [17]. Louis de Valentinay, contrôleur de la maison du roi, s'est mis en tête de fabriquer la pierre philosophale ; il y dépense sa fortune, se fâche avec ses parents et a de si nombreuses difficultés sur les bras qu'il n'arrive pas à s'en libérer. En dépit de tout, par amour pour sa fille, Vauban s'efforce d'aider son gendre en le mettant autant qu'il est possible en valeur. En 1695, alors qu'il exerçait son commandement de basse Bretagne, il avait demandé à Louis de Valentinay de donner de ses nouvelles au souverain, ce que fit celui-là lors de son service à Versailles, mais avec plus ou moins d'adresse. Cela avait eu le don d'exaspérer le jeune Barbezieux déjà fort mécontent de ce que Vauban ne le tienne guère au courant de sa mission bretonne : « Si vous êtes bien aise de faire faire votre cour à M. votre gendre en le chargeant de rendre au Roi les lettres que vous lui écrivez, tant qu'il n'y aura pas de motif plus vif, je ne m'y opposerai pas, quoique cela paraisse assez extraordinaire. Mais s'il y avait quelque chose de conséquence, je vous prie de vous souvenir qu'en ce cas, c'est moi qui dois informer Sa Majesté [18]. »

Vauban profite aussi des entrevues que lui accorde le souverain pour plaider la cause de son jeune ménage. En 1692, il a sollicité pour son gendre une charge de maître d'hôtel [19]. En 1697, préparant ce qu'il dira à l'audience royale, il note dans son agenda : « Mondit sieur de Valentinay estant vieux et cassé, mes absences longues et mon gendre peu intelligent dans les affaires, si son père venait à manquer, il se pourrait trouver embarrassé pour le reste de leurs affaires de finance pour lequel je le [le roi] supplie d'ordonner qu'on le mette en repos en achevant de leur rendre justice. Il a été tout depuis [si] pressé qu'il n'a plus que l'exercice [de sa charge] et si les bienfaits du Roi n'estoient pas venus à son secours, il n'auroit pas un sou vaillant [20]. » Un peu plus tard, le commissaire général essaie d'obtenir pour son gendre, par le canal de Pontchartrain, un bénéfice attaché au béguinage de Lille. Le ministre, qui a d'ailleurs des alliances avec les Bernin, se désole que « l'affaire de M. de Valentinay ayt si mal tourné », ce d'autant que « vous connaissez mon cœur et l'envie que j'ay de luy rendre service [21] ». En 1702, le commissaire général s'adresse cette fois-ci à la princesse douairière de Conti – Marie-Anne de Bourbon – pour la supplier d'intervenir auprès de ses cousins d'Ussé, lui demandant de mettre la paix dans cette famille en essayant de renouer le dialogue entre les parents et leur fils. Il reconnaît que son gendre est un très mauvais gestionnaire : « mal gouverné, [...] dissipation, [...] mais il n'est pas sans mérite [22] ». Pour autant, les choses ne s'améliorent pas et le pauvre beau-père est obligé de prendre ses distances. Le 24 juin 1703, alors que Vauban part pour Brisach, Friand s'en ouvre au gouverneur de Tournai, Jean de Mesgrigny : « Je crois que vous savez qu'il [Vauban] a entièrement rompu avec M. de Valentinay et qu'il ne le voit plus du tout, il y a déjà du temps [23]. » Le maréchal pressent dès lors les inévitables difficultés qu'occasionnera sa succession pourtant bien préparée.

Du côté des Mesgrigny, il a en revanche bien des satisfactions. Il s'entend bien avec son gendre aîné qui vient à plusieurs reprises le retrouver dans la capitale et dans les bras duquel il rendra son dernier soupir. Durant l'été 1705, il fera avec lui le voyage d'études en Flandre au cours duquel ils seront rejoints par Jean-Nicolas de Mesgrigny, ami de l'un et oncle de l'autre.

C'est également une grande joie pour l'ingénieur de pouvoir compter sur son premier petit-fils, Jean-Charles de Mesgrigny, l'aîné des neuf enfants de Charlotte Le Prestre. L'adolescent – d'abord sous-lieutenant, lieutenant au régiment du roi, enfin capitaine au même régiment – lui sert à plusieurs reprises d'aide de camp. Il était là en basse Bretagne, il est encore à ses côtés lors du siège du « vieux » Brisach, il le rejoindra à Dunkerque en septembre 1706 après avoir combattu dans la désastreuse bataille de Ramillies. À Brisach, il a participé à la joie de la victoire puis au chagrin de son grand-père. Il a fait trembler Vauban lorsque, quelques semaines plus tard, il a contracté la variole. Ils se retrouvent en Nivernais peu après, l'un pour prendre ses quartiers d'hiver, l'autre pour se refaire physiquement et du même coup recruter de beaux soldats pour sa compagnie. De retour à Paris, le maréchal attend son petit-fils avec impatience pour l'emmener à plusieurs reprises faire sa cour à Versailles. Il voudrait tant le patronage royal pour ce jeune homme : « Savoir ce qu'il plaît au Roy que je fasse du petit-fils que j'ay eu l'honneur de lui présenter. Il a servi trois ans dans les cadets de Tournay dont deux de services bien effectifs », note-t-il en décembre 1696. Et en 1697 : « Demander au Roy qu'il lui plaise de me permettre de mener le sieur d'Aunay, mon petit-fils, lieutenant au régiment de S. M., ce voyage-ci avec moy pour commencer à lui apprendre à connaître les places [24]. »

À l'automne 1706, alors que Jean-Charles lui sert d'aide de camp, Vauban sollicite du secrétaire d'État de la Marine la grâce suivante : « Le roy a accordé à M. le Chevalier des Touches vingt galériens déserteurs [...]. Ne pourrai-je, Monsieur, en obtenir quinze ou seize au régiment du roi pour la compagnie du comte d'Aunay et du chevalier de Mesgrigny, mes petits-fils qui en sont ? Je crois que vous pouvez me faire ce plaisir sans que cela tire à conséquence [25]. » Il désirerait surtout que le roi donne un régiment à Jean-Charles, mais cela ne se fera qu'en 1709 avec la création du régiment de Mesgrigny ; cela aurait comblé de joie le vieux grand-père s'il avait pu y assister. Une réelle complicité s'est donc tissée entre l'aïeul et ce jeune homme qui finira sa carrière militaire comme lieutenant général des armées du roi. Bon chien chasse de race !

Les autres frères et sœurs de Jean-Charles flattent eux aussi le maréchal ; il en est un cependant qui le navre. Il s'agit de Jean-Henry, chevalier de Malte de minorité et lieutenant au même régiment que son aîné. Or, il a eu, paraît-il, une attitude indigne d'un noble au combat, se cachant à plusieurs reprises pour ne pas combattre, en particulier à Ramillies. Le grand-père est indigné : « J'aimerais mieux le voir noyé que malhonnête homme. » Il parle de faire donner les « étrivières » à l'adolescent qui atteint alors sa dix-septième année. Il sera épargné au maréchal – mort entre-temps – de savoir qu'il a même été question de faire embastiller le malheureux garçon par lettre de cachet réclamée par son père soucieux de l'honneur familial [26]. Pourtant, les choses ne semblent pas avoir été aussi loin que le laisserait supposer une lettre qu'écrivait le comte d'Aunay en 1709, immédiatement après son veuvage. En tout cas, deux ans plus tard, Jean-Henry est présent à Aunay dans plusieurs cérémonies familiales [27].

Comme dans toute famille, joies et peines se succèdent. Le 18 juin 1705, en son château de Bazoches, « haute et puissante dame, madame Jeanne d'Osnay, épouse de haut et puissant seigneur, monseigneur Sébastien Le Prestre de Vauban, maréchal de France », munie des sacrements de l'Église, meurt « avec toutes les marques de sa piété ordinaire [28]. » En raison des premières chaleurs de la saison, elle est inhumée dès le lendemain, 19 juin, « assistée » d'un grand concours de « noblesse, officiers, et de plus de deux mille personnes de différents estats ». Les Mesgrigny sont là, Vauban est en revanche absent. On ne saurait lui en tenir rigueur. Il se trouve alors à Paris et ce n'est pas en vingt-quatre heures qu'il aurait pu tout à la fois être prévenu et accourir en Nivernais.

Aucune confidence ne nous est d'ailleurs parvenue sur les réactions du maréchal devant la mort de celle qui aimait tant se dire « espouse et compaigne de Monseigneur de Vauban [29] ». Compagne, elle ne le fut guère, rompant si rarement son pain avec lui et ne partageant sa vie qu'en de brèves occasions. Mais pourtant, elle le fut bien dans la mesure où elle œuvra toujours pour lui. Elle lui avait amené sa première seigneurie, ses premiers bois, ses premiers labours, une demeure ancestrale. À défaut d'héritier mâle, elle lui avait donné deux filles. Elle a aidé à gérer le patrimoine familial et a surtout permis de conserver la cohésion de la *domus*. Ce n'est pas là un mince mérite !

À peine veuf, Vauban fait immédiatement l'objet de la sollicitude des marieuses. On devine qu'il est encore vert galant. C'est ainsi que lors de la rédaction de son testament, en mars 1702, il reconnaît « avoir commerce » avec une « fille du voisinage apellée mademoiselle Baussant, logeant dans la rue Saint-Vincent (mon portier la connoist), qui prettent estre grosse de mon fait; bien que cella ne soit peut-estre pas vray, mais comme cella peut estre aussi, il faudra accomoder *secreto* avec elle, ou avec sa mère, affin qu'elle se charge de cet enfant, et pour cet effet, luy donner jusque à mil écuz [30], suposé que l'enfant vive, qu'il faudra, pour bien faire, mestre sur la Maison de Ville, au profit de cet enfant, et parce qu'elle est fille de quelque callité, il faudra faire cella avec secrest [31] ». Bien sûr, l'entourage mondain du maréchal ignore très probablement cette aventure. Mais on sait qu'il coquette depuis quelques années avec Mme de Ferriol, sœur de l'abbé de Tencin – abbé commendataire de Vézelay, futur cardinal et ministre d'État [32]. Elle est surtout l'épouse d'un trésorier général des finances dauphinois, vieux et indulgent, qui préfère vivre à Grenoble tandis que sa femme n'aime que Paris. Elle aurait eu comme amant tour à tour M. de Torcy, ministre des Affaires étrangères, plus tard le marquis d'Huxelles, peut-être entre-temps Vauban. On ne prête qu'aux riches ! De toute manière, il s'agit là d'une femme mariée et non d'une candidate à l'hymen.

En revanche, durant l'hiver 1705-1706, il est question de marier le maréchal avec Mlle de Villefranche. L'instigatrice du complot est une des nièces du Grand Colbert, Mme de Saint-Pierre-Spinola. Fille de Colbert de Croissy, sœur de M. de Torcy, elle est pour son propre compte adornée depuis peu d'un vieil époux, grand d'Espagne. Elle tient salon en son hôtel parisien et voudrait « caser » son amie, une Dupuy-Montbrun. La prétendante est une Valentinoise de vieille souche, fille d'un religionnaire tué au service des alliés à la bataille de La Marsaille – en 1693 –, de surcroît quelque temps maîtresse du jeune comte de Toulouse, bâtard du roi. Pour en débarrasser la Cour, Mme de Maintenon la voudrait marier « à quelque vieux seigneur ». Une première tentative de fiançailles avec un courtisan n'ayant pas réussi, la jeune et fort belle personne est vite séduite par les propositions de son amie Saint-Pierre. Mais encore faudrait-il décider le commissaire général à se déclarer.

L'affaire nous est contée dans un rapport de police daté du 10 novembre 1705 et envoyé par le lieutenant de police Voyer d'Argenson à Pontchartrain : « M. le maréchal de Vauban n'a point encore rendu visite en forme à Mademoiselle de Villefranche, qui en est assez fâchée ; mais il la voit presque tous les jours chez la duchesse de Saint-Pierre où l'on prend grand soin de lui plaire, d'applaudir à tous ses discours et de donner à la politesse de son esprit et à la douceur de sa conversation des louanges qu'il mérite infiniment par des qualités plus éminentes et par des vertus plus solides. On dit cependant chez lui que l'entreprise de la duchesse de Saint-Pierre ne réussira pas et que leur maître en fait quelquefois des railleries ; mais la demoiselle, accoutumée à gagner les cœurs les plus difficiles, se flatte toujours que celui-ci ne lui résistera pas et que l'habitude de la voir produira nécessairement une passion violente dont elle saura faire usage [33]. »

Rien d'étonnant que le maréchal, parce que personnalité importante de la capitale, fasse l'objet d'une surveillance des sbires du lieutenant de police. Admirons par ailleurs la lucidité désinvolte de l'expert incontesté des sièges pour se défendre d'une conspiration féminine. « L'entreprise de la duchesse de

Saint-Pierre » ne réussissant pas, il n'est plus question de Mlle de Villefranche dans la vie de Vauban. Il ne sera plus davantage question de nouvelles tentatives de mariage.

En fait, même s'il est devenu « un homme qui n'a pas grand-chose à faire », le maréchal veut garder sa liberté. En dehors des quelques tâches matérielles qu'il a conservées, il se préoccupe avant tout de colliger ou de rédiger aussi rapidement que possible toute une série de mémoires dans lesquels il livre ses préoccupations, le tout sur fond de guerre malheureuse.

Les *Oisivetés*

Au cours des trois années et demie qui séparent la prise du « vieux » Brisach de sa mort, Vauban meuble une grande partie de ses loisirs forcés en terminant le collationnement déjà bien entamé de bon nombre de ses écrits antérieurs avec l'aide d'un secrétariat fidèle et efficace. Le commissaire général veut en effet pouvoir se rapporter sans difficulté à un certain nombre de mémoires dont il a déjà fait usage ou réactualiser certains autres qui, jusque-là réservés à sa seule personne ou déjà utilisés, sont devenus maintenant encore plus opportuns ou plus percutants, tel *De l'importance dont Paris est à la France* écrit en 1689 et réactualisé en 1706, lorsque le maréchal s'inquiète à nouveau pour la capitale. Ce travail aboutit à ce qu'il appelle lui-même « mes oisivetés ». Il s'agit de douze volumes de « ramas » de dates diverses, réunis dans un ordre chronologique assez lâche, tous manuscrits, – sauf la *Dixme* qui sera imprimée – mais tous joliment illustrés et reliés pour en assurer une meilleure conservation. Le maréchal en a aussi fait faire quelques copies pour les donner à des proches, par exemple à Antoine Dupuy-Vauban[34]. La liste de ces volumes d'*Oisivetés* et la description sommaire de leur contenu a été faite pour la première fois en 1768 par le brigadier d'infanterie – alors colonel – Jacques de Gervain de Roquepiquet qui finit sa vie comme directeur des fortifications de Roussillon et par le futur général Lafitte-Clavé qui servait sous ses ordres à Bayonne avant de le suivre à Perpignan. La plupart de ces douze volumes sont possédés par la bibliothèque de l'inspection du génie[35].

Or, parmi les mémoires écrits au fil des ans par Vauban, trois sont de cette époque et parmi les plus importants. L'un, plusieurs fois remanié, n'est autre que la *Dixme* de 1707[36]. Les deux autres – qui ne sont pas non plus des moindres – la précèdent. Ce sont le *Traité de l'attaque et de la défense des places* dédié au duc de Bourgogne en 1704 et le *Projet de paix*, de janvier 1706.

Riche de l'expérience de quarante-neuf sièges et sur un mode beaucoup plus austère et systématique que dans le *Mémoire pour servir d'instruction dans la conduite des sièges* de 1672, le maréchal occupe l'année 1704 à rédiger son *Traité de l'attaque des places*. Il s'agit d'une sorte de testament ou, mieux encore, d'un règlement militaire destiné aux jeunes générations qui ne connaîtraient pas les règles de bonne conduite des sièges ou surtout qui se laisseraient séduire par de nouvelles modes. Dans son premier mémoire, celui sur la conduite des sièges de 1672, l'ingénieur – encore en sous-ordre – s'appuyait sur ses constatations et proposait une méthode d'attaque qu'il n'avait pu encore véritablement expérimenter. Devant l'improvisation, les tares et les manques des guerres précédentes, il formulait des prescriptions nouvelles en espérant qu'elles seraient désormais strictement appliquées. Au contraire, dans le cas de son *Traité*, c'est fort des résultats qu'il a obtenus depuis Maestricht qu'il offre sa méthode en exemple de ce qui doit se faire. Il précise les règles qu'il a édictées. D'un ouvrage à l'autre, on passe en quelque sorte d'une recherche dubitative à une affirmation, d'un projet à son exécution, d'une étude prospective à sa réalisation.

Le plan est clair tout au long des quelque six cents feuillets de texte, le style net et dépouillé. D'où le caractère très didactique, voire réglementaire, d'un ouvrage que son auteur ne cherche pas à faire imprimer, ne serait-ce que pour réserver ses enseignements aux seuls militaires français. Tout l'oppose aux théories de son principal adversaire, l'ingénieur hollandais Cohorn (1641-1704) dont *La Nouvelle Fortification*, écrite peu avant la mort de son auteur, sera imprimée à La Haye deux ans plus tard. Le premier veut une préparation méthodique de l'attaque, en quelque sorte rituelle ; il désire ne rien laisser au hasard et ménager le sang des hommes. L'autre, au contraire, cherche à arracher la victoire par la rapidité de l'action et déconcerte l'ennemi en l'attaquant en son point le plus fort, sans tenir compte de la « casse ».

Tome premier	Mémoire pour le rappel des huguenots	1689 et 1692
	De l'importance dont Paris est à la France	1689
	Le canal de Languedoc	1691
	Diverses maximes sur les bâtiments	
Tome II	Idée d'une excellente noblesse	
	Les ennemis de la France	
	Projet d'ordre contre les effets des bombes	
	Projet de la capitation	1695
	Mémoire qui prouve la nécessité de mieux fortifier les côtes du goulet	1695
	Mémoires sur les sièges que l'ennemi peut entreprendre dans la campagne de Piémont	1696
	Description géographique de l'élection de Vézelay	1696
	Fragment d'un mémoire au roi	1696
Tome III	Places dont le roi pourrait se défaire en faveur d'un traité de paix	1694
	Mémoire des dépenses de la guerre sur lesquelles le roi pourrait faire quelque réduction	
Tome IV	Moyen d'établir nos colonies d'Amérique et de les accroître en peu de temps	1694
Tome V	État raisonné des provisions les plus nécessaires quand il s'agit de donner commencement à des colonies étrangères	
	Traité de la culture des forêts	1701
	La cochonnerie ou calcul estimatif pour connaître jusqu'où peut aller la production d'une truie pendant dix années de temps	
	Navigation des rivières	hiver 1698-1699
Tome VI	Projet de vingtième ou taille royale	1707
Tome VII	Mémoires et instructions sur les munitions des places, l'artillerie et les armements en course faits en divers temps	
	Moyen d'améliorer nos troupes et d'en faire une infanterie perpétuelle et très excellente	
Tome VIII	Attaque des places	1704
Tome IX	Défense des places	1705
Tome X	Traité de la fortification de campagne, autrement des camps retranchés	1705
Tome XI	Instruction pour servir au règlement des transports et remuement des terres	
Tome XII	Projet de navigation d'une partie des places de Flandres à la mer	1705

D'après la liste établie en 1768 par Jacques de Gervain et André de Lafitte-Clavé, BIG, ms Lafitte.

Les Oisivetés *de Monsieur de Vauban*

Cependant, à partir de la page 541, s'adressant au fils du dauphin appelé à régner un jour sur le royaume, l'ingénieur propose aussi deux aménagements qui lui tiennent particulièrement au cœur, l'un concernant l'artillerie qui a « tant de part dans les sièges pour attaquer ou défendre que j'ai cru devoir ajouter le mémoire qui suit à ce traité », le second concernant la sape. À propos de l'artillerie, il voudrait la rendre plus homogène et mieux organisée qu'elle ne l'est présentement. Il revient au plan qu'il a fait une quinzaine d'années auparavant avec deux artilleurs chevronnés, MM. de La Frézelière père et Saint-Hillaire, dans l'hiver qui suivit la mort de Louvois. Il explique que, celui-ci « s'étant emparé de la direction générale de ce corps à la nomination des officiers près qu'elle n'avait même d'effet qu'autant qu'elle était approuvée par lui, il y disposoit de toutes choses à son gré, et c'étoit pour cela que quand la charge de grand maître étoit vacante, il avoit soin de procurer de tout son pouvoir qu'elle fust remplie par des sujets agréables au Roi mais qu'il pût gouverner. Tels furent M. le duc du Lude et M. le Maréchal d'Humières, deux seigneurs de la cour très liés à leur maître, l'un et l'autre de qualité distinguée et très honnestes gens mais qui n'avoient aucune pratique de l'Artillerie, la laissant faire à M. de Louvois pour ne pas se brouiller avec lui et se contentoient d'en recevoir les appointements et de jouir des honneurs et prérogatives atachées à cette belle charge. Il n'est pas possible aussi qu'un ministère comme celui là qui consiste en une infinité de détails pénibles qui demandent beaucoup de connaissances et d'application puisse être bien exercé par ceux qui ne l'ont jamais pratiqué. Tels étoient les seigneurs dont je viens de parler, et M. de Louvois même n'en scavoit pas dans les commencements plus qu'eux, outre qu'il étoit occupé d'une infinité d'autres affaires importantes, qui nécessairement lui causoient de grandes et fréquentes distractions. À la vérité, la grandeur de son génie suppléoit à bien des choses qui auraient échapé à d'autres, mais cela ne suffit pas pour remplir une charge de cette conséquence qui demande un homme entier, très intelligent et de grande expérience car c'est un vrai ministère qui renfermeroit plus d'affaires qu'aucun autre s'il étoit exercé dans toute l'étendue qui lui convient, ce qui mérite véritablement un conseil particulier qui ait un jour de la semaine d'audiance réglée pour rendre compte au Roi de ce qui le concerne. » On peut se demander si, par-delà Louvois, il n'y aurait pas dans cette description une charge contre le grand maître de l'artillerie en exercice, le duc du Maine, l'aîné des légitimés et le demi-oncle du duc de Bourgogne.

Mais revenons au discours de Vauban. Il l'adorne d'une série de considérations sur l'artillerie qui « entre dans toutes les grosses expéditions, triomphe dans tous les sièges (attaque ou défense) et dans toute action de guerre ». Il voudrait qu'elle connaisse le même sort que celui qu'il souhaite pour le génie et qu'elle soit donc organisée en un vrai corps régi de façon autonome. À la suite de quoi, il propose deux axes de réflexion : l'un sur les matériels – très court, ce qui étonne venant d'un Vauban qui a autrefois suivi de très près maints perfectionnements techniques ; l'autre sur l'organisation du corps de l'artillerie. Très favorable à la structure régimentaire, il souhaite un regroupement de tous ceux qui interviennent avec les artilleurs mais jusqu'à présent sans véritable harmonie. À propos des fusiliers, il affirme qu'ils « ne connaissent pas assez l'artillerie et sont à la fois de l'artillerie et de l'infanterie. Or on ne peut servir deux maîtres à la fois, comme le dit l'Écriture ». Il émet également des réserves sur la formation des bombardiers, sur celle des ouvriers – dotés en outre de mauvais instruments –, sur celle des canonniers. Il en appelle à l'exemple des Germaniques : « Chez les Alemands où la dicipline est très bien réglée, les corps les plus pesans commandent toujours aux plus légers quand ils se trouvent ensemble. C'est-à-dire que les lieutenants-généraux d'artillerie commandent à ceux d'infanterie et de cavalerie, et ceux d'infanterie à ceux de la cavalerie. » Dans ces conditions, il voudrait un corps d'artilleurs qui « ferait le poids » et qui compterait cinquante-quatre compagnies réparties en trois régiments de dix-huit compagnies chacun, dont une de mineurs – puisque les mineurs ont été, hélas, définitivement rattachés à l'artillerie en 1696 –, une de bombardiers, une d'ouvriers, un bataillon de fusiliers et le reste de canonniers.

Il revient aussi sur un projet concernant le génie et qui lui tient particulièrement à cœur. S'il ne réclame plus, comme au temps de sa jeunesse, un « régiment de la tranchée », il voudrait pour le moins une compagnie de sapeurs dont il ne dit pas à qui elle serait rattachée : « L'expérience désagréable que j'en ai faite à tous les sièges où je me suis trouvé m'auroit déterminé il y a longtemps à demander au Roi la levée d'une compagnie franche instruite à toutes espèces d'ouvrages qui se pratiquent dans la fortification et dans les sièges mais l'incertitude du temps que la guerre pouvoit durer et la quantité d'autres affaires dont j'étois occupé dans ces temps là me l'avoit fait considérer comme un surcroît de peines que je me serois atirées par la levée et l'instruction de cette compagnie, me firent longtemps abstenir de la proposer, ce qui alla jusqu'à la fin du siège de Mons qu'ayant éprouvé plus que jamais les grands besoins que nous en avions, j'eus l'honneur d'en parler au Roi et de lui demander la permission d'en faire la levée », ce qui, pour autant, n'eut pas lieu. Il en évalue la composition exacte de deux cents hommes de troupe, deux bas officiers, cinq officiers anciens ingénieurs, sans oublier les tambours et le matériel de fusils, baïonnettes à douilles, charrette de transport, etc.

Écrites à propos de l'artillerie et du génie, ces deux annexes complètent de précédents mémoires portant sur la levée et l'enrôlement des soldats de diverses armes et sur la solde, l'habillement et les armes[37]. Ici, leur auteur manifeste le souci du détail et le sens de la logistique d'un ancien commandant de compagnie – ce que le jeune Vauban a été plusieurs années durant – doublé d'un chef désireux de voir les hommes donner le maximum de leurs forces. Mais, bien sûr, le *Traité de l'attaque des places*, complété dès l'année suivante par le *Traité de la défense des places*, couronne véritablement l'œuvre militaire rédigée par Vauban.

« JE VOIS BIEN QUE NOUS ALLONS TOMBER
DANS UNE GUERRE DÉFENSIVE »

Cependant, le conflit de la succession d'Espagne continue et Vauban en suit le déroulement de très près. Là où les choses se gâtent, c'est lorsqu'il prétend donner des conseils réitérés à ceux qui conduisent les sièges émaillant le cours du conflit.

Point n'est question d'oublier que la guerre est dure aux Français dispersés sur tant de théâtres d'opérations. Les nuages s'amoncellent. Les troupes royales, en dépit d'un remarquable accroissement numérique obtenu en partie grâce à la milice, n'y suffisent plus. Les déroutes s'accumulent. En 1704, coup sur coup, la défaite franco-bavaroise de Blindheim en août, la perte de la place de Landau en novembre et de celle de Traerbach en décembre obligent les Français à abandonner l'Allemagne. On craint une avance ennemie du côté de l'Alsace et sur la trouée de la Moselle, vers Sarrelouis, Thionville et Luxembourg.

À peu de jours de ces désastres, le maréchal de Vauban propose la construction, en avant de Thionville, d'un camp retranché de 8 000 à 10 000 hommes : « Je sais que cela n'est pas du goût du roi non plus que de ses généraux qui lui ont fait une désagréable peinture des camps retranchés ; c'est qu'ils ne les entendent pas. Je ne sais pas comment ils persistent si longtemps dans cette erreur-là, vu les belles leçons que les Allemands en donnent tous les jours [38]. » Et s'adressant toujours à Le Peletier, il ajoute le 30 janvier : « Nous allons tomber dans une guerre défensive, où on nous fera voir bien du pays si on ne s'accoutume pas davantage à cette manière de guerroyer. [...] Jusqu'ici, on a reçu toutes les propositions que j'ai faites à cet égard comme autant d'absurdités qui ne méritaient pas d'être écoutées. » Il est cependant obligé de renoncer à son idée devant la ferme opposition d'Alexandre de Chermont, directeur des fortifications de la Moselle – un de ses fidèles pourtant –, qui dénonce l'impossibilité où l'on se trouve de construire rapidement les travaux de fortification de campagne requis pour ce faire.

Du coup, Vauban propose au maréchal de Villars, de retour des Cévennes et qui vient d'être placé dans ce secteur, d'en venir à une guerre de partisans se livrant à de petits combats. Cependant, la place de Huy tombe à son tour, créant une béance sur la Meuse ; les lignes du nord des Pays-Bas espagnols sont forcées en plusieurs points. Dès 1705, les frontières du nord-est du royaume et du nord des Pays-Bas semblent donc sérieusement menacées. Elles le seront davantage encore l'année suivante.

Dans les Alpes, la guerre a repris après la défection de Victor-Amédée, duc de Savoie. De très nombreuses opérations de montagne opposent les troupes françaises aux Savoyards. Vauban est pleinement heureux d'apprendre la prise de la place de Montmélian qui livre la Savoie aux Français et celle du château de Nice au cours de l'année 1705. Ces deux victoires gênent terriblement le duc de Savoie de ce côté-ci des monts. Pour autant, Vauban n'a pas approuvé la manière dont furent menés les sièges, en particulier celui de Nice. À quoi le maréchal de Berwick, commandant de l'armée des Alpes, répond fort impertinemment : « Enfin, Monsieur, voilà le chasteau de Nice pris, et cela non seulement en très peu de temps, mais aussi par le côté que l'on vous assuroit impraticable. Je crois que de là vous concluerez aisément que ceux qui voient de près doivent être crus préférablement à ceux qui en sont à deux cents lieues. »

Malgré cette pénible leçon et sans se laisser impressionner par ces propos de grand seigneur dédaigneux, Vauban prodigue ses conseils à Chamillart sur la possible démolition des deux places conquises. Sur Nice : « Il faudroit la garder pour toujours s'il estoit possible, sinon jusqu'à ce qu'on fût sur le point de traitter des préliminaires de la paix et peu avant ce temps-là, la faire sauter impitoyablement. [...] Si on la raze présentement, la frontière de Provence qui l'est de terre et de mer, et par conséquent doublement exposée par son extrême faiblesse, deviendra encore plus faible, au lieu que la gardant, elle en sera considérablement fortiffiée. [...] Chose du monde ne feroit tant de plaisir aux Anglais et Holandais que la ruine entière de Toulon et de Marseille. » Répétant ce qu'il a déjà dit en 1694 et en 1701, lors de ses voyages sur la frontière provençale, il continue : « Si Antibes, Toulon, Marseille étoient des lieux sur lesquels on pouvait compter pour une résistance considérable, je ne tiendrais pas ce langage, mais le Roy scait bien que ces places ne sont pas en état de faire une deffense de durée »[39].

Il s'inquiète pareillement de la place de Montmélian « située à la rencontre de quatre vallées, dont trois à M. de Savoye et une au Roy » : « Sa Majesté a aussi résolu la démolition de Montmélian. Je ne suis pas contre, mais je ne scay si on n'auroit pas bien fait d'en différer l'exécution attendu le mauvais état du fort Barrault petit de luy-même et imparfait auquel on travaille depuis plus de 80 ans sans qu'on puisse dire ce poste achevé ni en bon estat. » Là encore, il accepte la préparation du rasement mais veut en surseoir l'exécution[40].

Toujours contre le Savoyard, mais cette fois-ci du côté transalpin, l'armée des Deux-Couronnes a réussi au cours de l'année 1704 la réduction des places piémontaises de Chivas, Verceil, Verrue. Ces sièges sont d'autant plus longs qu'ils ont été mal préparés, du moins d'après Vauban et plusieurs de ses ingénieurs qui ont bien de la difficulté à se faire écouter des généraux présidant aux attaques. Ces derniers ne veulent plus entendre parler de sièges savamment menés selon le rituel vaubanien. Ils lui préfèrent l'attaque à « la Cohorn », frappant vite et fort sur un point difficile que les assiégés négligent de défendre puisque prétendu imprenable.

Or, à Verrue, très proche de Turin, l'affaire traîne jusqu'à cent cinquante-deux jours et coûte aux Franco-Espagnols un millier de morts. Vauban, tenu au courant par « ses » hommes, de s'indigner bien évidemment. Le siège de Turin, qu'il faut nécessairement entreprendre pour frapper le duc de Savoie au cœur même de ses États, se trouve dès lors au centre d'une âpre polémique entre le commissaire général et le futur maréchal de La Feuillade, chef de l'armée de Piémont. Parfaitement tenu au courant par plusieurs ingénieurs qui correspondent avec lui – en particulier Lozières d'Astier et Salmon, tous deux promis à une belle carrière, mais aussi Bertram, sans exclure le chef des ingénieurs, Rémi Tardif –, Sébastien Le Prestre multiplie encore une fois ses conseils, rédige un mémoire sur la manière de conduire les attaques. Il obtient même du roi que le siège prévu pour septembre 1705 soit ajourné en raison de l'avancement de la saison.

Louis d'Aubusson, fils du maréchal-duc de La Feuillade et, pour son compte, gouverneur de Dauphiné et lieutenant général depuis deux ans, apprend du secrétaire d'État de la Guerre – qui est en même temps son beau-père : « M. le maréchal de Vauban avait grande envie de finir sa carrière par le siège de Turin, si le roi avait voulu lui donner tout ce qui est porté dans son mémoire, et même quelque chose de moins ; il me l'a dit lui-même. »

À quoi l'impétueux général qui n'a guère dépassé la trentaine répond par retour de courrier : « Ayez confiance en moi et vous vous en trouverez mieux, et le roi aussi, que de tous les ingénieurs du monde. Il y a des gens nés pour commander et ces sortes de messieurs-là sont faits seulement pour exécuter les ordres qu'on leur donne [41]. » Les temps ont bien changé depuis que le « meilleur ingénieur de ce temps » combattait sous les ordres directs du roi qui admirait tant ses vastes places d'armes et les attaques menées d'après ses conseils ! Il est vrai que la guerre offensive qui fut celle de Louis le Grand est en train de se transformer en guerre défensive. Il est non moins vrai que les jeunes générations s'impatientent des conseils prodigués.

Reprise en 1706, l'entreprise du siège de Turin mobilise une très grosse armée royale. Forte de plus de 30 000 hommes, celle-ci est à pied d'œuvre avec une forte artillerie (110 pièces de gros calibre, 49 mortiers), 3 compagnies de mineurs (1re, 2e et 4e), 8 brigades d'ingénieurs dirigés par Rémi Tardif et Louis-Joseph de Plaibault de Villars-Lugeins. Le lieutenant général Louis de La Feuillade s'obstine à attaquer en premier la citadelle, nonobstant les précédents conseils de Vauban et les objurgations des ingénieurs[42]. En dépit de l'importance et de la valeur des troupes royales, les contre-mines des assiégés font merveille et le siège traîne plus de trois mois. Surtout, au cent dix-septième jour, les Français sont pris à revers par une armée de secours conduite par le prince Eugène. Ils sont obligés de se retirer le 7 septembre 1706 en abandonnant l'Italie du Nord.

Projet de paix assez raisonnable

En ce mois de septembre 1706, ce désastre entraînant l'abandon du Piémont est d'autant plus douloureusement ressenti par Louis XIV qu'il survient après la bataille de Ramillies (23 mai), suivie de la perte des Pays-Bas espagnols.

L'affaire de Turin a mis assez paradoxalement Vauban en mauvaise situation vis-à-vis de Chamillart, très gêné d'avoir à reconnaître l'obstination coupable de son gendre. C'est pourtant à cette époque que le commissaire général, en service commandé à Dunkerque, propose au ministre le *Projet de paix assez raisonnable pour que tous les intéressés à la guerre présente en dussent être contents s'il y avait lieu et qu'il plût à Dieu d'y donner sa bénédiction*, écrit le 2 février précédent – alors que ni le désastre de Ramillies, ni celui de Turin ne sont encore intervenus – et qu'il livre maintenant au roi.

Dès avant l'acceptation du testament de Charles II, Vauban a été hostile à une alliance avec l'Espagne. Il a été en revanche favorable aux projets de partage proposés lors de l'entente de La Haye. Aussi fut-il désolé de la guerre dynastique de la succession d'Espagne. Très favorable au pré carré et en extrême méfiance des expéditions lointaines – au-delà des monts –, le vieux guerrier gémit du bouleversement général que produit ce conflit et de ses conséquences funestes : révolte des camisards, misère extrême du royaume, indiscipline des troupes, médiocrité des officiers – il n'ose dire des généraux.

En 1706, il se penche à nouveau sur des possibilités de négociations : « La France a sans doute besoin d'une bonne et solide paix qui ne soit pas de la nature de celles qu'on appelle fourrées. Me trouvant fort désœuvré, il y a sept ou huit mois, je m'amusai à en faire une espèce de projet qui, tel qu'il est, contient beaucoup de choses qui pourraient nous convenir si on venait à une négociation. Cela vous paraîtra sans doute ridicule et visionnaire d'un homme comme moi. Mais je m'embarrasse peu des qualités qu'on peut me donner pourvu que le roi y trouve quelque utilité [43]. » Toujours défavorable à l'acceptation du testament de Charles II d'Espagne, il prend carrément parti et estime que Philippe d'Anjou devrait renoncer à son trône. Dans ce cas, ce serait l'archiduc qui prendrait sa place mais à une condition *sine qua non*, celle de consentir à des abandons substantiels. Or, à la seule condition de ne pas éparpiller les forces françaises, Vauban ne refuse pas, tant s'en faut, l'agrandissement du royaume avec troc et échanges à la clef. Comme en 1700, il serait ravi d'un royaume agrandi à condition qu'il soit compact : « La France a des bornes naturelles au-delà desquelles il semble que le bon sens ne permette pas de porter ses pensées. Tout ce qu'elle a entrepris au-delà des deux Mers, du Rhin, des Alpes et des Pyrénées luy a toujours mal réussi ; ses intérêts sont naturellement opposés à ceux de l'Espagne et c'est directement travailler contre nous que de soutenir cette dernière dans l'étendue de sa puissance [44]. »

En clair, il voudrait que la France garde ou récupère divers territoires : plusieurs enclaves sur la frontière champenoise car il n'est pas bon d'avoir à passer chez le voisin pour se rendre chez soi ; bien sûr aussi le Luxembourg, mais également la Lorraine et le Barrois ; du côté du Rhin, le bailliage de Germersheim, Philippsbourg, Landau, Fort-Louis, le Vieux-Brisach, toutes les terres des Wittemberg en haute et basse Alsace, le comté de Hombourg et celui de Montbéliard proche de la Franche-Comté. Les alliés de la France recouvreront leurs domaines, le duc de Lorraine pourra, s'il le désire, aller s'installer dans le Milanais. Il faudra probablement se résoudre à rendre au duc de Savoie ses territoires sis de ce côté des Alpes, encore qu'il soit très regrettable de ne pouvoir garder la Savoie et le comté de Nice qui devraient naturellement revenir à la France dans le paysage de laquelle ils s'intègrent parfaitement bien.

Donc, il ne s'agit de rien de moins que de prendre à contre-courant la politique étrangère de la France des cinq dernières années. On conçoit que ce plan choque. Il ne peut enlever l'adhésion d'une partie de l'entourage royal. Il est non moins sûr que Vauban agace. On hésite de plus en plus à le consulter. Néanmoins, on a encore recours à lui dans les moments dramatiques que vit le royaume. Il devra prendre le commandement de Dunkerque et de la Flandre du côté de la mer en juin 1706.

« Ce n'est pas moi qui ai cherché cet emploi »

Au fur et à mesure que se sont écoulés les jours et les mois, le commissaire général s'est progressivement installé dans une détente studieuse. Lui, grand voyageur s'il en fut devant l'Éternel, hésite désormais à bouger : « Si j'étais plus jeune et qu'il n'y eût pas si loin, je m'offrirais d'aller de temps en temps redresser cela sur les lieux ; mais il n'y a pas moyen d'entreprendre de si grandes corvées ; il faudrait pour cela la santé et un loisir dont je ne suis pas maître », écrit-il le 8 février 1704 à Rémy Tardif, directeur des fortifications du Dauphiné. Il explique à Chamillart : « Je n'ai plus d'équipages de campagne, m'en étant défait l'année dernière, après en avoir conservé à grand frais depuis le commencement de la guerre [45]. » En clair, il semble bien qu'il veuille affirmer que lorsqu'il voulait repartir, on ne le lui a pas permis tandis que maintenant, alors qu'il est bien installé, on prétend l'employer à nouveau. Il est facilement las. Écrivant à un correspondant du Nivernais, il lui dit : « Je ne sais quand je pourrai aller dans le Morvand. » Et un peu plus tard, au même : « J'ai été fatigué du rhume tout l'hiver » [46].

Cependant, après la défaite de Ramillies, il ne saurait être question de ne pas déférer au souhait du roi : « Vous savez,

Monsieur, le sujet pourquoy le Roy m'a ordonné hier de l'aller trouver et il n'est pas nécessaire de vous le représenter. Je vais donc à Dunkerque où j'apprends que la garnison est faible... » Pour servir une dernière fois son souverain, Vauban, bien que « dans la soixante-quatorzième année de son âge », assume le commandement militaire de la région de Flandre « des bords de la mer ». À la flatterie de Chamillart l'assurant que les ennemis n'oseront jamais s'en prendre à cette région en raison de son nom, il répond très finement : « Je suis fort éloigné d'avoir une grande opinion de mon nom et je suis autant persuadé que je dois l'être de son peu d'effet chez nos ennemis si les œuvres n'y sont pas jointes. » Aussi demande-t-il l'autorisation de provoquer des inondations en cas de nécessité et propose-t-il de faire construire le camp retranché qu'il a toujours désiré pour Dunkerque. À quoi le roi, usant du titre d'amitié qui convient à sa dignité, lui répond : « Mon cousin [47], la conjoncture des affaires de Flandres pouvant exiger que vous soyez dans la suite obligé de former les inondations de Calais, Dunkerque, Bergues, Gravelines et Furnes, tant par les eaux de la mer que de celles des rivières et canaux, j'ay esté bien ayse, pour que vous ne soyez retenu par aucune considération quand cela vous paroistra nécessaire, de vous dire que je vous en donne le pouvoir et que j'aprouveray tout ce que vous jugerez à propos d'ordonner pour la seureté de ces places et pour leur deffense si elles sont ataquées [...]. Escrit à Marly le 20ᵉ juin 1706 [48]. »

À Dunkerque, durant cinq mois, monseigneur de Vauban est d'une activité physique étonnante, sillonnant son domaine en tous sens – « J'ai fait mon neuvième voyage à Nieuport », note-t-il en octobre –, s'efforçant de prévoir partout les défenses nécessaires au pays à lui confié sans heurter les commandants voisins ni les autochtones [49]. Cependant, choqué par le manque d'empressement de ces derniers, il s'inquiète et s'interroge sur « le peu d'affection au Roy des habitants » des provinces les plus récemment conquises. Il en conclut que les Français ne respectent pas assez les privilèges anciens et surtout qu'ils « trustent » les places d'autorité. Il met ainsi le doigt sur un caractère constant, pour ne pas dire éternel – centralisateur et plus encore unificateur – de l'administration française [50].

À l'automne, avec la fin de la campagne, la lassitude le prend de nouveau. Craignant de tomber malade, il est désireux de rentrer à Paris. Le 11 novembre, il quitte Dunkerque, séjourne encore une semaine à Bergues, puis s'éloigne définitivement de ce pays de Flandre dans lequel il a si longuement résidé. Le voyage de retour n'est pas facile : « À Gournay – Les chemins estant extraordinairement gastés par les pluyes qu'il a faites, ce n'a esté qu'avec toutes les peines du monde que je me suis rendu d'icy d'Arras en trois jours avec tout mon équipage [...]. Demain à Senlis. Après cela le pavé nous aydera à sortir d'affaires jusqu'à Paris. » Une touche amusante nous est révélée par son gendre écrivant à son oncle Mesgrigny dès le retour du maréchal rue Saint-Vincent : « [Il a su] qu'il serait aparemment payé de ses appointements de général et qu'outre cela il avoit une ordonnance de 12 000 livres qui luy a estée accordée avant son départ pour Dunkerque, [...] de manière que cela change beaucoup ses sujets de mécontentement [51]. »

La vie du commissaire général de la fin du siège de Brisach à son retour de Dunkerque est, somme toute, bien remplie. Il ne saurait d'ailleurs être question de parler à son sujet de retraite et cela pour deux raisons. D'abord, il n'en a jamais été question. Le roi lui a retiré ses missions, quitte à les lui rendre au moment opportun, l'affaire de Dunkerque en témoigne. Personne ne l'a remplacé. Au moins autant, le maréchal n'a jamais cessé de travailler pour le service du roi. Il a eu en particulier une activité littéraire remarquable tant sur des sujets militaires, on l'a vu, que sur des sujets économiques et fiscaux, on le verra bientôt. En effet, à son retour de Dunkerque, le maréchal met la dernière touche à son *opus magnum*, *La Dixme royale*, ouvrage auquel il travaille depuis déjà plus de quinze ans et pour lequel il se servira des sources collectées tout au long de son commissariat.

CHAPITRE XX

« Si la dixme royale pouvait avoir lieu ! »

> La dixme [...] une fois bien établie, les peuples soulagés et les dettes de l'État acquittées...
> *Mémoire pour la navigation des rivières.*

La Dixme royale est à la fois le dernier des mémoires de Vauban et le seul à avoir été imprimé de son vivant. Assez paradoxalement écrit par un officier militaire dont la fonction première était de s'occuper de la défense des frontières et de gagner des sièges, ce travail d'économie politique vise à rendre l'impôt royal plus équitable, mieux réparti et, si possible, plus productif. Cela étant, Vauban fait partie d'une vaste cohorte de donneurs de conseils qui voudraient aider le gouvernement royal à réformer l'administration[1]. Il s'en distingue seulement en raison de sa notoriété et de la méthode qu'il propose.

Vauban travaille à cet ouvrage plusieurs années d'affilée. Il en est véritablement « entêté » : il note dans son agenda qu'il désire en entretenir le roi lors d'une audience en 1697[2]. Dans la conclusion de son *Mémoire pour la navigation des rivières* écrit durant l'hiver 1698-1699, il y revient : « Si la dixme royale pouvait avoir lieu », on verrait « les peuples soulagés et les dettes de l'État acquittées ». En juillet 1700, quittant Bazoches pour sa tournée dans le sud-est du royaume, il note : « J'ai beaucoup retravaillé à ce mémoire. [...] C'est un ouvrage qui m'a coûté de la peine et de l'attention et dont je n'espère pas grand succès [3].»

Il faut essayer, bien sûr, de comprendre pourquoi Vauban est amené à s'intéresser aux questions fiscales mais il est aussi nécessaire d'étudier en préalable les mémoires et travaux de l'ingénieur concernant la géographie, la démographie et les problèmes économiques: ils servent d'armature et de support au travail final. On ne peut donc se dispenser de juger de la qualité des méthodes sur lesquelles s'appuie le maréchal. Il sera loisible d'en venir ensuite à la genèse de la *Dixme* et aux incidents de sa parution.

À LA RECHERCHE D'UN IMPÔT NOUVEAU

Le contexte historique explique à la fois l'entreprise et l'obstination du vieil ingénieur en ce qui concerne les problèmes fiscaux. Tant pendant les années 1690 que durant la première décennie du XVIIIe siècle, le royaume souffre terriblement de violentes froidures et de diverses perturbations climatiques. Les unes et les autres provoquent à leur tour de graves crises frumentaires accompagnées d'épidémies répétées – les « pestes » – et de « mortalités impressionnantes ». Les finances de l'État sont exsangues en raison de ces difficultés; dans la mesure aussi où il faut financer les pénibles guerres de la ligue d'Augsbourg puis de la succession d'Espagne. Or, ces deux conflits contrastent avec ceux, victorieusement offensifs, des trente premières années du règne personnel de Louis XIV. En clair, cela veut dire que, de 1667 à 1689, l'armée royale a toujours vécu chez les voisins. Au contraire, à partir de 1690, les troupes royales se tiennent sur les marges frontalières du royaume. Il a fallu augmenter les effectifs désormais pléthoriques et les équiper en armes plus perfectionnées, plus coûteuses, spécialement les fusils à baïonnette introduits tardivement dans l'armée royale. Les fréquents passages des soldats et plus encore leur cantonnement coûtent très cher à ceux qui les subissent même si, par ailleurs, ils permettent à certains financiers de faire de scandaleuses fortunes [4]. Le poids de la guerre s'ajoutant à la crise conjoncturelle, ce sont de très rudes années que vivent les Français, surtout ceux des provinces frontières que connaît bien le commissaire général. Sur ce fond de tableau qui engendre l'inquiétude se greffent les effets psychologiques de certains insuccès militaires. A plusieurs reprises, le spectre de l'invasion se profile à l'horizon. Le financement de la guerre épuise donc à la fois les caisses de l'État et les contribuables déjà mal en point et touchés par l'augmentation des prélèvements fiscaux.

Le produit des impôts royaux – directs ou indirects levés sous forme de tailles, taillons, aides, et tant d'autres taxes – ne suffit plus. Durant un quart de siècle, avec d'ailleurs quelques embellies, le gouvernement s'ingénie à trouver de nouvelles sources de revenu. Il fait flèche de tout bois, profite de la vanité humaine en vendant des offices de judicature ou autres qu'achètent les sots – du moins selon le contrôleur général des finances. On en viendra à faire payer le droit de porter armoiries. Mais cela ne suffit pas à combler le gouffre. Devant d'aussi grands embarras, le gouvernement royal cherche désespérément une solution. En 1700, s'adressant à M. le Premier Président, Achille de Harlay, « le roi lui témoigna être bien fâché de se voir obligé à ne pouvoir diminuer les levées qu'il faisait sur eux [ses peuples], attendu l'état de ses affaires, lui disant que, s'il savait quelque bon moyen là-dessus, il lui ferait plaisir de le lui dire [5] ».

On comprend mieux pourquoi nombreux sont ceux qui se penchent sur le sort de la fiscalité royale ; chacun y va de sa réforme et plusieurs ont la prétention d'aider de leurs rêveries les contrôleurs généraux, Pontchartrain jusqu'en 1699 puis Chamillart [6]. Ce dernier reçoit journellement des « recettes miracles ». Parmi ces donneurs de bons conseils figurent à la fois Pierre Le Pesant de Boisguilbert et Sébastien Le Prestre de Vauban. Il n'est guère nécessaire de rappeler que *La Dixme*, au même titre que les travaux de Boisguilbert, est une œuvre de pure gratuité. L'ingénieur a mené son travail à son terme, dit-il, par affection pour le roi, pour ses peuples et l'État, par dilection du bien public, probablement aussi par jouissance intellectuelle. « Dieu veuille que tout cela ait un bon succès ! »

Durant la guerre de la ligue d'Augsbourg, désireux d'apporter sa contribution au bien public, Vauban avait déjà écrit un *Projet de capitation* (1694) au terme duquel il proposait de supprimer tous les impôts existants pour leur substituer une seule imposition pesant sur tous les revenus réels – sans acception aucune du moindre privilège[7]. C'est déjà là le germe de sa *Dixme*. L'idée d'une telle taxation des revenus n'est pas retenue dans les hautes sphères gouvernementales mais le terme même de capitation est conservé pour désigner un nouvel impôt créé en 1695 et perçu en sus des autres prélèvements fiscaux. À l'exception des membres du clergé, cette capitation pèse sur tous les Français imposés selon une grille établie en fonction de leur rang social et non de leurs revenus[8]. Cette taxe – qui n'a donc rien à voir avec Vauban, hormis le nom – est en principe momentanée. Elle est effectivement supprimée sitôt la paix intervenue. Mais quatre ans plus tard, les hostilités reprenant et exigeant d'autant plus d'argent qu'il y a un élargissement considérable des théâtres d'opérations par suite de l'alliance espagnole, l'argent se fait à nouveau rare. Il faut rétablir la capitation dès 1701, et cette fois-ci de façon définitive.

Resté avec son projet sur les bras, Vauban ne renonce pas et cherche à le perfectionner. Pour étoffer son précédent canevas, il doit procéder à la quête et à la collecte de multiples renseignements, suivies de vérifications et de calculs fastidieux. Ceux-ci seront menés à bien par Vauban ou par ses correspondants. Le commissaire général inclut bien sûr aussi dans son ouvrage – implicitement ou explicitement, peu importe – nombre de données géographiques, économiques ou humaines qu'il a précieusement collationnées au cours de sa carrière. Dans son état définitif, la *Dixme* est donc à la fois l'aboutissement d'un travail progressivement amené à sa maturation et le résultat de réflexions et de rédactions intermédiaires.

Enquêtes et dénombrements

Parmi les travaux entrepris précédemment par l'ingénieur, figurent ses enquêtes et ses dénombrements qu'il est bien difficile de classer à cette époque, comme on le fait actuellement, en trois disciplines autonomes : l'enquête géographique, la cartographie, la statistique proprement dite. Vauban, fils de son époque, utilise les moyens qu'il a à sa disposition. C'est d'ailleurs un utilisateur génial qui affine et perfectionne les outils dont il se sert. S'appuyant chaque fois que cela est nécessaire sur la cartographie, il utilise beaucoup l'enquête descriptive. Mais chaque fois qu'il l'estime nécessaire, il manie l'enquête statistique dont il crée les premiers linéaments.

Le passage du jeune ingénieur dans le département des fortifications de Colbert lui a été fort bénéfique. C'est alors qu'il a acquis un certain nombre de réflexes très colbertiens : goût du travail, désir d'accroître les richesses et, partant, la population du royaume, désir aussi de développer le commerce intérieur en augmentant à la fois les ressources de la terre, l'industrie parfois, plus encore les moyens de transport. Il y a probablement bénéficié aussi d'une certaine initiation aux méthodes de la « découverte » du royaume.

Le ministre, se voulant le protecteur des sciences et des arts, avait cherché à mieux connaître les provinces de son département. Il imitait en cela Sully, qui s'était autrefois efforcé de réunir le maximum de bonnes cartes permettant d'appréhender l'espace français[9]. Colbert avait surtout pris la relève de Richelieu. Il demanda à Nicolas Sanson d'Abbeville, mort en 1667, de terminer la grande carte de France en trente feuilles commandée quelque trois décennies plus tôt par le Cardinal[10]. En outre, le contrôleur général des finances-secrétaire d'État de la Marine fut tellement passionné de cartographie qu'il fit réaliser de très nombreux levers particuliers, certains de toute beauté[11]. Il employait pour ces tâches les ingénieurs de son département. Entre bien d'autres, citons-en deux : Massiac de Sainte-Colombe, que l'on a vu s'affairer à Brest, Pierre de Pène, chargé de lever les littoraux méditerranéens et normands. S'il ne les connaissait pas encore à cette date, le jeune Vauban a sûrement entendu parler de leur mission.

Vauban, plus encore, a été formé aux investigations géographiques, descriptives et narratives qui structurent petit à petit la simple nomenclature des siècles passés et s'en démarquent progressivement. Là encore, les contemporains du Grand Roi ne partent pas de rien. Richelieu s'y était déjà intéressé et, en 1663, Colbert envoyait à plusieurs de ses administrateurs provinciaux un questionnaire devant servir de canevas à leurs réponses. Dans les Trois-Évêchés et l'Alsace alors conjointement gérés, l'intendant souscrit immédiatement au désir du ministre et renvoie sa copie. S'agit-il de Colbert de Vandières, bientôt de Croissy – le frère cadet du ministre – ou de son cousin Charles Colbert, dit d'Alsace ? Il est difficile de trancher dans la mesure où ce travail est réalisé au moment même où se fait le remplacement de l'un par l'autre[12]. Mais n'oublions pas que Vauban est alors dans ces parages. Aurait-il été sollicité de mettre ses connaissances au service de l'intendant ? Il est impossible de répondre mais il semblerait étonnant qu'il n'ait pas connu ce questionnaire et celui qui fut distribué l'année suivante aux « commissaires départis » des généralités colbertiennes. Or ces enquêtes sont une bonne préparation à celles de 1697 ; en réalité, elles le sont aussi à toute enquête géographique. Vauban s'inspirera du modèle de 1664 concernant les cours d'eau lorsqu'il rédigera son *Mémoire pour la navigation des rivières*.

En définitive, que l'ingénieur ait été formé d'une manière ou d'une autre importe moins que le résultat auquel il parvient. *La Description de l'élection de Vézelay* écrite plus tard, en 1696, est un modèle du genre par ses analyses, sa précision, ses comptages, son pouvoir d'évocation de la petite patrie. Par certains côtés, elle est l'ancêtre à la fois des enquêtes et des topographies médicales du siècle suivant, voire de la géographie régionale des débuts du XXe siècle. Cependant, elle n'a été publiée qu'au XIXe siècle, de telle sorte que, jusque-là manuscrite, elle n'a jamais été connue que de façon confidentielle. Mais si elle n'a pu servir d'exemple type à imiter, cette description n'en domine pas moins, et de loin, les enquêtes de l'époque. En particulier elle vaut par tous les renseignements chiffrés qu'elle contient et qui ont fait dire de Vauban qu'il fut le père de la statistique moderne.

Si l'âge d'or de cette discipline se situe en France durant la période révolutionnaire[13] – ou, mieux encore, postérieurement –, il n'est pas question d'oublier qu'il y a eu auparavant, à travers bien des tâtonnements, tout un lent effort de mise en route. Dès 1576, Jean Bodin, dans *La République*, vantait le dénombrement des gens et des biens. À sa suite, des auteurs comme Montan (*Miroir des François*, 1581) ou Montchrétien (*Traité de l'économie politique*, 1615) relevaient tous les avantages des dénombrements[14]. Pour la plupart, ces travaux ne furent réalisés qu'à la demande de l'État monarchique. Cependant, étroitement liée au développement de la cartographie et de la géographie, la statistique descriptive, on l'a vu, précéda la plupart du temps la statistique chiffrée.

Pour Vauban vaut l'adage : « Il n'est de richesses que d'hommes. » Il estime que le souverain doit connaître le nombre exact de ses régnicoles : « Attendu que princes sans sujets ne sont que des particuliers incommodés[15]. » Il partage sur ce point l'opinion de Fénelon : « Que dirait-on d'un berger qui ne sauroit pas le nombre de son troupeau ? […] Un roi ignorant de toutes ces choses n'est qu'un demi-roi[16]. »

Très tôt, dès le début de son commissariat, Vauban a cherché à soupeser le poids de la population des provinces et des villes qu'il inspectait. Son premier dénombrement, celui de Douai, est de 1682. Dès 1686, il met au point une *Méthode générale et facile pour faire le dénombrement des peuples* dans laquelle il explique comment procéder à des recensements particuliers ou généraux[17]. Il distribue à ses collaborateurs des formulaires imprimés *ad hoc*. Pour les villes, le comptage doit se faire maison par maison. Le recueil proprement dit n'est pas sans précédents. Ainsi possède-t-on pour Montpellier plusieurs recensements d'habitants, dont les premiers conservés remontent au XVIe siècle. Ils donnent un luxe de détails impressionnants sur chaque famille qu'il est possible de replacer très exactement à son étage, dans sa maison et dans son quartier[18]. Mais le dépouillement en est d'une extrême lenteur.

Au regard de tels recensements descriptifs, l'originalité de Vauban est d'avoir dessiné des tableaux – gommant bien sûr certains détails mais permettant de visualiser d'un seul coup d'œil les différentes catégories d'habitants (hommes, femmes, grands garçons, grandes filles, petits garçons, petites filles, valets, servantes), les ressources (vaches, moutons, cochons) et ainsi de suite. Il enseigne cette méthode à ses ingénieurs. À quelques années de là, il est particulièrement fier que ses leçons aient porté leurs fruits. Un de ses collaborateurs, Jean-Anténor Hue de Caligny, directeur des fortifications de la Flandre du côté de l'eau, a réalisé un *Mémoire sur la Flandre flaminghante*. Cela permettra à l'intendant de la province de donner une réponse rapide à l'enquête lancée en 1697 pour l'instruction du duc de Bourgogne. Hue de Caligny se fait complimenter en particulier pour ses dénombrements de Dunkerque « très beaux et très bien faits, et par rue ». Et, ajoute Vauban : « Il y a même à la fin une énumération de toutes les conditions qui fait plaisir à lire pour voir tous les arts et les métiers qui sont dans cette ville. »

Ces dénombrements ont été une des occupations « civiles » les plus importantes du commissaire général qui a accumulé de très nombreux dossiers sur la question, passant du recensement de Bazoches, Belfort, Aunay, Épiry à ceux d'Auvergne et du Canada[19] – dont le gouverneur, Jacques-René de Brisay de Denonville, frère de plusieurs ingénieurs, entretenait une correspondance fort assidue avec lui – sans oublier Paris et la plupart des provinces[20]. Ces travaux lui rendront d'immenses services pour l'évaluation de la population française lorsqu'il rédigera sa *Dixme*. Cela étant, Vauban ne s'est pas seulement contenté de faire avancer les méthodes d'une statistique chiffrée. Elle n'a pour lui d'intérêt que dans la mesure où ces enquêtes débouchent sur des projets d'enrichissement du pays. Aussi bien propose-t-il des moyens pour y arriver.

Enrichir le royaume

Partant de solides bases chiffrées, il réfléchit à la manière de rendre le royaume plus riche. S'il est bon que la France soit la plus peuplée possible, il faut accroître sa richesse en proportion, et même davantage. Ainsi voudrait-il les récoltes les plus abondantes. Cela étant, il n'a rien d'un agronome : il n'a même pas cherché à transformer les modes d'exploitation de ses domaines, les baux de fermage et de métayage en font foi. Lorsqu'il propose dans son *Traité de la cochonnerie* d'accroître le nombre des porcs, il part d'une idée fort juste : pour mieux alimenter leurs populations, de nombreuses régions françaises pourraient en élever davantage. Pensez donc : il n'y a que vingt et un cochons à Bazoches, qui compte cinq cents habitants ! Il entraîne son lecteur dans un élevage de cochonnets absolument époustouflant : une truie et ses filles se multiplient en une progression impeccablement mathématique, jusqu'à donner quatre millions de femelles au bout de onze années. Mais, en revanche, le commissaire général ne s'occupe ni de savoir comment seront nourries ces bêtes exponentiellement multipliées avec tant d'allégresse, ni des possibles épizooties, ni d'une baisse de rendement de son bétail. Cela est à la fois fort réjouissant mais quelque peu irréaliste, pour ne pas dire plus.

En revanche, son *Traité de la culture des forêts* est bien le fait d'un propriétaire fort intéressé au bon rendement de ses bois. On sait que Vauban y est très attaché [21]. Plutôt que de laisser la forêt se reconstituer lentement par elle-même, il préférerait un repeuplement artificiel, peut-être inspiré de ses souvenirs vosgiens et de Forêt-Noire où se pratique la coupe à blanc estoc avec obligation ensuite de reconstituer le manteau végétal.

Par ailleurs, au service d'une idée colbertienne qu'il a pleinement faite sienne, il met l'accent sur la nécessité d'accroître le commerce. Entendons-nous bien, il veut éviter tout commerce extérieur qui provoquerait une fuite de l'argent. Du coup, on comprend mieux son enthousiasme pour la course qui permet au contraire de s'adjuger des marchandises exotiques sans bourse délier ou peu s'en faut. En revanche, le commerce intérieur est à son avis le vrai moteur du développement du pays. Il faut donc favoriser par tous les moyens tout ce qui facilitera les échanges : diminution, voire suppression des péages, surtout aménagement des voies d'eau.

Dans ses voyages, le commissaire général a usé à plusieurs reprises des transports fluviaux. Mais c'est depuis qu'il a été associé par Seignelay aux travaux du canal des Deux-Mers – n'oublions pas les trois longues visites qu'il fit de ce chantier et les divers rapports qui en découlèrent – qu'il s'est entiché de navigation fluviale. Dans les années 1690, il prône un canal entre la Meuse et la Moselle par le val de l'Asne [22]. Dans le même temps, il fait faire des nivelages par le fidèle Thomassin entre Loire et Seine, du côté du Loing et vallées adjacentes. Plus tard, il s'occupera des canaux des Flandres.

Durant l'hiver 1698-1699, reprenant en partie les préoccupations de Colbert mais les élargissant dans une sorte de prospective visionnaire, il écrit le *Mémoire pour la navigation des rivières*. Son rêve serait de créer un réseau cohérent de rivières et de canaux (tant latéraux que de jonction) innervant la presque totalité du royaume. Cela permettrait le développement et le « débit aisé » du commerce d'une province à l'autre : « Un bateau de raisonnable grandeur, en bonne eau, peut lui seul, avec six hommes et quatre chevaux, mener la charge que quatre cents chevaux et deux cents hommes auraient bien de la

Légende

⌒ Rivières supposées navigables

⸱⸱ Rivières et canaux à rendre navigables

*Réalité et fiction, les rivières
navigables d'après Vauban*

peine à mener par les charois ordinaires[23]. » Parti de cette constatation, il estime qu'il est utile d'accommoder les voies de terre. Il faut avant tout « procurer la navigation aux rivières qui en sont capables, en prolongeant celle [la navigation] de toutes les grandes vers leurs sources, autant que les eaux en pourront fournir, et en rendant navigables toutes celles qui ne le sont pas et qui peuvent le devenir par le travail des hommes. » Il précise qu'il en coûterait environ 100 000 livres par lieue. Sans s'attarder aux problèmes pourtant essentiels des bailleurs de fonds – l'État ou des particuliers – et des possibilités techniques, il dresse une liste de toutes les branches de rivières à utiliser, parfois même à la limite du vraisemblable. Il voudrait faire remonter la navigation de la Dordogne très près de ses sources « peu éloignées de La Chaise-Dieu » (elles en sont éloignées d'au moins cent kilomètres). Il voudrait aussi que les bateaux à fond plat qui naviguent au prix de bien des difficultés jusqu'à Entraigues, à la confluence du Lot et de la Truyère, poursuivent jusqu'à Mende. Et pourquoi les bateaux n'arriveraient-ils pas aussi à Millau par le Tarn, à Rodez par l'Aveyron, à Embrun par la Durance, à Castellane par le Verdon, à Anduze par le Gardon ? Foin des difficultés de réalisation ! Peu importe, pareillement, le régime des cours d'eau en question, certains d'entre eux n'ayant d'eau que quelques mois par an. Passons sur ces difficultés, le résultat – qui vise à l'enrichissement du royaume – seul importe. En fait, on découvre ici un tic intellectuel spécifique à Vauban : il part de constatations réalistes et pertinentes. Ses prémisses sont raisonnées et raisonnables. Puis, par une démonstration impeccable mais qui ne tient plus compte des faits, il joue de sa rigueur mathématicienne et se laisse entraîner à des conclusions souvent irréalistes parce que n'ayant plus de prise avec le réel. Aux deux siècles suivants, qui furent l'âge d'or des canaux, il ne fut plus jamais question de certaines propositions vaubaniennes. D'autres en revanche, tels le canal du Centre ou encore celui de la Meuse à la Moselle, révèlent le caractère prémonitoire des vues de l'ingénieur.

Il cherche encore d'autres moyens d'enrichir le roi et se penche cette fois-ci sur les colonies. Mais à ses yeux de continental, elles ne sont intéressantes que si elles sont de peuplement. Même les Antilles ne sont envisagées que sous cet angle. Il voit, en particulier, l'avenir du Canada en rose et crédite la colonie de près de 26 millions d'habitants en 1970. « Vers l'an 2000 du Seigneur, elle pourrait produire 51 millions de personnes. » Pour ce faire, il suit cette fois-ci une progression naturelle – nous dit-il – par doublement de la population tous les trente ans [24]. Les hommes sont, à tout prendre, beaucoup moins prolifiques que les cochons.

Chez lui, en fait, tout se tient. « Dans la vue de repeupler le pays qui est le plus grand bien qui puisse revenir au Roi », l'enrichissement du royaume est évidemment nécessaire, on l'a vu. Mais pour cela, il faut avant tout que les peuples ne soient pas accablés d'impôts. C'est dans ces conditions qu'il cherche depuis de longues années « un moyen d'augmenter les revenus du roi en soulageant les peuples et les rendant heureux ».

Le « nègre » de M. de Vauban

Pour rendre ce projet pleinement crédible, Vauban appuie ses raisonnements sur un arsenal de dénombrements et de calculs impressionnants. Il a dû faire de très nombreuses vérifications sur le terrain. En particulier, il veut se rendre compte de ce que les fonds rendraient : « Pour m'en assurer, j'ay cru qu'il faloit prendre une province en particulier pour en faire l'essay ; et j'ay choisi celle de Normandie dans laquelle il y a toutes sortes de teroir bon, médiocre et mauvais. Et je m'y suis arrêté d'autant plus volontiers que j'y avais un homme de mes amis de l'exactitude duquel j'étois pleinement assuré. » Il s'agit d'un personnage fort curieux, l'abbé Vincent Ragot de Beaumont, autrefois connu – par le biais de Mesgrigny bien sûr – à Tournai [25].

Fort contesté et fort contestable, inquiétant même, l'abbé sert à la fois de secrétaire et de « nègre » au commissaire général, gravite autour de lui jusqu'à sa mort et gagne suffisamment sa confiance pour être mêlé au règlement de sa succession. Il l'aide surtout à terminer ses travaux. D'aucuns, particulièrement malicieux – Boisguilbert en 1700, plus tard Choderlos de Laclos –, désignent du coup l'abbé comme véritable auteur de *La Dixme* [26].

L'homme, d'origine normande, est de quelques années plus âgé que Vauban. Cousin d'un ecclésiastique proche de

M. Vincent, il fut ordonné le 11 avril 1648. Il l'aurait été par monseigneur de Gassion, évêque de Sainte-Marie d'Oloron (1648-1652), qui se trouvait à Paris à cette date. Docteur de Sorbonne en théologie vers 1650[27], Ragot serait parti comme aumônier des armées de Louis de Vendôme, duc de Mercœur, gouverneur de Provence[28]. On ne sait rien sur ses campagnes. On peut supposer qu'il suit le duc dans plusieurs de ses expéditions militaires tant en Catalogne qu'en Italie, spécialement à Naples et dans la plaine du Pô, et qu'il passe plusieurs quartiers d'hiver en Provence où la population s'exaspère des exactions de la troupe[29]. Après la paix des Pyrénées et la « réforme » des soldats, Vincent Ragot rejoint son cousin Jean, vicaire général du diocèse d'Alet, et se met à la disposition de monseigneur Nicolas Pavillon, l'austère évêque d'un des plus modestes évêchés de France. Très vite directeur du séminaire créé quelques années auparavant par « l'évêque réformateur », Vincent Ragot devient aussi chanoine de la cathédrale d'Alet, théologal de l'évêché, bénéficiaire de la chartreuse de Villeneuve-lès-Avignon, plus tard protonotaire apostolique. Mais avant tout il est promoteur du diocèse, c'est-à-dire représentant de l'évêque dans les différentes affaires que celui-ci peut avoir à traiter hors de son diocèse.

C'est à ce titre qu'il soutient l'action de Nicolas Pavillon contre les exactions intolérables que les frères Aoustène, receveurs des tailles, font peser sur les malheureux taillables de la région. Cela vaut à notre chanoine, dès 1663, une assignation à comparaître à la place de son évêque devant le parlement de Toulouse prenant fait et cause pour les traitants apparentés à plusieurs des officiers de cette cour[30]. À diverses reprises, Ragot doit également représenter son évêque à Paris : il est souvent en conférence avec les messieurs de Port-Royal que tient à consulter Pavillon. Il écrit avec talent et verve toute une série de factums destinés à soutenir la cause de son évêque[31]. Il mène des tractations avec les prélats désireux de calmer la querelle janséniste (conférences d'Ivry en 1666) et pareillement hante les ministères : en 1669, toujours pour l'affaire janséniste, il est successivement reçu par Michel Le Tellier et Jean-Baptiste Colbert. En toutes ces occasions, il cherche à obtenir des patronages précieux pour son église mais au moins autant pour lui-même. Il aura aussi l'occasion d'aller chez Mme de

Longueville, sœur du Grand Condé, et de nouer des relations très étroites avec Antoine Arnauld passé à quelque temps de là hors du royaume pour cause de jansénisme. Donc un homme fort intelligent, alerte, entreprenant, plein de capacité et de zèle, mais aussi d'entregent et d'esprit du monde.

Cependant, il s'est vite lassé de la médiocrité alétoise ; il a d'ailleurs encore plus vite lassé. Il craint le climat méridional, goûte peu les chanoines languedociens qui, de leur côté, ne l'aiment guère et l'accusent d'être l'instigateur de toutes les querelles dans et hors du diocèse. Il veut sortir de là. À dater de 1665, il réside autant qu'il le peut dans la capitale. Peu après la conquête des Flandres, il profite du transfert du siège épiscopal de monseigneur Gilbert de Choiseul de Saint-Bertrand-de-Comminges à Tournai pour demander à ce prélat, qu'il a eu l'occasion de connaître lors de ses nombreuses démarches, l'autorisation de l'accompagner, ce à quoi souscrit volontiers le nouvel évêque de Tournai, trop heureux d'avoir auprès de lui un Français de souche. Au contraire, Nicolas Pavillon ne donne son *exeat* au chanoine qu'à regret.

Les débuts à Tournai sont idylliques. Ragot est fait chanoine de la cathédrale Notre-Dame ; en 1675, il en sera le chantre (une dignité importante). Il est souvent envoyé en mission, à Paris, à La Haye (pour discuter avec les états généraux de questions concernant des biens d'église). Il en profite pour garder des contacts avec l'Église janséniste d'Utrecht et reçoit Arnauld chez lui en 1679. Il ne peut qu'inquiéter les autorités royales. Il ne sait pas davantage se concilier la population flamande. Il a fait construire dans les environs de Tournai une jolie maison des champs, la Ragotière. Son luxe indispose : « Il a un carrosse, des riches ameublements, une femme qui conduit sa maison. » Son caractère arrogant et vindicatif autant que son avidité d'argent excèdent. Il se dispute avec les uns et les autres. En décembre 1683, il échange avec Vauban, en visite à Tournai, des propos peu amènes, ce dont se plaint très violemment le gouverneur de la citadelle de Lille.

Monseigneur de Choiseul est navré de toutes ces brouilleries et regrette d'avoir amené ce fauteur de troubles dans ses bagages. Il lui retire, non sans mal, sa chantrerie. Surtout, il ne le défend guère lorsque, en février 1688, le roi décide de faire arrêter le chanoine sous prétexte d'inconduite avec sa servante.

En réalité, il s'agit avant tout de saisir sa correspondance avec les jansénistes résidant en Hollande. Seule la princesse douairière d'Espinoy – qui pourtant a eu autrefois maille à partir avec lui – voudrait intervenir, ne serait-ce que pour prouver sa puissance de patronage[32]. Se comportant en mini-souveraine, elle désire imposer ses volontés à tous ceux qui relèvent de ses domaines. Lorsque l'abbé Ragot, devenu patron de l'église de Néchin du fait de sa chantrerie, a fait apposer une inscription sur un mur de ladite église pour rappeler l'événement, elle en a immédiatement exigé la suppression comme seigneuresse du village et a longuement bataillé contre l'obstination maligne de l'ecclésiastique. Cependant, en 1688, *a contrario,* elle interviendrait volontiers pour alléger l'emprisonnement du même abbé, avec lequel elle entretient maintenant une correspondance et dont elle se considère responsable comme étant l'un de ses « vassaux ». Très significatives, les réflexions de Louvois. Le 8 avril 1688, il écrit à l'intendant Dugué de Bagnols : « Sa Majesté m'ayant commandé de lui parler durement sur la conduite que la Princesse tient pour persuader les Flamands que toutes les grâces dépendent d'elle, et de lui dire que, si elle continuait, Sa Majesté ferait des choses à son égard qui persuaderaient à toute la Flandre qu'Elle n'est pas contente d'elle[33]... » Le ministre reprend le même thème le 8 juillet 1688 en s'adressant cette fois-ci à Vauban : « Madame la princesse d'Espinoy fait fort sagement de ne point vouloir aller dans ladite citadelle tant que le sieur Ragot y sera détenu[34]. » Plus tard, après la mort de Jeanne-Pélagie de Rohan à Versailles en 1697, c'est sa belle-fille, née princesse de Lorraine, qui s'efforce de soutenir l'abbé, lequel doit avoir un certain charme pour obtenir ces hauts patronages féminins.

Après un an de détention dans la prison de la citadelle de Lille, Ragot est transféré à la Bastille où il ne demeure qu'une semaine. Ayant résigné toutes ses dignités ecclésiastiques tournaisiennes, il est alors exilé au séminaire lazariste de Rodez. Il est ensuite assigné à Avranches (vers 1693-1694), puis de là à Rouen où il passe les dernières années du siècle. Dans un rapport au contrôleur général de juin 1700, Le Pesant de Boisguilbert affirme que l'abbé travaille d'ores et déjà depuis longtemps pour Vauban[35]. Effectivement, l'abbé a procédé aux opérations d'arpentage signalées par Vauban dans deux villages de basse Normandie, Cantelou et Roumainville.

À son passage à Rouen en 1699, le commissaire général rencontre l'abbé pour la mise au point de leurs travaux. En 1700, Vauban, qui désirerait l'avoir sous la main et l'envoyer faire des relevés en Flandre, s'est ouvert de ce désir à Barbezieux. Le ministre de la Guerre lui répond le 23 mai : « J'ai parlé au Roi de la grâce que vous avez demandée pour le sieur, Ragot, chanoine et chantre de l'église cathédrale de Tournai. Sa Majesté est si fort persuadée, sur une lettre de Monseigneur l'archevêque de Tournai, du 14 mai 1700, que cet homme remettrait encore le désordre en Flandre s'il y retournait, qu'Elle n'a pas jugé à propos de lui accorder sa liberté. Je vous assure que j'en suis fâché, mais je vous prie de croire qu'il n'y a point de ma faute. »

Arrogant, intrigant, querelleur et batailleur, Vincent Ragot, souvent appelé aussi abbé de Beaumont, jouit donc de grands patronages et de réelles sympathies. Pavillon a regretté son départ ; les princesses d'Espinoy, belle-mère et belle-fille, l'ont soutenu ; l'ingénieur Nicolas de Mesgrigny, gouverneur de Tournai, l'a en haute estime et le défendra encore en 1707. Vauban lui-même, avec qui le contact a été violent, a recours à lui dans la dernière décennie du siècle et le désigne comme un ami. Le 3 mars 1707, le maréchal fait encore allusion à lui dans une lettre écrite à Jean de Mesgrigny : « L'abbé de Beaumont est icy qui se porte à merveilles, et je le fais travailler depuis le matin jusqu'au soir. Vous scavez que c'est un esprit à qui il faut de l'aliment et moy, par un principe de charité, je luy en donne tout autant qu'il en peut porter [36]. »

L'aide de l'abbé a été importante. Elle s'est élevée au niveau d'une véritable collaboration dans l'élaboration intellectuelle du travail puisqu'il a fait de nombreuses études sur le terrain dont s'est ensuite servi l'ingénieur. C'est aussi ce que confirme, après la mort du maréchal, le valet de chambre de Vauban lors d'un interrogatoire mené par le lieutenant général de police lui-même : « Que ledit sieur maréchal de Vauban [l']estimoit beaucoup parce que c'est un homme de lettres qui a beaucoup d'esprit et que ledit sieur maréchal consultait sur ses ouvrages et lui donnait sa table et un logement quand il étoit à Paris, où il venait de temps en temps et y demeuroit un mois ou deux chaque fois. [...] Que ledit sr maréchal l'aura sans doute consulté sur cet ouvrage [la *Dixme*] comme il faisait sur les autres [37]. » Il reste que le personnage est encombrant, avec des relents de libertinage et de jansénisme recuit ; il est surveillé par la police, ne serait-ce que parce qu'il est encore plus ou moins assigné à résidence. Il est vrai que le maréchal lui-même, comme bien d'autres grands personnages, est lui aussi l'objet de rapports de police, on l'a vu pour son possible mariage, et, déjà en 1697, lorsqu'il a chargé un de ses secrétaires de faire venir des livres de l'étranger [38].

« CE QUI PEUT SERVIR À L'ÉCLAIRCISSEMENT DU SYSTÈME »

Dès 1700, le manuscrit de la *Dixme* est quasiment prêt. Vauban l'a lu au roi. N'étant pas avare de son chef-d'œuvre, il en a donné une copie à M. le Premier Président, Achille de Harlay [39]. Pourtant l'affaire traîne et traînera encore plus de six ans. Il y a encore des vérifications, la guerre éclate, le commissaire général fait campagne... Ce n'est qu'en 1706 que Vauban se décide à faire imprimer son ouvrage en tenant compte de toutes les critiques, spécialement celles que lui a faites Le Pesant de Boisguilbert, avec qui il a aussi eu l'occasion de s'entretenir.

Vauban, tout comme Boisguilbert (avec lequel ses relations sont tendues, mais c'est une autre histoire), part d'une constatation : la grande misère du royaume, à laquelle il faut porter remède, car sinon : « Le menu peuple tombera dans une extrémité dont il ne se relèvera jamais ; les grands chemins de la campagne et les rues des villes et bourgs étant pleins de mandians que la faim et la nudité chassent de chez eux [40]. » Il continue en dénonçant la pauvreté des six dixièmes de la population française. Quant aux quatre dixièmes restants, trois sont « fort malaisés ». Tout au plus n'y en a-t-il qu'un dixième très à son aise. C'est pourquoi, bien qu'étant « l'homme du royaume le moins pourvu des qualitez nécessaires à le [remède] trouver, je n'ay pas laissé d'y travailler, persuadé qu'il n'y a rien dont une vive et longue application ne puisse venir à bout ».

Pour lui, les gens sont pauvres car le système actuel des impositions est défectueux, même et y compris la taille réelle du Midi qui pourtant, calculée en fonction de la superficie et de la qualité des terres, pèse sur tous les possédants de terres roturières, quelle que soit par ailleurs leur qualité de nobles ou de roturiers.

Vauban irait bien jusqu'à regretter au détour d'une phrase le temps béni où le roi se contentait, pour gérer son royaume, des revenus de son domaine. Mais comme cela n'est vraiment plus de saison, il estime : « Comme tous ceux qui composent un État ont besoin de sa protection pour subsister et se maintenir chacun dans son état et sa situation actuelle, il est raisonnable que tous contribuent aussi selon leurs revenus à ses dépenses et à son entretien. » Ailleurs, il faudrait « une capitulation générale qui n'exemptât personne et qui nous tirât une bonne fois pour toutes de la vexation des affaires extraordinaires et de tant de droits inventés pour persécuter les uns et enrichir les autres, dont il n'y avait jamais que la moindre partie qui tournât à son profit ».

Il n'y a donc pas chez lui le moindre désir de quelque subversion que ce soit de la société ; au contraire, par une meilleure assise des revenus de l'État, il vise à maintenir l'ordre établi en secourant « la partie la plus ruinée et la plus misérable du royaume [...] qui porte toutes les charges ». Il désire aussi – sans être très original sur ce point – l'anéantissement des traitants qui s'engraissent sur le dos des régnicoles et du roi. Tout cela ne peut se faire que par la dixme royale, « si le Roy l'a pour agréable, prise proportionnellement sur tout ce qui porte revenu ». D'ailleurs, pour rassurer les ennemis des nouveautés, il en appelle à l'histoire en expliquant que ce système a été utilisé ou est utilisé tant par les Hébreux, les Romains que les Chinois dont il admire beaucoup l'organisation vue au travers des récits du père Lecomte, un jésuite missionnaire. Il en appelle donc à la caution de l'histoire et au refus de tout bouleversement social pour assurer à la dixme sa réussite.

Déjà, écrivant en 1700 au marquis de Puyzieulx – un Brulart de Sillery –, il précisait sa pensée : « L'établissement de la Dixme royale sur tous les revenus du royaume, de quelque nature qu'ils puissent être, sans autre exception que la volaille domestique et les bestiaux, sur lesquels je ne voudrais rien imposer afin de laisser cela libre au petit commerce de la campagne ; et comme cette levée se ferait toujours en espèces[41] et dans le temps que les biens sont sur la terre, il n'y aurait jamais pour un sol de non-valeur et les levées en seront très commodes pour le payeur et le payé. » Dans son livre, il revient sur la méthode qu'il préconise pour imposer les divers revenus qu'il divise en quatre fonds.

« Le premier fonds est une perception réelle des fruits de la terre en espèce à une certaine proportion, pour tenir lieu de la taille, des aydes, des douanes établies d'une province à une autre, des dixmes et autres impositions. » Vauban s'inspire ici de la dîme ecclésiastique payable lors de la récolte. Il y voit toute une série d'avantages, parmi lesquels :
— la suppression des interminables discussions qui, dans les villages, accompagnent la répartition de la taille, entraînant jalousies et disputes ;
— une meilleure rentabilité de la dîme au regard des impôts existants. Ici, toute une série de très savants calculs pour arriver à cette conclusion ;
— le recouvrement en est aisé et l'engrangement sans problème ;
— la possibilité de moduler les prélèvements en fonction des nécessités royales par augmentation ou abaissement de la quotité.

Le deuxième fonds devrait comprendre « toute sorte de revenus non compris dans le premier fonds. [...] Il n'y a donc qu'à débrouiller le revenu de chacun ». C'est d'autant plus facile que « toutes les personnes qui habitent le royaume sont ou gens d'Épée, ou de Robe longue ou courte, ou Roturiers ». Grâce aux dénombrements, qu'il serait souhaitable de refaire chaque année, on connaîtrait le nombre des habitants du pays mais aussi leur profession et les maisons ou autres biens (sauf les terres) qu'ils possèdent. C'est à ce propos qu'à titre d'exemple Vauban décrit les budgets des artisans ou des manœuvriers, avec le mode d'emploi pour les imposer. Là encore, nous dit-il, la dîme ferait merveille et rapporterait beaucoup plus que les impôts normaux.

L'étude du troisième fonds est entièrement consacrée au sel et réserve un certain nombre de surprises. Ici, l'auteur de la *Dixme* se montre en effet résolument unificateur, voulant la suppression de « la distinction de provinces ou païs à l'égard du sel ». Mieux, proposant une « nationalisation » avant la lettre, il souhaite que le roi devienne seul propriétaire des fonds des salines du royaume. Brusquement, le fortificateur réapparaît : « Il faudroit ensuite fermer ces salines de murailles ou de remparts de terre avec de bons et larges fossez tout autour ; et y faire faire après une garde réglée comme dans une place de guerre. » Il désire qu'y soient bâtis des greniers à sel. Suivent des calculs de rentabilité de cette nouvelle organisation.

Le quatrième fonds est dit « fixe » et intéresse les revenus du domaine royal.

Dans la *Seconde partie de ces Mémoires*, Vauban prouve encore la valeur du système et tente d'expliquer la manière de le mettre en pratique. Il reprend nombre d'arguments déjà employés, appuyés ici encore sur des calculs et des tableaux : « Dès que la Dixme royale sera établie sur tout ce qui porte revenu, rien ne luy échappera et tout payera à proportion de son revenu : seul et unique moyen de tirer beaucoup d'un païs sans le ruiner. Cela est clair, et si clair, qu'il faudrait être ou stupide, ou tout à fait mal intentionné, pour ne pas en convenir. » Il a réponse à tout.

En fait, on retrouve dans cette œuvre beaucoup de traits déjà remarqués dans d'autres mémoires vaubaniens. Vauban part de constatations très précises et très finement analysées. Il soumet ses observations au crible de la statistique chiffrée. On ne peut s'empêcher d'admirer ses dénombrements et ses calculs sur les superficies, par exemple celle des provinces. Que le chiffre obtenu ne corresponde pas toujours à la réalité n'est pas grave. Beaucoup plus grave, en revanche, la systématisation poussée par-delà la réalité. Prenons l'exemple tout simple des greniers de la dîme. Certes, Vauban est un terrien, habitué à recevoir de ses métayers le mi-fruit de leur travail. Ils doivent apporter les gerbes de « bleds » (froment, mélange, avoine, orge) revenant au seigneur au château, soit à Bazoches, soit parfois aussi à Pierre-Perthuis ou Épiry[42]. Pourtant, Vauban aurait dû se rappeler qu'à partir du moment où sa famille se fixe définitivement à Bazoches, ses hommes d'affaire abandonnent pour le domaine d'Épiry le contrat à mi-fruit, le produit des récoltes risquant de se gâter dans les greniers seigneuriaux en l'absence d'une grande maisonnée ; après 1681, ils préfèrent louer ce domaine contre un loyer fixe. Il est curieux que Vauban, si attentif à la gestion de ses propres biens, ait prétendu qu'il n'y aurait pas de gâchis dans les greniers royaux.

Cependant, il faut lui rendre cette justice qu'il a très bien compris qu'il ne faudrait tenter cette expérience que sur de petites unités et simplement au retour de la paix. D'autre part, il est sûr qu'il offre son projet « sans autre passion ni interest que celuy du service du Roy, le bien et le repos de ses peuples ».

La maladie et la mort de Vauban

Reste à savoir comment Vauban a vécu la condamnation de son livre, de ce livre auquel il a donné tant de soins au cours des années écoulées et dont il attendait monts et merveilles.

En décembre 1706, donc peu après son retour de Dunkerque, arrivent les premiers exemplaires de l'ouvrage. Le lieu d'impression est inconnu, probablement les Flandres où le maréchal vient de passer six mois. Avisé de l'arrivée des ballots de feuillets non encore reliés, Vauban envoie deux hommes de confiance – Picard, son cocher, et Maurice, un des valets de chambre – récupérer les ballots au-delà de l'octroi de la porte Saint-Denis, on ne sait pas exactement où. La « marchandise » est stockée dans le bureau du maréchal. À partir du 31 décembre, celui-ci confie à sa relieuse, qui habite rue Saint-Jacques, deux cent soixante-quatre exemplaires à façonner, de vingt-quatre en vingt-quatre. Sitôt que vingt-quatre exemplaires sont reliés, ils sont immédiatement livrés, les relieurs en retour en reprennent de même. Le maréchal se met à en distribuer à tous ses amis. Le bruit s'en répand et les libraires finissent par connaître cette parution. Ils voudraient des exemplaires que leur refuse le maréchal en arguant qu'il n'est pas « marchand », que la *Dixme* ne doit pas encore être diffusée en raison de la guerre, qu'on n'en pourra appliquer les réformes proposées que la paix revenue.

Or, ce livre a été imprimé sans autorisation, sans nom d'auteur ni d'imprimeur. Il est donc en infraction avec la législation royale sur la librairie, au demeurant fort confuse et que vient d'alourdir un arrêt du 13 décembre 1706 aux termes duquel les libraires doivent fournir toutes les semaines « un catalogue exact de tous les livres [...] pour lesquels il ne paroîtra ni privilège ni permission ». Un arrêt en conseil privé du 14 février 1707 décide de faire interdire et de retirer le livre intitulé *La Dixme royale* et d'en confisquer les exemplaires connus. Un autre arrêt réitère le premier le 14 mars. S'appuyant sur la législation de la librairie réglementant les publications, le livre est censuré pour deux raisons : l'une de forme – le fait d'avoir été publié sans autorisation ; l'autre de fond – le fait de contenir « des choses contraires à l'ordre et à l'usage du royaume ». Le 19 mars, le chancelier Pontchartrain prévenait Marc-René de Voyer d'Argenson, le lieutenant général de police, de faire exécuter les arrêts. Tout cela va donc lentement.

Cependant, rien n'est changé dans la vie du maréchal. Le 2 février, jour de la Chandeleur, « le Roi, selon la coutume, marcha avec les chevaliers de l'Ordre du Saint-Esprit de son appartement à la chapelle, où ayant pris les cierges, il marcha ensuite avec tout son cortège à la procession qui se fit autour du château de Versailles ». Le maréchal est de la partie, comme l'un des membres du Saint-Esprit. Il mène une vie absolument normale. Le 13 février, sollicité par le contrôleur général de donner son avis sur la construction d'un pont sur la Durance, toujours guilleret, il émet des réserves à la fois sur l'emplacement et surtout sur l'opportunité d'une telle dépense – près d'un million de livres – « en ce temps bien mal propre pour exécuter un tel ouvrage[43] ». Quelques jours plus tard, il se promène avec Michel Le Peletier aux Tuileries, le lieu de rendez-vous des élégants. Mais cette promenade « m'a produit une recrue de rhume qui m'incommode encore si fort que je doute que j'aille à Versailles avant le voyage de Marly », mande-t-il le 26 février à son vieux compagnon de travail. Le 3 mars, écrivant à Mesgrigny, il lui donne pêle-mêle diverses nouvelles. On – selon toutes probabilités, le roi – envisage à nouveau de lui confier une mission. Vauban repartirait « sur les bords de la mer. Je n'en ay encore aucune certitude. Je sais seulement qu'on m'a parlé comme si cela estoit résolu, mais je n'y ay pas encore répondu, et c'est de cette réponse que dépend la décision d'y aller ou de n'y pas aller ». Cela prouve que « l'on » compte encore sur ses services et que c'est lui, en définitive, qui mène le jeu. Il continue : « Le livre de la *Dixme royale* fait si grand bruit à Paris et à la cour qu'on en a faict deffendre la lecture par un arrest du conseil, qui n'a servi qu'à exciter la curiosité de tout le monde, si bien que si j'en avois un millier, il ne m'en resteroit pas un dans quatre jours. Il m'en revient de très grands éloges de toutes parts. Cela fait que je le repasseray et que je pourroy bien en faire une seconde édition plus correcte et mieux assaisonnée que la première. » Et il ajoute : « Au surplus, je ne suis pas content de ma santé ; le rhume me tourmente toujours beaucoup, et s'il s'agissoit d'entreprendre quelque chose présentement, il est seur que je ne pourrois pas le soustenir [44]. »

Néanmoins, il vaque à toutes ses occupations, tient sa correspondance fort exactement. Le 20 mars, il s'inquiète de faire mettre dans une pension de religieuses la fille d'un de ses cousins, La Courcelle ; le 22, il demande à Mesgrigny de faire transporter un pont flottant de Tournai à Lille. Le 24, il reçoit encore au coin du feu de son salon deux dames dont l'une est la comtesse de Tavannes et l'autre l'épouse de l'ingénieur Juisard de Plotot, major de la citadelle de Lille, « pays » et cousin du maréchal. Il leur fait don de son ouvrage. De plaintes ou de désespoir il n'est pas question. Pointe au contraire la satisfaction d'avoir mené la tâche jusqu'à son aboutissement. Remarquons-le, Vauban ne commence de s'inquiéter que dans l'après-midi de ce 24 mars : « Sur les quatre heures et demi du soir, ayant été averti que l'on faisait recherche de son livre de la *Dixme royale*, il donna ordre [...] d'aller retirer tous les exemplaires » qui pouvaient encore se trouver chez la relieuse. Et le valet – de l'interrogatoire duquel on tient ce récit – d'ajouter : « Toutte cette après-dîner, ledit sieur maréchal avait paru fort chagrin de la nouvelle qu'il avoit apprise que M. le chancelier faisait chercher son livre, et, sur le soir, la fièvre le prit et se mit au lit. »

Comme cela est classique chez un vieillard, son rhume se transforme vite en congestion pulmonaire avec complications. Le dimanche 27, le maréchal a un répit et en profite pour faire amener deux exemplaires de son livre à l'abbé de Camps, rue de Grenelle, « pour qu'il les examine et lui dise son sentiment ». Il donne également son livre à son chirurgien, surtout à son confesseur, un jacobin, désirant savoir si, « en le composant, il n'avoit rien fait contre sa conscience ». La fièvre remonte. Le 28 mars, le marquis de Sourches note : « Le maréchal de Vauban étoit fort mal à Paris d'une fluxion sur la poitrine qui lui faisait cracher le sang, ce qui donnait sujet d'appréhender pour sa vie, à cause de son grand âge. » Le lendemain, 29 mars, les nouvelles sont encore plus alarmantes : « Le maréchal de Vauban étoit à l'extrémité, ayant donné à l'État la dernière marque de son zèle par un livre qu'il avoit fait imprimer à ses dépens, par lequel il prétendoit donner des moyens au Roi pour tirer de son royaume tout l'argent nécessaire pour le défendre sans fouler ses peuples; mais le Roi, après l'avoir fait soigneusement examiner, avoit ordonné qu'on en supprimât tous les exemplaires[45].» Et Dangeau, de son côté, d'ajouter : «Le Roi parla de M. de Vauban avec beaucoup d'estime et d'amitié[46].» Les deux mémorialistes résument bien la situation au terme de laquelle la haute considération royale pour le maréchal de Vauban n'empêche nullement la sanction contre un livre paru sans autorisation.

Le mercredi 30 mars, le maréchal de Vauban décède sur les neuf heures trois quarts du matin. Il a reçu les sacrements de l'Église. Tandis que Friand part immédiatement déposer le testament olographe de son patron chez maître Auvray, notaire de Vauban depuis déjà quelques années, les gendres de Vauban enlèvent les exemplaires de la *Dixme* se trouvant dans le bureau du maréchal pour leur éviter d'être mis sous scellés. Ce même jour, le marquis de Sourches note dans ses *Mémoires* : «On apprit ce jour-là la mort du maréchal de Vauban, dont on avoit dès le matin demandé les emplois au Roi, et il ne tarda guère à les donner, car le soir, ayant travaillé avec le secrétaire d'État de Chamillart, il donna le gouvernement de la citadelle de Lille à Labadie, le grand prieuré de l'ordre de Saint-Louis à des Alleurs, et le cordon rouge de des Alleurs au marquis de Sailly.»

Après un service solennel en l'église Saint-Roch, sa paroisse parisienne, le 1er avril, le corps du maréchal est transporté chez lui, au diocèse d'Autun. Il est inhumé à Bazoches, dans la chapelle Saint-Sébastien de l'église paroissiale, « conduit en ce lieu par M. Lemuet de Jully, prestre envoyé de la part du curé de Saint-Roch, où son corps a été déposé, dans la paroisse duquel il est décédé, assisté de messire Jean de Barrault, prestre, docteur en Sorbonne, abbé de Chore, de MM. les curés du voisinage et de plus deux mille personnes de différents âges et qualité ». Dans les jours qui suivent, des messes de deuil sont célébrées tant à Vézelay que dans plusieurs autres paroisses de la région[47].

Les remous

Vauban meurt donc le 30 mars. On nous a dit et redit que la condamnation de sa *Dixme* l'a brisé et qu'il est mort de chagrin. Au ton de ses lettres, cela n'apparaît guère. C'est en réalité trois ans et demi auparavant qu'il a été désemparé durant quelques jours par le retrait de sa mission. Depuis, au contraire, il a pris un rythme de travail qui convient mieux à son âge et à sa santé. Il reconnaissait bien volontiers qu'il avait besoin de repos : « Il y a un certain temps dans la vie où il faut se décharger des affaires tant que l'on peut quand on a aussi longtemps sué sous le harnois que vous et moi ont fait », écrivait-il à son ami le marquis de Puyzieulx en 1704 [48]. Les conséquences de la condamnation de la *Dixme* l'ont à peine touché.

Pour autant, l'affaire n'est pas encore terminée. Après la mort du maréchal, une enquête de police a lieu selon les formes officielles. Les relieurs (la patronne, sa fille, un de ses commis) et le valet de chambre du maréchal sont tour à tour interrogés [49]. Une autre personne subit aussi le contre-coup de cette tempête. Il s'agit de l'abbé Ragot. Dans un premier temps, bien qu'il soit absent, la police perquisitionne dans la chambre qu'il occupe à l'hôtel Saint-Jean, qui n'est autre qu'une annexe de l'hôtel Vauban, avec passage intérieur de l'un à l'autre. Le policier Delamare saisit deux exemplaires annotés. On ne sait où se trouve alors l'abbé. On le retrouve une dernière fois deux mois et demi après la mort du maréchal. Nous apprenons qu'il est prié de se rendre en hâte en sa résidence d'Avranches. Le 18 juin, Mesgrigny a cherché, en vain, à s'interposer auprès de Chamillart [50]. L'abbé rejoint Avranches sans délai ; il y mourra sept ans plus tard, le 1er décembre 1714 [51].

Résumons-nous. Attaché au roi et au bien public, lancé dans sa vieillesse dans un travail d'économie politique dont il domine parfaitement les prémisses et les raisonnements, le maréchal en arrive à des conclusions optimistes : par la maîtrise totale des impôts donnée au souverain, il accroît sa puissance et le débarrasse à la fois des atermoiements du clergé en matière de contributions et des exactions des traitants. Il lui associe les nobles chargés de certains recouvrements. Il protège les pauvres, mieux et moins imposés qu'autrefois. Il enrichit le royaume. Cela ressemble vraiment à un beau conte de fées. Cependant, que *La Dixme royale* contienne « des choses contraires à l'ordre et à l'usage du royaume » est sûr dans la mesure où elle remet en cause les impôts nés de l'usage – et Dieu sait combien l'usage est important à l'époque moderne ; dans la mesure aussi où ses préceptes risquent de provoquer les humeurs de beaucoup, y compris, comme le redoutait Vauban, celles des pauvres.

On ne peut éviter de se poser deux questions.

La première est sans réponse : pourquoi le maréchal a-t-il pris la brusque décision de faire imprimer un ouvrage qui attendait dans ses cartons depuis plus de six ans ? Peut-être son commandement à Dunkerque y a-t-il été pour quelque chose, si l'hypothèse d'une impression flamande était retenue ? Cela étant, Vauban a été imprudent. Poussé par le désir de mieux faire connaître ses projets (car c'est bien de cela qu'il s'agit), il est passé outre à une demande d'autorisation. Il a probablement pensé que ses titres et sa dignité l'y autorisaient. Imprudence aussi, le fait d'employer à temps complet cet abbé de Beaumont suspect à plus d'un titre et en définitive bien encombrant avec tout son passé plus ou moins sulfureux. Imprudence enfin, la libéralité avec laquelle il offre son livre à des centaines de personnes : « Si j'en avois un millier, il ne m'en resteroit pas un dans quatre jours. »

La seconde question est de pure curiosité. On est en droit de se demander ce qu'il serait advenu du maréchal s'il n'avait pas été enlevé si rapidement par sa broncho-pneumonie. Étant donné le sort réservé à Boisguilbert[52], on peut penser que le maréchal n'aurait guère été inquiété. Tout au plus aurait-il été exilé pour quelques mois à Bazoches. Là encore, on voit combien il faut relativiser les événements.

CONCLUSION DE LA CINQUIÈME PARTIE

La Dixme royale n'aura pas lieu

Sébastien Le Prestre de Vauban meurt le 30 mars 1707. Très rapidement la légende s'empare de lui. Plus tard, on en fera un homme mourant de chagrin après plusieurs mois de disgrâce consécutive à la publication de la *Dixme*. Chacun d'y aller de sa larme. La réalité nous est apparue bien différente.

Écarté après le siège victorieux de Brisach (mais n'oublions pas qu'il s'était cramponné pour en être, bien qu'ayant déjà dépassé ses soixante-dix ans), embarrrassé de sa dignité de maréchal de France, Vauban a eu effectivement un moment de tristesse et de rancœur, mais c'était à l'automne 1703. Puis, avec la vitalité qui était la sienne, on le vit presque immédiatement reprendre le dessus. Il s'est très vite et fort bien accommodé de son nouvel état, morigénant les uns, harcelant les autres de ses conseils, se mêlant souvent de problèmes qu'on ne lui demandait aucunement de résoudre, travaillant toujours avec ardeur et passion. Le militaire s'est désormais tourné de plus en plus vers des travaux de civil.

En définitive, c'est dans cette perspective qu'il faut bien comprendre les réactions de l'équipe ministérielle en ce qui concerne la *Dixme*. Certes, il y a eu des coïncidences malheureuses, par exemple le renforcement de la législation sur les autorisations d'imprimer qui est antérieur à l'arrivée de la *Dixme* à Paris. Encore faudrait-il pouvoir vérifier plus finement la chronologie, car, dans une telle hypothèse, on peut se demander si, en haut lieu, on n'avait pas déjà quelque écho de ce que mijotait le maréchal.

Quoi qu'il en soit, on ne saurait oublier que le moment est mal choisi. Certes, la frontière du Nord ne risque pas grand-chose en ce printemps 1707, et, du côté rhénan, le maréchal de Villars réinstalle ses troupes dans le marquisat de Bade. Mais, du côté de la péninsule italienne, les choses vont mal. Les Français perdent la Lombardie, le royaume de Naples est aux mains de l'archiduc. La situation n'est pas fameuse en Espagne. Elle ne commencera de se redresser que durant l'été suivant, quand, par la bataille d'Almanza, le duc d'Orléans entamera enfin la reconquête du royaume espagnol pour le compte de Philippe V. Plus encore, on redoute beaucoup un coup fourré du Savoyard sur les côtes méditerranéennes. On n'a pas tort car il lancera bientôt son expédition contre Toulon avec l'aide du prince Eugène. Sur ce point, Vauban est mort à temps pour n'avoir pas à se faire du souci pour le grand arsenal du Levant dont il se demandait avec inquiétude au cours des années précédentes comment on pourrait le défendre en cas d'agression ennemie. Il eût d'ailleurs été fort heureux du résultat final et de la magnifique défense de la place durant l'été 1707. Mais que de tremblements en attendant !

Les caisses de l'État sont vides ; tour à tour les financiers se construisent des fortunes rapides dans la fourniture aux armées ou font des faillites retentissantes. Et c'est au milieu de telles difficultés que deux vieillards, Boisguilbert et Vauban, veulent à tout prix donner de bons conseils au roi et, nonobstant la guerre, présentent leur réforme fiscale. Le contrôleur général Chamillart, un homme disert et de bonne compagnie, est excédé par Boisguilbert qui lui écrit à tout bout de champ des lettres de plus en plus nombreuses, de plus en plus pressantes, de plus en plus geignardes. C'est dans cette atmosphère que le ministre apprend par les hommes du lieutenant de police que le maréchal de Vauban a, de son côté, contrevenu aux règles de la librairie en faisant imprimer un livre en sous-main. Les sanctions prises tour à tour contre les deux auteurs ne peuvent se comprendre que dans cette atmosphère d'inquiétude trouble et de suspicion.

De là à présenter, *a posteriori*, Vauban comme une victime de l'absolutisme et un lointain ancêtre de la Révolution, il n'y a qu'un pas. En réalité, le vieux maréchal, très attaché à son roi, n'apparaît nullement désespéré, comme le raconte la légende. Au-dessus de la mêlée, il prend plaisir à ce remue-ménage et, par certains côtés, s'égaie même du bon tour joué. Ce n'est que très tardivement, six jours avant sa mort, qu'il sera effleuré par quelque doute en ce qui concerne l'opportunité de son action.

Michel Chamillart, à peu de temps de là, donne le point de vue gouvernemental sur l'affaire : « Si M. le M^{al} de Vauban avait voulu escrire sur la fortiffication et se renfermer dans le caractère dans lequel il avait excellé, il auroit fait plus d'honneur à sa mémoire que le livre intitulé *La Dixme Royale* ne fera dans la suite. Ceux qui auront [...] une connaissance de l'estat des finances de France et de son gouvernement n'auront pas de peine à se persuader que celuy qui a escrit est [un] spéculatif qui a été entraisné par son zèle à traitter une matière qui luy estoit inconnue et trop difficile pour estre rectifiée par un ouvrage tel que celuy de M. de Vauban [1]. »

« Si la dixme pouvait avoir lieu ! » souhaitait le vieux soldat. Certes, la dixme n'a jamais eu lieu, mais Chamillart s'est trompé en pensant qu'elle ne ferait pas honneur à son auteur. Plus que le *Traité de l'attaque des places*, *La Dixme royale* reste – à tort ou à raison – l'ouvrage écrit le plus connu du maréchal.

CONCLUSION

« Je serai toujours pour vous Vauban »

Décrivant Vauban, Saint-Simon le présente sous des traits physiques bien peu avantageux : « C'était un homme de médiocre taille, assez trapu, qui avait fort l'air de guerre, mais en même temps un extérieur rustre et grossier, pour ne pas dire brutal et féroce [1]. » De là à se gausser de son air prétendument emprunté et à le dépeindre comme un homme fort embarrassé de sa personne lors de ses rares apparitions à la Cour, à son aise seulement sur les champs de bataille, dans le fracas de la mitraille ou les bivouacs des quartiers d'hiver, il n'y a qu'un pas. On est sûr cependant qu'il ne dédaigna ni la Cour ni la compagnie lorsque ses occupations le lui permirent enfin. Dans ses dernières lettres, il fait allusion à un voyage à Marly qu'il voudrait bien ne pas manquer.

Il est vrai que sa sève provinciale et sa vie militaire l'ont, l'une et l'autre, trop tôt façonné pour qu'il prétende à une politesse de salon affectée ou qu'il cherche à singer des courtisans jolis cœurs pleins d'afféterie suffisante. Il est sûr aussi qu'il est homme de plein air et de cheval. Il appartient bien à cette cohorte de hobereaux accourus de tous les coins du royaume – qui de sa modeste maison forte, qui de son manoir rural –

pour se mettre au service du roi. Ils sont tous jugés par les petits maîtres de la Cour comme insuffisamment dégrossis et décrottés. Mais encore ne faut-il pas exagérer cette balourdise et ce manque d'allure qui, il faut l'ajouter, n'auraient guère choqué deux ou trois décennies plus tôt.

Peintres et sculpteurs sont heureusement là pour nous donner une vision fort différente de l'ingénieur. En fait, il existe très peu d'effigies de Sébastien Le Prestre, plusieurs d'entre elles sont apocryphes, d'autres – en particulier un portrait de François de Troy dont une gravure aurait été tirée – n'ont laissé aucune autre trace. Pourtant, on peut évoquer l'admirable buste de Coysevox où Sébastien Le Prestre médite pour l'éternité ; ou encore un dessin préparatoire aux trois couleurs conservé aux archives du génie et tout palpitant de vie contenue, un autre tableau aussi, conservé à l'école du génie d'Angers[*]. Les uns et les autres permettent de mieux atteindre l'essence même du personnage.

Toujours représenté avec une cuirasse légère, Vauban paraît avoir une corpulence et une taille moyennes, sans plus, mais ne perdant pas un pouce de sa hauteur. L'homme vaut avant tout par sa physionomie. Encadré par l'abondante perruque à la mode de l'époque, le visage est à la fois ouvert, énergique et impérieux : menton affirmé à fossette ; bouche large et nette aux plis de commissure autoritaires ; joues assez pleines, dont celle de gauche marquée à tout jamais par la déflagration d'un mousquet ; nez droit bien dessiné ; sourcils bien fournis dominés par un ample front ; les yeux bleus, assez enfoncés dans l'orbite, sont animés d'un éclat brillant qui semble vous transpercer dans le même temps qu'ils regardent par-delà l'horizon. D'après ces artistes, Vauban a donc une très belle tête, bien modelée, étonnamment vivante et toute pétrie d'intelligence. Les portraits d'un Vauban plus jeune révèlent un homme plus mince que dans sa maturité, là encore à la physionomie ouverte et résolue, avec une pointe – à relever – d'autosatisfaction.

Masque peut-être trop flatteur ? On ne sait. En revanche, il correspond bien à ce que nous connaissons du caractère de l'ingénieur. Volonté et courage en premier : « dangereusement blessé » au siège de Valenciennes en 1656, il avait été envoyé à

---

[*] Reproduit sur la couverture du présent ouvrage.

Condé dans un hôpital de fortune – dont, entre parenthèses, il gardait un fort mauvais souvenir. Mal guéri, ne pouvant encore se tenir sur ses jambes, nous dit-il, il avait pourtant ordonné d'être porté à bras sur le rempart attaqué par l'ennemi pour y exhorter les combattants et les aider de ses conseils. Il n'avait alors que vingt-trois ans ! Plus tard, rhume tenace, catarrhe, à moins que ce ne soient asthme, bronchite chronique, malaria, ou le tout à la fois, rien ne l'arrête quand presse le service du roi. Or celui-ci presse tout le temps. Ce n'est vraiment qu'à l'extrême bout du rouleau que Vauban s'effondre brutalement, quitte à repartir à peine remis sur pied. On pourrait multiplier les exemples de cette remarquable énergie qui l'anime sa vie durant et jusqu'à son lit de mort. De même, mais dans un autre registre, il n'abandonne pas facilement ses idées, revenant à la charge autant de fois que cela est nécessaire, ce qui lui vaut ou lui vaudra parfois des difficultés.

Au service de cette volonté, une intelligence claire, vive, amie autant de l'analyse que de la synthèse, celle que vantaient à qui mieux mieux les Colbert, père et fils. Vauban fait vraiment partie de cette génération qui a eu la chance de pouvoir utiliser au maximum les données mathématiques dont ses prédécesseurs l'avaient imprégnée. Il est bien fils de son époque, tout comme le sont dom Mabillon créant les règles de la critique des textes ou tel physicien mettant au point les premiers microscopes qui permettront l'investigation de l'infiniment petit. En eux comme en lui, il y a non seulement un réel goût scientifique mais au moins autant, sinon plus, le sens très poussé de l'expérimentation, de la rationalisation méthodique, au moins autant celui de la normalisation. Un siècle plus tard, certains de ses jeunes – Lazare Carnot, le vicomte du Buat, Charles-Augustin Coulomb ou Meusnier de La Place – seront plus que leur devancier et leur grand ancien des savants se plaisant à l'abstraction. Rien de tel chez Vauban, qui reste, même dans le domaine des sciences, très marqué par ses origines terriennes, longtemps très réaliste et très soucieux d'efficacité. Un exemple typique : pendant longtemps, il ne fut pas enthousiaste des plans-reliefs. Mais, lorsqu'il eut reconnu leur intérêt pour préparer le travail, il les adopta sans restriction.

Pourtant, l'âge venant, le souci de systématisation à outrance prendra le pas sur les réalités et l'entraînera à voir selon ses désirs. Lui-même en a parfois conscience, qui, dans une lettre d'août 1706, admet volontiers que ses vues sont celles d'un « visionnaire », ce qui n'est pas totalement faux.

Il faut bien retenir que Vauban, d'abord mathématicien, est au moins autant un homme de la vue, aussi curieux des orangers qui poussent en pleine terre à Menton, des façons culturales en Roussillon, des femmes qui remontent la terre à la hotte à Antibes que des canaux d'arrosage du haut Dauphiné. Il y a en lui du géographe et de l'ethnologue avant la lettre et le terrien ne perd jamais ses droits. Il sait comment lever en un tour de main rapide un griffonnement et rendre parfaitement la topographie du lieu. Il recommande fortement qu'on apprenne aux jeunes ingénieurs cette technique qu'il décrit dans son mémoire *De la conduite des sièges*. Il imagine dans l'espace les citadelles et leurs alentours tels qu'ils seront construits alors qu'il est en train seulement de les dessiner sur le papier.

Il se distingue aussi par une capacité de travail étonnante qui lui permit de ne jamais s'arrêter, ni en voyage ni en semestre de repos ; avec cela, une rapidité de conception et d'exécution éblouissante qui s'appuie sur une méthode de travail parfaitement mise au point. Plus froid qu'on ne se l'imagine, détestant l'improvisation et les incapables, il a des mots très durs contre les prétentieux : « La plupart des gens répètent comme des perroquets ce qu'ils ont entendu dire à des demi-savants qui, n'ayant que des connaissances imparfaites, raisonnent le plus souvent de travers. »

Ménager du sang des hommes lors des combats, désireux de ne pas accabler les malheureux expropriés de terrains à convertir en rempart et cherchant comment diminuer les impôts, il impose néanmoins les sacrifices nécessaires quand il y va de la gloire du roi et de l'intérêt de l'État. Il n'admet d'ailleurs ni la couardise, ni la fainéantise et exige beaucoup de ses collaborateurs, ingénieurs comme entrepreneurs.

Il a le sens de la formule. Ses rapports militaires sont clairs, nets, allant droit à leur but. L'essentiel suffit. Les divers mémoires des *Oisivetés* sont parfois plus lents, plus ternes, à moins qu'il ne les anime d'une expression percutante, mais c'est une joie de lire ses lettres. Vivantes et chaleureuses, entraînantes et gaies, elles ont un immense pouvoir d'évocation et d'action. Dictées et non rédigées, elles sont vives, émaillées d'expressions provinciales, pleines de saveur et de réalisme, un véritable régal.

Homme de caractère et parfois de mauvais caractère, il reconnaît très volontiers à plusieurs reprises qu'il fait souvent « le Gascon », un peu vantard, un peu gonflé de soi. Il ne se juge pas si mal que cela. En réalité, il a une réelle sensibilité qui lui fait comprendre certaines situations. Il a toujours réussi à bien s'entendre avec MM. de la Marine, laquelle « est fière et délicatte et toujours hérissée contre les commandans de terre, tant elle a peur qu'ils n'entreprennent sur ses droits[2] ». Vis-à-vis des nobles, ses sentiments sont mitigés. Il déteste carrément les anoblis par l'argent, qui sont légion en cette fin du XVIIe siècle. En revanche, il est très fier d'être né « gentilhomme », et au moins autant d'avoir les capacités et les talents qui sont siens. Aussi en arrive-t-il à cette idée que la noblesse doit être vivifiée par le mérite : « À dire la vérité, les hommes naissent tous roturiers ; il n'y a que leurs actions qui les anoblissent[3]. »

On a parfois dit que Vauban avait été un « très bon » chrétien. Le « très bon » est de trop. Mais il n'y a aucun doute, il a été un vrai chrétien. Baptisé, accueilli comme son enfant par « Sainte Mère Eglise », il a été élevé dans la foi catholique. Qu'il n'ait pas nécessairement mis ensuite ses actes en accord avec sa foi n'a rien d'étonnant ; celui qui n'a jamais péché seul pourrait s'en étonner. Si le commissaire général n'a guère de goût métaphysique, ni probablement une âme contemplative, il a en revanche une foi très vive, sans doute et sans remise en cause. À propos du sort des cloches pendant les campagnes militaires, il s'indigne de la désinvolture des combattants : « Je vous avoue que je veux grand mal aux dépendeurs de cloches ; je suis persuadé que ce sont meubles d'église, puisque c'est le lieu de leur demeure et que l'usage unique que l'on en fait est d'appeler les fidèles à leur devoir ; elles devraient être donc censées meubles de la maison de Dieu, auxquels on ne devrait non plus toucher qu'aux châsses, ciboires, calices, soleils [...]. Je sais bien que, de part et d'autre, nous manquons extrêmement de respect aux autels[4]. » La suite de la lettre élève le débat jusqu'à des jugements de fond : « Il n'y a plus de religion qu'en grimaces. C'est une chose pitoyable ; il semble qu'on se moque de Dieu et qu'on se fasse un plaisir d'accomoder sa conduite à nos manières ». Il y a bien ici l'affirmation d'une foi solide et d'une révérence sans affectation dans la droite ligne du XVIIe siècle français.

La première clause du codicille est également caractéristique de ses délicatesses de conscience. Il demande que soit payé à la prévôté de Foug, en Lorraine, près de Toul, 3 000 livres : « Pour tenir lieu de restitution de la somme de quinze cents livres, avec les interetz, que j'ay auttrefois tirée de cette prevosté pendant le dernier cartier d'hiver que j'ay eu en Lorraine, qui fut fort long, l'année de la paix des Pirénées, et ce pour vingt-cinq places de gratification à moy ordonnée par feu monsieur le maréchal de La Ferté, de qui j'estois pour lors lieutenant ; lesquelles vingt-cinq places ce trouvèt monter à cinq cent écus, à la fin du cartier d'hyver, qui me fute payer par monsieur Flutteau, pour lors receveur de la prevosté de Foug. Mais comme l'ordre de monsieur mondit le maréchal en donna, ne fut que verbal, et qu'il fallut user d'industrie pour en estre payé, il m'en est resté un scrupule dont je veux me déchargé ; c'est pourquoy ledit sieur Friand fera un voyage en ce pais-là, et après s'être informé du nom et des officiers de cette prevosté, il conviendra avec eux des interezt de la ditte somme de cinq cent ecus, et au cas qu'il se veulle contenter de la somme de mil ecus, interezt et capittal, en décharge des debte les plus criante de la communauté, il les leur payera à ma décharge, prenant garde que cette somme ne soit point divertie au proffit desditz officiers. » Autrement dit, Vauban garde au long de sa vie le remords d'avoir agi « par industrie » pour extorquer des gens de Foug le paiement de ses quartiers d'hiver.

Du nouveau-né étroitement emmailloté au vieux monsieur assis quelques jours avant sa mort au coin de son feu, bonnet en tête[5], se sont écoulées soixante-quatorze années de campagnes militaires, de routine, d'héroïsme, de travail ininterrompu. Elles ont fait du petit Morvandiau un maréchal de France. Il s'agit là d'un destin exceptionnel, celui de ce fils du Morvan, patrie des « demi-héros » ; destin aussi à taille humaine, avec les joies, les peines, les espoirs et les déceptions de toute vie d'homme.

Saint-Simon et Fontenelle, chacun pour son compte, ont exalté son sens de la France, voire son « patriotisme ». Il est sûr que, sans oublier ses intérêts, il a toujours cherché à servir. Il se révèle ainsi un très grand serviteur du roi et de l'État, ce qui pour lui est tout un. Qu'on se rappelle : « Je me dois au Roy, à l'État... »

Le débat est toujours ouvert de savoir s'il fut un précurseur des idées du XVIIIe siècle, voire de la Révolution et du XIXe siècle, ou si, plus simplement, il resta bien de son époque. Contestataire ou conservateur ? Ne serions-nous pas ici dans une auberge espagnole où chacun apporte ce qui lui convient ? Ne s'agirait-il pas en fait d'un faux problème ? Sur le plan militaire, il apparaît que ses collaborateurs commencèrent de rechigner vers la fin de sa vie, ne le trouvant plus tout à fait assez à la page. Or les gens du XIXe siècle nous l'ont présenté comme l'inventeur des frontières naturelles. Un penseur militaire du XXe siècle a été jusqu'à dire que son pré carré avait quelque chose « de national et de systématique. [...] Barrer les routes, voilà ce que voulut Vauban, et je persiste à penser que cette condition réalisée par lui dans le Nord a lourdement pesé sur la mobilité de nos ennemis[6] ». Sur le problème des impôts, se développe le même débat : les réformes qu'il désirait voir appliquer étaient-elles utopiques ou prophétiques ? Est-il l'héritier de Jean Bodin et du mercantilisme ou le précurseur des physiocrates ?

Tout simplement peut-être n'est-il que l'un des hommes les plus intelligents et les plus actifs du règne du Grand Roi, placé entre l'âge baroque, dans lequel il est né, et le siècle des Lumières, qui déjà se profile à l'horizon : « Je serai toujours pour vous Vauban. »

Notes

LISTE DES ABRÉVIATIONS

ACM : Archives du canal du Midi, Toulouse
AD : Archives départementales
AM : Archives municipales
AN : Archives nationales
ANMC : Archives nationales Minutier central

BA : Bibliothèque de l'Arsenal
BM : Bibliothèque municipale
BN : Bibliothèque nationale

CHM : Centre d'histoire militaire et de Défense nationale (Montpellier)

SHAT : Service historique de l'armée de terre

A1 : Correspondance du secrétariat d'État de la Guerre
AG : Archives du génie
BIG : Bibliothèque inspection du génie

MI : Microfilm

INTRODUCTION
(pp. 7-15)

1. SHAT, AG, très nombreux rapports du XVIIe siècle.
2. SHAT, BIG, ms 96, 1742.
3. Rochas d'Aiglum (colonel A.),*Vauban, sa famille et ses écrits. Ses Oisivetés et sa correspondance*, Paris, Berger-Levrault, 1910, 2 vol.
4. La lettre est publiée sous le couvert de l'anonymat. Voir ci-dessous.
5. Conservés à la bibliothèque de l'Arsenal.
6. À Leyde en 1740, à La Haye en 1737, en 1762...
7. Joseph Sauveur, *Traité de fortification* (inspiré de très près par Vauban) conservé à la BIG.
8. SHAT, AG, article 3, section 2, Choderlos de Laclos, *Lettre à MM. de l'Académie française sur l'éloge de M. le maréchal de Vauban* (exemplaire manuscrit).
9. Francisque Bouillier, *Éloges de Fontenelle avec une introduction et des notes*, Garnier, s.d., in-16.
10. Voltaire, *Le Siècle de Louis XIV*, Paris, Garnier.
11. BIG, ms in-f° 34/d, 9 juin 1719.
12. A. Blanchard, « L'école française de fortification », *Revue d'histoire moderne et contemporaine*, 1972, *Les « ingénieurs du Roy » de Louis XIV à Louis XVI. Étude du corps des fortifications*, Montpellier, col. C H M, n° 9, 1979.
13. Marcel Reinhardt, *Le Grand Carnot*, Paris, Aubier, 1950, 2 vol.
14. Comte de Guibert, *Essai général de tactique*, Londres, Librairies associées, 1772.
15. A. Blanchard, *Les « Ingénieurs du Roy » de Louis XIV à Louis XVI*, *op. cit.*
16. Pierre Nardin, *Gribeauval, lieutenant-général des armées du roi (1715-*

1789), Paris, Cahiers de la fondation pour les études de Défense nationale, 1982.

17. Colonel Augoyat, *Aperçu historique sur les fortifications, les ingénieurs et le corps du génie en France*, Paris, Tenera, 1860-1863, 3 vol., t. II, pp. 630 *sq.*

18. Montalembert (marquis de), *La Fortification perpendiculaire ou Essai sur plusieurs manières de fortifier la ligne droite*, Paris, Barrois aîné, 1776-1796, 11 vol.

19. Choderlos de Laclos, *Œuvres complètes*, Paris, Gallimard, « Bibliothèque de la Pléiade », pp. 543-565, 863-873.

20. Voir *infra*, chapitre XX.

21. Voir *infra*, chapitre XIX.

22. Las Cases, *Mémorial de Sainte-Hélène*, texte établi par André Fugier, Paris, Classiques Garnier, 1961, 2 vol.

23. Augoyat, *Les Oisivetés*, Paris, 1841-1843, 3 vol.

PREMIÈRE PARTIE

CHAPITRE PREMIER : D'azur au chevron d'or
(pp. 21-42)

1. AM Saint-Léger-Vauban, Yonne, ar. Avallon, c. Quarré-les-Tombes. Par décret impérial du 7 décembre 1867, Saint-Léger-de-Foucherets prit le nom de Saint-Léger-Vauban. – Les registres paroissiaux existent de 1574 à 1789. Mais aucune signature des parents des baptisés n'apparaît dans les actes de la première moitié du XVIIe siècle.

2. Caractéristiques de cet état d'esprit, deux certificats dressés par les religieux de Pontigny les 2 août 1657 et 1er novembre 1665 : ils constatent à chaque fois qu'un enfant mort-né de Saint-Père-lès-Vézelay, après avoir été porté à Pontigny « soubz la châsse du glorieux corps incorruptible et entier de Saint-Edme », a donné signe de vie, à la suite de quoi il a été inhumé en Terre sainte.

3. Morot : originaire de la Lorraine, « en voie d'agrégation à noblesse ».

4. BN, carrés d'Hozier, 514, f°s 1 à 17.

5. Brezons, Cantal, ar. Saint-Flour, c. Pierrefort.

6. BN, carrés d'Hozier, déjà cités. – Le château de Faye est sis sur la commune de Verneuil, Nièvre, ar. Nevers, c. Decize, dans une région entre Loire et Aron. Dans la commune voisine des Fours, Les Crots-de-Faye forment un hameau. S'agit-il des seigneuries supposées appartenir à Jacques de Faye ?

7. BN, carrés d'Hozier cités, dossiers bleus, vol. 543, pièce 14 228, f° 25. D'Hozier affirme qu'« Emery n'est point fils de Jean. Les titres originaux produits sur ce degré prouvent qu'il est fils de Thibault Le Prestre, etc., et de demoiselle de Frasnoy ».

8. Par exemple, Rochas d'Aiglun, Halévy...

9. BN, cabinet d'Hozier, 490, titres de La Perrière. Voir notre annexe n°1.

10. BN, cabinet d'Hozier, 278, pièce 7540, f°s 1 à 4.

11. *Ibid.*

12. Bonneçon, commune de Nuars, Nièvre, ar. Clamecy, c. Tannay.

13. BN, dossiers bleus, vol. 543, pièce 14228, f°s 1 à 10.
14. Roger Doucet, *Les Institutions de la France au XVIe siècle*, Paris, Picard, 1948, 2 vol., t. I, pp. 271-274.
15. BN, cabinet d'Hozier, 278, pièce 7540, f° 3.
16. AD Nièvre, 1 E 302, papiers Le Prestre de Vauban, actes notariés des 1er juin et 10 septembre 1573. Metz-le-Comte, Nièvre, ar. Clamecy, c. Tannay, localité à l'ouest de Nuars.
17. La chose est possible, sinon probable. C'est ce qui arriva à Louis XIV, un siècle plus tard.
18. « Plantation des églises » équivalant à « création ».
19. Soit 18 000 livres.
20. BN, carrés d'Hozier, 514, f° 17.
21. F. de La Noue, *Discours politique*, Paris-Genève, Droz, 1978; N. Lyman Rockle, *Jeanne d'Albret, reine de Navarre, 1528-1572*, Paris, 1979, nomme plusieurs fois Briquemault, pp. 283, 316, 326, 331. Rien sur les Arnault ni sur les Pinard, *a fortiori* sur les Le Prestre; AD Côte-d'Or, B 2658, 1590.
22. Abbé Courtépée, *Description générale et particulière du duché de Bourgogne*, 2e édition, Dijon, V. Lagier, 1848, t. III, pp. 594-619.
23. BN, cabinet d'Hozier, 67, f° 3 v°; pièces originales, 521; dossiers bleus, 137, f° 15; nouveau d'Hozier, 69; AN, TT 107: Briquemault de Dammarie-sur-Loing, Ruères et Tauvenay, etc.
24. AD Nièvre, 1 E 302, contrat du 29 octobre 1591 devant Herman, notaire.
25. L. Febvre, in *Philippe II et la Franche-Comté*, 2e édition, Paris, Flammarion, 1970, souligne le rôle très important du maréchal de La Beaume-Montrevel auprès de l'empereur, p. 92, ainsi que celui de son frère, l'évêque de Genève, pp. 50, 88.
26. *Annuaire de la Nièvre, 1854-1856*, article sur Saint-Franchy, pp. 18-19.
27. AD Yonne, 11 B 265, 16 février 1640. – Peut-être appartenait-elle à cette famille de Lanty habitant la maison forte de Railly, commune de Saint-Germain-des-Champs. Cette famille joua un certain rôle dans l'Avallonnais durant toute la période moderne.
28. AD Nièvre, 1 E 302 cité.
29. BN, cabinet d'Hozier, 278, pièce 7540.
30. Françoise de La Perrière est décédée avant le mariage de sa fille Jeanne, lequel est célébré en 1619. Elle mourut probablement vers 1614, date à laquelle il y a apurement des comptes entre Jacques de Vauban et Léonard de La Perrière.
31. AD Nièvre, Chartier de Saint-Franchy, 1 F 394, fonds Bruneau de Vitry, f° 18-v° 35; BN, cabinet d'Hozier, 278, pièce 7540, acte reçu par Ravier, notaire à Lormes; carrés d'Hozier, 490, Largot, notaire à Gray.
32. AD Nièvre, 1 E 302, 20 mai 1619, mariage de Jeanne devant Oudot-Monfroy. Dans ce contrat, il est expressément indiqué que Jeanne, dotée de 1 200 livres, est fille de Jacques Le Prestre et de Françoise de La Perrière, ce qui improuve les assertions de plusieurs auteurs affirmant qu'elle serait fille du premier lit.
33. AM Bazoches, reg. par. XVIIe siècle...

34. Cf. chapitres suivants.

35. Beauvilliers, sur le terroir duquel est sis le château de Grésigny, fait alors partie de la communauté de Saint-Léger, ce qui porte à trois les descendants de Jacques le Père y résidant tour à tour Mme de Lambert, Mme de Morot et Urbain Le Prestre.

36. Après la maintenue, en tout cas. Son mortuaire ne figure pas sur les registres paroissiaux de Bazoches.

37. BN, cabinet d'Hozier, 278, pièce 7540. Contrat devant Connestable, notaire ; cet acte n'a pas été retrouvé dans le minutier de la Nièvre bien que certaines minutes de ce notaire y soient conservées.

38. *Ibid*, contrat du 14 février 1632 devant Jean Oudaille.

39. AM Saint-Léger, reg. par.

40. I. Aristide, *La Fortune de Sully*, Paris, s.d. (1990).

41. J. Lalou, *Une ancienne maison forte en Morvand. Le chastel de Ruères et ses seigneurs à Saint-Léger-Vauban*, Avallon, 1974.

42. BN, cabinet d'Hozier, 278, pièce 7540, f° 3.

43. BN, cabinet des titres, *idem*.

44. Ce n'est qu'à partir de 1633 que l'on retrouve les minutes de ce notaire.

45. AM Saint-Léger-Vauban, reg. par. depuis 1574.

46. Il existe aussi des Carmagnolle en Provence, dont certains à Vidauban. L'un, écuyer, y vivait à la fin du XVIIe siècle.

47. BN, cabinet des titres, Tauvenay de Briquemault ; AD Côte-d'Or, E 1657.

48. Voir ci-dessous.

49. Côte-d'Or, C 1430, rôle des tailles de Saint-Léger en 1644.

50. AM Saint-Léger, reg. par.

51. *Ibid*.

52. AD Nièvre, 3 E 12/2, Ragon notaire, 12 février 1634.

53. A. Blanchard, « Monstres et revues de gens de guerre », *Hommage à Jean Combes,* Mémoires de la Société archéologique de Montpellier, t. XX, Montpellier, 1990, pp. 171-181.

54. AM Saint-Léger, reg. par.

55. Rochas d'Aiglun, *Vauban, sa famille, ses* Oisivetés, *op. cit.,* t. I, p. 13, note 3. – Le minutier du notaire en question n'existe pas aux archives départementales de l'Yonne. Le colonel Rochas d'Aiglun ne donnant pas d'autre référence pour cet acte, il a été impossible de le vérifier. Cela arrive fréquemment pour bien des documents utilisés par les uns et les autres.

56. AM Saint-Léger, reg. par. Serait-ce elle qui, veuve, se serait remariée en 1670 à Saint-Léger avec un laboureur également veuf ? Il est impossible de trancher. On ne sait pas non plus quelle est dans cette famille la place de Claudine Cormignolle, mariée en 1636 à Lazare Teulin, mère d'un fils deux ans après. Les Teulin disparaissent ensuite définitivement de la vie de Saint-Léger.

57. AM Saint-Léger, reg. par.

58. Mariée à vingt ans, mère de Sébastien à vingt-trois, morte à plus de soixante ans.

59. D'après un contrat très compliqué d'où il ressort qu'en 1670 Charlo[e]tte et sa mère avaient eu à faire à un notaire de Saint-Germain (très probablement Saint-Germain-de-Maudéon).

CHAPITRE II : Les horizons de l'enfance
(pp. 43-64)

1. Claude Masse (1650-1737), ingénieur du roi, a laissé à l'usage de ses fils de magnifiques atlas et des recueils annexes (conservés à la bibliothèque du génie). Dans l'introduction de son ouvrage, il rappelle le nom d'un certain nombre d'ingénieurs du XVIIe siècle qui se seraient faits par eux-mêmes, issus en quelque sorte de la génération spontanée. Tels seraient Conty d'Argencourt, «garçon apothicaire», Cambon, les frères Descombes, fils d'un «patron de barque»... Ainsi exaltait-il déjà à l'orée du XVIIIe siècle le mérite sur la naissance. Voir aussi Guy Chaussinand-Nogaret, «Un aspect de la pensée nobiliaire au XVIIIe siècle, l'"antinobilisme", *Revue d'histoire moderne et contemporaine*, t. XXIX, juillet-septembre 1982, pp. 442-452.
2. Par sa mère Jeanne-Françoise Le Prestre de Vauban, deuxième fille du maréchal.
3. SHAT, BG, ms 104.
4. AD Nièvre, F 92, fonds Lorin ; *Bulletin de la Société d'études d'Avallon*, 1860, pp. 52-58, «Document inédit sur Vauban» et *Bulletin de la Société nivernaise*, t. VI, 2e série, 1874, pp. 106 et 447.
5. AM Saint-Léger, reg. par. 1652 ; également ci-dessus, chapitre premier, note 50. On ne peut que constater le nombre réduit des enfants d'Urbain Le Prestre sans pouvoir donner d'explications : sous-enregistrement d'enfants morts à la naissance, fausses couches ?...
6. *Ibid*, 1618.
7. AM Saint-Léger, 1er octobre 1637.
8. Cela est bien spécifié sur son mortuaire.
9. Madeleine Foisil, *Un sieur de Gouberville*, Paris, Aubier-Montaigne, 1981.
10. Olivier de Serres, *Théâtre d'agriculture et mesnage des champs*, Jamet-Métayer, 1600.
11. AM Saint-Léger, reg. par. XVIIe siècle.
12. AM Bazoches, Nièvre, reg. par. XVIIe siècle.
13. AD Nièvre, B 48, 14 janvier 1657. Également 3 E 12/7 et suivants.
14. Cours, commune de Magny-Cours, Nièvre, ar. Nevers, c. Nevers rural.
15. Epiry, Nièvre, ar. Clamecy, c. Corbigny.
16. AD Nièvre, 3 E 12/22, 14 janvier 1651, Vincent Trubert, notaire à Bazoches.
17. AM Bazoches, Nièvre, reg. par.
18. AM Luzy, Nièvre, ar. Château-Chinon, ch.-l. c., reg. par. XVIIe siècle. L'épouse de Pierre Le Prestre est née Françoise du Crest, fille de Charles, écuyer, et de dame Jeanne de Mérans, dame de Montarmin (commune de Luzy). Parmi les personnages célèbres de cette famille, citons au XVIIIe siècle Mme de Genlis, née Félicité du Crest de Chigy.
19. BN, carrés d'Hozier, 514, f° 18, original en parchemin, 15 mai 1650, contrat de mariage devant Margues et Trubert, notaires ; AD Nord, E tabellions Lille, 3257, n° 2 ; *ibid.*, 791, n° 67 ; AD Nièvre, 1 F 20, 1 F 323.
20. AM Bazoches, reg. par. cités.

21. BN, dossiers bleus, vol. 543, pièce 14228, f⁰ˢ 6 et 7, contrat passé au château d'Epiry le 25 mars 1660 devant Guillaumot ; *ibid.,* cabinet d'Hozier, 278, dossier 7540, f° 2.
22. Cf. son mémoire sur la noblesse militaire.
23. BN, cabinet d'Hozier, 278, dossier 7540, f° 2 ; AD Nièvre, 3 E 102, contrat passé à Vauban le 20 mai 1619 devant Oudot-Monfoy.
24. AD Nièvre, B 48, 14 janvier 1657.
25. AD Nièvre, 3 E 12/22, 23 juillet 1653, 3 E 12/7, 11 juin 1683.
26. Vauban, *Description de l'élection de Vézelay.*
27. *Ibid.* Il en va de même pour toutes les citations qui suivent.
28. Sur Pierre Bourcet, Rochas d'Aiglun, *Les Bourcet et leur rôle dans les guerres alpines,* Paris, 1895, et A. Blanchard, *Dictionnaire des ingénieurs militaires,* Montpellier, 1981, pp. 100-102.
29. Accensement : location à cens.
30. AD Yonne, C 1 316. 13 B 6, B 7 ; 13 B 23 à 25. E 607, 1624, « accensement par Guillaume Le Bourgeois, conseiller d'État, gouverneur de Semur et seigneur de Saint-Léger aux habitants de ce lieu représentés par messire Georges Bierry, Dimanche Girard, Etienne Forestier – échevins – d'une pièce de bois appelée le Bois de Lugny contenant 60 arpents moyennant 5 sous de cens par feu » ; AD Yonne, C 155, rôle des tailles de Saint-Léger, 1551-1789 ; AD Côte-d'Or, C 1430, tailles de Saint-Léger, 1644 ; AM Saint-Léger, reg. par., 1574-1670. – Au XIXᵉ siècle, Saint-Léger avait 1 400 habitants, seulement quelque 700 à l'heure actuelle.
31. AM Saint-Léger, reg. par.
32. Orthographes de la carte de Cassini conservées. Soilly, *alias* Sully, commune de Beauvilliers ; Saint-Aubin, commune de Saint-Branchier... Voir aussi dictionnaires topographiques de l'Yonne et de la Nièvre.
33. AD Yonne, E 607 ; AM Saint-Léger, reg. par.
34. *Ibid.*
35. AD Côte-d'Or, E 632-636.
36. BN, cabinet d'Hozier, 67, f° 3, et déjà cit. AN, TT 107 ; Jean Bérenger, *Turenne,* Paris, Fayard, 1987, pp. 78, 134, 148, 153, etc.
37. AM Montreuillon, Nièvre, reg. par., et A. Blanchard, *Dictionnaire, op. cit.,* pp. 388-389.
38. AD Yonne, reg. par. de diverses communes. AD Nièvre, *idem.*
39. AD Côte-d'Or, C 3017, f° 314 ; f° 470 ; C 3028, f° 146 ; D. Roupnel, *Villes et campagnes dans le pays dijonnais au XVIIᵉ siècle,* 2ᵉ édition, 1982.
40. AM Thorigny, reg. par. 1635, 1637, 1639... Voir aussi les registres paroissiaux de très nombreuses localités de l'Yonne.
41. AM Avallon, Yonne, BB ², BB ³, f⁰ˢ 121 *sq.,* 625 *sq.* ; duc d'Aumale, *Histoire des princes de Condé,* Paris, C. Llévy, 1885, 8 vol., t. III, pp. 567 *sq.*
42. AM Avallon, *ibid.*
43. *Ibid.*

CHAPITRE III : Le temps des apprentissages
(pp. 65-85)

1. Cité par F. de Dainville, « L'enseignement des mathématiques au XVIIe siècle », *Dix-Septième Siècle*, n° 30, 1956, pp. 62-68, spécialement p. 66.
2. Plusieurs auteurs le signalent, par exemple, Rochas d'Aiglun, Rousset et autres, *op. cit.*
3. Abbé Courtépée, *Description générale et particulière du duché de Bourgogne*, 2e édition, Dijon, Lagier, 1848, 4 vol., t. IV, p. 147.
4. Ce que dénoncent avec scandale certains historiens du XIXe siècle.
5. B. Grosperrin, *Les Petites Écoles dans la France d'Ancien Régime*, Rennes, 1982.
6. Par exemple, AG, art. 8, section 4, carton Arras n° 1, rapport de Vauban.
7. Cité par F. de Dainville, « L'enseignement des mathématiques dans les collèges jésuites de France du XVIe au XVIIe siècle », *Revue d'histoire des sciences*, 1954, t. VII, pp. 6-21, 109-123 et cartes.
8. W. Frijhoff et D. Julia, *École et société dans la France d'Ancien Régime*, Paris, 1975 ; J. de Viguerie, *Une œuvre d'éducation sous l'Ancien Régime. Les pères de la Doctrine chrétienne en France et en Italie. 1592-1792*, Paris, Nouvelle Aurore, 1976.
9. AM Saint-Léger, reg. par. XVIIe siècle ; AD Yonne, E 607, 1624.
10. Ils sont plusieurs fois présents à des mariages Le Prestre.
11. Abbé Courtépée, *op. cit.*, t. III, p. 620.
12. *Ibid.*
13. *Abrégé des services du maréchal de Vauban*, 16 mars 1703.
14. Sully, *Oeconomies royales*, Paris, Barbiche, 1987, t. II.
15. F. de Dainville, *Le Dauphiné et ses confins vus par l'ingénieur d'Henri IV, Jean de Beins*, Paris-Genève, Droz, 1968, p. 7.
16. N. Faret, *L'Honnête Homme*, in-8°, 1622, cité par F. de Dainville, « L'enseignement des mathématiques dans les collèges jésuites de France du XVIe au XVIIIe siècle », art. cit., p. 6.
17. R. Lenoble « La révolution scientifique du XVIIe siècle », *Histoire générale des sciences*, sous la direction de R. Taton, Paris 1958, pp. 185-207.
18. Cité par F. de Dainville, « L'enseignement des mathématiques au XVIIe siècle », art. cit., p. 66, note 6.
19. Y. Bruant, « Les traités d'architecture militaire française à la fin du XVIe et au début du XVIIe siècle », *Les Traités d'architecture de la Renaissance*, Paris, 1988, pp. 477-484.
20. C'est un pentagone dont les cinq grands bastions offrent un magnifique exemple de l'art d'Errard de Bar-le-Duc.
21. Son ouvrage eut un succès immédiat et durable.
22. J.-F. Pernot, « Un aspect peu connu de l'œuvre d'Antoine de Ville », *Revue historique des armées*, 1978, pp. 29-58.
23. BN, fonds français, ms 886.
24. *Congrès du tricentenaire de Vauban*, 1933, liste des livres de la bibliothèque de Vauban à Bazoches.

25. L'âge du garçon n'est pas spécifié mais il s'agit évidemment d'un tout jeune homme qui, venu se goberger dans la capitale, a absorbé une trop grande quantité de chopines.
26. BG, ms in-f° 32.
27. AD Yonne, divers reg. par.; AD Côte-d'Or, *idem.*
28. AD Côte-d'Or, C 3028, f°s 164-167.
29. *Ibid.,* E 636-638.
30. J. Bérenger, *Turenne, op. cit.,* pp. 318 *sq.*
31. *Ibid.*
32. J. Jacquart, *La Crise rurale de l'Île-de-France,* Paris, Armand Colin, 1974.
33. J. Bérenger, *op. cit.*
34. Duc d'Aumale, *Histoire des princes de Condé, op. cit.,* t. VII, p. 5.
35. Vauban, *Traité de l'attaque des places,* nouvelle édition par F. P. Foissac, Paris, an III de la République, 2 vol., t. I, pp. 296, 300.
36. *Ibid.,* p. 300.
37. *Abrégé des services du maréchal de Vauban, op. cit.*
38. G. Dethan, *Mazarin,* Paris, Imprimerie nationale, 1981, pp. 203 *sq.*
39. C. Rousset, « La jeunesse de Vauban », *Revue des Deux Mondes,* août 1864, pp. 665-691.
40. A. Jouanna, *Le Devoir de révolte,* Paris, Fayard, 1990.
41. Vauban, *Traité de l'attaque des places, op. cit.,* t. I, pp. 25 et 300.
42. *Ibid.,* p. 300.
43. *Ibid.*
44. *Abrégé des services du maréchal de Vauban, op. cit.*

DEUXIÈME PARTIE

CHAPITRE IV : Dans l'orgueil de sa jeunesse
(pp. 93-118)

1. G. Livet, *L'Intendance d'Alsace sous Louis XIV, 1648-1715,* Paris, Les Belles-Lettres, 1956. L'auteur souligne l'importance de ces deux portes de l'Allemagne dans le dispositif français, sur les plans tant diplomatique que stratégique.
2. Vauban, *Traité de l'attaque des places, op. cit.* t. II, p. 25.
3. J. Bérenger, *Turenne, op. cit.,* a donné de cette campagne et des suivantes une description très vivante. Cf. pp. 326 *sq.*
4. AD Nièvre, E 607, état des services du sieur Vauban dressé par Clerville, 1666.
5. *Ibid.*
6. Vauban, *Traité de l'attaque des places* et *Mémoire pour servir d'instruction dans la conduite des sièges.*
7. Docteur L. Lemaire, « Inondations et paludisme en Flandre maritime », *Revue du Nord,* 1922, t. 8, pp. 173-209, spécialement pp. 181 *sq.*
8. Duc d'Aumale, *Histoire des princes de Condé, op. cit.,* t. VII.
9. *Alias* Oudenarde.

10. *Correspondance de Mazarin* publiée par Chéruel et d'Avenel, 1883-1894, 8 vol., t. VIII, 1894, p. 577. Un artilleur, La Brosse, et le chef des mineurs, Bois-Laurent, furent en revanche tués par ce coup de canon.
11. *Abrégé des services du maréchal de Vauban, op. cit.*
12. Cité par C. Rousset, art. cit., p. 677, ou encore *Abrégé des services du maréchal de Vauban, op. cit.*
13. Vauban, *Mémoire concernant la jonction de la Meuse et de la Moselle*, Dunkerque, 8 juin 1679.
14. J. R. Clergeau, « Comment nos aïeux chassèrent aux armes à feu », *Revue de la chasse*, Gien, 1983, pp. 5-10.
15. BN, dossiers bleus, vol. 543, pièce 14228 ; cabinet d'Hozier, 278, dossier 7540, f° 2, mars 1660.
16. *Ibid.*, contrat de mariage du 25 mars 1660 devant Guillemot.
17. *Ibid.*
18. *Ibid.*
19. AM Montigny-en-Morvan, reg. par. 24 avril 1624. – Sébastien d'Osnay accense le 29 juin 1671 son domaine de Vausseldoux à Pierre-Edme Lazare et Jean Ricôme devant Matey, notaire à Chissey (en Morvan), Saône-et-Loire. Malheureusement les minutes du notaire en question sont perdues, qui nous auraient peut-être donné quelques renseignements supplémentaires sur l'aïeul d'Osnay, lequel s'était remarié en 1614 à Autun avec Gabrielle de Bouvart, fille de défunt noble Jacques et de Marie de La Verne, devant maître Desplaces (minutes non retrouvées).
20. AD Nièvre, B 375, septembre 1657 et B 398.
21. Registres paroissiaux de diverses communes du Bazois (Nièvre), en particulier de Châtillon-en-Bazois, Chougny, Aunay, etc. On ignore s'il y a un lien de parenté entre cette demoiselle de Scoraille et Mme de Fontanges, des Scoraille d'Auvergne.
22. Jeanne d'Osnay et Sébastien Le Prestre, absents, se font représenter par Charlotte Le Prestre.
23. AM Epiry, Nièvre, reg. par.
24. *Ibid.*
25. F. de Dainville, *Le Dauphiné et ses confins…, op. cit.* ; D. Buisseret, « Les ingénieurs de Henri IV », *Actes du Congrès des sociétés savantes*, Paris 1966.
26. A. Blanchard, « La bonne sûreté du royaume » et « Vers la ceinture de fer », *Histoire militaire de la France*, t. I, Paris, 1991, pp. 257-278 et 249-284.
27. J. Meyer, *Colbert*, Paris, Hachette, 1981 ; Ch. Pfister, « Documents sur la démolition des fortifications de Nancy (1661) », *Bulletin mensuel de la Société historique et d'archéologie de Lorraine (BMSHAL)*, 1905, pp. 100-117.
28. BN, mélanges Colbert, 108, f° 847, etc.
29. *Mémoriaux du Conseil de 1661*, publiés par J. de Boislisle, Paris, Société de l'histoire de France, 1905-1907, 2 vol., t. I, p. 276. En mai 1661, Valpergue est envoyé « visiter toutes les places d'Alsace et de Luxembourg… ». D'origine italienne, il était maréchal de camp ; chargé en 1663 des travaux de Brisach et de Philippsbourg ; plus tard disgracié.
30. Cédés en 1648 au prince de Condé, avons-nous vu ci-dessus.

31. H. Méthivier, *La Fronde*, Paris, PUF, 1984 ; J. Jacquard, *La Crise rurale de l'Île-de-France, op. cit.*

32. Ch. Pfister, *Histoire de Nancy*, Paris-Nancy, Berger-Levrault, 1908, 3 vol. t. II, pp. 100-155 ; Yves Le Moigne, « Partage de l'espace lorrain », *Histoire de la Lorraine*, sous la direction de M. Parisse, Toulouse, Privat, 1979, pp. 282-311 ; M. Toussaint, *L'Œuvre de Vauban en Lorraine*, Nancy, Éd. du Pays lorrain, 1932, 28 p. ; cf. aussi archives de la Guerre, vol. 168, f°s 384, 413, 432, 462, 463, etc.

33. Ch. Pfister, *Histoire de Nancy, op. cit.*

34. Pinard, *Chronologie historique militaire*, Paris, C. Hérissart, 1763, 7 vol., t. IV, p. 278. *Correspondance du maréchal de Vivonne relative à l'expédition de Messine*, publiée par J. Cordey, Société de l'histoire de France, Paris, 1913-1922, 2 vol, t. I et II : « C'était un bon officier, qui avait bien servi. » ; AD Vaucluse, B 31, B 707, B 1 185. – Il appartenait à une vieille famille comtadine originaire de Baumes-lès-Venise. Plusieurs gardes des sceaux de la légation pontificale à Avignon. Un frère docteur en droit ; un autre lui succéda comme lieutenant-colonel au régiment de La Ferté. Mère née Clémence de Massilian (vieille famille avignonnaise). Il fait toute sa carrière dans les armées du roi, est à Nancy en même temps que Vauban ; ils collaborent à la démolition des enceintes de la ville, resteront toujours en relation. Siffredy doit encore 100 pistoles à l'ingénieur lorsqu'il meurt de ses blessures (juin 1677) à Messine après avoir très bravement combattu. Lieutenant général depuis janvier 1677.

35. Cité par Ch. Pfister, « Documents sur la démolition des fortifications de Nancy (1661) », art. cit., p. 115 ; cf. aussi archives Affaires étrangères, Lorraine, t. 38, f° 193.

36. AD Vaucluse, B 1185.

37. Pfister, *op. cit.*

38. P. Clément, *Lettres, instructions et mémoires de Colbert*, Paris, Imprimerie nationale, 1868, 5 vol., t. V, pp. 167-196.

39. Après la conclusion de l'affaire de Marsal (septembre 1663), il est fort possible que Vauban ait eu un congé pour se rendre chez lui. On ne sait pas en effet où le joignit l'ordre de partir pour Brisach (décembre 1663). Il n'arriva dans cette place que le 27 février 1664. Il aurait donc eu largement le temps de passer quelques semaines chez lui, en dépit des sept cents kilomètres que représentait l'aller et retour Nancy-Epiry.

40. P. Clément, *Lettres, op. cit.*, t. V, pp. 6 sq. L'épisode de Brisach a alimenté une surabondante littérature depuis plus d'un siècle. Cf. en particulier : C. Rousset, « La jeunesse de Vauban », *Revue des Deux Mondes*, août 1864, pp. 665-691, spécialement pp. 680-681 ; colonel Lazard, *Vauban*, Paris, 1935, thèse d'État, pp. 117-129 ; G. Livet, *L'Intendance d'Alsace…, op. cit.*, pp. 356 sq.

41. *Ibid.*, pp. 193 sq.

42. Ch. Pfister, « Documents sur la démolition… », art. cit., pp. 101-102.

43. Fortifications d'Alsace en 1673, des Trois-Évêchés en 1678.

44. Chéruel, *Correspondance de Mazarin, op. cit.*, t. I, 1883, pp. 340, 520, 623, 705.

45. P. Clément, *Lettres, instructions, op. cit.*, t. V, p. 6.

46. BN, mélanges Colbert, registre 115, mai 1663.
47. *Ibid.*, 119 bis, f° 721, mars 1664, devis de Vauban, apostilles du ministre.
48. P. Clément, *Lettres, instructions..., op. cit.*, t. V, p. 6.
49. BN, mélanges Colbert, 129 bis, f° 758, état des dépenses de Brisach et Philippsbourg. F° 759 : « a été dépensé depuis le 1er janvier 1663 jusqu'au 25 mai 1665 : 311 393 livres. Restent pour ladite année 1665 : 171 756 livres, 13 sols, 6 deniers ».
50. *Ibid.*, 139, f° 345, 25 août 1666.
51. *Ibid.*
52. Voir *infra*, chap. VI, « Votre affaire d'Alsace ».
53. BN, mélanges Colbert, 139, f° 345.
54. Rochas d'Aiglun, *Vauban, op. cit.*, t. II, p. X.

CHAPITRE V : « Vos filles aînées en fortifications »
(pp. 119-140)

1. Alain Ayats, *Frontière politique et frontières militaires en Roussillon de 1659 à 1681*, thèse d'histoire, Montpellier, université de Montpellier-III, 1990, 3 vol.
2. Saint-Hillaire, *Mémoires*, publiés par L. Lecestre, Paris, Société de l'histoire de France, 1903, 5 vol., t. I, pp. 45 *sq. Ibid.* pour les citations suivantes.
3. *Le Rattachement de la Franche-Comté à la France, 1668-1678. Témoins et témoignages*, CRDP, Besançon, 1978.
4. La plupart des auteurs confondent avec le voyage de travail que fit Vauban en Franche-Comté en avril 1668.
5. *Abrégé des services du maréchal de Vauban, op. cit.*
6. Saint-Hillaire, *op. cit.*, t. I, pp. 40 *sq.*
7. Archives du canal du Midi, liasse n° 31, pièces 18 et suivantes, lettres de Clerville à Riquet, juin-juillet 1667.
8. Tel Pinard dans la *Chronologie historique militaire, op. cit.*, t. VI.
9. BN, mélanges Colbert, 103, f°s 189 *sq.*
10. AG, mss in-f° 31, 14 vol., correspondance Louvois-Vauban avec supplément et correspondance Vauban-Le Peletier. On peut aussi se référer à Rochas d'Aiglun, *Vauban..., op. cit.*, t. II, qui reste malgré tout moins complet.
11. A. Corvisier, *Louvois, op. cit.*, p. 75, rappelle que ce titre est donné à Louvois dès 1664.
12. C.-G. Picavet, *Les Dernières Années de Turenne (1660-1675)*, Paris, 1914, pp. 203-206 ; Voir aussi Chotard, *Louis XIV, Louvois, Vauban et les fortifications du nord de la France*, Paris, 1911 ; Sautai, *L'Œuvre de Vauban à Lille*, Paris, 1911.
13. Voir chapitre précédent, les travaux de Brisach, porte de l'Allemagne.
14. Rochas d'Aiglun, *Vauban..., op. cit.*, t. I, p. 125.
15. Pinard, *Chronologie historique militaire, op. cit.*, t. VI, p. 165 ; J.-A. Pithon-Curt, *Histoire de la noblesse du Comtat Venaissin, d'Avignon et de la principauté d'Orange*, 1743-1750, 4 vol. t. II, pp. 310-318 ; baron du

Roure, *Inventaire analytique de titres et documents originaux des archives du château de Barbegal*, Paris, Champion, 1906, pp. 275 *sq.* ; B. de Casaban, « Blaise François de Pagan », à paraître dans le *Bulletin de l'académie de Vaucluse.*

16. Ch. Perrault, *Mémoires,* Paris. Blaise de Pagan avait pour grand-mère une Merle de Beauchamp, d'une famille bien connue dans le Comtat. Alliances avec les Sagnet, les Faret, les Montcal, les Meyran d'Ubaye, les d'Anselme, etc.

17. AD Vaucluse, B 31, B 1185, B 707 (1677), f°s 629-650 ; 3 E 12/396.

18. J. Milot, *La Reine des citadelles*, Lille, 1967, 2e édition avec un glossaire des termes de fortification ; A. Croquez, *La Flandre wallonne et les pays de l'intendance de Lille sous Louis XIV*, Paris, 1912.

19. Comte de Pagan, *Les Fortifications*, Paris, Besongne, 1645 ; P. Rocolle, *2 000 Ans de fortification française*, 2e édition, Paris, Lavauzelle, 1989 ; voir les plans de la citadelle aux archives du génie, Vincennes, et à l'IGN nombre de photos aériennes.

20. BIG, correspondance Louvois-Vauban. Les citations qui suivent proviennent de la même source.

21. AM Lille, archives anciennes, registres de comptes.

22. Sur la plupart des ingénieurs cités, voir A. Blanchard, *Dictionnaire des ingénieurs militaires, 1691-1791*, Montpellier, 1981.

23. René Parent, *L'architecture civile à Lille au XVIIe siècle*, Lille, E. Raoust, 1925.

24. Les rocqueteurs sont des terrassiers travaillant sur des sols rocailleux.

25. Louvois à Vauban.

26. C.-G. Picavet, *Les Dernières Années de Turenne...*, op. cit., pp. 204-205.

27. AN MC, désormais AN, MC. Très nombreuses études de notaires parisiens consultées.

CHAPITRE VI : Jours de loisir pour M. de Vauban
(pp. 141-162)

1. F. Bluche, *Louis XIV*, Paris, Fayard, 1986, pp. 196 *sq.*
2. Pierre Grillon, *Les Papiers de Richelieu*, op. cit., t. VI, pp. 186 *sq.*
3. *Histoire du Briançonnais.*
4. Général J. Humbert, *Montagne et stratégie au XVIIe siècle. Richelieu dans les Alpes*, s.l., s.d. (en fait section topographique EM 8 ; probablement de 1954).
5. A. Corvisier, *Louvois,* Paris, Fayard, 1983, pp. 223 *sq.*
6. M. Bruchet, *La Savoie d'après les anciens voyageurs,* Annecy, 1908 ; M. Blanchard, *Les Routes des Alpes occidentales à l'époque napoléonienne (1796-1815),* Grenoble, J. Allier, 1920, pp. 123 *sq.* ; R. Blanchard, *Les Alpes occidentales,* Grenoble, Arthaud, 1938-1956, 10 vol, t. III, *Les Grandes Alpes françaises du Nord*, 1943, pp. 259 *sq.* ; *Le Mont-Cenis et sa région*, Lansbourg, 1975, Les Amis du Mont-Cenis ; Abbé J. Bellet, *Le Col du Mont-Cenis, porte millénaire des Alpes,* Saint-Jean-de-Maurienne, Société d'histoire et d'archéologie de Maurienne, 1976.

7. Allusion aux mauvais serviteurs qui dépensent les deniers du roi.
8. AN, fonds Rosanbo, MI 155, carton 52, liasse 1, 29 avril 1670.
9. *Dictionnaire des ingénieurs, op. cit.*, pp. 418-419.
10. D. Catarina, « La défense du Languedoc rhodanien à l'époque moderne », *Histoire et défense, Les Cahiers de Montpellier*, n° 28, 1993, pp. 85-108.
11. Soit plus de 700 kilomètres en douze jours.
12. C'est en 1679 que Vauban parle ainsi de Salses, autrefois orthographié « Salces ».
13. Pour tout ce qui concerne le Roussillon, cf. la thèse d'Alain Ayats dont nous avons ici résumé les conclusions. Nous tenons à le remercier de cette si précieuse contribution à notre connaissance des œuvres catalanes de Vauban et d'avoir bien voulu nous permettre de nous servir de ses travaux.
14. Tout cela démontrant amplement le rôle toujours actif de Clerville.
15. Isaac Petit, issu d'une famille de marchands protestants de Béziers bien pourvue, est employé en 1662 par Bezons à étudier les graus languedociens en compagnie de Clerville. Il collabore encore à plusieurs reprises avec celui-ci.
16. A. Ayats, *op. cit.*, p. cit.
17. *Ibid.*
18. Cela explique que Vauban, n'ayant pas tenu compte des conditions géographiques de la Cerdagne, n'ait pas tout de suite exigé la construction d'une place sur le plateau cerdan.
19. A. Ayats, *op. cit.*
20. Cité *ibid.* Les deux hommes ont eu la possibilité de converser à Pézenas.
21. Croquez, *La Flandre wallonne...*, *op. cit.*
22. *Vauban, op. cit.*, t. II, pp. 41 sq.
23. Sur ce point, l'article de Rousset est fort symptomatique.
24. Comme il est dit dans la correspondance en question.
25. BN, mélanges Colbert, n°s 115, 119bis, 120, 121, 122, 123, 124, 129, 130, 131, 139, etc. ; G. Livet, *L'Intendance d'Alsace...*, *op. cit.*, pp. 357 sq.
26. *Ibid.*
27. *Ibid.*
28. G. Livet, *L'Intendance d'Alsace...*, *op. cit.*, pp. 360, 506, 566, 602.
29. Certains ont pensé que cette missive avait été adressée à Jean-Baptiste Colbert. Or, le roi précise bien que ledit M. Colbert a expédié des ordonnances sous le nom du sieur de Vauban. Il ne peut donc y avoir de doute sur le destinataire. Et Louvois revient sur « ces ordonnances signées de M. de Colbert d'Alsace ».
30. Correspondance Louvois-Vauban, septembre 1671.

CHAPITRE VII : De la conduite des sièges
(pp. 163-185)

1. SHAT, AG, correspondance Vauban à Louvois, 8 septembre 1671.
2. *Ibid.*
3. SHAT, AG, places étrangères, Candie, relation de Mac Kay.

4. Ce corps expéditionnaire était conduit par le duc de Beaufort et le maréchal de Navailles. Il subit un désastre à l'une de ses sorties, ce qui précipita la fin du siège.
5. Vauban à Louvois, 26 août 1669.
6. AN, fonds Rosanbo, 155 MI, archives du château de Rosanbo, papiers Vauban, fortifications, n° 3, n° 4.
7. L. Bély, *Les Relations internationales en Europe*, XVIIe-XVIIIe siècles, Paris, PUF, 1992.
8. *Ibid.*
9. AN, 155 MI, bobine 3, n° 4, p. 2.
10. En 1657.
11. BIG, correspondance Louvois-Vauban, 1671-1672.
12. *Ibid.*
13. *Ibid.*
14. *Ibid.*, 13 novembre 1672.
15. Plus tard, ingénieurs appelés « en chef » ou « ordinaires ».
16. *Alias* « bandoulière », portée en écharpe. On y suspendait les paquets de poudre.
17. *Mémoire pour servir d'instruction dans la conduite des sièges.*
18. E. Ouverleaux, *Mesgrigny, ingénieur militaire, lieutenant général des armées du roi, gouverneur de la citadelle de Tournai, 1630-1720*, Bruxelles, Libraire Falk, 1928, pp. 81 *sq.*
19. SHAT, archives du génie, relation déjà citée.
20. Vauban à Louvois, 6 septembre 1672.
21. 16 octobre 1672.
22. 13 novembre 1672.
23. H. Vérin, *La Gloire des ingénieurs. L'intelligence technique du XVIe au XVIIIe siècle*, Paris, Albin Michel, 1993.
24. B. Peschot, *Principaux Traités concernant la balistique et l'artillerie*, pour le moment manuscrit. Je remercie l'auteur de son aide.
25. A. Koyré, « La dynamique de Nicolo Targlia », *La Science au XVIe siècle*, colloque de Royaumont, 1957, Paris, Hermann, 1960 ; É. Barin, « Mersenne, la soif d'inventer au XVIIe siècle », colloque *Mersenne* (Le Mans, 1988), Le Mans, 1994.
26. SHAT, AG, relation déjà citée.
27. L. Bély, *Les Relations internationales...*, *op. cit.*
28. M. Toussaint, *L'Œuvre de Vauban en Lorraine, op. cit.*
29. *Ibid.*
30. Vauban à Louvois, 2 novembre 1672.
31. SHAT, AG, journal du siège de Maestricht. Les citations qui suivent et dont on ne donne pas les références appartiennent toutes au *Journal du siège*, entièrement rédigé par Vauban.
32. On a souvent répété qu'il s'était inspiré des parallèles de Candie. Au contraire des Turcs, il a tout fait pour éviter que les tranchées fussent directement atteignables par le feu de l'ennemi, d'où leur tracé en baïonnette.
33. Louis XIV, *Œuvres*, t. III, p. 549, cité par le colonel Rochas d'Aiglun dans *Vauban, op. cit.*, t. II, p. 94.

34. Grâce aux banquettes formant de véritables marches d'escalier pour sortir des places d'armes.
35. Vauban à Louvois, 23 juin 1672 ; copies conservées à la BIG.
36. Saint-Hillaire, *Mémoires, op. cit.,* t. I, p. 119.
37. Duc d'Aumale, *Histoire des princes de Condé, op. cit.,* t. VIII, p. 405.
38. Saint-Hillaire, *Mémoires, op. cit.,* t. I, p. 120.

CHAPITRE VIII : « Le meilleur ingénieur de ce temps »
(pp. 186-211)

1. En intégrant à notre compte les deux sièges de la campagne de 1672 et celui de Maestricht (1673).
2. Saint-Hillaire, *Mémoires, op. cit.,* t. I, p. 120.
3. P. Clément, *Lettres, instructions et mémoires de Colbert, op. cit.,* t. V, p. 71, 19 mars 1673.
4. AG, Louvois à Vauban, 1673.
5. P. Clément, *Lettres, op. cit.,* t. V, 94.
6. *Ibid.,* p. 115.
7. *Ibid.*
8. *Ibid.,* pp. 141 et 151.
9. Vauban à Louvois, 11 janvier 1675.
10. M. Gresset et J.-M. Debard, *Le Rattachement de la Franche-Comté à la France, 1668-1678,* Besançon, CRDP, 1978.
11. Vauban à Louvois, 22 septembre 1673.
12. Vauban à Louvois, 26 avril 1674.
13. AN, fonds Rosanbo, papiers Vauban, 160 MI, carton 2, 23, 29 juillet 1674.
14. L'hôtel du gouverneur de la citadelle de Lille sera définitivement terminé en 1684.
15. AN, fonds Rosanbo, papiers Vauban, 160 MI, carton 2, 23.
16. Les pertes y furent si balancées que chacun des deux adversaires s'attribua la victoire, en définitive assez mitigée.
17. Vauban à Louvois, 18 août 1674.
18. E. Ouverleaux, *Mesgrigny..., op. cit.,* p. 10.
19. *Abrégé des services du maréchal de Vauban, op. cit.*
20. Louvois à Vauban, 3 octobre 1674.
21. A. Ayats, *Frontière politique..., op. cit.,* t. II, pp. 645 *sq.*
22. *Correspondance relative à l'expédition de Messine,* Paris, J. Cordey, coll. de l'« Histoire de France », 1912-1922, 2 vol.
23. Dans son testament militaire, Mornas rappelle d'ailleurs qu'il doit 100 pistoles à M. de Vauban.
24. Rochas d'Aiglun, *Vauban, op. cit.,* t. II, p. 117, 17 novembre 1674.
25. AG, article 8, section 1, cartons Boulogne, Montreuil, Charleville, Mézières, Verdun, rapport général sur toutes les places de Champagne.
26. Voir *infra,* chap. XVIII.
27. L'acte d'août 1679 qui nous livre cette date ne nous donne malheureusement ni le nom du notaire ni le lieu exact de cet acte sous seing privé conclu quatre ans auparavant, le 25 juin 1675.

28. AG, correspondance Louvois à Vauban, 29 juin 1675.
29. Vauban à Louvois, 23 novembre 1668.
30. *Ibid.*, 24 avril 1669.
31. *Ibid.*, 24 août 1669.
32. *Ibid.*, 27 décembre 1673.
33. *Ibid.*, 20 janvier 1673.
34. A. Corvisier, *Louvois, op. cit.* ; F. Bluche, *Louis XIV, op. cit.*
35. Vauban à Louvois, 13 août 1668.
36. *Ibid.*, 21 septembre 1675.
37. Il s'agit des Impériaux à chasser d'Alsace et des Hispano-Hollandais à contenir aux Pays-Bas.
38. Alain Ayats, *Frontière politique..., op. cit.*, p. 645 ; M. L. Fracard, *Philippe de Montaut-Bénac, duc de Navaillers, maréchal de France (1619-1684)*, Niort, imprimerie Nicolas-Imbert, 1970.
39. M. Gresset et J.-M. Debard, *Le Rattachement de la Franche-Comté..., op. cit.*
40. Louvois à Vauban, 9 octobre 1675.
41. Vauban à Louvois, 30 mai 1676.
42. *Idem*, 21 décembre 1676.
43. SHAT, A1, 1677, cité par Rochas d'Aiglun, *op. cit.*, t. II, pp. 145-146.
44. Quelque neuf mois plus tard – très exactement le 28 octobre 1678 – naît sa fille Jeanne-Françoise ondoyée à la naissance et baptisée un an et demi plus tard.
45. Inscription de la médaille commémorative du traité de Nimègue, « La paix conclue aux conditions du Roi », citée par M. Gresset et J.-M. Debard, *Le Rattachement de la Franche-Comté..., op. cit.*, p. 26.
46. Je tiens à remercier ici Michel Adgé, qui mène présentement un remarquable travail sur le canal du Midi, de m'avoir fait profiter de la correspondance Riquet-Clerville, dépouillée par ses soins aux archives du canal à Toulouse.
47. AM Montpellier, reg. par. Notre-Dame-des-Tables, 16 octobre 1677.
48. *Abrégé des services du maréchal de Vauban, op. cit.*
49. P. Clément, *op. cit.*, t. V, p. 207, note 1.
50. Louvois à Vauban, 27 juin 1678.
51. P. Clément, *op. cit.*, t. V, p. 210.

TROISIÈME PARTIE

CHAPITRE IX : « La plus belle frontière... »
(pp. 219-247)

1. Selon l'expression de Louvois.
2. Routes de Nancy à Saint-Dizier, Nancy à Metz, Nancy à Vesoul, Nancy en Alsace.
3. Rochas d'Aiglun, *op. cit.*, t. I, pp. 190-191, *Mémoire sur la frontière*.
4. Cité par Vidal de La Blache, *Tableau de la géographie de la France*, Paris, Hachette, 1905, p. 79.

5. Christiane Piérard, « Les fortifications médiévales des villes du Hainaut », *Recueil d'études d'histoire hainuière*. *Analectes d'histoire du Hainaut*, Mons, 1983, pp. 199 à 229 ; id. et Bruno Van Mol, Mons. *Une enceinte en mutation constante de 1290 à 1865*, Crédit communal, Mons, 1983-1984.
6. AG, article 8, cartons Bouchain, Cambrai, Aire, etc.
7. Gaston Zeller, *L'Organisation défensive des frontières du nord et de l'est au XVIIe siècle*, Paris, Berger-Levrault, 1929 ; id., *Histoire des relations internationales*, t. III, *Les Temps modernes de Louis XIV à 1789*, Paris, Hachette, 1955 ; Yves Le Moigne, « Partage de l'espace lorrain », in *Histoire de la Lorraine*, Toulouse, Privat, 1978, pp. 297-310 ; id., « La monarchie française et les marches de l'est », *Revue historique de l'armée*, 1973 ; Georges Livet, *L'Intendance d'Alsace sous Louis XIV, 1648-1717*, Paris, Les Belles-Lettres, 1956, pp. 385-422, 627-636.
8 Y. Le Moigne, « Partage de l'espace lorrain », art. cit., p. 299.
9. Lequel, jusque-là fidèle allié de la France, bascule désormais dans le camp antifrançais.
10. Ragnhild Hatton, « Louis XIV et l'Europe », *Dix-Septième Siècle*, n° 123, 1979, pp. 119-135. Dans cette très suggestive étude, l'auteur – anglaise et professeur d'université – redresse nombre de jugements étroits portés par bien des historiens français contre la politique extérieure du Grand Roi. Cf. aussi *Dix-Septième siècle*, n° 176, 1992.
11. Saint-Hillaire, *Mémoires, op. cit.*, t. II, pp. 6-7.
12. Mémoire déjà cité.
13. SHAT, A1 1682, 2 décembre.
14. Vauban à Louvois, le 2 décembre 1682.
15. Vauban à Louvois, 5 novembre 1683.
16. On en profite pour célébrer à Aunay le baptême de Sébastien de Mesgrigny, son petit-fils et filleul.
17. AN, fonds Rosanbo, MI 161, bobine 30, n° 41, dossier 19, pièces 10 à 27.
18. BIG, manuscrit, 4 juin 1684 ; Georges Livet, « Strasbourg, Metz et Luxembourg. Contribution à l'étude de la politique extérieure de la France sous Louis XIV », *Les Relations franco-luxembourgeoises de Louis XIV à Robert Schuman*, colloque de Luxembourg (17-19 novembre 1977), Metz, 1978, n° 11, non paginé.
19. AG, article 4, section 8, carton Auxonne, n° 1.
20. Cité dans *Vauban et ses successeurs en Franche-Comté. Trois siècles d'architecture militaire*, Besançon, CRDP, 1981, p. 124.
21. L. Kiechel, *Bull.de la Société d'histoire de Huningue*, n° 14, pp. 26-30.
22. Georges Livet, *L'Intendance d'Alsace..., op. cit.*, p. 30.
23. *Le Rattachement de Strasbourg à la France en 1681*, Strasbourg, CNDP, 1981.
24. Le conseil municipal.
25. *Fort-Louis. Monographie d'un petit village ou le destin d'une ville de Louis XIV*, Haguenau, 1980.
26. G. Livet, *L'Intendance d'Alsace..., op. cit.*, p. 432.
27. Maurice Toussaint, *L'Œuvre de Vauban en Lorraine*, Nancy, Éditions du Pays lorrain, 1932 ; Yves Le Moigne, « Partage de l'espace lorrain », *Histoire de la Lorraine, op. cit.*, pp. 300 sq.

28. Cité par M. Toussaint, *L'Œuvre de Vauban...*, *op. cit.*, p. 12.
29. AG, Allemagne, Metz, art 1, cart. 1, n° 4, 1 discours de Vauban.
30. Pierre Rocolle, *2 000 Ans de fortification française*, *op. cit.*, p. 218.
31. AG, art. 8, Longwy, carton 1, n° 1, 13 juillet 1679, n° 2.
32. G. Zeller, « Phalsbourg au XVIIe siècle. Deux mémoires inédits de Vauban », *Bulletin de la Société d'archéologie lorraine*, 1924, pp. 10-31.
33. Id., « L'origine de Sarrelouis. Lettres inédites de Louvois, Vauban, Thomas de Choisy », *Bulletin de la Société d'archéologie lorraine*, 1923, pp. 8-21 et 38-47.
34. BIG, ms in-f° 25, projets de Longwy, Phalsbourg, Sarrelouis, Landau, Spire et autres places ; AG, art. 14, places étrangères, Sarrelouis, Landau, art. 8, Strasbourg, Phalsbourg... Ces cartons ont réintégré les AG, revenus depuis peu de Berlin via Moscou. En revanche, aux AG, le carton de Sarrelouis (art. 14, places étrangères) a malheureusement disparu. Il en va pareillement de celui de Montroyal.
35. AG, art. 14, section 1, Casal, carton 1.
36. Alain Ayats, *La Défense des Pyrénées catalanes françaises (1659-1681). Frontière politique et frontières militaires*, *op. cit.*, t. II, pp. 447-846.
37. Le mot « partisan » désigne souvent au XVIIe siècle le soldat de petites unités régulières mais détachées du gros de l'armée.
38. Le maréchal de Navailles avait fait aménager ce chemin au cours des deux premières campagnes qu'il fit en Roussillon dans le but de pouvoir rejoindre le fort de Camprodon en Catalogne, à 18 kilomètres de la frontière. On le lui reprochait dans la mesure où les Espagnols risquaient à leur tour de s'en servir.
39. A. Ayats, *op. cit.*, p. 869.
40. Interviennent le maréchal de Navailles, La Motte La Myre, Trobat et bien d'autres.
41. Annick Chèle, *Port-Vendres à l'époque moderne*, mémoire de maîtrise, Montpellier-III, 1986, 220 p. manuscrites.
42. Marie-André Paillissé, *Mont-Louis, place forte et nouvelle (1679-1740) ou Étude des tentatives d'implantation d'une ville*, mémoire de maîtrise, Montpellier-III, 1983, 120 p. manuscrites.
43. Cf. *supra*, chap. V.
44. BIG, *Atlas de Bonaparte, Mont-Louis* ; *Atlas du duc d'Angoulême*, 5e vol., *Mont-Louis*, 1823.
45. Albert de Rochas d'Aiglun, « Notice historique sur les fortifications de Grenoble », *Bulletin de l'Académie delphinale*, 3e série, t. 8, pp. 1 à 31.
46. Colbert à M. de Moyenville, intendant des fortifications de Picardie, 30 avril 1677.

CHAPITRE X : Chez les Colbert
(pp. 248-272)

1. SHAT, AG, art. 5, section 5, § 10, carton 1, n° 10, 1 discours signé Vauban, 5 mars 1686, écrit à Montpellier, 50 feuillets.
2. Jean Meyer, *Colbert*, Paris, Hachette, 1981.

3. BN, mélanges Colbert.
4. Pierre Clément, *op. cit.*, t. V, pp. 479 *sq.*
5. *Ibid.*, pp. 140, 161, 181, 214, 230, etc.
6. AG, art. 8, section 1, Sète, carton 1, 1686.
7. Rochas d'Aiglun, *Vauban, op. cit.*, t. II, p. 333.
8. Cité par Marie-Andrée Paillissé, *op. cit.*
9. Nicole Le Pourhiet-Salat, *La Défense des îles bretonnes de l'Atlantique des origines à 1860*, Vincennes, Service historique de la Marine, 1983, pp. 119 *sq.*
10. A. Blanchard, « Pierre Conty d'Argencourt », *Bul. Acad. sciences et lettres de Montpellier*, t. 24, 1993, pp. 137-155.
11. Charlotte Pon-Willemsen, « L'enquête de Vauban en 1681 », *Groupement d'études rétaises, Cahiers de la mémoire, Revue d'art et tradition populaires, d'archéologie et d'histoire*, n° 22, hiver 1985.
12. Nicole Le Pourhiet-Salat, *La Défense des îles bretonnes..., op. cit.*
13. Vauban à Louvois, 17 septembre 1685.
14. AG, art. 8, section 8, section 1, Bordeaux, carton 1, spécialement n°s 10 et suivants.
15. Cité par Johel Coutura, « Vauban à Blaye », *Les Cahiers du Vitrezais*, Paris, 1985, p. 8.
16. AG, art. 8, section 1, carton 1, n° 3, travaux de Bayonne.
17. Ch. Desplats et P. Tucoo-Chala, *Navarrenx*, Revue de Pau et du Béarn, 1981.
18. Alain Cabantous, *Dix Mille Marins face à l'océan*, Paris, Publisud, 1991.
19. Bernard Cros, « Dunkerque au temps de Louis XIV », *Chasse-Marée*, Douarnenez, n° 93, 1995, pp. 30-40.
20. Pierre Clément, *op. cit.*, t. V, pp. 151, 185, 201, 211, etc.
21. BIG, ms 33 g, mémoire sur Dunkerque.
22. *Dictionnaire des ingénieurs, op. cit.*, pp. 644-645.
23. Pierre Clément, *op. cit.*, t. V.
24. AN, Marine, B 2 43 (2), f° 523 v°.
25. Martine Acerra, « Rochefort, l'eau et les vaisseaux », *Les Marines de guerre européennes, XVII-XVIIIe siècles*, Paris, Presses de la Sorbonne, 1985, pp. 51-62.
26. Josef W. Konvitz, *Cities and the Sea. Port City Planning in Early Modern Europe*, Baltimore-Londres, The Johns Hopkins University Press, 1978, pp. 90-147.
27. R. Le Prohon et J. Tanguy, « Naissance d'une ville (XVIe-XVIIe siècles) », et A. Lévy, L. Nicolas, Y. Le Gallo, « La grande époque de la "Royale" », *Histoire de Brest*, Toulouse, Privat, 1976, pp. 65-100 et 101-130.
28. Séjours de Vauban en Bretagne : 2 mois au printemps 1683 ; 1 mois durant l'été 1685 ; 2 mois et demi de fin janvier au 11 avril 1689, 5 en 1694, 5 en 1695, 1 en 1699 (Saint-Malo et Saint-Servan seulement).
29. Voir *infra*, chap. XIII.
30. Jean Peter, *Vauban et Toulon*, Paris, Economica, 1994.
31. Annick Chèle, *Port-Vendres à l'époque moderne, op. cit.*
32. AG, art. 5, section 5, § 10, carton 1, n°s 1 à 20.

33. Michel Adgé, *Les Ouvrages d'art du canal du Midi*, Agde, 1983.
34. AD Hérault, C 4124, 4408, 4411, 4437, 4494, 4641.
35. AG, article 5, section 5, § 10, carton 1, n° 10, 50 folios non paginés, 5 mars 1686, Montpellier.
36. AG, article 8, Sète, carton n° 1, discours de Vauban, 1686. La ville s'orthographiait alors « Cette ».
37. Groupement d'études rétaises, *Cahiers de la mémoire, op. cit.*, 1985.
38. Françoise Moreil, *L'Intendance de Languedoc à la fin du XVIIe siècle*, éd. critique des Mémoires pour « l'instruction du duc de Bourgogne », Paris, CTHS, 1985, pp. 131 et 290.
39. Soubeiran de Pierres, *Un grand lettré languedocien du XVIIIe siècle. Charles de Baschi, marquis d'Aubais*, Montpellier, Imprimerie Mary-Lavit, 1937. La jeune femme meurt en couches.
40. AG, art. 5, section 5, § 10, carton 1, n° 10, 1 dis. non paginé, 5 mars 1686.

CHAPITRE XI : « Je sers avec une assiduité d'esclave »
(pp. 273-297)

1. Rochas d'Aiglun, *Vauban, op. cit.*, t. II, p. 189, février 1680, lettre à la sœur Marie-Madeleine, prieure de l'hôpital Comtesse à Lille.
2. Voir *infra* chap. XVII et XVIII.
3. AN, MC, IX, Auvray notaire, testament de Vauban déposé le 30 mars 1707.
4. AM Epiry, Nièvre, reg. par. 1668-1730 ; AM Bazoches, Nièvre, reg. par. mars 1680.
5. Rochas d'Aiglun, *Vauban, op. cit.*, t. I, p. 43.
6. AM Epiry, reg. par., mariage à l'église d'Épiry le 26 mars 1680 ; baptême de Jean-Charles, fils aîné le 26 mai suivant. Pour certains, le contrat de mariage aurait été signé le 15 novembre 1679, pour d'autres seulement le 25 mars. Nous ne l'avons pas retrouvé.
7. E. Ouverleaux, *Mesgrigny..., op. cit.*, p. 134, citant d'Hozier.
8. Les Régnier de Guerchy appartiennent à la noblesse bourguignonne et font partie au début du XVIIe siècle de l'entourage des Bourbon-Condé. L'aïeule maternelle de Jacques de Mesgrigny est Marguerite Spifame, fille de Samuel Spifame, seigneur de Passy, conseiller du roi en ses conseils d'État et privé, directeur des finances. Figure aussi dans cette famille l'évêque de Nevers, défroqué en 1562 pour cause de « Religion ».
9. Reg. par. d'Aunay et d'Épiry et voisinage, 1680 et années suivantes.
10. Il manque probablement ici le mot « ensuite ».
11. Louvois à Vauban, 3 novembre 1684.
12. Au sens fort que lui donnait le XVIIe siècle.
13. BIG, mss in-f° 31, 13 mai 1682.
14. Vauban à Louvois, 30 mai 1684.
15. C'était le destinataire qui payait le port des lettres qu'il recevait.
16. Expression inconnue.
17. Entre autres, Boileau et ses relations.

18. *Les Invalides. Trois siècles d'histoire*, Paris, musée de l'Armée, 1974.
19. SHAT, A1 742 à 748, 1685, f°s 45, 67, 128, 163, 204, 476, etc.
20. Jules Guiffrey, *Comptes des bâtiments du roi*, t. II, Paris, Imprimerie nationale, 1887.
21. AD Eure-et-Loir, reg. par. de diverses localités où se trouvent les chantiers ; Guiffrey, *Comptes des bâtiments...*, *op. cit.*, t. II.
22. J.-P. Labatut, *Louis XIV, roi de gloire*, Paris, Imprimerie nationale, 1984, pp. 289-290.
23. Marquis de Sourches, *Mémoires, op. cit.*, t. III, p. 207.
24. E. Spanheim, *Relation de la Cour de France...*, publiée par Ch. Schefer, Paris, H. Loones, coll. « Histoire de France », 1882, p. 42.
25. SHAT, A1 1830, f° 99, 1831, f°s 2, 24, 161, 175bis, 193bis, 1832, f°s 5bis, 11bis, etc.
26. AD Nièvre, 27 F 4, pièce 24 ; Il s'agit du dauphin prénommé comme son père.
27. Louvois à Vauban, 1689. La route la plus rapide passait à travers le Hainaut belge.
28. Marquis de Sourches, *Mémoires..., op. cit.*, t. III, p. 215.
29. BIG, ms in-f° 31d, mémoire sur Dinant, lettre adressée à Cladech.
30. Marquis de Sourches, *Mémoires..., op. cit.*, t. III, p. 243.
31. *Ibid.*, p. 215.
32. AM Fontenay, Yonne, reg. par., 13 novembre 1690.
33. AD Nièvre, notariat de Bazoches, 17 novembre 1690, Ragon, notaire.
34. 30 juillet 1697, de la citadelle de Lille où il s'est réinstallé au retour du siège d'Ath.
35. Lettre à M. d'Assigny, citée par Rochas d'Aiglun, *Vauban, op. cit.*, t. II, pp. 576-578.
36. La gageure de continuer de servir dans ce pays.
37. Docteur Lemaire, « Inondations et paludisme en Flandre maritime, art. cit., pp. 173-209.
38. Mme Deshoulières, *Poésies*, Paris, S. Mabre-Gramoisy, 1688.
39. AD Nièvre, B 544, 20 septembre 1690, « messire Thomas Bernin [...] contre Sébastien Le Prestre ».
40. Au denier 20, cela ferait un capital de 160 000 livres.
41. AN, MC, CXVI, 93, 28 décembre 1690, contrat Bernin-Le Prestre.
42. Après lecture, plusieurs d'entre eux, dont le roi, ont signé ce document dans les jours qui précédaient la séance officielle ; ils ne furent donc pas présents au jour dit.
43. Beaucoup de biographes du maréchal ont affirmé à tort qu'elle n'était pas là.
44. BN, cabinet des titres.
45. BN, pièces originales 876, 19687 ; dossiers bleus, 214. Tourangeaux, les Coudreau comptent dès le début du siècle des commissaires de l'artillerie, puis des trésoriers généraux des finances à Tours.
46. BN, cabinet des titres, pièces originales, 307 ; mélanges Colbert, 102, f° 761, Bernin ; AD Indre-et-Loire, C 863, La Baume Le Blanc ; AM Rigny-Ussé, reg. par. XVIIe-XVIIIe siècles.

47. Christiane Piérard et Bruno Van Mol, *Mons, une enceinte en mutation constante de 1290 à 1865*, *op. cit.*
48 Le colonel Augoyat, qui ne cite malheureusement pas ses sources (mais il est rare qu'il se trompe), estime qu'on avait réuni 100 000 kilogrammes de ces fromages, *op. cit.*, t. I, p. 166.
49. Le commerce ne s'interrompait pas entre pays belligérants. Il en allait pareillement des transferts d'argent.
50. Marquis de Sourches, *Mémoires...*, *op. cit.*, t. III pp. 367-402. Comme pour toutes les citations qui suivent.
51. Environ 28 kilomètres.
52. Marquis de Sourches..., *Mémoires*, *op. cit.*, t. III, pp. 365-402.
53. Ville prise par les troupes du maréchal de Catinat.

CHAPITRE XII : Nouveau climat : de Mons à Charleroi
(pp. 298-320)

1. J. Ch. Petitfils, *Louis XIV*, Paris, Perrin, 1995.
2. Cf. *infra*, chap. XIII.
3. Inspection du génie, *Traité de l'attaque des places*, exemplaire du duc de Bourgogne, f°s 544 *sq*.
4. 18 et 29 mai 1691, 3, 11, 26 juin 1691.
5. AD Nièvre, 27 F 4, fonds d'Aunay, pièce troisième.
6. Christiane Piérard et Bruno Van Mol, *Mons...*, *op. cit.*
7. AD Nièvre, 27 f 4, pièce quatrième, 15 août 1691.
8. Marquis de Sourches, *Mémoires...*, *op. cit.*, t. III, p. 207.
9. *Mutatis mutandis*, et bien qu'une pareille comparaison puisse faire grincer des dents, cette chambre des requêtes où étaient formés nombre de futurs commissaires royaux jouait en quelque sorte le rôle de notre ENA.
10. A. Croquez, *La Flandre wallonne*, *op. cit.*
11. Toutes affaires cessantes, alors qu'il terminait les projets de restauration de Namur, Vauban était parti pour l'Outre-Monts et le haut Dauphiné dévasté par le duc de Savoie.
12. Lettre de Vauban à Cladech, de Pignerol, 29 octobre 1692.
13. *Les Ingénieurs*, *op. cit.*, pp. 77-80.
14. BIG, Vauban à Le Peletier, d'Antibes, 17 février 1693.
15. BIG, correspondance de Michel Le Peletier avec Sébastien de Vauban.
16. Rochas d'Aiglun, *Vauban*, *op. cit.*, t. II, p. 333, 23 septembre 1691.
17. Ces fiches n'ont malheureusement pas été conservées.
18. On possède un « état » des ingénieurs de la guerre de 1689, des registres de chez Colbert de 1679-1681. Dans les deux cas, ces registres ont été dressés en vue du paiement des ingénieurs. On ne retrouve ensuite une liste semblable, donc exhaustive, que pour l'année 1696. Puis à partir de là, quelques états clairsemés pour la fin du règne de Louis XIV.
19. Selon l'expression de l'époque.
20. Vauban à Le Peletier, 17 février 1693, d'Antibes.
21. *Ibid.*
22. *Le Directeur général des fortifications*. De même pour les citations qui suivent. Cf. *infra*, chap. XV.

23. Il s'agissait de savoir si on accepterait des ingénieurs savoyards.
24. Vauban à Le Peletier, 31 juillet 1697, de Lille.
25. Sur tout cela *Les Ingénieurs du Roy*, op. cit.
26. Vauban à Louvois, 5 mai 1679.
27. Vauban à Louvois, de Luxembourg, 5 mai 1684.
28. Vauban à Le Peletier, 19 novembre 1700.
29. Vauban à Le Peletier, de Nice, 6 janvier 1693. Robert se maria à Briançon.
30. Vauban à Louvois, 28 octobre 1688, devant Philippsbourg.
31. Vauban à Louvois, 2 juin 1684, de Luxembourg.
32. Vauban à Louvois, 14 septembre 1690, de Bazoches.
33. Vauban à Barbezieux, 21 mai 1697.
34. Vauban à Le Peletier, 14 juillet 1697.
35. Vauban à Le Peletier, 11 mai 1693, de Dunkerque.
36. Fils de Louis II Phélyppeaux, contrôleur général de 1689 à 1699 et ensuite chancelier.
37. Barbezieux à Vauban, 4 août 1695.
38. Vauban à Le Peletier, 17 février 1693.
39. AD Nièvre, 27 F, fonds d'Aunay, pièces 1 à 39.
40. AN, fonds Rosanbo, MI 161, carton 1, liasse 2.
41. Félix Rousseau, « Namur », *Plans en relief de villes belges*, Bruxelles, Pro civitate, 1965, pp. 295-334.
42. Soit 120 000 hommes.
43. Jean Racine, « Lettres », *Œuvres complètes*, Gallimard, « Bibliothèque de la Pléiade », Paris, 1960, t. II, pp. 506-521.
44. *Ibid.*, 15 et 24 juin.
45. Maurice A. Arnoult, « Charleroi », *Plans en relief de villes belges, op. cit.*, pp. 61-105.
46. Vauban à Le Peletier, 29 juin 1693.
47. Vauban à Le Peletier, 13 octobre 1693.

CHAPITRE XIII : « Une fâcheuse défensive, par terre et par mer »
(pp. 321-348)

1. Mme de Sévigné, *Lettres*, Paris, Hachette, « Les grands écrivains de France », p. 261.
2. Général Jacques Humbert, *Embrun et l'Embrunois à travers l'histoire*, Gap, Société d'études des Hautes-Alpes, 1972.
3. Richard Duchamblo, *Invasion 1692*, Gap, Imprimerie Louis Jean, 1992.
4. Les trois principaux généraux : le prince Eugène, le général de Caprara, le comte de Schomberg.
5. François de Dainville, *Le Dauphiné et ses confins vus par l'ingénieur d'Henri IV, Jean de Beins*, Paris-Genève, Droz, 1968.
6. Rochas d'Aiglun, « Notice historique sur les fortifications de Grenoble », *Bulletin de l'Académie delphinale*, Grenoble, 3e série, t. VIII, 1872, pp. 1-31.
7. *Dictionnaire des ingénieurs, op. cit.*, pp. 189-190.

8. Vauban à Le Peletier, de Nice, 3 janvier 1693.
9. Vauban à Catinat, 15 février 1693.
10. Pierre Rocolle, *2000 Ans de fortification française, op. cit.*
11. Vauban à Le Peletier, 23 janvier 1693.
12. Vauban à Catinat, 15 février 1693, de Nice. A Le Peletier, 16 février, de Nice.
13. AG, article 8, section 1, Marseille, carton 1 ; article 4, Marseille, carton 1.
14. Michel Blay, « Le développement de la balistique et la pratique du jet des bombes en France à la mort de Colbert », *De la mort de Colbert à la Révocation de l'édit de Nantes, un monde nouveau ?*, XIVe colloque du CMR sur le XVIIe siècle, Marseille 1985, pp. 33-50.
15. Nicole Le Pourhiet-Salat, *La Défense des îles bretonnes..., op. cit;* Alain Guillerm, *La Pierre et le Vent. Fortifications et marine en Occident*, Paris, Arthaud, 1985.
16. Notons que Louis XIV refuse de donner à Guillaume d'Orange son titre de roi d'Angleterre, car il le considère comme un usurpateur, donc un souverain illégitime.
17. AD Nièvre, 27 F 4, quinzième pièce, 1er mai 1694.
18. Mme de Sévigné, *op. cit.*, à Mme de Grignan, 15 mai 1689.
19. Vauban aux ministres, de Brest, 17 juin, 11 heures du soir.
20. Voir le croquis, p. 332.
21. Vauban au roi, 17 juin 1694.
22. Vauban à Barbezieux, 21 juin 1694.
23. AN, Marine, B² 98 (3), 99, etc.
24. AG, art. 8, sect. 1, Marseille, carton 1, n° 16, en préface du texte sur les batteries de cette ville.
25. *Oisivetés, op. cit.*, t. II.
26. AN, fonds Rosanbo, MI 155, *Mémoire sur l'usage que l'on peut faire des galères de Bretagne.*
27. Lettre du 24 août 1694.
28. Curieusement, Vauban a l'air de considérer les matous comme des chiens.
29. Alain Guillerm, *La Pierre et le Vent, op. cit.*, pp. 158 *sq.*
30. AN, fonds Rosanbo, 155 M I, 36.
31. Colonel Lazard, *Vauban*, thèse d'État, Paris, 1934, pp. 249-250, 403-408 ; Yves Bottineau-Fuchs, « Les camps retranchés chez Vauban », *Vauban réformateur, op. cit.*, colloque, décembre 1983, pp. 49 à 58.
32. *Oisivetés* et *Traité de l'attaque des places.*
33. Lettre du 21 juillet 1693.
34. AG, cité par le colonel Augoyat, *op. cit.*, pp. 228-229.
35. Georges Livet, *L'Intendance d'Alsace..., op. cit.*, pp. 629-630.
36. *De l'importance dont Paris est à la France.* Il apparaît que le roi ne s'est pas soucié de ce texte que Vauban reprendra en 1706.
37. Ce qui arriva un siècle plus tard, en 1815.
38. René Pillorget, *Les Mouvements insurrectionnels de Provence entre 1596 et 1715*, Paris, Les Belles-Lettres, 1975, pp. 819 *sq.* ; A. Blanchard, « Les fortifications de Marseille », *Marseille au* XVIIe *siècle*, X[e] colloque du CMR sur le XVIIe siècle, 1980.

39. Clerville au chancelier Séguier, 8 juillet 1660, BN, fr 17397, t. XXXI, f° 271.
40. AG, art. 8, sect. 1, Marseille, carton 1, n. 2.
41. AG, article 8, sect. 1, Marseille, carton 1, 33 pièces ; article 4, section 2, § 6, carton 28.
42. 4 décembre 1694, du Havre.
43. Lettre à Le Peletier, 17 mars 1693.
44. « Rappel des huguenots », *Oisivetés*, t. I.
45. Le professeur Louis Dermigny avait développé cette interprétation il y a déjà quelque trente ans.
46. Guillaume d'Orange, roi d'Angleterre.

CHAPITRE XIV : Je servirai toujours le roi »
(pp. 349-376)

1. Le journal du siège fut rédigé par Dupuy-Vauban, neveu de Vauban.
2. AG, *Journal du siège d'Ath*.
3. Vauban à Le Peletier, 4 juin 1697.
4. AD Nièvre, fonds d'Aunay, lettre du roi du 6 juin 1697.
5. AN, fonds Rosanbo, MI 161, carton et liasse cités.
6. AD Nièvre, 27 F 4, 15 juin 1697, trentième pièce.
7. *Médailles sur les principaux événements du règne entier de Louis le Grand, avec des explications historiques*, Paris, Imprimerie royale, 1723, in-f°.
8. Rochas d'Aiglun, *Vauban, op. cit.*, t. I, pp. 491-496.
9. *Ibid.*, t. II, pp. 446-447. Vauban avait demandé à Racine de brûler cette lettre !
10. AD Nièvre, 27 F 4, fonds d'Aunay, trente et unième pièce, de Marly.
11. Georges Livet, *L'Intendance d'Alsace sous Louis XIV...*, *op. cit.*, pp. 636-638.
12. Rochas d'Aiglun, *Vauban, op. cit.*, t. I, pp. 491-496.
13. AG, art. 8, Stenay, carton 1, n° 7 ; *ibid.*, Charlemont-Givet, ms in-f° 26.
14. AG, ms in-f° 33, mémoire sur Belfort ; ms in-f° 21, sur Huningue, Colmar, fort Mortier, ms in-f° 20 et 22, Strasbourg.
15. AM Biesheim, Haut-Rhin, registres paroissiaux. Voir aussi ceux de Neuf-Brisach.
16. Isabelle Coutenceau, *La Construction d'une place forte au début du XVIIIe siècle. Théorie et pratique. Le cas de Neuf-Brisach, 1698-1705*, mémoire de maîtrise, Paris, université Paris-IV, 1984.
17. *Abrégé des services du maréchal de Vauban, op. cit.*
18. AG, Allemagne, Metz, article 1, carton 1, n[os]1 à 4, 1698.
19. AN, fonds Rosanbo, MI 155, 26, 8.
20. AG, article 8, section 1, carton 1, Grenoble, Barrault, Briançon, Mont-Dauphin, Embrun, Bardonnèche...
21. AG, art. 8, sect. 1, Antibes, carton 1 ; art. 4, sect. 2, § 6, carton 1, etc.
22. AG, art. 8, sect. 1, Marseille, carton 1, n° 34, 11 avril 1701, et ms in-f° 34.
23. Rochas d'Aiglun, *Vauban, op. cit.*, t. I, pp. 491-496. Pas de date indiquée ; vers 1700 probablement.

24. Ce qui arrivera en 1738 après la guerre de Pologne, l'acquisition de la Lorraine par le roi Stanislas et le départ de François de Lorraine, grand-duc de Toscane.
25. François Bluche, *Louis XIV, op. cit.*, p. 767.
26. J.-P. Labatut, *Louis XIV, roi de gloire, op. cit.*, p. 308.
27. AG, ms in-f° 34 ; article 8, La Rochelle, carton 1, n° 30.
28. AN, MI 161, c. 2 – agenda de ce qu'il se propose de dire au roi en son audience.
29. Lettres des 1er, 2, 6 septembre.
30. J. Meyer, J.-P. Poussou, A. Lottin, Ad. Van der Woude, H. Soli, B. Vogler, *Études sur les villes en Europe occidentale*, Paris, « Regards sur l'histoire », Sedes, 1983, t. II, p. 240.
31. Saint-Simon, *Mémoires*, Paris, Hachette, coll. « Grands écrivains de France », t. I, pp. 148-149.
32. Rochas d'Aiglun, *Vauban, op. cit.*, t. II, p. 503.
33. Lettre de Vauban au roi, de Paris, 2 janvier 1702.
34. Lettres à Mme de Ferriol, aux consuls de Marseille.
35. E. Ouverleaux, *Mesgrigny..., op. cit.*, p. 185.
36. AG, ms in-f° 34.
37. Marquis de Dangeau, *Journal*, Paris, F. Didot, 1854-1860, 19 vol.
38. SHAT, A1, vol. 1640, 29 juillet 1703, de Marly.
39. Vauban à Chamillart, 27 août 1703.
40. Lettre du 2 octobre 1703.

QUATRIÈME PARTIE

CHAPITRE XV : La règle et le compas
(pp. 385-404)

1. Choderlos de Laclos, dans la « Lettre à Messieurs de l'Académie », *Œuvres complètes, op. cit.*, tient ce langage déraisonnable.
2. Général Cosseron de Villenoisy, *Essai historique sur la fortification*, Paris, Librairie militaire, 1869.
3. Colonel Lazard, *Vauban, 1633-1707*, thèse d'État, Paris, Félix Alcan, 1934.
4. SHAT, BIG, ms 9, 3 vol.
5. *Traité des fortifications*, 1713 : plusieurs exemplaires manuscrits à la BIG., mss 16a, 41b, 62d.
6. *Dictionnaire des ingénieurs militaires, op. cit.*
7. Vauban, *Traité de la défense des places*, nouvelle édition par F. P. Foissac, Paris, Maginel, l'an III de la République.
8. Cf. *supra*, chap. IV.
9. Vauban, *Traité de la défense des places, op. cit.*
10. Viollet-Le Duc, *Histoire d'une forteresse*, Paris, Hetzel, s. d.
11. Colonel Lazard, *Vauban... op. cit* ; Pierre Rocolle, *2000 Ans de fortification française, op. cit.*
12. AN, fonds Rosanbo, MI 155, bobine 16, n° 26.

13. Colonel Lazard, *Vauban...*, *op. cit.*
14. SHAT, AG, article 14, places étrangères, Landau, 1687.
15. Christiane Piérard, *art. cit ; Plans en relief de villes belges*, Bruxelles, Pro civitate, 1965.
16. Antoine de Roux, *Perpignan. De la place forte à la ville ouverte*, thèse de doctorat de géographie historique, université Bordeaux-III, mai 1993, 2e édition, 1994, 3 vol ; id., *Perpignan à la fin du XVIIe siècle. Le plan en relief de 1686*, Paris, musée des Plans-Reliefs, 1990.
17. Philippe Truttmann, *Fortification, architecture et urbanisme aux XVIIe et XVIIIe siècles. Essai sur l'œuvre artistique et technique des ingénieurs militaires sous Louis XIV et Louis XV*, Thionville, Service culturel de la Ville de Thionville, 1976 ; Robert Bornecque, *La France de Vauban*, *op. cit.*
18. Cf. *supra*, chap. IX.

CHAPITRE XVI : « Faire le détail du mesnage »
(pp. 405-431)

1. Vauban à Louvois et Louvois à Vauban, 1672.
2. Nous avons repéré l'un de ces dessinateurs des fortifications, devenu ensuite architecte civil. « Étienne Baudon, ingénieur géographe et architecte », *Hommage à Robert Saint-Jean. Art et histoire dans le Midi languedocien et rhodanien (Xe-XIXe s.)*, Mémoires de la Société archéologique de Montpellier, 1992, t. XXI, pp. 317-330.
3. AD Nord, Lille Tabellions, C 2457, 3257 ; AM Bazoches, Nièvre, reg. par. 1682.
4. A. Blanchard, *Dictionnaire des ingénieurs*, *op. cit.*, p. 549. Il y a plusieurs exemples de cette accession d'un « desinneur » à la fonction d'ingénieur. Le cas le plus célèbre est celui de Claude Masse, dessinateur de Ferry. Il devint ingénieur en 1701 à la mort de son patron et laissa des atlas magnifiques associés à des rapports sur les côtes océanes.
5. Vauban à Louvois, 29 juin 1677, 1er septembre 1677, 22 avril 1678.
6. Maraye-en-Othe, Aube, ar. Troyes, c. Aix-en-Othe.
7. Très nombreux actes relatifs à ses transactions dans le minutier parisien.
8. AN, papiers Rosanbo, MI 155.
9. AM Vézelay, et AM Saint-Léger, registres paroissiaux.
10. Vauban à Louvois, 6 mai 1691, au camp de Mons ; Jules Guiffrey, *Comptes des bâtiments du roi*, Paris, Imprimerie nationale, 1887, t. II, p. 690 ; E. Ouverleaux, *Mesgrigny...*, *op. cit.*
11. Vauban à Louvois, de Bazoches, 14 septembre 1690.
12. BIG, ms 9 (3 vol.), ms 122.
13. AN, archives Marine, B2 98 (3), f° 681.
14. Vauban à Barbezieux, au camp devant Ath, 8 juin 1697.
15. E. Ouverleaux, *Mesgrigny...*, *op. cit.*
16. AN, 161 M I, carton 2, liasses 1 et 2.
17. 5 mai 1679, de Perpignan.
18. 23 novembre 1678.
19. SHAT, A1 904, f° 175.

20. Lettre de Vauban à Louvois, 18 novembre 1681.
21. Lettre de Vauban à Le Peletier, d'Aix-en-Provence, 8 mars 1693.
22. SHAT, AG, art. 8, Rocroy, carton 1.
23. Registres paroissiaux et notariés des localités où ils travaillèrent.
24. Lettre de Vauban à Seignelay, de Belle-Isle, 17 septembre 1686.
25. On ne sait malheureusement pas la fonction de ce dernier.
26. Construction fautive. Il s'agit de M. de Flavacourt.
27. Lettre de Vauban à Louvois, de Maubeuge, 25 septembre 1683.
28. Carton Rocroy, 1691, déjà cité.
29. Lettre à Basville, intendant de Languedoc, 5 août 1686.
30. Surveillants.
31. SHAT, BG, mss in-f° 12 et 29.
32. Cf. chap. XII.
33. Les archives du génie, maintenant rattachées au SHAT, sont conservées dans un pavillon du château de Vincennes.
34. *Ibid.*
35. Lettre de Vauban à Rousselot, Sarrelouis, 22 août 1683.
36. AG, art. 8, île de Ré, carton 1, n° 3.
37. SHAT, archives du génie, art. 8, Verdun, carton 1, n° 11, 30 octobre 1698.

CHAPITRE XVII : Le vagabond du roi
(pp. 432-456)

1. Selon la belle formule de Pierre-André Sigal, *Les Marcheurs de Dieu*, Paris, A. Colin, 1974.
2. Vauban à Le Peletier, 10 mai 1696.
3. Vauban à Louvois, 5 avril 1673.
4. Voir les cartes de quelques-uns de ces itinéraires, p. 436
5. Cf. chap. VI.
6. AN, fonds Rosanbo, MI 161, bobine 2, carton 2, liasse I.
7. Vauban à Le Peletier, 27 mai 1696.
8. Voir le graphique « J'ai toujours voyagé... » p. 436.
9. Seignelay à Vauban, 11 juillet 1686.
10. Un des forts de Saint-Malo.
11. Louvois à Vauban, mars 1680.
12. Construction très peu correcte de la phrase du ministre. Le « de manière » aurait dû se trouver au début de la subordonnée « que l'on ne puisse mander... ».
13. Vauban à Louvois, 25 août 1681.
14. Rochas d'Aiglun, *Vauban, op. cit.*, t. I, pp. 602-612.
15. En réalité Essoyes, Aube, ar. Troyes, chef-lieu du canton.
16. Vauban à Le Peletier, 13 avril 1698.
17. Vauban à Louvois, 26 avril 1674.
18. Vauban à Le Peletier, septembre 1692.
19. Il était accompagné d'une escorte de 200 dragons de la garnison de Namur.

20. Vauban à Chamillart, 30 octobre 1706.
21. A. Corvisier, *Louvois, op. cit.,* pp. 222-235.
22. Louvois à Vauban, 9 janvier 1680.
23. Vauban à Louvois, 18 mars 1679.
24. AN, fonds Rosanbo, MI 161, bobine 47, carton 54, pièce 3.
25. AN, Marine, B³ 85, f°s 428 et 434.
26. Vauban à Louvois, 10 février 1679.
27. AN, Marine, B³ 98 (1), f° 26.
28. A. E. Dejean, *Un prélat indépendant au XVIIe siècle, Nicolas Pavillon, évêque d'Alet (1637-1677),* Paris, Plon Nourrit, 1909.
29. Juin 1684.
30. Col. Augoyat, *Aperçu historique sur les fortifications..., op. cit.,* t. I, pp. 178 *sq.*
31. Vauban à Louvois, 21 janvier 1672.
32. Cent vingt-cinq ans plus tard, Stendhal stigmatisera toujours l'inconfort de la région de Grasse. Pour tout dire, il n'en allait pas tellement mieux de certains coins de haute Provence il n'y a encore qu'une cinquantaine d'années.
33. Vauban à Le Peletier, 19 novembre 1700.
34. Testament de Vauban, codicille.
35. A.M. de Boislisle, *Correspondance..., op. cit.,* t. II, p. 17.
36. E. Ouverleaux, *Mesgrigny..., op. cit.,* pp. 177 *sq.*
37. Voir sur ce point les relations des voyages de Louis XIV dans les *Mémoires* du marquis de Sourches, *op. cit.*
38. AN Marine, B³ 85, f°s 440 et 470. En fait, il était encore à Dunkerque en janvier 1695 et ne revint qu'ensuite à Lille.
39. Cf. *infra,* chap. XVIII.
40. AD Nord, Tabellions de Lille.
41. AN, fonds Rosanbo, MI 155, bobine 24, n° 35, dossier 6, pièce 39, 13 pages. Cette procédure n'a rien d'extraordinaire et est toujours d'actualité lorsqu'un fonctionnaire s'installe ou quitte un logement de fonction.
42. « Calamande », *alias* « calmande » : étoffe de laine lustrée d'un côté comme le satin.
43. Cela pour deux raisons bien différentes : les gens de l'époque n'avaient bien sûr aucune des machines sophistiquées et souvent volumineuses qui sont les nôtres. Surtout, cet inventaire a été dressé dans un temps où Vauban s'était installé définitivement à Paris. Il y avait transporté une partie de ses gens et de son matériel, l'autre partie se trouvant à Bazoches. L'installation de Lille n'était plus que l'ombre de ce qu'elle avait été quelques années auparavant.
44. AN, fonds Rosanbo, MI 155, bobine 56 et dossier cités.
45. BG, supplément, lettres des 23 et 28 novembre 1679. Louvois fait peut-être allusion à une des liaisons de Vauban. S'agirait-il de Mme de La Motte, épouse d'un capitaine de mineurs, laquelle fut au mieux avec le commissaire général ?
46. Cf. chap. XIX.
47. Nom donné au conseil municipal des villes de Flandres.
48. Rochas d'Aiglun, *Vauban, op. cit.,* t. II, p. 190.
49. Marquis de Sourches, *Mémoires, op. cit.,* t. V, pp. 103, 217, 233, 287. « Le

duc de Rohan-Chabot [frère de notre douairière] était de la maison de Chabot, sa mère, qui était héritière de la maison de Rohan, ayant épousé un seigneur de la maison de Chabot par amour, dont elle eut celui-ci et ses trois sœurs, la princesse de Soubise, la marquise de Coëtquen et la princesse d'Epinoy. Ils étaient tous nés catholiques, quoique la duchesse de Rohan, leur mère, eût été huguenote jusqu'à sa mort, parce que leur père était catholique et les avait recommandés à sa mort au Roi, qui eut soin de les ôter de bonne heure à leur mère. »

50. A. Croquez, *La Flandre wallonne...*, *op. cit.*
51. Voir l'incident rappelé chap. xx.
52. Louvois y fait allusion à plusieurs reprises.
53. J. Whilem, *La Vie quotidienne au Marais au XVIIe siècle*, Paris, Hachette, 1965 ; Cl. Michaud, *L'Église et l'argent sous l'Ancien Régime*, Paris, Fayard, 1991, p. 732, note 95.
54. AN, fonds Rosanbo, MI 161.
55. Lettre à Louvois, 16 mars 1679, de Toulon.
56. Lettre à Louvois, 25 février 1689, de Brest. On craignait un débarquement dans la baie de Bourgneuf.
57. AG, art. 4, section 8, carton Château-Queyras, 1692, mémoire sur le Queyras.
58. Vauban à Le Peletier, 27 septembre 1700.
59. Vauban à Chamillart, 31 octobre 1706.
60. Il s'agit de Lille.
61. Vauban à Le Peletier, 26 juin 1697, de Lille.

CHAPITRE XVIII : « Chez moi »
(pp. 457-485)

1. BN, cabinet d'Hozier, 278, dossier 7540, f° 2.
2. AD Nièvre, 3 E 12/7, Ragon notaire. Nous avons « épluché » la totalité du minutier de Bazoches (maîtres Trubert, Mazelier, Ragon) de 1626 à la fin de 1715.
3. De nombreux auteurs se répètent sur ce point.
4. Encore qu'on ait parfois des repères grâce à telle ou telle lettre inédite, ou encore grâce à une cérémonie de baptême à laquelle avait été convié l'ingénieur. Cela relève souvent du hasard des recherches.
5. Cf. chap. III.
6. Lors du soulèvement protestant de Languedoc, en 1621-1629, les gendarmes des compagnies d'ordonnance recevaient entre 80 et 100 livres mensuelles, ce qui leur permettait de payer sans difficulté leur équipage (AD Hérault, B 22.659).
7. Venu du grand-père paternel de Jeanne d'Osnay. Ce domaine sera plus tard administré par les époux Le Prestre.
8. Cf. chap. IV. Des sondages dans le surabondant minutier nancéen n'ont apporté aucune lueur, ni sur la gestion des chantiers, ni sur les placements de Vauban.
9. AD Vaucluse, B 31 ; 3 E 12/396. AD Hérault, C 6218 et 6244, janvier 1664.

10. Cf. chap. IV et VI.
11. *Oisivetés de M. de Vauban, op. cit.*, t. II, p. 11. La bonne tenue de ces chevaux est due aux soins de Paul Le Prestre, tout à la fois cousin et beau-frère de l'ingénieur.
12. *Ibid.*, p. 105.
13. Si elle lui a été maintenue jusqu'à sa mort, ce que l'histoire ne dit pas, cela fait quelque 96 000 livres de ce chef.
14. AD Nord, Tabellions de Lille, 788, n°s 9 et 31, François Dambre notaire, vente du 1er octobre 1676. Voir aussi C 3.091.
15. Il y fait allusion dans un acte notarié.
16. SHAT, A1, vol. 247, p. 33, 15 juin 1670, Louvois à Vauban.
17 AN, E 1799, 15 juillet 1679, arrêt en conseil du roi. Le journal désigne ici une superficie de terre labourable qu'il est possible en principe de travailler en une journée.
18. Très probablement de l'ordre de 15 000 livres.
19. Crux-la-Ville, Nièvre, ar. Nevers, canton Saint-Saulge. La commune en question se trouve à une vingtaine de kilomètres à l'ouest de Sardy.
20. AN, MC, I, 169, Royer notaire, 15 février 1676. Le classement de la série B des archives de la Nièvre n'étant point encore terminé, il a été impossible de retrouver la sentence en question qui doit se situer vers les années 1667-1673, vraisemblablement en avril 1671, quand Vauban rachète une dette active à l'un des prêteurs du comte de Crux.
21. AD Nièvre, B 533, B 539.
22. Soussey-sur-Brionne, Côte-d'Or, ar. Montbard, c. Vitteaux.
23. AN, MC, LXXIII, 489, 14 avril 1671 ; I, 169, 26 février 1676 ; LXXIII, 507, 8 mai 1677.
24. Il s'agit d'un petit bois.
25. *Ibid.*, I 169, 20 et 25 février 1676.
26. Les bourdelages sont en Nivernais les redevances seigneuriales dues en argent, bled, volailles ou chariots de foin.
27. AD Nièvre, E 661, 5 septembre 1687, acte entre le comte de Crux, d'une part et, de l'autre, Jeanne d'Osnay, accompagnée de son gendre Mesgrigny (reconnaissance des limites de justices).
28. AD Nièvre, 3 E 12/7, Ragon notaire à Bazoches, 11 et 20 juin 1683, 19 juillet 1684, 27 août 1684, 5 avril 1685. Désormais nous ne donnerons plus les cotes du notaire Ragon (de 3 E 12/7 à 12/12).
29. AN MC, IX, 560, 17 juillet 1704.
30. AD Yonne, H 1 934, 4 mars 1707.
31. AD Yonne, E 355, 26 septembre 1698.
32. Famille originaire des Flandres d'où était sortie un siècle et demi plus tôt la grand-mère de Sully.
33. AN, VH 1373, 17 août 1679.
34. *Ibid.*
35. AM Bazoches, reg. par. XVIIe siècle.
36. AN, VH 1373, 17 août 1679, déjà cité.
37. Dans l'ancienne France, « bleds » est synonyme de « céréales ».
38. AN, VH 1373.
39. Voir le tableau, p. 470 et la carte, p. 475.

40. En fait, à cette date, il n'était pas encore seigneur de Vauban.
41. B. Pujo, *Vauban*, Paris, Albin Michel, 1991, pp. 311-312.
42. Lequel avait épousé une Veilhan. On retrouve donc éternellement les mêmes familles.
43. AN, MC, IX, 550, 7 juin 1701 ; IX, 560, 17 juillet 1704.
44. Voir par exemple la lettre qu'il adressait à M. d'Aligny en 1706. (citée par l'abbé Charrault, *Vauban (1633-1707)*, Comité du tricentenaire de Vauban, Paris, 1933, p. 22.
45. Cf. chap. x.
46. Ici, il s'agit de la gestion des domaines.
47. La corde varie d'un village à l'autre, de 4 à 5 stères dans la plupart des cas.
48. Actuellement Chalvron.
49. Affermé.
50. Études classiques de Goubert, Jacquart, Meuvret... Voir aussi J.-M. Moriceau, *Les Fermiers d'Île-de-France*, pp. 522-529.
51. Ils avaient été obligés de les faire travailler « en façonnage », ce qui revenait fort cher.
52. Andrée Corvol, « Vauban et la forêt », colloque *Vauban réformateur, op. cit.* pp. 197-210, et Bernard Javault, « De la cochonnerie », *ibid.*, pp. 211-215 ; P. Cornu, *Les Forêts du Nivernais*, Nevers, Société archéologique du Nivernais, 1981 ; A. Corvol, *L'Arbre et l'homme sous l'Ancien Régime*, Paris, Economica, 1984.
53. Voir la *Dixme*.
54. Philippe-Julien Mazzarini-Mancini, époux d'Anne de Damas de Thianges. Nous retombons encore une fois sur une branche des Damas.
55. AD Nièvre, B 13, f°s 351 à 353. Malheureusement manquent dans le minutier de maître Bussy les registres de plusieurs années, dont justement celle-ci.
56. AD Nièvre, B 13, f° 392 v°-393 r°. Dates des foires de Cervon : 1er avril, 4 juin, deux jours au lendemain de la Saint-Thomas de mai, deux jours pour la Saint-Barthélemy (24 août), 20 septembre.
57. AM Avallon, Yonne, BB. Il narre son voyage à Avallon lors de ses projets de navigation sur le Cousin
58. AD Nièvre, 1 E 302, juillet 1699.
59. Marquis de Sourches, *Mémoires, op. cit.*, t. III, p. 215, 25 mars 1690. AD Côte-d'Or, Peincedé, vol. 21, pp. 777 et 857.
60. AN, MC, XIV, 180, 18 février 1705. Rappelons que Jacques Le Prestre avait épousé Françoise de Sauvage, d'où Louise, dame de Montbaron (vers 1627-1701), mariée à Edme de La Courcelle, seigneur de Bailly (commune de Magny-Lormes) et de Précy (commune de Cervon). Ce ménage habitait Champignolle, y possédait quelques terres et avait eu quatre enfants, trois officiers des armées dont l'un mourut de ses blessures au siège de Verrue en 1705 et Françoise dont il est présentement question.
61. AD Nièvre, 3 E 12/7 à 12 ; A. Rouleau, « Un conseil de famille présidé par Vauban à Bazoches », *Bulletin de la Société d'études d'Avallon*, 69e vol., 1971-1976, pp. 149-154.
62. BN, cabinet des titres, dossiers bleus, 567, 14.994, p. 5 v°. Bruno de Riquetti avait servi pendant trente ans dans les gardes. Il se retira en 1690 pour

vivre en Bourgogne avec son épouse Catherine Forest. Il appartenait à une lignée de conseillers secrétaires des finances sortie d'Aubagne.

63. AM Rigny-Ussé, reg. par. Touman, âgé de quatre-vingt-deux ans, meurt au château d'Ussé en septembre 1709.

CINQUIÈME PARTIE

1. Vauban à Louvois, 12 octobre 1671.

CHAPITRE XIX : « Me trouvant valet à louer »
(pp. 491-515)

1. Plusieurs lettres de Chamillart à Vauban, dans ce sens.
2. *Avis du 6 octobre 1703 sur les attaques de Landau*, lu à l'ingénieur Louis Filley qui devait avoir la direction des travaux du siège de Landau et au lieutenant-général de Laubanie, commandant en chef.
3. SHAT, A 1 1802, f° 111.
4. A. de Boislisle, *Correspondance...*, *op. cit.*, t. I, p. 173, n° 589.
5. AN, fonds Rosanbo, MI 161, carton 2, agenda, 23 septembre 1704.
6. SHAT, A 1 1802, f°s 270, 2017, f° 2 ; AG, in-f° 34.
7. Conseils à Dupuy-Vauban, 2 octobre 1704, de Fontainebleau ; Addition au projet de la Seyne, lettre à Thionville pour examen du terrain (lettre du 10 décembre 1704) ; d'où projet d'un camp retranché à Thionville (Ros. 40, d. 1, 2, 7 janvier 1705) ; in-f° 11, il s'inquiète de Nice, 28 avril 1705.
8. AG, in-f° 33 g, 4 août 1704.
9. Multiples sources, y compris des lettres de Vauban présentées à des ventes d'autographes.
10. SHAT, A 1 1973, f° 22.
11. Lettre de Vauban à Chamillart, 21 octobre 1703.
12. Cf. chap. xx.
13. AM Avallon, Yonne, BB 4, f° 329 v°.
14. AG, article 5, section 3, § 1, carton 1, n° 5, 9 août 1705 ; AM Lille, C 206, C 208.
15. Vauban à Le Peletier, juillet 1706.
16. AG, ms in-f° 34.
17. AN, MC, IX / 547, 5 et 27 mai 1700, IX / 559, 17 avril 1704, IX / 562, 28 avril 1705, etc.
18. Lettre de Barbezieux à Vauban, 4 août 1695.
19. AN, MI 161, carton 2.
20. AN, MI 161, carton 2, agenda 1697.
21. AN, Marine, B^2 115, f° 765, 122 f° 287 ; AD Nord, 162 H 1-31, 1698.
22. *Ibid.*, carton 54, liasse 6.
23. E. Ouverleaux, *Mesrigny...*, *op. cit.*
24. *Ibid.*, cartons 2, 4ter et 18.
25. AN, Marine, B^3 138, f° 415.

26. E. Ouverleaux, *Mesgrigny...*, *op. cit.*, pp. 150-153.
27. *Ibid.*, AM Aunay, reg. par. 1709-1720.
28. AM Bazoches, reg. par. 19 juin 1705.
29. AD Nièvre, registres notariés de maître Ragon et de maître Houdaille.
30. AN, MC, IX / 568, 30 mars 1707 : enregistrement par maître Auvray du testament olographe de Vauban rédigé le 24ᵉ mars 1702 ; 3 000 livres à placer en rentes sur l'hôtel de ville de Paris.
31. Il y a un ingénieur qui répond à ce patronyme, porté aussi par un intendant d'Alsace.
32. On le retrouve à plusieurs reprises à Vézelay.
33. L. Larchey, *Notes de René d'Argenson, lieutenant général de police intéressantes pour l'histoire des mœurs et de la police de Paris à la fin du règne de Louis XIV*, Paris, Voitelain, 1866.
34. Certains désormais à la bibliothèque municipale de Lyon.
35. *Ibid.*
36. Cf. *infra,* chapitre XX.
37. Jean Chagnot, « L'encadrement et la formation de l'armée », *Vauban réformateur*, *op. cit.*
38. Vauban à Le Peletier, 10 décembre 1705.
39. Vauban à Chamillart, 8 janvier 1706.
40. AG, article 15, Montmélian et Nice, places françaises, octobre 1705.
41. Cité par Augoyat, *Aperçu historique*, *op. cit.*, t. I, p. 303.
42. AG, in-f° 34 ; SHAT, A1, 1975 ; AN, MI 155, 43, dossier 9, n° 2 ; Jean-Louis Riccioli, « Le siège de Turin (1706). Un exemple du rôle de la guerre des mines dans un siège classique », *Cahiers de Montpellier*, n° 32, 1995.
43. Vauban à Chamillart, 12 septembre 1707 (supplément).
44. Cité par Rochas d'Aiglun, *Revue de géographie*, 1889.
45. 15 février 1706.
46. Lettres à M. d'Assigny.
47. Titre d'amitié que lui donne le roi en raison de sa dignité de maréchal de France.
48. AD Nièvre, 27 F 4, pièce 34.
49. SHAT, A1, 1937, 1938 *sq.*
50. AG, article 4, section 1, § 2, carton 1, n° 40 ; AN, MI 155, 62, dossier 1, n° 1.
51. E. Ouverleaux, *Mesgrigny...*, *op. cit.*, pp. 191 et 214.

CHAPITRE XX : « Si la dixme royale pouvait avoir lieu ! »
(pp. 516-544)

1. Yves-Marie Bercé, « Les silences de Vauban », *Vauban réformateur*, actes du colloque de 1983, Association Vauban, 1993.
2. AN, fonds Rosanbo, MI 161, carton 2, liasses 1 et 2.
3. Hyrvoix de Landosle, *Vauban, Lettres intimes inédites adressées au marquis de Puysieux*, Paris, 1924, in-8°, 139 p., 14 juillet 1700.
4. Dominique Biloghi, *Les Étapes en Languedoc à l'époque moderne*, thèse d'histoire, université Paul-Valéry (Montpellier-III), 1994, 3 vol.

5. Hyrvoix de Landosle, *Vauban...*, *op. cit.*, 14 juillet 1700.

6. Louis Phélyppeaux de Pontchartrain, contrôleur général des finances en 1689, prend également en charge le secrétariat d'État de la Marine en 1690. En 1699, il est nommé chancelier de France. Il est remplacé à la Marine par son fils Jérôme et au contrôle général des finances par Chamillart, par ailleurs secrétaire d'État de la Guerre.

7. Arthur-Michel de Boislisle, *Mémoires des intendants sur l'état des généralités pour l'instruction du duc de Bourgogne*, Paris, 2 vol., t I, 1881. En annexe, le projet de Vauban.

8. François Bluche et Jean-François Solnon, *La Véritable Hiérarchie sociale de l'ancienne France. Le tarif de la première capitation (1695)*, Paris Genève, Droz, 1983.

9. Bernard Barbiche et David Buisseret, *Les Œconomies royales de Sully*, Paris, t. I, 1970, t. II, 1987.

10. François de Dainville, *Le Langage des géographes*, Paris, Picard, 1964; *L'Espace français. Visions et aménagements*, Paris, Archives nationales, 1987.

11. BN, département des cartes et plans; AN, Service hydrographique de la Marine, diverses cartes côtières.

12. L'envoi a lieu au moment où Colbert de Vandières (plus tard de Croissy) quitte son intendance et la remet à son cousin Charles Colbert, dit d'Alsace.

13. *Pour une histoire de la statistique*, Paris, INSEE, 1976; Jean-Claude Perrot, *L'Âge d'or de la statistique régionale française (an IV-1804)*, Paris, Société des études robespierristes, 1977.

14. J. Hecht, « L'idée de dénombrement jusqu'à la Révolution », *Pour une histoire de la statistique*, *op. cit.*, pp. 21-82.

15. Lettre de Vauban à Jean-Anténor Hue de Caligny, du 9 mars 1698, sur la manière de faire les statistiques, cité par Rochas d'Aiglun, *Vauban*, *op. cit.*, t. I, p. 590.

16. Fénelon, *Examen de conscience sur les devoirs de la royauté, composé pour l'éducation du duc de Bourgogne*, article I, § VIII, cité par Edmond Esmonin, « Les mémoires des intendants pour l'instruction du duc de Bourgogne », *Bulletin de la Société d'histoire moderne*, janvier-février 1956, onzième série, n° 17, pp. 12-21.

17. AN, MI 155, bobine 66, n°s 70, 30.

18. Henri Michel, *Montpellier du milieu du XVIIe siècle à la fin du XVIIIe siècle*, thèse d'État, université Paris-I, 1993, 6 vol.

19. Vauban, *Moyen de rétablir nos colonies de l'Amérique et de les accroître en peu de temps*, 28 avril 1699.

20. AN, fonds Rosanbo, MI 155, dossiers 56 à 59.

21. Andrée Corvol, « Vauban et la forêt », *Vauban réformateur*, *op. cit.*, pp. 159-169.

22. Vauban, *Mémoire concernant la jonction de la Meuse à la Moselle*.

23. A. de Boislisle, *Mémoires des intendants sur l'état des généralités dressés pour l'instruction du duc de Bourgogne*, t. I, *Mémoire sur la généralité de Paris*, Paris, 1881.

24. Vauban, *Moyens de rétablir nos colonies de l'Amérique et de les accroître en peu de temps*, *op. cit.*

25. E. Déjean, *Un prélat indépendant au XVIIe siècle, op. cit.*; L.-L. Pion, *La Ragotière (1686-1986)*. Froyennes. *La vie d'un homme et de sa maison*, Tournay, imprimerie Artistic, 1986; E. Ouverleaux, *Mesgrigny..., op. cit.*, chapitre consacré à Ragot. – Les archives sont particulièrement dispersées, d'Alet à Tournai, de Paris à Rouen et Avranches.

26. A. de Boislisle, *Correspondance..., op. cit.*, t. I, annexe; Choderlos de Laclos, « Lettre à MM. de l'Académie », art. cit.

27. Malgré plusieurs recherches tentées aux AN, ni le PV de son ordination ni celui de son doctorat n'ont pu être retrouvés.

28. J.-L. Pion, *La Ragotière..., op. cit.*, p. 26.

29. R. Pillorget, *Les Mouvements insurrectionnels de Provence entre 1596 et 1715, op. cit.*, pp. 725-756.

30. AD Haute-Garonne, procès en parlement; dom Vic et dom Vaissette, *Histoire du Languedoc*, Toulouse, Privat, 1890, t. 13, pp. 505-509.

31. On les trouve à la Bibliothèque nationale. Ils ne concernent que les questions du diocèse d'Alet.

32. Cf. chap. XVII.

33. J.-L. Pion, *La Ragotière..., op. cit.*, p. 88-89.

34. Louvois à Vauban, 8 juillet 1688.

35. A. de Boislisle, *Correspondance..., op. cit.*, Paris, 3 vol., t. II, 1883, pp. 524 *sq*.

36. E. Ouverleaux, *Mesgrigny..., op. cit.*

37. Michel Morineau, « Tombeau pour un maréchal de France : la " Dîme royale" », *Vauban réformateur*, actes du colloque de décembre 1983, Paris, Association Vauban, édition 1985, pp. 221-296; 2e éd. 1993, pp. 185-230. L'auteur tue définitivement la légende d'un Vauban mort de chagrin en raison de la condamnation de la Dîme.

38. Rochas d'Aiglun, *Vauban, op. cit.*, t. I, p. 36.

39. Hyrvoix de Landosle, *Vauban..., op. cit.*, lettre du 14 juillet 1700.

40. Emmanuel Le Roy Ladurie, *Vauban. La dîme royale*, Paris, Imprimerie nationale, coll. « Acteurs de l'histoire », 1992.

41. Expression de l'époque qui désigne en réalité les levées en nature.

42. Cf. *supra*, chap. XVIII.

43. A. de Boislisle, *Correspondance..., op. cit.*, t. I, p. 381.

44. E. Ouverleaux, *Mesgrigny..., op. cit.*, p. 217.

45. Marquis de Sourches, *Mémoires..., op. cit.*, t. X, pp. 257, 291-292.

46. Marquis de Dangeau, *Journal, op. cit.*, 29 mars 1707.

47. AM, Bazoches, reg. par., 1707; AM, Vézelay, Yonne, DD 1, cahier, 10 avril 1707.

48. Hyrvoix de Lansdole, *Vauban..., op. cit.*, 13 mai 1704.

49. BN, fonds français, ms 21126, cité par Michel Morineau, art. cit, pp. 220-230.

50. SHAT, A1 2022, f° 199.

51. AM Avranches, Manche, reg. par. 1714, Notre-Dame-des-Champs.

52. A. de Boislisle, *Correspondance..., op. cit.*, t. I, p. 570.

1. SHAT, A1 2035, f° 143.

CONCLUSION

1. Saint-Simon, *op. cit.*, p. 148.
2. SHAT, A1 1802, f° 111.
3. Vauban, *Des moyens à tenir pour faire une excellente noblesse par les services*.
4. Vauban à Le Peletier, 6 janvier 1693.
5. Déposition de son valet de chambre Colin, *op. cit.*
6. Charles de Gaulle, *Lettres, notes et carnets, 1919-juin 1940*, Paris, Plon, 1980.

Annexes

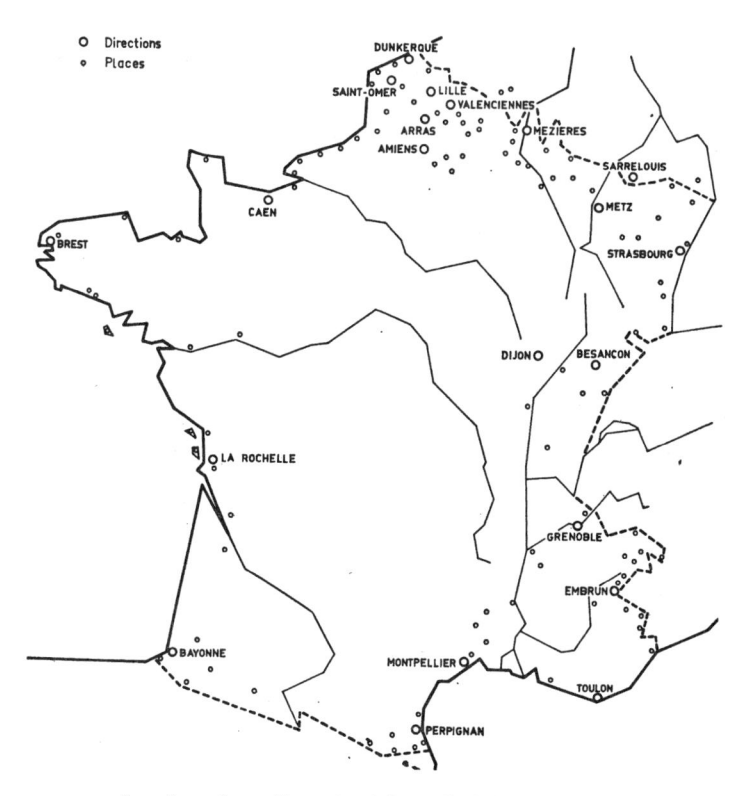

Les places fortes françaises à la veille de la Révolution

Ces places sont toujours celles de la « ceinture de fer » de Vauban.

Repères chronologiques

1633	Occupation de la Lorraine par Louis XIII. Naissance de Sébastien Le Prestre de Vauban à Saint-Léger-de-Foucherets.
1635	Louis XIII déclare la guerre à l'Espagne. Mort au combat de Gabriel Le Prestre, oncle de Vauban.
1636	Siège de Corbie. Invasion de la région de la Vingeanne, en Bourgogne. Peste à Beaune et à Dijon.
1637	Mort à la guerre de Paul Ier Le Prestre, oncle de Vauban. Peste à Avallon. Mort de Jean Carmignolle, grand-père maternel de Vauban.
1642	Mort de Richelieu. Prise de Perpignan.
1648	Fronde. Traités de Westphalie.
1651	Vauban, cavalier, entre au service du prince de Condé, frondeur.
1652	Siège de Sainte-Menehould du côté frondeur. Mort d'Urbain Le Prestre, père de Vauban.
1653	Vauban passe aux royaux. Deuxième siège de Sainte-Menehould.
1654	Sièges de Stenay, d'Arras, de Clermont, cette fois-ci contre Condé.
1655	Siège de Landrecies, Condé, Saint-Guislain. Vauban ingénieur ordinaire, capitaine d'infanterie.
1656	Siège de Valenciennes. Vauban capitaine au régiment de La Ferté.
1657	Siège de Valenciennes (quatre blessures) et Mardick.
1658	Victoire de Turenne à la bataille des Dunes. Sièges de Gravelines (Vauban le dirige), d'Ypres, d'Audenarde. Vauban, prisonnier, est échangé.
1659	Paix des Pyrénées. Vauban en garnison à Foug et Nancy.
1660	En semestre de congé. Mariage avec Jeanne d'Osnay, fille de Claude et Urbanne de Roumiers.
1661	Mort de Mazarin. Démolition par Vauban des fortifications de Nancy. Naissance de Charlette Le Prestre à Epiry.
1662	Démolition par Vauban et Siffredy de la Ville vieille de Nancy.

1663	Vauban reconnaît Marsal. Capitaine au régiment de Picardie. Ordre de se rendre en Alsace.
1664 -1666	Vauban à Brisach: «revestissement de Brisach». Quatrevoyages en Allemagne.
1667	Guerre de Dévolution. Sièges de Tournai, Douai, Lille. Commencement par Vauban des travaux de la citadelle de Lille.
1668	Paix d'Aix-La-Chapelle. Travaux de Lille et de Flandres.
1669	Perte de Candie par Venise. Vauban à Pignerol et Perpignan.
1670	Voyage du roi en Flandres. Deuxième voyage de Vauban à Pignerol. «Prêté» quelques semaines au duc de Savoie.
1671	Vauban en Flandres, Hainaut et Picardie. Voyage du roi en Flandres.
1672	Début de la guerre de Hollande. Vauban aux sièges d'Orsoy et Doesbourg.
1673	*De la conduite des sièges.* Vauban dirige victorieusement le siège de Maestricht.
1674	Campagne de Franche-Comté. Vauban dirige les sièges de Besançon, Dole, puis, en Flandres, la défense d'Audenarde.
1675	Mort de Turenne. Vauban à Epiry, Franche-Comté, Flandres.
1676	Vauban maréchal de camp. Sièges de Condé, Bouchain, Aire.
1677	Vauban aux sièges de Valenciennes, Cambrai (ville et citadelle), Saint-Guislain.
1678	Commissaire général des fortifications. Sièges de Gand, Ypres. Paix de Nimègue. Naissance de Jeanne-Françoise Le Prestre à Épiry.
1679	Création des chambres de réunion. Vauban à Toulon, Roussillon, Lorraine, Alsace. Seigneur de Basoches.
1679 -1682	Vauban chargé de la construction de Mont-Louis, Huningue, Longwy, Phalsbourg, Sarrelouis.
1680	Alsace, Franche-Comté, Roussillon, Flandres. Mariage de Charlotte Le Prestre.
1681	Vauban sur les côtes de Normandie, Franche-Comté, Alsace, île de Ré et à la prise de Strasbourg.
1682	Vauban à Pignerol, Provence. Mort du fils. Alsace, Lorraine.
1683	Du côté impérial, siège de Vienne contre les Turcs. Vauban en Bretagne, Lorraine, Champagne, Flandres. Aux sièges de Courtrai et Dixmude.
1684	Vauban au siège de Luxembourg. Trêve de Ratisbonne.
1685	Aqueduc de Maintenon. Bretagne, côtes océannes, Toulouse.
1686	Inspection du canal des Deux-Mers. Flandres, Alsace, Lorraine.
1687	Projet de Landau, Mont-Royal et Fort-Louis.
1688	«Glorieuse révolution» d'Angleterre. Vauban lieutenant général. Campagne du Palatinat; sièges de Philippsbourg, Mannheim, Frankenthal.
1688 -1689	Guerre de la ligue d'Augsbourg. *Mémoire pour le rappel des huguenots. De l'importance dont Paris est à la France.*

1690	« La grande maladie ». Mort de Seignelay.
1691	Siège de Mons. Mort de Louvois. Création du département des fortifications.
1692	Siège de Namur. Bataille de la Hougue. Invasion savoyarde du haut Dauphiné.
1693	Siège de Charleroi.
1694	Commandement de Bretagne. Descente de Camaret. Projet de capitation.
1695	Deuxième commandement en Bretagne. Mémoire sur la course.
1697	Vauban au siège d'Ath. Victoire de Barcelone. Paix de Ryswick.
1698	Projet de Neuf-Brisach.
1699	Vauban académicien honoraire à l'Académie des sciences. Normandie. Mort de Barbezieux.
1700	Dénombrements. Deuxième voyage dans les Alpes. Acceptation par Louis XIV de l'héritage espagnol pour le duc d'Anjou.
1701	Début de la guerre de succession d'Espagne. Mort de Guillaume d'Orange, roi d'Angleterre.
1702	Vauban fait l'inspection des places des Pays-Bas espagnols.
1703	Maréchal de France. Siège du « vieux » Brisach.
1704	Défaite franco-bavaroise de Blenheim.
1705	Mort de Jeanne d'Osnay, maréchale de Vauban. Vauban voyage sur les canaux de Flandres. Prise de Nice par le prince de Berwick.
1706	Vauban a le commandement militaire de Dunkerque. Échec français du siège de Turin.
1707	Parution de *La Dixme royale*. Mort de Vauban.

1
Mariage de Gabriel de La Perrière
en 1532
[BN, carrés d'Hozier, 490, titres de La Perrière]

Du samedy 22 février 1532[1].

Contrat de mariage de Gabriel de La Perrière, seigneur de Billy et de Frasnay-le-Ravyer, assisté de noble seigneur Messire Claude de Pontailler, seigneur de Thalemay, de Chastillon et de Vaulx, accordé le samedi 22 février 1532 avec demoiselle Charlotte de Montmorillon, fille de feu Messire Saladin de Montmorillon, chevalier seigneur de Bazoches, de Bouchet, de Creuziel-le-Viez et du Pavillon, et de feue dame Charlotte de Chastelluz, du consentement de noble et puissant seigneur Messire Claude de La Baulme, chevalier de l'Ordre de la Toison d'Or, baron seigneur du Mont-Saint-Sorlin, de Montrublot, etc., conseiller et chambellan ordinaire de Sa Majesté l'Empereur et son maréchal de Bourgouigne et bailli d'Amont, et de dame Jacqueline de Vézigneulx, sa belle-mère, alors veuve dud. messire Saladin de Montmorillon et dame de Rizaulcourt, de Creuziel et du Pavillon. En faveur duquel mariage, lesdits futurs se donnent mutuellement au cas de décès sans hoirs, savoir ledit Gabriel de La Perrière à ladite Charlotte de Montmorillon sadite terre et seigneurie de Billy, membres et dépendances d'icelle, et la dite Charlotte de Montmorillon audit Gabriel de La Perrière sa terre, justice et seigneurie de Bazoches, membres dépendants d'icelle.

---

1. Copie (original en parchemin).

Ladite Charlotte de Montmorillon donne ausi en faveur de ce mariage à Saladin et Dieudonnée de Montmorillon, ses frère et sœur paternels, enfants dud. feu Messire Saladin de Montmorillon et de ladite dame Jacqueline de Vézigneulx, tout le droit qu'elle pouvoit demander des terres et seigneuries de Creuziel-le-Viez et le Pavillon, ensemble toute la succession qui pouvait la compéter et à elle déjà échue de sond. feu père Messire Saladin de Montmorillon, pourvu que la succession n'excéda pas la somme de 120 livres tournois de rente, ainsi que l'assuroit la dite Jacqueline de Vézigneulx, laquelle en récompense de ce, renonce en faveur de ladite future à l'acquisition par elle faite au nom de ladite future d'une portion de la terre et seigneurie de Berges par retrait de Messire Sébastien de Vézigneulx, oncle de ladite Jacqueline qui l'avait acquise de Messire Philippe de Chastelluz, ayeul de ladite Charlotte. Les dits Gabriel de La Perrière et Charlotte de Montmorillon, accordent que l'appointement fait par Guillaume Baillezy au nom et comme procureur de Messire Baltazard de Seigneret, chevalier seigneur de Chaulsain, tuteur de lad. Charlotte, avec ladite dame Jacqueline de Vézigneulx sa belle-mère, touchant les debtes et meubles délaissés par le décès dudit feu Saladin de Montmorillon son père, reçu par Jean Rollet, notaire de Monceau-le-Comte, porte son plein et entier effet, promettant d'indemniser lad. dame Jacqueline de Vézigneulz et sesd. enfants de tous dépens, pertes et dommages qu'ils pourroient avoir à propos des procès meus et suscités pour le fait de lad. Charlotte de Montmorillon de ses terres et seigneuries et succession de feue dame Charlotte de Chastelluz sa mère. Ce contrat passé, suivant la coutume du Nivernais où les dits biens des partie étoient assis, au lieu d'Igny au comté de Bourgouigne, diocèse de Bezançon, en présence de Révérend Père en Dieu et seigneur Messire Pierre de La Baulme, évêque de Genève, coadjuteur de Bezançon et Abbé de Saint-Claude ; de Jean de Saint-Ligier, Jacques de Saint-Cry, Jacques de Saint-Berviq, Jean de Boningue et Louis de La Perrière, écuyer, de Messire Claude Hubert et de Nicolas Lambert, du lieu d'Aspremont, et devant Mathieu Largeot, de Gray, coadjuteur au bailliage d'Amont et notaire et tabellion des officialités de Bezançon et de Langres sous le scel du comté de Bourgouigne.

2
LES TÉMOINS AU CONTRAT DE MARIAGE BERNIN-LE PRESTRE
28 décembre 1690
[AN, MC, CXVI, 93]

Ont signé[1] :

- *Famille royale*
Louis [XIV],
Louis [dauphin],
Louis [duc de Bourgogne],
Philippe [d'Anjou],
Philippe [de France, duc d'Orléans],
Elisabeth-Charlotte [princesse palatine, son épouse],
Philippe d'Orléans [leur fils],
Henry-Jules de Bourbon [prince de Condé],
Louis de Bourbon [prince de Condé],
Marie-Anne de Bourbon de France [première Mademoiselle de Blois, légitimée, douairière de Louis-Armand de Bourbon-Condé, prince de Conti].

- *Amis des parties*
Pélagie Chabot de Rohan, princesse d'Espinoy [p.-f. de Rohan, arrière-p.-f. de Sully],
Louis Boucherat, chancelier,
Paul de Beauvilliers, duc de Saint-Aignan, gouverneur du duc de Bourgogne [gendre de Colbert],
François-Michel Le Tellier, marquis de Louvois, secrétaire d'État de la guerre,
Anne de Souvré, son épouse,
Phélippeaux de Pontchartrain, contrôleur général des finances,
le maréchal de La Feuillade (François, vicomte d'Aubusson),
Colbert de Croissy, secrétaire d'État [frère de Colbert],
Jean Ruzé d'Effiat, abbé commandataire de Toulouse et Très-Fontaines.

- *Les époux et leurs parents*
Louis Bernin d'Ussé, époux,
Jeanne-Françoise Le Prestre, épouse,
Le Prestre Vauban, père de la mariée,
Donay-Vauban, mère de la mariée,
Louis Bernin de Valentinay, père du marié,

1. L'ordre dans lequel le contrat a été signé n'a été respecté que pour la famille royale et les amis des deux parties. Les signatures suivantes ont été ensuite regroupées pour mieux faire apparaître les réseaux familiaux.

Catherine Coudreau, mère du marié.

- *Cousins maternels du marié*

Marie-Anne de Bourbon, princesse de Conty, légitimée de France, [fille de Mademoiselle de La Vallière], cousine maternelle à cause de Catherine Coudreau, mère de l'époux [1],

Gabrielle Glé, veuve de Charles de La Baume Le Blanc de La Vallière, gouverneur de Bourbonnais,

Charles de La Baume Le Blanc de La Vallière, son fils, gouverneur de Bourbonnais,

X de Beauvau, marquis de Rivau,

Guillaume de Beauvau, évêque de Nantes.

- *Famille paternelle du marié*

– Oncles et tante :

Thomas Bernin de la Péraudière, receveur général des finances de Touraine,

Pierre Bernin, aumônier du roi, chanoine de Saint-Martin de Tours, président du présidial de Tours,

dame Marie Bernin, veuve du colonel La Roze.

– *Cousins*

Famille Bonneau

Charles Bonneau de Rubelles,

Charles Bonneau de Brunoy,

Marie Bonneau, veuve de Jean de Beauharnais, seigneur de Miramon, conseiller au parlement,

Guillaume de Nesmond, seigneur de Coubron, président à mortier au parlement,

Marguerite de Beauharnais, son épouse, à cause d'elle,

Anne-Marie Bonneau de Rubelles, épouse de monsieur de la Hoguette,

Bonneau, conseiller au châtelet de Paris.

Famille Fleuriau

Fleuriau, secrétaire d'État des commandements de Sa Majesté,

dame Magdeleine de Souvrey, son épouse [clan Le Tellier],

le marquis de Chateauneuf, leur fils,

Le Peletier, intendant des finances, ancien contrôleur des finances, allié à cause de dame de Fleuriau, son épouse.

Le Peletier, président à mortier au parlement,

dame Le Peletier, épouse d'Argouges,

dame Le Peletier, épouse d'Aligre,

Fleuriau, seigneur d'Armenonville, intendant des finances,

Paris, seigneur de Contus, à cause de son épouse née Fleuriau.

---

1. Signe avec la famille royale mais sa qualité de cousine de Catherine Coudreau est bien rappelé dans le contrat.

Famille Duvau
François Duvau, trésorier général de la maison de la Reyne, cousin,
dame Le Marchais, son épouse.
Famille de Langlée
de Langlée, maréchal général des logis,
l'abbé de Langlée, son frère,
Anne de Langlée, comtesse de Guiscard, leur sœur.
Famille Chérière
Claude Chérière, maître des comptes,
Eléonor Aubry, maître des comptes.
Famille de Mons
Jacques de Mons, seigneur de la Borde, intéressé aux fermes générales,
Élisabeth-Marguerite de Joigny de Villebrume, son épouse,
Marie Levasseur, veuve de Jean de Mons, secrétaire du conseil d'État, directeur des finances,
Pierre de Pleuvre, marquis de [...?], bailli de Sézanne,
Charles-Henry de Pleuvre, cornette dans un régiment de cavalerie,
Charles Rabouy, trésorier général de la généralité de Paris,
Marie Rabouy, épouse Cazier, conseiller secrétaire du roi, maison et couronne de France,
Varice de Valsude, trésorier général des finances de la généralité de Tours, à cause de son épouse.
Famille Lhuillier
Alexandre Lhuillier, conseiller secrétaire du roi, maison et couronne de France, intéressé aux fermes,
Joseph Guillaume de la Vieuville, maître des requêtes de l'hôtel,
Marie Lhuillier, son épouse, à cause d'elle,
Jeanne Bernin, fille,
Jean Fleury, bourgeois de Paris.

• *Parenté de la mariée*
Jean-Louis de Mesgrigny, beau-frère à cause de sa femme Charlotte de Vauban,
Jean de Mesgrigny, ingénieur,
Antoine Dupuy Le Prestre de Vauban, ingénieur, cousin,
l'abbé de Vauban, cousin,
Jean-Hiérosme de Mesgrigny, abbé, allié,
Desfourneaux, écuyer, garde du corps, allié.

• *Amis des Le Prestre*
dame Françoise de Halus, veuve de Jean Gallaut, conseiller de Sa Majesté en ses conseils, secrétaire de son cabinet,
Antoine Mandat, conseiller au parlement,
Bruno de Riquetti, comte de Mirabeau,
François Friant, secrétaire de Sébastien de Vauban.

3
LE DOMAINE SEIGNEURIAL DE BAZOCHES
17 août 1679
[AN, VH, 1 373]

Outre le château et ses dépendances :

1. Un domaine et métairie appellée *Harmance*, située au finage de Bazoches, justice de Neuffontaine, consistant en une maison dans laquelle les métayers font leur demeure : 2 chambres, grenier dessus, 1 four y attenant, la bergerie avec la grange et la grande étable à côté, cour, jardin avec un coin à poules, le tout contenant 1 journal de terre.
Tenants et aboutissants :
du Levant : la Bedoize [*alias Bédoire*]
du Midi : la Cosme
du Couchant : le grand chemin de St-Lazare [chemin d'Avallon à Corbigny]
du Septentrion : la Bedoize.

2. La terre de *la Bedoize* contenant 12 journaux
Tenants et aboutissants,
L : terres de sieur Arnaud, veuve Prouteaux [*alias Proubeaux*]
M : la pièce des Grandes Rozes et chemin de Champignolle assis entre deux
C : la maison et grange et, au-dessus, chemin de Saint-Lazare
S : terres des héritiers Léonard [de Saint-Aubin].

3. La terre de la *Grande Roze*, contenant 100 journaux
Tenants et aboutissants,
L : divers propriétaires : Vincent Arnaud, Prouteaux,
président Magdelainot, Jean Jourdain, Jacques Naulot,
Denise Poularde
M : des Brosses d'Armance aux terres du président Magdelainet
C : terre de la Cosme
S : terres du sieur de La Courcelle, chemin entre deux jusqu'à la terre d'Armance et la terre du sieur Arnaud.

4. La terre de *la Cosme*, contenant 80 journaux
L : terre de la Grande Roze
M : terre des hoirs du président Magdelainet, chemin tirant de Vassy à Neuffontaine entre deux
C : chemin de Saint-Lazare
S : maison et grange susdites et champs de la Bedoize, un grand chemin entre deux.

5. Une pièce de terre appelée *la Grande Pièce* contenant 60 journaux
L : terre, buisson du président Magdelainet et Brosses de l'Armance

M : terres du seigneur comte de Bussez à cause de sa métairie de Resmond, chemin de Vassy à Vigne entre deux
C : chemin de St-Lazare
S : susdite pièce de la Cosme

6. Une pièce de terre appelée *la Cosme de Valottes* contenant 16 journaux
L : terre du sieur de La Courcelle à cause de sa ferme
M : terre du sieur de La Courcelle
C : terres de Jean Jourdain, Dimanche Paulard, Bongardé de Neuffontaines à cause de sa femme, la Giraude
S : [?]

7. Une pièce de terre appelée *Cerqueux* contenant 4 journaux
L : terre du sieur de La Courcelle
M : terres sieur Arnaud
C : terres sieur Magdelainet
S : terre de Lazare Saur à une autre terre des Religieux du Val Saint-Georges.

8. Une pièce de terre appelée *les Quatre Journaux* de 4 journaux de contenance
L : chemin de St-Lazare
M : chemin de Vassy à Neuffontaines
C : terre appartenant à Me Claude Desmoulins
S : terre du président Magdelainet et sentier entre deux.

9. Une pièce de pré, autrefois un étang, appelée *La Coüée*, contenant la cueille de 6 chariots de foin avec 1 journal 1/2 de terre dans un même enclos,
L : chemin de St-Lazare
M : terres du président Magdelainet
C : pré de Me Jean Baudoin, la chaussée entre les deux
S : terres de Gabriel Rossignol, Janoux, sr Girault.

10. Sept journaux de terre au lieu appelé *Sur les Chesneaux*, finage de Neuffontaine et paroisse
L : terre du sieur Desmoulins
M : terres du sr de Bonnez, à cause de la dame de Roustan, sa femme
C : terres du président Magdelainet
S : Grand chemin de Lormes à Vézelay.

11. Un journal de terre au finage de Chaluron appelé *Anoncion les sources*,
L : pré de Jean et Jeanne Mazelier
M : chemin allant de Bazoches à Chaluron
C : terres des hoirs de Me Jean Mazilier de Lorme
S : terre de Jean Courbon.

12. Une pièce de pré appelée *Pré Servien* contenant 4 chariots de foin, situé au finage de Chaluron,

L : pré de Claude Guilhermeau, des hoirs du sieur président et de Louis Gautier
M : pré de Louis Sauveur et dudit Guilhermeau et aux héritiers du sr Proubeau [de Saint-Aubin], le ruisseau entre deux
C : pré de la dame Allaud
S : pré de Gabriel Girault, ceux des dits Guilhermeau, Gautier...

13. Un autre pré au même finage appelé *Pré Certaine,* contenant 3 chariots de foin,
L : pré des hoirs du sieur Nalaud [?] Laurent
M : pré du sieur de Lavau
C : pré du sieur président Magdelainet
S : prés du sieur de Lavau.

14. Un pré appelé *Pré du Bois,* autrement pré Haly, contenant 3 chariots de foin,
L : pré de M. Claude Trocelin [*alias* Traquelin, Craquelin]
M : pré du sieur Thomé [de St-Aubin]
C : chemin de Bazoches à Domecy
S : pré aux hoirs du sieur de Lavau.

15. Un pré, à présent en terres labourables, appelé *Aux Roullures,* contenant 2 chariots de foin,
L : prés de Rousseau
M : prés des héritiers de Rouseau
C : prés des héritiers de Rousseau
S : pré du sieur de Lavau à la terre du sieur Martin et de delle Jeanne Esève [?].

16. 1 chariot de foin appelé *Aux Saulles,* finage de Domecy
L : ruisseau qui va de Bazoches à Pierre-Perthuis
M : buissons appelés *les Saules* appartenant aux héritiers de Jean Pasqueaux
C : *idem*
S : [?].

17. *Le Grand Pré,* finage de Chaluron, contenant 1 chariot de foin et 2 journaux de terre attenantes,
L : terre de Me Paul Mazelier et dame Gautier
M : 1 chemin tendant de Chaluron aux Usages de Chaluron
C : [?]
S : terre de M. Jacques Presseur.

18. 1 chariot de foin appelé *Anoncion*
L : terres des hoirs de Me Jacques Mazelier et de la cure de Bazoches
M : pré des hoirs de Jacques Mazelier et de ladite cure de Bazoches
C : pré de la cure de Bazoches au pré et terres d'Edme Claude de Lavau
S : cure de Bazoches aux dessus des terres du sieur Trocelin.

19. Le *Grand Pré* contenant 7 journaux, finage de Domecy
L : chemin de Bazoches à Domecy
M : terre des héritiers Rousseau
C : terre de dame de Larque
S : 1 rue divisée qui va de Charancy aux Usages de Chaluron.

20. Cinq journaux de terre au même lieu du *grand Pré*
L : terre de Me Paul Mazelier
M : pré du sieur de Lavau
C : pré des hoirs de Me Vincent Bourlot, hoirs de sieur Trocelin [*alias* Traquelin]
S : terre de Claude Guilhermeau.

21. Une terre appelée le *Champ du Clou*, contenant 4 journaux, finage de Saint-Aubin
L : terre des hoirs de Me Jean Ragon
M : terres des hoirs du sr de Lavau à cause dudit Martin
C : terre de la veuve de M. Vincent Trubert
S : terres des hoirs de Adrian Mazelier.

22. Une pièce de vigne en la côte de Chaluron contenant 10 à 12 ouvrées, appelée la *Grande Vigne*, y compris 5 ouvrées vineuse dudit Jean
L : vignes du sr Mazelier, advocat et de dame Allaud
M : terres du sieur Mazelier, advocat et à celles des hoirs du sr Prouteau
C : terres des hoirs du sieur de Lavau
S : vigne des hoirs du sieur Trocelin, à présent possédée par Me Jean Mazelier de Lorme.

23. Une autre vigne en la côte et finage de Sœuvres, appelée le *Champ Gilmot*, contenant 20 ouvrées
L : vigne de Guilhaume Marcelot
M : pré de la veuve Vorzier, le grand chemin de Fontenay à Sœuvres entre deux
C : vigne du sieur Guilhermeau et François Mercier
S : sentier qui va de Sœuvres à Fontenay.

24. Un bois appelé *Les Brosses de Vauban*, finage d'Empury, justice de Neuffontaine, contenant 20 arpents suivant l'ancienne mesure,
L : rivière de Brinjanne
M : brossailles appelées les Communs d'Empury, 1 vieil fossé entre deux
C : grand chemin tendant de Vézelay à Saint-Martin du Puis
S : bois appartenant au sieur de Vauban et Marez.

25. *Le* bois *de Canet* [*alias* Cuno], même finage et justice, contenant 7 arpents 1/4, même mesure,
L : de la pointe du susdit bois, appelée le Brosson de Vauban, aux bois et buissons appartenant aux hoirs de Paul Saur

M : [?]
C : bois et pièce de terre appelés *la Cornillotte*
S : prés Naudion appartenant à Etienne de Viesvres et Jean Cunot.

26. Un bois en friche appelé les *Brossailles de Cornillotte,* même finage, consistant en <u>6 arpents 1/2</u>.
L : susdit bois de Cunot [Canet ?] et aux prés du président Magdelainet
M : terre appelée *Cetoison*
C : Usages de Champignolles, le chemin appelé *les Bousols* entre deux.
S : dits usages.

27. Un bois appelé *les Brosses d'Armance,* au finage et justice de Neuffontaine, contenant <u>23 arpents 1/2</u>.
L : terres de la métairie d'Armance et celles des Religieux du Val Saint-Georges
M : bois appartenant au sieur Bourge
C : bois de la métairie de l'Armance
S : terres des hoirs du président Magdelainet.

28. Un bois appelé *Le Bois de Bousgré,* pour la part qui est échue à la dame de Viesvre par partage devant Marquis notaire le 3 août 1646, récupéré en 1678 par Jean-Baptiste de Mesgrigny, conseiller d'État.

29. <u>2 journaux</u> de terre assis au finage de Champignolle, l'un au-dessus de la Cornillotte,
L : la queue du Marchoir [?]
M : chemin
C : terres de sieur Magdelainet
S : 1 chemin creux.

Journaux de terre	306, soit 7815 ares et 24 ca = 78 ha, 15 ares, 24 ca
Chariots de foin	21
Ouvrées de vigne	32, soit 163 ares et 52 ca = 1 ha, 63 ares, 52 ca
Arpents de bois	57 1/4, soit 2907 ares = 29 ha, 07 ares

4

BAIL À MESTAYRIE POUR SIX ANS
POUR LA MÉTAIRIE DE MONTJOUMÉ
19 août 1689, Ragon notaire
[AD Nièvre]

Le dix-neuviesme aoust mil six cent quatre-vingt neuf avant midy à Bazoches par devant le notaire royal soussigné fut présente en sa personne haulte et puissante Madame Jeanne Daunay, espouse et compagne de hault et puissant seigneur Messire Sébastien Le Prestre chevallier seigneur de Vauban, dudit Bazoches, Pierre-Perthuis et autres lieux, lieutenant général des armées du roy et la fondée de procuration dudit seigneur reçue du juge soussigné le..., qu'elle a exhibée et retirée.

Laquelle dame fondée comme dessus a cognu et confessé avoir baillé et delaissé à tiltre de bail à métairrye pour six années et six déblaves – qui ont commencé dès ce jourd'huy et finiront le premier may de l'année mil six cent quatre-vingt-quinze – à Léonard Jolly, laboureur audit Bazoches, et à Magdeleine Fournillon, sa femme présente, tenante audit tiltre,

C'est à scavoir le domaine de Monjoumé appartenant au dit seigneur, assis en la paroisse dudit Bazoches, consistant en bastiments, pré et[?], et terres et suivant quel est coutume d'avoir esté baillé audit tiltre que les dits preneurs ont dict bien scavoir sans autrement le confesser, le présent bail fait moyennant que les dits preneurs solidairement l'un pour l'autre, un d'eux seul pour le tout renonçant au bénéfice de division et mesme ladite Fournillon précédante à l'authorité dudit Jolly son mary quil luy a pour [?]des présentes payée et qu'elle a prise et acceptée à ce sujet,

Ont promis et se sont obligés fassonner de toutes façons en bonne et deue saison toutes les terres dudit domaine pour estre semée, recueillie et partagée par moityé au champ et à la gerbe après qu'elles auront estée javellées et couchées. Le foingt sera moissonné au frais des preneurs sauf de la somme de dix livres que ladite dame payera pour chacun un an aux dits preneurs pour ayde de moisson. En payant aussi par les dits preneurs la moisson du moissonneur que leur fournira ladite dame pour ayde à faire lesd moissons, à corder les gerbes d'icelle dont la moityé qui appartiendra à lad dame sera charoyée au frais desd preneurs en sa grange aud Bazoches avant celles des preneurs qui seront tenus employer toutes les grestes depoulvois dud domaine à la culture des terres d'iceluy sans en pouvoir distraire ou aliéner ; et de faire employer les glanes provenant desdits bleds à la couverture desdits bastiments à leurs frais sof du couvreur qu'ils nouriront et logeront seulement et sera au surplus payé par lad dame.

Lesquels preneurs payeront aussi par chacun un an à lad dame en son château six livres de beurre et six fromages à la Saint-Martin d'hyver, et six pouletes aussy par an au vingt quatrième de juin et feront desd. batiments héritage en bon paire de famille sans pouvoir démolir aucune terre de leurs cours ny de cheviller aucun prés sans expresse consentement de lad dame ou de ses préposés pour l'entretien de culture duquel domaine lad. dame fournira aux d. preneurs à tiltre de cheptel toute sorte de bestiaux nécessaire sans qu'ils en puissent d'ailleurs ny mesme de leurs propres dont lesd. preneurs emblaveront autre terre avec lesd bestiaux que celle dudict domaine et soy mesme de celle de leurs propres, elles seront également levée, partagée comme celle cydessus en an payant le champart par lad dame pouvant néanmoins iceux preneurs emblaver de leurs particullier un journal de terre en froment et un en orge autour du domaine qui leurs soit indiquée par la dicte dame où elle ne prendra rien.

Dès qu'à présent que lesd preneurs entre leurs domaine, ils ont trouvé le foin engrangé, quarante-quatre journaux de terre labourées et vingt journaux de bisnées. Ils ont promis et se sont obligés comme dessus de payer à lad dame à la fin du bail la somme de dix livres pour l'amassage des foins ou pour le labourage de celle de quatre vingt seize livres au payement desquelles sommes la debte qui sera pour leur emblavée aux terres dud. domaine demeurera à pareillement affectée et hypothéquée, se pouvant départir, résilller du présent bail enfin des trois premières années, et tout ainsi que les partyes en sont demeurées d'accord et contents. De mesme, les dits preneurs de l'une cause dit présenter à la dame dans le mois car ainsy la faicte.

Présents Mre Claude Magdelenet, prêtre chanoine de Vézelay, Estienne Dareine, laboureur, et François Morarsin, charpentier à Neuffontaine, lesquels tesmoins Moarsin et Darène ne signent, en quoi signent : Donay Vauban, Magdelenat, Ragon...

5

MÉMOIRE ET INVENTAIRE DES MEUBLES
QUY SE TROUVENT AU GOUVERNEMENT
DE LA CITADELLES DE LILLE
APARTENANT À MONSEIGNEUR LE MARESCHAL DE VAUBAN
[Archives Rosanbo, MI 155, bobine n° 36, pièce 39, 13 p.]

Premièrement : *dans la chambre de Monseigneur le Mareschal*
un grand lit à la duchesse, le bois de chesne, un matelas de crain, un matelas de laisnes, un lit et traversin de plusmes, une couverture laine, une autres couvertures de satin blan picqué garny et doublée de la courtepointe[1]
et le dossier du lit de tafetas vert picqué houatté et doublé de toilles verte
les rideaux et bonnes grasse du tour de lit de calmande de feu doublé de tafetas vert brodé de galon d'or demi-large, le tour d'en haut ou pentes par dehors, et les sousbassements den bas avec leurs boudins de calmandes couleur de feu doublés de vert garnies de galon d'or larges et contournés de galons demi larges, le dossier du lit chantourné couvert de calmande couleur de feu et garni de galon d'or large contournant les pommes des quoins de calmende garnys en galon. L'impériale d'en haut et pentes par dedans bordées de galon d'or et aux boudins doublés de toilles, la double tringle qui tourne autour de fer poly et la housse du lit qui tourne autour de serge verte

---

1. Nous conservons l'orthographe du secrétaire pour l'inventaire de la chambre de Vauban. Nous reviendrons à une orthographe moins fantaisiste pour l'inventaire des autres pièces.

un sopha et six fauteuils et six chaises et quatre garnies et couvertes de calmende comme le lit et bordées galon d'or demy large sous les clouds dorés la tapisserie d'aulte lisse rehaussée

dans la dite chambre, deux paires de chenetz polies et contournées dont l'une grandes et l'autres petite

1 pelle, pincettes et tenailles polie

sur la cheminée, le Roy à cheval en petit et sa bordure dorrée

sur la ditte cheminée la garnitures de falience[1] de neuf piesses

un miroir à bordure d'escaille tortue, la glasse de 19 pouces sur 26 de large

une table de racines de noyé placquées et 2 guéridons de mesme, vert moulus

un portrait de la Reyne et sa bordure ovale dorée

trois rideaux de toilles de coton, leurs cordons et tringles

le baromesse et le termomesse sont chez Monsieur le lieutenant de roy

Un escrand d'ozier et son piez de fer

Une porte à chassis couverte de drapt vert

Grand cabinet de Monseigneur le Mareschal

il est tout lambrissé de menuiserie autour

les livres sont dans les armoires dont Colas a fait l'inventaire qu'il a emporté pour Monseigneur et une qu'il m'a laissé dont je me suis chargé pour y prendre garde et les mettre à l'air en temps

il y avait 1 tapisserie rayée et ondée avant le dit lambris de 2 pièces de 7 aunes 1/2 de longueur sur 2 aunes 1/4 de hauteur de France

1 bureau ou table de chêne de 6 pieds de long couverte de drap vert

2 fauteuils de point d'Hongrie et coussins de damas vert et rouge et des housses de serge verte

le portrait de Monseigneur le Dauphin sur la cheminée. Il n'avait pas de bordure

Il y a 4 tableaux ovales à bordure dorée, du Roy, de Monsieur de Louvois et deux dames

1 miroir à bordure de noyer plaqué, la glace de 19 pouces sur 25 pouces dehors

1 paire de chenets contournée de fer poly, pelle, pincette et tenaille

2 rideaux de coton avec cordons et tringles

1 grande carte des Pays Bas collée sur toile et corniches baton de 7 pieds 7 pouces de longueur sur 4 pieds 4 pouces de haut

1 autre de la chastellenie de Lille dessignée à la main

Monseigneur a donné à Monsieur de Foncermois à son dernier séjour la copie de la carte de la chastellenie de Lille dessignée à la main qui n'est point collée sur toille pour y marquer des ruisseaux dessus qui n'y estaient pas marqués comme étant sur les lieux

---

5. En voici un exemple parmi bien d'autres.

Antichambre attenant la salle à manger

la tapisserie de haute lisse pareille à celle de la chambre de 4 pièces grandes et petites de 8 aunes de longueur sur 2 1/2 de hauteur de France

2 grands miroirs, les bordures de bois de noyer plaqué et les glaces de chacune 25 pouces sur 36 pouces de haut, et leurs cordons et crochets

2 tables de bois de noyer plaqué et 6 guéridons de même, bons et mauvais

1 buffet et armoire de bois de noyer de rapport et ornée de cuivre doré

1 grande table de 8 pieds de longueur sur 2 1/2 de largeur

1 grand tapis de Turquie pour la dite table de 3 aunes 1/4 de long sur 2 aunes de largeur de France. Il est gâté des vers

4 fauteuils et 3 chaises vieilles et à la vieille mode couverts de serge verte

2 tableaux ovalles à bordure dorée de Monseigneur et Madame la Dauphine

4 rideaux de toile de coton et leurs cordons et tringles

6 vases de faïence, 3 sur la cheminée et 3 sur l'armoire

1 paire de chenets contournée, pelle, pincette et tenaille polies.

Cabinet ou garde robes joignant l'antichambre

1 tapisserie de manière de damas rouge et vert de 7 aunes 1/4 de long sur 2 aunes 1/2 de hauteur, aune de France

1 lit de repos et 2 matelas et un traversin couvert de dit damas comme la tapisserie et le matelas de dessous par les bords

1 vieux fauteuil pareil aud. damas

un portrait de la duchesse de Lorraine sur la porte sans bordure

2 petits morceaux d'armoire de ce qui estait à côté de la cheminée du cabinet.

Salle à manger

1 tapisserie de cuir doré contenant 82 carreaux

3 rideaux de toiles de coton aux croisées sur le jardin

5 fauteuils et 5 chaises à la vieille mode couverts de gris de drap avec franges. Ils étaient dans l'anciene chambre de Monsieur. Ils sont mangés des vers et 6 vieux petits poroquets couverts de vielle moquette

1 grille de fer au lieu de chenets et pelle commune,

2 faïences cassées sur la cheminée

4 plaques de fer blanc. Il y en a 2 de rompues

4 tables dont 1 grande de 20 couverts, 1 de 12 couverts, 1 de 8 couverts et l'autre de 6 couverts. Il y en a 2 qui sont de campagne

2 tapis de drap vert pour les tables quand l'on joue

1 paravent à 6 feuillets où est la ville d'Amsterdam

dans le buffet 1 fontaine et cuvette de bois, la table est dans le mur

ANNEXES

L'antichambre d'en haut au-dessus de la salle à manger

1 tapisserie de cuir doré de 115 carreaux, le fond est noir
6 fauteuils et 5 chaises à la vieille mode aux houses de serge verte
3 rideaux de toiles de coton du côté du jardin, cordons et tringles
2 tables octogones avec ardoise dont sont à demi-pourries.

Chambre attenant au-dessus de l'antichambre d'en bas

1 lit dont le bois est de chêne et de la sculpture aux pieds et au dossier et dorée
1 matelas de crain et 1 matelas de laine
1 lit de plume et le traversin de plumes
les rideaux et bonne grasse, le tour d'en haut et les soubassements d'en bas sont de damas vert, garnis de campanes aux bords et doublés de satin vert
l'impériale d'en haut et soubassement ou pente d'en haut par dedans et le dossier de satin vert garnys de campagnes de toilles vertes, les 4 pommes de damas avec plume à aigrettes
1 couverture de laine blanche fine
1 couverture de satin blanc picquée de ouatte doublée de tafetas rouge
1 courtepointe de damas vert doublé de toile verte
6 fauteuils anciens avec de la sculpture aux pieds et aux bras couverts de damas vert et garnis de campagnes comme le lit
la double tringle de fer poli qui tourne autour et petite tringle
la house de serge blanche quy tourne autour dud. lit
le miroir la bordure ornée de cuivre et le dessus de cuivre doré
la glace de 19 pouces de large sur 24 pouces de haut
1 table et 2 guéridons plaqués de noyer
1 armoire de bois de noyer plaquée et ornée de cuivre
3 rideaux de toille de coton, cordons et tringle
2 paires de chenets, grands et moyens contournées et polies, pelle, pincette et tenaille polie
3 grands pots de faïence sur la cheminée
la chambre est lambrissée autour de la menuiserie
Il y a 1 tableau sur la cheminée et cinq sur les portes et d'autres petits dans les panneaux de lad. menuiserie. Je ne sais s'ils sont au Roy.

Garde robe attenant à lad. chambre

1 tapisserie de brocatelle de laine verte et blanche de 3 pièces de 7 aunes de long sur 2 aunes 1/2 de haut de France
1 lit de repos et 2 matelas de laine, l'un vert et l'autre rouge comme ceux d'en-bas et le traversin de même
il y a 2 vieilles chaises percées couvertes de méchante moquette l'une pour le haut et l'autre pour le bas

La chambre au-dessus de celle de Monsieur
    Elle est lambrissée de menuiserie tout autour
    1 lit garni d'1 matelas de crain, d'1 matelas de laine et 1 traversin de plumes
    1 couverture de laine blanche
    1 courte-pointe d'indienne piquée et garnie de ouattes et doublée de tafetas vert
    Il n'y a qu'1 house de serge verte qui sert de rideaux
    2 rideaux de toilles de coton, cordons et tringles
    1 miroir placé dans la menuiserie, la glace de 19 pouces sur 25 de haut
    6 fauteuils et 4 chaises à la vieille mode et housses de serge verte
    1 table et 2 guéridons couverts de noyer vieux
    1 paire de chenets avec pomme tournée, pelle, pincette et tenailles polies

La chambre d'en haut joignant la chapelle sur la place
    1 tapisserie de point d'Hongrie de 6 pièces de longueur, 12 aunes sur 2 1/2 de hauteur. Il y en a 1 morceau de reste d'une aune 1/2 de largeur. Elle commance d'être passée
    1 lit garny d'un matelas de crain, 1 de laine et 1 lit de plusmes et son orillier de plumes
    1 couverture de laisne blanche et une courte-pointe d'indienne picquée garnie de houatte doublée de rouge
    les rideaux, le tour d'en haut et les sousbassements et pommes de draps gris bordé de franges et grandes parhaut doublé de tafetas rayé, le ciel du lit et le dossier sont de tafetas rayé doublé de toilles grises, la double tringle polie et petite tringle,
    8 chaises de bois tournées avec des bras et des coussins aux dossiers et dessus pour sièges parties comme la tapisserie du cabinet de Monsieur et l'autre comme le damas de la garde-robes, les d. cousins attachés avec des cordons et ont 2 endroits
    1 miroir à bordure de noyé, la glasse de 25 pouces de largeur sur 33 p. de haut
    1 paire de chenetz tournée de fer polie
    1 bureau placqué de racine de noyé de 4 pieds de long couvert de couverture ou tapis de cuir à franges
    1 porte à chassis couvert de drap vert qui va à la tribune
    1 garniture de failliance de 8 pièces et 1 rouge
    moquettes qui servent

Dans la garde-robe attenant
    le bois d'1 couchette, 1 paillasse et 1 vieux banc de moquette
    1 armoire de bois blanc noirci pour servir de garde robe. Je l'ai fait faire en faisant les réparations qui ont été augmentées.

Dans la chambre de Laurence, sur le cabinet de Monsieur

1 bois de lit, une paillasse et 1 matelas de laine
1 armoire de bois de chênes à 4 vollets avec du fil de laitons
1 petite table de chêne et tiroir, 3 meschants sièges pliants
1 méchant rideau de coton et vieux tapis de table de Bergame.

Dans la garde robe en bas, proche la chambre sur la place

1 bois de lit de chêne

Dans la chambre sur le devant joignant la chapelle par bas, il n'y a rien

Pour recommancer par le *côté gauche par le haut au grand escalier*

1 carte de la généalogie de France collée sur toile avec un cadre noir et 1 du plan de Paris en grand collé sur toile, corniche et rouleau asez mal en ordre.

Dans la gallerie ou coridor attenant qui va à la ville [?]

trois cartes des Pays-Bas et d'Hollande collées sur toilles, vieilles.

Dans la chambre au-dessus de l'office aud. corridor

1 vieille tapisserie de Bergame de 5 morceaux de 12 aunes $^{1/2}$ de longueur sur 2 1/2 de hauteur
1 lit de bois de chêne, 1 paillasse, 1 matelas de laine, traversin,
1 couverture de laine blanche, le tour du lit de brocatelle de laine verte et orore, et petites franges et le ciel de même
1 armoire de bois de chênes à 4 volets pour mettre le linge et ardres (c'est à la brasserie)
1 petite table et 1 méchante chaise.

Dans la chambre des dessineurs sur la cuisine

1 tapisserie de brocatelle de laines verte et blanches et 5 pièces de 13 aunes de longueur sur 3 aunes de hauteur de France
le bois du lit garni d'1 paillasse et matelas de laine et 2 couvertures de laine blanche, le tour du lit et les [?] pareil à la tapisserie avec 1 petite frange

[Une ligne manque, p. 7]

1 grande table à dessiner en pente avec tiroir
1 autre table plate à dessiner et un tiroir de 6 p. de long
1 vieux fauteuil de moquette à la vieille mode
1 petit chenet et pelle de fer
1 carte de France et d'Allemagne
1 petite table de sapin (à la brasserie).

Dans la chambre en suite dans l'angle de l'aile gauche

1 tapisserie de brocatelle de laine de 5 pièces de 13 aunes de longueur sur 2 1/2 de hauteur de France
    1 armoire de bois de chêne à 4 vollets et tiroir au milieu
    1 table en pupître couverte de drap vert
    2 vieux fauteuils couverts de moquette à la vieille mode rompus
    sur la cheminée un portrait du duc de Lorraine sans bordure.

Dans le cabinet joignant la dite chambre sur le garde-manger

2 méchants morceaux de tapisserie de Bergame
    deux méchants tableaux
    des râteliers à mettre des roulots de dessins
    des armoires dans le fond et en retour à droite, une partie avec des portes garnies de fils de laiton, et plusieurs cours de tablettes et séparations pour mettre les papiers et mémoires séparement.

Dans la chambre des secrétaires au-dessus de la salle de commun

1 tapisserie de brocatelle de laine verte et aurore de 5 pièces de 12 aunes de longueur sur 2 aunes 1/2 de hauteur de France
    1 table de 6 pieds de longueur couverte d'un drap vert
    1 armoire de bois de chêne à 4 volets avec du fils de laiton pour mettre les papiers et mémoires
    le bois du lit garni d'une paillasse et matelas de laine et deux couverture de laine blanche et traversin, le tour du lit de brocatelle pareille à la tapisserie avec petites franges (à la brasserie)
    1 méchant fauteuil de moquette à la vieille mode et vieux sièges
    sur la cheminée 1 méchant tableau d'*Enlèvement d'Europe*
    1 petit chenet et pelle à feu de fer.

Dans la garderobe attenant à l'escalier de l'aile gauche

1 partie de tapisserie de cuir doré de 52 carreaux
    1 banc et 2 vieilles chaises à l'anciene mode
    2 estampes vieilles du Roy et de M. de Ture […] avec bordure dorée de cuivre

Dans la chambre attenant sur la place en haut

il n'y a rien que sur la porte 1 tableau copie qui représente *Alexandre et Diogène* avec un grand cadre uni.

Pour les entresols au-dessus des remises

celles du fond : 1 paillasse et 1 matelas traversin et couvertures, 1 petite table à part, 1 vieux fauteuil et siège pliant de cuir

la seconde chambre : 1 paillasse, matelas et traversin
la première contre l'escalier : 1 bois de lit de chêne bas, 1 paillasse, matelas et traversin, 1 couverture, 1 manière de rideau pour cacher le lit.
Pour recommancer par le grand escalier par bas à gauche
Sous led. escalier 1 grosse lanterne ronde et 1 petit bascusle pour la remonter.

Dans l'office
1 table de 8 pieds de longueur et armoires dessous de bois blanc tout uni et tablettes et cours de tablettes au-dessus
1 autre petite table et armoire dessous devant la croisée, l'une comme l'autre
contre le mur 1 manière de tables et 2 cours de tablettes au-dessus
1 estues ? à 5 étages, un moulin à caffé
1 réchaud de fonte,
2 bouettes plates de fer blanc
14 tamis petits et grands pour l'office et cuisine, beaucoup de mauvais
12 boites de fer blanc pour les eaux glacées et 2 entonnoirs de fer blanc
3 bouettes de fer blanc à mettre du thé et 6 feuilles de fer blanc
corbeilles pour les fruits : 2 ovalles et à pents quarés, 4 rondes ne vallent guère
18 petits gobelets de faïence, 8 autres gobelets plus grands
2 cabarets à café, 10 gobelets à café, 13 soucoupes à café de faïence
2 boîtes de faïence pour le sucre
6 assiettes à compote de faïence
28 carafes de verre et 28 verres à boire dans une méchante caisse où sont les d. verres.

La cuisine

Le fer
1 tournebroche avec 2 chaisnes, cordes et poids
2 broches à rouet
2 broches à mains
1 bourdon de fer pour soutenir la poêlle
trois grandes et 1 moyenne lèchefrites de fer
2 gros chenets de fonte et 2 autres de fer moyen, 2 plus petits
3 cramillières de fer (à la brasserie)
1 gril de fer ; 1 grande pelle à feu, 1 autre pelle pour le four
1 poêle de fer à frire, 4 vieux réchaux de campagne
1 tenaille de fer
2 pincettes
1 couperet
1 crocq à pendre la viande
2 fers à repasser le linge

Les cuivres

1 grande marmite de cuivre rouge avec son couvercle de jaune
1 petite marmite de cuivre rouge et son couvercle
8 chandeliers de cuivre
1 bassinoire de cuivre jausne, et 2 brasiers de cuivre à mettre sous la table
1 petite casserole de cuivre rouge
1 grande et petites écumoires et cueillières de cuivre jaune pour la soupe
2 chaudrons de cuivre et 1 couvercle de casserole
des balances à platines de cuivre, les cordes et bichet de fer et 3 […] de poids
2 chaudrons de cuivre, 1 couvercle de casserole oubelle
1 grande poissonnière et 1 petite poissonnière de cuivre.

L'estaing

1 grand bassin d'étaing et 2 aiguières d'étain
4 grands plats et 4 petits plats d'étain
11 petits plats d'entre-mets et 3 assiettes de fonds
4 douzaines et deux assiettes ordinaires et anciennes
2 saladiers d'étain
2 sallières
2 demi-pots d'étain
1 escuelle et 1 gobelet d'étain

Linge de cuisine

3 nappes
7 tabliers
10 torchons
1 douzaine de serviettes à grain d'orge (elles sont à la brasserie)

Une grande table de 11 pieds de longueur sur 2 pieds 3 pouces de largeur et 4 pouces d'espais
1 autre table de 8 pieds de longueur et 2 cours de tablettes au-dessus
2 bancs de charpente pour les tables
1 petite table ovale
1 gros blot [billot ?] de bois pour couper et hacher
1 table à pâtissier et son rouleau
4 chandelliers de bois
1 fauteuil sans couverture à la vieille mode, 2 vieux peroquets d'un fond de chasses qui n'ont point de dossiers
1 petit balai
1 mortier de pierre des Cossine et son pillon de bois.

Pour le linge de table rien n'est indiqué

Dans le garde-manger attenant à la cuisine

1 longue armoire qui sert de table de bois blanc vrai

1 table du côté de la croisée
1 coffre couvert de cuir avec petits clouds
5 bielles mandes à mettre la vaisselle et linge, et 3 rondes et 2 ovalles prop.

Lavoir joignant la cuisine où est la pompe

1 esgoutoir pour la vaisselle, 4 baquets, 2 seaux, 1 chaudière de cuivre scellée dans la maçonnerie, 1 rondeau.

Sur la souspente de la d. laverie, il n'y a rien

La salle de commun

1 grande table de 11 pieds de longueur 2 pieds 3 pouces de largeur et 4 pouces d'épais
2 grands bancs de charpenterie et 1 petite armoire à côté de la cheminée scellée dans le mur

Dans le garde meubles au galetas, au bout du grenier

1 paravent à 6 feuillets d'architecture en perspective
3 vieilles couvertures de mulets
3 vieux esmouchoirs de chevaux, 1 bride de mulet
10 méchants paniers couverts de peaux, 3 méchants paniers d'ozier, 10 méchantes corbeilles à mettre du fruit rompues
1 cantine en coffre à mettre des bouteilles
1 cantine et demi de celle qui se mettent derrière un cheval pour 2 bouteilles de chaque côté
1 futaille où il y a différents coquillages environ à moitié plein
1 étui de chapeau de cuir doublé de serge verte
2 réchauds à godrons et 1 peu de feraille et 1 pöelle qui ne vaut rien
1 enclume à battre les faulx
2 barres de fer plat à mettre au-devant des lèchefrites
1 partie d'un bois de lit à colonnes torses
1 affaire de fer blanc et pieds de bois pour conserver le vin vieux.

Dans le grenier joignant

1 modèle de menuiserie d'une escluse à porte qui est sur un pivot qui s'ouvre d'elles[1] mêmes avec des ventailles [?]
les filets (filest ou arnast pour pescher et lever [?]
Un grand chapeau pour prendre le poisson dans des reservoirs, 1 petit chapeau pour mettre dans les husches ou pour les prendre, estre pourris
4 paniers pour porter des poulets en campagne. Il y en a 8 méchants qui ne sont bons qu'à brûler
4 bâts de mulets, 5 selles de chevaux de limons, 10 colliers dont il n'y en a que 2 de bons

---

1. On ne sait d'où sort ce pluriel.

1 banc à hacher la paille, le fer n'y est pas
6 paniers quarrés à mettre des bouteilles.

En bas à la remise

1 rideau de toiles grises et la tringle de fer.

Dans la cave

1 bouteiller à mettre les bouteilles vides
Il y a 10 bouteilles carrées
les autres bouteilles, tant moyennes que de demi loz au gouvernement où ce qu'on l'on a presté à ces messieurs de l'état-major monte à la quantité de 400 bouteilles.

À la petite chambre joignant l'escurie

1 paillasse et 1 matelas, 1 coffre pour le son

La petite chambre sour l'escalier du grenier

1 couchette, 1 paillasse et 1 matelas.

Dans l'escurie

1 coffre à l'avoine de harpente [?]
1 lanterne de fer pour les écuries
1 rambroyeur pour la rivière.

Mémoire de ce qu'il y a dans le jardin

2 grands arrousoirs de cuivre
4 citronniers et leur caisses
11 orangers francs et leurs caisses
12 orangers sauvages et leurs caisses
4 gros lauriers en pyramide et leurs caisses
4 gros lauriers en boules et leurs caisses
2 lauriers à haute tige en boule et leurs caisses
4 moyens lauriers en boule et leurs caisses
4 lauriers roses et leurs caisses
2 petits lauriers roses en cuvettes
2 caisses de la plante de la Passion en cuvettes
2 gros grenadiers et 2 petits en cuvettes
14 pots de jasmin d'Espagne en pots et 70 pots d'œillets
les autres outils de jardin sont au jardinier.

Dans la cour des charons de l'arsenal

il y a un grand chariot auquel l'on avoit remis des roues neuves, qui n'a pas marché depuis. Il est bon et a sa couverture. Il y a deux surtout qui n'ont point de couvertures et les oziers rompues. Ils sont assez mal en ordres.

J'ai mis généralement toutes choses tant les bons que les mauvaises. Vous saviez bien ce qui est. Il y a dans les chambres d'entre-sol de ceux des écuries des bois de couchettes qui sont de ceux des fournitures des soldats, même l'on prêtoit des couvertures à ceux qui n'y en avoient pas. Les armoires qui sont dans les chambres des secrétaires et des dessinneurs et attenants, et chambre de Laurence, qui sont cinq armoires c'est le Roy qui les a payées et les grosses tables et bancs à la cuisine et salle de commun. Vous devez savoir cela mieux que moi.

Laurence m'a dit qu'elle n'avoit aucune mémoire et que c'étoit vous qui l'aviez mais comme l'on a remporté beaucoup de choses le voilà comme il est à présent. Je certifie le présent mémoire véritable fait à la citadelle de Lille, ce 5 février 1706.

L. Godignon.

Mesures des miroirs

Miroir de la chambre de Vauban	48,26 × 66 cm
– du bureau	48,26 × 63,5 cm
2 miroirs anti-chambre	63,5 × 91,44 cm
1 miroir ch. au-dessus antic.	48,26 × 60,96 cm
1 – ch. au-dessus Mgr	48,26 × 63,5 cm
1 – ch. sur chapelle	63,5 × 83,82 cm

6

Rapport sur Agde et Sète [1]
[SHAT, AG, art. 8, section 7, carton 1, n° 6]

24 novembre 1686

J'ay receu, Monseigneur, les deux dont il vous a plu m'honorer du 24 octobre et 15 novembre avec copie de celle des 14, 24 et 29 du passé, y jointe celle de M. Niquet du même mois, comme aussi celles des avis de MM. de la marine touchant la rade de Brescou et l'entrée de la rivière d'Agde ou de Lérault. J'ay répondu à ces dernières par ma lettre du 18ᵉ de ce mois. Quant à ce que M. Niquet vous escrit sur Agde et sur le port de Sette, je vous avoue que j'ay lieu d'estre surpris du changement de sentiment où je le voy ; veu qu'il a esté six ou sept semaines avec moy pendant que j'ay travaillé à ces projets sur les lieux sans autre application que d'en raisonner avec moy depuis le matin jusqu'au soir et il est tellement convenu de tout ce que j'ay proposé sur

---

1. Sans nom de destinaire. Il s'agit de Seignelay.

Sette et sur Agde que je puis dire que les mémoires que je vous en ay envoyez ne sont qu'un composé de ses avis et des miens. Ainsy, il faut avoir bien de la légèreté dans l'esprit pour changer comme il fait ou y entendre des finesses pour ne pas dire pis dont il ne m'a pas voulu faire part. Il est vray que je devrois estre moins surpris de luy que d'un autre, vu qu'il n'a jamais rien exécuté de tous les desseins qui ont esté résolus sans y faire autant qu'il a pu des changements de sa façon en quoi j'ay souvent eu de l'indulgence dont j'aurais pu me passer *mais je ne suis par né pour estre mal faisant.* J'apprendray à me garder de pareils gens à l'avenir.

Pour revenir aux ports de Sette et d'Agde, vous avez l'estimation des uns et des autres entre les mains. Vous savez de plus qu'il avoit esté résolu de travailler à Sette sur le petit dessein, je croy plustost en veue de conserver ce qu'il y a de fait et d'en jouir le plus longtemps qu'on pourra que de luy donner une si grande perfection, n'estant pas fort nécessaire d'avoir là deux grandz ports si près l'un de l'autre. Du moins c'est ainsy que je l'ay entendu et que je pense qu'il faudroit faire, supposé que le Roy prenne le parti de faire travailler à Agde. Que s'il ne le fait pas, je suis persuadé qu'il faudra s'attacher au grand dessein de Sette comme à celuy dont l'exécution fournira un port de plus grande estendue et plus seur, dont l'entrée sera moins difficile et se conservera mieux que celle du petit. Ce qu'il y a à dire contre, c'est qu'il en coutera bien plus et ne sera pas à beaucoup près si asseuré que celuy d'Agde et de Brescou, et n'en déplaise au sieur Niquet et à tous ceux qui en veulent parler; il est impossible que l'entrée de la rade de Brescou qui auroit deux embouchures ne fust beaucoup plus facile que celle du petit projet dont la seule entrée courroit risque d'estre souvent ensablée et où il faudra venir en le bord tout cours [sic] pour se mettre à couvert du mole, qui est ce que MM. de la marine n'ont apparamment pas veu dans leur visite. Quant à l'embouchure de la rivière de Lérault que M. Niquet dit estre impraticable, je prends sur moy de la faire réussir en perfection toutes et quantes fois que vous l'approuverez et qu'il plaira au Roy d'y faire travailler. L'ancienne brassière du Rhosne à Aiguemortes n'avoit pas réussy d'autre manière du temps de St Louis, témoing les jetées qui y paroissent encore. Et à ce que j'apprends, celle de Civita Vecchia n'est pas faite autrement que je voudrois faire celle-cy. À quoi j'adjoute que ces embouchures n'avoient pas des escluses au-dessus comme celles que je prétends qu'on peut faire à Agde et que la mer n'est pas à beaucoup près si rude à Brescou qu'à Sette, témoing sa vieille jetée qui ne s'est pas tant ruinée en 50 ans que Sette en deux. Adjoutez à cela tout ce que j'ay eu l'honneur de vous dire par mes autres lettres et vous verrez la comparaison qu'il y a de l'un à l'autre.

Au reste, je n'affecte ny Agde, ny Sette, mais seulement la seureté de l'ouvrage et la bonté du port. C'est pourquoy, consultez MM. de la marine mais dans l'esprit que j'ay eu l'honneur de vous mander. Mettez leur mesme les projets entre les mains avec les desseins afin qu'ils en puissent bien examiner les entrées des uns et des autres. Tirez les sentiments d'un chascun en particulier, et s'il se peut, à l'insceu des uns et des autres après les avoir bien avertis de ne considérer que le service du Roy. Et si, après cela, vous voulez que je parle encore, il ne faudra que m'envoyer leurs avis avec le projet chez moi où j'espère estre dans deux mois et demy d'icy. Remarquez, Monseigneur, qu'il vous est plus important qu'à qui que ce soit d'avoir des avis sincères sur le choix de ces ports et de vous y conformer, attendu que si on en construit les ouvrages sous vostre ministère et qu'ils ne réussissent pas aussi bien qu'il seroit à désirer, on pourroit vous en imputer la faute. Que si vous voulez faire exécuter le petit dessein de Sette et y faire quelque chose de plus que le nécessaire à son entretien présent, il ne faut que suivre ce qui a esté réglé par le petit projet auquel vous pourrez, si bon vous semble, faire ajouter la contre-jetée de M. Niquet à condition de faire toujours la fosse du mole par encaissement. En faisant celuy d'Agde en même temps, on peut dire que cette abondance de biens... doublent de despence et entretiens pour l'avenir, ce qui ne convient pas fort au temps présent. Il est à craindre que l'érection de l'un ne fasse tout à fait négliger l'autre.

Quant à la fosse proposée par M. Arnou, il faudrait faire un esssay de la quantité d'eau qu'il faut pour arroser un vaisseau par jour, car, par exemple, s'il n'en falloit que trois ou quatre muidz, il seroit facile de faire un ou deux batteaux plats qui en contiendraient 150 à 200 muidz chacun qui se rempliroient par un trou fermé d'une soupape ou simple tampon. Cela fait, il ne faudroit que faire une espèce de grenier sur le bord de l'eau basty sur piloty avec une petite trémière au dehors. Ce grenier seroit pour mettre le sel, après quoy tous les matinz ou les soirz mêmes, il n'y auroit qu'à remplir le batteau d'eau, ce qui se feroit en fort peu de temps en levant la soupape et pour en faire la salaison avancer le batteau sous la trémière de laquelle on feroit tomber la quantité de sel nécessaire que les gens qui seroient sur le batteau auroient soing de remuer avec des sabotz, ensuite de quoy, il n'y auroit qu'à le mener alentour des vaisseaux qu'on voudroit arroser, que s'il n'y a pas assez de deux batteaux, on en peut faire trois ou quatre. Cela ne me paroit pas une affaire ny pour la manœuvre, ny pour la dépense car ces batteaux ne seroient pas plus difficiles à mener que ceux qu'on mène d'ordinaire quant il est question de ces arosements. Examinez bien, s'il vous plaist, Monseigneur, ma pensée là dessus et celle de M. Arnou aussi et ne vous en tenez qu'à celle des deux qui vous satisfera le plus. M. Arnou est plus homme de mer que moy et scay mieux ce qui peut tomber dans ces sortes de détail.

Je suis avec beaucoup de respect, Monseigneur, votre très humble et très obéissant serviteur.

À Luxembourg, le 24 novembre 1686.

7
Rapport des bombes et canon de mer avec bombes et canon de terre [1]
[AG, art. 8, section 1, Marseille [9], carton 1, n° 16]

1. Je croy pouvoir dire sans crainte de me tromper que les batteries à bombe de terre sont à celles de mer comme le canon de terre est à celuy de mer. Personne ne doutera de cette vérité quand on fera réflexion que six canons de terre, voire quatre, en battent facilement 12 de mer de calibres égaux et servis de même. Il n'y a pas un officier de marine qui n'en convienne et qui ne parie même en faveur de trois contre 12 et avec raison, veu que la batterie de terre estant sur des platte-formes stables et bien couvertes, doit incomparablement mieux ajuster que celle de mer toujours branlante et découverte, joint que l'impulsion du coup donne un second ébranlement au vaisseau qui quoy que peu sensible dans le lieu où il se fait, ne laisse pas de causer de la différence et beaucoup de variation de loing. Tous ceux qui ont veu des canonnades de mer oposées à des batteries de terre connaissant par expérience la force de cette vérité n'auront pas de peine à s'y rendre.

2. On peut hardiment soutenir la même hipôthèze des mortiers de terre contre ceux de mer, et encore plus avantageusement avec cette différence que les coups de canon de terre et de mer pour ajuster l'un sur l'autre ne détruisent pas totalement leurs batteries mais si une bombe tirée de terre à la mer tombe sur une galliotte ou dans un vaisseau de même force, elle n'en fait pas à deux fois. Elle le coule bas ou le rend inutile, au lieu qu'une bombe de mer donnant dans une batterie de terre n'y scauroit rien faire qui ne puisse estre réparé dans fort peu de temps.

3. D'ailleurs les mortiers de terre tirent beaucoup plus juste que ceux de mer parce qu'ils sont sur des platte-formes solides, et que celles de mer sont toujours branlantes soit par le mouvement de la mer ou par l'impulsion du coup quand les mortiers tirent, qui est même beaucoup plus sensible que celuy du coup de canon.

4. Les batteries à bombe de terre volument plus de moitié moins que celles de mer et donnent par conséquent bien moins de prise car trois galliottes à bombes qui portent six mortiers occuperont plus d'espace sur la superficie de la mer qu'une batterie de six mortiers de terre qui peuvent estre contenus dans un espace de 16 toises de long sur 6 de large compris l'épaulement à preuve; au lieu qu'une galliotte ayant 15 toises de long sur 4 à 5 de large, elle seulle qui ne porte que le tiers de la batterie, contiendra presque autant d'espace que la batterie de six de terre. Enfin tout conspire à la perte des galliottes comme le feu, la terre, les bombes et le canon au lieu que les bombes seulles peuvent médiocrement nuire aux batteries de terre.

---

1. Rédigé par Vauban au Havre le 6 décembre 1694.

5. Que si à tous ces avantages qui ne sont pas moins demonstratifs qu'une proposition de géométrie, on peut encore ajouter celuy d'approcher les batteries de terre de 2, 3 ou 400 toises plus près des galliottes, que les dites galliottes des places qu'elles veullent bombarder, la batterie de terre en sera très avantagée puisqu'il est bien plus facile d'ajuster de près que de loing.
6. Que si ces batteries de terre sont avec cela apuyées d'une quantité raisonnable de gros canons qui ne tirent qu'aux galliottes, il est certain qu'elles ne pouront se tenir de jour en distance, et qu'il n'y aura que la nuit qu'elles puissent le faire et à la dérobée, encore ne laissera-t-on pas les bien incommoder pour peu qu'on se précautionne contre elles.
7. Je dois encore ajouter à ce que dessus que comme l'objet des galliottes à bombes ne regarde que les villes et non les batteries qui s'opposent à elles, il s'ensuit que si elles s'attachent à bombarder les villes, les batteries de terre les rechercheront à leur aise, et si aux batteries à canons et mortiers de terre, elles n'incommoderont pas beaucoup la ville.
8. Je ne croy donc pas que les bombarderies soient fort à craindre n'y même qu'elles puissent estre de durée lors qu'on se précautionnera comme l'on doit contre elles.
9. Quant aux machines infernales, on en doit faire bien moins de cas que des galliottes puisque ce ne sont que des bruslots dans lesquels on fait une mine avec des artifices au dessus afin d'en esparpiller les feux quand elles viendront à jouer, ce qui ne se peut estendre bien loing. J'avoue que si on pouvoit en engager entre les piles d'un pont de bois ou entre deux vaisseaux en sorte qu'elles les touchassent à fort peu de chose près, elles pouroient beaucoup les endommager, rompre les uns et couler bas les autres, mesme rompre une estacade et procurer l'entrée à d'autres. Mais de s'imaginer qu'elles puissent abattre une face de bastion ou quelque gros mur de pareille force ou esbranler tous les bastiments d'une ville, c'est une erreur indigne du sens commun, la poudre fait toujours son effet contre le faible et jamais non autrement, et si une machine venoit à s'arrester contre un mur de 5 à 6 pieds d'épais terrassé, il est seur que tout son effet retourneroit en arrière contre ceux qui l'auroient fait jouer. Celles de St Malo et de Diepe et les deux de Dunkerque ont fait voir la sotise des diables qui les ont fabriquées et de ceux qui les ont mises en usage à leurs dépens. Et quand on les observera avec des chapoules et petits bastimens armés comme on a fait à Dunkerque soutenues des gallères ou de quelques autres bastimens de respect, ou même des ouvrages à batteries des places, il ne fait pas de doute qu'elles n'ayent le même sort.
10. Il est cependant bon d'ajouter des doubles estacades aux entrées des ports où il en manque car elles pouroient estre orientées de manière qu'avec un vent favorable elles ne laisseroient d'y aborder quoy qu'abandonnées de bonne heure.

J'ay cru faire précéder le sentiment où je suis sur les bombes de mer avant que de dire mon avis sur la deffence de Marseille et places de Provence.

8
ÉTAT DES PLANS EN RELIEF QUI SONT DANS LE PALAIS DES THUILLERIES
[AN, fonds Rosanbo, MI 155, bobine 16, n° 18]

B marque ceux qui sont bons et les croix ceux qui ne valent rien

Dans la première salle, à gauche en entrant du costé de la cour

B	Toulon	1690	
B	Mons	1692	
+	magazin à bled d'Ardre	1693	
B	Huningue	1684	à racommoder
+	Gravelines		
B	Sélestat		
+	Gennes	1685	
	Salces		
+	Frontignan		
B	Montmélian	1693	
B	Le fort Barrault	1693	
B	Modèle des Invalides		corriger son dôme
B	Sedan	1693	

2ᵉ salle. Antichambre

B	Hesdin	1697	
B	Ardre	1691	
B	Saint-Omer	1684	
B	Exilles	1695	
B	Dunkerque	1693	
B	Condé	1685	
B	Bitche		
+	Collioure		à refaire de nouveau
B	Antibes		y adjouter ses dehors

3ᵉ salle. La grande chambre

B	Menin	1694	
B	Suze	1695	estranger
B	Nice	1692	estranger
B	Bezançon	1691	assez mauvais
B	Brisach		à racommoder
B	Messine		estranger, mauvais
B	La Trinité du Mont		

---

1. Non daté mais postérieur à la paix de Ryswick.

4e *salle. La grande cabine*

	Montroyal et Traerback	
B	Kirn	
B	Gironne	estranger
+	Marseille	trop chiffon. À refaire plus grand
B	Chasteau d'If	Je n'y ai pas vu Ratonneau et Pomègue
B	Bellegarde	
B	Tour de Bouc	

5e *salle*

B	Montmédy		
B	Fort de Chapus	1692	
B	Nancy	1689	estranger
B	Aire	1689	

6e *salle*

B	Calais	1691	adjouter les forts de bois
B	Chasteau-Trompette		adjouter les deux petites demi-lunes et le chemin couvert
+	Charlemont		attendre qu'on ait fait un autre

7e *salle vis-à-vis du vestibule de la maréchale de La Meilleraie*

+	La Conchée Projet	1695	
B	autre de La Conchée	1696	
B	Thionville	1694	
+	Auxonne		ancien
B	Auxonne	1696	imparfait
B	Fenestrelles	1696	imparfait
B	Valencienne	1695	
B	Bayonne	1697	

Dans les salles du costé du parterre

La petite chambre

B	Mézière	1692	à augmenter à son isle

La petite chambre

B	Fribourg	1683	à corriger le fauxbourg et à

B	Ypres	1684	adjouter la communication du chasteau adjouter la corne de Baillent
B	Landau	1690	
B	Bouillon	1689	
+	citadelle de Marseille		

Dans le petit cabinet
B	Cambray	1685	

Autre cabinet de Monseigneur
B	Ostende	1693	estranger
+	Lille		il y a trop de fautes
B	Villefranche		pas trop bien fait

L'oratoire
B	Le fort des Bains		ne vallent pas
B	Fort de Prats de Mollo		grand chose

La petite chambre de Monseigneur
B	Perpignan		
B	Chasteau de Joux	1690	
B	Maubeuge		se gaste fort

La grande chambre de Monseigneur
B	Charleroy	1695	
B	Mont-Louis		
B	Sarrelouis		
B	Phalsbourg	1689	
B	Le fort Louis du Rhin	1689	

L'antichambre
B	Metz	1688	n'est pas bien correct
B	Luxembourg	1687	
B	Verdun	1688	
B	Dinant	1696	
+	Petit Brest ancien		

Salle des gardes
B	Brest	1687	demi-lunes et 5 ouvrages à cornes à adjouter
B	Strasbourg	1688	

Autres salles dans le pavillon où estoit l'appartement de M. le maréchal de Belfond

Salle à manger
+ Charleroy ancien
[?]
B Petit Belver sans mesure   adjouter de même ?
+ Philippeville ancien
+ autre petit Philippeville ancien
B Saint-Venant   demoly
+ Aremberg   estranger desmoly
B Pignerol   1696   estranger démoly
+ Morceau d'Ath
+ Vieux projet de Toulon
+ La Pérouse ancien

Grande chambre
+ Traerback ancien
+ Valencienne ancien
+ petit Toulon ancien
+ Bapaume
B Arras
+ Dunkerque ancien
   Cazal   estranger
+ La Pérouze   estranger
B Maestricht   estranger
+ Béthune
+ Le Quesnoy
B Bergues   à racommoder
+ Marienbourg
+ Avesnes
+ Cambray
+ Havre ancien
+ Hesdin ancien
+ Narbonne
+ Landrecy
B Cisteron

La petite chambre
B Tournay   tous les ouvrages à cornes à adjouter et les demi-lunes à coriger
+ citadelle de Tournay
B Rose
B Belfort ancien
B Dunkerque ancien
+ Douay

Cabinet

+	Pignerol ancien	
+	Petit Menin ancien	
+	Thionville ancien	
+	Collioure ancien	
+	Chasteau Trompette projet ancien	
+	Petit Exille ancien	
+	Perpignan ancien	
B	Citadelle d'Arras ancien	à racommoder
+	Oudenarde ancien	

Autre cabinet

- \+ Pignerol ancien
- \+ Pignerol ancien
- \+ Vieux morceau de Pignerol
- \+ Vieux morceau de Dunkerque
- \+ Citadelle d'Arras ancien
- \+ Perpignan ancien
- \+ Luxembourg ancien
- \+ Lille, petit plan ancien
- \+ Hombourg, petit plan ancien
- \+ Petite Pierre, petit plan ancien
- \+ Petit Bellegarde ancien
- \+ Petit modèle d'Azin de Bergues

60 reliefs à suprimer, 17 à racommoder et tous les autres à entretenir.

9.
À PROPOS DE LA *DIXME*

1. Lettre de Mesgrigny, gouverneur de la citadelle de Tournay, à Chamillart, contrôleur général des finances, du 18 juin 1707, à propos du sort de l'abbé Ragot de Beaumont
[SHAT, A 1235, f° 143]

« J'apprends avec douleur que vous avez envoyé un ordre du Roy signé de vous au sieur abbé Ragot de Beaumont pour quitter Paris et se rendre à Avranches. La situation des affaires de Sa Majesté en ce pays [Tournay] m'ayant osté la pensée de vous demander un congé pour m'y rendre, où ma présence auroit esté très nécessaire pour le partage de la succession de feu M. le maréchal de Vauban dont mon neveu, le comte de Villebertin, a esposué la fille aisnée, je jettay les yeus sur led. sr abbé Ragot, homme très intelligent pour les affaires de droit, avec qui je suis lié d'estime et d'amitié depuis plus de trente-quatre ans (et dont j'avais donné la connaissance à feu mondit sr le maréchal) pour ayder et secourir mondit neveu de ses bons conseils, ce qu'il a accepté agréablement à ma considération pour me faire plaisir. L'affaire de la succession éstant présentement en arbitrage et fort avancée entre les deux parties, scavoir M. le comte d'Ussé d'une part et mon neveu de l'autre, il seroit extrêmement préjudiciable aux interests de ce dernier si led. abbé estoit obligé de se retirer à Avranches et nous oster la satisfaction de continuer ses soins pour l'achever. Je ne sais pas, Monseigneur, ce qui a pu obliger le Roy de le retirer de Paris, l'ayant toujours connu pour homme très pacifique et dont la conduite est fort réglée, ce qui me fait prendre la liberté de vous supplier très humblement de l'y laisser tout le temps nécessaire pour achever ce partage que son absence dérangerait fort, par le peu de cognoissance que mon neveu a dans ces sortes d'affaires, ayant toujours esté dans le service. J'ose me flatter, Monseigneur, que vous voudrez bien m'accordrer cette grâce qui me sera un surcroy d'obligation très sensible et qui m'engagera d'autant plus à me dire avec un attachement autant particulier qeu très respectueux... »

Chamillart met en marge de cette supplique : « Non, et à M. d'Argenson de l'obliger à partir [mot effacé]. Le menacer de prison. »

2. Plusieurs éditions de *La Dixme royale* furent imprimées en Hollande.

3. Lettre du comte de Druy, gouverneur de Luxembourg, à Chamillart de Luxembourg, le 27 août 1707, et réponse du ministre, à propos de la vente de la *Dixme* à Luxembourg (SHAT, A1 2035, f° 143).

« Monseigneur,

« Il se débite icy un livre fait par M. le Maréchal de Vauban intitulé *La Dixme Royale*. Comme j'ay ouy dire qu'après sa mort, on avait enlevé par ordre à Paris tous les exemplaires, je ne scais, Monseigneur, s'il faut laisser au libraire qui les fait venir d'Hollande, la liberté de les vendre. Je recevray s'il vous plaît vos ordres là-dessus. J'ay l'honneur d'estre [...].

De Druy.

La réponse de Chamillart est brouillonnée sur la lettre, enchevêtrant ses lignes aux siennes, avec des mots quasi illisibles :

« Si M. le Mal de Vauban avait voulu escrire sur la fortiffication et se renfermer dans le caractère dans lequel il avait excellé, il auroit fait plus d'honneur à sa mémoire que le livre intitulé la *Dixme Royale* ne fera dans la suite. Ceux qui auront une [plus fondée ?] connaissance de l'estat des finances de France et de son gouvernement n'auront pas de peine à se persuader que celuy qui a escrit est [un] spéculatif qui a esté entraisné par son zèle à traiter une mattière qui luy estoit inconnue et trop difficile par elles-mesme pour estre rectiffiée par un ouvrage tel que celuy de M. de Vauban.

« J'ay peine à croire [que ou qu'ilz ?] [?] les exemplaires puisque celuy-ci a passé à Luxembourg et qu'il vient d'Hollande, qu'il soit possible d'empescher qu'il n'aye cours. »

Sources et bibliographie

SOURCES MANUSCRITES

Archives nationales

Archives Marine
Dépêches et registres de lettres : B1 24, B2 39, 41, 43, 43 (2), 46, 55, 58 (1), 59 (2), 65 (2), 69 (2), 91 (3), 93 (1),95, 96, 98 (1), 98 (2), 98 (3), 99, 100 (1), 100 (2), 103, 104, 105, 106 (2), 107, 107 (1), 107 (2), 108, 108 (1), 108 (2), 109, 109 (2), 112, 112 (2), 114, 116, 118, 121, 122, 127, 137, 138, 142, 155, 160, 160 (1), 168 (2), 11, 176, 183, 189, 119.
Correspondance ministérielle à l'arrivée : B3 85, 198.
Service hydrographique de la Marine, 3 JJ 156 ; nombreuses cartes du XVIIe siècle.

Minutier central
I/ 168, 169, 198, 199 - VI/ 166, 1676 - IX/ 507, 547, 550, 556, 559, 560, 562, 567, 568 - XIV/ 180 - LXXIII/ 489, 507, 508 - CXVI/ 93, 112, 127.

Fonds Rosanbo
MI 155 : cartons n° 4, *Mémoire pour servir d'instruction dans la conduite des sièges ;* nos 26 et 37, fortifications générales et fortifications par ville ; nos 52, 56, 58, états des provinces ; n° 70 ; suppléments.
MI 161 : cartons nos 2, 52, 54, correspondances diverses.

E 1799 : arrêt en conseil du roi.
TT 107 : affaires religieuses.
VH 1373 : 1679, seigneurie de Bazoches.
Lettres de provisions d'offices : Z 1E 565 (1612), 568 (1632).

Bibliothèque nationale

Mélanges Colbert
Mss 102, 103, 108, 115, 119, 119 bis, 120, 121, 122, 123, 124, 129, 129bis, 130, 139.

Fonds français
Mss 886 (traité de du Cairon), 4240, 19730, 24991 (lettres du marquis d'Ussé), 32873.

Mss latins
9153-9154 (maîtrises ès arts).

Cabinet des titres
Pièces originales : 278 / 7540 (Le Prestre), 307 (Bernin), 521 (Briquemault), 599, 876 / 19687 (Coudreau).
Dossiers bleus, vol. 137 (Briquemault), 154, 214 (Coudreau), 543 / 14228 (Le Prestre), 567 / 14994.
Cabinet d'Hozier : 67 (Briquemault), 266 (La Perrière), 278 / 7540 (Le Prestre), 514 (Le Prestre).
Carrés d'Hozier : 490 (La Perrière), 514 (Le Prestre).
Nouveau d'Hozier : 69.

Bibliothèque de l'Arsenal

Ms 3456, extrait du mémoire de M. de Vauban sur son projet de Cherbourg.
Ms 6457, n° 551, mémoire concernant la Hougue (1692).

Service historique de l'armée de terre

Correspondance du secrétariat de la Guerre :
A^1 124, 205, 247, 742 à 750, 801, 830, 831, 832, 887, 891, 904, 945, 1046, 1057, 1640, 1677, 1678, 1682, 1685, 1802, 1853, 1904, 1937, 1938, 1939, 1973, 2017, 2021, 2022.

Division archives planification, section génie,
Article 4 : *Frontières de la France*, mémoires de Vauban. – Section 1, frontières de terre, § 1 : mémoires généraux ; carton 1, n°s 1, 4, 6, 7. – Section 1, § 2 : frontières du Nord, Meuse, Ardennes, Argonne ; carton 1, n°s 2, 8. – Section 1, § 5-3 : frontière des Alpes ; carton 1, n° 4. – Section 1, § : frontière des Pyrénées ; carton 1, n°s 2 à 5. – Section 2, § 2 : frontière maritime de la Manche, de Dunkerque à Avranches ; carton 1, n°s 6, 11. – Section 2, § 2 : côtes de la Bretagne depuis la frontière du Couesnon jusqu'à la baie de Bourgneuf ; carton 1, n°s 1, 2, 9, 10, 11, 12. – Section 2, § 6 : côtes de la

Méditerranée depuis l'embouchure du Petit-Rhône jusqu'à celle de la Roya ; carton 1, n°s 5, 9, 12.
Article 5 : Communications de terre et d'eau, dessèchements. – Section 2, routes et chemins, § 3 : frontières du Rhin et du Rhin-Moselle. – Section 3, rivières et canaux, bassin de la Manche et de la mer du Nord, du Havre à Maubeuge, § 9 : jonction de la Lys à l'Aa jusqu'à la mer et navigation de la Lys à l'Aa. – Section 3, § 10 : canal de la haute et basse Deule ; carton 12, n°s 3, 4, 5, 6. – Section 4, rivières et canaux, bassin de la Meuse et du Rhin § 14, canal de Neuf-Brisach, canal dit de Quatelbach, canal Vauban ; carton 1, n°s 4, 5, 6. – Section 5, rivières et canaux, bassin de la Méditerranée § 10 : canal royal du Midi ou de Languedoc ; carton 1, n°s 10, 19. – Section 5, § 17 : communication de Sète au Rhône, canaux de Sylveréal et de Beaucaire à Aigues-Mortes ; carton 1, n°s 5, 10. – Section 6, rivières et canaux bassins de l'Océan et de la Manche, § 1 : l'Adour ; carton 1, n°s 5, 10.
Article 8 : Places françaises. – Section 1, places françaises, projets et dépenses annuels ; les cartons n° 1 de chaque place comptent les rapports de Vauban, plus particulièrement : Abbeville, Aire, Belfort, Bellegarde, Bergues, Besançon, Bouchain, Boulogne, Charlemont-Givet, Charleville, Embrun, Grenoble, Huningue, Lauter, Lille, Landau, La Rochelle, Longwy, Luxembourg, Mézières, Mont-Dauphin, Montreuil, Perpignan, Rocroi, Sète, Verdun.
Article 14 : Places étrangères. – Mémoires de Vauban dans les cartons suivants (sondages) : Bouillon, Candie (pas de mémoire de Vauban évidemment), Casal, Charleroi, Courtrai, Damme, Dinant, Exilles, Fenestrelles, Fribourg, Furnes, Gand, Huy, La Kenocque, Landau, Luxembourg, Menin, Mons, Namur, Oudenarde, Philippeville, Tournay, Turin.
Article 15 : Histoire militaire, campagnes et sièges. – Section 1, histoire militaire § 2 : guerre de Succession d'Espagne.

Bibliothèque du génie

Mss in-f° 1, 2, 3 *Traité des sièges sur l'attaque et la deffense des places de guerre* (dont le premier exemplaire aux armes du duc de Bourgogne), 1704.
In-f° 4, Vauban, *Mémoire pour servir d'instruction dans la conduite des sièges,* 1669.
In-f° 9, *Mémoire sur la fortification* par Thomassin, 1712, 3 volumes.
In-f° 11 Vauban, *Sur les places frontières et les camps retranchés,* collections de mémoires divers, 1689-1706.
In-f° 12, Vauban, revêtements, chapes des voûtes et autres sujets, 19 mémoires ou rapports, la plupart de Vauban, 1669-1706.
In-f° 20, *Le Directeur général des fortifications.*
In-f° 21, *Première Partie du voyage de M. de Vauban sur la frontière commencé le 9 avril 1698 et fini le 12 février 1699.*
In-f° 22, Vauban, projets de Huningue, Strasbourg et Fort-Louis, 1679-1698.

In-f° 31, Correspondance de Vauban, 1663-1707, 14 volumes.
In-f° 32, Inventaire des papiers de Vauban (p. 199 : « Note concernant les ouvrages et papiers de M. le maréchal de Vauban par M. de Dez, professeur de mathématiques », 1784).
In-f° 33, Navigation intérieure, différents mémoires.
In-f° 33c, Vauban, Favart, Sarrelouis, 1680-1705.
In-f° 34a, Catalogue des manuscrits de Vauban avec annotations du général Haxo.
Atlas des places fortes, 1775.
Atlas des places fortes 107, dit de Bonaparte, 1804.
Atlas des Places fortes de France 175, dit du duc d'Angoulême, 1820-1825, 6 vol.

Archives départementales et municipales
Hautes-Alpes
Registres paroissiaux : Briançon, Embrun, Gap, Mont-Dauphin...
Ardennes
Registres paroissiaux : Charleville, Mézières...
Côte-d'Or
Archives départementales : B 2658 (Avallon), B 2873 (seigneuries de Saint-Léger et Ruères), C 1430 (rôle des tailles), C 2988 *sq (idem),* C 6493 *(idem),* C 3017, 3028, etc. (passages de troupes en Bourgogne), E 632-638 et E 2169 (Coningham), E 661-667 (Damas), E 1202 (Dupuy-Vauban), E 1657 (Briquemault). Notariat : E 632-638, 1580, 2431, 1 E 1657 (Briquemault), 1 E 187.
Fonds 1 F 217, 32 F 1797, 44 F 760 *sq* (famille Mesgrigny)
Eure
Registres paroissiaux de Maintenon et villages des environs.
Haute-Garonne
Archives du canal des Deux-Mers : liasse 31, correspondance Riquet-Clerville.
Hérault
Archives départementales : C 4124, 4408, 4411, 4437, 4494, 4641 (travaux hydrauliques), C 6244, (Siffredy), C 6218 (Coningham).
Archives municipales : Montpellier.
Registres paroissiaux : Notre-Dame-des-Tables.
Indre-et-Loire
Archives départementales : C 863 (La Baume Le Blanc).
Archives municipales : Rigny-Ussé.
Registres paroissiaux XVIIe-XVIIIe siècles.
Manche
Archives municipales : Avranche.
Registres paroissiaux : Notre-Dame-des-Champs, 1714.
Meurthe-et-Moselle
Archives municipales : Charmes, CC 10 (mesures prises pour aider à la démolition des fortifications de Nancy).

Nièvre
Archives départementales: Justice de Saint-Pierre-de-Moutier, divers actes concernant les Le Prestre et les Mesgrigny : B 13, 48, 50, 227, 237, 273, 281, 323, 375, 392, 394, 398, 519, 533, 539, 544, 547, 557, 562. Papiers de famille : E 607 (certificat de Clerville), E 661 (acte Mesgrigny-d'Osnay, 1687), 1 E 302 (Le Prestre de Vauban). Notariat : 3 E 1/67, 3 E 12/1 à 37 (minutier de Bazoches des origines à 1715), 3 E 12/54 (Lormes), 3 E 18/338, 3 E/22/26-28, 3 E 102 (diverses autres localités). Fonds : F 92 (Lorin), 1 F 20 (Vauban), 1 F 216-217 (Metz-le-Comte), 1 F 302 (Le Prestre de Vauban), 1 F 323, 1 F 394 (Bruneau de Vitry-La Perrière), 27 F 4 (fonds d'Aunay), 30 F 29 (traité d'entretien).
Registres paroissiaux: Aunay, Bazoches, Blismes, Châtillon-en-Bazois, Chougny, Epiry, Luzy, Montigny-en-Morvan, Montreuillon.
Nord
Archives départementales: Vauban C 3091. Tabellions Lille, 788, 791, 2457, 3257 (actes Vauban). Béguinage : 162 H 1 à 31.
Archives municipales Lille: voyage de Vauban en 1705, C 206, 207, 508.
Seine-Maritime
Archives départementales: C 270, 1073 (Boisguilbert).
Vaucluse
Archives départementales: familles Pagan et Siffredy : B 31, 142, 321, 707, 1185, EE 12/396, 3 E 12/396.
Bibliothèque Ceccano (à Avignon) : ms 2393 (Siffredy).
Yonne
Archives départementales: familles : B 110-111, 11 B 265 (Lanty), 11 B 286 (Filzjean). Eaux et Forêts, 13 B 6, 13 B 7, 13 B 8, 13 B 9, 13 B 10, 13 B 11, 13 B 23, 13 B 25. Rôle des tailles, C 1, C 65, C 152-155, C 182 (recette d'Avallon). Accensements des forêts, C 1316, E 607. Contrôle des actes et insinuations, 2 C 684, 817, 4738. Achat de domaines, E 355, E 355, 446, 463-464, 478, 488, H 934. Divers, E 607, 1624, E 3355. Notaires, 3 E 1/464-465 (baronnie de Chastellux), 3 E 2/11 (Avallon), 3 E 16/337 (Vézelay).
Archives municipales Avallon: Peste BB 2, BB 3 ; BB 4 (navigation du Cousin) ; CC 308 (délibération).
Archives municipales Vezelay: Délibérations du conseil de ville, BB 1 et comptes, DD 1.
Registres paroissiaux: Bazarne, Coulanges, Courson, Fontenay, Fresnes, Massangis, Merry-le-Sec, Pierre-Perthuis, Thorigny, Saint-Léger-de-Foucherets (*alias* Saint-Léger-Vauban), Saint-Père-lès-Vézelay, Vézelay.

Sources imprimées

Ango (P.), *Pratique générale de la fortification*, Moulins, 1679.
Anonyme, *L'Herconomie ou règle de ce bien fortifier*, Metz, 1631.
Apianus (P.), *Cosmographicus, Libellus... Antverpiae*, J. Graphei, 1539.
Argenson (R. de Voyer, comte d'), *Rapports inédits... (1697-1715)*, Paris, Plon, 1891.
–, *Notes de René d'Argenson, lieutenant général de police intéressantes pour l'histoire des mœurs et de la police à la fin du règne de Louis XIV*, publ. par Larchey (L.) et Mabille (E.), Paris, Voitelain, 1866.
Artefeuille, *Histoire héroïque et universelle de la noblesse de Provence*, Avignon, 1757 (rééd., Marseille, Lafitte, 1970, 3 vol.).
Aubert de La Chesnaye des Bois, *Dictionnaire militaire portatif*, 4e édition, Paris, Duchesne, 1759, 3 vol.
Augoyat (colonel A. M.), *Aperçu historique sur les fortifications, les ingénieurs et le corps du génie en France*, Paris, Tenera, 1860-1863, 3 vol., (véritables annales du génie, elles peuvent être considérées comme des sources fiables en raison de la rigueur du collationnement).
Aurignac, *Livre de toutes sortes de fortifications tant régulières qu'irrégulières*, Paris, chez l'auteur, 1670.
Bachot (A.), *Le Timon du capitaine A.-B. Bachot, lequel conduira le lecteur parmi les guerrières mathématiques sur la réduction des unes aux autres figures géométriques... Joint un traité fort utile des fortifications*, Paris, 1587.
Bélidor (de La Forest de), *La Science des ingénieurs*, Paris, 1727.
–, *Le Bombardier français*, Paris, 1731.
Bérenger (J.) et Meyer (J.), *La Bretagne à la fin du XVIIe siècle d'après le mémoire de Béchameil de Nointel*, Paris, Klincksieck, 1976.
Bibliothèque militaire historique et politique, Paris, Vincent, 1760, 3 vol.
Bitanvière (S. de, pseudo. Jean du Breuil Père), *L'Art universel des fortifications françaises, hollandaises, espagnoles, italiennes*, Paris, 1674.
Blondel (F.), *L'Art de jetter les bombes*, Paris, N. Langlois, 1683.
–, *Cours d'architecture*, Paris, Aubouin, 1675-1683.
–, *Nouvelle Manière de fortifier les places*, Paris, N. Langlois, 1683.
–, *Cours de mathématique contenant divers traittés composez et enseignez à Monseigneur le Dauphin*, Paris, 1683.
Boislisle (A.-M. de), *Correspondance des contrôleurs généraux des finances avec les intendants des provinces*, Paris, 1874-1897, 3 vol.
Boislisle (J. de), *Mémoriaux du conseil de 1661*, Paris, Société de l'histoire de France, 1905-1907, 3 vol.
Bossuet (B. de), *Œuvres*, Paris, Gallimard, « Bibliothèque de la Pléiade », 1961.
Brancourt (J.-P.), *L'Intendance de Champagne à la fin du XVIIe siècle*, Paris, CTHS, 1983.
Cambray (chevalier de), *Manière de fortifier de M. de Vauban*, Amsterdam, 1689.

SOURCES ET BIBLIOGRAPHIE

CARLES (J.), *Instructions arithmétiques contenant une méthode très facile pour apprendre les quatre principales règles*, Montpellier, G. et H. Pech, 1694 et 1699.

CARLO (T.), *Discours sur le fait de fortification*, Lyon, 1589.

CARNOT (L.), *Éloge de Sébastien Le Prestre*, s.l. n.d.

CATANEO (G.), *Le Capitaine de Jérosme Cataneo contenant la manière de fortifier places, assaillir et défendre…, mis en français par J. de Tournes*, Lyon, J. de Tournes, 1574.

CHÂTILLON (Cl.), *Topographie française ou représentation de plusieurs villes, bourgs, châteaux, places, forteresses*, Paris, Boissevin, 1655.

CHODERLOS DE LACLOS, (P. A. F.), « Lettre à Messieurs de l'Académie », *Œuvres complètes*, Paris, Gallimard, « Bibliothèque de la Pléiade », 1959.

COLBERT (J.-B.) *Lettres, instructions et mémoires*, Paris, P. Clément, 1868-1882, 10 vol., spécialement t. V.

Correspondance des intendants avec le contrôleur général des finances, 1677-1689. Naissance d'une administration, éd. par Smedley-Weill (Anette), Paris, Imprimerie nationale, 1990, 2 vol., t. II.

COURTÉPÉE (abbé Cl.), *Description générale et particulière du duché de Bourgogne*, 2ᵉ éd., Dijon, V. Lagier, 1848, 4 vol., in-8.

DANGEAU (marquis de), *Journal*, Paris, F. Didot, 1854-1860, 19 vol.

DEPPING (G.-B.), *Correspondance administrative sous le règne de Louis XIV*, Paris, Imprimerie impériale, 1850-1855, 4 vol.

DESHOULIÈRES (A. du Ligier de La Garde), *Poésies*, Paris, S. Mabre-Gramoisy, 1688.

DOGEN (M.), *L'Architecture militaire moderne, ou fortification… mise en français par H. Poirier*, Amsterdam, L. Elzevier, 1648.

DUBREUIL (J.), *L'Art universel des fortifications*, Paris, 1674.

DU FAY (abbé), *Manière de fortifier selon la méthode de Mr de Vauban*, Paris, Coignard, 1681.

Éloges de Vauban. B. Fontenelle, L. Carnot, J. Barillon, Saint-Léger-Vauban, Ass. des amis de la maison Vauban, 1986.

ERRARD DE BAR-LE-DUC, *Le Premier Livre des instruments mathématiques mécaniques*, Paris, 1583,

–, *La Géométrie et practique générale d'icelle*, Paris, 1594.

–, *Les Six Premiers Livres des Éléments d'Euclide*, Paris, 1598.

–, *La Fortification réduicte en art et démonstrée*, Paris, 1600.

–, *La Fortification démonstrée et réduicte en art par feu J. Errard, revue, corrigée et augmentée par A. Errard, son neveu*, Paris, 1620.

FABRE, *Les Practiques du sieur Fabre sur l'ordre et reigle de fortifier, garder et attaquer et défendre les places…*, Paris, 1629.

FAMUEL, *L'Art héroïque de l'architecture militaire*, Metz, 1685.

FLAMAND (Cl.), *Le Guide des fortifications et conduite militaire*, Montbéliard, 1597.

FOURNIER (père G.), *Traité des fortifications ou architecture militaire*, Paris, J. Henault, 1648.
FRITACH (A.) *L'Architecture militaire ou la fortification nouvelle*, Leyde, Les Elzeviers, 1635.
FURETIÈRE (A.), *Dictionnaire universel*, Paris, La Haye et Rotterdam, A. et R. Leers, 1690, 3 vol.
GAUTIER (H.), *Traité des fortifications*, Lyon, Amaulry, 1685.
GOLDAN (N.), *La Nouvelle Fortification*, Leyde, 1645.
GOULON (*alias* LE GOULON,), *Mémoire pour l'attaque et la défense d'une place*, La Haye, H. Van Bulderen, 1706.
GUIBERT (comte de), *Essai général de tactique*, Londres, Librairies associées, 1772, 2 vol.
GUIFFREY (Jules), *Comptes des bâtiments du roi*, Paris, Imprimerie nationale, t. II, 1887.
HASQUIN (G.), *L'Intendance du Hainaut en 1697*, Paris, CTHS, 1975.
HONDIUS (H.), *Description et brève déclaration des règles générales de la fortification*, traduit du flamand par A. Girard, Hagae, 1625.
HURPIN (G.), *L'Intendance de Rouen en 1698. Édition critique du mémoire « pour l'instruction du duc de Bourgogne »*, Paris, CTHS, 1985.
LA NOUE (F. de), *Discours politiques*, Paris-Genève, Droz, 1967.
MALTHUS (F.), *Traité des feux artificiels pour la guerre et pour la récréation, avec plusieurs belles observations, abrégez de géométrie, fortifications et exemples d'arithmétique*, Paris, P. Guillemot, 1629.
–, *Pratique de la guerre, contenant l'usage de l'artillerie, bombes et mortiers, feux artificiels et pétards, sappes et mines, ponts et pontons, tranchées et travaux, avec l'ordre des assauts aux brèches et à la fin un traité des feux de joye*, Paris, I. Guillemot, 1646, (plusieurs rééditions : 1650, 1668, 1672).
MANESSON-MALLET (A.), *Les Travaux de Mars ou l'art de la guerre...*, Paris, 1684.
MAROLOIS (S.), *Géométrie contenant la théorie et practique d'icelle nécessaire à la fortification*, Hagae-Comitis, 1616.
MAZARIN (J. cardinal de), *Lettres*, Paris, Chéruel, 1872-1896, 9 vol.
Médailles sur les principaux événements du règne entier de Louis le Grand, avec des explications historiques, Paris, Imprimerie royale, 1723.
MEYNIER (H. de), *Les Nouvelles Inventions de fortifier les places*, Paris, 1626.
MICHAUD D'ARÇON (général), *Considération sur l'influence du génie de Vauban dans la balance des forces de l'Etat...*, Strasbourg, 1786.
MILLIET DE CHASLES (père C. F.), *L'Art de fortifier, de défendre et d'attaquer les places suivant les méthodes française, hollandaise, italienne et espagnole*, Paris, Michallet, 1684.
MONTALEMBERT (marquis de), *La fortification perpendiculaire ou Essai sur plusieurs manières de fortifier la ligne droite*, Paris, Barrois Aîné, 1776-1796, 11 volumes.

MOREIL (F.), *L'Intendance de Languedoc à la fin du XVII*e *siècle*, édition critique des *Mémoires pour l'instruction du duc de Bourgogne*, Paris, CTHS, 1985.

NIGRY (père de), *Remarques nécessaires pour l'intelligence des fortifications*, Nancy, 1644.

NOËL (F.-J.), *Éloge du maréchal de Vauban, discours qui a remporté le prix d'éloquence au jugement de l'Académie française en 1790*, Paris, Garnéry, 1790.

PAGAN (B.-F., comte de), *Les Fortifications*, Paris, Besongne, 1645.

PASINO (A. di), *Discours sur plusieurs points de l'architecture de guerre concernant les fortifications tant anciennes que modernes*, Anvers, 1579.

PERRET (J.), *Fortification, architecture, perspective et artifices*, Paris, 1594.

PINARD, *Chronologie historique militaire*, Paris, C. Hérissart, 1763, 8 vol.

POTIERS, *Théorie et pratique des forteresses*, Cologne, 1601.

PRAISSAC (sieur de), *Discours et questions militaires*, Paris, 1612.

QUINCY (J.-S., comte de), *Histoire militaire du règne de Louis le Grand*, Paris, D. Mariette, 1726, 7 vol.

RACINE (J.), *Œuvres complètes*, Paris, Gallimard, « Bibliothèque de la Pléiade », 2 vol., 1960.

RICHELIEU (cardinal de), *Les Papiers de Richelieu*, publ. par Grillon (P.), Paris, Pédone, 1975-1985, 6 vol.

ROHAN (H., duc de), *Le Parfait Capitaine ou Abrégé des guerres*, nouvelle édition, La Haye, F.-H. Scheurleer, 1757.

SAINT-HILLAIRE, *Mémoires*, publiés par L. Lecestre, Paris, Société de l'histoire de France, 1903, 5 vol.

SAINT-SIMON (L. de Rouvroy, duc de), *Mémoires*, Paris, Gallimard, « Bibliothèque de La Pléiade », 1953-1961, 7 vol.

SEIDIER (abbé), *Le Parfait Ingénieur français, ou la fortification offensive et défensive contenant la construction, l'attaque et la défense des places régulières et irrégulières selon les méthodes de Mr de Vauban*, Paris, Ch. A. Jombert, 1736.

SERRES (O. de), *Théâtre d'agriculture et mesnage des champs*, Paris, Jamet-Métayer, 1600.

SÉVIGNÉ (Mme de), *Correspondance*, Paris, Gallimard, « Bibliothèque de La Pléiade » 3 vol.

SOURCHES (L.-F. du Bouchet, marquis de), *Mémoires du marquis de Sourches sur le règne de Louis XIV*, publiés par le comte de Cosnac, Paris, 1882-1893, 13 vol.

SPANHEIM (E.), *Relation de la Cour de France*, publ. par Schefer (Ch.), Paris, H. Loones, Coll. « Histoire de France », 1882.

STEVIN (S.), *La Castramétation*, Leyde, 1618.

STURM (L. C.), *Le Véritable Vauban se montrant au lieu du faux Vauban ou l'ingénieur français corrigé par les Allemands et les Hollandais*, La Haye, 1708.

TARADE (J.), *Dessins de toutes les parties de l'Eglise de Saint-Pierre de Rome*, s. l. n. d. (1713).
TARDE (J.), *Usage du quadrant aymanté*, Paris, J. Gesselin, 1621.
TRÉNARD (L.), *L'Intendance de Flandre wallonne en 1698*, Paris, CTHS, 1977.
VAUBAN (S. Le Prestre de), *Lettres intimes* inédites adressées au marquis de Puysieux, éd. par Hyrvoix de Landosle, Paris, 1924.
–, *Mémoires inédits du maréchal de Vauban sur Landau, Luxembourg et divers autres sujets*, publ. par le colonel Augoyat, Paris, Le Spectateur militaire, 1841.
–, *Oisivetés de M. de Vauban*, publ. par le colonel Augoyat, Paris, J. Corréard, 1842-1845, 2 vol.
–, *Traité de l'attaque des places*, nouvelle édition par F.-P. de Foissac, Paris, an III de la République, 2 vol.
–, *Vauban, sa famille et ses Écrits. Ses* Oivisetés *et sa correspondance*, publ. par le colonel ROCHAS D'AIGLUN, Paris, Berger-Levrault, 1910, 2 vol.
VIC (dom C.) et VAISSETTE (dom J.), *Histoire de Languedoc*, Toulouse, Privat, 1890 t. XIII.
VILLE (A. de), *Les Fortifications du chevalier Antoine de Ville*, Lyon, J. Marlet, 1628.
VINCENT DE PAUL, *Correspondance*, édition P. Coste, Paris, Gabalda, 1920-1923, 8 vol.
VIVONNE (maréchal de), *Correspondance relative à l'expédition de Messine*, Paris, éd. J. Cordey, coll. « Histoire de France », 1912, 2 vol.
VOLTAIRE, *Le Siècle de Louis XIV*, 1751.

BIBLIOGRAPHIE

ACERRA (M.) et MEYER (J.), *La Grande Époque de la marine à voiles*, Rennes, 1987.
–, *La Marine française vue par elle-même*, Rochefort, 1987.
–, *L'Empire des mers*, Paris, Office du livre, 1990.
ADGÉ (M.), *Les Ouvrages d'art du canal du Midi. Conception et évolution des principaux types, 1667-1837*, Agde, 1983.
L'Armée à Nancy, 1633-1966 (sans nom d'auteur), Nancy-Paris, Berger-Levrault, 1967.
AUGER (D.), *Bibliographie des ouvrages de Vauban ou concernant Vauban*, Saint-Léger-Vauban, Ass. des amis de la maison Vauban, 1994, 3 vol.
AUMALE (H., duc d'), *Histoire des princes de Condé*, Paris, C. Lévy, 1885, 8 vol.
AYATS (A.), *Frontière politique et frontières militaires en Roussillon de 1659 à 1681*, thèse d'histoire, université Montpellier-III, 1990, 3 vol.

BAUDIAU (abbé), *Le Morvand*, Nevers, 1865, 3 vol.

BELLET (abbé), *Le Col du Mont-Cenis, porte millénaire des Alpes*, Société d'histoire et d'archéologie de Maurienne, Saint-Jean-de-Maurienne, 1976.

BÉLY (L.), *Les Relations internationales en Europe, XVIIe-XVIIIe siècles*, Paris, PUF, 1992.

–, BÉRENGER (J.) et CORVISIER (A.), *Guerre et paix dans l'Europe du XVIIe siècle*, Paris, CEDES, 1991.

BÉRENGER (J.), *Turenne*, Paris, Fayard, 1987.

BILOGHI (D.), *Les Étapes en Languedoc à l'époque moderne*, thèse d'histoire, université Montpellier-III, 1994.

BIRAL (A.), MORACHIELLO (P.), *Immagini dell'ingegnere tra Quattro e Settecento*, Milan, Fr. Angelo Libri, 1985.

BLANCHARD (A.), *Les « Ingénieurs du Roy » de Louis XIV à Louis XVI. Étude du corps des fortifications*, Montpellier, CHM, 1979.

–, *Dictionnaire des ingénieurs militaires, 1691-1791*, Montpellier, CHM, 1981.

–, « La bonne sûreté du royaume » et « Vers la ceinture de fer », *Histoire militaire de la France*, sous la direction d'André Corvisier, t. I.

BLANCHARD (M.), *Les Routes des Alpes occidentales à l'époque napoléonienne (1796-1815)*, Grenoble, J. Allier, 1920.

BLANCHARD (R.), *Les Alpes occidentales*, Grenoble, Arthaud, 1938-1956, 10 vol. Cf. t. III, *Les Grandes Alpes du Nord*.

BLOMFIELD (R.), *Sébastien Le Prestre de Vauban, 1633-1707*, Londres, Methuen, 1938.

BLUCHE (F.), *Louis XIV*, Paris, Fayard, 1986.

–, et SOLNON (J.-F.), *La Véritable Hiérarchie sociale de l'ancienne France*, Genève-Paris, Droz, 1983.

Boisguillebert parmi nous, présenté par J. Heclt, Paris, INED, 1989.

BORNECQUE (R.), *La France de Vauban*, Grenoble, Arthaud, 1984.

BOULAIRE (A.), *Brest et la Marine royale de 1660 à 1790*, thèse de doctorat ès lettres, Paris, Sorbonne, 1988, 6 vol.

BOURRELY (général J.), *Le Maréchal de Fabert (1599-1662)*, Paris, Didier, 1869, 2 vol.

BRUANT (Y.), « Les traités d'architecture militaire française à la fin du XVIe et au début du XVIIe siècle », *Les Traités d'architecture de la Renaissance*, Paris, Picard, 1988.

BRUCHET (M.), *La Savoie d'après les anciens voyageurs*, Annecy, 1908.

BURKE (P.), *Louis XIV. Stratégies de la gloire* (traduction de P. Chemla), Seuil, 1995.

BURLET (R.) et ZYSBERG (A.), *Gloire et misère des galères*, Paris, 1988.

CABANTOUS (Alain), *Dix Mille Marins face à l'océan*, Paris, Publisud, 1991.

CHARRAULT (abbé), *Vauban (1633-1707)*, Comité du tricentenaire de Vauban, 1933.

CHARTIER (R.), JULIA (D.), COMPÈRE (M.-M.), *L'Éducation en France du XVIe au XVIIIe siècle*, Paris, 1976.

CHELE (A.), *Port-Vendres à l'époque moderne*, mémoire maîtrise, Montpellier-III, 1986.

CIORANESCU (A.), *Bibliographie de la littérature française du XVIIe siècle*,

CLÉMENT (P.), *Histoire de Colbert*, Paris, 1874, 2 vol.

Commémorations du tricentenaire de Vauban, 1933, Beaune, Société d'études d'Avallon, 1937-1953.

CORNU (P.), *Les Forêts du Nivernais*, Nevers, Société archéologique du Nivernais, 1982.

CORVISIER (A.), *Louvois*, Paris, Fayard, 1983.

–, *Les Français et l'armée sous Louis XIV d'après les mémoires des intendants*, Vincennes, SHAT, 1975.

CORVOL (A.), *L'Arbre et l'homme sous l'Ancien Régime*, Paris, Economica, 1984.

COUTENCEAU (I.), *La Construction d'une place forte au début du XVIIIe siècle. Théorie et pratique. Le cas de Neuf-Brisach, 1698-1705*, mémoire de maîtrise, Paris, université Paris-IV, 1984.

CROQUEZ (A.), *La Flandre wallonne et les pays de l'intendance de Lille sous Louis XIV*, Paris, H. Champion, 1912.

DAINVILLE (F. de), *Le Dauphiné et ses confins vus par l'ingénieur d'Henri IV, Jean de Beins*, Paris-Genève, Droz, 1968.

–, *Le Langage des géographes*, Paris, Picard, 1964.

DÉJEAN (E.), *Un prélat indépendant au XVIIe siècle, Nicolas Pavillon, évêque d'Alet (1637-1677)*, Paris, Plon Nourrit, 1909.

DELABORDE (J.), *Gaspard de Coligny, amiral de France*, Paris, Sandoz et Fischbacker, 1879-1881, 3 vol.

DESMONS (docteur F.), *L'Épiscopat de Gilbert de Choiseul, 1671-1689*, Tournai, 1907.

DESQUENES (R.), FAILLE (R.), FAUCHERRE (N.), PROST (Ph.), *Les Fortifications du littoral. La Charente maritime*, Chauray, Ed. Patrimoines et Médias, 1993.

DESSERT (Daniel), *Argent, pouvoir et société au Grand Siècle*, Paris, Fayard, 1984.

DETHAN (G.), *Mazarin*, Paris, Imprimerie nationale, 1981.

DOUCET (Roger), *Les Institutions de la France au XVIe siècle*, Paris, Picard, 1948, 2 vol.

DROUOT, *Mayenne et la Bourgogne (1587-1596)*, Paris, Picard, 1937.

DUPAQUIER (J.), *La Population française aux XVIIe et XVIIIe siècles*, Paris, PUF, 1979.

ESMONIN (E.), *Le Mémoire de l'intendant Voysin de La Noiraye sur l'état de la généralité de Rouen, 1665*, Paris, 1913.

–, *Études sur la France des XVIIe et XVIIIe siècles*, Paris, PUF, 1964.

FAUCHERRE (N.), *Places fortes, bastion du pouvoir*, Paris, Desclée de Brouwer, coll. « Patrimoine vivant, notre histoire », 1986.

FEBVRE (L.), *Philippe II et la Franche-Comté*, 2e éd., Paris, Flammarion, 1970.

FELS (M.), *Quatre Messieurs de France. Vauban, Olivier de Serres, Nicolas Poussin, Saint-Vincent de Paul*, Paris, Flammarion, 1975.

FIERRO-DOMENECH, *Le Pré carré, géographie administrative de la France*, Paris, Laffont, 1986.

FLANDIN (E.), *Vauban, sa vie, ses œuvres*, Avallon, Imp. E. Odomé, 1873.

FOISIL (M.), *Un sieur de Gouberville*, Paris, Aubier-Montaigne, 1981.

FORTI (L. C.), *Fortificazioni e ingegneri militari in Liguria (1684-1814)*, Gênes, Compagnia dei Librai, 1992.

FRACARD (M.-L.), *Philippe de Montaud-Bénac, duc de Navailles, maréchal de France (1619-1684)*, Niort, N. Imbert, 1970.

FRIJHOFF (W.) et JULIA (D.), *École et société dans la France d'Ancien Régime*, Paris, A. Colin, 1975.

GARNIER (B.) et HOCQUET (J.-C.), *Genèse et diffusion du système métrique*, Caen, Ed.-Diffusion du Lys, 1990.

GILLE (B.), *Les Sources statistiques de l'histoire de France. Des enquêtes du XVIIe siècle à 1870*, Paris-Genève, Droz, 1964.

GOUBERT (P.), *Louis XIV et vingt millions de Français*, Paris, Fayard, 1966.

GRESSET (M.) et DEBARD (J.-M.), *Le Rattachement de la Franche-Comté à la France, 1668-1678. Témoins et témoignages*, Besançon, CRDP, 1978.

GROSPERRIN (B.), *Les Petites Écoles dans la France d'Ancien Régime*, Rennes, 1982.

GUILLERM (A.), *La Pierre et le Vent. Fortifications et marine en Occident*, Paris, Arthaud, 1985.

HALÉVY (Daniel), *Vauban*, Paris, B. Grasset, 1923.

HALL (A. R.), *Ballistic in the Seventeenth Century. A Study in the Relations of Science and War with Reference Principally to England*, New York, 1952.

Histoire de Brest, sous la dir. de LE GALLO (Y.), Toulouse, Privat, 1976.

Histoire de Lorient, sous la dir. de NIERES (C.), Toulouse, Privat, 1988.

Histoire du Havre, sous la dir. de CORVISIER (A.), Toulouse, Privat, 1983.

HUMBERT (général J.), *Embrun et l'Embrunois à travers l'histoire*, Gap, Soc. d'études des Hautes-Alpes, 1972.

–, *Montagne et stratégie au XVIIe siècle. Richelieu dans les Alpes*, s. l. n. d. (en fait, section typographique EM 8; probablement de 1954).

JACQUART (J.), *La Crise rurale de l'Ile-de-France*, Paris, A. Colin, 1974.

JOUANNA (A.), *Le Devoir de révolte*, Paris, Fayard, 1990.

KIECHEL (L.), *Histoire d'une ancienne forteresse de Vauban, Huningue*, Montluçon, 1975.

KLEINMAN (R.), *Anne d'Autriche*, Paris, Fayard, 1993.

KONVITZ (J. W.), *Cities and the Sea. Port City Planning in Early Modern Europe*, Baltimore-Londres, The Johns Hopkins University Press, 1978.

LABATUT (J.-P.), *Louis XIV, roi de gloire*, Paris, Imprimerie nationale, 1984.

LALOU (J.), *Une ancienne maison forte en Morvand. Le chastel de Ruères et ses seigneurs à Saint-Léger-Vauban*, Avallon, 1974.

L'Amiral de Coligny et son temps, colloque tenu à Paris du 24 au 28 octobre 1972, Paris, 1974-1975, 795 p.

LAZARD (colonel), *Vauban, 1633-1707,* thèse d'Etat, Paris, Félix Alcan, 1934.

LECOMTE (colonel C.), *Les Ingénieurs militaires en France pendant le règne de Louis XIV,* Paris, Berger-Levrault, 1904.

LE HALLE (G.), *Histoire des fortifications en Bourgogne,* Amiens, Martelle, 1990.

–, *Histoire des fortifications en Franche-Comté,* Amiens, édition Martelle, 1991.

LE MÉE (R.), *Les Sources de la démographie historique française,* Paris, CTHS, 1967.

LEPETIT (B.), *Chemins de terre et voies d'eau. Réseaux de transports et organisation de l'espace en France, 1740-1840,* Paris, EHESS, 1987.

LE POURHIET-SALAT (N.), *La Défense des îles bretonnes de l'Atlantique des origines à 1860,* Vincennes, Service historique de la Marine, 1983, 2 vol.

LE ROY LADURIE (E.), *Vauban. La dîme royale,* Paris, Imprimerie nationale, coll. « Acteurs de l'histoire », 1992.

Le Rattachement de Strasbourg à la France en 1681, Strasbourg, CNDP, 1981.

Les Invalides. Trois siècles d'histoire, Paris, musée de l'armée, 1974.

LIVET (G.), *L'Intendance d'Alsace sous Louis XIV, 1648-1715,* Paris, Les Belles-Lettres, 1956.

LYMAN ROCKLE (N.), *Jeanne d'Albret, reine de Navarre, 1528-1572,* Paris, 1979.

MASSE (A.), *Histoire du Nivernais,* Paris, Boivin et Cie, 1938.

MÉTHIVIER (H.), *La Fronde,* Paris, PUF, 1984.

MEUVRET (J.), *La Production des céréales et la société rurale,* Paris, EHESS, 1987, 2 vol.

MEYER (J.), *Colbert,* Paris, Hachette, 1981.

–, *Le Poids de l'État,* Paris, PUF, 1983.

–, POUSSOU (J.-P.), LOTTIN (A.), VAN DER WOUDE (A.), SOLI (H.), VOGLER (B.), *Études sur les villes en Europe occidentale (milieu du XVIIe siècle à la veille de la Révolution française),* Paris, Sedes, 1983, 2 vol.

MICHEL (G.), *Histoire de Vauban,* Paris, 1879.

MICHEL (H.), *Montpellier du milieu du XVIIe siècle à la fin du XVIIIe siècle,* thèse d'État, Paris, université Paris-I, 1993, 6 vol.

MILOT (J.), *La Reine des citadelles,* Lille, 1967, 2e édition.

MIROT (L. et A.), *Manuel de géographie historique de la France,* 2e édition, Paris, Picard, 1947.

MORICEAU (J.-M.), *Les Fermiers de l'Île-de-France,* Paris, Fayard, 1994.

MOUSNIER (R.), *La Dîme de Vauban,* Paris, CDU, 1969.

NARDIN (Pierre), *Gribeauval, lieutenant général des armées du roi (1715-1789),* Paris, Cahiers de la Fondation pour les études de défense nationale, 1982.

NICASTRO (O.), *Vauban et Boisguilbert, Dettaglio della Francia*, université de Pise, 1981.
OUVERLEAUX (Émile), *Mesgrigny, ingénieur militaire, lieutenant général des armées du roi, gouverneur de la citadelle de Tournai, 1630-1720*, Bruxelles, Librairie Falk, 1928.
PARADISSIS (A.), *Fortresses and Castles of Greece*, Athènes, Thessalonique, Efstathiadis Bros, 1972, 3 vol.
PARAT (A.), *Histoire d'Arcy-sur-Cure depuis les temps les plus reculés*, Auxerre, Impr. A. Gallot, 1915.
PARENT (M.) *Vauban, un encyclopédiste avant la lettre*, Paris, Berger-Levrault, 1982.
PARENT (M.) et VERROUST (J.), *Vauban*, Paris, 1971.
PARENT (P.), *L'Architecture civile à Lille au XVIIe siècle*, Lille, E. Raoust, 1925.
–, *L'Architecture des Pays-Bas méridionaux aux XVIe, XVIIe et XVIIIe siècles*, Paris-Bruxelles, G. Van Œst, 1925.
Paris, croissance d'une capitale, colloque, Paris, Hachette, 1961.
PARKER (G.), *La Révolution militaire. La guerre et l'essor de l'Occident, 1500-1815*, Paris, Gallimard, 1993.
PERNOT (J.-F.), *Au service de la construction de l'État moderne. Théories et action des techniciens de la fortification en France du XVIe au XVIIIe siècle*, thèse de doctorat de 3e cycle, Paris-IV, 1981.
PERREAU (J.), *Catinat et l'invasion du Dauphiné*, Paris, L. Baudouin, 1892.
PERROT (J.-C.), *Une histoire intellectuelle de l'économie politique*, Paris, EHESS, 1992.
PETER (J.), *Vauban et Toulon. Histoire de la construction d'un port-arsenal sous Louis XIV*, Paris, Economica, 1994.
PETITFILS (J.-C.), *Louis XIV*, Paris, Perrin, 1995.
PICAVET (C.-G.), *Les Dernières Années de Turenne (1660-1675)*, Paris, 1914.
PICON (A.), *Claude Perrault ou la curiosité d'un classique*, Paris, Picard, 1988.
PIÉRARD (C.) et VAN MOL (B.), *Mons. Une enceinte en mutation constante de 1290 à 1865*, Crédit communal, 1983-1984.
PFISTER (C.), *Histoire de Nancy*, Paris-Nancy, Berger-Levrault, 1902-1908, 3 vol, cf. t. II.
PILLORGET (R.), *Les Mouvements insurrectionnels de Provence entre 1596 et 1715*, Paris, Les Belles-Lettres, 1975.
PILLORGET (R. et S.), *France baroque, France classique*, Paris Laffont, collection « Bouquins », 2 vol., 1996.
Plans en relief de villes belges, Bruxelles, Pro Civitate, 1965.
Pour une histoire de la statistique, Paris, INSEE, 1976.
PUJO (B.), *Vauban*, Paris, A. Michel, 1991.
RAMBERT (G.), *Nicolas Arnoul, intendant des galères à Marseille (1665-1674)*, Marseille, Provincia, 1931.
REBELLIAU (A.), *Vauban*, Paris, Fayard,1962.
REINHARDT (M.), *Le Grand Carnot*, Paris, Aubier, 1950, 2 vol.

Rochas d'Aiglun (A.), *Les Bourcet et leur rôle dans les guerres alpines*, Paris, 1895.
Rocolle (P.), *2 000 Ans de fortification française*, 2e édition, Paris, 1988.
Rossignol, *Le Bailliage de Dijon après la bataille de Rocroy*, Dijon, 1857.
Roupnel (D.), *Villes et campagnes dans le pays dijonnais au XVIIe siècle*, 2e édition, Paris, 1982.
Roure (baron A. du), *Inventaire analytique de titres et documents originaux des archives du château de Barbegal*, Paris, H. Champion, 1906, in-f°.
Roux (A. de), *Perpignan. De la place forte à la ville ouverte*, thèse de doctorat de géographie historique, université Bordeaux-III, 1993, 2e édition 1994.
Sauliol (R), *Le Maréchal de Vauban*, Paris, Ch. Lavauzelle,1924.
Soultrait (G.-R., comte de), *Armorial historique et archéologique du Nivernais*, Nevers, Michot, 1879, 2 vol.
Spandinata (R.-O.), *Les Français à Messine*, Paris, Amyot, 1842.
Thelu (R.), *Les Écluses avant le XVIIe siècle. Recherches sur les origines des écluses à sas*, Editions de la Navigation du Rhin, Strasbourg, 1979.
Thin (E.), *Quand l'ennemi venait de la mer. Chronique de deux cents ans de défense côtière en Normandie, Tahitou et la côte de la Hougue, XVIIe-XIXe siècles*, Saint-Lô, Cahiers de l'ODAC, 1992.
Toudouze (G.), *Monsieur de Vauban*, Paris, 1954.
Toussaint (M.), *L'Œuvre de Vauban en Lorraine*, Nancy, Éditions du Pays lorrain, 1932, 28 p.
Trenard (L.), *Histoire des Pays-Bas français*, Toulouse, Privat, 1972.
–, *Histoire d'une métropole : Lille-Roubaix-Tourcoing*, Toulouse, Privat, 1977.
–, *Les Mémoires des intendants pour l'instruction du duc de Bourgogne (1698). Introduction générale*, Paris, CTHS, 1975.
Truttmann (P.), *Fortification, architecture et urbanisme aux XVIIe et XVIIIe siècles. Essai sur l'œuvre artistique et technique des ingénieurs militaires sous Louis XIV et Louis XV*, Thionville, Service culturel de la ville, 1976.
Vauban réformateur, actes du colloque de 1983, Paris, Association Vauban, 1993.
Vauban et ses successeurs en Franche-Comté. Trois siècles d'architecture militaire, Besançon, CRDP, 1981.
Vauban et ses successeurs en Hainaut et d'Entre-Sambre-et-Meuse, Association Vauban, Paris, 1984.
Vauban et ses successeurs dans le territoire de Belfort, Paris, Association Vauban, 1992.
Vauban et ses successeurs dans les Alpes de Haute-Provence, Paris, Amis des forts Vauban de Colmars, Association Vauban, 1992.
Vauban et ses successeurs en Briançonnais, Association Vauban, Paris, 1995.
Vaulabelle (A. de), *Histoire générale de Semur-en-Auxois*, Paris, F. Chantenay, 1927.

VÉRIN (H.), *La Gloire des ingénieurs. L'intelligence technique du XVIᵉ au XVIIIᵉ siècle*, Paris, Albin Michel, 1993.
VERNISY (E. de), *L'Invasion de Gallas*, Paris, Desclée de Brouwer, 1936.
VIBRAYE (comte T. de), *Quelques textes sur Vauban*, Paris, Imprimerie nationale, 1957.
VIGUERIE (J. de), *Une œuvre d'éducation sous l'Ancien Régime. Les pères de la Doctrine chrétienne en France et en Italie, 1592-1792*, Paris, Nouvelle Aurore, 1976.
VILLAIN (J.), *La Fortune de Colbert*, Paris, CHEFF, 1994.
VIOLET-LE-DUC, *Histoire d'une forteresse*, Paris, Hetzel, s.d.
VOS (chanoine), *Les Dignités et fonctions de l'ancien chapitre de Notre-Dame de Tournai*, Bruges, Desclée de Brouwer, 1898, 2 vol.
WILHEM (J.), *La Vie quotidienne au Marais au XVIIᵉ siècle*, Paris, Hachette, 1967.
ZELLER (G.), *L'Organisation défensive des frontières du nord et de l'est au XVIIᵉ siècle*, Paris, Berger-Levrault, 1928.
–, *Histoire des relations internationales*, t. III, *Les Temps modernes de Louis XIV à 1789*, Paris, Hachette, 1955.

Articles

BATTESTI (M.), « Vauban, thuriféraire de Cherbourg, ou De l'incidence de la bataille de la Hougue sur le destin du port de Cherbourg », *Revue historique*, n° 587, juillet-septembre 1993, pp. 75 sq.
BLAY (M.), « Le développement de la balistique et la pratique du jet des bombes en France à la mort de Colbert », *De la mort de Colbert à la révocation de l'édit de Nantes, un monde nouveau ?*, XIVᵉ colloque du Centre méridional de rencontre sur le XVIIᵉ siècle, Marseille, 1985, pp. 33-50.
BOISLISLE (de), « La proscription du projet de dîme royale et la mort de Vauban », Paris, Picard, « Mémoires de l'Académie des sciences morales et politiques », 1875.
BORNECQUE (R.), « Un problème méthodologique : les fausses attributions à Vauban. L'exemple des Alpes », *101ᵉ Congrès des sociétés savantes*, Lille, 1976, *Archéologie*, pp. 167-178.
BUISSERET (D.), « Les ingénieurs d'Henri IV », *Actes du Congrès des sociétés savantes*, Paris, 1966.
CATARINA (D.), « La défense du Languedoc rhodanien à l'époque moderne, Histoire et défense », *Les Cahiers de Montpellier*, n° 28, 1993.
CHAUSSINANT-NOGARET (G.), « Un aspect de la pensée nobiliaire au XVIIIᵉ siècle : l'antinobilisme », *Revue d'histoire moderne et contemporaine*, t. XXIX, juillet-septembre 1982.
CROS (Bernard), « Dunkerque au temps de Louis XIV », *Chasse-Marée, histoire et ethnologie maritime*, Douarnenez, n° 93, novembre 1995, pp. 30-40.

DAINVILLE (F. de), « L'enseignement des mathématiques au XVIIIe siècle », *Dix-Septième Siècle*, n° 30, 1956.

–, « L'enseignement des mathématiques dans les collèges jésuites de France du XVIe au XVIIe siècle », *Revue d'histoire des sciences*, 1954, t. VII.

–, « La France vue par les intendants », *Études*, 1954.

GRODECKI (L.), « Vauban urbaniste », *Bulletin de la Société d'études du XVIIe siècle*, 1959.

HATTON (R.), « Louis XIV et l'Europe », *Dix-Septième Siècle*, 1979, n° 123.

JACQUART (J.), « La Fronde des princes dans la région parisienne et ses conséquences matérielles », *Revue d'histoire moderne et contemporaine*, 1960.

LEDOUX (docteur), « Frankenthal au XVIIe siècle et en 1896. La forteresse, son siège par Vauban », *Mémoires de la Société du Doubs*, II, 1897, pp. 36-60.

LEMAIRE (docteur), « Inondations et paludisme en Flandre maritime », *Revue du Nord*, 1922, t. 8.

LE MOIGNE (Y.), « La monarchie française et le partage de l'espace lorrain (1608-1698) », *Histoire de la Lorraine* (sous la direction de M. Parisse), Toulouse, 1978, pp. 269-311.

LENOBLE (B), « La révolution scientifique du XVIIe siècle », *Histoire générale des sciences*, sous la direction. de R. Taton.), Paris, PUF, 1958.

LE PELETIER D'AUNAY (L.), « Les origines auvergnates du maréchal de Vauban », *Revue de la Haute-Auvergne*, t. XXXII, 1947, pp. 20-26.

LIVET (G.), « Strasbourg, Metz et Luxembourg. Contribution à l'étude de la politique extérieure de la France sous Louis XIV », *Les Relations franco-luxembourgeoises de Louis XIV à Robert Schuman*, colloque de Luxembourg (17-19 novembre 1977), Metz, 1978.

MULLER (J.), « Vauban et Ath. Construction de la forteresse, 1668-1674 », *Annales du cercle royal archéologique d'Ath et de la région*, 1954.

PERNOT (J.-F.), « Un aspect peu connu de l'œuvre d'Antoine de Ville », *Revue historique des armées*, 1978.

PHILIPPINEAU (M.), « Le maréchal de Vauban, un ancêtre de la géographie appliquée », *Cahiers de géographie du Québec*, 1959, n° 3.

PIÉRARD (C.), « Les fortifications médiévales des villes du Hainaut », *Recueil d'études d'histoire hainuière. Analectes d'histoire du Hainaut*, Mons, 1983.

PFISTER (C.), « Documents sur la démolition des fortifications de Nancy 1661) », *Bulletin mensuel de la Société historique et d'archéologie de Lorraine*, Nancy, 1905, pp. 100-117.

PON-WILLEMSEN (C.), « L'enquête de Vauban en 1681 », *Groupement d'études rétaises. Cahiers de la mémoire, Revue d'art et tradition populaires, d'archéologie et d'histoire*, n° 22.

RAOULT (P.), « Lettre », *Historia*, n° 176, avril 1974, p. 81.

ROULEAU (R.), « Un conseil de famille présidé par Vauban à Bazoches en 1696 », *Bulletin de la Société d'études d'Avallon*, n° 69, 1975-1976.

ROUSSET (C.), « La jeunesse de Vauban », *Revue des Deux Mondes*, août 1864.

SAILHAN (P.), « La fortification », *Histoire et Dictionnaire*, Paris, Taillandier, 1991.
SEGALEN (A.) « Les oisivetés ou les recherches de M. de Vauban », *Le XVIIe siècle et la recherche*, actes du VIe colloque de Marseille, Marseille.
THUILLIER (P.), « Espace et perspective au Quattrocento », *La Recherche*, n° 160, novembre 1984.
TRUTTMANN (P.), « Ces forteresses desquelles s'est bâtie la France », *Archéologia*, n° 87.
ZELLER (G.), « L'origine de Sarrelouis. Lettres inédites de Louvois, Vauban, Thomas de Choisy », *Bulletin de la Société d'archéologie lorraine*, 1923, pp. 8-21 et 38-47.
–, « Phalsbourg au XVIIe siècle. Deux mémoires inédits de Vauban », *ibid.*, 1924, pp. 10-31.

Revues

Annuaire de la Nièvre, 1854-1856.
Bulletin de la Société d'études d'Avallon.
Bulletin de la Société nivernaise.
Bulletin de la Société d'archéologie lorraine.
Cahiers de Montpellier. Histoire et défense, n° 1993.
Dix-Septième Siècle, nos 25-26 et 123.
Revue du génie.
Revue historique des armées.

Index des noms de personnes

AFFRY, major de Surbeck, aide-de-camp Vauban 1697 : 410.
AGUESSEAU (Henri d'), intendant de Languedoc de 1673 à 1685 : 207.
ALLEURS (M. des), inspecteur de l'infanterie : 539
AMBLIMONT (Thomas-Claude Renard de Fuchsamberg, marquis d'), † 1700, chef d'escadre : 493.
ANJOU (d') : *voir* Philippe V d'Espagne.
ANT(H)IENVILLE (Louis d') : 34, 68.
AOUSTÈNE (frères), receveurs des tailles du diocèse d'Alet vers 1650-1660 : 528.
ARCENAY : *voir* Coningham.
ARGENSON (Marc-René de Voyer de Paulmy d'), 1652-1721, lieutenant général de police : 501, 537.
ARNAULD (Antoine) : 529.
ARNAULD (Charlotte), 1re épouse de Jacques le Prestre l'Aîné : 31.
ARNOUL (Nicolas), intendant de la marine : 344.
ARNOUL, fils du précédent, intendant de la marine : 262.
ASFELD (Claude-François Bidal, marquis d'), 1666-1743, maréchal de France de France, directeur des fortifications de 1715 à 1743 : 11.
ASPREMONT (François de La Motte-Villibert, vicomte d'), † 1678, ingénieur, maréchal de camp : 135, 192, 262.
ASTIER DE LOZIÈRES (Paul-François d', dit Lozières-d'Astier), 1663-1730, directeur des fortifications, brigadier d'infanterie : 510.
AUBAIS (Charles de Baschi, marquis d'), 1686-1777, noble languedocien : 270.
ASSINCOURT (Pierre Clément d'), 1652-1719, ingénieur hydraulicien : 258, 494.
AUBUSSON : *voir* La Feuillade.
AUGIER DE LERSE, 1742-après 1789, officier du génie : 13.
AUGOYAT (colonel A.-M.), officier du génie, XIXe s. : 14.
AUMONT (Antoine, marquis de Villequier, duc de), 1601-1669, maréchal de France en 1651 : 121.
AUNAY (baron d') : voir Mesgrigny (Jacques de).
AUVRAY (maître), notaire parisien : 539.

---

† : décédé ; †† : tué.

BAILLOT (François), métayer de Vauban: 479.
BAILLY (Léonard, Nicolas et Pierre), entrepreneurs de fortifications: 421.
BALTASAR (mademoiselle), habitant Bergues-Saint-Vinoc: 446.
BARBEZIEUX (Louis-François-Marie Le Tellier de Louvois, marquis de), 1668-1701, secrétaire d'État de la Guerre: 298, 312-315, 349, 438, 439, 497, 531.
BARRAULT (Jean de), prêtre, abbé de l'abbaye de Chore à Domecy: 539.
BART (Jean), 1651-1701, corsaire de Dunkerque, chef d'escadre: 398.
BASVILLE (Nicolas de Lamoignon, seigneur de), 1648-1724, intendant de Languedoc de 1685 à 1718: 422.
BAVIÈRE (Maximilien-Henry de, évêque de Cologne): 283.
BAVIÈRE (Marie-Christine de), épouse du Dauphin: 273.
BAZIN DE BEZONS (Claude), intendant de Languedoc de 1653 à 1673: 142, 150.
BEAUVAU (Guilaume de), évêque de Nantes: 291.
BEAUVAU-RIVAU (marquis de): 291.
BEAUVILLIERS (Paul, duc de Saint-Aignan), 1648-1714, ministre, gendre de Colbert, gouverneur du duc de Bourgogne: 291.
BEINS (Jean de), ingénieur de Henri IV: 8, 69, 106, 147, 325.
BÉLANGER, sieur de La Fontaine, adjudicataire des travaux de démolition des enceintes de Nancy: 111.
BELIN (Charles), curé de Bazoches: 483.
BERNIN, seigneurs d'Ussé et de Valentinay, famille d'anoblis tourangeaux: 43, 292, 343, 496.
BERNIN D'USSÉ (Louis de), v. 1627-1709, contrôleur général de la maison du roi, beau-père de Jeanne-Françoise Le Prestre: 497, 498.
BERNIN D'USSÉ DE VALENTINAY (Louis), v. 1658-1740, fils du précédent, contrôleur de la maison du roi par survivance, époux de Jeanne-Françoise de Vauban: 290-292.
BERTRAM (Jean-Charles), 1665- †† 1706, capitaine, ingénieur: 510.
BERTAULT (Sébastien), métayer: 479.
BERWICK (Jacques Fitz-James Stuart, duc de), 1670-1734, maréchal de France en 1706: 509.
BÉTHUNE (famille de): 32.
BEUVRON: *voir* Harcourt.
BÈZE (Théodore de), 1519-1605, réformé bourguignon, disciple de Calvin: 30.
BIERRY, famille d'échevins de Saint-Léger dont messire Georges, époux Judith de Ham: 21, 22, 37.
BILLARD DE LA BROSSE, famille bourguignonne fidèle aux Condé: 76.
BLAINVILLE: *voir* Colbert.
BLONDEL (François), † 1686, architecte et théoricien: 178.
BODIN (Jean), XVIe s., économiste: 521, 551.
BOILEAU (Nicolas), 1648-1704, écrivain: 412.
BONIN (Marc), maître d'école au collège de Semur de 1642 à 1649: 69.
BONIQUET, † 1705, ingénieur: 510.
BONNEFOND (Raymond de), ingénieur d'Henri IV: 147, 262.
BONY (Georges de, sieur des Cluseaux), officier des vaisseaux, voisin de Vauban en Nivernais: 476.
BOUCHERAT (Louis), † 1699, chancelier de France: 291.
BOUFFLERS (Louis-François, duc de), 1644-1711, maréchal et pair de France: 294, 351, 360, 369, 496.
BOUILLON (maison souveraine de): 72.
BOUNYOL, entrepreneurs languedociens: 419.

BOURBON-CONDÉ : *voir* Condé.
BOURBON (Antoine de), père d'Henri IV : 30, 32.
BOURBON (Louis-Henri II de Bourbon-Condé, duc de), 1588-1646 : 41, 59, 62.
BOURBON (Marie-Anne de), 1666-1739, légitimée de France, mademoiselle de Blois, princesse douairière de Conti : 291, 497.
BOURCET (Pierre), 1700-1780, ingénieur, lieutenant général : 53.
BOURGOGNE (Louis de France, duc de), 1681-1712, Dauphin : 355, 369, 372-375, 505, 506.
BOUSMARD (Henri de), 1743-1807, officier du génie, auteur d'un *Essai général sur la fortification* : 13.
BOUTON DE CHAMILLY (Nicolas), gouverneur de Stenay en 1650, fidèle du prince de Condé : 58, 77, 195.
BOUTON DE CHAMILLY (Noël de), 1636-1715, maréchal de France en 1703 : 371.
BRÉZÉ (duc de), maréchal de camp : 60, 123.
BRIENNE (Henri-Auguste de Loménie de), † 1666, secrétaire d'État des Affaires étrangères : 107.
BRIQUEMAULT DE RUÈRES (de), famille protestante bourguignonne, de la clientèle des Bouillon : 30, 33, 37, 56, 88, 269, 408.
BRIQUEMAULT (Jehan de) : 57, 58, 96.
BRIQUEMAULT (Marc Ier de) : 57.
BRIQUEMAULT (François de), chef protestant ami de Coligny : 30, 32, 40.
BRISAY DE DENONVILLE (Jacques-René de), 1637-1710, gouverneur du Canada : 523.
BRISAY DE DENONVILLE (Jules-Armand de), 1648-1714, directeur des fortifications des Trois-Évêchés, frère du précédent : 360.
BRULART DE SILLERY, *voir* Puysieux.
BRUNEAU, procureur de Vauban à Corbigny : 468.

BUAT (Pierre-Louis-Georges, comte du), 1757-1809, officier du génie, savant hydraulicien : 547.
BUCHOTTE (Nicolas), 1673-1757, ingénieur : 10.

CAIRON (Gabriel du), 1634-1692, ingénieur : 73.
CALIGNY (de) : *voir* Hue.
CAMELIN, capitaine de mineurs : 315.
CAMUS DE BEAULIEU (Germain-Michel), intendant de Franche-Comté à la conquête : 193.
CARMIGNOLLE, *alias* Cormignolle, famille maternelle de Vauban : 39.
CARMIGNOLLE (Edme), 1608-ap. 1652, gendarme du prince de Condé, oncle de Vauban : 37, 41, 45, 76.
CARMIGNOLLE (Edmée), 1610-v. 1670, mère de Vauban : 41.
CARMIGNOLLE (Jehan), v. 1582-1637, grand-père de Vauban : 37, 39, 40, 44, 63, 464.
CARNOT (Lazare), 1753-1823, officier du génie, conventionnel, mathématicien : 12, 13, 547.
CASTELAN, *alias* Castellan, ingénieur mineur à Candie : 164.
CASTRIOTTO (G.), ingénieur vénitien : 71.
CATANEO, ingénieur italien : 21.
CATINAT (Nicolas de), 1637-1712, maréchal de France en 1693 : 296, 319, 322-324, 326, 351, 370, 413.
CHÂLON : *voir* Chaslon.
CHAMILLART(D) (Michel de), † 1721, secrétaire d'État de la guerre, contrôleur général des finances : 289, 368, 369, 373, 374, 491, 492, 496, 509, 511, 513, 514, 518, 539, 543, 544.
CHAMILLY : *voir* Bouton.
CHAMOIS (Charles), architecte des bâtiments du roi et ingénieur : 150, 151, 242, 319, 413.
CHAMPIGNOLLES (Charles, seigneur de) : 29.

CHARIL (Jean), métayer : 479.
CHARLES QUINT (Charles V, empereur germanique, dit), 1500-1558 : 398.
CHARLES II, 1660-1700, roi d'Espagne en 1665 : 120, 353, 364, 365, 366, 511, 512.
CHARLES II STUART, 1630-1685, roi d'Angleterre : 120, 164, 256, 293.
CHARLES IV, † 1675, duc de Lorraine et de Bar : 78, 108, 109, 112, 233, 462.
CHARLES VII, 1403-1461, roi de France : 77.
CHARLES IX, 1550-1574, roi de France : 32.
CHARLES V (Léopold, duc de Lorraine et de Bar), † 1690 : 233.
CHARUEL, premier intendant de Flandre à la conquête : 129.
CHASLON, *alias* Châlon de Soilly, de noblesse bourguignonne et nivernaise : 23, 40.
CHASTELLUX (maison de), vieille noblesse nivernaise : 26, 33, 49, 471.
CHASTILLON, famille de Coligny : 32.
CHAULNES (Charles d'Albert d'Ailly, duc de), gouverneur de Bretagne : 333.
CHAUVEAU (François), marchand à Moissy-Moulinot, allié des Le Prestre : 48.
CHAVIGNOT, ingénieur : 111, 138.
CHAZERAT, de vieille famille berrichonne, directeur des fortifications, retiré en 1688 : 129.
CHERMONT (Alexandre Lemercier de), 1647-1721, brigadier d'infanterie, directeur des fortifications : 307, 508.
CHEVALIER, *alias* Chevallier (François), 1659-1748, mathématicien : 10, 309.
CHODERLOS DE LACLOS (Pierre de), 1741-1803, officier d'artillerie, auteur des *Liaisons dangereuses* : 13, 387, 527.

CHOISEUL (duc de), commandant des troupes de Bretagne en 1694 : 334.
CHOISEUL (Gilbert de), évêque de Saint-Bertrand de Comminges puis de Tournai : 529, 531.
CHOISEUL DE CHEVIGNY, noblesse morvandaise : 59.
CHOISY (Thomas de), 1632-1710, directeur des fortifications, lieutenant général : 129, 163, 235-237, 296, 319, 401, 413.
CITTONI, ingénieur italien à Nancy : 110.
CLADECH (M. de), †† 1693, ingénieur : 304, 305.
CLAIRIN, curé de Courdois, parrain de Vauban : 21.
CLÉMENT, Pierre, historien : 14.
CLERVILLE (Louis-Nicolas, chevalier de), 1610-1677, premier commissaire général des fortifications : 83, 84, 88, 93, 95, 97, 99, 108, 111, 112, 114, 119, 122-125, 128, 131, 134-136, 138, 139, 143, 149, 150, 151, 152, 155, 159, 161, 162, 187, 188, 189, 191, 204, 207, 208, 212, 213, 248, 250, 256, 260-264, 266, 299, 302, 344, 421, 490.
COCHET (Christophe, baron de La Ferté-Chaudron), bourgeois de Paris : 467.
COHORN, *alias* Coëhoorn (Menno, baron van), 1641-1704, ingénieur militaire hollandais : 317, 318, 503, 510.
COLBERT (Jean-Baptiste Ier, dit "le grand Colbert"), 1619-1683, contrôleur général des finances, ministre, etc. : 93, 107, 110, 113, 114, 115, 123, 124, 125, 135-137, 142, 152, 154, 155, 157-159, 162, 187-191, 206, 208, 213, 217, 218, 230, 234, 243, 244, 245, 248-272, 281, 303, 360, 424, 444, 524, 528.
COLBERT (Jean-Baptiste, marquis de Seignelay), 1651-1690, fils du précédent, secrétaire d'État de la marine : 208, 213, 218, 227, 275,

INDEX DES NOMS DE PERSONNES

288, 298, 299, 314, 416, 438, 439, 493, 524.

COLBERT (Jules-Armand, marquis de Blainville), 1664- †† 1704, frère du précédent, lieutenant général : 368.

COLBERT (Charles, marquis de Vandières puis de Croissy), 1626-1696, frère puîné de Jean-Baptiste Ier, secrétaire d'État des Affaires étrangères : 110-113, 291, 501, 521.

COLBERT (Jean-Baptiste, marquis de Torcy), 1665-1746, fils de Colbert de Croissy, secrétaire d'État des Affaires étrangères : 500, 501.

COLBERT (Charles, dit Colbert d'Alsace), cousin de Jean-Baptiste I^{er,} intendant d'Alsace de 1663 à 1671 : 114-116, 157, 160, 161, 462, 521.

COLBERT (Gilbert, marquis de Saint-Pouange), 1602-1663, cousin de Jean-Baptiste Ier, beau-frère de Le Tellier, intendant des Trois-Evêchés jusqu'en 1661 : 110, 111.

COLBERT DE TERRON (Charles), † 1684, cousin de Jean-Baptiste Ier, intendant de la Marine à Rochefort puis intendant général de la Marine : 189.

COLIGNY (Gaspard, amiral de), 1519-1572 : 30, 32.

COLIGNY (Louise de), fille du précédent : 57.

COLIN, entrepreneur : 419, 421.

COLLAS, famille de Saint-Léger : 40.

COLLAS (Barbe), bisaïeule maternelle de Vauban : 41.

COLOGNE (Maximilien-Henri de Bavière, électeur de), prince-évêque de : 180.

CONDÉ (Louis II de Bourbon, dit le "Grand Condé", dit M. le Prince), 1621-1686 : 23, 45, 62, 63, 75, 76, 77, 80, 81, 82, 83, 85, 87, 94, 96, 97, 98, 114, 125, 134, 181, 185, 188, 191-194, 196, 213, 231, 234.

CONINGHAM (Charles-Antoine), seigneur d'Arcenay, capitaine d'une compagnie de Condé cavalerie : 75, 76, 77.

CONTI (Armand de Bourbon, prince de), 1629-1666, frère du Grand Condé, gouverneur de Languedoc : 75.

CONTY D'ARGENCOURT (Pierre), 1587-1656, ingénieur de Louis XIII, lieutenant-général : 108, 204, 254.

CORMIGNOLLE : *voir* Carmignolle.

CORMONTAIGNE, 1696-1752, directeur des fortifications, maréchal de camp : 9.

COUDREAU (Catherine), épouse Louis Bernin, belle-mère de Jeanne-Françoise Le Prestre : 291.

COULOMB (Charles-Augustin), 1736-1806, officier du génie, savant physicien : 547.

COURTENAY (Anne de), épouse de Sully : 32, 57.

COURTÉPÉE (abbé), auteur bourguignon. : 67, 69.

COURTIER (Marie-Anne), épouse de L.-A. de Damas : 466.

COURVOI (Michel-René de), cousin de Jeanne d'Osnay : 102.

COYSEVOX (Antoine), 1640-1720, sculpteur : 546.

CRÉQUI, *alias* Créquy (François de Blanchefort de), 1624-1687, maréchal de France : 203, 227, 237, 443.

CREST (Françoise du Crest, dame de Montarmin), épouse de Pierre Le Prestre : 47.

CREUZET DE RICHERAND (Guy de), 1652- †† 1704, directeur des fortifications, maréchal de camp : 395, 415.

CROISSY (de) : *voir* Colbert de Croissy.

CROZAT DE GRAND COMBE (Samuel de), 1637-1699, ingénieur : 305.

CRUX : *voir* Damas.

Damas (Antoine de, seigneur de la Clayette), époux de Françoise de Régnier : 277.
Damas (Etienne, comte de), débiteur de Vauban : 468.
Damas (François de), père du suivant : 466.
Damas (Louis-Antoine de, comte de Crux), débiteur de Vauban : 466-468.
Damas d'Anlezy (Marguerite de), épouse d'Hélie de Jaucourt : 469.
Dangeau (Philippe de Courcillon, marquis de), 1638-1720, mémorialiste : 371, 372, 539.
Daquin (Antoine), médecin ordinaire du roi : 472, 473.
Dauphin (Louis de France, dit Monseigneur ou encore le Grand Dauphin), 1661-1711 : 284, 296, 365.
Decombes, *alias* Descombes (Benjamin), 1649-1710, ingénieur hydraulicien, directeur des fortifications : 252, 258, 296, 416.
Delamare, commissaire de police : 540.
Delavoye (Denis), † 1708, astronome, ingénieur en chef : 251.
Denonville (de) : *voir* Brisay.
Des Jours de Mazille, famille de noblesse nivernaise : 483.
Des Houillières, *alias* Deshouillères (Guillaume de Lafon de Boisguérin), 1621-1694, ingénieur : 129, 188.
Desjardins, ingénieur à Bordeaux : 250.
Desroches (Jacques Aguiton), 1669-1719, ingénieur en chef : 494.
Devire (le sieur), lieutenant de la compagnie des cadets-gentilshommes de Tournai, aide de camp de Vauban : 409.
Dez (Monsieur), professeur de mathématiques d'un petit-fils de Vauban : 43, 74.

Duduit (Claude), marchand à Rouvray, oncle par alliance de Vauban : 41.
Dugué de Bagnols (M.), intendant de Flandre en 1683 : 530.
Dugué de Bagnols, intendant d'armée : 293.
Dumetz : *voir* Metz.
Dupuis d'Aurigny (Bernard), noble nivernais : 466, 477.
Dupuy-Montbrun, famille de noblesse dauphinoise, calviniste : 502.
Dupuy-Montbrun (Mademoiselle de), dite mademoiselle de Villefranche : 501, 502.
Dupuy-Montdragon (le sieur), ingénieur, directeur de fortifications d'Arras avant 1698 : 307.
Duras (Jacques-Henri de Durfort, duc de), 1626-1704, maréchal de France en 1675 : 193, 284, 295.
Durfort (Léon de), surintendant général des fortifications sous Louis XIII : 107.

Effiat (Antoine Coiffier de Ruzé, marquis d'), 1638-1719 : 291.
Eliçaray, *alias* Ellissagaray : *voir* Renau.
Enfert (Marie d'), créancière des Damas : 467, 468.
Enghien (duc d') : *voir* Condé.
Entragues (Hyacinthe de Montvallat, chevalier d'), aide de camp de Vauban : 409.
Epiry (Claude d') : *voir* Osnay.
Errard (Charles), ingénieur : 72.
Errard de Bar-le-Duc (Jean), 1554-1610, oncle du précédent, ingénieur, auteur d'un traité de fortification : 72, 106, 126, 127.
Espinoy (Jeanne-Pélagie de Rohan-Chabot, douairière de Louis de Melun, princesse d'), 1650-1697 : 291, 452, 530, 531.
Eugène (le prince), † 1736, fils d'une Mancini, général des coalisés au service de l'Empereur : 543.

INDEX DES NOMS DE PERSONNES

FABERT (Abraham de), 1599-1662, maréchal de France en 1658 : 84.

FÉNELON (François de Salignac de la Mothe de), évêque de Cambrai, précepteur du duc de Bourgogne, écrivain : 522.

FERRIOL (madame de), née Angélique Guérin de Tencin, sœur du futur cardinal de Tencin et de Mme de Tencin : 500.

FERRY (François), 1649-1701, ingénieur, directeur des fortifications de Guyenne et côtes océanes : 272, 329, 410, 415.

FILLEY (Louis), 1652- †† 1705, directeur des fortifications de la Meuse, maréchal de camp : 9, 407, 492.

FILZJEAN, seigneurs de Presle, baillis d'Avallon, noblesse bourguignonne : 76.

FLAVACOURT (M. et Mme) : 419.

FLECKENSTEIN (barons de) : 232.

FLEURIAU D'ARMENONVILLE, conseiller secrétaire du roi, intendant des finances en 1690 : 292.

FOIX (Louis de), ingénieur d'Henri IV : 106.

FONTAINES (abbé de), prieur de Semur, cousin des Le Prestre : 55, 67.

FONTENELLE (Bernard Le Bovier de), 1657-1757, écrivain : 11, 550.

FOULÉ (Françoise), quadrisaïeule de Vauban : 28.

FOUQUET (Nicolas), 1615-1680, surintendant des finances, emprisonné : 144, 254.

FOURCROY DE RAMECOURT (Charles-René de), 1715-1791, directeur du bureau des fortifications, maréchal de camp : 10, 12.

FOURETIER, famille de Saint-Léger : 40.

FOURNIER (père Georges), auteur d'un traité de fortifications 1648 : 73.

FRANCART (frères), dessinateurs de Vauban : 409, 483.

FRANÇOIS Ier, roi de France : 40, 363.

FRÉZIER (Amédée), 1682-1773, directeur des fortifications, auteur d'un traité sur la stéréotomie : 428.

FRIAND (François), 1654-1715, secrétaire et homme de confiance de Vauban : 407, 408, 469, 483, 497, 498, 539, 550.

FRITACH, ingénieur hollandais : 72.

GACON, maître d'école à Semur en 1650 : 69.

GAIGNEAU, secrétaire de Vauban : 408.

GALEANI, ingénieur italien travaillant à Nancy : 110.

GALLAS (Matthias de), 1584-1647, général des impériaux : 60.

GAMACHE (Nicolas), entrepreneur : 421.

GASSION (Mgr de), évêque de Sainte-Marie-d'Oloron à dater de 1648 : 528.

GAUTHERON, famille de Saint-Léger : 40.

GAUTIER, ingénieur, auteur d'un traité sur la construction des routes : 388.

GENEST (de), famille de noblesse morvandaise : 55.

GERVAIN DE ROQUEPIQUET (Jacques de), 1705-1774, ingénieur, brigadier d'infanterie : 502.

GIBAUT, entrepreneur à Metz : 446.

GIRARD, famille de Saint-Léger : 40.

GIRVAL (Marc-Antoine de), 1663-1708, directeur des fortifications, brigadier d'infanterie : 305, 366, 410.

GIRVAL (Pierre de), v. 1660-1713, ingénieur, commis au bureau des fortifications : 305.

GLÉ (Gabrielle), duchesse douairière de La Vallière : 291.

GODIGNON, régisseur et dessinateur de Vauban : 409, 483.

GONZAGUE (Charles de), duc de Mantoue : 239.

GONZAGUE-NEVERS (duc de): 144.
GORREAUX (de), famille de noblesse nivernaise: 45.
GOUBERVILLE (Gilles de), noble normand du XVIe s.: 45.
GOUSMEY (de), famille alliée aux Le Prestre: 36, 46.
GOUSMEY (Jean de), époux en 1619 de Jeanne Le Prestre: 50.
GOUTEROUX, entrepreneur: 419.
GRIGNAN (comte de), gouverneur de Provence, gendre de Mme de Sévigné: 344.
GUESDIN (Anne), épouse de Paul II Le Prestre: 48, 103, 472.
GUIBERT (Jacques, comte de), 1743-1790, théoricien militaire: 11.
GUICHARDIN, 1483-1540, auteur italien: 222.
GUILLAUME III, roi d'Angleterre: voir Orange (Guillaume d').
GUISCARD (le comte de), gouverneur de Namur de 1692 à 1695: 342.

HAM (de), famille bourguignonne de la clientèle des Condé: 40, 46.
HAM (Judith de), marraine de Vauban: 21, 22.
HARCOURT (François d', comte de Beuvron), gouverneur et lieutenant général de Normandie: 371, 446.
HARLAY (Achille d'), 1639-1712, premier président du parlement de Paris: 518, 532.
HAXO, général: 14.
HÉNAULT, imprimeur: 73.
HENRI II, 1519-1559, roi de France: 354.
HENRI IV, 1553-1610, roi de France: 32, 33, 69, 72, 105, 112.
HENRY (Barthélemy), entrepreneur: 421.
HENSERICK, commissaire d'artillerie, entrepreneur des fortifications de Gravelines: 419.
HERBILLOT, famille de Saint-Léger: 40.

HOUDAILLE (Dominique), notaire à Bazoches: 50, 468.
HOZIER (d'), juge des armes du Cabinet du roi: 23, 39, 496.
HUE DE CALIGNY (Jean-Anténor), 1637-1704, directeur des fortifications de Flandre maritime: 522.
HUE DE LUC (Hercule), v. 1660-1725, fils du précédent, ingénieur: 255.
HUMIÈRES (Louis IV de Crevant, marquis puis duc d'), 1628-1694, gouverneur de Lille, maréchal de France en 1668: 129, 203, 227, 452, 505.
HUXELLES (Nicolas du Blé, comte de Tenare, marquis d'), 1652-1730, maréchal de France en 1703: 226, 341, 359, 500.

INFREVILLE (d'), intendant de la Marine du Levant: 262.

JACQUES II STUART, roi d'Angleterre de 1685 à 1689: 331.
JAUCOURT DE VILLARNOUL, famille de noblesse bourguignonne protestante: 30, 32 37, 466.
JAUCOURT (Hélie de), époux de Marguerite de Damas: 469.
JAUCOURT (Renée de), épouse de Briquemault: 57.
JEAN DE BUS (saint): 68.
JOBLOT (Jean-Baptiste), 1655-1725, directeur des fortifications de Roussillon, brigadier d'infanterie: 241.
JOLLY (Léonard et Vincent), métayers à Bazoches: 479.
JONVILLE (de), ingénieur tué au siège de Turin en 1706: 313, 366.
JOURDAIN (Armand), originaire de Châlons-sur-Marne, entrepreneur des fortifications: 418.
JUISARD DE PLOTOT (François), allié de Vauban, 1651-1724, ingénieur, longtemps major de la citadelle de Lille: 59, 538.

INDEX DES NOMS DE PERSONNES

La Beaume-Montrevel, noblesse franc-comtoise : 33.
La Cour (Nicolas de), 1643-1713, ingénieur, maréchal de camp : 305, 446.
La Courcelle, famille de Bazoches alliée aux Le Prestre : 46.
La Courcelle, *alias* La Corcelle (Edme de), sieur de Bailly et Précy, époux Louise Le Prestre : 46.
La Courcelle (Françoise de), sa fille : 483.
La Courcelle (Jean de), capitaine de bombardiers : 410, 538.
La Ferté-Sennecterre (Henri, duc de), 1600-1681, maréchal de France en 1651 : 20, 84, 88, 95-101, 108, 114, 550.
La Feuillade (François d'Aubusson, duc de Roannez, maréchal de), 1625-1691 : 291.
La Feuillade (Louis d'Aubusson, duc de Roannez, dit le duc de), 1673-1725, fils du précédent, gendre de Chamillart, vaincu à Turin, maréchal de France : 510, 511.
La Feuille de Marville (Pons-Alexis de), ingénieur, inspecteur général du canal des Deux-Mers : 138, 187.
La Forest (de), à Brisach : 116.
La Frézelière (Jean-François-Angélique Frézeau, marquis de), commissaire extraordinaire d'artillerie en 1675, lieutenant général en 1708 : 505.
La Hire, *alias* Lahire (Philippe de), 1640-1718, mathématicien et académicien : 281.
La Londe (Michel-Nicolas de), ingénieur, arithméticien, tué au siège de Philippsbourg en 1688 : 130, 133, 311.
La Motte, capitaine de mineurs : 334.
La Motte La Myre, *alias* La Myre de La Motte (Gabriel), 1632-1685, directeur des fortifications d'Outre-Monts : 138, 147, 240, 241, 257, 409, 413.
La Neuville (de), commandant de la place de Dunkerque : 493.
La Noue (François de), 1531-1591, calviniste : 31, 32.
La Pailleterie, chevalier de Malte, officier de marine : 337.
La Perrière (de), famille de noblesse nivernaise : 26, 33, 68.
La Perrière (Françoise de), v. 1571-v. 1614, grand-mère paternelle de Vauban : 33, 35, 42, 49.
La Perrière (Gabriel de), seigneur de Billy et Bazoches, XVIᵉ s. : 26.
La Perrière (Léonard de), époux d'Antoinette de Pontailler, oncle de Françoise : 34.
La Perrière (Louis de), arrière-grand-père de Vauban : 33, 41, 48, 471.
La Perrière (Paul de), frère des précédents : 34.
La Perrière de Fresnes (de), famille de noblesse bourguignonne : 76.
La Platière (Imbert de), † 1567, maréchal de France : 34, 56, 68, 76.
La Tour (Georges de), 1593-1652, peintre lorrain : 19.
La Valette (Louis de Nogaret d'Epernon de), 1593-1639, cardinal, lieutenant général : 60.
La Vallière (Charles de la Baume Le Blanc, duc de), gouverneur et lieutenant-général de Bourbonnais : 291.
La Vallière (Louise de La Baume Le Blanc, duchesse de), 1644-1710, favorite de Louis XIV : 291.
La Varenne (de), cornette de cavalerie, petit cousin de Vauban : 46.
La Vergne (Jean de), 1657, †† 1697, ingénieur : 241.
Labadie (de), gouverneur de Lille à la mort de Vauban : 539.
Lafitte de Clavé (André-Joseph de), 1740 - exécuté en 1794,

maréchal de camp, inspecteur général des fortifications : 10, 502.
LAHIRE : *voir* La Hire.
LAMBERT (André), 1633-1719, ingénieur entrepreneur : 421.
LAMBERT (Françoise de), cousine de Vauban : 39.
LAMBERT (Jacques de), oncle de Vauban : 36, 46.
LAMOIGNON DE BASVILLE : *voir* Basville.
LANGE (baron de), capitaine dans le régiment d'Enghein : 36.
LANTY (Françoise de), mère de Françoise de La Perrière : 34.
LAPARA DES FIEUX (Louis de), 1651-†† 1706, ingénieur, lieutenant général : 305, 351, 494.
LASSERRE (Edme), époux de Françoise de Lanty : 34.
LATOUR-FOISSAC, *alias* Foissac de la Tour (François Philippe), 1750-1804, officier du génie, général de division : 13.
LAUBANIE (Yriex de Magontier de), 1641-1706, lieutenant général, défenseur de Landau en 1704 : 492.
LAUNAY, entrepreneur parisien : 421.
LAUNOIS, ingénieur : 133.
LAURENCE, gouvernante de Vauban à Lille : 449.
LE BOURGEOIS (Guillaume, baron d'Origny), seigneur de Saint-Léger : 56, 68, 77.
LE GOULLON (Charles), 1645-1705, réformé messin, ingénieur émigré, auteur d'un traité de fortifications : 270.
LE MICHAUD D'ARÇON, *alias* Michaud (Jean-Claude-Eléonor), 1733-1800, officier du génie, inspecteur général des fortifications et lieutenant général : 13.
LE PELETIER (Claude), † 1711, contrôleur général des finances, ministre d'État, époux Fleuriau : 292, 303.

LE PELETIER DE SOUZY (Michel), 1640-1725, frère de Claude, intendant de Flandre, plus tard directeur général des fortifications de 1691 à 1715 : 129, 301, 303, 304, 305, 311, 313, 314, 432, 452, 454, 493, 508, 537.
LE PELETIER D'AUNAY (fonds), descendants de Vauban : 315.
LE PELETIER DE ROSANBO, descendants de Vauban : 10.
LE PESANT DE BOISGUILBERT (Pierre), 1646-1714, économiste d'origine normande : 518, 527, 530, 543.
LE PRESTRE, famille installée à Bazoches, seigneurs de Champignolles et de Vauban en 1554 : 7, 26, 38, 42, 46, 47, 76.
LE PRESTRE (Antoine, dit Dupuy-Vauban), neveu de Vauban, 1654-1731, directeur des fortifications, lieutenant général : 194, 409, 483, 494, 502.
LE PRESTRE (Antoinette, dame de Champignolles), cousine de Vauban, épouse Mercy : 47, 49.
LE PRESTRE (Charles, dite Charlette ou Charlotte), sœur de Vauban : 22, 23, 44, 103, 482.
LE PRESTRE (Charlotte, épouse Mesgrigny), 1671-1709, fille aînée de Vauban : 103, 276, 277, 291, 482.
LE PRESTRE (Claude), épouse Gillot, tante de Vauban : 36.
LE PRESTRE (Emery), † v. 1570, arrière-grand-père de Vauban : 25, 28, 29, 31.
LE PRESTRE (Gabriel), oncle de Vauban, † 1637 : 35, 36, 45.
LE PRESTRE (Hugues), probablement grand-oncle de Vauban : 29.
LE PRESTRE (Jacques l'Aîné, dit le père), v. 1538-1633, grand-père de Vauban : 28, 29, 31, 32, 33, 34, 35, 37, 50.
LE PRESTRE (Jacques le Jeune), v. 1600-v. 1670, oncle de Vauban : 27, 28, 36, 37, 45, 50.

INDEX DES NOMS DE PERSONNES

Le Prestre (Jeanne-Françoise, épouse Bernin de Valentinay), 1678-1713, seconde fille de Vauban : 276, 277, 290, 292, 446, 453.
Le Prestre (Louis), abbé commendataire de Brantôme, fils de Paul II : 482.
Le Prestre (Paul Ier), v. 1595- ††1635, oncle de Vauban : 36, 45, 47, 101, 102.
Le Prestre (Paul II), v. 1625-1703, fils du précédent, cousin germain et beau-frère de Vauban : 47, 48, 49, 102, 157, 411, 482.
Le Prestre (Pierre), v. 1633-1693, cousin germain de Vauban : 47, 49, 102.
Le Prestre (Urbain), v. 1602-1652, père de Vauban : 21, 22, 23, 36, 44, 45.
Le Tellier (Michel), 1603-1685, secrétaire d'État de la Guerre, chancelier de France : 92, 107, 110, 124, 131, 132, 134, 137, 141, 528.
Le Vau (Louis), 1612-1670, architecte du roi : 142.
Legrand, ingénieur : 312.
Lemuet de Jully, prêtre : 539.
Lesdiguières (François de Bonne, duc de), 1543-1624, connétable de France : 147, 325.
Ligne (princes de), famille flamande fidèle aux Habsbourg : 291.
Lillebonne (duc de), gendre du duc Charles IV de Lorraine : 110.
Longueville (Mme de, née Anne-Geneviève de Bourbon), 1619-1679, sœur du Grand Condé : 529.
Longueville (duc de), époux de la précédente : 75.
Loron d'Arcy et de Villarnoul, famille protestante de noblesse bourguignonne : 30, 466.
Loubatières, ingénieur français combattant à Candie : 164.
Louis XI, 1423-1483, roi de France : 398, 399.
Louis XIII, 1601-1643, roi de France : 59, 60, 77, 106, 108, 141, 144, 178.
Louis XIV, 1638-1715, roi de France : 27, 83, 105, 107, 109, 110, 113, 119, 120-122, 131, 132, 139, 142, 178, 180, 181, 185-187, 196, 199, 208, 210, 225, 230, 231, 234, 240, 251, 256, 262, 268, 283, 293-297, 301, 302, 304, 315-322, 331, 343, 344, 351-354, 357, 366, 371, 372, 375, 383, 511, 517, 539.
Louvois (François-Michel Le Tellier, marquis de), 1641-1691, secrétaire d'État de la Guerre : 124, 125, 131, 134-140, 143, 145, 147, 155, 157-159, 161, 162, 165, 166, 177-179, 187-190, 202, 203, 205, 206, 209, 210, 217, 218, 223, 230, 234, 236, 238, 239, 242, 243, 249, 257, 272, 275, 278, 280, 281, 283, 285-287, 291-297, 299-301, 302, 303, 308, 311, 319, 321, 368, 377, 378, 413, 414, 416, 430, 438-440, 443, 464, 493, 506.
Lude (Henri de Daillon, duc du), † 1685, grand maître de l'artillerie : 505.
Luxembourg (François-Henri de Montmorency-Boutteville, duc de), 1628-1695, maréchal de France en 1675 : 229, 301.

Mabillon (dom Jean), 1632-1707, savant bénédictin : 547.
Magdelenet (Jean), président du grenier à sel de Vézelay en 1705 : 469.
Magdelenet (Martine), épouse du notaire Houdaille, de Bazoches : 50, 468.
Magdelenet (messire), chanoine de Vézelay : 483.
Maggi (G.), ingénieur italien : 71.
Magon de la Chippodière (M.), négociant et corsaire malouin, ami de Vauban : 328.

MAINE (Louis-Auguste de Bourbon, duc du Maine, 1670-1736, légitimé de France, grand-maître de l'artillerie en 1696 : 506.

MAINTENON (Françoise d'Aubigné, veuve Scarron, marquise de), 1635-1719 : 355, 501.

MALTHUS (Francis), ingénieur anglais, théoricien de l'artillerie : 178.

MARCHAND, entrepreneur supposé des fortifications de Brisach : 161, 162.

MARGUERITE DE VALOIS, 1553-1615, fille d'Henri II, épouse d'Henri IV : 32.

MARIGLIER, notaire nivernais : 28.

MAROLAIS, *alias* Marolois, auteur d'un traité de fortification : 72.

MARSIN (Ferdinand, comte de), 1656-1706, maréchal de France en 1703 : 373.

MASSIAC DE SAINTE-COLOMBE (Barthélemy), 1616-1700, ingénieur et cartographe : 261, 520.

MAURICE, valet de Vauban : 536.

MAYENNE (Charles de Lorraine, duc de), 1554-1611 : 32.

MAZARIN (Jules, cardinal), 1602-1661 : 77, 81-84, 87, 93, 95, 99, 101, 113, 114, 120, 123.

MAZARIN (duc), gouverneur d'Alsace, grand maître de l'artillerie : 107, 116.

MEDRANO, auteur d'un traité de fortification : 388.

MELUN (Alexandre-Guillaume de), † 1678, marquis de Roubaix, connétable héréditaire de Flandre : 452.

MELUN (dame de) : *voir* Espinoy.

MELUN (Louis-Armand de), seigneur de Bazoches, époux (1661) d'Anne de Veilhan : 471, 472, 475.

MERCŒUR (Louis de Vendôme, duc de), 1612-1669, gouverneur de Provence : 528.

MERCY (de), famille alliée aux Le Prestre : 47, 483.

MESGRIGNY (de), famille de noblesse champenoise : 27, 277, 498, 500.

MESGRIGNY (Jacques de), 1656-1712, époux de Charlotte de Vauban, capitaine et grand bailli de Troyes : 277, 515.

MESGRIGNY (Jean de), 1630-1720, ingénieur, lieutenant général, gouverneur de la citadelle de Tournai, oncle du précédent : 133, 176, 177, 194, 204, 276, 282, 293-296, 407-409, 446, 495, 498, 515, 527, 531, 537, 539, 540.

MESGRIGNY (Jean-Charles de), 1680-1783, petit-fils de Vauban, lieutenant général : 277, 410, 498.

MESGRIGNY (Jean-Henri de), frère du précédent, né en 1688 : 499.

MESGRIGNY (Nicolas de), 1623-1671, époux de Edmée-Georgette de Régnier, père de Jacques et frère de l'ingénieur : 277.

MEUSNIER DE LA PLACE, 1754-1793, officier du génie, général de division, physicien : 547.

METZ (Pierre-Claude Berbier du), 1638- †† 1690, commissaire d'artillerie, lieutenant-général en 1688 : 179.

MILLEREAU, famille de notaires de Lorme, alliés aux Le Prestre : 36, 39, 46, 51.

MILLEREAU (Philibert), cousin de Vauban : 477, 479, 483.

MINET (Jean-Baptiste), 1661- †† 1694, ingénieur : 272.

MIRABEAU (Bruno de Riqueti de), de la branche bourguignonne, ami des Vauban : 291, 483.

MONNIN (demoiselle), de Bazoches : 473.

MONT-BUSSIÈRE (de), famille de noblesse morvandaise : 55.

MONTALEMBERT (Marc-René, marquis de), 1714-1800, officier d'artillerie, auteur du traité sur *La Fortification perpendiculaire* : 12, 13.

INDEX DES NOMS DE PERSONNES

Montan, écrivain : 521.
Montchrétien (Antoine de), 1550-1621, écrivain et économiste : 521 ;
Montespan (Françoise-Athénaïs de Rochechouart-Mortemart, marquise de), 1641-1707, favorite de Louis XIV : 196.
Montgivraud, *alias* Montguiraud, ingénieur à Lille avec Vauban : 129, 446.
Montmorillon (de), famille de noblesse nivernaise : 26, 33, 42, 49, 471.
Montmorillon, (Charlotte de), mariée en 1532 à Gabriel de La Perrière : 29.
Montmorillon (Saladin de), père de la précédente : 29.
Morot de Grésigny et de Nantillière, famille lorraine agrégée à noblesse, dont Georges et Charlotte : 23, 37, 40, 46, 55.
Mornas (de) : *voir* Siffredy.

Naudin, ingénieur : 388.
Navailles (Pierre-Louis de Montaut-Bénac, duc de), 1619-1684, maréchal de France en 1675 : 164, 192, 202.
Niquet (Antoine), v. 1641-1724, directeur des fortifications et des travaux publics de Languedoc : 190, 251, 252, 263, 267, 415.
Noël (abbé), lauréat de *L'Éloge de Vauban* en 1790 : 13.
Noirot (Jean), métayer : 479.

Orange-Nassau (Guillaume III, prince d'), 1650-1702, stathouder des Provinces-Unies, roi d'Angleterre : 180, 186, 195, 203, 285, 293, 302, 317, 333, 346, 347, 355, 367.
Orillard (abbé), curé de Cordois, parrain de Vauban : 21.
Osnay (Claude d'), seigneur d'Épiry, beau-père de Vauban : 47, 101, 102.
Osnay (Jeanne d'), 1638-1705, fille du précédent, épouse (1660) de Vauban : 47, 101, 102, 276, 278, 290, 469, 472, 477-479, 482, 499.
Osnay (Sébastien d'), seigneur d'Epiry, grand-père de la précédente : 102.
Ostun, *alias* Hostun : *voir* Tallard.
Ozanam, théoricien des fortifications : 388.

Pagan (Blaise, comte de), 1604-1665, maréchal de camp, auteur d'un traité de fortification : 72, 126, 127, 392.
Paillardel de Villeneuve (Jean-Antoine), † 1722, ingénieur : 421.
Pailleterie (le bailli de) : *voir* La Pailleterie.
Palladio (Andreo dalla Gondola, dit), 1508-1580, architecte : 71.
Pathoust (Jeanne) belle-mère de Paul II Le Prestre : 48.
Paul (le chevalier), spécialiste des mines à Candie : 164, 177.
Paulmy (Marc-Antoine-René de Voyer d'Argenson, marquis de), 1722-1787, ministre de Louis XV : 10.
Pavillon (Nicolas), 1597-1677, évêque d'Alet : 444, 528, 531.
Pellegrin, secrétaire de Vauban : 408.
Pène (Pierre de), 1640-1713, ingénieur, brigadier d'infanterie : 520.
Pépin (Jacques), entrepreneur : 421.
Perret, ingénieur : 72.
Petit (Isaac), 1632-1677, architecte et ingénieur : 150, 413.
Phélyp(p)eaux ou Phélip(p)eaux : *voir* Pontchartrain.
Philippe (duc d'Orléans), frère du roi : 203.
Philippe (duc d'Orléans), neveu du roi et futur régent : 543.
Philippe II, 1527-1598, roi d'Espagne, fils de Charles Quint : 398, 399.

Philippe IV, 1604-1665, roi d'Espagne : 120.
Philippe V (Philippe de Bourbon, duc d'Anjou), 1683-1746, roi d'Espagne : 365, 366, 367, 512, 543.
Picard, cocher de Vauban : 536.
Pivert, † 1708, ingénieur et savant : 251.
Pizy, *alias* Pizzy, ingénieur blessé en 1697 : 313.
Plaibault de Villars-Lugeins (Louis-Joseph), †† 1712, ingénieur brigadier d'infanterie : 511.
Pontailler (de), famille de noblesse bourguignonne : 33, 68.
Pontailler (Antoinette de), épouse Léonard de La Perrière : 34.
Pontailler (Louis de), ami de Jacques Le Prestre l'Aîné : 33.
Pontchartrain (Louis Phélip(p)eaux, comte de), 1643-1727, contrôleur général, chancelier : 250, 291, 292, 298, 314, 349, 444, 497, 518, 537.
Pontchartrain (Jérôme Phélip(p)eaux de), 1674-1747, fils du précédent, secrétaire d'État de la Marine : 501.
Portau, ingénieur : 312.
Poussart de Lignières (Paule de), épouse Clerville : 207.
Pracomtal (Louise de), épouse Damas : 464.
Praslin (César du Plessis, comte de), 1598-1675, maréchal de France : 61.
Prestre (Albin), *voir* Le Prestre (Urbain).
Prévaillac (de), officier : 111.
Prévost (Françoise), grand-mère maternelle de Vauban : 39, 40, 41.
Puget (Pierre), 1620-1694, sculpteur toulonnais : 262.
Pussort (Henri), † 1697, oncle de J.-B. Colbert : 158, 161.
Puysieux, *alias* Puysieulx (Roger de Brulart, marquis de Sillery, vicomte de), 1640-1714, lieutenant général, ambassadeur auprès des cantons suisses : 418, 532, 540.

Quarré d'Aligny, famille de la noblesse bourguignonne : 67.
Quesneau, secrétaire de Vauban : 408.
Quillien, ingénieur, architecte de la ville de Lille lors de la conquête : 428.
Quincy (Joseph Sevin, chevalier de), lieutenant général, historiographe : 203, 317.

Racine (Jean), 1639-1699, écrivain, historiographe du roi : 317, 318, 354.
Ragon, notaire à Bazoches : 41, 288, 469, 483.
Ragot de Beaumont (abbé Vincent), v. 1625-1714 : 527-532, 540, 541.
Réaux (des), général de Louis XIII : 60.
Regemorte (Jean-Baptiste), † 1724, entrepreneur général de Neuf-Brisach : 360.
Régnier (de), famille de la noblesse bourguignonne : 277.
Régnier (Françoise de), épouse d'Antoine de Damas, marraine de J.-F. de Vauban, sœur de la suivante : 277.
Régnier de Guerchy (Edmée-Georgette de), 1631-1668, épouse de Jacques-Nicolas de Mesgrigny : 277.
Renau d'Éliçagaray (Bernard), 1652-1719, lieutenant général des armées navales, spécialiste des galiotes à bombes : 410.
Renkens (Pierre), entrepreneur général de fortifications : 421.
Richebracque de Montigny, *alias* Montaiguies, (Jean-Baptiste de), secrétaire de Vauban : 406, 483.
Richelieu (Armand du Plessis, cardinal de), 1585-1642, ministre de

INDEX DES NOMS DE PERSONNES

Louis XIII: 66, 108, 123, 250, 254, 256, 262, 520.
RICHER, astronome, ingénieur, de l'Académie des sciences: 190, 251.
RIQUET (Pierre-Paul), 1604-1680, entrepreneur du canal des Deux-Mers: 264.
ROBELIN (Isaac), 1631-1709, ingénieur: 258.
ROBELIN (Isaac), dit Robelin fils, v. 1660-1728, directeur des fortifications: 252, 258, 415, 494.
ROBELIN (Jacques), 1629- av. 1691, ingénieur: 258, 282.
ROBERT (Antoine), 1648- †† 1704, directeur des fortifications d'Outre-Monts: 312.
ROBRET (Jeanne de), épouse Marc de Briquemault en 1619: 58.
ROCHAS D'AIGLUN (Albert de), colonel du génie: 14.
ROCHEFORT (de), famille de noblesse bourguignonne: 33.
ROHAN-CHABOT: *voir* Espinoy (d').
ROSEN (Conrad de), 1628-1715, maréchal de France en 1703: 371.
ROSSET (Jean-Baptiste), entrepreneur: 418.
ROUMIERS (Sébastien de), grand-père maternel de Jeanne d'Osnay: 47.
ROUMIERS (Urbanne de), fille du précédent, épouse Paul Ier Le Prestre, puis Claude d'Osnay: 47, 48, 101.
ROUSSELOT (Christophe), 1648-1703, brigadier d'infanterie, directeur des fortifications d'Aunis: 241, 311, 401, 430.
ROUSSET (Camille), historien: 14, 82.
RUYTER (Michael-Adriannszoon van), 1607-1676, amiral hollandais: 188.

SAINT-ANDRÉ, entrepreneur à Brisach: 158.
SAINT-EXUPÉRY (Antoine de), 1900-1944, écrivain: 19.

SAINT-HILLAIRE (Jacques de Borellly, sieur de), ingénieur: 150, 151, 413.
SAINT-HILLAIRE (Armand de Mormès de), artilleur, lieutenant général en 1704: 225, 505.
SAINT-PIERRE (de), lieutenant du régiment de Sainte-Maure en 1653: 82.
SAINT-PIERRE-SPINOLA (duchesse de), fille de Colbert de Croissy: 501, 502.
SAINT-POUANGE (marquis de): *voir* Colbert.
SAINT-SIMON (Claude de Rouvray de), gouverneur de Blaye pendant la Fronde: 255.
SAINT-SIMON (Louis de Rouvray, duc de), 1675-1755, mémorialiste: 370, 545, 550.
SALMON (Nicolas), †† 1697, ingénieur: 313, 510.
SANSON D'ABBEVILLE (Nicolas), † 1667, cartographe: 520.
SAULX-TAVANNES, famille illustrée par Gaspard, maréchal de France, 1509-1573: 31, 34, 68, 538.
SAULX-TAVANNES (Louis, marquis d'Époisses), parent du maréchal: 68.
SAUVAGE (Alos de), allié des Le Prestre: 36.
SAUVAGE (Louise de, dame de Montbaron), épouse de Jacques Le Prestre: 36, 46.
SAUVEUR (Joseph), 1653-1716, mathématicien, auteur d'un traité de fortification: 10 309, 388.
SAUZAY (de), surintendant des fortifications, 107.
SAVOIE (Marie-Adélaïde de), 1685-1712, épouse du duc de Bourgogne: 355.
SAVOIE (Charles-Emmanuel II, duc de), † 1675: 147.
SAVOIE (Victor-Amédée II, duc de), † 1732, roi de Sicile puis de Sardaigne: 322, 323, 362, 363, 508, 509, 513.

SAXE-WEIMAR (Bernard de), 1604-1639, général de la guerre de Trente Ans: 61.
SCAMOZZI (Vincenzo), 1552-1616, ingénieur vénitien: 402.
SCHOMBERG (Frédéric-Armand, comte de), 1619-1690, maréchal de France en 1675: 192, 203.
SCHOMBERG (comte), d'une branche cadette, passé au Refuge: 323, 324.
SCORAILLE (de), famille alliée de Jeanne d'Osnay: 103.
SEIGNELAY: *voir* Colbert.
SÉRÉ DE RIVIÈRES, 1815-1895, général du génie: 9.
SERLIO, architecte italien, 1475-1554: 71.
SERRES (Olivier de), 1539-1619, auteur d'un traité d'agronomie: 45.
SÉVIGNÉ (Marie de Rabutin-Chantal, marquise de), 1626-1696, épistolière: 333.
SIFFREDY (Charles de), dit le comte de Mornas, lieutenant général, mort de ses blessures 1677: 110, 111, 127, 130, 196, 462.
SILLERY: *voir* Puysieux.
SOLER (Mathias), entrepreneur des fortifications: 421.
SOURCHES (Louis-François du Bouchet, marquis de), † 1716, grand prévôt de France, mémorialiste: 295, 302, 317, 538, 539.
SPIFAME (Mgr), évêque de Nevers passé à la Réforme: 30.
STABILI, ingénieur italien: 110.
SUBLET DES NOYERS (François), surintendant général des fortifications sous Louis XIII: 107.
SULLY (Maximilien-Pierre-François de Béthune, duc de), 1559-1641, ministre d'Henri IV: 38, 57, 69, 72, 107, 520.

TABOUREAU, notaire rochelais en 1571: 31.
TALLARD (Camille d'Hostun, comte de), 1652-1728, maréchal de France en 1703: 324, 371, 372, 373, 375.
TARADE (Jacques), 1640-1722, directeur des fortifications d'Alsace, brigadier d'infanterie: 231, 360, 372, 401, 414.
TARDIEU (Catherine de), alliée des Le Prestre: 36.
TARDIF (Remy), 1652-1736, directeur des fortifications, maréchal de camp: 510, 511, 513.
TAVANNES (maréchal de): *voir* Saulx.
TENCIN (Pierre Guérin de), 1679-1758, abbé commendataire de Vézelay, archevêque de Lyon, cardinal: 500.
TENCIN (Angélique de): *voir* Ferriol.
TÉRON (de): *voir* Colbert de Terron.
THIERRY, ingénieur de Tournai: 128.
THOMASSIN, † 1734, secrétaire de Vauban: 388, 409.
THOUARS (Claude de La Trémoïlle, duc de), beau-frère de Turenne: 57.
TORCY: *voir* Colbert.
TOULOUSE (Louis-Alexandre de Bourbon, comte de), 1678-1737, légitimé de France, amiral de France: 317.
TOUMAN, dit Sébastien, turc, domestique de Vauban, † 1715 à Ussé: 483.
TRÉMOÏLLE (La): *voir* Thouars.
TRIPIER, abbé concordataire de Girolles, originaire de Saint-Léger: 44.
TROBAT (sieur), intendant des fortifications puis de Roussillon: 241.
TROMP (Cornélis), 1629-1691, amiral hollandais: 188.
TROY (François de), peintre: 546.
TURENNE (prince Henri de La Tour d'Auvergne, vicomte de), 1611-†† 1675, maréchal de France en 1643: 13, 57, 60, 78, 80, 83, 84, 87, 94, 95, 97, 99, 121, 125, 128, 139, 177, 180, 191, 195, 201, 213.
USSÉ (d'): *voir* Bernin d'Ussé.

VALAZÉ, général : 14.
VALENTINAY : *voir* Bernin.
VALPERGUE, *alias* Valperga, ingénieur piémontais : 108, 112, 117, 158.
VAN ROBAIS (Isaac), 1630-1685, calviniste, manufacturier hollandais, installé à Abeville : 259.
VARENNE (Mme de La) : *voir* Françoise de Lambert, cousine de Vauban.
VAUBAN (Charlotte Le Prestre de), 1661-1709, épouse Jacques de Mesgrigny : *voir* Le Prestre.
VAUBAN (Jeanne-Françoise de), 1678-1713, épouse Louis de Bernin d'Ussé : *voir* Le Prestre.
VEILHAN (de), famille de noblesse nivernaise : 48, 466, 472.
VEILHAN (Anne de), épouse du comte de Melun : 471, 472.
VEILHAN (Antoine de), époux d'Anthoinette de Viesvres : 471.
VENDÔME (duc de), gouverneur de Bourgogne en 1650 : 76.
VENDÔME (Louis-Joseph de Bourbon, duc de), 1654-1712, maréchal de France : 351.
VERDIGNY DES ESSARDS, famille alliée de Vauban : 483.
VESLE (Françoise), trisaïeule de Vauban, épouse d'Emery Le Prestre : 25, 28, 29, 31, 34, 35.
VESLE (Léonard), père de la précédente : 28.
VÉZIGNEUX, *alias* Vézigneulx, famille de noblesse nivernaise : 33.
VIESVRES (Anthoinette de), dame de Bazoches, fille du suivant : 48.
VIESVRES (Ludovic de), seigneur de Bazoches, époux d'Anthoinette de La Perrière : 41, 471.
VIGNY (de), † 1708, lieutenant général de l'artillerie : 294.
VILLARS (Louis-Hector, marquis puis duc de), 1653-1734, maréchal de France en 1702 : 372, 508, 543.
VILLE (Antoine de), ingénieur : 72, 126.
VILLEFRANCHE : *voir* Dupuy-Montbrun.
VILLEROY (Nicolas de Neu(f)ville), 1598-1685, maréchal de France en 1646 : 213.
VILLEROY (François de Neu(f)ville), 1644-1730, fils du précédent, maréchal de France en 1693 : 316, 319, 351.
VITTEAUX (comte de), noble bourguignon : 468.
VIVONNE (Louis de Rochechouart de Mortemart, duc de), 1636-1688, frère de Mme de Montespan, maréchal de France en 1675, vice-roi de Sicile : 196.
VOLLANT (Simon), 1622-1696, architecte et ingénieur : 130, 134, 282, 428.
VOULEAU, entrepreneur à Brisach : 158.
WOERDEN (baron de), noble flamand : 279, 452.
WOLFANG DE DEUX-PONTS, général protestant : 33.

Table des cartes*, tableaux et graphiques

Organisation du régiment de la Tranchée 174
Les déplacements de Vauban de 1678 à 1688 245-247
Les protestants en Languedoc selon l'intendant Basville
vers 1696 271
Déplacements de Vauban en Bretagne en 1694 332
Les frontières du nord et du nord-est du royaume après
Ryswick (1697) 356
Budget des fortifications de 1682 à 1707 384
Entrepreneurs de Briançon, Mont-Dauphin, Embrun
de 1694 à 1713 420
« M'en allant par voyes et par chemins »
« J'ai toujours voyagé » 436
Les trois domiciles de Vauban de 1667 à 1707 : Lille,
Paris, « chez moi » en Nivernais (Épiry puis Bazoches) ... 448
Fréquence et durée des permissions de Vauban « chez moi » 459
Récompenses royales pour quelques sièges menés par
le sieur de Vauban 463
Achats des seigneuries et des domaines 470
Vente de la seigneurie de Bazoches à Paris, aux requêtes
de l'Hôtel, le 17 août 1679 474
Les domaines de Vauban dans la vallée de la Bazoche ... 475
Les *Oisivetés* de Monsieur de Vauban 504
Réalité et fiction, les rivières navigables d'après Vauban ... 525
Les places fortes françaises à la veille de la Révolution ... 595

* Les cartes ont été établies par Élie Pélaquier, du CNRS.

Table des matières

INTRODUCTION : Le culte de Vauban 7

PREMIÈRE PARTIE
LES JOYEUSES PROMESSES DU PRINTEMPS
1633-1655

CHAPITRE PREMIER : D'azur au chevron d'or 21

Lointaines origines, 23. – *Les preuves de noblesse du XVIIe siècle*, 27. – *Jacques le Père dit aussi Jacques l'Aîné*, 29. – *Françoise de La Perrière*, 33. – « *Comme des plants d'olivier* », 35. – *À Saint-Léger, Carmignolle et Prévost*, 39.

CHAPITRE II : Les horizons de l'enfance 43

Tes père et mère honoreras, 44. – « *Les miens cousins* », 46 – *Imprégnation familiale*, 49. – « *Rus et bossillements, forêts et bois* », 51. – *Les Morvandiaux*, 55. – *Les temps sont durs*, 59. – *La peste*, 62.

CHAPITRE III : Les temps des apprentissages 65

« *S'adonner avec ignobilité aux études* », 65. – *Petites écoles et collège*, 66. – *Enseignement des mathématiques et de la fortification*, 69. – *Adolescence*, 73 – *Au service de Monsieur le*

Prince, 75. – *Premières activités d'ingénieur volontaire*, 78 – *Le service du roi*, 81. – *Lieutenance d'infanterie et « noviciat » d'ingénieur*, 83.

Conclusion de la première partie
Capitaine d'infanterie et ingénieur ordinaire 86

DEUXIÈME PARTIE

LES MOISSONS ENSOLEILLÉES DE L'ÉTÉ
1655-1678

CHAPITRE IV : Dans l'orgueil de sa jeunesse 93

Parmi les derniers sièges de la « vieille guerre » : Landrecies et Valenciennes (1655, 1656), 94. – *« Conduire en chef les attaques »*, 97. – *Vauban, seigneur d'Épiry : trois petits tours et puis s'en va !*, 100. – *Les fortifications royales au lendemain de la paix de 1659*, 104. – *La démolition des fortifications de Nancy*, 108. – *Le « revestissement » de Brisach*, 113.

CHAPITRE V : « Vos filles aînées en fortifications » 119

La guerre de Dévolution, 120. – *L'affaire de la citadelle de Lille*, 122. – *La reine des citadelles*, 125. – *« Appliquez-vous à faire avancer vos ouvrages »*, 128. – *« Quand ce serait pour mourir, je ne saurais aller plus vite »*, 131. – *« Le Roi s'étant remis absolument à vous de la conduite de toutes les fortifications de mon département »*, 133. – *Départements et corps d'ingénieurs*, 136.

CHAPITRE VI : Jours de loisir pour M. de Vauban 141

À la découverte de l'Outre-Monts, 143. – *En Roussillon, autre « finistère » du royaume*, 147. – *« Vous êtes tout à fait nécessaire dans les places de Flandre où mille choses demandent votre présence »*, 153. – *« Votre affaire d'Alsace »*, 156.

CHAPITRE VII : De la conduite des sièges 163

« *Vous n'y verrez rien de connu, ni presque rien qui ait été pratiqué* », 165. – *Ne se vouloir soumettre qu'à la raison*, 167. – *Régiment de la Tranchée ou détachement ?*, 171. – *Mines, bombes et mortiers*, 175. – *La première campagne de Hollande*, 179. – *Une magistrale application du mémoire : le siège de Maestricht*, 181.

CHAPITRE VIII : « Le meilleur ingénieur de ce temps » 186

« *Vous m'engagez insensiblement, Monseigneur, à d'autres places que celles dont vous avez soin* », 187. – *La campagne de 1674*, 191. – *Les opérations de 1675*, 195. – *Le pré carré*, 197 – *Plaider mains garnies*, 201. – « *Vous avez employé ce temps si utilement et si glorieusement pour les conquestes du Roi* », 204. – « *Pace in leges suas confecta* », 207.

Conclusion de la deuxième partie
Maréchal de camp et commissaire général des fortifications .. 212

TROISIÈME PARTIE
LES JOURS SOMPTUEUX DE L'AUTOMNE
1678-1703

CHAPITRE IX : « La plus belle frontière... » (1678-1688) 219

« *Pour la sûreté des pays de l'obéissance du Roy* », 221. – *Les réunions*, 224. – « *Le comté de Bourgogne, vulgairement appelé la Franche-Comté* », 228. – *Germanis Gallia Clausa*, 229. – *En passant par la Lorraine*, 233. – « *À la teste des colz et des passages* », 239. – « *Il est très nécessaire de se défaire avec le temps* », 243.

CHAPITRE X : Chez les Colbert (1678-1688) 248

« *Qui entende son fait et puisse bien diriger les ouvrages* », 249. – *La protection des côtes*, 252. – *Dunkerque*, « *l'une des plus belles choses que vous ayez faites* », 256. – *L'héritage du chevalier de Clerville*, 260. – « *Le canal de la jonction des mers* », 264. – *Main-d'œuvre du canal et protestants*, 268.

CHAPITRE XI : « Je sers avec une assiduité d'esclave » (1678-1691) 273

« J'approfondirai tout ce que je pourrai », 274. – Joies et épreuves familiales, 275. – « Cent lettres et compliments, port dû », 279. – La rivière d'Eure et l'aqueduc de Maintenon, 281. – La guerre de la ligue d'Augsbourg, 283. – La grande maladie, 285. – Gai! Marions-nous!, 290. – Mons, son quarante-cinquième siège, 292.

CHAPITRE XII : Nouveau climat : de Mons à Charleroi......... 298

Mort de Louvois, 299. – « Contenir tous les ingénieurs en un seul corps », 301. – Sébastien Le Prestre et Michel Le Peletier de Souzy, 302. – « Le génie est un métier au-dessus de nos forces », 306. – Mérite et capacité, 308. – « C'est moi qui les ai formés », 311. – « Je prie Dieu qu'il vous ayt, Monsieur de Vauban, en sa saincte garde », 314. – Namur et Charleroi, 316.

CHAPITRE XIII : « Une fâcheuse défensive, par terre et par mer » 321

Au secours du Dauphiné, 323. – Prévenir les descentes ennemies, 328. – Les campagnes de Bretagne de 1694 et de 1695, 331. – La défensive, « celle que nous pouvons faire par mer », 338. – Fortification de campagne, 340. – « De l'importance dont Paris est à la France » et du mur de Marseille, 343. – Le Rappel des huguenots : « pourvoir à la seureté du royaume », 345.

CHAPITRE XIV : « Je servirai toujours le roi » (1697-1703) 349

« Voilà une place réduite promptement par vos soins », 351. – Ryswick, « paix honorable » ou « paix déshonorante ? », 353. – « Ouvrages solides et non affamés », 358. – Les grandes inspections, 362. – La succession d'Espagne, 364. – « La guerre a pour père l'intérêt, pour mère l'ambition », 366. – « Vous serez maréchal de France », 370. – « Cette incomparable place réduite en seulement quatorze jours », 372.

Conclusion de la troisième partie
Maréchal de France 377

QUATRIÈME PARTIE

« UN HOMME QUI N'AVAIT PAS GRAND-CHOSE À FAIRE »

CHAPITRE XV : La règle et le compas 385

« L'art de fortifier ne consiste pas dans des règles et des systèmes », 387. – *Les trois systèmes vaubaniens existent-ils ?*, 391. – *« Tirer tous les avantages de la situation »*, 395. – *Les citadelles*, 397. – *Les villes remaniées*, 397. – *Les villes neuves*, 400.

CHAPITRE XVI : « Faire le détail du mesnage » 405

« Le loisir est fort inconnu parmi eux », 406. – *Méthodes de travail*, 411. – *Visites sur les ouvrages*, 415. – *Entrepreneurs et ingénieurs*, 418. – *Le directeur général des fortifications*, 422. – *Matériaux, mortiers et enduits*, 427.

CHAPITRE XVII : Le vagabond du roi 432

« Toujours m'en allant par voyes et chemins », 433. – *« L'intention de Sa Majesté est que vous vous en alliez à… »*, 437. – *« J'ai toujours couru de place en place avec sept ou huit chevaux… »*, 442. – *« Depuis ce temps-là, je n'ai point eu d'autre gîte que les cabarets »*, 445. – *« Quand je serai de retour »*, 447.

CHAPITRE XVIII : « Chez moi » 457

Faire un tour « chez moi », 458. – *« Les eaux sont basses chez moi »*, 461. – *Songer à faire son pré carré*, 465. – *« Terre et seigneurie de Bazoches et roture en deppendant »*, 471. – *L'œil du maître*, 477. – *Bazoches, Vauban, Pierre-Perthuys, Pouilly, Cervon, La Chaume, Espiry et autres lieux*, 480.

Conclusion de la quatrième partie
Moissons engrangées et vin tiré.. 486

CINQUIÈME PARTIE

LES FRIMAS D'UN COURT HIVER
1703-1707

CHAPITRE XIX : « Me trouvant valet à louer » 491

> *« Je pourrais me dispenser de vous donner des avis »*, 492. – *Tracas domestiques*, 496. – *Les* Oisivetés, 502. – *« Je vois bien que nous allons tomber dans une guerre défensive »*, 507. – *Projet de paix assez raisonnable*, 511. – *« Ce n'est pas moi qui ai cherché cet emploi »*, 513.

CHAPITRE XX : « Si la dixme royale pouvait avoir lieu ! » 516

> *À la recherche d'un impôt nouveau*, 517. – *Enquêtes et dénombrements*, 519. – *Enrichir le royaume*, 523. – *Le « nègre » de M. de Vauban*, 527. – *« Ce qui peut servir à l'éclaircissement du système »*, 532. – *La maladie et la mort de Vauban*, 536. – *Les remous*, 540.

Conclusion de la cinquième partie
La dixme royale n'aura pas lieu.. 542

CONCLUSION : « Je serai toujours pour vous Vauban » 545

NOTES... 553
ANNEXES 593
REPÈRES CHRONOLOGIQUES 597
SOURCES ET BIBLIOGRAPHIE 635
INDEX DES NOMS DE PERSONNES 657
TABLES DES CARTES, TABLEAUX ET GRAPHIQUES 677

« Pour l'éditeur, le principe est d'utiliser des papiers composés de fibres naturelles, renouvelables, recyclables et fabriquées à partir de bois issus de forêts qui adoptent un système d'aménagement durable.

En outre, l'éditeur attend de ses fournisseurs de papier qu'ils s'inscrivent dans une démarche de certification environnementale reconnue. »

Impression réalisée sur CAMERON par
BRODARD ET TAUPIN
La Flèche

pour le compte des Éditions Fayard
en avril 2007

Imprimé en France
Dépôt légal : avril 2007
N° d'édition : 87923 – N° d'impression : 41316
35-65-3655-4/01